# LA DEUXIÈME GUERRE MONDIALE

Du même auteur
*en poche*

*Histoire de la guerre*, Paris, L'esprit frappeur n° 84, 2000.
*La Première Guerre mondiale*, Paris, Perrin, tempus n° 108, 2005.

Pour en savoir plus
sur les Éditions Perrin
(catalogue, auteurs, titres,
extraits, salons, actualité…),
vous pouvez consulter notre site internet :
**www.editions-perrin.fr**

collection tempus

John KEEGAN

# LA DEUXIÈME GUERRE MONDIALE

*Traduit de l'anglais par Marie-Alyx Revellat avec la collaboration de Jacques Vernet*

PERRIN
www.editions-perrin.fr

Titre original : *The Second World War*
© John Keegan, 1989

© Perrin, 1990
et 2009 pour la présente édition
ISBN : 978-2-262-03210-4

tempus est une collection des éditions Perrin.

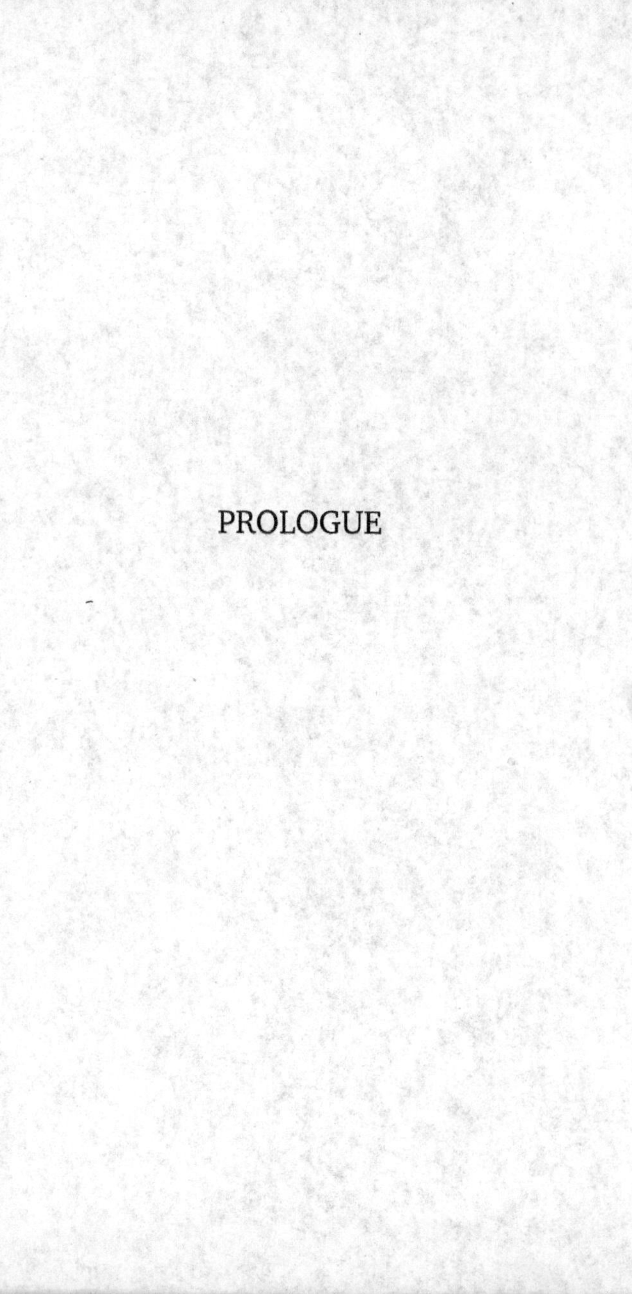

# PROLOGUE

# 1

# « TOUT HOMME EST UN SOLDAT »

La Première Guerre mondiale explique la Seconde. En fait, elle l'a provoquée dans la mesure où un événement en entraîne un autre, écrit A.J.P. Taylor dans *Les Origines de la Seconde Guerre mondiale.* Le lien qui unit les deux conflits est très profond. L'Allemagne s'est engagée dans la Seconde Guerre mondiale pour annuler le verdict de la Première et en supprimer les conséquences.

Néanmoins, même ceux qui s'opposent le plus violemment à la version du docteur Taylor sur l'histoire d'entre les deux guerres, sont d'accord avec lui sur ces deux points. L'origine, la nature et l'évolution de la Seconde Guerre mondiale ne s'expliquent que par rapport à la Première. Qu'elle soit ou non responsable du déclenchement des hostilités, l'Allemagne a certainement porté le premier coup. Il est évident qu'elle a provoqué la guerre de 1939 pour retrouver la place qu'elle avait perdue par la défaite de 1918.

Cependant, il ne suffit pas d'admettre que la Première Guerre mondiale est la cause de la Seconde pour les expliquer l'une et l'autre. Il faut rechercher leurs racines communes dans les années qui ont précédé 1914 et cette quête a mis l'endurance des historiens à rude épreuve pendant la majeure partie de ce siècle. Qu'ils aient recherché les causes dans des événements éloignés ou récents, leurs conclusions divergent totalement. Pour ceux du camp vainqueur, c'est afin de satisfaire ses aspirations à l'hégémonie que l'Allemagne a déclenché les hostilités en 1914 et, partant, en 1939. Jusqu'à la parution de la thèse révisionniste de Franz Fischer, les historiens allemands ont généralement essayé d'en rejeter la responsabilité sur d'autres. Les historiens marxistes de toute nationalité considèrent que la Première Guerre mondiale était une crise du capitalisme sous sa forme impérialiste. Selon eux, les classes laborieuses ont été sacrifiées sur l'autel de la compétition entre les systèmes capitalistes décadents. Ils accusent les démocraties occidentales d'avoir favorisé le déclenchement de la Seconde Guerre mondiale en misant sur la répugnance de Hitler à franchir le pas au lieu d'accepter l'aide soviétique pour s'assurer qu'il ne le ferait pas.

Ces thèses sont inconciliables. Au mieux, elles justifient la thèse selon laquelle « l'histoire est la projection de l'idéologie dans le passé ». Tant que les historiens divergeront sur la logique et la morale de la politique, aucune explication commune ne révélera pourquoi le monde s'est précipité par deux fois dans l'engrenage de la guerre totale.

Au lieu de chercher pourquoi les deux guerres mondiales ont pu se produire, ne vaudrait-il pas mieux se demander comment, car les circonstances qui accompagnent le début des hostilités n'ont rien de particulièrement extraordinaire dans les deux cas. C'est l'énormité des événements engendrés par les deux cataclysmes d'août 1914 et septembre 1939 qui a conduit les historiens à s'interroger aussi longtemps sur les motivations susceptibles de les expliquer. Ni la guerre austro-prussienne de 1866 ni la guerre franco-prussienne de 1870 n'ont suscité une telle abondance d'enquêtes, bien qu'elles aient toutes deux gravement modifié l'équilibre des puissances dans l'Europe du XIX^e^ siècle.

De plus, il est certain que, si les Allemands avaient gagné la première bataille de la Marne fin septembre 1914 – épargnant ainsi à l'Europe non seulement les souffrances des tranchées mais encore toutes les difficultés sociales, économiques et diplomatiques qui s'en sont suivies – la plupart des ouvrages consacrés aux relations internationales des pays belligérants n'auraient jamais été écrits.

Cependant, comme ce n'est pas l'Allemagne mais la France, assistée de l'Angleterre, qui a remporté la victoire de la Marne, la Première – et, partant, la Seconde – Guerre mondiale est totalement différente de toutes celles qui l'ont précédée. Différente en ampleur, en intensité, en étendue, en pertes humaines et matérielles. Pour les mêmes raisons, elles en sont venues à se ressembler. Ce sont ces différences et ces ressemblances qui confèrent tant d'importance apparente à leurs causes. Mais c'est confondre accident et substance. Les causes des deux guerres mondiales ne sont ni plus profondes ni plus ou moins complexes que ne pourraient l'être les causes de deux autres conflits étroitement dépendants. D'autre part, les deux guerres mondiales ont tué plus d'individus, englouti plus de richesses et infligé plus de souffrances sur une plus grande surface du globe qu'aucune des guerres précédentes. Pourtant, l'humanité n'était pas devenue plus mauvaise entre 1815 – date du dernier grand conflit – et 1914. Certainement, aucun Européen adulte et sensé, vivant cette année-là, n'aurait souhaité le chaos et les malheurs que la crise de ce mois d'août allait entraîner. Si l'on avait prédit que la guerre qui suivrait devait durer quatre ans, causer la mort de dix millions de jeunes gens et porter le fer et le feu dans des champs de bataille aussi éloignés que la Belgique, l'Italie, la Macédoine, l'Ukraine, la Transcaucasie, la Palestine, la Mésopotamie, l'Afrique et la Chine et que, vingt ans plus tard, une autre guerre, livrée par les mêmes combattants sur les mêmes champs de bataille, allait causer la mort de cinquante millions d'individus sans que la situation mondiale s'en trouve améliorée, il est évident que toute tendance individuelle ou collective à l'agression aurait été subitement calmée.

Cette réflexion, qui fait crédit à la nature humaine, discrédite au contraire l'évolution du monde entre 1815 et 1914. Un adulte sensé vivant cette année-là aurait été horrifié à la perspective des holocaustes à venir mais, dans ce cas, il aurait fallu qu'il rejette la politique, l'esprit et, en fin de compte, la nature et la substance de l'Etat – quel qu'il fût – auquel il appartenait. Il lui aurait fallu rejeter aussi la condition du monde qui l'entourait car la civilisation européenne du XXe siècle portait les germes de la guerre. L'énorme surplus de richesses, d'énergie et de population apporté par la révolution industrielle du XIXe siècle avait transformé le monde. Il avait créé des industries productives et hautement profitables – fonderies, ateliers de construction, usines textiles, chantiers navals, mines – dont les pères spirituels de la révolution industrielle et les économistes rationalistes du XVIIIe siècle n'auraient jamais pu imaginer l'ampleur. Les régions productives du monde étaient reliées par un réseau de communications – routes, voies ferrées, câbles téléphoniques et télégraphiques – plus dense que les enthousiastes de la science n'auraient pu l'envisager dans leurs perspectives les plus optimistes. La croissance avait engendré des richesses suffisantes pour décupler la population des villes historiques et défricher des millions d'hectares qui n'avaient jamais senti la charrue ni les bottes des éleveurs de bétail.

Elle avait édifié l'infrastructure – écoles, universités, bibliothèques, laboratoires, églises, missions – d'une civilisation mondiale créatrice et optimiste mais surtout, comme pour servir de contrepoids aux promesses du siècle, elle avait développé les instruments de destruction les plus formidables que l'humanité ait jamais connus.

*La militarisation de l'Europe*

Il est difficile de comprendre l'étendue de la militarisation du XIXe siècle tant en ce qui concerne son importance psychologique et technologique que son échelle de grandeur. Il est possible de donner une idée de son ampleur en comparant l'organisation militaire des Etats nord-allemands indépendants que décrivait Friedrich Engels en 1830 à la force que les mêmes Etats fournirent au Kaiser du Reich unifié à la veille de la Première Guerre mondiale. Le témoignage d'Engels est révélateur. Père de la théorie marxiste, il ne s'est jamais écarté de l'idée que la Révolution ne triompherait que si les classes laborieuses réussissaient à vaincre les forces armées de l'Etat. Jeune révolutionnaire, il plaçait son espoir dans la victoire du prolétariat pendant la bataille des barricades. Plus tard, vieil idéologue désenchanté, il chercha à se persuader que le prolétariat, jusqu'alors captif de la conscription européenne, se libérerait en corrompant les armées nationales par l'intérieur. Le passage de ses espoirs de jeunesse aux doutes de la vieillesse est bien marqué par les étapes de la transformation de l'armée des villes hanséatiques de son époque. En août 1840, il partit de son bureau pour surveiller les manœuvres combinées des armées de Brême, Hambourg, Lübeck et du grand-duché d'Oldenbourg. Ensemble, elles formaient une force équivalente à celle d'un régiment, soit environ 3 000 hommes. En 1895, l'année de sa mort, les mêmes villes fournissaient la majeure partie des effectifs des 17e et 19e divisions de l'armée en même temps qu'un régiment de cavalerie et d'artillerie – soit, au moins, quatre fois autant. Mais ce n'étaient que les soldats de première ligne, des conscrits enrôlés sous les drapeaux. Derrière les 17e et 19e divisions se tenaient les divisions de réserve auxquelles les villes hanséatiques procuraient un nombre égal de réservistes en cas de mobilisation. Derrière les divisions de réserve se trouvait la Landwehr formée de plus vieux ex-conscrits qui, en 1914, fourniraient encore la moitié d'une autre division.

Dans l'ensemble, les effectifs ont été multipliés par dix entre 1840 et 1895, ce qui dépasse largement la croissance de la population contemporaine. Au cours du XIXe siècle, la population de la plupart des Etats qui allaient participer à la Première Guerre mondiale doubla et tripla même chez certains. Ainsi, de 1800 à 1900, celle de l'Allemagne passa de 24 millions d'âmes à 57 ; celle de la Grande-Bretagne de 16 à 42 millions. Sans l'exode de 8 millions d'Irlandais contraints par la famine à émigrer aux Etats-Unis ou dans les colonies, elle aurait triplé. La population d'Autriche-Hongrie augmenta de 24 à 46 millions et celle de l'Italie de 19 à 29 millions malgré un exode de 6 millions d'émigrants dans les deux Amériques. La Belgique qui comptait 2 millions et demi d'habitants en 1800 en dénombrait 7 millions en 1900. En Russie d'Europe, la population tripla. Seules la France et la Turquie s'abstinrent de suivre le mouvement général. En France, si le nombre des habitants augmente de 10 millions, c'est surtout grâce au prolongement de la longévité car le taux des naissances demeure stable. D'après le professeur McNeill, cette stabilité est due aux techniques de contrôle des naissances que les soldats de Napoléon avaient apprises au cours de leurs campagnes. Quant à la Turquie, le nombre de ses habitants n'avait guère changé : 24 millions en 1800, 23 en 1900.

L'augmentation de la longévité française s'explique par l'amélioration du niveau de vie et de la santé publique. Elle est l'effet de l'application de la science à l'agriculture, à la médecine et à l'hygiène. Au contraire, la stagnation de la population turque, malgré un taux de natalité élevé, tient au faible rendement de l'agriculture traditionnelle et au manque de médecins. Chaque fois que la production agricole s'associe à une augmentation du taux des naissances et à une meilleure hygiène, comme c'était le cas dans l'Europe du XIXe siècle, la population s'accroît considérablement. En Angleterre, la poussée démographique fut spectaculaire. Malgré une émigration massive des campagnes vers les zones urbaines surpeuplées, le nombre des Anglais augmenta de 100 pour cent dans la première moitié du siècle et de 75 pour cent dans la seconde. La construction d'égouts assura l'élimination du choléra à partir de 1831 et de toutes les autres maladies véhiculées par l'eau. La vaccination obligatoire depuis 1855 mit fin aux épidémies de variole, ce qui réduisit nettement la mortalité infantile et allongea l'espérance de vie. Entre 1872 et 1900, la mortalité causée par les maladies infectieuses diminua de 60 pour cent.

Le rendement agricole des terres fertilisées et mises en jachère s'améliora ; l'importation de grains d'Amérique du Nord et de viande réfrigérée d'Australie eut des effets salutaires sur la santé des individus. Leur consommation de calories augmenta en fonction de la baisse du coût de certains produits tels que le thé, le café et surtout le sucre qui donne plus de saveur à la nourriture de base.

Les effets combinés de ces progrès médicaux et diététiques contribuèrent non seulement à l'accroissement des populations mais à celle des contingents de jeunes gens aptes au service : 50 pour cent en France entre 1801 et 1900. Le soldat en campagne doit porter environ vingt-cinq kilos comprenant le paquetage, le fusil et les munitions. Plus il est vigoureux, plus il lui est facile de porter ce poids sur un parcours moyen de trente kilomètres par jour. Au XVIIIe siècle, l'armée française avait trouvé une source d'individus capables de supporter ces efforts parmi les artisans des villes beaucoup plus que chez le paysan. Généralement sous-alimenté, maladroit et chétif, proie facile pour les maladies et enclin à se laisser dépérir loin de son village, le paysan faisait rarement un bon soldat. Ce sont toutes ces lacunes qui, cent ans plus tard, incitèrent Marx à juger la paysannerie « irrécupérable » à des fins révolutionnaires. Pourtant, vers le milieu du XIXe siècle, les paysans allemands, français, autrichiens, hongrois ou russes avaient tellement amélioré leur condition physique qu'ils fournissaient régulièrement une proportion suffisante de nouveaux conscrits pour démentir l'affirmation de Marx. Son analyse a pu être faussée par son contexte en Angleterre où une émigration massive vers les villes ne laissait que les individus les plus faibles sous la coupe du seigneur et du curé. Dans les pays continentaux où l'industrialisation progressait plus lentement qu'en Angleterre, c'est la campagne qui fournissait les contingents de jeunes gens robustes dont se composaient les grandes armées du siècle dernier.

Si le nouveau surplus de population accrut les possibilités de recrutement des armées européennes, ce fut l'extension des pouvoirs des services administratifs et fiscaux qui permit que les jeunes gens valides soient mobilisés, nourris, payés, équipés et transportés sur les champs de bataille. L'institution du recensement – en France en 1801, en Belgique en 1829, en Allemagne en 1853, en Autriche-Hongrie en 1857, en Italie en 1861 – fournit aux autorités du recrutement les données nécessaires pour identifier et ficher les futures recrues. Grâce à ce procédé, furent éliminés les expédients traditionnels de pression, de pots-de-vin, de corruption et d'enrôlement forcé qui avaient présidé à la levée des armées de l'Ancien Régime. Les listes de contribuables, les registres électoraux et les livrets scolaires documentaient sur les tenants et aboutissants des conscrits. Tout réserviste allemand par exemple était obligé de posséder un document de décharge spécifiant le centre où il devait se présenter en cas de mobilisation.

L'énorme accroissement des économies européennes créait en même temps la base imposable qui servirait à entretenir les nouveaux contingents de conscrits. Ainsi, l'économie allemande a augmenté de 50 pour cent entre 1851 et 1855, de 50 pour cent entre 1855 et 1875 et de 70 pour cent entre 1875 et 1914. Grâce à cette nouvelle richesse, l'Etat préleva une part sans cesse croissante sur le Produit national brut au moyen des impôts directs et indirects. En Angleterre, par exemple, la part du gouvernement s'éleva de 4,8 pour cent en 1860-1879, à 7,4 pour cent en 1900-1914, et en Allemagne de 4 pour cent à 7,1 pour cent. La proportion est la même en France qu'en Angleterre.

La majeure partie de ce revenu servit à l'achat d'équipement militaire. Canons et navires de guerre représentaient les investissements les plus coûteux, les casernes les plus importants. Le soldat de l'Ancien Régime logeait partout où l'Etat pouvait le caser – dans des tavernes, des granges ou des maisons particulières. Le conscrit du XIXe siècle était hébergé dans des bâtiments construits à cet effet. Les casernes entourées de murs constituent un instrument de contrôle essentiel. Engels les considérait comme des « bastions contre la populace[1] ».

1. Les Continentaux ne furent pas seuls à s'opposer à la construction des casernes. Le field marshall anglais Wade définit ainsi l'attitude britannique : « Les habitants de ce royaume ont appris à associer l'idée de caserne à celle d'esclavage aussi étroitement que l'ombre et le diable. Ils ne peuvent les séparer bien qu'il n'existe aucun rapport entre elles. »

Les Florentins du XVIe siècle avaient vu dans la forteresse de Basso le symbole de la réduction de leurs libertés. Les casernes constituèrent certainement le principal moyen de garantir cette immédiate disponibilité de forces grâce à laquelle la révolte berlinoise de 1848 et la Commune de Paris en 1871 furent réprimées. Cependant, les casernes n'étaient pas seulement les « bastions » des forces d'intervention de la police contemporaine. Elles étaient aussi les maisons de fraternité d'une nouvelle culture militaire qui inculquait aux conscrits des habitudes d'obéissance et forgeait des liens de camaraderie qui devaient les aider à supporter des épreuves dont aucune armée combattante n'avait fait l'expérience auparavant.

La nouvelle richesse du XIXe siècle permit au conscrit non seulement d'être logé et équipé mais encore d'être transporté sur le champ de bataille et abondamment nourri à son arrivée. Le soldat de l'Ancien Régime n'était guère mieux alimenté que le légionnaire romain : farine moulue dans le moulin du régiment complétée par un morceau de bœuf prélevé au niveau du sabot. Tel était son ordinaire.

Le conscrit du XIXe siècle était nourri sur le terrain de margarine et d'aliments de conserve, ces deux produits avaient été adoptés par l'armée à la suite d'une compétition lancée par Napoléon III pour inciter les chercheurs à fabriquer des rations qui ne risquent pas de s'abîmer dans le paquetage.

En outre, l'utilisation du réseau de voies ferrées naissant à des fins militaires facilita singulièrement le port du paquetage. Les troupes allemandes étaient acheminées par rail dès 1839. En 1859, pendant la campagne d'Italie, le transport par chemin de fer était devenu courant. En 1860 et 1870, il fut à la base des victoires de la Prusse contre l'Autriche et la France. Au cours de cette dernière année, le réseau allemand qui ne couvrait que

369 kilomètres en 1840 en comptait 17 215. En 1914, il totalisait 61 749 kilomètres dont la majeure partie (56 000 kilomètres) était nationalisée. Vivement influencé par l'état-major général, le gouvernement allemand s'était vite rendu compte qu'il avait tout intérêt à contrôler le réseau ferré. Une grande partie des chemins de fer, surtout dans les secteurs à faible usage commercial comme la Bavière et la Prusse orientale, avait été financée par des emprunts d'Etat et placée sous la direction de la section du génie de l'état-major général[1].

Les voies ferrées assuraient le ravitaillement et le transport du soldat de l'ère de la vapeur, tout au moins jusqu'au terminus. Au-delà, les anciens impératifs de marche et de portage subsistaient. La technologie qui créa les chemins de fer fournit également les armes avec lesquelles les nouvelles armées allaient s'infliger mutuellement des pertes massives. Le développement de tels engins ne fut pas intentionnel, du moins pas au début. Il a pu le devenir plus tard. Il paraît que Hiram Maxim, l'inventeur de la première mitrailleuse efficace, aurait renoncé à ses expériences d'électro-technique en 1883 sur les conseils d'un ami américain qui lui aurait dit : « Laisse tomber tes recherches sur l'électricité ; si tu veux faire fortune, invente quelque chose qui permettra à ces stupides Européens de s'entre-tuer plus vite. » Cependant, à l'origine, ce fut l'association de l'ingéniosité humaine et des moyens industriels qui permit la production des armes automatiques et de longue portée.

---

1. La preuve de l'importance militaire que l'armée et l'Etat attachaient au libre usage des chemins de fer c'est que le personnel de la Reichsbahn n'était pas autorisé à se syndiquer. C'est compréhensible. Le mot « sabotage » dérive de la pratique adoptée par les cheminots consistant à déplacer les rails avec leurs sabots pendant la grande grève de 1905.

Quatre facteurs sont essentiels. Premièrement, l'expansion de la machine à vapeur qui procura l'énergie nécessaire à la fabrication des armes par des procédés industriels. Deuxièmement le développement du procédé approprié appelé initialement « américain » en raison de son origine – il fut mis au point au cours des années 1890 dans les usines de la vallée du Connecticut qui souffraient d'un manque chronique de main-d'œuvre. Ce procédé industriel fondé sur l'ancien principe du pantographe permet la fabrication de pièces interchangeables sur une grande échelle.

En 1847, l'industriel prussien Dreyse, inventeur du fusil à aiguille, réussit à garnir de métal seulement dix mille unités par an selon la méthode traditionnelle bien qu'il fût en possession d'un contrat du gouvernement prussien le chargeant de rééquiper toute son armée. Par contraste, en 1863, le fabricant d'armes britannique Enfield qui le remodela avec des fraiseuses automatiques produisit 100 370 fusils et, en 1866, le gouvernement français rééquipa l'armurerie de Puteaux avec un dispositif de pièces interchangeables capable de produire trois cent mille nouveaux fusils Chassepot par an.

Les progrès en construction métallique auraient été inutiles sans l'amélioration de la qualité du métal employé. Ce qui fut réalisé grâce au développement de procédés de transformation de la fonte en acier, notamment après 1857, par l'ingénieur britannique Bessemer. Celui-ci fut encouragé dans ses recherches par un prix offert par Napoléon III. Son « convertisseur » constitue le troisième facteur important.

Dans les années 1860, le fabricant de canons Alfred Krupp commença à se servir de fours semblables pour fondre des billettes d'acier à partir desquelles on pouvait fabriquer de parfaits fûts de canon. Ses canons de campagne à culasse, équivalant sur une plus large échelle aux fusils dont se servait toute l'infanterie des armées contemporaines, se montrèrent les armes décisives de la guerre franco-prussienne de 1870-1871. Le quatrième facteur de l'évolution de la puissance de feu fut fourni par des chimistes européens, notamment le Suédois Alfred Nobel. Celui-ci développa des propulseurs et des charges explosives qui projetèrent les obus sur de plus grandes distances et les firent détoner avec un effet explosif plus puissant qu'il ne l'avait jamais été.

La portée effective des armes d'infanterie par exemple augmenta de cent à mille mètres entre 1850 et 1900. Entre 1880 et 1900 l'adaptation des décharges d'énergie chimique au mécanisme des armes légères donna naissance à la mitrailleuse et aux pièces d'artillerie à tir rapide, ultimes instruments de massacre à distance.

*Capacité de production et potentiel militaire*

Les armes à tir rapide et à longue portée constituent une menace qui nécessite l'arrêt du développement des forces offensives créées par les révolutions industrielle et démographique du XIXe siècle. Par une amère ironie du sort, le triomphe matériel du XIXe siècle a causé la rupture du cycle récurrent des vaches maigres et des vaches grasses, qui détermina de tout temps les conditions de vie mêmes des nations les plus riches et la création d'un surplus de vivres, d'énergie et de matières brutes. Les fluctuations du marché entretenaient l'alternance des vagues de prospérité et de récession dans la vie des nations. L'excès d'abondance transforma leurs méthodes de guerre. A tous les niveaux, indépendamment du rituel primitif de la razzia et de l'embuscade, la guerre avait toujours éclaté à cause d'un excès de prospérité. Cependant, l'accumulation des richesses fut rarement assez importante pour permettre le financement de guerres qui assureraient la victoire à un camp ou à l'autre. Les guerres autofinancées au cours desquelles l'appât du butin soutenait l'élan d'une campagne victorieuse étaient plus rares encore. Des facteurs extérieurs – extrême disparité dans les technologies de la guerre ou dans le dynamisme d'idéologies opposées ou, comme le suggère le professeur William McNeill, la vulnérabilité à certains germes transportés par un agresseur – ont généralement expliqué la victoire d'une société sur une autre. Sans doute ont-ils eu une incidence sur des événements militaires tels que la destruction des Empires aztèque et inca par les Espagnols, les conquêtes islamiques du VII^e^ siècle et la suppression des coutumes guerrières des Indiens peaux-rouges par les Américains. Pendant les guerres européennes qui ont eu lieu entre la Réforme et la Révolution française, les Etats en conflit possédaient les mêmes capacités militaires et ces facteurs extérieurs n'ont donc joué aucun rôle décisif alors qu'un surplus de fonds disponible avait été investi dans le renforcement des moyens d'attaque et de défense. Une grande partie de ces fonds avait été consacrée à la destruction des bastions féodaux d'où les seigneurs locaux défiaient l'autorité centrale au XI^e^ siècle. C'était extrêmement coûteux, d'autant plus qu'il avait fallu remplacer les forteresses locales par des fortifications nationales dans les zones frontières, au cours des XVI^e^, XVII^e^ et XVIII^e^ siècles.

L'investissement des capitaux dans l'infrastructure militaire avait pour effet secondaire de réduire ceux qui étaient consacrés à l'infrastructure civile – routes, ponts, canaux qui auraient pu faciliter le passage des armées en cas de campagne offensive.

En 1826, par exemple, alors que le réseau routier britannique couvrait plus de trente mille kilomètres, celui de la France (pour une étendue trois fois supérieure) était à peu près équivalent et celui de la Prusse qui occupait un territoire stratégiquement important en Europe du Nord ne dépassait pas cinq mille kilomètres dont la majeure partie se situait dans ses provinces du Rhin. Son secteur oriental était virtuellement dépourvu de routes (comme devaient le rester la Pologne et la Russie aux dépens de Napoléon et ensuite de Hitler) jusqu'au début du XXe siècle.

Le surplus créé par le miracle économique dans l'Europe du XIXe siècle annula les effets du sous-investissement dans la construction routière et du surinvestissement dont bénéficia la fortification des frontières. Les armées transportées et équipées le long de la nouvelle infrastructure des chemins de fer envahissent les territoires stratégiques comme un raz de marée. En 1866 et 1870, les armées de la Prusse submergèrent les zones frontières de la Bohême autrichienne et de l'Alsace-Lorraine sans être arrêtées par les coûteuses fortifications qui les protégeaient. Le mouvement stratégique en Europe s'opéra avec une grande facilité, comparable à celle qui caractérisa les campagnes américaines de la guerre de Sécession où des armées massives n'avaient rencontré aucune forme d'obstruction artificielle sur leur passage.

Les régions que se disputaient les généraux des Habsbourg et des Bourbons au cours de deux cents ans de guerres d'escarmouches furent conquises par la puissance de la vapeur en quelques semaines de remodelage brutal. Il semble qu'une seconde révolution militaire semblable à celle qui naquit de l'invention de la poudre à canon se préparait. Les souverains les plus riches n'avaient jamais disposé de telles ressources en or, en fer et en matériel humain. C'étaient là des atouts qui promettaient des victoires plus rapides et plus totales que celles d'Alexandre ou de Gengis khan.

Ces victoires promises n'étaient pas forcément acquises car les plus grandes richesses matérielles ne servent à rien si les qualités humaines indispensables à leur emploi font défaut, mais à cet égard aussi, le XIXe siècle avait créé un bouleversement. Le soldat du XVIIIe siècle était une créature misérable, le valet en livrée de son roi, parfois même – comme en Russie et en Prusse – un véritable serf voué au service de l'Etat par son seigneur féodal. L'uniforme était, en fait, une livrée que les monarques régnants, ostensiblement, ne portaient pas. Chez ceux qui la revêtaient, elle constituait une marque de soumission, d'abandon de tous leurs droits. Elle signifiait qu'ils avaient cédé sous la pression de la misère ou des privations, la motivation la plus courante de l'enrôlement ; qu'ils avaient changé de camp (les prisonniers de guerre formaient d'importants contingents dans la plupart des armées) ; qu'ils avaient accepté de s'engager comme mercenaires sous un drapeau étranger (comme le firent jadis des milliers de Suisses, d'Ecossais, d'Irlandais et d'autres montagnards ou habitants des bois) ; qu'ils avaient demandé la commutation d'une peine d'emprisonnement pour délit mineur en service militaire ; ou simplement parce qu'ils n'avaient pas couru assez vite pour échapper aux recruteurs. Les volontaires qui représentaient généralement les meilleurs soldats n'étaient pas nombreux. Comme tant d'autres étaient mobilisés contre leur gré, les déserteurs subissaient des punitions draconiennes et la discipline était féroce. Le soldat du XVIIIe siècle était flagellé pour infraction au règlement et pendu pour indiscipline, les deux sortes de délits étant interprétées assez librement.

En revanche, dès le milieu du XIXe siècle, le soldat acceptait sa période de service (relativement courte) comme une simple soustraction de ses années de liberté, tout au moins dans les armées des Etats les plus évolués (notamment la France, la Prusse et l'Autriche) et il l'accomplissait gaiement. Il est difficile de fournir des documents à l'appui de ce changement d'attitude, mais il n'en est pas moins réel.

Les souvenirs de régiment qui commencent à être fabriqués par milliers vers la fin du siècle dernier en sont la preuve la plus tangible. En Allemagne, généralement présentés sous la forme d'une chope en porcelaine décorée de dessins de la vie militaire, ils portent les noms des camarades du conscrit, quelques couplets de vers de mirliton, une formule de toast au régiment – par exemple : « A la santé du 12e grenadiers » – et l'inscription universelle : « En souvenir de mon service militaire. » Le jeune soldat qui avait été accompagné à la caserne avec des guirlandes de fleurs par ses voisins, rapportait son souvenir à son retour de l'armée et le disposait à la place d'honneur dans la maison familiale. Quelle différence avec le départ du serf conscrit russe du XVIIIe siècle pour lequel le pope du village célébrait une messe de requiem !

Cette nouvelle disposition d'esprit était littéralement révolutionnaire. Ses sources sont multiples mais les plus importantes ramènent directement à la Révolution française et aux principaux slogans de son idéologie : liberté, égalité, fraternité.

Au XIXe siècle le service militaire devient populaire, d'abord parce que c'est une expérience d'égalité. « Fils de duc, fils de cuisinier ou fils de cent rois », écrit Rudyard Kipling à propos du corps expéditionnaire britannique mobilisé pour la guerre des Boers en 1900. L'enthousiasme populaire unit toutes les classes de la société dont les fils s'engagèrent comme simples soldats. La conscription universelle dans les armées européennes recruta bon gré mal gré les jeunes gens de tous les milieux – en Prusse dès 1814, en Autriche dès 1867, en France à partir de 1899 – et leur imposa un service militaire de deux ou trois ans. La proportion du contingent et la durée du service varièrent en fonction des nécessités. Les jeunes gens les plus instruits bénéficièrent de certains allégements. Par exemple, les possesseurs de diplômes universitaires ne servaient qu'un an avant d'être transférés dans la réserve en qualité d'officiers potentiels. Cependant, le principe de l'obligation universelle était généralement appliqué et accepté comme une institution durable. Au cours de leurs premières années de démobilisation les réservistes retournaient régulièrement sous les drapeaux pour s'entraîner. Plus tard, ils étaient transférés dans l'armée de réserve (*Landwehr* en Allemagne, armée territoriale en France) et, pendant leurs dernières années d'aptitude au service, ils étaient inscrits sur la liste des territoriaux. La période de réentraînement était supportée avec bonne humeur et même considérée comme un congé entre hommes. Officier de réserve dans les services médicaux de l'armée autrichienne, Freud écrit à un ami, au cours de manœuvres en 1886 : « Il serait ingrat de ne pas admettre que la vie militaire avec ses obligations inéluctables est un remède contre la neurasthénie. Elle disparaît dès la première semaine. »

La conscription est relativement égalitaire dans son recrutement. Les Juifs comme Freud étaient tout aussi mobilisables que les Gentils. Ils pouvaient devenir officiers de réserve mais l'antisémitisme inhérent à l'armée allemande les empêchait d'exercer des fonctions de responsabilité. Il n'empêche que Bleichroder, le banquier de Bismarck, réussit à obtenir pour son fils une commission régulière dans la garde montée.

L'officier qui proposa Hitler pour la croix de fer de première classe était un officier de réserve juif. C'était l'« émancipation » dans son aspect militaire et elle ne s'appliquait pas seulement aux Juifs. L'universalité de la conscription rassemblait toutes les nationalités dans les territoires des Habsbourg : Polonais et Alsaciens-Lorrains en Allemagne, Basques, Bretons et Savoyards en France.

En étant tous soldats, ils devenaient aussi autrichiens, allemands ou français.

La conscription était un instrument non seulement d'égalité, mais aussi de fraternité. Comme elle s'appliquait à tous les individus du même âge et les traitait tous de la même façon, elle forgeait des liens de fraternité que les jeunes Européens n'avaient jamais connus. L'instruction publique obligatoire, une innovation simultanée, ôtait couramment les enfants à leur famille pour les plonger dans une commune expérience d'éducation. La conscription enlevait les jeunes adultes à leur environnement pour les plonger dans l'expérience de la vie, et créer des habitudes différentes : nouveaux rapports d'amitié, modification des comportements vis-à-vis de l'ennemi, soumission à l'autorité, port de l'uniforme, alimentation inhabituelle, nécessité de se prendre en charge[1].

C'était un rite de passage authentique, intellectuel, sentimental et, plus encore, physique. Pénétrées de l'idée qu'elles étaient les « écoles de la nation », les armées du XIXe siècle adoptèrent de nombreuses caractéristiques des institutions scolaires contemporaines. Non seulement elles amélioraient le niveau d'instruction des recrues mais elles enseignaient la natation, l'athlétisme, les sports aussi bien que le maniement des armes et les arts martiaux. Turnwater John, le pionnier de l'éducation physique en Allemagne, eut une influence considérable sur l'entraînement militaire prussien. Ses idées furent propagées en France par l'intermédiaire du

1. Ils étaient souvent mieux lotis à l'armée que chez eux. Dans les années 1860 la consommation de viande des Français s'élevait à 1,2 kilo alors qu'à l'armée elle était de 1,4 kilo. Le refrain des conscrits flamands qui reflète la dureté de la condition paysanne était ainsi conçu : « Viande et soupe tous les jours dans l'armée sans travailler. »

bataillon philoathlétique de Joinville tandis qu'en Italie, le capitaine Capilli fonda une école de cavalerie militaire qui devait transformer l'art de l'équitation dans tout le monde occidental. La vie militaire en plein air, autour du feu de camp et sous la tente, allait engendrer les idéaux du *Wandervogel* et du code de scoutisme et ainsi se réinfiltrer dans la vie sociale par une route convergente.

Le rite de passage de la conscription universelle n'est pas une expérience de libération pour tous. Comme l'indique le professeur William McNeill, détachés d'une société qui s'urbanisait et s'industrialisait rapidement, les individus incorporés dans l'armée perdaient à peu près tout sentiment de responsabilité personnelle. Le rituel et la routine occupaient tout leur temps. L'obéissance aux ordres qui ponctuait cette routine de temps en temps et dirigeait l'activité en cours dans une nouvelle voie les libérait des soucis inhérents à la prise de décision personnelle – soucis qui se multipliaient dans les sociétés urbaines où la concurrence, les rivalités et les divers problèmes qui se posent exigent une attention constante. Si paradoxal qu'il y paraisse, la privation de liberté était souvent une véritable libération surtout pour des jeunes hommes vivant dans des conditions soumises à des fluctuations rapides, qui n'avaient pas encore su assumer complètement leur rôle d'adultes.

Cependant, même en tenant compte de la pertinence de cette observation, il convient de reconnaître que la conscription universelle est associée à l'idée de liberté, tout au moins dans son sens politique, sinon dans son sens personnel. Les anciennes armées étaient des instruments d'oppression au service des rois pour soumettre le peuple. Les nouvelles armées devaient être les instruments de la libération des peuples du joug des rois même si, dans les Etats qui demeurent traditionalistes, cette libération est rigoureusement institutionnelle. Les deux idées ne sont pas contradictoires. En 1791, la Convention avait décrété que le bataillon organisé dans chaque district serait uni sous une bannière portant l'inscription : « Le peuple français uni contre la tyrannie », ce qui contenait l'idée inhérente à la constitution des Etats-Unis, à savoir que « le droit de porter des armes est une garantie de liberté directe ». Deux ans plus tard, le chef révolutionnaire Dubois Crancé avait proposé que chaque citoyen soit « un soldat et chaque soldat un citoyen », faute de quoi le pays n'aurait jamais de constitution.

La tension entre le principe de conquête des libertés par la révolution ou de leur obtention légale par l'accomplissement du service militaire allait unifier la vie politique européenne pendant la majeure partie du XIXe siècle.

L'excès de liberté conquis en France par la force des armes allait provoquer la réaction de Thermidor et détourner l'ardeur des sans-culottes vers les conquêtes extérieures. Les victoires des armées révolutionnaires allaient avoir pour effet d'inciter leurs ennemis, notamment l'empereur d'Autriche et le roi de Prusse, à décréter une variante de la levée en masse, manifestation initiale de la Révolution française sous sa forme militaire. Ils opposèrent donc des forces populaires – Landwehr, Landsturm, Freischützen – à l'armée française dans leur territoire.

La Landwehr et la Freischützen devinrent embarrassantes une fois leur travail achevé. Napoléon relégué à Sainte-Hélène, la Prusse et l'Autriche consignèrent ces forces populaires et leurs officiers à l'esprit bourgeois libéral avec le statut de contingents de réserve, avec la ferme intention de ne plus recourir à leurs services. Elles survécurent jusqu'en 1848 « année des révolutions » où leurs membres participèrent activement aux batailles de rues pour l'obtention des droits constitutionnels à Vienne et à Berlin – ils furent battus par la garde prussienne, ultime bastion de l'autorité traditionnelle. Entre-temps, ils avaient été imités en France dont la garde nationale maintenait le principe libéral dans la vie militaire. Après le retrait des troupes prussiennes de Paris en 1871, ils se soulevèrent contre l'armée régulière de la IIIe République conservatrice, dans une Commune sanglante qui allait envoyer à la mort vingt mille insurgés.

*« Pas de conscription sans représentation »*

Bien qu'elle se fût soldée par une défaite, la lutte de ces forces civiles contre les armées de la réaction exerça indirectement une pression suffisante pour arracher les droits électoraux et constitutionnels aux régimes européens conservateurs. En fait, il était aberrant que les Etats exigeassent l'impôt du sang d'individus qui se voyaient refuser leurs droits constitutionnels, particulièrement lorsque les Etats voisins renforçaient leurs armées et leurs réserves au moyen de la conscription. La Prusse accorda une constitution en 1849 à la suite de la peur causée l'année précédente par les révolutionnaires armés. En 1880, la France et l'Empire germanique avaient introduit le suffrage universel pour les hommes et, en 1882, la France institua une période de service militaire de trois ans pour ne pas être en reste.

L'Autriche étendit le droit de vote à tous les hommes en 1907. Même la Russie, le plus autocratique des Etats et le plus exigeant dans ses lois de conscription qui imposaient un service national de quatre ans, avait créé une assemblée représentative en 1905 après la défaite de son armée par les Japonais en Mandchourie et la révolution qui s'ensuivit la même année.

« Pas de conscription sans représentation », tel était le mot d'ordre tacite de la politique européenne au cours du demi-siècle précédant la Première Guerre mondiale. Comme la conscription constitue en elle-même un impôt prélevé sur le temps de l'individu – sinon sur son revenu –, la formule traduisait exactement le défi lancé par les colons américains à George III en 1776.

Chose paradoxale, dans les pays où le droit de vote était accordé à tous les hommes libres mais où le service militaire était encore limité aux individus pressés par « les privations ou la misère » – les Etats-Unis et l'Angleterre –, les citoyens s'engagèrent sous les drapeaux avec enthousiasme pendant la grande époque d'expansion militaire de l'Europe du XIXe siècle. Les premiers combats de la guerre de Sécession n'auraient jamais eu lieu sans l'existence d'un réseau de régiments d'amateurs aux noms ronflants.

Deux ans auparavant la peur de la guerre avait provoqué la formation d'un réseau semblable (et bien plus important) en Grande-Bretagne. Un poème patriotique de Tennyson avait contribué à l'enrôlement de deux cent mille civils dans des régiments de volontaires. Ces derniers embarrassèrent considérablement le gouvernement qui ne pouvait les empêcher de dessiner et d'acheter leur propre uniforme mais qui répugnait à les voir s'armer.

Ils s'armèrent pourtant et le gouvernement qui, comme tous ceux d'Europe, avait énergiquement procédé au désarmement de sa population depuis l'établissement de l'ordre public au début du XVIIIe siècle fut finalement obligé de leur fournir une partie des fusils entreposés dans les arsenaux de l'Etat. Le remplacement de l'ancien mousquet par le fusil moderne représente un événement d'importance capitale. De même que l'uniforme du soldat qui le portait, le mousquet était une marque de servitude. Sa portée était si courte que les mousquetaires devaient se masser en rangs serrés devant un ennemi à distance de pique[1] pour l'atteindre. En comparaison, le fusil était une arme qui nécessitait une adresse individuelle. Celui qui le maniait pouvait tuer un soldat à cinq cents mètres sans beaucoup de discrimination ; un bon tireur pouvait tuer un général à mille mètres. C'est ainsi que, selon les termes de Thomas Carlyle, les communards de Paris furent convaincus que « le fusil rendait tous les hommes grands ». Un fusilier valait le meilleur soldat. Compte tenu du statut que leur conféraient leurs armes, les fusiliers britanniques volontaires refusèrent de porter la tenue rouge étriquée des hommes du rang contraints de s'enrôler par les « privations et la misère ». Ils revêtirent l'ample costume de chasse en tweed des gentilshommes campagnards. Certains arboraient en outre le short « Garibaldi » ou le large chapeau « libéral » des révolutionnaires de 1848. De coupe et de couleur légèrement différentes (gris souris, vert-de-gris ou kaki), ce vêtement de chasseur de daim ou de grouse allait habiller toutes les armées d'Europe, exception faite des Français, tandis que le fusil à longue portée allait les armer. Le tireur d'élite portait cette preuve de son talent militaire avec orgueil. Les premières unités qui avaient utilisé le fusil – nommées *Schützen* en Allemagne, *Jäger* en Autriche, *chasseurs* en France, *Greenjackets* en Angleterre – se targuaient d'être les soldats de la modernité et de posséder en tant que tels un esprit de corps unique.

En réalité, tous les soldats qui participèrent à la guerre de 1914 étaient représentatifs de la modernité des Etats auxquels ils appartenaient. Robustes, sains, impeccablement vêtus et équipés d'armes d'une effica-

1. L'auteur fait allusion à la composition de l'infanterie au début du XVIIe siècle où les piquiers protégeaient les mousquetaires *(NdE)*.

cité sans précédent, ils se considéraient comme des hommes libres et ils étaient convaincus qu'ils allaient remporter une victoire prompte et décisive. Surtout, ils étaient nombreux. Aucune société au monde n'a jamais aligné autant de combattants que l'Europe de 1914. La section des renseignements de l'état-major général allemand avait évalué que chaque million d'individus composant une population pouvait fournir deux divisions, soit trente mille hommes. Ce calcul se révéla relativement exact à la mobilisation : la France avec ses 40 millions d'habitants mobilisa 75 divisions d'infanterie (et 10 de cavalerie) ; l'Allemagne, pour 57 millions, leva 87 divisions d'infanterie (et 11 de cavalerie) ; l'Autriche-Hongrie, pour 46 millions, 49 divisions d'infanterie (et 11 de cavalerie) ; la Russie pour 100 millions, 114 divisions d'infanterie (et 36 de cavalerie).

Chaque division était formée à partir d'une certaine province – les 9ᵉ et 10ᵉ divisions allemandes par exemple venaient de la Basse-Silésie, les 19ᵉ et 20ᵉ divisions françaises du Pas-de-Calais, les 3ᵉ et 5ᵉ divisions autrichiennes des environs de Linz (la ville natale de Hitler) les 1ʳᵉ, 2ᵉ et 3ᵉ divisions russes des Etats baltes. Leur départ vida donc chaque région de toute sa jeunesse masculine du jour au lendemain.

Dans la première quinzaine d'août 1914, quelque 20 millions d'Européens, (près de 10 pour cent de la population des Etats belligérants) revêtirent l'uniforme, s'armèrent et se mirent en route pour se lancer dans la guerre. Tout avait été dit et ils croyaient, pour la plupart, qu'ils seraient de retour « avant la chute des feuilles ».

Les robustes jeunes gens, fruits du miracle économique de l'Europe du XIXᵉ siècle, allaient être dévorés par les forces qui leur avaient donné la vie et la santé. Entre 1914 et 1918, deux millions de Français furent broyés dans l'engrenage de la machine militaire et le pourcentage des pertes fut évalué à quatre pour neuf. Les Allemands perdirent plus de trois millions d'hommes, les Autrichiens un million, les Anglais un million, les Italiens qui n'entrèrent en guerre qu'en mai 1915 – et se battirent sur le front le plus étroit – six cent mille. Les morts de l'armée russe, dont la prise du pouvoir par les Bolcheviks entraîna l'effondrement en 1917, n'ont jamais été dénombrés avec exactitude. Les tombes des soldats russes et celles de leurs ennemis allemands et autrichiens sont disséminées entre les Carpates et la Baltique ; celles des Français, des Anglais, des Belges et des Allemands tombés sur le front Ouest sont concentrées sur une étroite bande de territoire-frontière, dans des cimetières qui sont devenus des points de repère permanents. Ceux des Britanniques – conçus par le grand architecte néoclassique Edwin Lutyens et dont Rudyard Kipling, qui perdit lui-même un fils à la guerre, écrivit l'épitaphe : « Leur nom vit à jamais » et, sur la tombe des morts non identifiés : « Un soldat de la Grande Guerre connu de Dieu » – sont des lieux d'une émouvante beauté.

Les pères de la Révolution avaient cru sincèrement que leurs idées, librement répandues, auraient pour effet de créer une fraternité des nations et des citoyens. Or la Révolution n'avait jamais été pleinement internationale. Même à ses débuts, elle s'était manifestée comme la dynamique d'une seule nation. Lorsque ses principes furent plus largement divulgués, leur diffusion ne réussit qu'à renforcer l'amour-propre de chacune des nations où ils s'implantèrent. La Révolution française convainquit les Français qu'ils étaient les plus aptes à défendre l'égalité ; son influence renforça la foi des Allemands dans la fraternité. Quant au principe de liberté, les Anglais croyaient fermement qu'ils l'appliquaient déjà plus rigoureusement que ne pourrait jamais le faire un peuple qui venait revendiquer bien après eux ses droits innés à la liberté.

Les Etats qui remportèrent la victoire en 1918 et en recueillirent les fruits (notamment la France et l'Angleterre) purent concilier le sentiment des souffrances qu'ils avaient endurées avec leur foi dans les grandes valeurs qui les avaient portés à la guerre. Pour chacun d'eux les résultats positifs de la guerre compensaient les sacrifices endurés. Malgré les pertes humaines et matérielles, la guerre avait donné un nouvel essor à leur économie intérieure même si une grande partie des investissements d'outre-mer avaient été engloutis dans l'achat de matières premières et de produits manufacturés. En outre, elle leur avait permis d'étendre considérablement leurs possessions outre-mer. En 1914, la France et l'Angleterre étaient les empires coloniaux les plus importants du monde (ce fut l'un des principaux facteurs qui incita l'Allemagne à les attaquer). En 1920, après la répartition des possessions des puissances vaincues sous le mandat de la Société des Nations, leurs empires s'étaient encore accrus. Déjà puissance dominante en Afrique du Nord et de l'Ouest, la France ajouta la Syrie et le Liban à ses territoires méditerranéens. L'Angleterre, maîtresse de l'Empire colonial le plus vaste du monde, l'augmenta par l'annexion du Tanganyika allemand à ses colonies d'Afrique orientale. Ainsi, se réalisait son rêve d'une Afrique britannique allant du « Caire au Cap ». En même temps, elle acquit les mandats de la Palestine et de l'Iraq, ex-territoires ottomans. Elle put donc établir sa domination sur un « croissant fertile » s'étendant de l'Egypte à l'entrée du golfe Persique.

Les miettes de la table des empires allemand et turc tombèrent ailleurs : l'Afrique du Sud-Ouest et la

Papouasie allèrent respectivement à l'Afrique du Sud et à l'Australie, Rhodes à l'Italie, les îles allemandes du Pacifique au Japon – un cadeau qui se révélera plus tard inopportun. L'Italie et le Japon trouvaient qu'ils en méritaient davantage, d'autant plus que les grands alliés s'étaient attribués des miettes eux aussi. Leur sentiment de frustration allait nourrir de graves rancœurs dans les années à venir, mais la rancœur de ces vainqueurs défavorisés n'était rien en comparaison de celle des vaincus. L'Autriche et la Turquie, anciens prétendants à la souveraineté sur les territoires de l'Europe centrale, se résignèrent à s'adapter aux circonstances. Mais non pas l'Allemagne. Son sentiment d'humiliation lui rongeait le cœur. Elle avait perdu non seulement les éléments d'un embryon d'empire colonial de même que les jalons marquant sa pénétration historique en Europe centrale, en Prusse orientale et en Silésie mais encore les commandes d'une zone stratégique si étendue et si centrale que, jusqu'en juillet 1918, sa possession lui avait assuré la victoire et, partant, la mainmise sur un nouvel empire au sein de l'Europe.

Le 13 juillet 1918, à la veille de la deuxième bataille de la Marne, les armées allemandes occupaient toute la Russie occidentale jusqu'à une ligne qui touchait la Baltique à l'extérieur de Pétrograd et la mer Noire à Rostov-sur-le-Don, encerclait Kiev, capitale de l'Ukraine et centre historique de la civilisation russe, et coupait du reste du pays le tiers de la population russe, le tiers de ses terres agricoles et plus de la moitié de son industrie. Cette ligne n'était d'ailleurs pas établie par droit de conquête mais déterminée par un traité international signé à Brest-Litovsk en mars 1918. Les forces expéditionnaires allemandes opérèrent à l'Est jusqu'en Géorgie, en Transcaucasie et, au sud, jusqu'à la frontière gréco-bulgare et à la plaine du Pô en Italie. Grâce à ses satellites autrichien et bulgare, l'Allemagne s'empara de la totalité des Balkans et, à la faveur de son alliance avec la Turquie, elle étendit sa puissance jusqu'à l'Arabie et à la Perse du Nord. En Scandinavie, la Suède demeura amicalement neutre pendant que la Finlande conquérait son indépendance, et se libérait du joug de la Russie bolchevique – comme la Lettonie, la Lituanie et l'Estonie n'allaient pas tarder à le faire. En Afrique du Sud-Est une armée coloniale allemande tenait en respect une armée alliée dix fois plus nombreuse. A l'ouest, sur le front le plus critique, les troupes allemandes se trouvaient à soixante-quinze kilomètres de Paris. En cinq grandes offensives à partir de mars, le haut commandement allemand avait reconquis tout le territoire défendu par la France depuis la première bataille de la Marne, quatre ans auparavant. Une sixième offensive promettait de porter son avant-garde dans la capitale française et de lui assurer la victoire.

Mais, refoulées sur la frontière belge par les rigoureuses contre-offensives alliées de juillet, août et septembre, les troupes allemandes apprirent en novembre que leurs chefs avaient accepté l'armistice. Repassant le Rhin, les soldats vaincus s'étaient démobilisés d'eux-mêmes. L'armée la plus forte du monde, comptant encore plus de deux cents divisions, avait rapporté ses fusils et ses casques d'acier aux dépôts d'armes et s'était dispersée dans son territoire. Bavarois, Saxons, Hessiens, Hanovriens, Prussiens et même les immortels de la Garde Impériale décidèrent du jour au lendemain – défiant tous les impératifs sur lesquels reposait l'édifice de l'Empire germanique et du système militaire européen depuis cinquante ans – de rester sourds aux ordres supérieurs et de regagner leurs foyers. Les villes et les villages qui, depuis 1914, s'étaient vidés de leurs jeunes hommes les virent revenir en cohortes. Le gouvernement de Berlin qui avait compté inconsidérément sur la disponibilité d'une force militaire illimitée pendant un siècle n'en possédait plus aucune.

Les Etats ne peuvent survivre sans force armée. C'est une vérité que les successeurs socialistes du Kaiser découvrirent rapidement. Confrontés à l'intervention bolchevique – en Bavière, dans les ports de la Baltique et de la mer du Nord, à Berlin même –, ils recoururent à une aide militaire partout où ils pouvaient la trouver. Ce n'était pas le moment de se montrer difficile. Friedrich Ebert, chancelier de la nouvelle république, et socialiste de longue date, déclarait : « Je hais la révolution sociale comme le péché », mais il ne pouvait guère aimer les soldats que la nécessité mit sur sa route. « La guerre s'était emparée d'eux », écrivit Ernst von Salomon au sujet des premiers protestataires de la république. « Elle ne les lâchera jamais. Ils n'appartiendront plus jamais à leurs foyers. » Les hommes dont il parlait – et il en faisait partie – formaient un de ces groupes généré par toutes les grandes convulsions militaires. En novembre et décembre 1918, ils se nommaient *Frontkämpfer*, « combattants du front ». Les tranchées leur avaient enseigné un mode de vie dont le rétablissement de la paix ne pouvait les détacher.

Le général Ludwig von Maercker, organisateur du premier *Freikorps* de la république, envisagea de former « une vaste milice composée de bourgeois et de paysans groupés autour du drapeau pour le rétablissement de l'ordre ». Sa vision se référait à un système militaire pré-industriel dans lequel artisans et fermiers s'unissaient pour réprimer l'anarchie et la sédition. Le Freikorps était la manifestation d'un principe beaucoup plus moderne établi après 1789, à savoir qu'un être politique est un citoyen armé d'un fusil qu'il a appris à manier pour défendre la nationalité qui lui est propre et l'idéologie que cette nationalité personnifie.

Il convient de noter que le Freikorps de Maercker, le corps territorial des fusiliers volontaires *(das Freiwillige Landesjägerkorps)* comprenait une fonction d'« hommes de confiance » *(Vertrauensleute)* intermédiaires entre les officiers et les hommes de troupe. Son code de discipline stipulait que « le chef d'un corps de volontaires ne devait jamais infliger un châtiment susceptible d'offenser l'honneur de l'individu ». En bref, le Landesjägerkorps incarnait l'idée que l'Etat était militaire dans son essence, que la citoyenneté était validée par le service militaire, que le service était librement consenti et que le devoir d'obéissance du soldat devait toujours être atténué par la considération qui était due à sa qualité de combattant. Telle était l'ultime réalisation de la philosophie proclamée par les pères de la Révolution française cent trente ans auparavant.

Le premier Freikorps fit de nombreux émules dans toute la nouvelle République allemande. D'autres Freikorps surgissent dans les territoires sur lesquels *Germania* (la Germanie) prétendait posséder des droits historiques : les zones frontières revendiquées par le nouvel Etat polonais, les Etats baltes qui venaient de conquérir leur indépendance sur la Russie et les vestiges germanophones de l'Empire des Habsbourgs. Les noms adoptés par ces Freikorps étaient représentatifs de leur culture : division des fusiliers, corps territorial des fusiliers, brigade frontalière des fusiliers, division des fusiliers de la garde montée, corps des fusiliers volontaires de Yorck von Wartenburg, et ainsi de suite. Certains allaient former les brigades, les régiments ou les bataillons de l'armée des « cent mille hommes » que le traité de Versailles permettait à la République allemande de maintenir sous les drapeaux. D'autres se dispersèrent dans la clandestinité pour former les milices politiques des partis d'extrême droite dans la république de Weimar. Leurs homologues de l'aile gauche survécurent en tant qu'unités du Front rouge.

Le phénomène Freikorps ne se limitait pas au seul territoire allemand. Il apparut partout où les populations étaient divisées par des idéologies, par exemple en Finlande et en Hongrie sans parler de la Russie. Le monde de l'après-guerre était inondé d'armes à feu, d'individus sans racines, remplis d'amertume et d'officiers de métier qui savaient les commander.

C'est l'Italie qui offre l'exemple le plus caractéristique de la situation. Bouillonnante de rancœurs, elle n'avait guère bénéficié de son sacrifice du sang. L'acquisition de Trieste, du Tyrol du Sud et des îles du Dodécanèse n'était qu'une piètre compensation à ses six cent mille morts. Les survivants ne purent profiter de la victoire. Les dépenses de la guerre provoquèrent une crise économique que les partis traditionnels religieux et libéral ne pouvaient traiter. Le seul chef qui promettait le salut était proche du type Freikorps – Benito Mussolini –, qui préconisait des solutions militaires aux problèmes du pays. Son *Fascio di Combattimento* puisait ses membres chez les ex-militaires parmi lesquels les anciens *arditi* (soldats des troupes d'assaut) étaient les plus en vue. Le programme proclamé à la veille de la marche sur Rome qui livra le gouvernement aux fascistes en octobre 1922, consistait à « offrir au roi et à l'armée une Italie renouvelée ».

L'idée de l'armée en tant que modèle social-centriste, hiérarchisée et suprêmement nationaliste devait dominer la politique d'une vaste surface de l'Europe pendant les années d'après-guerre. Elle n'eut de prise ni sur les grandes nations victorieuses, France et Angleterre, ni sur les démocraties bourgeoises de l'Europe du Nord et de Scandinavie mais elle séduisit les nations vaincues, les Etats successeurs des empires démembrés et les pays sous-développés de l'Ouest européen, notamment le

Portugal et l'Espagne. Dans ces régions, les problèmes d'adaptation à la démocratie et aux forces de marché d'une économie internationale brusquement instable semblaient plus faciles à résoudre par un arrêt de la compétition entre classes, régions et minorités et par la remise de l'autorité entre les mains d'un haut commandement militaire et souvent politique.

Si les cadres militaires furent écartés de la vie politique dans la Russie de Lénine et de Staline, en Italie, ils dominaient le centre ; en Autriche et en Allemagne, ils rôdaient dans les coulisses prêts à occuper la scène dès que sonnerait leur heure ; en Hongrie, en Pologne, au Portugal, en Espagne, des généraux et colonels de carrière s'emparèrent du pouvoir. Une étrange interprétation de l'idéal de 1789 commença à se répandre ; le service militaire n'était plus considéré comme un brevet de citoyenneté, mais comme une obligation nationale. La formule « chaque citoyen est un soldat et chaque soldat un citoyen » avait éveillé un esprit de créativité dans une société comme celle de la France prérévolutionnaire où les deux états étaient historiquement et nettement séparés. Dans les sociétés où ils étaient assimilés, l'obéissance militaire ne remplaça que trop aisément les droits civiques dans les rapports entre masses et gouvernement. C'est ce qui se passa en Italie après 1922 et c'est ce qui allait se passer fatalement en Allemagne après 1933.

Adolf Hitler est certainement l'Européen de son temps le plus profondément imprégné de l'éthique militaire. En tant que sujet de l'Empire des Habsbourg, il s'était dérobé au service militaire car celui-ci l'aurait obligé à servir avec des Slaves et des Juifs qu'il méprisait. Août 1914 lui offrit l'occasion de s'engager comme volontaire dans une unité de l'armée allemande et il la saisit avec empressement. Il se révéla bientôt un excellent soldat et servit avec courage pendant toute la guerre, une expérience qui lui produisit « une impression extraordinaire car la grande lutte héroïque de notre peuple démontre de façon irréfutable que l'intérêt individuel peut être subordonné à l'intérêt commun ».

La défaite de 1918 le bouleversa tout autant que tous ceux qui s'enrôlèrent dans un Freikorps. Il aurait pu s'engager lui-même mais il trouva une situation qui correspondait mieux à ses talents et traduirait exactement cette interpénétration des principes politiques par les principes militaires dont il se ferait plus tard le champion suprême. Au printemps de 1919 il fut nommé *Bildungsoffizier* auprès du commandement du VII^e district de la république de Weimar avec mission d'enseigner aux soldats de la nouvelle armée leur devoir d'obéissance à l'Etat. C'était un objectif de propagande créé par l'armée en vue de préserver les hommes de la contagion des idées socialistes, pacifistes ou démocratiques. Le mot *Bildung* a de nombreux sens et signifie à la fois « formation », « éducation », « culture » et « civilisation ». Autodidacte et vaguement romantique, Hitler devait les connaître tous. Il était conscient de ses responsabilités et s'efforçait non seulement de garder ses hommes de toute influence pernicieuse mais aussi de former leurs esprits et de diriger leur conduite. Il ne fut probablement par surpris que l'état-major de l'armée de Munich l'ait en même temps encouragé à se joindre à un embryon de mouvement nationaliste, le parti des travailleurs allemands dont son supérieur, le capitaine Ernst Roehm, faisait lui-même partie, assisté d'autres anciens camarades de régiment de Hitler (le lieutenant Rudolf Hess et le sergent-major Max Amann). Roehm organisa rapidement une force d'assaut, la *Sturmabteilung* (SA) comprenant les hommes les plus aguerris des Freikorps et d'ex-soldats. En 1920, les éléments essentiels du parti nazi étaient en place.

Comme son antithèse communiste, le Front rouge, et son homologue italien le Fascio di Combattimento, le parti nazi fut militaire dans son organisation et son esprit dès le début. Il avait choisi un uniforme de couleur brune comme celui que portait la victorieuse armée britannique dont il adopta également le ceinturon. Il emprunta la casquette de ski des régiments alpins d'élite. Ses membres arboraient les bottes à haute tige caractéristiques de l'aristocratie équestre. A la parade, ils formaient les rangs derrière les bannières des légionnaires. En marche ils avançaient au rythme du tambour. Seule l'absence de fusils les distinguait d'une armée classique mais, dans l'esprit de Hitler, la victoire politique lui apporterait aussi les armes. Le triomphe de la révolution national-socialiste abolirait la différence existant entre parti et armée, citoyen et soldat et subordonnerait tous les Allemands et toutes les institutions allemandes – parlement, administration, tribunaux, écoles, affaires, industrie, syndicats et même les Eglises – au *Führer prinzipe*, le principe du commandement militaire.

## 2

# PREMIERS PAS VERS LA GUERRE MONDIALE

Commandement militaire implique action militaire. Le premier acte public de Hitler fut la mise à exécution d'un projet de putsch contre le gouvernement constitutionnel de la République allemande. En fait, il le préparait depuis cinq ans. « J'avoue très tranquillement que, de 1919 à 1923, je n'ai pensé qu'à un coup d'Etat », révéla-t-il à Munich en 1936. Pendant toutes ces années, Hitler avait mené une double vie. En tant que chef d'un parti en quête de nouveaux membres, il discourait constamment, inlassablement, galvanisant tous les publics qu'il pouvait attirer. Il parlait des « criminels de Versailles », des souffrances de l'Allemagne au cours de la guerre mondiale, de ses pertes territoriales, de l'iniquité des conditions du désarmement, des prétentions des nouveaux Etats – surtout la Pologne – édifiée sur le sol historique allemand, du rôle joué par les ennemis de l'intérieur dans la défaite de 1918 – Juifs, bolchevistes, judéo-bolcheviks et leurs pantins républicains-libéraux. A Munich, le 23 janvier 1923, le premier « Jour du parti nazi », il prononça un discours qui contenait les grandes lignes de tous les autres : « Avant tout, les ennemis de la liberté de l'Allemagne, les traîtres de la patrie, doivent être liquidés... A bas ceux qui ont perpétré le crime de novembre. Voici le commencement du grand message de notre mouvement. Nous ne devons jamais oublier qu'entre nous et les traîtres du peuple [le gouvernement républicain de Berlin] il y a deux millions de morts. » Tel était le thème central de ses discours : les soldats allemands avaient vaillamment combattu, ils avaient souffert et ils étaient morts au cours d'une guerre qui s'était terminée par un traité déniant à la génération suivante le droit de porter les armes. En conclusion, « l'Allemagne, désarmée, était une proie facile pour les exigences de ses voisins prédateurs ».

Ces voisins comprenaient les Polonais, contre lesquels les Freikorps avaient entrepris une campagne pour défendre le territoire du Reich en 1920 ; les Russes bolcheviks ; les nouveaux Etats slaves (la Tchécoslovaquie et la Yougoslavie) ; les vestiges de l'Empire des Habsbourg – la Hongrie et l'Autriche – qui avaient été menacés par une prise de pouvoir communiste et pouvaient l'être encore ; la France, le vainqueur le plus rapace qui, non seulement, avait repris l'Alsace-Lorraine mais maintenait une armée sur le Rhin et réclamait des réparations pour dommages de guerre les armes à la main. Hitler ne cessait de répéter que ces menaces ne pourraient être écartées que lorsque l'Allemagne aurait de nouveau une armée digne de ce nom – non pas la misérable force de cent mille hommes autorisée par le traité de Versailles, sans tanks, ni avions, ni pour ainsi dire d'artillerie. Il rêvait d'une armée capable de rivaliser avec celle de l'Etat le plus vaste et le plus peuplé d'Europe.

Tel était le message qui galvanisait le public de Hitler. Il s'était découvert un véritable talent d'orateur et, à mesure que son éloquence s'affirmait, il attirait des foules de plus en plus nombreuses. « Je revois l'époque… où je parlais devant onze, douze, treize, quatorze, vingt, trente, cinquante personnes. Quand je pense qu'au bout d'un an j'avais recruté soixante-quatre membres, je dois avouer que la création d'un mouvement qui compte aujourd'hui des millions d'individus représente une chose unique dans l'histoire de l'Allemagne. »

En 1923, les adhérents n'avaient pas encore commencé à affluer par millions ; ils ne se comptaient que par milliers mais ils réagissaient avec enthousiasme à ses incitations à la revanche. « Il est impossible que deux millions d'Allemands soient morts en vain et que nous nous asseyions à la même table que des traîtres, déclara-t-il à Munich en septembre 1922. Non, nous ne pardonnons pas. Nous crions vengeance. »

Certains répondaient aussi à ces appels à l'action violente car, indépendamment de ses discours, Hitler s'était donné pour tâche d'organiser une armée parallèle au sein de la république de Weimar et de conspirer contre son gouvernement. En 1923, les Sturmabteilungen (SA) comptaient quinze mille hommes en uniforme qui avaient accès à un important stock d'armes clandestin. En outre, Hitler croyait avoir le soutien de l'armée de l'Etat, la division bavaroise de la Reichswehr. Il avait été poussé dans cette croyance par l'attitude de nombreux officiers de cette division, en particulier le capitaine Roehm, futur chef des SA, qui, jusqu'à 1923, a fait partie de l'armée régulière. D'après son attitude et surtout celle du général Otto von Lossow, commandant l'armée en Bavière, Hitler s'était imaginé que si les SA et les milices associées qui formaient ensemble l'extrême droite, la *Kampfbund* (Ligue de combat), exécutaient un putsch, l'armée ne s'y opposerait pas. Or un putsch nécessite un chef et un prétexte. Hitler était bien décidé à prendre les commandes de l'opération, bien qu'il eût accepté de laisser le rôle de figure de proue au général Erich Ludendorff, ancien chef d'état-major général pendant une grande partie de la guerre. Le prétexte fut fourni par la France. En janvier 1923, pour contraindre le gouvernement allemand à payer ses dettes, le gouvernement français envoya des troupes occuper la Ruhr, le cœur industriel de l'Allemagne. Cette intervention provoqua une crise monétaire orchestrée en partie par le trésor allemand pour justifier ses difficultés de paiement. Il s'ensuivit une inflation qui réduisit à néant le pouvoir d'achat des travailleurs et les économies des classes moyennes. En juillet 1923, il fallait cent soixante mille marks pour obtenir un dollar (en 1914, il n'en fallait que quatre), en août, le dollar valait un million de marks et, en novembre, cent trente millions. Le chancelier Stresemann commença par décréter la résistance passive dans la Ruhr mais les Français maintinrent leur occupation tandis que l'exemple d'illégalité donné par le gouvernement allemand encourageait les communistes saxons et hambourgeois, les séparatistes de la région du Rhin et les anciens Freikorps de Poméranie et de Prusse à brandir la menace de la désobéissance civile. Après avoir rétabli l'ordre, Stresemann annonça la cessation de la campagne de résistance passive. Hitler décida alors que son heure était venue. Le 8 novembre, au cours d'une réunion publique organisée dans la *Bürgerbräukeller* de Munich où le général von Lossow et le Premier ministre bavarois avaient inconsidérément promis de se rendre, Hitler arriva armé pendant que ses hommes en armes attendaient dehors. Il mit Lossow et les autres notables en état d'arrestation et annonça la formation d'un nouveau régime : « Le gouvernement des criminels de novembre et le président du Reich sont destitués. Un nouveau gouvernement national sera nommé aujourd'hui même à Munich. Une nouvelle armée nationale sera immédiatement formée… La direction de la police sera assurée par moi-même.

Ludendorff prendra le commandement de l'armée nationale. »

Le lendemain, 9 novembre 1923, l'« armée nationale », la *Kampfbund*, marchait sur l'ancien ministère de la Guerre bavarois, Hitler et Ludendorff en tête. Roehm et ses SA avaient pris possession du bâtiment et attendaient leur arrivée. Des cordons de policiers armés s'étaient interposés entre les troupes de Roehm et celles de Hitler, à qui ils barraient la route à l'Odeonsplatz. Hitler réussit à franchir le premier cordon mais le second maintint ses positions, ouvrit le feu et abattit l'homme qui marchait à côté de Hitler et qui, en tombant, s'accrocha à lui, le tirant sur le sol. Goering, le futur commandant de la Luftwaffe, fut blessé mais Ludendorff resta indemne. Il poursuivit sa marche, indifférent à l'effusion de sang mais, en atteignant le ministère de la Guerre, il se retrouva seul. L'armée nationale allemande s'était désintégrée.

Les conséquences immédiates du putsch de la brasserie furent banales. Neuf des conspirateurs furent jugés. Ludendorff fut acquitté et Hitler condamné à cinq ans d'emprisonnement dont il n'accomplit que neuf mois, juste assez longtemps pour dicter à Rudolf Hess (un vieux camarade de régiment) le reste de son manifeste politique, *Mein Kampf*. Cependant, les conséquences à long terme du procès se révélèrent considérables. Dans le discours qu'il prononça devant le tribunal, discours publié dans toute l'Allemagne, Hitler apparut pour la première fois comme une personnalité d'envergure nationale. Il se déclara soulagé que ce fût la police et non la Reichswehr, qui ait tiré sur lui et sur la Kampfbund. « La Reichswehr, dit-il, demeure aussi libre de toute pollution qu'autrefois. Un jour, elle sera tout entière à nos côtés, officiers et soldats. L'armée que nous avons formée croît de jour en jour... J'espère avec fierté que sonnera l'heure où ces rudes compagnies deviendront des bataillons, les bataillons des régiments, les régiments des divisions, où la vieille cocarde sera relevée de la boue, où les vieux drapeaux flotteront de nouveau, où une réconciliation naîtra devant le grand jugement dernier que nous sommes préparés à affronter. »

En ce qui concerne sa tactique du putsch, il l'exposa à Munich en 1933 : « Nous n'avons jamais envisagé de fomenter une révolte contre l'armée. C'est avec elle que nous espérions réussir. » Après le putsch, il changea définitivement de tactique. Il décida de ne plus entreprendre d'action illégale contre l'Etat, et de conquérir le pouvoir par des moyens constitutionnels, à savoir les élections. Bien qu'il ne voulût pas dévoiler publiquement son but, il cherchait à prendre la direction de l'armée, du ministère de la Guerre et du budget pour voter les crédits militaires nécessaires au réarmement. Au cours des dix ans qui suivirent l'échec du putsch, Hitler se garda de décourager le développement de la force des SA qui, à la veille de sa prise de pouvoir en 1933, comptait quatre cent mille hommes, quatre fois plus que la Reichswehr. Il ne détrompa pas non plus les troupes d'assaut qui croyaient que, le moment venu, elles échangeraient la tenue brune contre l'uniforme gris et composeraient les rangs de l'« armée nationale » qu'il avait promis de créer. Il prit soin néanmoins de veiller à ce que les SA soient soumis à une discipline stricte, que leurs ambitions soient étouffées, enfin que ses chefs soient dissuadés de se considérer comme des personnalités militaires plutôt que politiques. Après Munich, Hitler resta convaincu que les généraux qui se prétendaient « au-dessus des partis *(Überparteilichkeit)* constituaient une puissance qu'il ne pouvait se permettre de s'aliéner ».

*Hitler et la révolution nazie*

En 1923, la crise économique lui fournit un faux prétexte. En 1930, la crise économique lui fournit une autre occasion. Entre les deux dates et son accession à la Chancellerie en janvier 1933, il fit preuve d'une habileté consommée. Pendant les six années qui suivirent l'inflation catastrophique de 1923, l'Allemagne avait opéré un redressement prodigieux. Sa monnaie s'était stabilisée, le crédit se restaurait, l'industrie reprenait et le chômage avait considérablement diminué. La crise mondiale de 1930 qui ruina le crédit dans toute l'Europe centrale, réduisit à néant une grande partie des efforts accomplis. En Allemagne, nation de 60 millions d'habitants, le nombre de chômeurs passa de 1 320 000 en 1929 à 3 000 000 un an plus tard, à 4 500 000 l'année suivante et à plus de 6 000 000 pendant les deux premiers mois de 1932. Une fois de plus, le pays connut l'épreuve de la misère et les partis modérés de la république de Weimar qui adoptaient une politique orthodoxe pré-keynesienne d'équilibre du budget ne trouvaient aucun moyen de redresser la situation. Les partis extrêmes en profitèrent aux élections parlementaires qui se déroulèrent successivement à mesure que les élus modérés tombaient sous la pression des événements. En septembre 1930, le parti nazi obtint 18,3 pour cent des voix et, en juillet 1932, 37,3 pour cent. Il gagnait ainsi 230 sièges et devenait le parti le plus important du Reichstag. Avec 13 800 000 électeurs, plus d'1 000 000 d'adhérents et une armée privée de 400 000 hommes, Hitler était le chef politique le plus puissant que l'Allemagne ait jamais connu. Le succès parallèle du parti communiste renforça l'influence de Hitler sur les électeurs terrifiés par l'épouvantail du bolchevisme. En 1930, le communisme s'était singulièrement renforcé et le nombre de ses partisans augmenta encore ; en 1932, il obtint 6 000 000 de voix et 100 sièges.

Les communistes eux aussi possédaient une armée privée, le Front rouge, qui engageait des batailles de rues avec les SA. Les rencontres se terminaient souvent par des tueries. En juillet 1932, les communistes tuèrent 38 nazis et perdirent 30 hommes. Ainsi, surgit le spectre de la révolution rouge. Bien que cette menace ne pût lui assurer une majorité parlementaire – qu'il manqua de 6,2 pour cent, même après sa prise de pouvoir en 1933 –, elle incita les politiciens modérés à accepter Hitler comme un contrepoids susceptible d'être utilisé pour contrebalancer l'extrémisme révolutionnaire par l'extrémisme simplement radical que le nazisme représentait à leurs yeux. En janvier 1933, après les échecs successifs de ministères de fortune, le président Hindenburg – un autre héros de la guerre – écouta ses ministres qui lui conseillaient d'offrir la chancellerie à Adolf Hitler. Le 30 janvier, celui-ci était installé dans ses nouvelles fonctions.

Sa nomination fut suivie de l'une des révolutions économiques, politiques et militaires les plus remarquables opérées par un seul homme en un laps de temps comparable. Entre le 30 janvier 1935 et le 7 mars 1936, il restaura la prospérité du pays, réduisit non seulement l'opposition mais encore toute velléité d'opposition à son autorité, recréa une armée formidable, principal symbole de la fierté de la nation et utilisa la force ainsi reconstituée pour abroger le traité imposé à la nation alors qu'il n'était encore qu'un humble soldat. La chance le favorisa, notamment par la mort de Hindenburg en août 1934 et par l'odieux incendie du Reichstag en février 1933. Ce dernier lui permit d'évoquer la fiction d'une menace communiste contre les institutions parlementaires ce qui incita les modérés à voter avec les nazis la suspension des pouvoirs parlementaires : l'acte d'habilitation conféra à Hitler le pouvoir législatif exclusif, c'est-à-dire le droit de promulguer des lois par simple apposition de sa signature sur le document idoine. La mort d'Hindenburg lui permit d'abolir la fonction de président et de l'associer à celle de chancelier. Il adopta le titre de Führer ; en cette qualité, il exerça l'autorité à la fois de chef de gouvernement et de chef de l'Etat. Mais, entre 1933 et 1935, sa réussite ne fut pas due uniquement à la chance. Sa politique économique n'était pas fondée sur la théorie et certainement pas sur la théorie keynésienne. Elle consistait néanmoins en un programme de déficit budgétaire, d'investissements de l'Etat dans les travaux publics et de rééquipement industriel garanti par l'Etat que Keynes aurait approuvé. Associée à une destruction systématique du mouvement syndicaliste qui éliminait d'un coup toutes les restrictions sur la liberté du travail et les rapports entre patrons et employés, cette politique eut un effet sensationnel sur le chômage ; entre janvier 1933 et décembre 1934, le nombre des chômeurs diminua de moitié. La plupart des 3 000 000 de nouveaux travailleurs furent employés à la construction du magnifique réseau routier *(Autobahn)* qui allait devenir le premier symbole du miracle économique nazi.

Il ne tenta pas de réarmer l'Allemagne en s'attaquant tête baissée aux clauses désastreuses du Traité de Versailles. Il attendit que les nations victorieuses lui fournissent une occasion. Il n'annonça la réintroduction de la conscription qu'en mars 1935. Confrontés comme avant la Première Guerre mondiale à une baisse de natalité, les Français déclarèrent qu'ils doublaient la durée du service militaire. Hitler fit alors valoir que cette décision constituait une menace pour la sécurité de l'Allemagne, ce qui justifiait une extension de son armée de 100 000 hommes. Il dissimula même son importance en proposant à la France un pacte qui limiterait le nombre de ses soldats à 300 000 et sa nouvelle armée de l'air (dont la création représentait une autre entorse au traité de Versailles) à 50 pour cent des forces de l'air françaises. Le refus de la France lui permit de fixer des quotas plus importants.

*Hitler et les généraux*

La réintroduction de la conscription lui donna, en 1936, une armée de trente-six divisions, alors que jusque-là la Reichswehr en comptait sept. Elles n'étaient pas encore toutes équipées et ses généraux le prévinrent qu'il n'aurait pas la force de résister à une réaction contre sa politique antiversaillaise. Pour réaliser son ambition profonde de remilitariser la région du Rhin, il attendit encore de trouver un semblant de cause légale. En mars 1936, il protesta contre la ratification d'un pacte d'assistance mutuelle entre la France et l'Union soviétique. Comme ce pacte engageait la France à intervenir en cas d'agression de l'Allemagne contre l'Union soviétique, Hitler saisit le prétexte pour protester contre la violation de la clause précisant que la France n'attaquerait jamais l'Allemagne sauf en vertu d'une résolution de la Société des Nations. Il justifiait ainsi les mesures qu'il prenait pour renforcer les défenses de la frontière franco-allemande. En conséquence, le 7 mars 1936, il ordonna la réoccupation de la Rhénanie, région où aucun soldat allemand n'avait remis les pieds depuis 1918. Il était convaincu que la France ne tenterait pas d'expulser les troupes qu'il expédiait dans le secteur bien qu'elles fussent réduites à trois bataillons.

Les généraux allemands l'avertirent que l'opération comportait des risques. Cependant, ils n'étaient pas disposés à critiquer ses décisions diplomatiques ou stratégiques étant donné que l'armée avait été l'une des principales bénéficiaires de la révolution national-socialiste. Ils avaient échappé au *Gleichschaltung*, le processus par lequel tous les organismes de la vie allemande avaient été placés directement sous l'autorité nazie. Qui plus est, le corps des SA qui constituait la plus grande menace contre leur indépendance avait été décapité en juin 1934. Hitler avait tenu sa promesse d'incorporer les SA dans la Wehrmacht en ce sens que les plus jeunes d'entre eux reçurent leur feuille de route et se trouvèrent mobilisés avec des milliers d'autres conscrits qui n'avaient jamais porté l'uniforme brun. L'armée avait bénéficié du programme d'investissement de l'Etat plus largement que toute autre institution : des chars et des avions en quantité suffisante pour équiper une panzerforce de six divisions (bientôt dix) et une Luftwaffe de deux mille appareils de combat – commençaient à affluer régulièrement des usines d'armement. Quant à la marine, que l'amirauté britannique avait inconsidérément autorisée à se libérer des termes du traité de Versailles, elle avait acquis bon nombre de navires, et même de sous-marins équivalant à 60 pour cent de la flotte sous-marine de la Royal Navy. Ainsi, après avoir été privée pendant quinze ans d'hommes et de matériel, la Wehrmacht comptait subitement parmi les forces armées les plus puissantes d'Europe. De plus, le programme de réarmement de Hitler transforma les perspectives de carrière des officiers. En 1933, la moyenne d'âge des colonels était de cinquante-six ans ; en 1937, elle était réduite à trente-neuf ans, tandis que de nombreux officiers de la Reichswehr, admis à la retraite, se virent nommés à la tête de régiments, de brigades et même de divisions.

La séduction que Hitler exerçait sur les officiers de l'armée de métier était calculée comme tous les éléments de son programme. Avec les SA, il avait toujours joué un double jeu. Bien qu'il eût profité pleinement de la force politique qu'ils lui avaient apportée avant 1933, il se faisait une trop haute opinion de l'armée pour voir dans ces combattants de rue un matériel militaire approprié. Hitler était, à bien des égards un « snob militaire ». Il s'était vaillamment battu pendant toute la durée de la Première Guerre mondiale ; il avait été blessé et décoré de la croix de fer pour faits d'armes. L'armée qu'il cherchait à recréer devait ressembler à celle qu'il avait servie, pas à une milice politique revêtue de la tenue grise de campagne. La purge sanglante de juin 1934 qui avait éliminé Roehm et ses compagnons paramilitaires aspirant à accéder au rang de généraux lui laissait les mains libres.

Bien qu'ils n'aient rien voulu savoir de la purge de 1934, dite de « la nuit des longs couteaux », les généraux n'en étaient pas moins satisfaits. Elle rehaussait le prestige du Führer à leurs yeux mais la réciproque n'était pas vraie. Hitler était peut-être un « snob militaire », mais pas un admirateur des grades et des titres. Il savait que de nombreux officiers appartenant à l'élite de la Wehrmacht, notamment ceux de l'état-major général, n'avaient pas combattu sur le front pendant la Première Guerre mondiale sous le prétexte que leur matière grise était trop précieuse pour être soumise à des risques au-delà de leur quartier général. Leur supériorité militaire et sociale l'agaçait. L'une des multiples rancœurs qu'il nourrissait à leur égard s'était développée au procès de Munich lorsque le général von Lossow, son pusillanime allié, avait déclaré qu'il ne le considérait guère que comme un « petit tambour politique ». Le procureur avait encore envenimé la blessure en concluant que le « petit tambour s'était laissé entraîner au-delà de la position qui lui était assignée ». A présent, c'était Hitler qui assignait les positions partout – excepté dans l'armée qui conservait les commandes de sa structure et de ses promotions. Comme les généraux continuaient à choisir des officiers qu'il jugeait timorés, Hitler était décidé à mettre fin à ce système. Il voulait une guerre conduite par des commandants aussi avides que lui-même de prendre une revanche sur les vainqueurs de 1918 et leurs Etats satellites fondés sur la défaite de l'Allemagne.

Le commandant en chef von Fritsch était sa bête noire. En novembre 1937, il sollicita une audience privée du Führer pour le mettre en garde contre une politique qui risquait de provoquer la guerre. Deux mois plus tard, Hitler saisit l'occasion du remariage scandaleux du général von Blomberg, ministre de la Guerre, pour se débarrasser des deux hommes. Ils ne furent pas immédiatement remplacés par les généraux belliqueux dont il souhaitait s'entourer mais leur destitution lui fournit un prétexte pour établir un nouveau service de haut commandement l'*Oberkommando der Wehrmacht* (OKW) à la place du ministère de la Guerre dont il prit lui-même la tête. Il lui attribua la responsabilité du plus haut niveau d'organisation stratégique. Ce fut un changement capital car c'est en 1938 que Hitler passa à l'offensive diplomatique. Le 5 novembre 1937, il avait déclaré à son entourage que l'Angleterre et la France ne seraient pas disposées à s'opposer aux forces allemandes dans leur mouvement pour consolider leurs positions à l'Est. Il voulait profiter de l'enthousiasme des nationalistes allemands pour annexer d'abord l'Autriche (Anschluss) ensuite les régions germanophones de Tchécoslovaquie (le pays sudète). Il espérait obtenir bientôt l'alliance de l'Italie, protectrice de l'Autriche. En ce qui concernait la Pologne, il nourrissait des projets à plus long terme et il était convaincu qu'elle serait immobilisée par la rapidité de l'action allemande.

En novembre 1937, Mussolini accepta ses propositions d'alliance et signa le pacte anti-Komintern (le

Japon en fit autant dans le courant du même mois). En mars 1938, Hitler se sentit libre d'agir en Autriche. Il commença par exiger que des Autrichiens nazis soient installés dans les postes clés du gouvernement. Le chancelier Schuschnigg refusa. Le chef nazi autrichien Seyss-Inquart prit alors la direction d'un gouvernement provisoire et demanda à l'Allemagne d'intervenir. Le 12 mars, les troupes allemandes envahirent l'Autriche. L'Anschluss fut proclamé le jour suivant et, le 14 mars, Hitler fit son entrée triomphale à Vienne où il avait vécu une jeunesse misérable. L'Angleterre et la France se contentèrent de protester. Leur passivité confirma Hitler dans l'idée qu'il pouvait procéder tranquillement à une offensive diplomatique contre la Tchécoslovaquie. En avril, il ordonna à l'OKW de préparer ses plans en vue d'une opération militaire. Entre-temps, il donnait des instructions aux groupes allemands nazis du pays sudète pour qu'ils réclament la sécession. Il décida d'entreprendre une action militaire en octobre. Le 12 septembre, il prononça un discours enflammé contre les Tchèques pendant que les troupes allemandes se dirigeaient vers la frontière.

La « crise tchèque » semblait évoquer le spectre de la guerre bien que la menace ne fût pas précise. Les Tchèques n'étaient pas assez forts pour résister seuls à la Wehrmacht réarmée. Or l'Armée rouge, leur source d'assistance la plus proche, pouvait venir à leur secours simplement en traversant le territoire polonais, manœuvre que la Pologne, qui se méfiait à juste titre des Russes, n'était pas disposée à permettre. Les Français – alliés des Tchèques – et les Anglais ne tenaient pas non plus à voir la Russie intervenir en Europe centrale. Cependant, bien que l'honneur exigeât qu'ils s'opposent militairement au démembrement de la Tchécoslovaquie, tant leurs gouvernements que leurs peuples répugnaient à cette éventualité. Aucun des deux pays n'avait encore modernisé ses forces et ils commençaient à peine à se réarmer, et cela sans grand enthousiasme. Qui plus est, ni l'un ni l'autre n'avait essayé de soutenir leurs protestations par la force. Leurs précédentes tentatives d'action collective par l'intermédiaire de la Société des Nations – contre le Japon pour ses agressions en Mandchourie en 1931, et en Chine en 1937, contre l'Italie pour son agression en Ethiopie en 1936 – s'étaient soldées par des échecs. Les Premiers ministres français et britannique, Daladier et Chamberlain, conseillèrent donc au président de la Tchécoslovaquie, Benes, d'acquiescer aux exigences du Führer, bien que la cession du territoire sudète entraînât aussi la cession des fortifications frontalières du pays. Dans ces conditions, la Tchécoslovaquie n'aurait plus aucune protection contre de nouvelles exigences allemandes. Néanmoins, se sentant abandonné par les démocraties occidentales, Benes fut contraint de capituler. La crise paraissait réglée lorsque, le 22 septembre, Hitler décida de durcir ses conditions : au lieu d'attendre qu'une commission internationale délimite la nouvelle frontière, il réclama l'annexion immédiate du pays sudète. Ce fut ce tour de vis qui provoqua la « crise de Munich ». Les 29 et 30 septembre, Chamberlain et Daladier engagèrent de nouveaux pourparlers avec Hitler au cours d'une rencontre qui lui apporta des avantages plus importants qu'il ne l'avait espéré.

Certains historiens s'accordent pour penser que Munich est l'ultime étape dans les concessions. Il est vrai que Daladier et Chamberlain regagnèrent leurs pays respectifs apparemment soulagés mais convaincus – Chamberlain plus encore que Daladier – que le processus du réarmement devait s'accélérer. Il serait plus exact de dire que Munich marque le moment où Hitler abandonna toute prudence dans sa campagne de diplomatie agressive et commença à prendre des risques qui incitèrent les démocraties à marquer une plus ferme résistance à ses défis et finalement à opposer la force à la force. En réalité ce fut le traitement infligé à la Tchécoslovaquie accablée qui marqua le tournant décisif. Le 11 mars 1939, six mois après avoir absorbé le pays sudète, Hitler s'arrangea pour que le parti séparatiste de la moitié slovaque qui restait du territoire annonce sa sécession. Lorsque le nouveau président tchèque, Hacha, se rendit à Berlin pour protester, il fut physiquement contraint de demander l'établissement d'un protectorat allemand pour l'ensemble de la Tchécoslovaquie. Le lendemain, 16 mars, les troupes allemandes envahirent le pays juste à temps pour former une garde d'honneur destinée à protéger Hitler qui entrait à Prague sur leurs talons.

Le viol de la Tchécoslovaquie poussa les démocraties à l'action. Le gouvernement français décida qu'il fallait mettre un terme à toute nouvelle entreprise du Führer. Le 17 mars, Chamberlain déclara publiquement que l'Angleterre s'opposerait « de toutes ses forces » à toute attaque contre les petits Etats. C'était une mise en garde : Hitler ne la prit pas au sérieux. Depuis janvier, il menaçait la Pologne qui possédait une large bande de territoire ayant appartenu à l'Allemagne avant 1918, en particulier le « couloir » qui séparait la Prusse orientale, et la ville germanophone de Dantzig, du cœur de l'Allemagne. Les Polonais résistèrent farouchement à ses avertissements et ils s'obstinèrent, même après qu'il eut occupé le port de Memel – territoire de la Société des Nations, et ancienne possession allemande avant 1918 situé sur la frontière polonaise. Ils étaient soutenus par la pensée que l'Angleterre et la France se préparaient à étendre leur protection à la Pologne. C'est ce que celles-ci confirmèrent le 31 mars, huit jours après avoir annoncé publiquement qu'elles défendraient la Belgique, la Hollande ou la Suisse contre toute agression.

Deux semaines plus tard, le 13 avril, pour témoigner du durcissement de leur attitude, elles donnèrent des garanties semblables à la Roumanie et à la Grèce, après l'annexion de l'Albanie par Mussolini, digne émule de Hitler.

La Pologne constituait alors le foyer de la crise grandissante que la France et l'Angleterre espéraient résoudre au mieux en engageant l'Union soviétique dans une alliance de protection malgré la méfiance qu'elle et son système leur inspiraient. Ce projet aurait pu aboutir, mais les Polonais refusèrent énergiquement d'envisager l'entrée de l'Armée rouge sur leur territoire. Ils soupçonnaient les Russes de vouloir annexer une partie de leur pays et d'envisager le maintien de leur occupation en récompense de leur intervention. La France et l'Angleterre ne pouvaient offrir à Staline aucune compensation suffisante pour l'inciter à leur prêter main-forte dans l'hypothèse d'une crise. Les négociations entre l'URSS et les démocraties traînèrent en longueur pendant tout l'été de 1939.

Hitler, en revanche, avait de quoi l'appâter. Au cours du printemps et de l'hiver, il avait également négocié avec Staline. Il savait que celui-ci ne tenait pas à se risquer dans une guerre, même pour un enjeu aussi important que la Pologne. Les discussions semblaient devoir s'éterniser indéfiniment étant donné qu'aucun des deux pays ne voulait dévoiler ses batteries. Puis, à la fin de juillet, Hitler laissa entendre que Staline pourrait occuper une partie de la Pologne orientale s'il s'abstenait d'intervenir en cas d'invasion allemande du pays par l'ouest. Les Russes se montrèrent intéressés et, le 23 août, les deux ministres des Affaires étrangères, Molotov et Ribbentrop, se rencontrèrent à Moscou où ils signèrent un pacte de non-agression. Les clauses secrètes de ce traité stipulaient que, en cas de guerre germano-polonaise, l'URSS pourrait annexer la Pologne orientale jusqu'à la Vistule et les Etats baltes : la Lettonie, la Lituanie et l'Estonie.

La Pologne était condamnée. Le 15 juin 1939, l'état-major allemand (OKH[1]) avait établi son plan d'attaque. Deux groupes d'armée, Nord et Sud, devaient déployer ensemble quelque soixante-deux divisions dont six blindées et dix motorisées appuyées par mille trois cents avions de combat pour attaquer simultanément leur objectif : Varsovie. Comme la Pologne septentrionale était dominée par la province allemande de Prusse orientale tandis que sa frontière sud jouxtait la Tchécoslovaquie devenue depuis l'année précédente une extension de l'Allemagne (en tant que protectorat de Bohême-Moravie) et l'Etat fantoche de Slovaquie, elle se trouvait débordée sur toute la longueur de ses deux frontières les plus vulnérables. Sa zone fortifiée, située à l'ouest, couvrait le secteur industriel de basse Silésie et elle n'avait pas eu le temps de construire de nouvelles fortifications après l'annexion de la Tchécoslovaquie. Le gouvernement polonais tenait naturellement à protéger la région la plus riche et la plus peuplée du pays. Il ignorait l'existence du pacte Molotov-Ribbentrop et, par conséquent, la menace russe qui pesait sur son armée de l'Est. Il comptait sur les Français assistés des Anglais pour attaquer la frontière occidentale de l'Allemagne afin de dissuader les divisions allemandes de pousser vers l'Est au moment où la Wehrmacht se mettrait en marche.

Hitler raisonnait autrement. Il croyait que les Français n'interviendraient pas sur la frontière ouest où il ne laissa que quarante-quatre divisions – contre cent pour l'armée française – et que les Anglais n'auraient pas le temps de gêner l'Allemagne pendant la campagne éclair

1. Etat-major de l'armée de terre (*Oberkommando des Heeres*).

qu'il comptait mener contre la Pologne. Son pays avait l'avantage d'être mobilisé alors que la France et l'Angleterre ne l'étaient pas. Il possédait en outre une armée infiniment supérieure à celle des Polonais tant en nombre qu'en matériel. Bien qu'elle eût commencé à mobiliser en juillet en voyant l'horizon s'assombrir, la Pologne n'avait pas encore déployé tous ses hommes le 1er septembre. Elle possédait en tout quarante divisions dont aucune n'était blindée et un nombre de vieux chars légers tout juste suffisant pour équiper une seule brigade. Sa flotte aérienne se composait de 935 appareils dont la moitié était à peu près hors d'usage.

*La campagne de Pologne*

Cependant, Hitler avait besoin d'un prétexte pour attaquer. Le 25 août, en apprenant que l'Angleterre avait formellement ratifié ses engagements vis-à-vis de la Pologne, il hésita un moment et une série de pourparlers diplomatiques s'ensuivit. Néanmoins, le 28 août, il abrogea officiellement le pacte de non-agression signé en 1934 avec la Pologne (qui possédait alors une armée beaucoup plus nombreuse que la Wehrmacht). Dans la soirée du 31 août, il apprit que les Polonais avaient lancé une attaque – soigneusement mise en scène par les SS[1] – près de la ville frontière de Gleiwitz. Le lendemain matin, à 4 h 45, ses blindés commençaient à passer la frontière.

Dans la soirée du 1er septembre, l'aviation polonaise était pratiquement anéantie. La plupart de ses appareils avaient été détruits au sol par la Luftwaffe. Toutes les

1. Les SS, ancienne garde personnelle du Führer, étaient devenus pour une part une formation opérationnelle aux ordres du parti.

forces terrestres de la Wehrmacht progressèrent rapidement. Le 3 septembre, jour où expirait l'ultimatum franco-anglais exigeant le retrait des troupes allemandes faute de quoi les Alliés se considéreraient en état de guerre avec l'Allemagne, la IV^e^ armée, en provenance de Poméranie, fit sa jonction avec la III^e^ qui venait de Prusse orientale et coupait le couloir qui donnait accès à Dantzig et Gdynia, débouchés de la Pologne vers la mer. Le 7 septembre, après l'échec d'une tentative des Polonais pour se maintenir sur la Warta, à l'ouest de Varsovie, la X^e^ armée, partie du sud, prenait position à une cinquantaine de kilomètres de la capitale. En même temps, la III^e^ armée descendant du nord, s'installait sur la Narew, à quarante kilomètres de là. Les Allemands avaient dû modifier leurs plans. Ils avaient prévu que la majeure partie de l'armée polonaise serait encerclée à l'ouest de la Vistule où se situe Varsovie. Cependant, de nombreux soldats réussirent à traverser le fleuve et à se regrouper pour se diriger vers la capitale et livrer bataille. En conséquence, l'état-major allemand ordonna un second mouvement d'enveloppement plus large concentré sur la rive du Bug à cent cinquante kilomètres à l'est de Varsovie. Pendant que l'opération était en cours, l'unique crise de la guerre se produisit. L'armée polonaise de Poznan, l'une de celles qui se trouvaient prises au piège à l'ouest de la Vistule, fit demi-tour et attaqua les VIII^e^ et X^e^ armées allemandes par l'arrière, infligeant de lourdes pertes à la 30^e^ division au premier assaut. Les Allemands ripostèrent par une terrible bataille d'encerclement qui se termina le 19 septembre par la capture de 100 000 soldats. Varsovie était assiégée depuis le 17 septembre. Pour réduire par la terreur la résistance de sa garnison, les Allemands bombardèrent la ville sans relâche jusqu'au 27, date de sa capitulation.

Tout espoir d'évasion vers l'est avait été anéanti par l'intervention de l'Armée rouge qui, à la suite des appels à l'aide lancés par les Allemands les 3 et 10 septembre, se décida, le 17 septembre, à déplacer ses fronts de Russie Blanche et de Lituanie au-delà de la frontière. Environ 217 000 Polonais sur les 910 000 faits prisonniers au cours de la campagne tombèrent entre les mains des Russes.

Le 6 octobre, toute résistance polonaise avait cessé. Environ 100 000 Polonais s'enfuirent en Lituanie, en Hongrie ou en Roumanie d'où ils prirent le chemin de la France et, plus tard, de l'Angleterre, pour former les forces armées polonaises en exil et poursuivre la lutte – dans l'infanterie pendant la bataille de France, dans l'aviation pendant la bataille d'Angleterre et, par la suite, sur d'autres fronts jusqu'au dernier jour de la guerre.

Après la campagne, la Wehrmacht dirigea ses divisions victorieuses – qui avaient perdu 13 981 hommes – vers la ligne Siegfried pour qu'elles se préparent à entrer en campagne contre les Franco-Britanniques. En réalité, à part un léger déploiement d'activité sur la Sarre, entre le 8 septembre et le 1er octobre, les troupes alliées n'avaient tenté aucune diversion. L'invasion de la Pologne n'avait produit d'effet qu'à l'est où la Russie se hâta d'invoquer les clauses du pacte germano-soviétique pour installer ses troupes en Lituanie, en Lettonie et en Estonie. Cette manœuvre s'achèvera avec l'annexion de ces trois pays par l'Union soviétique en juin 1940.

### *La guerre d'hiver*

Staline s'attaqua également à la Finlande mais avec des résultats moins positifs. Territoire russe entre 1808 et 1917, la Finlande avait conquis son indépendance en luttant contre les bolcheviks pendant la Révolution et obtenu un tracé de frontières que Staline jugeait trop proche de Leningrad et des ports soviétiques de la Baltique. Le 12 octobre 1940, une semaine après l'adhésion de la Lettonie au traité que lui imposait l'URSS, il demanda au gouvernement finnois de lui céder des bases navales et une large bande dans l'isthme de Carélie, voie d'accès à Leningrad. Les Finlandais firent la sourde oreille. Le 26 novembre, sous le prétexte d'un incident de frontière organisé par eux, les Russes attaquèrent avec quatre armées, déployant trente divisions. En fin de compte, ils furent obligés de lancer un million d'hommes dans la bataille. Bien que leur propre force n'excédât pas 175 000 hommes, les Finlandais ripostèrent avec succès. De toutes les nations européennes, la Finlande était certainement la plus intrépide. Ses soldats encerclèrent leurs agresseurs dans les vastes étendues enneigées de leurs forêts natales, employant une tactique appelée *motti* pour couper et envelopper les ennemis désorientés par une forme de guerre qui ne leur avait jamais été apprise. Pendant que la force principale de l'armée finnoise défendait l'isthme de Carélie sur la ligne Mannerheim (nom du général qui avait gagné la guerre d'Indépendance en 1918) des unités indépendantes attaquaient, encerclaient et détruisaient les divisions soviétiques sur toute la longueur du flanc oriental entre le lac Ladoga et la mer Blanche.

En décembre, après une série d'opérations soviétiques qui, selon les termes de Mannerheim, « ressemblaient à un concert dirigé par un mauvais chef d'orchestre », les Finlandais contre-attaquèrent à partir de l'isthme de Carélie. Malheureusement pour eux, les Russes commençaient à comprendre qu'ils les avaient sous-estimés et, en janvier 1940, ils lancèrent dans la bataille des forces assez nombreuses pour les dominer. En février, ils percèrent la ligne Mannerheim, infligeant au petit

LA GUERRE RUSSO - FINLANDAISE 1939-40
LA CAMPAGNE DE NORVÈGE
9 avril 1940
les forces allemandes
débarquent simultanément
à Oslo, Kristiansand,
Stavenger, Trondheim, Narvik
15 avril
Brig. franco - anglo - polonaises
8 juin
Narvik
28 mai
6 Div
Focas franco - norvégiennes
à Narvik
18 mai
31 mai
Les Allemands avancent pour
secourir leurs forces de Narvik
16/17 avril
148e Brig. inf. Britan.
2/3 mai
18 avril
148e Brig. inf. Britan.
Groupe II
Namsos
SUÈDE
1 mai
Trondheim
5 Div
Alesund
25 mai
4 Div
Andalsnes
Groupe III
Bergen
Oslo
1 Div
NORVÈGE
Stavanger
3 Div
Groupe V
Kristiansand
Groupe IV
DANEMARK
Copenhague
ALLEMAGNE
Mer de Barents
Mourmansk
14e Armée
9e Armée
Karélie Soviétique
FINLANDE
8e Armée
Russie
Ligne Mannerheim
Turku
Helsinki
13e Armée
Leningrad
7e Armée
Golfe de Finlande
ESTONIE
LETTONIE
LITUANIE
PRUSSE ORIENTALE
POLOGNE
ALLEMANDS
Débarquements et attaques
Parachutages
Groupe IV
Forces navales
ALLIÉS
1 Div
Dispositions norvég.
Débarquements et attaques
Replis
0
200 km
Attaques russes 20 nov. 1939 - 31 janv. 1940
Contre - attaques finnoises 27 déc. 1939 - 5 jan. 1940

peuple finlandais des pertes insupportables. Le 6 mars, le gouvernement finlandais entama des pourparlers de paix et, le 12, il signa un traité aux termes duquel il cédait à toutes les exigences que l'URSS avait formulées en octobre. La Finlande avait perdu 25 000 hommes depuis le début de la guerre et l'Armée rouge 200 000 qui, pour la plupart, étaient sans doute morts de froid pendant qu'ils étaient coupés de leurs bases. L'expérience de la guerre d'hiver, qui devait reprendre après juin 1941, conditionna la politique soigneusement modulée de l'Union soviétique à l'égard de la Finlande.

L'attitude de la Finlande avait inspiré tous les ennemis de l'Axe. L'Angleterre et la France avaient même envisagé de venir en aide à la petite armée finlandaise. Certaines unités des deux pays étaient déjà désignées pour lui prêter main-forte. Heureusement pour l'avenir des relations entre l'URSS et les puissances occidentales, la Finlande avait demandé la paix avant l'arrivée des renforts prévus.

### *La campagne de Scandinavie*

Toutefois, la fin de la guerre d'hiver ne devait pas mettre un terme à la participation franco-britannique aux conflits de l'Europe du Nord. L'amirauté allemande qui surveillait étroitement les affaires scandinaves avait calculé que, pour aider la Finlande, les unités de renfort devraient forcément passer par la Norvège. Dans cette hypothèse, non seulement les alliés occidentaux violeraient la neutralité de ce pays mais ils menaceraient l'accès de l'Allemagne aux mines suédoises de Kiruna-Gallivore dont l'exploitation était vitale pour son économie. Pendant l'automne et l'hiver 1939, l'amiral Raeder qui voulait absolument acquérir des bases norvégiennes d'où il pourrait opérer contre la Royal Navy, pressa Hitler de devancer les Alliés en autorisant une intervention en Norvège. Occupé par les préparatifs de l'attaque imminente à l'Ouest, Hitler refusa de se laisser distraire par d'autres intérêts. Néanmoins, après sa rencontre à Berlin avec Vidkun Quisling, le chef nazi norvégien, il permit à l'OKW d'étudier l'utilité d'une occupation allemande en Norvège. Au milieu de février, un coup porté à son amour-propre balaya ses hésitations. Le navire de ravitaillement *Altmark* qui avait accompagné le cuirassé de poche *Graf Spee*, avant son élimination le 13 décembre par une formation britannique plus faible, fut intercepté par le destroyer anglais *Cossack* dans les eaux territoriales norvégiennes. Trois cents marins de la flotte marchande britannique capturés par le *Graf Spee* furent libérés. Le *Graf Spee* était un souvenir douloureux pour Hitler. L'incident de l'*Altmark* raviva la plaie. Il décida aussitôt que les eaux territoriales norvégiennes seraient désormais interdites aux Anglais. Il ordonna au général von Falkenhorst, un expert de la guerre de montagne, de préparer un plan d'invasion. Falkenhorst en conclut qu'il serait souhaitable d'occuper également le Danemark qui lui procurerait un accès terrestre à la Norvège. Le 7 mars, Hitler chargea huit divisions d'exécuter l'opération. Ses services de renseignements l'avertirent alors que les plans alliés qui fournissaient le prétexte légal qu'il invoquait toujours pour justifier ses interventions avaient été annulés. Raeder réussit pourtant à le persuader de la nécessité stratégique de l'opération. Le 7 avril, les navires transporteurs se mettaient en route.

Le Danemark, qui ne s'était pas douté des intentions hostiles de l'Allemagne à son égard, capitula le 9 avril, jour même du débarquement, sous la menace d'un bombardement aérien de Copenhague. Les Norvégiens furent eux aussi pris par surprise, mais ils décidèrent de se battre. Les vieux canons de la forteresse d'Oslo coulèrent le croiseur *Blücher* et tinrent les envahisseurs en respect assez longtemps pour protéger la fuite du gouvernement et de la famille royale qui purent gagner l'Angleterre. Les survivants de la petite armée norvégienne se regroupèrent le mieux possible pour s'opposer à l'avance des Allemands vers les villes centrales d'Andalsnes, Trondheim et Namsos et empêcher leur débarquement à Narvik. Ils reçurent les renforts de contingents britanniques et français qui s'étaient préparés à intervenir en Finlande. Entre le 18 et le 23 avril, 12 000 soldats alliés débarquèrent au nord et au sud de Trondheim en vue d'arrêter les Allemands qui avançaient le long des grandes vallées du Gudbrandsdal et de l'Osterdal. Le 23 avril, ils furent forcés de se retirer d'Andalsnes et rejetés sur la mer. Les troupes allemandes firent alors leur jonction avec leurs unités débarquées à Trondheim et, le 3 mai, elles contraignaient à l'évacuation tous les soldats franco-britanniques.

Au nord, le sort leur fut contraire. La flotte allemande subit deux graves défaites à Narvik les 10 et 13 avril. Dix des destroyers qui transportaient les troupes de montagne de Dietl furent coulés dans les fjords et, en même temps, une grande partie de celles-ci furent détruites. Dietl s'échappa par la côte avec 2 000 fantassins et 2 600 marins. Il avait contre lui 24 500 soldats alliés, dont la vaillante 6ᵉ division norvégienne. Le 14 avril, Dietl se trouva assiégé à Narvik et battit en retraite vers la frontière suédoise qu'il atteignit à la fin de mai. Néanmoins, malgré cette alternance de succès et de revers, la déroute des Alliés sur le front français mit fin à la campagne scandinave. Les deux états-majors ordonnèrent à leurs troupes de regagner leurs pays respectifs pour réparer les pertes subies dans la guerre éclair engagée depuis le 10 mai.

Première partie

# LA GUERRE À L'OUEST
# 1940-1943

# 3

# TRIOMPHE DE LA GUERRE ÉCLAIR

*Blitzkrieg*, « guerre éclair », est un mot que l'armée allemande ne connaissait pas avant 1939. Les journalistes occidentaux l'ont utilisé pour donner une idée de la vitesse et de la puissance de destruction des opérations terrestres et aériennes menées contre une armée polonaise mal équipée et très inférieure en nombre. Cependant, comme les généraux allemands le reconnaissaient eux-mêmes, la campagne polonaise ne permettait pas d'évaluer correctement les capacités des forces du vainqueur. Selon certains d'entre eux, la Wehrmacht ne s'était pas montrée à la hauteur de la vieille armée impériale. Cette réflexion avait mis Hitler en fureur contre le général commandant en chef, Walter von Brauchitsch, au cours de la réunion du 5 novembre 1939 à la Chancellerie du Reich. Il n'en était pas moins vrai que les divisions de l'infanterie polonaise ne faisaient pas le poids contre les avant-gardes mécanisées de Guderian et von Kleist. Le mot *Blitzkrieg* exprime exactement le traitement infligé à la Pologne.

La guerre éclair serait-elle aussi efficace à l'Ouest ? En octobre, Hitler continuait à espérer que la France et l'Angleterre s'inclineraient devant cette démonstration de force et accepteraient sa victoire polonaise. Néanmoins, le rejet, les 10 et 12 octobre, des offres de paix qu'il avait exposées dans son discours du 6 octobre au Reichstag le convainquit que l'Allemagne ne pourrait éviter la guerre à l'Ouest. Ses ambitions exigeaient au moins la défaite de la France, ce qui pourrait amener l'Angleterre à négocier une paix séparée. Il comptait obtenir un arrangement entre l'empire maritime britannique et l'empire continental allemand, grand rêve de tout sujet du vieil empire rhénano-danubien enfermé dans les terres. Le 12 septembre, il avait confié à Schmundt, son aide de camp qu'il pensait que la France serait conquise assez rapidement et que l'Angleterre serait alors obligée de composer. Le 27 septembre, il prévint les commandants en chef des trois armées qu'il entendait attaquer à l'ouest un jour prochain. Le 9 octobre, avant même que les alliés aient rejeté ses offres de paix, il promulgua la directive du Führer numéro 6, annonçant une offensive à l'ouest.

Dans un mémoire d'accompagnement qui accusait la France et l'Angleterre d'avoir maintenu l'Allemagne en état de faiblesse et de division depuis les traités de Westphalie en 1648, il annonça qu'il envisageait tout simplement « la destruction de la prédominance occidentale afin de faire place à l'expansion du peuple allemand ». La directive numéro 6 indiquait comment cette destruction devait se produire. « Les préparatifs doivent être faits pour une opération offensive… par le Luxembourg contre la Belgique et la Hollande. Cette attaque doit être exécutée aussitôt et en aussi grande force que possible [car] tout retard […] entraînera la fin de la neutralité belge et peut-être hollandaise en faveur des Alliés. L'objectif de cette attaque est d'occuper en Belgique et au nord de la France un territoire aussi vaste que possible pour servir de base à la poursuite de la guerre aérienne et maritime dirigée contre l'Angleterre et de zone de protection pour la Ruhr, région d'une importance économique vitale. »

Le plan d'attaque nommé *Fall Gelb* (plan Jaune) devait être mis au point en détail par le haut commandement de l'armée (OKH). Bien que Hitler, en sa qualité de combattant suprême, exposât les grandes lignes de sa stratégie, il ne s'occupait pas encore des questions techniques. Il n'en avait pas moins des idées fortes (sinon claires) quant aux desseins que la mise en application du plan Jaune devait réaliser. Ce fut là une pomme de discorde entre le Führer et ses généraux pendant les cinq mois suivants. Historiquement, l'armée allemande, et l'armée prussienne avant elle, avaient toujours admis la fiction selon laquelle le chef de l'Etat était seigneur de la guerre – *Feldherr*. Quoi qu'il en soit, depuis Frédéric le Grand qui avait conduit ses troupes en personne contre celles du tsar et du saint empereur romain, jamais un chef d'Etat n'était intervenu dans les plans de ses généraux. Les Kaisers Guillaume Ier et Guillaume II avaient transféré leur cour dans les quartiers généraux de l'armée, mais ils avaient tous deux abandonné le contrôle des opérations à leurs chefs d'état-major – Moltke, Falkenheim et Hindenburg. Hitler aurait été disposé à les imiter si les successeurs de ces hommes avaient partagé sa vision de l'œuvre que pouvait accomplir l'armée allemande ressuscitée unie à la *Luftwaffe*. Or le commandant en chef von Brauchitsch était un sceptique et son chef d'état-major, le général Franz Halder, un ergoteur. Doué d'une intelligence exceptionnelle, Halder était un produit de la Staffacademie bavaroise dont les officiers avaient la réputation d'être intellectuellement plus souples que ceux de la Kriegsacademie prussienne. En tant qu'officier d'état-major, pendant la guerre de 1914 il avait appris à utiliser la tactique du coup par coup sur le Front occidental. Son arme d'origine était l'artillerie. En outre, il était un fervent adepte de l'Eglise luthérienne, la religion d'Etat et, partant, hostile à la brutale philosophie de domination nationale et internationale prônée par Hitler. Pourtant, il n'était pas disposé à défier l'autorité constitutionnelle. En conséquence, il proposa une interprétation du plan Jaune qui, comme il l'admit plus tard, devait reporter la préparation d'une offensive décisive contre la France à 1942. Comme il l'indiqua le 19 octobre, il avait pour but de séparer le corps expéditionnaire britannique de l'armée française et d'avancer en Belgique et en Hollande pour conquérir des terrains qui fourniraient des bases pour les opérations des flottes aérienne et maritime allemandes contre l'Angleterre. Cependant, il n'envisageait pas la perspective d'une victoire totale.

Il respectait ainsi la lettre de la directive numéro 6 mais réussit à en écarter l'esprit. Sur le moment, ces subtilités déconcertèrent Hitler qui manquait d'alliés capables de contrer Halder dans la hiérarchie militaire. Le 22 octobre, il embarrassa son chef d'état-major en exigeant que le plan Jaune soit mis à exécution dès le 12 novembre. Le 25 octobre, il suggéra à von Brauchitsch de préparer l'armée à une attaque directe contre la France en même temps que contre la Belgique du Nord. Le 30 octobre, il proposa au général Jodl, chef des opérations à l'OKW, de lancer les chars de la Wehrmacht dans la forêt des Ardennes où les Français ne les attendaient pas. Toutefois, sans l'appui d'experts militaires pour approuver ses projets, il ne pouvait assumer la mise à exécution du plan Jaune.

La résistance de l'état-major général reposait sur des bases solides. La fin de l'automne n'était pas une période propice à une offensive, surtout pas dans les plaines détrempées du nord de l'Europe. Bien que leurs vallées étroites conduisent directement dans la campagne française au nord de la zone fortifiée de la ligne Maginot, les Ardennes ne constituaient pas un terrain favorable au déploiement de chars. Aux yeux de la majorité des militaires, les desseins de Hitler étaient aberrants jusqu'au jour où le plan de Halder fut étudié par des spécialistes qui en déplorèrent les limites. En effet Halder avait raison d'objecter que la fin de l'automne était une mauvaise saison pour attaquer la France mais il avait tort de croire qu'une stratégie hardie ne serait pas valable.

Les professionnels qui se rangèrent du côté de Hitler étaient le général Gerd von Rundstedt, commandant en chef du groupe d'armées A et son chef d'état-major, Erich von Manstein. L'opposition de Rundstedt au plan de l'état-major général indique son degré d'influence en tant qu'officier général et commandant de la plus forte concentration de troupes du front de l'Ouest. Quant à Manstein, outre qu'il bénéficiait de l'appui de Rundstedt, il possédait l'une des intelligences militaires les plus remarquables de la Wehrmacht. Au début, il ignorait complètement que le plan Halder mécontentait Hitler. Il le considéra simplement comme une façon timorée d'aborder un problème que, d'instinct, il jugeait susceptible d'une solution plus hardie.

Pendant que l'automne avançait, il émit critique après critique contre le plan Halder, chacune convergeant peu à peu avec les désirs exprimés par Hitler pour l'exécution du plan Jaune et chacune posant les bases du projet qui allait devenir le « plan Manstein ».

Le 31 octobre, le premier des six mémoires qu'il écrivit parvint à l'OKH. D'après lui, le but du plan Jaune consisterait à couper les forces alliées par une percée le long de la ligne de la Somme, ce qui correspondait à l'idée d'une attaque à travers les Ardennes, comme Hitler l'avait suggéré le 30 octobre. Le 3 novembre, Brauchitsch rejeta cette proposition mais accepta de renforcer le groupe d'armées A commandé par Rundstedt. Entre-temps, comme les mauvaises conditions atmosphériques l'obligeaient à remettre l'exécution du plan Halder jour après jour, Hitler laissait éclater sa fureur contre la pusillanimité de ses généraux. Le 23 novembre, il déclara à la chancellerie du Reich qu'il était déterminé à remporter la victoire et que quiconque pensait autrement était un irresponsable. Manstein eut recours à des commandants de grandes unités, notamment Guderian, le spécialiste des chars, pour appuyer son idée de porter un coup mortel à la France du Nord. Même en admettant que les Franco-Britanniques ne commettent pas l'erreur de lancer des forces trop importantes en Belgique – c'était précisément ce qu'ils envisageaient de faire, mais il ne pouvait le prévoir – il était de plus en plus convaincu qu'une poussée pour diviser les troupes ennemies sur la ligne de la Somme était la meilleure stratégie. Guderian le renforça encore dans cette idée en affirmant qu'une colonne de blindés assez forte pourrait franchir les Ardennes, traverser la Meuse et porter le coup fatal.

L'exécution du plan Halder avait été reportée quatre fois en décembre et finalement au 17 janvier 1940. Le 10 janvier, un officier de la Luftwaffe fit un atterrissage forcé en Belgique avec une partie du plan Jaune contenu dans une mallette. Le document fut récupéré par les Belges. L'attaché militaire allemand en Hollande découvrit que le document saisi était suffisamment clair pour compromettre le secret de l'opération, ce qui obligea l'armée à avouer l'affaire au Führer. Fou de rage, Hitler destitua le commandant de la 2e flotte aérienne et le remplaça par Albert Kesselring (qui comptera parmi les généraux les plus remarquables de la guerre). Sa colère apaisée, Hitler remit le plan Jaune aux calendes et exigea la mise au point d'un nouveau plan fondé sur le secret et l'effet de surprise.

Manstein allait pouvoir tenter sa chance. Pourtant, le dernier de ses mémoires avait tellement exaspéré Halder que celui-ci s'était arrangé pour le faire promouvoir commandant d'un corps d'armée en Prusse orientale, une façon élégante de se débarrasser de l'encombrant officier. Cependant, le protocole exigeait que les commandants de corps nouvellement nommés aillent présenter leurs respects au chef de l'Etat. La cérémonie aurait dû être une simple formalité mais, à cette occasion, le sort voulut que Schmundt, le collaborateur militaire de Hitler, passât par le quartier général de Manstein à Coblence où il eut vent de son plan. Celui-ci correspondait si singulièrement aux aspirations du Führer « bien que formulées en termes plus précis » qu'il décida que Manstein l'exposerait à Hitler dans la matinée du 17 février. Le Führer fut immédiatement conquis et n'eut de cesse que Brauchitsch et Halder n'aient accepté le plan Manstein – qu'il fit passer pour le fruit de ses propres méditations.

L'OKH démontra alors ses capacités. Descendante directe de l'ancien état-major général prussien, elle n'était que la servante d'un seigneur puissant. Jusqu'alors, Hitler avait prouvé la force de sa volonté, pas celle de son intelligence. Après avoir parfaitement entendu la voix de son maître, l'état-major mit tout en œuvre pour transformer les éléments du plan Manstein-Hitler en programme d'opérations détaillé et exécutable.

L'Etat-major se mit rapidement au travail. Une semaine après l'exposé de Manstein au Führer ébloui, il mit au point un projet, dont le nom code était *Sichelschnitt*, « coup de faucille », qui améliorait le plan initial et prenait le contre-pied du plan que Schlieffen avait conçu en 1914. Ce grand chef d'état-major – déjà mort à l'époque où sa stratégie fut mise à l'épreuve sur le champ de bataille – avait prévu que les Français pousseraient en Allemagne par le sud des Ardennes, ce qui permettrait aux armées allemandes de les prendre à revers en passant par la Belgique. Le coup de faucille prévoyait que les Franco-Britanniques pénétreraient en Belgique, ce qui permettrait aux armées allemandes de les tourner en passant par les Ardennes. C'était un brillant exercice de double bluff, d'autant plus qu'il mettait les Allemands à l'abri de tout risque d'erreur. En effet, même si les Franco-Britanniques ne poussaient pas en Belgique, la soudaineté de l'attaque contre les Ardennes, associée à la puissance des troupes blindées qui devaient mener l'opération, prendrait l'arrière-garde ennemie par surprise et déséquilibrerait ses forces.

Le coup de faucille attribuait aux trois groupes de l'armée allemande les trois missions suivantes : le groupe d'armée B, le plus au Nord, commandé par le général Fedor von Bock, devait entrer en Hollande et en Belgique du Nord. Il avait pour objectif d'attirer l'armée de campagne franco-britannique aussi loin que possible au nord et de s'emparer du territoire à partir duquel elle aurait pu être débordée. Le groupe C, le plus au sud, commandé par le général Wilhelm Ritter von Leeb, devait attaquer la ligne Maginot et effectuer une percée si possible. Le groupe A, de Rundstedt, au centre, devait passer par les Ardennes, saisir les ponts qui enjambaient la Meuse entre Sedan et Dinant puis longer la Somme pour se diriger vers Amiens, Abbeville et la côte de la Manche, prenant à revers les forces alliées engagées en Belgique et Hollande. Rundstedt avait à sa disposition sept des dix panzerdivisions disponibles, n'en laissant que trois à Bock et aucune à Leeb.

Mécontent de son rôle secondaire, Bock soumit à Halder une analyse critique de cette entreprise qu'il jugeait extrêmement risquée : « Vous allez ramper à quinze kilomètres de la ligne Maginot avec une aile à découvert et vous espérez que les Français vont vous voir venir sans réagir ! Vous rassemblez la masse de vos chars sur les pistes de la région montagneuse des Ardennes comme s'il n'existait aucune force aérienne !

Et vous vous croyez capables de mener une opération jusqu'à la côte avec un flanc sud découvert sur trois cents kilomètres, dans un secteur où se trouve le gros de l'armée française ! »

L'avertissement de Bock rappelait aux officiers de sa génération la dernière opération à « flanc découvert » de l'armée allemande en 1914 : les longues routes poussiéreuses bondées de soldats, les Français invisibles à l'horizon, les lignes de communication sans protection, la grande forteresse de Paris grouillant de troupes et d'artillerie, se profilant imprenable à l'arrière jusqu'au moment où la contre-offensive française fut lancée, rapide comme la foudre ; la première bataille de la Marne perdue, les avant-gardes allemandes bousculées et le bourdonnement des manœuvres rapides étouffé par le son métallique des pelles creusant les premières tranchées.

Bock avait raison de croire que la Wehrmacht risquait de s'enliser sur le front de l'Ouest si le coup de faucille échouait, mais il avait tort de supposer qu'il pourrait échouer comme l'avait fait le plan Schlieffen en 1914. D'une part, contrairement à la forteresse de Paris en 1914, la ligne Maginot n'était pas une place forte d'où il était possible de lancer inopinément une attaque contre le flanc ennemi. Elle était construite de telle sorte que sa garnison se trouvait enfermée à l'intérieur et réduite à une défense purement frontale contre une attaque frontale que Rundstedt n'était pas chargé de livrer. D'autre part, l'armée allemande n'allait pas « ramper » le long de la ligne Maginot. S'ils pouvaient traverser les Ardennes et la Meuse, ses chars avanceraient à une cadence de cinquante à soixante kilomètres par jour comme ils l'avaient fait en Pologne. Or l'armée française n'était pas organisée pour affronter ce genre de manœuvre. Quant à la force aérienne française, elle existait certainement mais la Luftwaffe était très supérieure en qualité, en tactique et en expérience aux deux armées de l'air alliées combinées.

La Luftwaffe de Goering allait révéler ses lacunes par la suite mais, en 1940, sa puissance était considérable. Contrairement à ses équivalents français et anglais qui s'étaient trop diversifiés, elle s'était procuré quelques modèles d'avions dont chacun était méticuleusement adapté à une fonction déterminée. Le Messerschmidt 109 constituait un parfait exemple de chasseur, rapide, manœuvrable, bien armé et possédant une grande vitesse ascensionnelle. Le Junker 87 était un bombardier formidable, particulièrement lorsqu'il était protégé par le MC 109 et dans la mesure où la défense sol-air était précise ou non. Le Heinkel 111 était un bombardier moyen efficace, du moins pour les opérations diurnes. Certains types allemands – le bombardier Dornier 17, le chasseur lourd Messerschmidt 110 – devaient se révéler défectueux mais, en 1940, la Luftwaffe n'était encombrée d'aucun des modèles périmés qui équipaient les escadrilles françaises et britanniques. De plus, ses cadres supérieurs comprenaient un grand nombre d'officiers de premier ordre – Milch, Jeschonnek et Kesselring – qui avaient été transférés de l'armée de terre dans les forces aériennes en raison de leur compétence. En revanche, l'aviation militaire franco-britannique comprenait trop d'officiers supérieurs frustrés dans leur avancement qui avaient quitté l'armée de terre pour recommencer une carrière dans la jeune armée de l'air.

L'entraînement en commun des officiers des armées de terre et de l'air allemandes garantissait que les opérations sol-air de la Wehrmacht seraient synchronisées. Les états-majors des dix panzerdivisions savaient que s'ils demandaient un renfort aérien, il arriverait en temps et en lieu voulus. Cette entente renforçait considérablement la puissance des panzers qui était de toute façon formidable. Les chars allemands n'étaient pas sensiblement supérieurs à ceux des armées française et britannique. Le Mark IV Panzer, qui allait devenir le principal char de bataille, était bien blindé mais sous-armé. Le Mark III, son cheval de trait, était moins bien protégé que le Mark I de l'infanterie britannique et les Somua français dont la conception très avancée devait influer sur la définition du Sherman américain de 1942-1945. Quoi qu'il en soit, les chars allemands étaient organisés en formations entièrement blindées, les panzerdivisions qui, accompagnées d'une infanterie et d'une artillerie motorisées, étaient entraînées à maximiser les caractéristiques du char : rapidité, maniabilité, indépendance d'action. Par contraste, les Anglais ne possédaient qu'une division blindée, encore en voie de formation, tandis que les Français qui comptaient plus de chars que les Allemands (3 000 contre 1 400) en avaient distribué la majorité (1 500) à leurs divisions d'infanterie, 700 autres à des divisions mixtes de cavalerie ou motorisées. Avec les 800 qui restaient ils avaient constitué quatre divisions blindées dont trois étaient actives en mai 1940 et une – commandée par le colonel de Gaulle – commençait à peine à se former. Les dix panzerdivisions étaient parfaitement homogènes dans leur composition. Elles étaient subordonnées à des commandements blindés commandés par Hoeppner (XVI Panzer Corps), Hoth (XV), Guderian (XIX), et Reinhardt (XLI). Les Panzercorps de Guderian et Reinhardt, associés au corps motorisé XIV de Wietershein, une formation de divisions d'infanterie motorisée intégrant des bataillons autonomes de chars, formaient une entité séparée, le groupement blindé Von Kleist. Au moment de sa création, c'était une organisation révolutionnaire, la force blindée la plus importante ayant jamais existé.

### *L'esprit « ligne Maginot »*

C'est par ces concentrations de chars que l'armée allemande se montra une adversaire aussi redoutable pour les alliés. L'armée française qui comptait 101 divisions ne différait guère de celle de 1914. Ses soldats portaient les mêmes souliers, maniaient la même artillerie, le vénérable 75 mm, et avançaient au rythme des mêmes airs que sous « papa » Joffre. La plupart de leurs généraux avaient fait partie de l'état-major des généraux qui les avaient conduits à la victoire vingt ans auparavant. De plus, les fantassins alliés continuaient à progresser à pied. C'était certes le cas du gros de l'armée allemande dont les cent vingt divisions d'infanterie étaient des troupes essentiellement terrestres. Mais il y avait ces dix divisions Panzers. Associées aux escadrilles de la Luftwaffe, elles menaçaient de guerre éclair les « rampants » de l'alliance occidentale. Comment les généraux franco-britanniques pouvaient-ils espérer les tenir en échec ?

La stratégie de l'Ouest était fondée sur la conviction que la ligne Maginot était inviolable, ce « front en béton » dressé face à l'Allemagne qui avait épuisé la marge disponible du budget français de la défense depuis que les premiers fonds nécessités pour sa construction avaient été votés en janvier 1930 ; dès 1922 l'armée française avait décidé que ses soldats ne livreraient plus jamais une bataille défensive en terrain découvert. Chaque évolution démographique ou économique – baisse de la natalité, stagnation de l'industrie – n'avait fait que renforcer cette décision. Le projet initial prévoyait une somme de trois milliards de francs pour les dépenses de la ligne Maginot ; en 1935, sept milliards avaient été engloutis, un cinquième du budget militaire annuel, mais les fortifications ne couvraient que cent vingt kilomètres. Les experts en la matière considéraient que l'argent avait été bien placé. La protection leur paraissait efficace sur toute la longueur de la ligne qui longeait la frontière franco-allemande. Il restait toutefois trois cent vingt-cinq kilomètres de frontière totalement dépourvue de protection dans la zone contiguë, devant la Belgique, entre Longwy et la mer. Non seulement les fonds avaient manqué pour prolonger le mur mais la nécessité de maintenir de bonnes relations franco-belges avait dissuadé le gouvernement français de se les procurer. En effet, en 1936, à l'époque où Hitler réoccupait la Rhénanie, la Belgique avait évoqué son alliance militaire avec la France, tout en se déclarant « indépendante » – sans être neutre – et en laissant clairement entendre qu'elle refusait de rester du mauvais côté de la ligne Maginot si celle-ci était prolongée au nord.

Dans le cas d'une offensive allemande qui serait certainement fondée sur l'exploitation de la faiblesse belge (comme en 1914), le Haut Commandement français devait lancer son armée de campagne mobile avec la force expéditionnaire britannique dans le territoire belge sans avoir pu coordonner ses plans avec ceux de l'état-major général belge ni reconnaître le terrain où il lui faudrait combattre. Le 24 octobre 1939, le général Maurice Gamelin, commandant en chef de l'armée française, ordonna aux troupes d'avancer jusqu'à la Schelde si les Allemands attaquaient la Belgique. Le 15 novembre, trois semaines plus tard, il se rendit compte des inconvénients de son plan et publia la directive numéro 8 qui établissait la ligne d'avance sur la Dyle, un front réduit qui reliait les deux obstacles fluviaux, l'estuaire de la Schelde et la Meuse. De là, des troupes mobiles combleraient le vide qui existait entre le fleuve et la ligne Maginot.

La directive numéro 8 présentait l'avantage de rapprocher la force franco-britannique des positions de l'armée belge qui comprenait vingt-deux divisions mobilisées et jouissait d'une excellente réputation militaire. Malgré toutes les railleries que les Alliés allaient plus tard déverser sur les Belges, les Allemands les considéraient depuis 1914 comme des combattants tenaces et ils continuèrent à les estimer même après la débâcle. Comme en 1914, leur front était protégé par de solides fortifications (particulièrement le long de la Meuse) qui avaient coûté des fortunes.

Même en se battant en indépendants, les Belges pouvaient-ils résister, sur la frontière qui les séparait de l'Allemagne, pendant un temps assez long pour permettre aux Français d'arriver ? La directive numéro 8 promettait une stratégie efficace. Son succès allait dépendre de la valeur opérationnelle des forces franco-britanniques.

Le corps expéditionnaire anglais représentait un élément homogène bien que de qualité mitigée. En janvier 1939, l'ambassadeur britannique à Paris avait écrit à lord Halifax, secrétaire aux Affaires étrangères : « Il est inutile de faire valoir l'importance des forces maritimes et aériennes… L'opinion publique française réclame des forces terrestres en Europe. »

Les Anglais avaient fait pour le mieux. En décembre 1939, ils avaient expédié leurs cinq excellentes divisions régulières en France. Toutefois, comme l'armée britannique était composée de soldats de métier et comprenait peu d'éléments de réserve expérimentés, il fallait trouver des divisions supplémentaires dans la réserve volontaire de l'armée territoriale, les « soldats du samedi soir », comme les appelaient leurs compatriotes, riches d'enthousiasme, pauvres en expérience. Les cinq nouvelles divisions envoyées en France entre janvier et avril 1940 appartenaient toutes à l'armée territoriale. Les trois dernières, expédiées en avril, manquaient tellement d'entraînement et d'équipement que les Anglais eux-mêmes les traitaient de formations de « main-d'œuvre ». En fin de compte les treize divisions du corps expéditionnaire étaient toutes d'infanterie. En mai 1940, la seule formation de chars britanniques, la Première division blindée, n'était pas encore prête à entrer en action.

Le corps expéditionnaire britannique bénéficiait néanmoins d'une continuité d'organisation remarquable. Ses troupes régulières avaient répondu à l'appel avec l'insouciance traditionnelle des Tommies, indifférents à l'identité des ennemis du roi. Les territoriaux s'engagèrent dans la lutte avec ardeur. Par contraste, l'armée française se composait d'une collection hétéroclite de divisions et d'unités, excellentes, moyennes ou franchement mauvaises. Les meilleures étaient les dix divisions de l'infanterie active qui étaient à effectifs pleins en temps de paix, les sept divisions régulières de l'armée coloniale et les divisions de l'armée d'Afrique qui avaient été débarquées en France. Les divisions de réserve catégorie A composées de jeunes réservistes étaient plutôt médiocres. Celles de la catégorie B étaient formées de réservistes âgés de plus de trente-deux ans, militairement incertains et souvent indisciplinés. Le lieutenant-général Alan Brooke, futur chef d'état-major britannique, décrit avec dégoût le passage en novembre 1939 d'hommes à la barbe hirsute, avec des chevaux au poil terne, des vêtements et des selles trop larges, des véhicules crasseux et un total manque de confiance en eux-mêmes et en leurs unités. Mais « c'est l'expression de leur visage qui me choqua le plus, une expression maussade et hostile… Bien qu'on leur eût ordonné de “faire tête, gauche” aucun d'entre eux ne se donna la peine d'obéir ».

Les divisions françaises motorisées étaient de meilleure qualité mais leur organisation manquait de cohérence. Les cinq divisions de cavalerie (DLC) comprenaient à la fois des unités à cheval et des unités blindées. Les trois divisions motorisées (DLM) des chars légers et des véhicules blindés, les quatre divisions blindées (DCR) uniquement des chars et les dix divisions motorisées, des troupes d'infanterie et des camions pour les transporter. Elles étaient disséminées au hasard parmi les armées et ne fournissaient à aucun des commandants l'équivalent de la masse compacte des troupes blindées qui formaient le tranchant du groupe d'armées A de Rundstedt. Les seules unités françaises logiquement entraînées et équipées pour remplir une fonction définie étaient sans doute les divisions qui défendaient la forteresse de la ligne Maginot. Elles se composaient en partie d'unités de mitrailleurs indochinois et malgaches, mais elles se trouvaient prisonnières de leurs positions et indisponibles dans d'autres secteurs.

En face de ces troupes alliées disparates, l'armée allemande impressionnait par l'homogénéité de sa composition. Elle ne maintenait que trois types de divisions : l'infanterie, les unités motorisées et les blindées (panzers), les divisions de parachutistes faisaient partie de la Luftwaffe. En mai 1940, 10 de ses panzers et 6 de ses divisions motorisées se déployèrent à l'ouest ainsi que les 118 divisions d'infanterie qui, depuis la campagne de Pologne, étaient tout aussi efficaces, qu'elles fussent d'active ou de réserve. Seules la 1re division de cavalerie (d'ailleurs partiellement motorisée), les divisions d'élite de montagne et les deux divisions motorisées composées de SS (la milice du parti nazi) se distinguaient de l'ensemble de l'armée allemande. Les SS avaient déjà fait preuve d'une brutalité particulière qui devait encore s'accentuer en France.

La simplicité de l'organisation militaire allemande se reflétait dans sa hiérarchie. L'autorité émanait de Hitler, ses ordres étaient transmis par l'intermédiaire de son état-major personnel (OKW) – un instrument de contrôle qui n'était pas encore pleinement développé – aux groupes d'armée. En pratique, Hitler traitait directement avec l'état-major général dont le QG était proche du sien, mais il laissait à ses experts le soin de diriger les opérations. Dans le camp allié, par contraste, l'autorité opérationnelle reposait entre les mains du commandant suprême, le général Gamelin, mais elle était partagée entre le chef d'état-major de l'armée de terre (général Doumenc) et le commandant de l'armée du Nord-Est (général Georges) qui avait sous ses ordres non seulement les groupes d'armée français 1, 2 et 3, mais encore le corps expéditionnaire britannique (BEF). Le maréchal Gort, chef de la BEF, dépendait opérationnellement de Georges mais, politiquement, du cabinet britannique. Or, comme Gamelin dépendait politiquement de son propre gouvernement, il avait pris l'habitude de traiter directement avec Gort au lieu de passer par Georges tandis que Gort prenait ses ordres de Londres au lieu de les demander à La Ferté (QG de Georges), à Montry (QG de Doumenc) ou à Vincennes (QG de Gamelin). Le système de commandement allié présentait une lacune pire encore, à savoir que le quartier général de Gamelin se trouvait dans la banlieue de Paris, celui de Doumenc à mi-chemin de celui de Georges, situé au nord de la France. Le QG de Gort était séparé du sien et ceux des forces aériennes françaises et britanniques éloignés l'un de l'autre. La Royal Air Force stationnée en France dépendait de deux QG : Gort contrôlait directement la RAF composante de la BEF mais la force de frappe aérienne, beaucoup plus importante, était placée sous les ordres de l'état-major de l'aviation de bombardement en Angleterre. L'aviation française dépendait de trois niveaux de commandement et de trois QG séparés.

A ces vices de structure venaient s'ajouter les déficiences humaines. Gort était un vaillant officier. Il avait obtenu la Victoria Cross pour sa conduite pendant la Première Guerre mondiale, mais il ne voyait pas plus loin que ne pouvait le faire un commandant d'unité combattante. Georges ne s'était jamais complètement remis d'une blessure reçue en 1934, lors de l'assassinat du roi de Yougoslavie à Marseille. Gamelin qui avait été un brillant membre de l'état-major de Joffre se sentait vieux (soixante-huit ans) et fatigué. De Gaulle qui lui rendit visite dans son austère QG de Vincennes pendant la « drôle de guerre » eut l'impression de se trouver devant un chercheur observant les réactions chimiques de sa stratégie dans un laboratoire. Arthur Barratt, commandant la force aérienne de la BEF, émet un jugement plus caustique : « un petit épicier ventripotent aux yeux en boule de loto ». Les directives opérationnelles de Gamelin ressemblaient à des traités de philosophie. Aucun ordre écrit ou prononcé émanant de Vincennes n'allumait le feu sacré dans l'âme des combattants du front.

Seul un Prométhée aurait pu faire jaillir la flamme, mais Gamelin n'avait rien d'un Prométhée. Même l'armée britannique, une fraternité de guerriers professionnels et d'amateurs enthousiastes, abordèrent le théâtre de la guerre avec un sentiment de « déjà vu ». Ils se disaient entre eux : « Nous avons déjà vaincu les Allemands une fois, pourquoi faut-il recommencer ? » L'armée française, composée de tous les hommes valides de la nation, traumatisée par les terribles sacrifices de 1914-1918 et secouée par les divisions politiques de la nation, éprouvait le même sentiment de lassitude. Le Président, Albert Lebrun, qui s'était battu à Verdun, constata un manque total d'énergie, un relâchement de la discipline et l'absence de cet air pur et vivifiant qui flottait en 1914. Winston Churchill, Premier Lord de l'Amirauté, fut frappé par l'atmosphère d'indifférence qui régnait, par la médiocre qualité du travail en cours et par l'absence d'activité sur le front français. Le général Edouard Ruby, de la IIe armée, constata que toute forme d'exercice était considérée comme une brimade, le moindre travail comme une source de fatigue. Au bout de plusieurs mois de stagnation, personne ne croyait plus à la réalité de la guerre.

Quant aux Allemands, s'ils n'espéraient pas que la campagne de Pologne puisse se réitérer à l'ouest, Hitler se chargeait de les galvaniser. « Messieurs, déclara-t-il à son état-major à la veille de l'exécution du plan Jaune, vous allez assister à la plus formidable victoire de l'histoire. »

Le 27 avril, il annonça à Halder que l'attaque à l'ouest serait déclenchée dans la première semaine de mai. Les prévisions météorologiques le contraignirent à repousser l'opération du 5 au 6 mai, puis au 8. Enfin, le 7 mai, il la remit au 10, « mais pas un jour plus tard ». Il s'en tint à sa décision.

Le professeur Guy Chapman décrit ainsi l'événement : « Tard dans la soirée du vendredi 9 mai, des avant-postes situés sur la frontière hollando-luxembourgeoise, face à l'Allemagne, entendirent une grande rumeur du côté allemand. On aurait dit un grand rassemblement de troupes. » Un avertissement de l'attaché militaire belge à Berlin dont le déchiffrage avait pris du temps, arriva à Bruxelles juste avant minuit. Le Haut Commandement belge alerta immédiatement son armée mais l'avant-garde allemande se préparait déjà à l'attaque. Le matin du 10 mai, à 4 h 30, des unités aéroportées se posaient près de La Haye et de Leyde en Hollande, et sur les ponts de la Meuse en Belgique. L'attaque la plus audacieuse fut lancée contre le fort d'Eben Emael qui protège la jonction de la Meuse avec le canal Albert, deux obstacles clés dans le plan de défense belge. L'infanterie parachutée sur le toit du fort obligea les défenseurs à s'abriter à l'intérieur, submergés par l'intensité des charges explosives et accablés sous l'effet de surprise.

L'effet de surprise traumatisa tout aussi bien les Hollandais qui étaient farouchement neutres. Ils n'avaient pris aucune part à la Première Guerre mondiale et ne tenaient absolument pas à participer à la Seconde. Ils furent traités en ennemis uniquement parce que certaines parties de leur territoire, notamment l'« appendice de Maestricht », permettaient de contourner facilement les obstacles de la Belgique du Nord. La Hollande était pratiquement sans défense. Son armée, ne comportant que dix divisions, n'avait pas connu la guerre depuis 1830. Son aviation ne comptait que cent vingt-cinq appareils dont la moitié fut détruite au sol par surprise. Comme elle l'avait appris trois siècles auparavant, pendant la guerre hispano-hollandaise, le meilleur moyen de retarder la défaite consistait à battre en retraite dans la zone inondée qui couvrait Amsterdam et Rotterdam en espérant que le réseau de ses canaux et de ses fleuves gênerait l'avance de l'envahisseur. La stratégie qui avait coûté à l'Espagne des décennies de campagnes fut réduite à néant par la flotte aérienne allemande en quelques heures. Survolant les défenses de la « forteresse Hollande » avec des vagues de Junkers 52, la Luftwaffe parachuta toute la 22$^{e}$ division au centre du pays dans la matinée du 10 mai et celle-ci attendit l'arrivée des chars du groupe d'armée B. Malgré la courageuse résistance de l'armée hollandaise, la destruction de plusieurs ponts d'importance vitale à la suite d'une erreur tactique allemande et l'intervention de la VII$^{e}$ armée française, les troupes parachutées allemandes n'attendirent pas longtemps.

Dans la matinée du 13 mai, pendant que les avant-gardes blindées s'apprêtaient à les rejoindre pour les aider à s'emparer de Rotterdam, la Luftwaffe se méprit sur le sens d'un signal du sol annonçant la victoire et bombarda le centre de la ville. Ce fut le premier bombardement de ville de la Seconde Guerre mondiale, un acte de cruauté qui causa la mort de 814 civils. Il est vrai qu'il mit fin à la résistance hollandaise. La reine – qui avait demandé à être transportée dans un autre secteur de son royaume – fut embarquée sur un destroyer britannique. Le Haut Commandement hollandais capitula le jour suivant. En partant, la reine Wilhelmine avait prédit qu'en temps voulu, avec l'aide de Dieu, la Hollande regagnerait son territoire européen. Elle ne prévoyait pas que son pays perdrait aussi son empire colonial avant la libération.

Ni les vainqueurs ni les vaincus de 1940 n'ont jamais élevé la moindre critique contre les Hollandais. La Belgique a été traitée avec moins d'indulgence bien que les Allemands aient trouvé que ses soldats s'étaient vaillamment comportés dans l'action : l'historien officiel de la 1re division vante leur « extraordinaire bravoure ». Ulrich von Hassell qui s'opposa à Hitler écrit que « parmi les adversaires de l'Allemagne, les Belges ont été les plus résolus ». Siegfried Westphal, chef d'état-major de l'armée allemande qui défendait les côtes de la Manche en 1944, nota que les Belges luttaient avec une ténacité extraordinaire. Malgré ces commentaires favorables, les Français et les Anglais ont toujours attribué la responsabilité de leurs malheurs à l'armée belge, au roi et au gouvernement.

Le général Robert van Overstraeten, conseiller militaire du roi Léopold, fut considéré comme le « mauvais génie » de la campagne de 1940. Les Alliés lui reprochaient d'avoir refusé leurs propositions de liaison avant l'agression allemande et de s'être laissé aller au défaitisme. Les deux accusations sont plus ou moins justifiées mais, à la vérité, la Belgique se trouvait dans une position impossible : espérant que sa neutralité lui éviterait l'invasion, elle avait préféré s'abstenir d'établir des contacts militaires avec les Franco-Britanniques tout en fortifiant sa frontière orientale contre la Wehrmacht. Néanmoins, Overstraeten laissa les officiers alliés habillés en civil reconnaître les positions qu'ils entendaient occuper en cas d'attaque allemande. En outre, bien qu'il refusât de s'associer au programme de défense des états-majors français et anglais, il leur transmit des renseignements concernant les intentions des Allemands, entre autres les détails sur le plan Jaune qui étaient tombés entre les mains des Belges le 9 janvier à Mechelen, ainsi que des indications relatives à leurs projets d'encerclement et de destruction de l'armée française sur le front de l'Ouest.

Von Overstraeten répugnait à une coopération plus étroite avec les Alliés car il était convaincu qu'ils n'envisageaient pas de défendre la totalité de la Belgique et qu'ils ne progresseraient pas au-delà du centre du royaume. Il croyait également qu'ils laisseraient l'armée belge se « sacrifier » dans ses positions avancées sur le canal Albert pendant qu'ils consolideraient les leurs sur la Dyle, derrière elle. Ses appréciations étaient fondées mais, en fait, ils n'eurent même pas le temps d'assurer leurs positions.

Bien que commandée par le général Henri Giraud, un remarquable combattant, futur rival de De Gaulle, la VIIe armée échoua dans la mission qui lui était assignée sur la côte de la mer du Nord. Elle devait renforcer les Hollandais et appuyer le flanc gauche des Belges mais les Allemands du groupe d'armée B qui arrivaient en sens inverse avaient moins de chemin à parcourir. Ils se montrèrent aussi plus aptes à contourner les obstacles maritimes et fluviaux, même bien défendus. De plus, ses éléments de reconnaissance motorisés étaient constamment attaqués par la Luftwaffe. Le 12 mai, son avance fut arrêtée près de Breda, son objectif et, le lendemain, elle reçut l'ordre de se replier pour protéger le flanc gauche de la ligne de la Dyle près d'Anvers. Elle exécuta l'opération, poursuivie par l'avant-garde de la 9e Panzerdivision.

Le déploiement allié en direction de la Dyle commençait déjà mal. Un « effet domino » se produisit. Pendant que l'armée hollandaise abandonnait ses positions avancées pour se réfugier dans la forteresse Hollande vers Amsterdam et Rotterdam, elle découvrit le flanc gauche des Belges sur le canal Albert où ils furent débordés par la 9e Panzerdivision. A droite, ils furent contournés par les 3e et 4e Panzerdivisions qui étaient sur le point de franchir le défilé abrupt de la Meuse – l'obstacle militaire le plus formidable de l'Europe du Nord-Ouest – grâce au parachutage des troupes allemandes sur l'Eben Emael. Pendant que la Royal Air Force tentait vainement, au cours d'une série de bombardements suicidaires, de détruire les ponts de la Meuse en face de l'avance allemande, les Belges commencèrent à reculer avec l'espoir de sentir derrière eux l'appui de la Ire armée française et de la BEF qui se dirigeaient vers la Dyle.

### *Une marche comme dans un rêve*

Les deux forces progressaient. La BEF passait par Bruxelles, la Ire armée française par Maubeuge avec la IXe armée du général André Corap sur sa droite. Pour les Anglais, le paysage était familier : ils avançaient le long des champs de bataille de Marlborough, dépassaient Waterloo et traversaient des villes qui leur rappelaient des souvenirs plus récents : Ypres, Mons. Le correspondant de guerre américain, Drew Middletown, décrit ainsi l'atmosphère : « On aurait dit qu'ils revenaient sur un chemin suivi en rêve. Ils revoyaient les visages d'amis morts depuis longtemps et entendaient des noms de lieux à demi oubliés. » Le rêve devait bientôt se transformer en cauchemar pour eux et pour les Français. La Dyle dont ils approchaient n'était pas vraiment un obstacle naturel ; les obstacles artificiels que les Belges auraient dû édifier se trouvaient disséminés de-ci de-là ou complètement absents. Ils devaient les retrouver quelques années plus tard rassemblés et transportés en Normandie, formant le principal élément des fortifications allemandes sur les plages du débarquement. Les Français comptaient deux divisions de cavalerie et une mécanisée. Les Anglais ne possédaient pratiquement aucun blindé. En face d'eux, se déployaient les 3e et 4e Panzerdivisions du corps blindé de Hoeppner avec six cents chars. Entraînés par l'expérience de la campagne polonaise, ils avançaient à toute vitesse. Il n'est pas étonnant que Hitler ait été pénétré d'orgueil à ce stade de la campagne : « Il est merveilleux que tout se soit passé comme le prévoyait notre plan. Lorsque nous avons appris que l'ennemi errait le long du front, j'aurais pleuré de joie ; il était tombé dans le piège… Il avait cru […] que nous nous en tenions au vieux plan périmé de Schlieffen. » Hitler avait connu sa première expérience de la guerre à soixante-quinze kilomètres de la Dyle, en 1914, à la dernière mouture du « vieux plan périmé de Schlieffen ». Il gardait un souvenir amer de ce baptême du feu sanglant : les oiseaux pépiant à l'aube, la vue de la route que remontaient les colonnes, les escadrilles d'avions survolant les soldats. « Cette fois, j'étais sûr que tout se passerait bien pour moi… J'en aurais pleuré de joie. »

C'étaient des larmes de tristesse que versaient ses adversaires. Pourtant, sur la ligne d'engagement qui longeait la Dyle, les Alliés avaient des raisons de croire que, malgré les difficultés qu'ils rencontraient sur leurs flancs et le relâchement de la résistance belge, ils étaient supérieurs en nombre à leurs adversaires et pourraient bientôt freiner leur avance. Les troupes du général Montgomery avançaient allégrement le long de la Dyle ; Lord Ironside écrivait dans son journal que, dans l'ensemble, la chance favorisait les Alliés et qu'il espérait bien avoir l'occasion de livrer de vraies batailles dans le courant de l'été. Gamelin demeurait « surtout préoccupé par la Hollande ». Quant au général Gaston Billotte auquel Georges avait passé ses pouvoirs sur le front du Nord, il disposait de trente divisions pour couvrir quatre-vingts kilomètres de ligne, une force plus que suffisante pour accomplir sa mission.

Cependant, les Alliés se trompaient. Ils croyaient en effet que la Belgique serait l'axe principal de l'offensive allemande et ils avaient concentré principalement leurs forces de ce côté. Comme en 1914, leurs services de renseignements n'avaient pas été capables d'établir où se trouvait le centre de gravité des Allemands, ou, du moins, l'état-major écoutait ceux des renseignements qui ne corroboraient pas la doctrine officielle. En 1914, la cavalerie française avait battu les fourrés des Ardennes au lieu de parcourir les Flandres, manquant ainsi les fers de lance allemands ; en 1940, les forces aériennes alliées avaient vainement cherché les avant-gardes ennemies dans les Flandres au lieu de survoler les Ardennes, perdant ainsi contact avec l'essentiel. Du 10 au 14 mai, les sept Panzerdivisions du groupe d'armée A s'avançaient dans les défilés des Ardennes en rangs serrés. Ces sept Panzerdivisions – 1re, 2e, 5e, 6e, 7e, 8e et 10e – déployaient mille huit cents chars. Face à elles, malgré leur vaillance, les deux divisions belges de chasseurs des Ardennes, une ancienne élite de fusiliers, furent vite balayées. Les Panzerdivisions rencontrèrent alors la IX^e armée de Corap et une partie de la II^e armée de Huntziger. Aussitôt que les avant-gardes allemandes du groupe d'armée A se furent approchées des défenses du fleuve, elles réussirent à se frayer un passage. Les avant-postes de Corap et Huntziger prirent peur, les rives de la Meuse furent abandonnées et une brèche fut ouverte dans la digue de défense alliée.

Beaufre, alors jeune officier d'état-major au QG français, décrit l'impression que produisit la nouvelle au QG du général Georges : atmosphère de deuil ; Georges mortellement pâle ; notre front rompu à Sedan ! Quel effondrement ! Doumenc essaie de réagir... en temps de guerre, ce genre d'événement peut se produire. Alors, Georges en larmes explique : à la suite de terribles bombardements aériens, les deux divisions inférieures (55^e et 71^e) ont pris la fuite. Le corps X a signalé que la position a été pénétrée et que les chars allemands sont arrivés à Bulsan (à trois kilomètres à l'ouest de la Meuse, donc à l'intérieur du secteur défendu par les Français) vers minuit. Il se remet à pleurer. Chacun se tait, bouleversé par ce qui s'est passé. Le général Doumenc se redresse et consulte la carte.

Cette description se prête à quelques commentaires. D'abord Sedan : le nom de la ville où Napoléon III s'était rendu aux Prussiens en septembre 1870 était devenu synonyme de désastre. Ensuite, les divisions de série B : les 55^e et 71^e divisions de la II^e armée de Huntziger étaient toutes deux composées de vieux réservistes et toutes deux avaient pris la fuite à l'approche des chars allemands. Enfin, la carte : la ligne française avait été rompue en un point si vulnérable que toute riposte aurait dû être massive et immédiate pour être efficace. Or les grandes unités étaient en Belgique.

Vus du côté ennemi, les détails de l'événement étaient encore pires que Georges ne l'avait cru. En effet, les Allemands avaient traversé la Meuse non pas la veille du jour où il avait appris la nouvelle, mais l'avant-veille, 12 mai. A la tombée de la nuit, les patrouilles du bataillon de reconnaissance à motocyclette de la 7e Panzerdivision (commandée par Rommel) avaient repéré un barrage sans surveillance à Houx, au nord de Sedan. Elles le franchirent et gagnèrent une île au milieu du fleuve d'où une écluse permettait d'accéder à la rive ouest. Pendant la nuit, appuyées par des renforts, elles commençaient déjà à démolir les bases du plan Gamelin. Le lendemain matin, les sapeurs de Rommel posaient des ponts flottants sur la Meuse tandis que ses chars canonnaient les blockhaus français sur l'autre rive, en attendant de pouvoir passer. Dans la soirée, les ponts furent achevés et le premier char traversait le fleuve qui mesurait à peine cent vingt mètres à cet endroit.

Les Français auraient pu venir à bout de cette tête de pont qui n'était pas encore solide. Ils tentèrent une contre-attaque avec une unité qui comprenait un bataillon de chars et Gamelin apprit qu'ils contrôlaient la situation, mais le bataillon de chars se retira après avoir fait quelques prisonniers, laissant la tête de pont de Rommel intacte. Entre-temps, l'attention des Français fut détournée vers le sud par la progression de la formation blindée du groupe d'armée A à Sedan. Dans la matinée du 13 mai, elle s'était déployée dans la plaine inondée du fleuve à la sortie des défilés des Ardennes. Le général P.P.J. Gransard observa : « L'ennemi sortit de la forêt en formant une colonne quasi ininterrompue de véhicules blindés ou motorisés. » L'artillerie française se dévoila et le tint sous le feu de ses batteries, mais elle fut aussitôt bombardée, d'abord par des Dornier 17 en vol horizontal puis par des Stukas attaquant en piqué. L'opération produisit un effet terrifiant sur les régiments d'infanterie française. « Ce bruit, cet horrible bruit », répétaient les blessés transportés en ambulance. D'autres troupes plus aguerries ressentirent la même épouvante sous les bombardements aériens : « cinq heures de ce cauchemar suffisaient à ébranler les nerfs de nos soldats », écrit le général Ruby, chef d'état-major adjoint de la II^e^ armée. Vers trois heures de l'après-midi, les Stukas se retirèrent. Aussitôt, les troupes d'assaut des 1^re^, 2^e^ et 10^e^ Panzerdivisions commencèrent à tirer leurs canots pneumatiques au bord de l'eau. Avec un feu nourri, les Français s'employèrent à leur interdire le passage. Les équipages des canots subirent de lourdes pertes et furent repoussés en plusieurs points mais, le long de la ligne d'assaut comprise entre Donchéry et Bazeilles ils traversèrent et établirent une série de positions. Bazeilles était un lieu de légende dans l'histoire militaire de la France. Là, l'infanterie coloniale s'était battue jusqu'à la dernière cartouche contre les Bavarois en 1870. En 1940, ce furent les Allemands qui étaient prêts à vaincre ou à mourir. Hans Rubart, sergent de la 20^e^ Panzerdivision, ordonna à ses hommes de jeter leurs outils de tranchées par-dessus bord : « Plus question de creuser, dit-il. Ou nous passons ou nous y restons ! » Avant la fin du jour, neuf de ses onze hommes étaient morts, mais le groupe avait atteint son objectif. Rubart fut promu au grade de lieutenant et nommé chevalier de la croix de fer.

Après de tels exploits, maintes fois répétés, les trois Panzerdivisions traversèrent la Meuse dans l'après-midi du 13 mai. Face à elles, certains avant-postes isolés de l'infanterie française maintinrent leurs positions mais d'autres prirent la fuite à la vue des chars. Les chars français de la 3^e^ division blindée et de la 3^e^ division motorisée apparurent dans la soirée mais la contre-attaque qu'ils étaient chargés d'exécuter n'atteignit pas son but. Pendant qu'ils agrandissaient leurs têtes de pont, les Allemands renforcèrent leurs propres unités de chars transportées par ponts flottants sur la rive française et se préparèrent pour la bataille imminente.

Ce soir-là, Gamelin, toujours à Vincennes, diffusa un ordre du jour décrétant que la destruction des forces mécanisées et motorisées ennemies devait être entreprise. L'heure était venue de combattre en profondeur sur les positions assignées par le Haut Commandement. Personne n'était autorisé à se replier. Si l'ennemi faisait une percée, il faudrait non seulement colmater la brèche, mais contre-attaquer et reprendre la position.

Dans la journée du 14 mai, les troupes de Gamelin, qui étaient beaucoup trop dispersées pour « lutter en profondeur », lancèrent plusieurs attaques contre les têtes de pont allemandes. Aucune ne réussit, sans doute parce que leurs objectifs étaient encore confus. La lame qui devait servir à l'exécution du « coup de faucille » n'était pas encore forgée. Les éléments qui les composaient n'avaient pas encore pris pied sur leurs têtes de pont. Les 6^e^ et 8^e^ Panzerdivisions se trouvaient au nord de Sedan ; les 2^e^, 1^re^ et 10^e^ au sud. Le danger que représentaient la 5^e^ et la 7^e^ de Rommel à Dinant ne s'était pas encore imposé à l'esprit du Haut Commandement. D'un point de vue strictement militaire, il aurait mieux valu attendre que les Panzerdivisions aient fusionné et se soient mises en route avant que leur infanterie ait traversé le fleuve pour les rejoindre. Dans ce cas, la colonne blindée aurait pu être prise « de flanc » et décapitée. Malheureusement, le 14 mai, la 3^e^ division blindée française se promenait sur le champ de bataille, cherchant vainement une proie à dévorer. Pendant que les têtes de pont des Panzers étaient élargies, les chars allemands firent le plein d'essence et de munitions et se préparèrent à foncer vers l'ouest, dans le dos des Franco-Britanniques engagés en Belgique.

Lequel des fers de lance allemands démarrerait le premier ? La concentration Panzer qui entourait Sedan était la plus forte mais celle qui se trouvait au nord de Dinant n'avait devant elle que les troupes de la

IXe armée de Corap. Jovial et bien en chair, Corap était un officier de la coloniale qui avait l'art de se faire aimer de ses hommes. Face à lui, le maigre et ascétique Rommel était adoré de ses troupes. Il avait été décoré de l'ordre du Mérite pendant la Première Guerre mondiale pour sa bravoure et son esprit d'initiative. Le 15 mai 1940, il enfonça le front que Corap tentait de lui opposer et avança de vingt-cinq kilomètres. Il avait perdu quinze hommes. Dans l'après-midi, la 6e Panzerdivision traversa le fleuve à Monthermé, au nord de Sedan, et se joignit à la 7e pour détruire la IXe armée française. Les mitrailleurs indochinois qui avaient défendu les ponts avec acharnement trois jours durant furent débordés. (Leurs qualités militaires laissaient prévoir l'âpreté avec laquelle les partisans de Hô Chi Minh allaient se battre pendant les années d'après-guerre.) Leurs camarades français ne témoignèrent pas toujours d'une telle ténacité. En fait, ils se montraient affreusement démoralisés. Karl von Stackelberg, un correspondant de guerre qui accompagnait les chars allemands, fut étonné de voir les groupes de soldats français qui venaient à leur rencontre : « Ce jour-là ils étaient environ vingt mille dans ce secteur, qui venaient se rendre. C'était inexplicable. Comment est-il possible que cette première bataille en territoire français, cette victoire sur la Meuse entraîne des conséquences aussi énormes ? Comment est-il possible que ces soldats français avec leurs officiers si complètement démoralisés puissent, plus ou moins volontairement, se laisser faire prisonniers ? »

Tous les soldats français n'abandonnaient pas la lutte aussi aisément. Au nord, la Ire armée résistait encore énergiquement, et elle continua à se battre jusqu'à ce qu'elle fût repoussée peu à peu et complètement encerclée à Lille. Le 15 mai, le général Georges ordonna au colonel de Gaulle, qui venait de recevoir le commandement de la 4e division blindée, d'attaquer Laon qui se situait sur le chemin des Panzers et de « gagner du temps » en attendant qu'un nouveau front puisse être établi au nord de Paris. La 4e division cuirassée était encore en formation. Ardent partisan des forces blindées et fervent patriote, de Gaulle, que les défaites de son pays avaient encore fortifié dans sa foi en lui, accepta le défi avec enthousiasme. Il écrivit plus tard qu'il se sentit transporté de fureur. Pour lui, « la guerre avait commencé aussi mal que possible. Elle devait donc se poursuivre. Le monde était vaste. Je me battrais partout, aussi longtemps qu'il le faudrait jusqu'à ce que l'ennemi fût vaincu et la honte nationale effacée. Tout ce que j'ai décidé de faire depuis, fut décidé ce jour-là ».

De Gaulle lança ses chars à l'attaque le 17 mai, sans grand succès. Ils tentèrent quelques incursions dans les positions de la 1e Panzerdivision dont l'un des officiers, la capitaine von Kielsmansegg, décida de leur montrer que la discrétion était une face du talent militaire ! Cependant, les blindés français étaient trop peu nombreux pour infliger des pertes à l'ennemi. Ils se contentèrent de l'effrayer.

Les Allemands commençaient à s'impatienter. Guderian, qui commandait les 2e et 10e Panzerdivisions, rongeait son frein et cherchait par tous les moyens à avancer. Or, d'après Halder, le Führer était « terriblement nerveux. Il est tracassé par ses propres succès, ne veut rien risquer et insiste pour nous retenir ». Halder lui-même était soucieux de « doubler » les murs du corridor Panzer avec son infanterie qui traînait derrière. Brauchitsch soutenait son point de vue. Les Panzers avaient avancé de soixante kilomètres depuis la traversée de la Meuse, quatre jours auparavant. Sept divisions convergèrent pour former une seule masse solide de blindés. Elles assistèrent à la débâcle des IXe et IIe armées françaises. La Ire armée, la BEF et les Belges cédaient du terrain au nord pendant qu'au sud les Français, immobilisés sur la ligne Maginot et incapables de manœuvrer faute de transport, ne pouvaient intervenir contre les Panzers. Néanmoins, le 17 mai, le Haut Commandement allemand, pressé par les inquiétudes du Führer, ordonna à ses troupes d'arrêter leur avance.

Les inquiétudes allemandes étaient modestes en comparaison de celles des Alliés. Pour la seconde fois, les Belges devaient affronter la perspective de la défaite et de l'invasion. Les Britanniques étaient confrontés à la crainte de perdre leur unique armée et une partie de leur Royal Air Force s'ils continuaient à soutenir leurs alliés sur un front qui s'effondrait. Les Français voyaient déjà leur armée rompue en deux parties dont la meilleure était menacée d'encerclement en Belgique et dans les départements du Nord pendant que l'autre tentait de former un nouveau front aux approches de Paris. Le spectre du désastre se profilait aussi menaçant qu'en 1914 mais la crise s'annonçait plus aiguë. A l'époque, l'armée française avait subi une défaite dans la bataille des frontières mais elle s'était repliée en bon ordre sous le commandement d'un chef imperturbable. En 1940, elle reculait en désordre. Le 16 mai, Paul Reynaud, président du Conseil, fit appel à d'autres hommes : le maréchal Philippe Pétain, héros de Verdun, ambassadeur à Madrid, Maxime Weygand, chef d'état-major de Foch pendant la campagne glorieuse de 1918. Le premier entrait au gouvernement comme vice-président du Conseil ; le second était nommé commandant en chef en remplacement de Gamelin. Tous deux étaient très âgés (Pétain, quatre-vingt-quatre ans, Weygand soixante-treize) mais, en ces heures terribles, leur réputation légendaire semblait ouvrir une porte sur l'espoir.

Gamelin était désormais discrédité. Le 16 mai, au cours d'une conférence avec Paul Reynaud et Winston

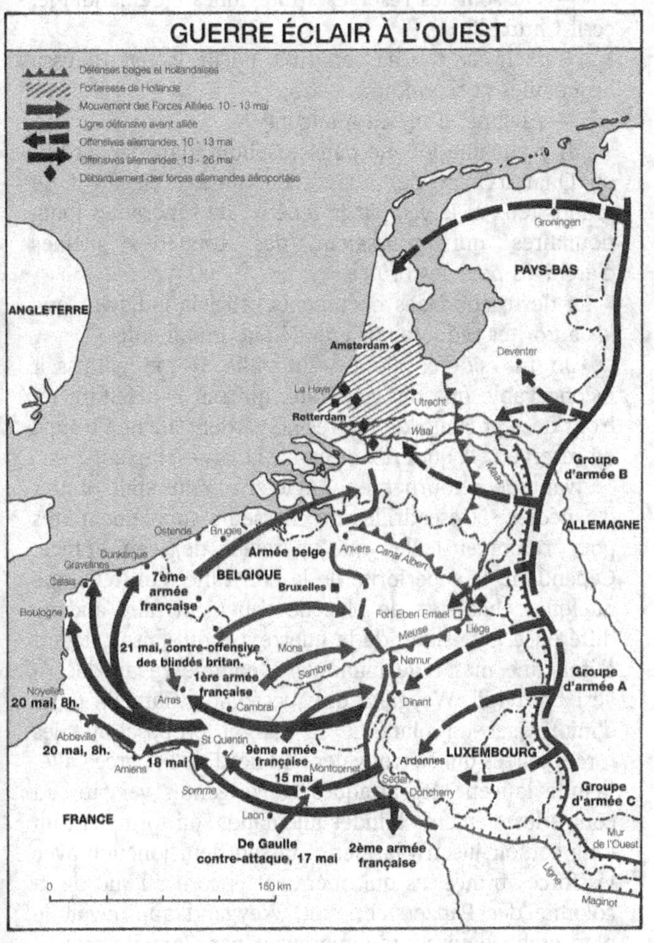

GUERRE ÉCLAIR À L'OUEST
Défenses belges et hollandaises
Forteresse de Hollande
Mouvement des Forces Alliées. 10 - 13 mai
Ligne défensive avant alliée
Offensives allemandes. 10 - 13 mai
Offensives allemandes. 13 - 26 mai
Débarquement des forces allemandes aéroportées
Groningen
PAYS-BAS
ANGLETERRE
Amsterdam
Deventer
La Haye
Utrecht
Rotterdam
Waal
Meuse
Groupe d'armée B
ALLEMAGNE
Ostende
Bruges
Dunkerque
Gravelines
Calais
Boulogne
Armée belge
Anvers
Canal Albert
7ème armée française
BELGIQUE
Bruxelles
Fort Eben Emael
Liège
Meuse
21 mai, contre-offensive des blindés britan.
Mons
Namur
Sambre
1ère armée française
Groupe d'armée A
Noyelles
20 mai, 8h.
Arras
Cambrai
Dinant
Abbeville
20 mai, 8h.
St Quentin
9ème armée française
LUXEMBOURG
Amiens
18 mai
Montcornet
15 mai
Ardennes
Sedan
Donchery
Somme
Groupe d'armée C
FRANCE
Laon
Mur de l'Ouest
De Gaulle contre-attaque, 17 mai
2ème armée française
Ligne Maginot
0
150 km

Churchill, il avait avoué qu'il ne possédait aucune troupe capable de freiner l'avance allemande.

« — Où sont les réserves stratégiques ? demandai-je, écrit Churchill.

« Gamelin se tourna vers moi, hocha la tête, haussa les épaules et répondit :

« — Aucune, il n'y en a aucune.

« Il y eut une longue pause. Dehors, dans les jardins du Quai d'Orsay des nuages de fumée s'élevaient de grands feux et je vis, par la fenêtre, de vénérables fonctionnaires qui poussaient des brouettes pleines d'archives pour les brûler. »

La destruction des documents officiels indiquait que les autorités redoutaient une défaite imminente.

« Je fus sidéré, ajoute Churchill. Il me paraissait inconcevable que des généraux qui ont à défendre un front de sept cents kilomètres ne gardent aucune troupe de réserve... A quoi donc servait la ligne Maginot ? »

Avant de retourner en Angleterre, Churchill promit d'expédier six escadrilles de chasseurs supplémentaires pour renforcer celles qui opéraient déjà en France. Cependant, la supériorité de la Luftwaffe était telle que quelques chasseurs de plus ne pouvaient faire aucune différence à ce stade de la guerre. Ce qui faisait défaut c'était une masse de manœuvre, comme l'avait découvert Churchill. Weygand qui succédait à Gamelin tenta d'improviser un plan. Le 21 mai, il proposa que les forces alliées qui se trouvaient au nord de la percée allemande lancent des attaques convergentes vers le sud contre les éléments blindés allemands qui formaient un long couloir jusqu'à la mer et fassent leur jonction avec les forces françaises qui opéraient encore au sud de la colonne des Panzers. En fait, Weygand approuvait le plan établi deux jours auparavant par Gamelin mais il manquait de chefs capables de l'exécuter. Georges était un homme brisé et le général Billotte auquel il avait délégué son autorité se tuera le 21 mai dans un accident d'automobile. Il manquait aussi d'effectifs. Le 19 mai, de Gaulle avait tenté une vaine contre-attaque avec sa 4e division de blindés et, le 21 mai, deux divisions britanniques, appuyées par deux bataillons de chars, réussirent à entailler le flanc du couloir des Panzers à Arras. Rommel en fut tellement alarmé qu'il crut que l'ennemi avait engagé au moins cinq divisions dans l'opération. En réalité, ces formations représentaient toute la force alliée dont Weygand pouvait disposer pour manœuvrer. La IXe armée s'était désintégrée. La Ire armée et la BEF se trouvaient comprimées entre la mer du Nord et les troupes allemandes qui poursuivaient leur avance. Les armées françaises postées au sud du couloir des Panzers ne pouvaient bouger faute de transports, de chars et d'artillerie. Entre-temps, le 17 mai, après quelques hésitations, le Haut Commandement allemand avait relancé ses Panzers en avant. Le 18 mai, ils roulaient sur les champs de bataille de la Première Guerre mondiale, longeant la Sambre sur leur flanc nord et la Somme au sud. Le 20 mai, les divisions de Guderian atteignirent Abbeville sur l'embouchure de la Somme, coupant les armées alliées en deux.

Ardent partisan de la Blitzkrieg, Guderian avait toujours insisté sur la nécessité du développement des Panzers avant même l'accession de Hitler au pouvoir. Frustré par la timidité dont faisaient preuve ses supérieurs – notamment Brauchitsch – il dut recourir à des subterfuges pour contourner leur ordre de procéder avec prudence après la traversée de la Meuse. Sa désobéissance ne lui avait pas encore apporté la vraie victoire qu'il cherchait. Le 20 mai Hitler avait révisé ses plans pour le plan Rouge, qui devait compléter l'opération « coup de faucille » et achever la destruction de l'armée française – dans la mesure où les Panzerdivisions se maintiendraient intactes. Or la contre-attaque britannique qui avait tant inquiété Rommel alarma Hitler. Rundstedt commandant le groupe d'armée A admit avec lui que les Panzers étaient allés trop loin pour leur sécurité et devaient arrêter leur avance en attendant que l'infanterie, plus lente à se mouvoir, ait « doublé » les murs du couloir pour éviter une répétition de l'effet surprise d'Arras. Pourtant, soutenu par Halder, Brauchitsch, abandonnant son habituelle prudence, insista pour que les Panzers continuent à progresser vers la mer pour parachever l'encerclement des Alliés. Il essaya même de transférer le commandement de la force blindée de Rundstedt à von Bock dont le groupe d'armée B avançait vers le sud à travers la Belgique. Le 24 mai, Hitler ordonna aux deux forces blindées d'arrêter leur avance. Il refusait de laisser les Panzers s'engager dans les basses terres de la côte qu'il jugeait peu propices à des opérations de blindés.

L'ordre du Führer immobilisa les Panzers deux jours entiers jusqu'au 26 mai après-midi, deux jours qui seront considérés rétrospectivement comme l'un des tournants décisifs de la guerre. Le 20 mai, le gouvernement britannique avait décidé qu'une partie de la BEF pourrait être évacuée par les ports de la Manche et l'Amirauté annonça le commencement de l'opération « Dynamo » – rassemblement sur la côte sud de l'Angleterre d'une armada de petits navires destinés à embarquer autant de soldats que possible. Au début, elle ne prévoyait pas une évacuation totale. Le gouvernement espérait encore que la BEF, unie à la I^re^ armée française, pourrait percer le couloir Panzer pour faire sa jonction avec les vestiges des armées françaises postées sur la Somme. C'était là le but du plan Weygand. Cependant, la BEF s'était usée dans la bataille de Belgique qui avait entraîné son repli de la Dyle sur la Schelde et Gort tenait à sauvegarder l'unique armée britannique. Le 23 mai, Anthony Eden, nouveau ministre de la Guerre, lui avait affirmé que le gouvernement prendrait toutes les mesures aériennes et navales nécessaires pour aider les troupes franco-britanniques si elles devaient se replier sur la côte nord. Le même jour, Gort conclut que le plan Weygand ne pourrait se réaliser faute d'effectifs suffisants et il retira d'Arras les deux divisions qui avaient attaqué Rommel le 21 mai. Alan Brooke, commandant le 2e corps de Gort, écrit le 23 mai : « Maintenant seul un miracle peut sauver la BEF. » Heureusement la décision que prit Gort de ramener au plus tôt la BEF sur la côte assura son salut.

Hitler avait eu raison de craindre que les Panzers ne s'enlisent dans les canaux qui sillonnaient les environs du port de Dunkerque où Gort dirigea ses troupes. Mais il avait eu tort de donner l'ordre d'arrêt deux jours trop tôt, c'est-à-dire deux jours avant que les Anglais – et une bonne partie de la Ire armée française – aient atteint le refuge de la ligne du canal. Le 26 mai, quand il révoqua l'ordre d'arrêt, cette partie de l'armée française qu'il tenait tant à détruire était provisoirement en sécurité. Protégé par l'Aa et le canal de Colme, l'ennemi en retraite pouvait commencer à embarquer sur les flottilles de destroyers et de petits navires que l'amiral Bertram Ramsay avait envoyées sur la côte française de la Manche. Goering avait assuré au Führer que la Luftwaffe était en mesure d'empêcher toute tentative d'évacuation de la poche de Dunkerque. Du 24 au 26 mai, la Luftwaffe pilonna la ville et ses environs et continua à déverser ses bombes jusqu'au 4 juin, date de la fin de l'évacuation, mais elle ne put faire échouer l'opération. Elle ne coula que six destroyers britanniques et deux français en neuf jours d'attaques aériennes. Elle ne put pas non plus réduire la résistance des défenseurs de Dunkerque composés pour la plupart de troupes coloniales qui firent face avec une extrême fermeté aux attaques concentriques des forces allemandes.

Le 27 mai, à minuit, l'armée belge fut contrainte de capituler. Elle se rendit dans le secteur où elle avait pu consolider sa position défensive en 1914 et poursuivre la lutte jusqu'en 1918. Il est vrai qu'à l'époque elle avait été appuyée par les forces franco-britanniques restées intactes. En 1940, elle était condamnée à être abandonnée par les Alliés eux-mêmes sur le point de s'effondrer. Elle n'avait d'autre solution que la reddition. C'était aussi le cas des divisions de la I^re^ armée française encerclée à Lille, à court de munitions. Elles se battirent si vaillamment que lorsqu'elles sortirent de la ville assiégée, les Allemands leur rendirent les honneurs militaires. Il convient de noter qu'une importante proportion de ces braves venait de territoires français d'outre-mer.

L'évacuation de la BEF et des soldats français de la poche de Dunkerque fut rondement menée. Les 26 et 27 mai, 8 000 hommes furent embarqués ; le 28, les rescapés étaient au nombre de 19 000 et le 29 mai de 47 000 ; le 31, Gort lui-même partit pour l'Angleterre avec 68 000 hommes. Le 4 juin, jour où le dernier navire britannique quittait la côte française, 337 000 soldats alliés avaient pu échapper à la captivité, soit la totalité de la BEF moins son équipement provisoirement irremplaçable et 110 000 soldats français dont la majorité fut immédiatement transférée sur d'autres bateaux, et réexpédiée en Normandie et en Bretagne pour rejoindre les éléments de l'armée française encore aptes au combat.

Cette armée se composait de soixante divisions, quelque-unes rescapées de la bataille de la Meuse, d'autres retirées de la ligne Maginot. Trois seulement étaient blindées, mais elles avaient subi de lourdes pertes, particulièrement la 4^e^ du général de Gaulle, qui avait fait une nouvelle tentative infructueuse les 28 et 30 mai pour entailler le flanc du couloir Panzer près d'Abbeville. Deux divisions britanniques restèrent en

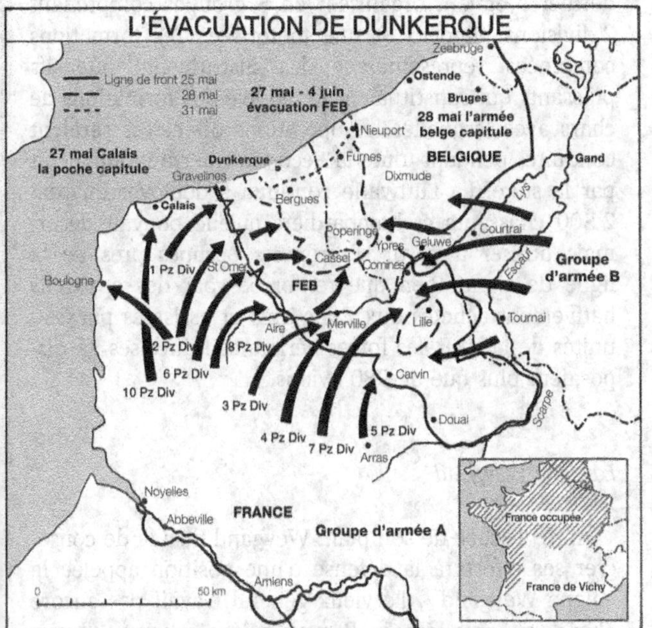


*Le miracle de Dunkerque proclame le Daily Mirror*
*mais Churchill observa amèrement*
*que les « guerres ne se gagnent pas par des évacuations. »*

France, la Ire division blindée et la 51e division écossaise qui défendaient la côte à l'ouest de Dunkerque.

Les Allemands déployaient, quant à eux, 89 divisions d'infanterie et 15 divisions blindées ou motorisées. Ces dernières étaient organisées en 5 groupes comprenant 2 divisions blindées et une motorisée. Ces formations combinées représentaient des instruments offensifs puissants qui constituaient le modèle des formations de chars avec lesquelles les opérations offensives seraient conduites pendant toute la Seconde Guerre mondiale et par la suite. La Luftwaffe continua à déployer environ 2 500 chasseurs et bombardiers qu'elle pouvait désormais utiliser à partir d'aéroports occupés près de la ligne de front. Bien que renforcées par des appareils hâtivement achetés aux Etats-Unis et assistées par 350 unités de la RAF, les forces aériennes françaises ne disposaient plus que de 980 avions.

### *La ligne Weygand*

Après l'échec de son plan, Weygand décida de consacrer ses efforts à la défense d'une position appelée la « ligne Weygand ». Le vieux général n'avait pas encore abandonné tout espoir. Il avait même conçu un projet de défense qui rappelait le plan d'attaque allemand par sa modernité. La ligne Weygand partant de la côte de la Manche pour longer les rives de la Somme et de l'Aisne et déboucher sur la ligne Maginot représentait un « échiquier » d'îlots fortifiés. L'OTAN allait adopter un plan semblable pour la défense du Front central en Allemagne dans les années 1970. Les villages et les bois devaient être remplis de troupes et d'armes antichars et poursuivre la résistance même s'ils étaient contournés par les fers de lance de l'ennemi.

La théorie était excellente, la pratique impossible. Attaquée le 5 juin par l'aile droite des Panzers déployée entre Amiens et la côte, la ligne Weygand fut rompue aussitôt. Il ne faut pas imputer cet échec à l'absence d'esprit combatif des soldats français qui s'étaient bien ressaisis mais à la faiblesse de leur matériel. Ils étaient très inférieurs en nombre et manquaient de chars, d'armes antichars et de protection aérienne. Coloniaux et réservistes combattaient avec un courage égal. « Dans ces villages ruinés, les Français résistèrent jusqu'au dernier », écrit Karl von Stackelberg. Les 5 et 6 juin, les Allemands furent arrêtés en plusieurs points et perdirent de nombreux chars. Si la ligne Weygand avait été établie en profondeur, l'avance allemande aurait pu être contenue par ces avant-postes mais une fois la croûte brisée aucune troupe ne se trouvait derrière pour colmater la brèche ou contre-attaquer. Sur l'ordre de Bock, son supérieur, Rommel se dirigea vers la côte et enveloppa les défenseurs de l'aile gauche de la ligne. En même temps, il contraignit la dernière division britannique restée en France à capituler.

Le 9 juin, le groupe d'armée A, commandé par Rundstedt, se plaça en position d'attaque sur l'Aisne. Conduit par Guderian, le groupe de Panzers composé de quatre divisions blindées et deux motorisées, se heurta à la résistance de la 14e division française sous les ordres du général Jean de Lattre de Tassigny, futur maréchal de France, dont la réputation d'audace dans la défaite fut établie ce jour-là. Cependant, sur l'Aisne, comme sur la Somme, les Allemands étaient trop forts pour que le courage suffise à les tenir en échec. La veille, Philippe Pétain avait confié au général Serrigny, son ancien chef d'état-major, que Weygand entrevoyait la possibilité de tenir la ligne trois jours, pas plus, et qu'il comptait lui-même presser le gouvernement de demander un armistice. Il soulèverait la question le lendemain à la réunion du Conseil des ministres. Serrigny l'avertit qu'il valait mieux ne pas attendre au lendemain. Il fallait agir tout de suite tant que la France avait encore un semblant d'armée et que l'Italie n'était pas engagée dans la guerre. Un chef d'Etat neutre pourrait jouer le rôle d'intermédiaire, Roosevelt paraissait tout indiqué pour intervenir auprès de Hitler.

C'était un conseil inspiré par le désespoir. Roosevelt avait déjà déclaré à Paul Reynaud qu'il n'avait aucun moyen d'influencer le cours des événements en Europe ni par l'envoi de nouveaux armements ni par une démonstration navale. Quant à Mussolini, le 28 mai, il avait affirmé à l'ambassadeur britannique que rien, pas même l'offre des territoires français d'Afrique du Nord, ne l'obligerait à rester neutre. Le 30 mai, il décida de participer à la guerre avant la fin des hostilités pour obtenir sa part de gloire et de butin. Le 10 juin, le gouvernement français quitta Paris. Il se dirigea vers Tours où Churchill se rendit le lendemain pour faire le point au cours d'une quatrième et dernière rencontre avec son allié. Le même jour, les Panzerdivisions étaient aux abords de la capitale. Le 12 juin, Paris fut déclarée « ville ouverte », pour lui épargner le risque d'une destruction totale. De toute façon, Hitler n'avait pas l'intention de l'attaquer. Peut-être redoutait-il une autre « Commune ». Quoi qu'il en soit, les Parisiens qui possédaient des voitures prirent la route, par dizaines de milliers. Ceux qui restaient ouvrirent leur commerce comme d'habitude. Le 14 juin, les premiers soldats allemands arrivèrent. Trois jours plus tard, ils envahissaient la terrasse du café de la Paix, tout heureux de jouer les touristes dans la plus célèbre capitale du monde.

D'autres Français en uniforme continuaient à se battre. De même que les Belges, à l'approche de la défaite, ils se sentaient possédés par l'esprit de sacrifice.

A Toul, en arrière de la ligne Maginot, le 227e régiment d'infanterie poursuivit la lutte longtemps après qu'il eut été encerclé. A Saumur, les élèves de l'école de cavalerie tinrent les ponts de la Loire du 19 au 20 juin tant qu'il leur restait des munitions. Les quatre cent mille hommes qui composaient la garnison de la ligne Maginot refusèrent tous les appels à la reddition. Une seule section de blockhaus fut obligée de plier devant les attaques allemandes. Le 17 juin, au sud de la Loire, un officier de la Ve armée vit passer un petit groupe de chasseurs alpins de la 28e division : ils étaient conduits par un sergent couvert de poussière ; l'uniforme en lambeaux, ils marchaient en ordre et au pas, les hommes penchés en avant tiraient des deux mains les courroies de leur sac à dos. Quelques-uns étaient blessés et leurs bandages maculés de boue et de sang. Certains dormaient en marchant, fantômes courbés sous le poids de leur paquetage et de leur fusil.

Les compagnons d'armes de ces troupes de montagne affrontaient au même moment l'armée de Mussolini sur les Alpes et la Riviera. L'Italie avait en effet déclaré la guerre le 10 juin. Quatre divisions françaises barraient la route à vingt-huit divisions italiennes. Elles tenaient le terrain sans difficulté, ne cédant nulle part plus de deux kilomètres de front. Les Français ne perdirent que huit hommes contre cinq mille du côté italien. En désespoir de cause, le Haut Commandement italien demanda à l'aviation allemande de déposer un bataillon derrière les lignes françaises. « J'ai déclaré nettement que je ne voulais pas être mêlé à ce genre d'opération », écrit Halder dans son journal.

*L'humiliation de la France*

La résistance dans les Alpes et sur la ligne Maginot ne pouvait rien changer à la victoire allemande au cœur du pays. Le 12 juin, les Anglais débarquèrent le 52e Lowland et la division canadienne à Cherbourg pour aider les troupes françaises qu'ils ramenaient en France à ouvrir un nouveau front à l'Ouest ; toutes deux durent être évacuées pour éviter d'être capturées. La veille, Churchill avait pu voir par lui-même la situation désespérée de la France. A Tours, Weygand, en proie au pessimisme, lui avait avoué au Conseil des ministres : « Je suis impuissant. Je ne puis intervenir car je n'ai aucune réserve… *C'est la dislocation.* » Le 14 juin, de Gaulle, appelé au gouvernement comme sous-secrétaire d'Etat à la Guerre, déterminé à poursuivre la lutte, avait proposé à Churchill de proclamer l'union indissoluble des peuples français et britannique, « fusion de leurs pouvoirs publics, mise en commun de leurs ressources ». Churchill offrit à Paul Reynaud de donner suite à ce projet. Ses ministres refusèrent catégoriquement. Jean Ybarnegaray parla sans doute au nom de la majorité en disant qu'il ne voulait pas que la France devienne un « dominion » (de l'empire britannique). Pétain était particulièrement soucieux d'assurer le maintien de l'ordre, d'éviter la destruction totale de l'armée française et d'empêcher la dislocation complète du pays. Plus de dix millions de civils fuyant vers le sud témoignaient éloquemment de la débâcle que vivait la France. Sa décision de demander un armistice était en tout cas une politique. Reynaud n'en avait aucune. Le jour où l'offre d'union de Churchill fut rejetée, Paul Reynaud démissionna et le président Lebrun décida de confier au vieux maréchal le soin de former un gouvernement. Le général Edward Spears, émissaire spécial de Churchill en

France, partit immédiatement pour l'Angleterre en compagnie de Charles de Gaulle. Promu au grade de général le 25 mai et nommé sous-secrétaire d'Etat pour la défense le 10 juin, de Gaulle était à peu près le seul membre du gouvernement déterminé à poursuivre la résistance. Le 18 juin, il radiodiffusa de Londres sa célèbre proclamation au peuple français : « Certes, nous avons été, nous sommes submergés par la force mécanique terrestre et aérienne de l'ennemi... Mais le dernier mot est-il dit ? L'espérance doit-elle disparaître ? La défaite est-elle définitive ? Non ! [...] car la France n'est pas seule ! [...]

« Cette guerre n'est pas tranchée par la bataille de France. Cette guerre est une guerre mondiale [...] J'invite les officiers et soldats français qui se trouvent en territoire britannique ou qui viendraient à s'y trouver à se mettre en rapport avec moi.

« Quoi qu'il arrive, la flamme de la résistance française ne doit pas s'éteindre et ne s'éteindra pas. »

Pour cet acte de défi, de Gaulle allait être jugé par une cour martiale et être condamné comme déserteur par le régime de Vichy.

La veille du discours du général de Gaulle, Pétain lui-même avait adressé un message au peuple français. « A l'appel du président de la République, j'assume aujourd'hui la direction du gouvernement de la France... Je fais à la France le don de ma personne pour atténuer son malheur... C'est le cœur brisé que je vous dis qu'il faut cesser le combat... » Et il annonçait qu'il avait demandé à l'adversaire de chercher avec lui, de soldat à soldat, « dans l'honneur », le moyen de faire cesser les hostilités. Bref, le gouvernement français avait demandé à l'Allemagne les conditions d'un armistice.

Hitler, le combattant du front, allait traiter de soldat à soldat, mais sans ménager l'honneur de son ennemi vaincu. Les termes du traité de Versailles l'avaient trop profondément marqué pour qu'il se montrât un tant soit peu conciliant. Le 20 juin, les émissaires du maréchal Pétain se présentèrent à leurs homologues allemands près de Tours. Ils furent transportés à l'est de Paris. Le 21 juin, la délégation française conduite par le général Charles Huntziger dont la II$^{e}$ armée avait été victime des Panzerdivisions, descendit dans la petite clairière de Rethondes en forêt de Compiègne, à côté du vieux wagon-lit où les délégués allemands avaient signé l'armistice du 11 novembre 1918 ; Hitler observa son arrivée avec une joie teintée d'ironie. Le général Wilhelm Keitel, son chef d'état-major, présenta les conditions de l'armistice. Il n'était pas question de les discuter : le gouvernement français resterait souverain, mais Paris, le nord de la France, ses frontières du Nord et de l'Est et la région de l'Atlantique devaient devenir zone d'occupation. L'Italie occuperait les provinces du Sud-Est. L'armée française serait limitée à cent mille hommes. En outre, la France paierait les frais d'occupation établis à un taux de change (franc-mark) exorbitant. L'empire colonial français resterait sous le contrôle du gouvernement de Vichy ainsi que la marine, mais les clauses de l'armistice stipulaient que la flotte serait démobilisée et désarmée. Selon une autre clause, tous les prisonniers de guerre, y compris la garnison de la ligne Maginot qui ne s'était jamais rendue, resteraient en captivité. En résumé, la France serait émasculée et humiliée comme l'avait été l'Allemagne en 1918. En 1940, la partie la plus productive du territoire français allait être occupée et deux millions de Français (5 pour cent de la population) étaient voués à la captivité pour une période indéterminée.

La délégation essaya d'élever des objections mais, comme le note Léon Noël, ancien ambassadeur de France en Pologne, pendant ce temps, les combats se poursuivaient, l'invasion s'étendait et les fuyards civils et militaires étaient mitraillés sur les routes. Huntziger demanda des instructions au maréchal Pétain à Bordeaux où le gouvernement s'était provisoirement replié. En outre, le fait de conserver une zone libre, l'empire et la flotte parut un moindre mal. La France et son armée étaient dans un tel état que le gouvernement avait craint des conditions beaucoup plus dures, beaucoup plus inacceptables. Huntziger reçut donc l'ordre de signer le protocole d'armistice, ce qu'il fit le 22 juin. Entre-temps, l'armistice franco-italien fut signé à Rome. Mussolini obtint que ses troupes occupent la frontière franco-italienne sur une largeur de cinquante kilomètres en territoire français. Les deux armistices devaient prendre effet le 25 juin, vingt-cinq minutes après minuit.

Auparavant, quelques fers de lance allemands avaient pénétré dans la « zone libre » que la convention d'armistice laissait au gouvernement français. Des chars allemands étaient arrivés au sud de Lyon, d'autres aux abords de Bordeaux et d'autres encore à Vichy même. Dès que l'armistice devint effectif, ils se retirèrent sans tarder. La campagne du 10 mai au 25 juin 1940 n'avait pas coûté cher à l'Allemagne. Les Français avaient perdu 90 000 hommes. Les Allemands 27 000. Au cours des dernières semaines, ils avaient fait l'expérience de la « guerre en dentelle ». Le 23 juin, Rommel écrit à sa femme : « Arrivés ici sans difficulté. Les gens du cru sont soulagés de voir que tout se passe pacifiquement. »

Pénétrée de la magnanimité que lui permettait sa victoire, l'armée allemande se comportait envers l'ennemi vaincu avec toute la « correction » que prescrivaient les ordres militaires. Traumatisés par la catastrophe qu'ils venaient de subir, ayant craint d'être malmenés par l'envahisseur, les Français accueillirent presque avec reconnaissance cette « correction ». On avait vu partout les soldats français battus, crasseux, affamés, épuisés

– jeunes conscrits, vieilles recrues, Sénégalais noirs, fantassins arabes, volontaires polonais et tchèques –, marchant sans but, parfois sans chef, à travers champs et vergers sous un soleil et un ciel dont la lumière reste inséparable du souvenir de l'été 1940 pour les vainqueurs comme pour les vaincus.

En juin 1940, Pétain, héros de Verdun, incarnait l'esprit de ses compatriotes. Il était considéré comme un sauveur qui leur avait épargné des maux bien pires en demandant l'armistice et qui, avec son prestige et ses étoiles, serait le père protecteur dont la France souffrante avait besoin.

Les Allemands au contraire baignaient dans l'euphorie. « La grande bataille de France est terminée écrit Karl Heinz Mende, un jeune officier du génie qui avait fait toute la campagne du début à la fin. Elle a duré vingt-six ans. » Les Anglais eux aussi étaient relativement euphoriques. « Personnellement je suis plus heureux maintenant que nous n'avons plus d'alliés à ménager », écrivait Georges VI à sa mère. Cependant Churchill, confronté aux dures réalités, parlait de l'avenir en termes plus vigoureux : « La bataille de France est terminée, déclara-t-il aux Communes. La bataille d'Angleterre va commencer. »

# 4

# La guerre aérienne

## LA BATAILLE D'ANGLETERRE

Bien que sensationnelle à cause de sa brièveté, la bataille de France fut une opération militaire conventionnelle. En appuyant les fers de lance blindés des Allemands, les forces aériennes jouèrent un rôle capital dans le processus de la victoire. Pourtant, ni la Luftwaffe ni les chars n'ont été les seuls artisans de la défaite alliée. En réalité, cette défaite fut le résultat de fautes stratégiques et psychologiques, de failles dans la structure militaire et de lacunes dans les préparatifs de guerre, autant d'éléments qui ont leurs sources dans la réaction des démocraties occidentales aux souffrances qu'elles avaient endurées pendant la Première Guerre mondiale.

Par opposition, la bataille d'Angleterre fut un conflit révolutionnaire. Pour la première fois depuis que l'homme a pris possession du ciel, l'aviation fut utilisée comme l'instrument d'une campagne conçue pour briser la volonté de l'ennemi et sa capacité de résistance sans l'intervention ni le soutien des armées de terre et de mer. Cette évolution était prévue depuis longtemps. Les avions avaient servi d'arme offensive – aux Italiens en 1911 en Libye – à peu près en même temps qu'ils étaient devenus des moyens de transport. Pendant une grande partie de la Première Guerre mondiale, ils furent les auxiliaires des forces aéronavales mais, à partir de 1915, les Allemands les employèrent parfois comme bombardiers contre les Anglais. Plus tard, les deux pays lâchèrent couramment des bombes sur leurs villes respectives. Dans les années trente, le développement de la technologie des longs courriers de l'aviation civile fut appliqué aux bombardiers qui devinrent ainsi des instruments de dimension stratégique. C'est ce développement qui poussa le Premier ministre anglais Baldwin à prédire imprudemment que « le bombardier passera toujours ». Comme l'écrit le docteur Richard Overy : « En 1939, tout le monde croyait que l'arme aérienne était arrivée à maturité. L'expérience de la Première Guerre mondiale persuada de nombreux politiciens et généraux que la prochaine guerre serait une guerre aérienne. Cette conviction était fondée en partie sur l'idée que la science était désormais assez bien équipée pour produire un afflux de nouvelles armes, de dispositifs secrets de l'air dont la nature ne pouvait qu'être devinée. Elle était également fondée sur l'observation du travail que l'aviation avait déjà accompli pendant la Première Guerre mondiale : opérations de reconnaissance, appui apporté aux armées de terre ; coopération avec la marine avec les premiers porte-avions ; campagnes de bombardement indépendantes des forces de surface. En fin de compte, l'aviation menaçait d'éclipser la contribution des autres armes, voire de les supplanter complètement. »

Cette idée que les forces aériennes pouvaient supplanter les armées de terre et de mer en tant qu'instruments de conquête prit d'abord racine dans trois pays aux besoins stratégiques disparates : les Etats-Unis, l'Angleterre et l'Italie. Pour les Etats-Unis, isolationnistes après 1918 et uniquement vulnérables aux attaques transocéaniques, l'aviation présente l'intérêt capital de pouvoir détruire les navires de guerre. En 1925, à la suite de plusieurs expériences de bombardement de cuirassés allemands capturés, le général William Mitchell réclama la création d'une force aérienne indépendante avec une vigueur si insolente qu'il dut défendre sa position en cour martiale. Dès 1918, l'Angleterre, qui devait défendre l'empire et la mère patrie, avait créé une force de l'air autonome qui représentait son propre concept empirique du détournement des attaques par des opérations aériennes indépendantes. Chose singulière, c'est en Italie qu'émergea une théorie globale de stratégie aérienne sous sa forme la plus développée. Giulio Douhet, universellement reconnu comme le Mahan (sinon le Clausewitz) de la force aérienne, semble être parvenu à sa vision de la « victoire par l'aviation » en reconnaissant l'inutilité des tactiques d'artillerie de la Première Guerre mondiale. Dans son ouvrage, *Command of the Air*, il déclare qu'au lieu de bombarder les théâtres d'opérations où le matériel de guerre détruit peut être renouvelé, il faudrait lâcher les bombes sur les centres de production d'armement pour tarir celui-ci. Douhet se fondait sur l'expérience de la Première Guerre mondiale. A l'époque, l'Italie avait combattu sur des fronts étroits dominés par l'artillerie, elle-même approvisionnée par des usines situées principalement en Tchécoslovaquie non loin de ses propres aérodromes.

La théorie de Douhet allait plus loin. Il croyait fermement que le bombardier se révélerait invulnérable aux contre-mesures défensives et qu'un bombardement aérien aurait un effet si immédiat que l'issue d'une guerre serait décidée avant même que la mobilisation des armées belligérantes soit achevée. A cet égard, il était réellement un visionnaire car il prévoyait la logique de la force de frappe nucléaire : le premier qui frappe l'emporte. Il souligne que le bombardier à long rayon d'action transportant des explosifs puissants et les lâchant en chute libre peut porter le coup décisif. A cette époque, son raisonnement ne fut guère suivi. La Royal Air Force dont l'attachement à la stratégie du bombardement n'avait rien de doctrinaire n'attendait pas un résultat très positif de ses premières offensives contre l'Allemagne et il fut encore inférieur à son attente. En 1939-1940, la Luftwaffe n'avait aucune théorie de bombardement stratégique. En 1933, elle avait examiné la possibilité de construire une flotte de bombardiers à long rayon d'action et conclu que l'effort exigé dépassait ses capacités industrielles même à moyen terme. Ses chefs, des officiers de l'armée de terre pour la plupart, s'étaient employés à faire de la Luftwaffe une arme de renfort pour les forces terrestres. Malgré la réputation d'instrument de destruction massive qu'elle avait acquise au cours de l'attaque de Varsovie et de Rotterdam, elle jouait encore ce rôle pendant la bataille de France.

Le 16 juillet 1940, Hitler publia la directive n° 16 « pour les préparatifs d'une opération de débarquement en Angleterre ». Les chefs de la Luftwaffe furent perturbés par l'ampleur des tâches qui leur étaient assignées : « empêcher toute offensive aérienne ». « Attaquer tout navire en vue… détruire les défenses côtières… briser la résistance des forces terrestres de l'ennemi et anéantir les réserves derrière le front ». Ainsi, les conditions de la victoire seraient assurées avant que l'armée et la marine soient entrées en scène.

Hermann Goering, ministre de l'Air et chef de la Luftwaffe, héros de la Première Guerre mondiale, faisait fi des difficultés. Le 1er août, alors que les préparatifs de la bataille d'Angleterre étaient bien avancés, il déclara à ses généraux : « Le Führer m'a ordonné d'écraser l'Angleterre avec ma Luftwaffe. En portant une série de coups durs à l'ennemi qui a déjà subi une rude défaite morale, je le mettrai à genoux dans un proche avenir, de sorte que nous pourrons procéder à l'occupation de l'île sans aucun risque. » Milch, Kesselring et Sperrle, commandant respectivement la Luftwaffe et les deux flottes aériennes (2 et 3) chargés de soutenir l'opération « Otarie » (nom de code de l'invasion de l'Angleterre) voyaient les difficultés et les risques d'une offensive aérienne que Goering avait si légèrement accepté d'entreprendre.

La principale difficulté résidait dans la nature improvisée de la base opérationnelle de la Luftwaffe. Dans les semaines qui suivirent l'armistice, les flottes aériennes 2 et 3 se redéployèrent hâtivement vers les côtes de Belgique, de Normandie et de la mer du Nord. Les aéroports des pays vaincus dont ils se servaient devaient être adaptés à leurs besoins – ravitaillement, réparations, signaux. La Royal Air Force, en revanche, opérait à partir de bases qu'elle occupait depuis des décennies. De plus, le commandement de la RAF avait l'avantage de défendre son propre territoire. Alors que la Luftwaffe devait couvrir une distance de soixante à cent cinquante kilomètres avant d'en venir aux prises avec l'ennemi, la RAF pouvait engager ses chasseurs dès qu'ils avaient décollé. Ils économisaient ainsi non seulement le carburant mais encore les pilotes obligés de sauter en parachute et parfois les appareils contraints à un atterrissage forcé. Les pilotes parachutés ou les appareils endommagés de la Luftwaffe au contraire étaient définitivement perdus. De nombreux pilotes allemands se noyèrent dans la Manche.

Outre qu'elle opérait près de ses bases, la RAF disposait d'un système de contrôle et de radar remarquablement organisé. Ses quatre groupes, 13$^{e}$ (au nord), 12$^{e}$ (au centre), 11$^{e}$ (au sud-est), 10$^{e}$ (au sud-ouest) étaient placés sous la direction d'un état-major central situé à

Uxbridge, au nord de Londres. Les avions étaient guidés à partir de ce centre nerveux et les groupes les plus menacés (généralement le n° 11 qui protégeait Londres) pouvaient être renforcés par ceux qui étaient provisoirement moins engagés. Le commandement de la RAF se servait des informations toutes fraîches des postes d'observation au sol et des pilotes en vol pour alerter leurs escadrilles en cas de menace mais c'était la chaîne des stations radar installées tout le long de la côte depuis 1937 qui constituait l'atout vital de la RAF. Le radar est un dispositif électronique permettant d'identifier un objet et de déterminer sa position, sa direction, sa vitesse et sa distance par l'émission d'ondes radioélectriques qui, après réflexion contre cet objet, retournent vers un récepteur. C'est une invention britannique due à Robert Watson-Watt, chercheur au National Physical Laboratory. En 1940, les Allemands possédaient eux aussi quelques stations radar mais elles étaient inférieures en nombre et en efficacité à celles des Britanniques.

La RAF produisait beaucoup plus de chasseurs que la Luftwaffe. Pendant l'été de 1940, Vickers et Hawker sortirent 500 Spitfires et Hurricanes par mois alors que Messerschmitt ne fournissait que 140 Me 109 et 90 Me 110. Les Allemands pouvaient faire appel à un plus grand nombre de pilotes entraînés (10 000 en 1939) alors que la RAF ne pouvait en ajouter que 50 par semaine à son noyau initial qui n'en comptait que 1 450. La RAF se trouvait donc confrontée à une situation paradoxale dans une phase décisive de la bataille : elle manquait de pilotes pour manœuvrer ses avions mais, à aucun moment, elle ne manqua d'avions. Elle réussit à maintenir quotidiennement en service 600 Spitfires et Hurricanes. La Luftwaffe ne put jamais concentrer contre eux plus de 800 Messerschmitt 109. Ces chasseurs dont la vitesse et la puissance de feu se valaient furent les armes cardinales qui devaient décider de la victoire.

La Luftwaffe aurait quand même pu acquérir une supériorité aérienne. Avec sa puissante flotte de bombardiers – composée de 1000 Dornier 17, Heinkel 111, Junker 88 et de 300 Junker 87 – elle aurait été capable de détruire les défenses de l'Angleterre si elle avait suivi le plan logique que l'armée de terre avait adopté pour la bataille de France. Or l'opération Otarie comportait une série d'attaques improvisées sans plan précis, toutes fondées sur la certitude de Goering que l'Angleterre serait « mise à genoux » par tout simulacre de « coup dur » dirigé contre elle.

### *Impasse dans les airs*

D'après les historiens, la Bataille d'Angleterre s'est déroulée en quatre phases improvisées par le commandement de la Luftwaffe : 1° « Bataille de la Manche » du 10 juillet au début d'août ; 2° opération « Aigle » *(Adler)* du 13 au 18 août ; 3° série d'attaques intensives contre les aéroports de la RAF du 24 août au 6 septembre ; 4° Bataille de Londres du 7 au 30 septembre : bombardements quotidiens de la capitale anglaise en plein jour. Après quoi, les escadrilles de bombardiers allemands décimées effectuèrent des raids nocturnes destructeurs mais stratégiquement inefficaces.

La bataille de la Manche commença le 10 juillet par le bombardement des villes de la côte sud de l'Angleterre – Plymouth, Weymouth, Falmouth, Portsmouth, Douvres – et, plus tard, de l'embouchure de la Tamise. Les pertes matérielles furent sensibles mais la Royal Navy aurait sûrement été vaincue si la flotte de remorqueurs et de chalands que Hitler avait fait assembler dans les estuaires belges et hollandais avait pu passer par le Pas de Calais sans dommages. La Luftwaffe perdit 180 appareils dont 100 bombardiers et la RAF 70 chasseurs. Ainsi, la proportion des chasseurs sur lesquels reposait le sort de la bataille restait à peu près la même.

Hitler s'impatientait. Il s'était persuadé que l'Angleterre était déjà battue si seulement elle voulait bien l'admettre mais il répugnait à lancer l'ordre d'invasion : d'une part, il reculait devant les risques de l'entreprise, d'autre part, il espérait encore que l'Angleterre ne tarderait pas à s'avouer vaincue. Cependant, comme elle ne semblait pas pressée, il décida que la Luftwaffe la contraindrait à accepter la nécessité de traiter avec l'Allemagne. Il déclara néanmoins à ses généraux qu'il n'avait nullement l'intention d'humilier la Grande-Bretagne (comme il avait humilié la France) et encore moins de la détruire (comme il avait détruit la Pologne). Il s'imaginait toujours que son nouvel empire européen et le vieil empire britannique pourraient non seulement coexister mais encore coopérer pour le plus grand avantage des deux pays. Le 18 août, il déclara à son acolyte norvégien Vidkun Quisling : « Après avoir adressé diverses propositions à l'Angleterre sur la réorganisation de l'Europe, je me trouve à présent obligé contre mon gré d'engager la guerre contre la Grande-Bretagne, je me trouve dans la même position que Martin Luther qui n'avait aucun désir de combattre Rome mais ne voyait pas d'autre solution. »

Le 1^er^ août, il publia la directive n° 17 ordonnant que la Luftwaffe « écrase l'aviation anglaise avec tous les moyens dont elle dispose [...] la guerre doit être menée contre les unités aériennes et leurs installations au sol, contre les ports, contre les établissements en rapport avec l'approvisionnement en nourriture [...] contre l'industrie de l'aviation y compris les usines qui fabriquent les équipements anti-aériens. » Le même jour, Goering réunit ses collaborateurs à La Haye pour leur expliquer ce qu'il attendait de l'opération Aigle. Theo Osterkampf, un as de la Grande Guerre, émit des réserves : « Je lui expliquai qu'en survolant l'Angleterre... je comptai... environ 500 à 700 chasseurs britanniques... concentrés dans la périphérie de Londres. Leur nombre a considérablement augmenté depuis le début de la campagne. Toutes les nouvelles unités sont équipées de Spitfires dont la qualité me semble égale à celle de nos propres chasseurs. » Furieux, Goering s'écria que les Anglais étaient des lâches, que leur nombre avait diminué et que la supériorité de la Luftwaffe en matière de bombardiers annulait l'efficacité des défenses britanniques. *Adlertag* (le « jour de l'Aigle ») fut bientôt fixé au 7 août.

En fait, l'opération Aigle dut être reportée au 13 août en raison de conditions atmosphériques défavorables. Entre-temps, la Luftwaffe avait déjà subi plusieurs échecs, en grande partie parce qu'elle avait trop étendu son champ d'action. Le 12 août, elle attaqua les aéroports de la RAF, le port de Portsmouth, les chantiers navals de la Tamise et – pour la première fois au cours de la bataille d'Angleterre – la chaîne des stations radar. Elle perdit 31 appareils et la RAF 22. Le jour de l'Aigle, elle attaqua aussi une usine de Spitfires près de Birmingham et perdit 45 avions contre 13 pour la RAF. Le 15 août, 75 appareils de la Luftwaffe furent abattus pour 34 de la RAF. Au cours de la même semaine, la Luftwaffe proclama que la balance penchait en sa faveur. « Nous n'aurons aucune peine à réparer nos pertes. Les Anglais ne pourront sans doute pas remplacer les leurs. »

Les pertes allemandes, notamment en bombardiers en piqué, s'élevaient à un point tel que Goering commençait déjà à modifier ses plans et à déplacer ses commandants. Les sceptiques comme Osterkampf furent relevés de leurs postes de responsabilité en première ligne et remplacés par de jeunes chefs plus agressifs (comme Adolf Galland qui fut décoré de la croix de chevalier par Hitler en personne). Goering leur désigna les objectifs de la troisième phase de la bataille d'Angleterre : les aéroports des chasseurs de la RAF. Le mauvais temps retarda l'opération mais, le 24 août, la RAF ressentit les effets de l'effort massif fourni par la Luftwaffe. Manston, le plus avancé de ses terrains de chasseurs, fut mis hors d'usage et North Weald, l'aéroport voisin, gravement endommagé. A Manston, l'état-major profondément démoralisé s'était mis à l'abri et refusait de sortir. Ce jour-là, la Luftwaffe lança 1 000 avions par vagues successives et détruisit 22 chasseurs britanniques pour 38 des siens. Le 30 août et le 4 septembre, plusieurs usines d'aviation britanniques furent sérieusement endommagées pendant que Biggin Hill, l'un des principaux terrains de chasseurs couvrant Londres, fut attaqué six fois en trois jours. Ses installations furent détruites et 70 des membres de son personnel au sol blessés ou tués. Entre le 24 août et le 6 septembre, la RAF perdit 290 appareils au cours de combats défensifs et la Luftwaffe 380 dont 190 seulement étaient des chasseurs. La bataille commençait à tourner à l'avantage des Allemands.

*Le point critique*

Pas assez vite pourtant pour la patience de Hitler et de Goering. Les orages d'automne menaçaient. Si les chalands d'invasion avaient passé le détroit en 1940, la résistance britannique aurait été brisée en quelques semaines. La RAF aurait été vaincue de sorte que la Royal Navy aurait pu être chassée de la Manche. Le 31 août, l'OKL décida que, le 7 septembre, la cible serait déplacée des aéroports à Londres. Jusqu'alors la capitale avait été épargnée comme l'établit un ordre de l'OKW en date du 24 août : « Les attaques contre la zone de Londres et les attaques terroristes sont réservées à la décision du Führer. » Hitler avait réservé sa décision car il espérait encore amener Churchill à la table de conférence et aussi éviter des représailles contre les villes allemandes. A présent, il calculait que, selon les termes d'Adolf Galland, une attaque sur Londres forcerait « les chasseurs britanniques à quitter leurs repaires et à nous livrer bataille à découvert ».

Ainsi commença la phase la plus célèbre de la bataille d'Angleterre : des formations massives de bombardiers Heinkel, Dornier et Junker protégées par des phalanges de Messerschmitt 109 et 110 lancées sur la capitale aux sept millions d'habitants que traverse la Tamise... cerveau et centre nerveux du Haut Commandement de la RAF. La Luftwaffe devait faire face à un barrage de 1500 ballons, 2 000 canons antiaériens lourds et légers et à la chasse anglaise qui maintenait les rangs de ses 750 Spitfire et Hurricane. Au milieu de septembre, dix jours durant, le ciel de l'Angleterre du Sud-Est fut rempli tous les matins par des vagues successives de centaines de bombardiers en route pour Londres, parfois interceptés par la chasse anglaise, parfois dispersés pour se reformer pendant que la bataille faisait rage. Un jeune conscrit du Middlesex décrit le spectacle : « Ce dimanche à Seven Oats ressemble aux dimanches que j'ai passés dans le Kent, le Surrey, le Sussex et l'Essex. L'air chaud de l'été vibre du vrombissement incessant des moteurs de bombardiers invisibles dans le bleu éblouissant du ciel. Puis la RAF surgit : le ronronnement monotone est rompu par le grondement d'un chasseur lancé à toute vitesse et des traînées de vapeur se forment en larges cercles. Couché sur le dos dans le jardin des roses, j'observe les traînées. Parfois tandis que la couche de vapeur s'estompe je vois poindre une tache minuscule, un parachute blanc s'ouvre et descend grossissant lentement. J'en ai compté huit suspendus dans l'air à la fois. »

Quelques-uns de ces parachutes pouvaient être anglais car les 9, 11 et 14 septembre, la RAF subit de lourdes pertes. Elle réussit pourtant à dérouter les formations ennemies qui fonçaient sur la capitale. Contrairement aux termes du rapport de l'attaché militaire allemand à Washington, le bombardement n'a jamais produit l'effet d'un tremblement de terre dans le cœur de Londres. La résistance de la chasse britannique décida la Luftwaffe à intensifier ses efforts. Le 15 septembre, deux cents bombardiers allemands escortés par des escadrilles de chasseurs se dirigèrent sur la grande cité. La chasse anglaise était informée que ses terrains avancés avaient été remis en état depuis le début de l'assaut. Sir Hugh Dowding, commandant en chef de la RAF, autorisa le groupe des Midlands n° 12 à prêter ses escadrilles pour la défense. Ce matin-là, Churchill avait demandé à Keith Park, commandant du groupe n° 11 : « De quelles autres réserves disposons-nous ? – Nous n'en avons pas d'autres », fut la réponse.

Mais Dowding n'avait pas pris sa décision à la légère. Elle était mûrement réfléchie et le résultat lui donna raison. Quelque deux cent cinquante Spitfire et Hurricane interceptèrent les bombardiers allemands à l'est de Londres. Un peu plus tard, la Luftwaffe envoya une autre formation encore plus forte qui fut également déroutée. La chasse anglaise abattit plus de soixante de ces appareils. Cette défaite spectaculaire de l'aviation allemande marque un tournant décisif de la bataille d'Angleterre, surtout par son effet de dissuasion. Tout espoir de briser la résistance anglaise pendant que la saison était propice à un débarquement s'effondra. Le 17 septembre, Hitler remit l'opération Otarie à une date indéterminée.

L'ajournement d'Otarie n'entraîna pas la fin de l'opération Aigle. D'ailleurs, Goering avait toujours considéré que les deux opérations étaient séparées et il s'accrochait à l'idée que son offensive contre l'Angleterre aboutirait à un résultat stratégique indépendant des efforts de l'armée et de la marine. D'autre part, Hitler tenait à maintenir une pression sur le gouvernement Churchill qui devait, selon lui, comprendre qu'un arrangement était inévitable. Les attaques diurnes sur Londres et d'autres grandes villes d'Angleterre furent donc maintenues pendant tout le mois de septembre et au-delà. Le pilonnage des bombardiers provoqua de terribles dégâts. Le 26 septembre, par exemple, un raid-surprise sur l'usine de Spitfires de Southampton arrêta la production un certain temps. Cependant, l'égalisation des forces aériennes était significative, comme Galland l'expliqua à Goering le 27 septembre : « Les pertes de la RAF sont très inférieures et la production des usines d'aviation anglaises bien supérieure à toutes les estimations fournies par les services de renseignements allemands. A présent, les événements démontrent leur erreur si clairement qu'il convient de la reconnaître. »

Les attaques diurnes se poursuivirent jusqu'en octobre mais les raids nocturnes devinrent la norme et, après novembre, ils remplacèrent complètement les bombardements de jour. Dès lors, la bataille d'Angleterre était pratiquement terminée. Ce fut un épisode héroïque, comme le dit Churchill dans son discours du 20 août aux Communes : « Jamais... tant d'hommes n'ont dû autant à un si petit nombre. » Quelque deux mille cinq cents jeunes pilotes avaient à eux seuls préservé l'Angleterre de l'invasion. Ils étaient anglais pour la plupart mais ils comptaient aussi dans leurs rangs des Australiens, des Néo-Zélandais, des Sud-Africains (y compris le fameux « marin » Malan qui essaya de renvoyer un bombardier allemand dans son pays avec un équipage de morts, en guise d'avertissement). Quelques-uns étaient des Irlandais et des Américains qui n'acceptaient pas la neutralité de leur pays. D'autres, encore en petit nombre, étaient des réfugiés français, tchèques et polonais. Ces derniers, qui représentaient cinq pour cent du « petit nombre », sont responsables d'environ 15 pour cent des pertes infligées à la Luftwaffe.

La victoire du « petit nombre » avait été remportée de justesse. Pendant la période critique d'août et septembre, alors que la bataille d'Angleterre faisait rage, la RAF avait perdu 832 chasseurs et la Luftwaffe 668. Ce fut la perte d'environ 600 bombardiers allemands qui fit pencher la balance en faveur des Anglais. Si Hitler et Goering avaient été au courant de l'ampleur de leurs succès au point culminant de la bataille d'Angleterre et des pertes de la RAF, ils auraient sans aucun doute redoublé d'efforts. Dans ce cas, l'aviation allemande aurait pu se développer de manière à devenir la première force aérienne à remporter une victoire décisive en tant qu'arme stratégique, réalisant ainsi la vision que Douhet et Mitchell avaient entrevue à l'aube de l'aviation militaire. Quoi qu'il en soit, le pragmatisme de Dowding et de son état-major, le sacrifice de leurs pilotes et l'innovation du radar furent les facteurs essentiels de la première défaite de l'Allemagne nazie. Les effets de cette défaite devaient se faire sentir beaucoup plus tard mais, grâce à elle, la survie de l'Angleterre indépendante était assurée. Tel fut certainement l'événement qui détermina la chute du Troisième Reich.

# 5

# LA LOGISTIQUE DE LA GUERRE ET LA BATAILLE DE L'ATLANTIQUE

L'approvisionnement en vivres, en matières premières, en produits manufacturés et en armement est la base même de la guerre. Dès le début des temps, l'homme a fait la guerre pour s'approprier les ressources qui lui manquent et pour assurer ses moyens d'existence et de protection contre l'ennemi qu'il combat. La Seconde Guerre mondiale ne fait pas exception à cette règle. D'après le professeur Alan Milward, principal historien économiste du conflit, ses origines « résident dans le choix délibéré de la guerre en tant qu'instrument de politique par deux des Etats les plus économiquement développés du monde. Ainsi, les gouvernements allemand et japonais décidèrent de s'engager dans le conflit, convaincus que la guerre pourrait être un instrument de gain économique ».

Le jugement de Milward est indiscutable en ce qui concerne le Japon. Submergé par une population sans cesse croissante dans une île qui manquait de presque toutes les ressources vitales, le Japon était convaincu que seule l'annexion des régions productives de la Chine voisine pourrait l'aider à survivre. Cette situation avait entraîné un conflit diplomatique entre lui et les Etats-Unis dès 1937. C'est l'embargo décrété par l'Amérique pour freiner l'aventurisme stratégique du Japon qui poussa le gouvernement de Tokyo à choisir la guerre en 1941 au lieu de chercher un accommodement. L'année de Pearl Harbor, le Japon importait 40 pour cent de son acier, 60 pour cent de son aluminium, 80 pour cent de son pétrole, 80 pour cent de son minerai de fer et 100 pour cent de son nickel. Dans ces conditions, un embargo sur son pétrole et ses métaux équivalait à un étranglement. L'offensive du Sud était donc un événement prévisible.

Hitler ne pouvait invoquer des difficultés économiques pour justifier son aventurisme stratégique. En 1939, alors qu'un quart de sa population cultivait encore la terre, l'Allemagne était pratiquement indépendante sur le plan alimentaire. Elle n'importait qu'une faible proportion de sa consommation en œufs, fruits, légumes et graisses. Elle produisait tout le charbon qu'elle consommait et une grande partie de son minerai de fer sauf le minerai utilisé en sidérurgie que lui fournissait la Suède. Pour le caoutchouc, le pétrole et les métaux non ferreux, elle dépendait entièrement de ses importations. Cependant, son haut niveau d'exportation (particulièrement en produits chimiques et en machines-outils) compensait largement ces déficiences. En fait, si Hitler n'avait pas été obsédé par la théorie darwinienne de l'autonomie économique nationale totale, l'Allemagne n'aurait eu aucune raison de préférer les rapports de force aux relations commerciales avec ses voisins.

Chose paradoxale, c'étaient ses adversaires, la France et l'Angleterre et sa timide alliée, l'Italie, qui avaient les meilleures raisons économiques d'entrer en guerre. L'Italie était l'un des principaux importateurs d'énergie tandis que son industrie, notamment son industrie de guerre restait enracinée dans une tradition d'artisanat tout à fait incompatible avec la consommation massive des champs de bataille modernes. Les moteurs d'avions italiens étaient des œuvres d'art – ce qui ne réconfortait pas les pilotes de la Reggio Aeronautica lorsque les usines de production ne purent plus sortir un quota suffisant d'appareils de remplacement. La France conservait des arsenaux militaires qui fonctionnaient selon des principes artisanaux et, bien que le pays pût se nourrir aisément et exportât des produits de luxe en abondance, il dépendait de son empire et de ses partenaires commerciaux pour de nombreuses matières premières et certains produits manufacturés – des Etats-Unis par exemple pour les modèles d'avions sophistiqués et de ses colonies d'Indochine pour le caoutchouc.

Le cas de l'Angleterre était plus paradoxal encore. En période de plein rendement, son industrie produisait tous les armements, navires, avions, chars que sa population mobilisée pouvait utiliser en temps de guerre. Comme elle le prouva au cours des deux guerres mondiales, elle avait même trouvé moyen de sortir un surplus d'armes dont une partie fut exportée (en Russie) et l'autre servit à rééquiper les forces en exil (Polonais, Tchèques, Forces françaises libres) même au plus fort de ses revers militaires. Malheureusement, elle ne pouvait maintenir sa productivité qu'en important ses métaux non ferreux, la totalité de son pétrole et – chose plus grave pour une île surpeuplée – la moitié de ses vivres. Les Japonais, à la rigueur, pouvaient survivre au niveau de la quasi-famine avec quelques poignées de riz non décortiqué. Les Anglais, privés du blé de l'Amérique du Nord, étaient condamnés à dépérir après épuisement de leurs réserves nationales de farine et de lait en poudre.

Après la victoire, Winston Churchill avoua qu'il avait redouté par-dessus tout le danger de la guerre sous-marine. Elle n'avait pas pris la forme de glorieux combats ni de brillants exploits. Elle ne s'était manifestée qu'à travers des statistiques, des diagrammes et des courbes incompréhensibles au public. Les statistiques les plus importantes furent facilement établies. En 1939, l'Angleterre avait besoin d'importer 55 millions de tonnes de marchandises pour conserver son standard de vie. A cette fin, elle maintenait la plus forte flotte marchande du monde : 3 000 longs courriers et 1 000 navires côtiers jaugeant 21 millions de tonnes. Quelques 2 500 vaisseaux étaient constamment en mer. Les effectifs de la marine marchande totalisaient 160 000 hommes. Pour protéger cette flotte, la Royal Navy déployait 220 bâtiments équipés d'un système de détection de sous-marins (ASDIC[1]) comprenant 165 destroyers, 35 sloops et corvettes et 20 chalutiers. La proportion de navires marchands et de vaisseaux escorteurs était de quarante pour un. L'Amirauté avait adopté la pratique du convoi – rassemblement de bâtiments sous escorte. La méthode fut introduite sur les routes maritimes et dans les eaux côtières dès qu'elle fut réalisable.

### *Sous-marins et raiders de surface*

Le sous-marin, ou U-boot *(Unterseeboot)*, était le principal ennemi des convois. De même qu'en 1914, les Allemands déployèrent eux aussi une flotte de commerce englobant à la fois des vaisseaux de guerre et des navires marchands convertis mais en petit nombre. Entre septembre 1939 et octobre 1942, moins d'une douzaine de bâtiments auxiliaires gagnèrent le large dont le plus efficace, *Atlantis*, coula vingt-deux bateaux avant d'être intercepté et détruit par le HMS *Devonshire* en novembre 1941. La flotte allemande sillonnait les mers, elle aussi, avec ses croiseurs, ses cuirassés de

1. Anti-Submarine Detection Investigation Comittee.

poche, ses vedettes mais l'état-major de la marine jugeait ses unités trop précieuses pour les soumettre souvent aux risques que comportaient les expéditions en haute mer, surtout après la défaite humiliante du *Graf Spee* au large de Montevideo en 1939. L'aviation allemande remporta quelques succès – en mai 1941, elle coula un total de 150 000 tonnes (un navire moyen jaugeait 5 000 tonnes) et les mines posées par l'aviation, la marine de surface ou les sous-marins représentaient une menace constante. En 1941-1942, les patrouilleurs rapides allemands (*Schnellboot*) étaient de redoutables poseurs de mines et représentaient une menace permanente pour les convois côtiers britanniques. En mai 1944, un raid sur un convoi de troupes américain qui effectuait des exercices de débarquement sur la côte du Devonshire en prévision du jour J tua plus de GI's qu'il n'en mourut pendant l'opération du 6 juin ! Cependant, les attaques aériennes contre la marine marchande étaient indépendantes de la véritable guerre qui se déroulait dans les eaux territoriales européennes, une guerre entre convois et sous-marins.

En septembre 1939, l'amiral Karl Doenitz commandait une flotte de 57 sous-marins dont 30 bâtiments côtiers à court rayon d'action et 27 bâtiments de haute mer. Le plan Z prévoyait la construction d'une flotte de 300 vaisseaux avec lesquels Doenitz se vantait de pouvoir écraser l'Angleterre. Il comptait atteindre ce total en juillet 1942, ce qui lui permettrait de maintenir 140 navires en opération et de couler ceux de l'ennemi à la cadence de 7 millions de tonnes par an, près de cinq fois le tonnage de remplacement de l'Angleterre. Néanmoins, à l'époque, grâce à l'inéluctable dynamique de la guerre, presque tous les termes de l'équation qui lui avaient servi à tracer la courbe de l'anéantissement inévitable de la marine anglaise par les U-boots s'étaient modifiés à son détriment. La réquisition et l'affrètement de bateaux étrangers avaient enrichi la flotte marchande britannique de 7 millions de tonnes, l'équivalent du tonnage coulé annuellement. Les chantiers américains dont la capacité s'était considérablement augmentée par une mobilisation d'urgence avaient fourni aux Anglais 1 500 nouvelles unités en 1943, soit trois fois le tonnage coulé par les U-boots, les Etats-Unis ajoutèrent 200 escorteurs par an à ceux de la Royal Navy. Les avions à long rayon d'action basés en Amérique du Nord, en Islande et en Angleterre réduisaient progressivement l'espace dans lequel les sous-marins pouvaient opérer sans danger en surface, leur mode d'action préféré en raison de leur vitesse limitée en plongée. La protection intégrale assurée par les porte-avions allait bientôt constituer une menace directe pour les sous-marins ennemis en cas d'attaque. La position de Doenitz ne s'était améliorée que par la commodité de ses bases. Sur le plan de la guerre électronique et cryptographique, le conflit s'équilibrait. L'espoir d'armes sous-marines secrètes favorables à l'Allemagne ne pouvait se réaliser avant quelques années. Néanmoins, les U-boots avaient déjà infligé de sérieux dommages matériels et psychologiques à l'effort de guerre allié en particulier aux Anglais. Au milieu de 1942, l'éventuelle issue du conflit était incertaine. Les statistiques, diagrammes et courbes étaient empreints de menaces.

La bataille de l'Atlantique se divise en quatre phases distinctes : du début de la guerre à la défaite de la France, la flotte des sous-marins avait été confinée par des contraintes géographiques et par le souci qu'avait Hitler d'opérer dans le voisinage immédiat des îles britanniques. Après juin 1940, quand l'Allemagne eut pris possession des ports français de l'Atlantique (où en janvier 1941, avec une prescience remarquable, Hitler ordonna la construction d'abris pour sous-marins) la flotte commença à opérer dans l'Atlantique oriental se concentrant tout particulièrement sur la « route du Cap » vers l'Afrique de l'Ouest et du Sud et pénétrant de temps à autre en Méditerranée, puisque les Italiens se révélaient des sous-mariniers incapables. D'avril à décembre 1941, grâce à leur expérience acquise en matière de tactique anticonvois et malgré la délimitation d'une « zone de neutralité » où les Américains avaient décidé d'attaquer les sous-marins en maraude, les commandants des U-boots étendirent leur champ d'opérations dans l'Atlantique central et occidental. Après juin 1941, les sous-marins allemands, souvent escortés de navires de guerre et d'avions basés sur la côte, commencèrent à opérer dans les latitudes arctiques pour attaquer les Anglais qui envoyaient des convois de ravitaillement dans les ports de la Russie du Nord. Enfin, après décembre 1941, Doenitz porta la guerre sous-marine sur la côte atlantique des Etats-Unis et dans le golfe du Mexique.

Pendant plusieurs mois, comme la marine américaine était momentanément incapable d'organiser des convois côtiers, les pertes alliées s'élevèrent à quelques centaines de milliers de tonnes.

Jusqu'en juin 1940, les U-boots étaient restés confinés pour les mêmes raisons géographiques qui avaient maintenu la flotte allemande près de ses bases régulières pendant la Première Guerre mondiale. Utilisant la Baltique comme terrain d'entraînement (comme ils allaient le faire pendant toute la durée des hostilités), ils attaquèrent la marine britannique dans la mer du Nord mais la barrière de mines posées dans le Pas de Calais les empêcha d'apparaître dans la Manche.

Ils ne pouvaient atteindre l'Atlantique qu'en passant par le nord de l'Ecosse s'ils avaient l'autonomie nécessaire, ce qui était rarement le cas. Huit sous-marins du type IX avaient une autonomie de douze mille milles marins, dix-huit pouvaient couvrir la distance comprise entre leur base et Gibraltar. Les trente autres ne pouvaient quitter la mer du Nord. Malgré ces limitations, les U-boots accomplirent quelques exploits, entre autres le torpillage du cuirassé *Royal Oak* dans la base de Scapa Flow en octobre 1939 et des porte-avions *Courageous* et *Glorious*. Dans l'ensemble, entre le début de la guerre et la défaite de la France, le total des vaisseaux marchands coulés dans l'Atlantique Nord ne dépassa pas 750 000 tonnes et 141 navires.

La prise des ports français de l'Atlantique déplaça la base opérationnelle des sous-marins allemands. A Brest, Lorient, Saint-Nazaire et La Rochelle, ils se trouvaient au seuil des routes de commerce britanniques de sorte que le processus de destruction de la marine alliée jusqu'alors arbitraire et sporadique devint régulier et cohérent. Dès que ses équipages quittaient le golfe de Gascogne, ils se trouvaient sur la route du Cap, c'est-à-dire sur le passage des cargaisons de pétrole nigérien et de minerais non ferreux sud-africain. En poursuivant un peu plus avant, ils pouvaient attaquer les convois transportant la viande de l'Argentine et les céréales des Etats-Unis.

Les navires isolés étaient extrêmement vulnérables. Comme le démontre l'expérience de la Première Guerre mondiale, la navigation indépendante offrait aux U-boots une succession de cibles : un commandant qui en manquait une était quasi certain d'en voir surgir une autre et de réaliser ainsi un quota de succès respectable par l'opération du seul facteur de probabilité. Il en était autrement avec les convois. Comme la vitesse des sous-marins en plongée est, au mieux, égale et, parfois, plus faible que celle des navires marchands, un commandant d'U-boot généralement mal placé pour une attaque lorsqu'un convoi était en vue, manquait le plus souvent toutes les unités qui le composaient. Il lui fallait donc attendre plusieurs jours avant d'en voir poindre un autre qu'il n'était d'ailleurs pas plus sûr d'atteindre. Doenitz, commandant de sous-marin pendant la Première Guerre, avait compris les inconvénients de ce genre d'opération. Il conçut donc une méthode pour les surmonter. En effectuant des expériences avec des torpilleurs de surface, il avait démontré que des « meutes » de sous-marins disposées en chaîne à la surface où leur vitesse dépasse celle des navires marchands pouvaient détecter l'approche d'un convoi à travers une vaste étendue de mer et lui infliger des pertes massives par une attaque téléguidée du rivage. Dès que l'Allemagne eut conquis les ports français de l'Atlantique, la tactique de la « meute de loups » devait faire de cette bataille la lutte décisive qui dicta la conduite de Churchill de juillet 1940 à juin 1943.

Le convoi représentait le moyen de défense de la Royal Navy contre les « meutes de loups ». Les escortes navales elles-mêmes ne constituaient pas une véritable menace pour une formation d'U-boots déterminée. Le détecteur de sons ASDIC était inefficace au-delà de mille mètres et ne renseignait que sur la portée et l'orientation mais pas sur la profondeur (du moins pas avant 1944). Les charges utilisées contre les U-boots, déclenchées par des fusées à eau comprimée, devaient être posées au jugé et ne fracturaient la coque du sous-marin que si elles détonaient à proximité. De plus, la plupart des attaques de U-boots étaient lancées de la surface en pleine nuit. Alors le radar était plus utile que l'ASDIC, mais jusqu'en 1943, il était encore trop rudimentaire pour préciser la distance exacte de l'ennemi.

### *La guerre des télécommunications*

Les mesures adoptées pour détourner les convois des lignes de patrouille d'U-boots assurèrent au mieux leur sécurité en même temps que certaines dispositions secondaires pour forcer les U-boots à s'immerger pendant le passage des convois. Jusqu'en mai 1943, la pénurie d'avions et leur court rayon d'action laissaient un espace vide entre l'Amérique du Nord, l'Islande et l'Angleterre elle-même, ce qui permettait aux U-boots d'opérer sans crainte d'être repérés. Le vide fut comblé avec l'entrée en scène du Liberator (B-24), appareil à très long rayon d'action avec une autonomie de dix-huit heures. D'autre part, la tactique du changement d'itinéraire était un stratagème employé depuis le début de la bataille de l'Atlantique.

Les deux camps avaient toujours le sentiment très vif d'être en conflit direct. Dans le camp allemand, les officiers de la B-Dienst (service des écoutes) interceptaient des messages radio et déchiffraient des messages codés pour établir les positions des convois et prendre connaissance de leurs ordres. Dans le camp anglais (plus tard anglo-américain) les cryptographes de l'école du code secret de Bletchley et le personnel des services de renseignements de l'amirauté enregistraient les signaux émis entre les U-boots et le quartier général de Doenitz à Kernevel-Lorient, afin de détecter la formation de lignes de patrouilles et le radioguidage des meutes de loups contre leurs cibles. Le changement d'itinéraire était évidemment la mesure de protection la plus efficace. Entre juillet 1942 et mai 1943, par exemple, l'amirauté britannique et les services de renseignements de la marine américaine réussirent à dérouter 105 convois menacés sur 174 et à minimiser les attaques lancées contre 5 autres ; 16 seulement se firent prendre au piège des meutes de loups et subirent de lourdes pertes.

Les succès remportés par le commandant Rodger Winn de la Royal Navy et, plus tard, par son homologue, le commandant Kenneth Knowles, dépendirent, en fin de compte, de l'habileté des cryptographes de Bletchley Park qui décryptèrent les itinéraires des U-boots de Kernevel assez rapidement pour que les informations obtenues servent à renforcer la sécurité des convois. Ces informations étaient naturellement déchiffrées sur la machine Enigma ; la clé « Requin » utilisée par les services des U-boots se révéla particulièrement rebelle aux efforts de Bletchley. Elle ne devint accessible qu'en décembre 1942.

Cette guerre des services secrets aéro-navals commença à battre son plein après avril 1941 avec le déplacement des U-boots de l'Atlantique oriental dans l'Atlantique central. Les produits d'importation avaient été réduits de 55 à 43 millions de tonnes mais le seuil minimum de subsistance approchait et devait être mesuré par rapport au tonnage coulé qui menaçait de dépasser le tonnage de remplacement. En février 1941, les Etats-Unis avaient promulgué la loi prêt-bail (qui permettait à l'Angleterre de leur emprunter du matériel de guerre à condition qu'elle s'engage à le payer après la victoire). A partir d'avril 1941, les Etats-Unis mettaient en œuvre une « patrouille de neutralité » qui repoussait les U-boots dans l'Atlantique, à l'ouest des Bermudes, conformément aux termes de l'Acte de neutralité pan-américain de 1939. Cependant, la flotte sous-marine allemande s'était assuré la maîtrise de deux mille milles d'océan où elle pouvait intercepter les convois et augmentait son tonnage dans une proportion qui dépassait de beaucoup celle de ses pertes. En 1941, elle avait construit plus de 200 U-boots alors qu'elle en avait perdu moins de 50 depuis septembre 1939. Les huit mois de guerre sous-marine intensive dans l'Atlantique en 1941 furent extrêmement favorables à la marine allemande.

En mai, la destruction du cuirassé *Bismarck* par la flotte britannique lui porta un rude coup, mais cette défaite fut compensée par la disparition de 328 navires de commerce soit un total de 1 500 000 tonnes à une époque où les chantiers anglais produisaient moins d'un million de tonnes par an. Chaque bâtiment coulé entraînait avec lui sa cargaison, toutes les catégories de matériaux et de denrées dont la mère patrie avait si grand besoin : blé, œufs, beurre, cuivre, caoutchouc, explosifs, pétrole, matériel de guerre.

Les laudateurs de l'effort de guerre britannique ont pu démontrer que les deux tiers des navires coulés n'étaient pas escortés et que les pertes des U-boots s'élevaient à vingt-huit pour l'année, ce qui donne à penser que la tactique du convoi était de plus en plus efficace. Doenitz se préparait certainement à tirer cette conclusion. Lorsque la marine des Etats-Unis passa de la neutralité hostile à la belligérance ouverte, il transféra le poids de son effort sur la côte des Etats-Unis. A partir de janvier 1942, plus de douze sous-marins allemands croisèrent constamment au large de la côte orientale du golfe du Mexique. Entre janvier et mars, ils coulèrent 1 025 000 tonnes, quatre fois plus que le total des pertes subies dans l'Atlantique-Nord pendant l'année 1941.

En mai, le système des convois fut adopté au large de la côte est des Etats-Unis et les pertes diminuèrent dans ces eaux. Le rythme de construction de nouvelles unités, escorteurs et navires marchands, s'accéléra d'une façon spectaculaire à mesure que les chantiers américains reprenaient vie. L'apparition du pétrolier standardisé, le T 10, et du cargo Liberty Ship, tous deux plus grands et plus rapides que leurs équivalents d'avant-guerre, présentait une importance capitale. Ils étaient construits en trois mois – un temps record. En octobre 1942, les chantiers américains lancèrent trois Liberty Ships par jour et, en novembre, toutes les pièces du *Robert E. Peary* furent fabriquées et assemblées en quatre jours et quinze heures – un tour de force pour le public mais, aux yeux de Doenitz, une sinistre démonstration du défi que la technique de préfabrication opposait aux efforts des commandants d'U-boots.

*Le point critique*

En juillet 1942, bien qu'aucun des deux camps ne l'eût encore perçu, la bataille de l'Atlantique approchait de son point culminant. En mars 1942, les Anglais avaient détruit les docks de Saint-Nazaire qui pouvaient offrir un mouillage sûr au *Tirpitz*, le plus grand cuirassé allemand. Il se trouvait alors au nord de la Norvège où il avait été rejoint par les croiseurs lourds *Scharnhorst* et *Gneisenau*, après une audacieuse incursion dans la Manche qui suscita les récriminations de l'amirauté. Pendant plusieurs mois, les trois bâtiments représentèrent une terrible menace pour les convois de l'Atlantique Nord. En décembre 1943, le *Scharnhorst* remplaça le *Bismarck* mais subit un sort identique. Le *Tirpitz* continua à menacer les convois jusqu'en novembre 1944, date à laquelle il fut coulé dans le fjord de Tromsø.

En 1942, la nécessité d'organiser un débarquement en Afrique du Nord draina provisoirement les navires marchands et les navires de guerre de la zone de l'Atlantique. Il y eut une sérieuse interruption des activités des services secrets à une époque où la B-Dienst remportait des succès croissants dans le déchiffrage des codes de la Royal Navy. Les systèmes de contrôle anglais, américain et canadien commençaient à sombrer dans une routine de coopération. La Royal Canadian Navy, dont la flotte était passée de six bâtiments de guerre à près de quatre cents, éprouvait de grandes difficultés à égaler ses grands alliés en efficacité. L'amirauté et la RAF divergeaient sur la question des avions à long rayon d'action. L'amirauté soutenait à juste titre mais vainement que la protection des convois était plus rentable que les bombardements spectaculaires mais souvent inefficaces des villes allemandes. Dans ce contexte, Doenitz travaillait à augmenter la capacité d'autonomie de ses U-boots par des expériences de ravitaillement en mer au moyen des sous-marins « vaches à lait ». Il s'employait aussi à équiper ses bateaux pour le transit du golfe de Gascogne qui devenait de plus en plus dangereux. Dans la première moitié de 1942, le puissant projecteur « Leigh » fut monté par le Coastal Command de la RAF pour surprendre les U-boots dans le golfe, la nuit, et les attaquer avec des charges en profondeur. Deux sous-marins allemands furent détruits en juillet bien que Doenitz eût spécifié qu'ils devaient s'immerger pendant la traversée. Grâce au projecteur Leigh, les avions pouvaient voir ce qui se passait à deux mille mètres de distance lorsque le radar ne fonctionnait pas. De leur côté, les Allemands apprirent à développer des détecteurs de radar passifs qui signalaient le danger avant que le projecteur Leigh ait pu être actionné. Cependant, au cours de la bataille du golfe de Gascogne qui dura jusqu'en 1944, l'avantage revint régulièrement dans le camp des Alliés. Ce ne fut qu'au début de 1944 que le danger présenté par les avions anti-sous-marins commença à être compensé par le déploiement des premiers U-boots équipés du *Schnorkel*, qui permettait le fonctionnement des moteurs Diesel en immersion.

Entre-temps, le point culminant de la bataille de l'Atlantique était passé. A partir de juillet 1942, ayant atteint le chiffre de trois cents U-boots qu'il s'était fixé, Doenitz reporta ses efforts sur l'Atlantique central où la flotte d'escorteurs alliée avait été affaiblie par le départ des navires britanniques chargés de renforcer les convois américains sur la frontière maritime orientale. Il devenait aussi plus expert dans l'art d'organiser ses lignes de patrouille et ses concentrations de meutes de loups contre les convois. Les Anglais réagirent par deux mesures expérimentales qui devaient porter leurs fruits plus tard : la création d'un « groupe de soutien », c'est-à-dire d'escorteurs chargés de secourir un convoi attaqué et la mise en circulation de navires marchands porte-avions *(Merchant Aircraft Carriers : MAC)*.

En conséquence, le tonnage coulé par les U-boots dans l'Atlantique nord en novembre 1942 atteignit un total de 509 000 tonnes. En décembre et janvier, les pertes furent réduites de moitié à cause du mauvais temps qui sévissait dans l'Atlantique mais, en février 1943, malgré des conditions atmosphériques toujours défavorables, 120 U-boots coulèrent presque 300 000 tonnes dans l'Atlantique-Nord. En mars, au cours d'une bataille contre deux convois en provenance d'Amérique portant les noms codes HX229 et SC122, 40 U-boots coulèrent 22 navires marchands sur 90 et 1 escorteur sur les 16 qui les défendaient. Le tonnage coulé, 146 000 tonnes, le plus fort tonnage détruit dans une attaque de convoi, pouvait permettre à Doenitz et à ses équipages de croire que la victoire était désormais à sa portée. Pendant le seul mois de mars, les Alliés avaient perdu 108 unités, soit au total 476 000 tonnes. La tactique de la meute de loups appuyée par les succès de la B-Dienst en matière de décodage semblait l'emporter sur la technique de protection des convois.

Ce n'était qu'une apparence. Non seulement le nombre des navires coulés et celui des nouveaux navires commençaient à s'équilibrer, mais les pertes des Allemands commençaient aussi à égaler les nouvelles unités sorties des chantiers. Il y avait plusieurs raisons à ce changement : Bletchley marquait de nouveau des points sur la B-Dienst ; les escorteurs devenaient plus nombreux, permettant la création de « groupes de renfort » permanents ; deux porte-avions capables de transporter vingt appareils anti-sous-marins pouvaient forcer tous les U-boots rôdant à proximité d'un convoi à s'immerger, annulant ainsi leur potentiel offensif. L'amélioration des systèmes de radar, de l'ASDIC, de l'emploi de charges de fond et des canons anti-sous-marins constituaient une menace tactique directe contre les U-boots dans un combat serré. Mieux encore, la disponibilité croissante des appareils à long rayon d'action pour la bataille de l'Atlantique apporta un changement stratégique à l'avantage du camp anglo-américano-canadien. Le bombardier quadrimoteur *Liberator* équipé de radars, le projecteur Leigh, les canons et les charges de fond, autant d'instruments de mort pour un U-boot naviguant en surface. Dans le golfe de Gascogne, l'aviation alliée contraignait tous les U-boots à s'immerger dans les terrains de chasse de l'Atlantique nord. En haute mer, elle bouleversait complètement la tactique de la meute de loups en dispersant ses lignes de patrouille et en attaquant ses concentrations partout où elles apparaissaient. En mai 1943, la marine allemande perdit 43 U-boots, soit plus du double de ses unités de remplacement. Le 24 mai, résigné à l'inévitable, Doenitz retira sa flotte de l'océan. Plus tard, il nota dans ses mémoires : « Nous avions perdu la bataille de l'Atlantique. »

La guerre sous-marine n'était pourtant pas terminée pour autant. En mai 1944, le premier U-boot équipé de Schnorkel fit son voyage d'essai. Le Schnorkel, un tube aspirateur téléscopique permettait à un sous-marin de naviguer en plongée sans qu'il eût à refaire surface pour recharger ses batteries. Ce dispositif, inventé en 1927 par un officier de marine hollandais, précédait le développement des moteurs à combustion interne au peroxyde d'hydrogène que les Allemands allaient mettre en service en 1945 et le système de propulsion nucléaire, en ce sens qu'il transformait l'U-boot submersible en véritable sous-marin capable d'opérer sous la surface. Bien employé, il ressuscitait la menace U-boot. Si les Allemands n'avaient pas perdu leurs principaux ports de l'Atlantique dans l'été 1944, les U-boots Schnorkel auraient rouvert la bataille de l'Atlantique avec de graves dommages pour les Alliés.

De septembre 1939 à mai 1945, ce fut l'arme sous-marine allemande qui subit les plus graves dommages. Si les Alliés avaient perdu 2 452 navires marchands dans l'Atlantique – près de 13 millions de tonnes – et 175 bâtiments de guerre, la Kriegsmarine perdit 696 U-boots sur les 830 envoyés en opération – presque tous dans l'Atlantique – et 25 870 hommes d'équipage sur les 40 900 qui prirent la mer ; 5 000 autres recueillis dans les épaves de leurs bateaux furent faits prisonniers. Ce pourcentage de pertes – environ 63 pour cent – dépassait de beaucoup celui qu'enregistra toute autre arme des forces navales, terrestres ou aériennes d'un pays belligérant.

Les sacrifices ne furent certainement pas vains. La conjoncture économique était défavorable à l'Allemagne depuis le début, son industrie était organisée « en largeur » pour une guerre de courte durée au lieu de l'être « en profondeur » pour une guerre de longue durée et la campagne de conquête de Hitler ne réussissait pas à développer les ressources matérielles indispensables à l'effort de guerre du Reich (par exemple, il ne put acquérir une importante source d'essence ni les minerais de métaux non ferreux nécessaires à la machine de guerre allemande). Or les attaques de U-boots retardaient considérablement l'issue de la guerre. De plus, alors que l'Allemagne se nourrissait facilement entre 1940 et 1941 grâce aux produits de sa propre agriculture et aux réquisitions opérées dans les pays occupés de l'Est et de l'Ouest, l'Angleterre était réduite au niveau de subsistance minimum à cause des pertes que les U-boots infligeaient aux cargos chargés de vivres. Bien que très équitablement appliqué et favorable aux classes déjà sous-alimentées avant la guerre, le rationnement créait chez les Anglais un climat de crise latente qui diminuait leur capacité de riposte. Le danger que l'Angleterre représentait pour l'Allemagne pendant la Seconde Guerre mondiale ne parut jamais aussi menaçant que pendant la Première. Pourtant, elle n'était pas tellement plus faible en 1940-1944 qu'en 1914-1918. Ce fut le rôle des U-boots assistés par la Luftwaffe qui créa la différence.

L'intervention des U-boots eut une importance capitale en ce sens qu'elle réduisit l'aide apportée aux pays alliés par l'industrie britannique et surtout américaine.

L'industrie russe était ravagée par l'invasion de l'Ukraine et de la Russie blanche en 1941 et la capacité de l'Union soviétique à poursuivre la résistance ne se maintint que grâce au transfert prodigieusement rapide de ses usines des provinces de l'Ouest aux régions du trans-Oural pendant le terrible hiver de 1941-1942. Entre juillet et octobre, par exemple, 486 usines furent transportées par rail de Moscou aux provinces de l'Est. Les chemins de fer russes convoyèrent 1 523 ateliers d'ouest en est entre juin et août et, entre août et octobre, environ 80 pour cent de l'industrie de guerre soviétique étaient « sur roues », évacués des zones menacées à destination de secteurs de sécurité en Sibérie. L'arrêt de production dû à ce transfert ne pouvait être compensé que par l'envoi de produits de substitution provenant de sources occidentales, d'armes et de munitions et surtout d'éléments composant l'infrastructure militaire – véhicules, locomotives, matériel roulant, combustible, rations et même articles simples mais d'importance vitale, comme les bottes. C'est à cause de l'absence de bottes de cuir que des milliers de soldats allemands ont dû être amputés au cours de l'hiver 1941-1942. Entre mars 1941 et octobre 1945, les Etats-Unis fournirent à l'Union soviétique 2 000 locomotives, 11 000 wagons de chemin de fer, près de 3 millions de tonnes d'essence, 540 000 tonnes de rails, 51 000 Jeeps, 375 000 camions et 15 000 000 de paires de bottes. Ce fut donc en bottes et en camions américains que l'Armée rouge se dirigea sur Berlin. Sans ces articles essentiels, elle se serait enlisée en Russie occidentale en 1944.

Les bottes et les camions se révélèrent bien plus utiles que les 15 000 avions, 7 000 chars et 350 000 tonnes d'explosifs que la loi prêt-bail concédait à l'Union soviétique, bien plus utiles que tout le matériel envoyé par l'Angleterre au cours de la guerre – 5 000 chars, 7 000 avions, 114 000 tonnes de caoutchouc. Cependant, bien que vital, tout ce matériel de guerre parvint en Russie entre 1941 et 1944 par les voies les plus détournées à cause de l'intervention des U-boots de Doenitz. L'itinéraire Angleterre-Russie du Nord devait passer à l'ouest via le Groenland et au nord par le Spitzberg pour éviter les attaques aériennes et navales des unités allemandes stationnées en Norvège. Lorsque les glaces de l'hiver obligèrent les convois à emprunter la route de l'est, les pertes augmentèrent sérieusement, contraignant Churchill à interrompre les expéditions à plusieurs reprises – ce qui lui valut les reproches méprisants de Staline. Le détour par le golfe Persique était compliqué et se terminait à la tête de ligne d'un réseau de chemin de fer long et inadapté aux circonstances. La route du Pacifique via Vladivostok était également encombrée par les glaces et menacée par les sous-marins ennemis. De plus, elle aboutissait à la mauvaise extrémité du transsibérien, la ligne de chemin de fer la plus longue du monde.

L'investissement de Hitler dans la flotte des U-boots se révéla donc plus que rentable. Les opérations des sous-marins allemands ruinèrent en partie l'effort offensif des Alliés, des Russes surtout mais aussi des Anglais, retardèrent la formation d'une importante force expéditionnaire américaine et gênèrent le développement d'une stratégie « périphérique » hostile dans la Méditerranée. La fermeture de cette mer aux convois britanniques réguliers en 1940-1942 obligea les cargos qui ravitaillaient l'armée du désert à emprunter la route du Cap – douze mille milles de long – ce qui réduisait beaucoup l'efficacité de l'opération.

Si Hitler avait créé une flotte sous-marine de trois cents bâtiments avant 1942 et développé sensiblement son importance par la suite ou réussi à mettre en place ses modèles Schnorkel évolués et ses dispositifs à hydrogène péroxyde révolutionnaires avant 1944, la ruine partielle de l'effort de guerre allié aurait pu devenir totale. Quoi qu'il en soit, l'Allemagne a su considérablement rentabiliser l'avantage de devoir combattre à partir du centre de sa zone stratégique – l'avantage des lignes intérieures que les puissances continentales ont toujours exploitées contre les puissances maritimes dans les conflits européens. Doenitz se révéla de loin le plus efficace de tous les collaborateurs militaires qui participèrent à la guerre de conquête du Reich – infiniment plus efficace que Goering, ou même que von Braun, le père des missiles sans pilote. Il était donc tout à fait naturel qu'il ait été désigné pour succéder au Führer dans les derniers jours du Reich. En ce qui concerne l'esprit de sacrifice et la foi en la guerre totale, le nazisme ne trouva aucun auxiliaire comparable à la flotte sous-marine. Ses « as », Prien, Kretschmer, Kinzel, Schepke, Clauzel – nazis ou non – personnifièrent son idéal du surhomme et réussirent, malgré tous les dommages qu'ils infligèrent, à forcer le respect de leurs ennemis par leurs prouesses militaires. L'officier britannique qui interrogea Kinzel, l'« as des as », titulaire d'un palmarès de 270 000 tonnes de bateaux coulés, exprima amèrement l'espoir que les hommes de son espèce n'étaient pas trop nombreux.

L'Atlantique n'était pas la seule *via dolorosa* des convois. La route de Birmanie et la voie par laquelle le ravitaillement était acheminé en Chine du Sud pour l'armée de Tchang Kaï-chek n'étaient pas exemptes de dangers non plus. La route de Takoradi qui partait d'Afrique occidentale pour déboucher en Afrique orientale permettait de fournir à l'aviation du désert les appareils débarqués des convois de l'Atlantique et assemblés sur le rivage. La « route glacée » du lac Ladoga sauva Leningrad de la famine totale pendant les hivers de 1941-1943. Enfin, les Japonais, qui avaient réussi à transformer les archipels situés dans le périmètre de leurs eaux territoriales en bases stratégiques, réalisèrent des exploits extraordinaires en ravitaillant leurs nombreuses garnisons pendant la campagne du Pacifique jusqu'au jour où le plan MacArthur fit craquer la carapace de leur forteresse océanique. En 1945, ils avaient perdu la majeure partie de leur flotte marchande. Leurs îles se trouvaient déjà au bord de la famine lorsque le bombardement d'Hiroshima et Nagasaki mit fin à leur campagne de conquêtes.

Cependant, aucune de ces opérations logistiques ne peut se comparer en importance, en durée et en ampleur à la bataille de l'Atlantique. Si elle avait été perdue, si chaque U-boot avait réussi à couler ne seraitce qu'un navire marchand de plus pendant l'été de 1942 alors que les pertes dépassaient déjà 10 pour cent, l'issue de la guerre aurait pu être totalement différente. Les trente mille hommes de la flotte marchande britannique (un cinquième de la force d'avant-guerre) qui furent victimes des U-boots entre 1939 et 1945 étaient aussi sûrement des combattants de première ligne que les pilotes et les soldats qu'ils ravitaillaient. Ni eux ni leurs camarades américains, hollandais, norvégiens ou grecs ne portaient l'uniforme et ils n'ont pour la plupart aucune pierre tombale. Pourtant, c'est grâce à eux que la Wehrmacht n'a pas réussi à imposer sa domination au monde.

Deuxième partie

# LA GUERRE À L'EST
# 1941-1943

## 6

# LE DILEMME STRATÉGIQUE DE HITLER

Le 19 juillet 1940, Hitler invita le Reichstag à assister à la création d'une promotion de maréchaux à l'Opéra de Berlin. C'était un geste consciemment napoléonien et, de même que la promotion par Napoléon de dix-huit généraux au grade de maréchaux d'Empire le 9 mai 1804, la cérémonie était conçue pour glorifier le chef de l'Etat beaucoup plus que pour honorer ses serviteurs militaires. Ses trois commandants de groupes d'armée, Bock, Leeb et Rundstedt, son chef d'état-major personnel, Keitel, le commandant en chef de l'armée, von Brauchitsch, quatre des généraux les plus réputés, Kluge, Witzleben, Reichenau et List, ainsi que trois chefs de la Luftwaffe, Milch, Sperrle et Kesselring figuraient sur la liste. Goering était nommé Reichsmarschall, une nouvelle distinction qui, à son avis, lui donnait droit à un autre uniforme plus somptueux. Il fut aussi décoré de la grand-croix de la croix de fer – la cinquième et suprême marque d'une dignité conférée par les rois de Prusse à Blücher, Moltke et Hindenburg.

Bien que la nomination des maréchaux fût l'événement du jour, Hitler entendait profiter de la circonstance pour faire le point de la situation avec ses députés et examiner les conditions de paix qu'il comptait imposer à ses adversaires. Son discours était adressé à l'Angleterre via l'opinion publique. Il exposait la position désespérée de la Grande-Bretagne et invitait le gouvernement britannique à conclure la paix. Le journaliste américain, William Shirer, qui se trouvait au Reichstag ce jour-là, nota que ce discours était l'un de ses meilleurs.

« Le Hitler que nous avons vu au Reichstag ce soir était le conquérant plein d'assurance, et même un acteur étonnant et spirituel, alliant superbement l'extrême confiance en soi du vainqueur à l'humilité, qui touche toujours les masses, quand elles savent qu'un homme est au pinacle. »

Après une longue ovation du public, Hitler conclut :

« A cette heure, je crois qu'il est de mon devoir devant ma conscience de faire appel une fois de plus à la raison et au bon sens en Grande-Bretagne et ailleurs. Je me considère en posture de lancer cet appel puisque je ne suis pas le vaincu qui mendie des faveurs mais le vainqueur qui parle au nom de la raison. Je ne vois aucun motif de prolonger cette guerre. »

Il n'émit aucune suggestion relative à des conditions de paix. Depuis la signature de l'armistice avec la France, Hitler s'était donné un répit et il n'était pas pressé de reprendre le fardeau de ses responsabilités. Il avait fait le tour des champs de bataille de la Première Guerre mondiale avec ses anciens camarades de tranchées. Il avait visité les monuments de Paris, notamment l'Opéra, expression suprême de son goût en matière d'architecture, et le tombeau de Napoléon. Il s'était promené dans les régions de l'Allemagne du Sud, respirant l'air vivifiant des montagnes et jouissant de sa popularité auprès des gens simples. Installé dans l'un de ses nombreux quartiers généraux de la Forêt-Noire, il avait attendu que Churchill reconnaisse la réalité de la défaite. C'est à contrecœur qu'il avait repris les rênes du pouvoir d'autant plus qu'il se trouvait confronté à un dilemme : l'Angleterre ou la Russie ? Lequel des deux pays devait-il choisir comme ennemi ?

Quel que fût son choix, il était difficile et dangereux. L'Angleterre ne pouvait le battre mais elle pouvait l'humilier s'il échouait dans sa tentative d'invasion. D'ailleurs, il s'accrochait à son rêve d'obtenir la coopération de la Grande-Bretagne, ce qui lui paraissait beaucoup plus profitable que la conquête de la grande île. D'autre part, il désirait depuis longtemps la défaite et l'écrasement de la Russie mais il reconnaissait les dangers que présentait une agression contre un voisin puissant dont les centres vitaux étaient éloignés. Seules sa crainte que le temps permît à Staline d'accroître ses forces et sa hâte d'incorporer à l'Allemagne les territoires fertiles et productifs de la Russie occidentale le poussèrent à chercher un moyen de tenter une offensive à l'est.

Dans les jours qui suivirent son discours au Reichstag, Hitler se décida à faire part de son dilemme à ses généraux. L'amiral Raeder fit observer que si les préparatifs de l'opération Otarie n'étaient pas terminés au début de septembre, il serait nécessaire de prévoir d'autres plans. Hitler avait confié à son aide de camp pour la Wehrmacht, Schmundt, qu'il envisageait une attaque contre la Russie – ce n'était pas ce que Raeder entendait par d'« autres plans » – et qu'il avait chargé le lieutenant-colonel von Lossberg, l'un des officiers opérationnels de l'OKW, de lui préparer un rapport (qui fut intitulé « Fritz »).

A la fin de juillet, Hitler reprit ses discussions avec ses généraux dans sa retraite bavaroise du Berghof. Le

31 juillet, il déclara à Brauchitsch et à Halder qu'il était revenu sur la décision qu'il avait prise en juin de démobiliser trente-cinq divisions pour fournir une main-d'œuvre aux artisans de la guerre économique entreprise contre l'Angleterre. En fait, il entendait porter les effectifs de son armée à 180 divisions (les Panzerdivisions étaient déjà passées de 10 à 20) et accélérer le transfert de ses forces à l'Est, de sorte qu'au printemps de 1941 il aurait 120 divisions près de la frontière russe.

Cette décision peut être considérée comme une mesure de précaution. Il avait été alarmé par l'occupation des Etats baltes de Lettonie, de Lituanie et d'Estonie et par l'annexion de la Bessarabie et de la Bukovine, annexion qu'il était contraint d'accepter puisque c'était l'une des conditions stipulées dans le pacte germano-soviétique du 22 août 1939. Ces acquisitions de territoires pouvaient paraître dangereuses. Elles soulignaient le déplacement à l'ouest de la frontière stratégique russe qui, depuis septembre de l'année précédente, avait absorbé 370 000 kilomètres carrés peuplés de 20 millions d'individus mais Hitler ne croyait pas que la Russie eût l'intention d'attaquer. Il craignait simplement que ces déplacements de frontières ne lui fournissent le prétexte d'étendre son champ d'action stratégique et, partant, de réduire celui de l'Allemagne. L'occupation des Etats baltes menaçait la Finlande, protectorat allemand, et élargissait la zone de contrôle russe dans les eaux de la Baltique (où l'Allemagne entraînait ses équipages d'U-boots). L'annexion des provinces danubiennes de Roumanie menaçait la Bulgarie, Etat client de l'Allemagne, et offrait à la Russie une possibilité de réaliser son ambition séculaire de s'assurer l'accès à la mer Noire par la Méditerranée.

Ces opérations qui démontraient que la Russie était prête à poursuivre ses avantages convainquirent Hitler qu'il ne pouvait retarder indéfiniment une épreuve de force inévitable. Dans ce cas, il valait mieux frapper plus tôt que plus tard. Les services secrets de l'OKH qui enregistraient les capacités et les intentions soviétiques avaient rapporté en mai que l'Armée rouge, bien que capable de mobiliser deux cents divisions d'infanterie, restait si désorganisée par les purges militaires de 1938 qu'il lui faudrait vingt ans pour retrouver son ancienne supériorité. Quant à sa production d'armes, notamment de chars, elle était déficiente : d'après les informations recueillies par l'OKH, elle ne disposait que de 10 000 chars (contre 3 500 pour l'Allemagne) alors qu'en réalité, elle en possédait 24 000. Hitler était prêt à opposer ses chars à ceux des Russes même à trois contre un. Il était absolument convaincu que 120 divisions allemandes pouvaient venir à bout de 200 divisions russes si toutefois Staline réussissait à en mobiliser autant.

Le 14 août les douze nouveaux maréchaux vinrent recevoir leur bâton. Hitler profita de la circonstance pour les informer de la nécessité d'attaquer l'Union soviétique. Le rapport du maréchal von Leeb concernant l'exposé du Führer révèle le cours de ses réflexions.

« Il y a probablement deux raisons qui empêchent l'Angleterre de faire la paix. D'abord, elle compte sur l'aide des Etats-Unis mais les Etats-Unis ne peuvent guère entreprendre d'importantes livraisons d'armes avant 1941 ; ensuite elle espère monter la Russie contre l'Allemagne mais l'Allemagne est militairement bien supérieure à la Russie... Il y a deux zones dangereuses qui peuvent déclencher un affrontement avec la Russie : premièrement, la Russie annexe la Finlande ce qui coûterait à l'Allemagne sa domination sur la Baltique et empêcherait une attaque allemande contre la Russie. Deuxièmement, de nouveaux empiétements des Russes sur la Roumanie. Nous ne pouvons le permettre à cause du pétrole que nous fournit la Roumanie. En conséquence, l'Allemagne doit rester armée. Au printemps, nous aurons 180 divisions… L'Allemagne ne veut pas écraser l'Angleterre car ce ne sera pas l'Allemagne qui en profitera. Les bénéficiaires seront le Japon à l'Est, la Russie en Inde, l'Italie en Méditerranée et l'Amérique sur le marché mondial… »

### *Un modèle de faux-fuyants*

Le 27 août, il envoya Schmundt et Fritz Todt, le chef de la production de guerre, en Prusse orientale avec mission de trouver un site approprié à l'installation d'un nouveau quartier général d'où il serait possible de diriger une campagne à l'Est. Le 6 septembre, il approuva le transfert du groupe d'armée B de Bock d'ouest en est où se déployaient déjà 35 divisions dont 6 Panzers. Le 14 septembre, il annonça à ses chefs d'état-major réunis à la Chancellerie qu'il reportait l'opération Otarie une fois de plus.

Il ne pouvait pourtant pas assumer la responsabilité de prendre seul la décision d'attaquer l'« ennemi bolchevik ». Le transfert des divisions allemandes en Pologne se poursuivit, camouflé en opération destinée à valider l'accord de Vienne, daté du 30 août, par lequel l'Allemagne garantissait les nouvelles frontières de la Roumanie. Hitler envoya également une mission militaire, composée de toute une division, en Roumanie même ainsi qu'une force de défense aérienne composée de mille hommes. Dans le même temps, ses diplomates entamaient des discussions avec la Roumanie, la Hongrie et l'Etat fantoche de Slovaquie. La mission réussit à obtenir que les trois pays se joignent aux signataires du pacte tripartite conclu le 2 septembre entre l'Allemagne, l'Italie et le Japon. Tous ces préliminaires étaient nécessaires à la mise en place d'une offensive à l'Est. Toutefois, ils ne provoquèrent aucune réaction directe de l'Union soviétique bien que le Kremlin eût nourri de sinistres soupçons sur les intentions du pacte tripartite (conçu en réalité pour soutenir le Japon en cas de conflit avec les Etats-Unis).

A mesure que la nécessité d'accepter ou de rejeter cette décision se faisait plus pressante, Hitler en revint à sa politique caractéristique d'atermoiements. Elle s'était imposée à lui pendant les semaines qui avaient suivi sa victorieuse campagne polonaise tandis qu'il débattait avec ses généraux de la stratégie d'une offensive contre les Alliés occidentaux. Elle s'était encore imposée à lui pendant la bataille de France une fois avant et une fois après l'attaque contre le périmètre de Dunkerque. A présent, elle se manifestait par la recherche de moyens qui lui permettraient de gagner la guerre en élargissant sa base. S'il ne pouvait circonvenir les Anglais ni les écraser par l'invasion – Otarie fut définitivement annulée le 12 octobre – il obtiendrait le même effet en multipliant les ennemis qu'ils devraient affronter et les fronts sur lesquels ils auraient à se battre. Le 13 septembre, Mussolini avait lancé une offensive en Egypte à partir de la Libye. Le 4 octobre, alors que la victoire semblait à sa portée, il rencontra Hitler au col du Brenner, leur frontière commune. La discussion porta sur la guerre en Méditerranée, base séculaire de l'Angleterre hors de son île. Comment cette guerre pourrait-elle tourner à l'avantage de l'Italie ? Hitler suggéra à son homologue dictateur que l'Espagne pourrait être attirée dans le camp de l'Axe et donner ainsi à l'Allemagne le libre usage du Rocher de Gibraltar. Moyennant quoi, il offrirait à Franco une partie de l'Afrique du Nord. De son côté, la France recevrait une partie de l'Afrique occidentale britannique en compensation ; Mussolini accueillit l'idée avec enthousiasme.

C'était assez compréhensible car le plan de Hitler attribuait Tunis, la Corse et Nice à l'Italie. Hitler se hâta de regagner Berlin pour organiser des entrevues avec Franco et Pétain. De retour dans sa capitale, il convoqua Ribbentrop et tous deux rédigèrent une lettre à l'adresse de Staline, invitant Molotov, ministre des Affaires étrangères soviétiques à lui rendre visite à une date prochaine pendant que leurs deux pays pouvaient encore s'entendre pour tirer profit de la situation précaire de l'Angleterre.

Une semaine plus tard, le 20 octobre, il partit dans son train spécial, *Amerika*, pour entamer des pourparlers avec Pétain et Franco. Il rencontra Franco le 23 octobre à Hendaye. La discussion n'aboutit à rien et Hitler furieux déclara après l'entretien : « Plutôt que de passer par là une seconde fois, je préférerais me faire arracher quatre dents. » Soutenu par Serrano Suñer, son ministre des Affaires étrangères, Franco était resté évasif pendant toute la durée de l'entretien. Lorsqu'il remonta dans son train, Hitler n'avait pas fait un pas dans la direction de la cobelligérance. Pétain[1] qu'il rencontra en octobre se montra tout aussi insensible à ses propositions mais réussit à le convaincre qu'ils avaient eu un échange de vues positif. La réputation du maréchal, son allure militaire, son patriotisme évident plaisaient à Hitler. Bien que Pétain n'eût fait d'autre concession que la promesse de consulter son gouvernement, Hitler se persuada qu'ils étaient unis dans une commune hostilité contre l'Angleterre.

Malgré la dérobade de Franco, Hitler pourrait présenter à Molotov les éléments d'une coalition plus vaste lors de sa prochaine visite. Pendant qu'il attendait l'arrivée du ministre soviétique, il apprit que Mussolini avait

1. Que Franco avait informé de sa résistance aux ordres de Hitler *(NdE)*.

choisi ce moment pour lancer une offensive contre la Grèce. Le dictateur italien prétexta qu'il avait voulu devancer les Anglais qui auraient sûrement établi des propositions en Grèce s'il n'était pas intervenu. Ses raisons étaient certainement légitimes mais ses motivations l'étaient moins. Sa participation manquée à la Bataille de France lui avait attiré les railleries à la fois des neutres et de l'ennemi. Il était donc résolu à conquérir en Grèce sa part de lauriers.

L'échec de l'invasion de la Grèce mit Hitler hors de lui. Non seulement cette malheureuse opération bouleversait son plan de transformer les Balkans en zone satellite par la diplomatie mais c'était une provocation contre l'Union soviétique à un moment et dans une région où il cherchait à endormir ses soupçons. En outre, elle avait pour effet immédiatement indésirable de fournir aux Anglais un prétexte pour reprendre pied sur le continent. Le 31 octobre, ils expédièrent une partie de leurs troupes d'Egypte en Crète et dans l'île de Lemnos. Dans les jours qui suivirent, ils transférèrent plusieurs unités de l'air en Grèce méridionale, mettant ainsi les champs pétrolifères roumains, principale source de pétrole allemande, en grand danger d'être bombardés.

A la suite de ces événements, Hitler ordonna à l'OKH de préparer un plan d'invasion de Gibraltar et de la Grèce. Il prévoyait aussi l'occupation du reste de la France si nécessaire. Ces ordres étaient stipulés dans les directives numéro 18 (Félix), 19 (Attila) et 20 (Marita) datées des 12 novembre, 10 et 13 décembre. Il écarta nettement les requêtes de Mussolini qui lui demandait des renforts en Libye : « Je n'enverrai rien en Afrique du Nord, dit-il au général Rommel, pas un homme, pas un pfennig. » Les unités Panzers que réclamait Mussolini furent expédiées en Grèce à partir de la Bulgarie, l'alliée de l'Allemagne dans la Première Guerre mondiale.

FINLANDE
SUÈDE
NORVÈGE
Leningrad
ESTONIE
2
LETTONIE
MER BALTIQUE
LITUANIE
Londres
9
Berlin
ALLEMAGNE
Vistule
5
Paris
Kiev
POLOGNE
3
Danube
UKRAINE
HONGRIE
4
ROUMANIE
Hendaye
10
YOUGOSLAVIE
13
BULGARIE
ESPAGNE
Lignes de ravitaillement alliées entre Gibraltar et Alexandrie
GRÈCE
11
12
Lignes de ravitaillement de l'Axe entre l'Italie et l'Afrique du Nord
MALTE
Tobrouk
Tripoli
Benghazi
Alexandrie
8
Sidi Barrani
0
1500 km
LIBYE
El Agheila
7

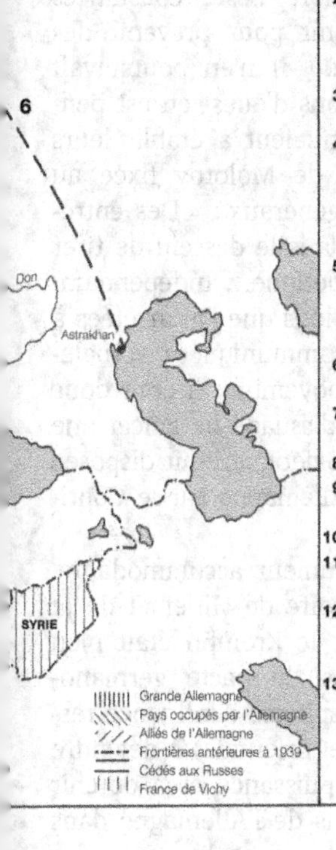


## PRÉVISIONS STRATÉGIQUES
## JUIN 1940 - MARS 1941

**1)** *Plan de l'opération Otarie qui fut reportée à une date indéterminée le 17 septembre 1940.*

**2)** *Occupation soviétique des pays Baltes : Lituanie, Lettonie, Estonie au milieu de juin 1940, menaçant la Finlande, sous protectorat allemand et étendant la zone de contrôle russe aux eaux de la Baltique.*

**3)** *Annexion par la Russie des territoires roumains de Bessarabie et de Boukovine à la fin de juin 1940.*

**4)** *La Roumanie cède une portion de son territoire à la Hongrie, conformément aux termes de l'Accord de Vienne du 3 septembre 1940. Le général Ian Antonsscu prend le pouvoir après l'abdication du roi Carol II et entraîne la Roumanie dans le camp de l'Axe.*

**5)** *Le plan Fritz envisageant l'invasion de l'Union soviétique, présenté le 15 septembre 1940, nécessite tout le poids des forces d'attaque allemandes contre Moscou.*

**6)** *La ligne «AA» de Hitler, reliant le sud. d'Arkhangelsk à Astrakhan, limite prévue pour ses conquêtes à l'Est.*

**7)** *Cinq divisions italiennes entrent en Egypte en septembre 1940 et occupent Sidi Barrani.*

**8)** *Contre-attaque britannique à El Aghella, février 1941.*

**9)** *L'Allemagne, le Japon et l'Italie signent le Pacte Tripartite à Berlin, 27 septembre 1940.*

**10)** *Rencontre Hitler-Franco à Hendaye le 23 oct. 1940.*

**11)** *L'Italie lance une attaque contre la Grèce à partir de l'Albanie, 28 octobre 1940.*

**12)** *«Félix», le plan de l'amiral Raeder, prévoit de couper les bases de l'Angleterre en Méditerranée par la prise de Gibraltar.*

**13)** *La Bulgarie et la Yougoslavie signent le pacte tripartite en mars 1941. Le gouvernement yougoslave est renversé le 27 mars par un coup d'État militaire à la suite de l'expédition de quatre divisions britanniques d'Afrique du Nord en Grèce.*

Hitler essayait de persuader ce pays d'adhérer au pacte tripartite pendant qu'il laissait l'armée de Mussolini s'enliser dans le désert face aux Anglais.

Bien que furieux des développements qui se produisaient à la frange de son empire entre octobre et novembre, Hitler restait éminemment préoccupé par la question d'une éventuelle campagne à l'Est. « La question se pose encore de savoir ce qui va se passer à l'Est, dit-il à Bock au début de novembre. Les circonstances peuvent nous obliger à intervenir pour prévenir des développements plus dangereux. » Il n'en poursuivait pas moins le transfert des divisions d'ouest en est pendant que l'OKW et l'OKH continuaient à établir leurs plans. A la veille de la visite de Molotov fixée au 12 novembre, il annonça à ses généraux : « Des entretiens politiques vont avoir lieu dans le dessein de tirer au clair l'attitude de l'Union soviétique... Indépendamment de leurs résultats, les décisions que j'ai arrêtées à l'endroit de la Russie et déjà communiquées verbalement seront exécutées. » Le 11 novembre, il était donc clair que Hitler ne pourrait être dissuadé de lancer une offensive à l'Est que si l'Union soviétique était disposée à accepter la souveraineté de l'Allemagne sur le Continent.

Molotov ne paraissait pas d'humeur accommodante. En dépit de l'ampleur de la victoire de Hitler et de la puissance de ses forces armées, le Kremlin était bien décidé à s'en tenir aux termes du pacte germano-soviétique (qui définissait leurs sphères d'influence respectives en Europe méridionale et orientale) à défendre ses propres intérêts de grande puissance et à obtenir des explications sur les intentions de l'Allemagne dans ses relations avec les pays tiers. Au cours d'un entretien préliminaire, Ribbentrop avait informé Molotov des grandes lignes des propositions du Führer : si la Russie acceptait de se joindre aux signataires du pacte tripartite elle partagerait avec eux les dépouilles de l'Empire britannique. L'Union soviétique pourrait orienter son expansion au sud vers l'océan Indien tandis que le Japon achèverait ses conquêtes en Asie et que l'Allemagne étendrait sa zone de contrôle à l'Afrique.

Molotov resta impassible. Au cours de rencontres ultérieures avec Hitler, il insista sur la lettre du pacte germano-soviétique. La Russie, déclara-t-il, veut garder les mains libres pour assurer ses intérêts traditionnels dans le secteur de la mer Noire. Elle entend annexer la Finlande qui a été placée dans sa sphère par le pacte. Elle veut garantir les frontières de la Bulgarie (apparemment la Bulgarie elle-même n'avait pas voix au chapitre). Elle exige la révision du traité de Montreux conclu en 1936 pour renforcer ses droits de passage entre la mer Noire et la Méditerranée. Elle désire des précisions concernant les sphères d'influence délimitées par le pacte tripartite entre l'Allemagne, l'Italie et le Japon, surtout le Japon, son ennemi séculaire en Asie.

Au cours d'un dernier entretien qui eut lieu dans l'abri du ministère des Affaires étrangères pendant un bombardement nocturne de la RAF, Molotov révéla à Ribbentrop que les ambitions de la Russie dans la Baltique ne s'arrêtaient pas à l'annexion de la Finlande. D'autres questions restaient en suspens : la neutralité de la Suède, le contrôle des détroits reliant la Baltique à la mer du Nord... Déconcerté par cet interrogatoire, Ribbentrop en revint aux avantages que retirerait la Russie du démembrement de l'Empire britannique : « car l'Angleterre est définitivement vaincue », répéta-t-il pour la vingtième fois. La réponse claqua comme un coup de fouet : « S'il en est ainsi, que faisons-nous dans cet abri ? demanda Molotov, et d'où viennent les bombes qui pleuvent sur Berlin ? »

Le lendemain matin, Molotov repartit pour Moscou. Bien qu'il ne fût resté à Berlin que quarante-huit heures, sa visite avait suffi à convaincre Hitler que « la lutte finale contre le bolchevisme » ne pouvait être différée. Pendant la dernière semaine de sa vie, il se rappelait encore le sentiment d'indignation que l'intransigeance de Molotov avait éveillé en lui. « Il exigeait que nous lui cédions des bases militaires sur le sol danois aux débouchés de la mer du Nord. Il avait déjà établi ses droits sur Constantinople, la Roumanie, la Bulgarie et la Finlande – et nous étions censés être les vainqueurs ! » Sa mémoire n'exagérait que faiblement la réalité. Le projet de traité rédigé par Molotov arriva à Berlin le 25 novembre. Il contenait des clauses concernant le retrait des troupes allemandes de Finlande (un accord les autorisant à utiliser le territoire finlandais avait été conclu le 12 septembre) et permettant à l'Union soviétique d'acquérir des bases en Bulgarie. Hitler ordonna à Ribbentrop de ne pas répondre.

*L'ébauche des batailles d'encerclement*

Pendant les premières semaines de décembre, il se consacra à la rédaction de documents d'ordre militaire, et non pas diplomatique. Le 5 décembre, les plans préparés par l'OKW et l'OKH concernant une offensive contre la Russie furent rassemblés pour être soumis à la discussion des deux états-majors sous les auspices de la chancellerie. Le plan Fritz de l'OKW conçu par Lossberg et complété par Paulus (le futur vaincu de Stalingrad) était d'accord avec celui de l'OKH pour considérer que l'encerclement de l'Armée rouge non loin de la frontière russe était une condition préalable de succès. Le danger d'engloutissement dans les vastes espaces du territoire central hantait l'esprit de l'état-major général allemand depuis le siècle dernier. Cette menace avait poussé Schlieffen, l'auteur du plan de guerre de 1914, à éviter de frapper à l'Est l'armée du tsar – bien qu'elle parût inférieure à l'armée allemande – pour attaquer la France. Schlieffen s'était souvenu de 1812 et de la Grande Armée de Napoléon qui après avoir poursuivi l'ennemi jusqu'à Moscou, s'était perdue dans les neiges de l'hiver sur la route du retour. Hitler se rappelait lui aussi la retraite de Russie, mais il croyait que l'Armée rouge pourrait être décimée rapidement, avant l'hiver, sur ses frontières, par les coups de boutoir de ses divisions blindées. Le plan de l'OKH prévoyait que les trois groupes d'armée victorieux à l'Ouest seraient remenés à l'Est et dirigés simultanément sur Leningrad, Moscou et Kiev, que, pendant leur marche sur la Baltique, Moscou et l'Ukraine, leurs fers de lance Panzers encercleraient l'Armée rouge dans trois grandes poches que l'infanterie qui suivait réduirait peu à peu. Le plan de Lossberg (OKW) insistait encore davantage sur ce point. Bien que Halder préférât le plan de l'OKH qui mettait l'accent sur la nécessité prioritaire de prendre Moscou, celui de l'OKW influença grandement le cours des discussions. Halder justifiait son choix en se référant au centralisme du système soviétique. Sous Staline, toute l'autorité était concentrée à Moscou, de plus, le système de transport russe – c'est-à-dire, dans ce vaste territoire sans routes, les chemins de fer – était également centré sur la capitale ainsi que la majeure partie de l'industrie du pays. D'après le journal de guerre de Halder, l'état-major général estimait que 44 pour cent de la production de guerre soviétique se trouvaient dans la région Moscou-Léningrad, 32 pour cent en Ukraine et 24 pour cent seulement à l'est de l'Oural. Cette dernière estimation était fausse mais les autres points de l'analyse de Halder étaient exacts. Hitler se sentait plus attiré par le plan Lossberg et préconisait que l'assaut sur Moscou ne serait entrepris qu'après l'encerclement des Russes par le groupe d'armée du Nord dans le secteur de la Baltique et par le groupe d'armée du Sud en Ukraine. « En ce qui concerne l'armement, le soldat russe nous est aussi inférieur que le soldat français. Il possède quelques batteries de campagne modernes, tout le reste est vieux… du matériel reconditionné… Le gros des chars est médiocrement blindé. Le matériel humain est inférieur. Les armées n'ont pas de chefs… » Hitler était bien informé sur les terribles dégâts que la purge monstrueuse de Staline avait infligée à l'élite du haut Commandement de l'Armée rouge. Les services secrets allemands avaient fourni au NKVD (ancien sigle du KGB) une bonne partie des charges utilisées par Staline. L'Abwehr, en revanche, ne s'était pas rendu compte des progrès réalisés par l'industrie militaire russe en matière de véhicules blindés, notamment le T-34 qui allait bientôt s'imposer comme le meilleur char de toutes les armées.

Dans les semaines qui suivirent la discussion relative aux deux plans, l'OKH s'employa à transformer son projet en directive du Führer. Jodl collabora à la tâche en apportant à l'OKH quelques-unes des propositions de Lossberg. Néanmoins, la préférence portait toujours sur le plan qui recommandait l'assaut de Moscou. Hitler trancha : le groupe d'armée du Centre (avec Moscou pour objectif) devait opérer sa jonction avec le groupe d'armée du Nord pour encercler les armées russes dans la région de la Baltique. Après quoi, une fois la tâche la plus urgente accomplie, suivie par la prise de Léningrad… les opérations offensives pourront se poursuivre avec pour objectif principal la destruction du centre vital des transports et armements, Moscou. La directive numéro 21, datée du 18 décembre 1940 contenait des instructions à l'adresse du groupe d'armée du Centre qui devait diriger d'importantes unités de ses forces mobiles au nord pour écraser les forces ennemies qui lutteraient encore dans la Baltique et remonter vers Leningrad avec le groupe d'armée du Nord.

L'opération fut baptisée « Barberousse », du nom d'un empereur qui, d'après la légende, reposait dans une montagne de Thuringe prêt à venir au secours de l'Allemagne aux heures difficiles.

La directive numéro 21 précisait simplement que les préliminaires de l'offensive devaient être achevés le 15 mai 1941. Après décembre, Hitler se contenta d'introduire quelques légers amendements au plan initial. Du 7 au 9 janvier, il réunit ses généraux au Berghof pour justifier sa décision de porter la guerre à l'est. Il déclara alors que son principal objectif était Bakou, sur la Caspienne, le centre de l'industrie du pétrole russe où les forces allemandes avaient pénétré en 1918. Au début de mars, il donna à Jodl des instructions qui attribuaient tout, sauf la zone opérationnelle immédiate de la Wehrmacht, à la responsabilité des SS et des « commissaires du Reich » désignés par lui-même. Comme il le spécifiait le 30 mars dans un discours à deux cent cinquante officiers supérieurs de la Wehrmacht, des mesures spéciales devaient être prises (exécution ou déportation) contre les fonctionnaires du parti communiste et les « habitants hostiles ». Selon Warlimont, chef adjoint de l'état-major opérationnel de l'OKW, en janvier et février, la prochaine campagne de Russie absorba progressivement les efforts de toute la Wehrmacht. La décision d'envahir la Russie, qui hantait l'esprit du Führer depuis la défaite de la France, qui dominait sa vision du monde depuis qu'il s'était mis en tête d'accéder au pouvoir, devait rester au centre de tous ses actes et de toutes ses pensées pendant la première moitié de 1941 et aucun des événements qui survinrent ne réussit à la modifier.

### *Le paramètre 1812*

L'assurance du Führer n'était pas partagée par son entourage. La plupart de ses généraux et officiers d'état-major étaient perturbés par le paramètre 1812. Le 30 juillet 1940, après un premier examen du projet, Halder et Brauchitsch avaient conclu : « S'il est impossible d'imposer une décision à l'Angleterre et que celle-ci risque de s'allier à la Russie, la question de savoir si nous ne devrions pas déclarer la guerre à la Russie et lutter ainsi sur deux fronts ne peut se poser : la réponse est non. Une visite à Staline est recommandée… Nous pourrions porter un coup décisif aux Anglais en Méditerranée, les chasser d'Asie. » Bien que Halder continuât à insister sur les dangers de l'opération pendant tout l'automne il n'osa s'opposer nettement aux desseins de Hitler. Brauchitsch qui avait déjà subi les foudres du Führer pour lui avoir exprimé sa façon de penser après la campagne de Pologne, manqua de courage pour émettre son opinion. Conscient de la détermination inflexible du commandant suprême, Jodl, qui nourrissait ses propres doutes, les écarta et, le 29 juillet, persuada Warlimont, son adjoint, et les trois chefs de section de l'état-major opérationnel de l'OKW de faire abstraction des leurs. Les généraux von Manstein et Guderian, qui devaient accomplir des prouesses en Russie étaient troublés eux aussi par le facteur 1812 et Bock exprima ses inquiétudes à Hitler qui était venu le voir le 3 décembre à l'hôpital : « La Russie, expliqua-t-il, est un pays immense dont la force militaire est inconnue » et « une guerre de ce genre pourrait être difficile même pour la Wehrmacht ». Ces paroles avaient irrité le dictateur sans pour autant le dissuader de son projet. Après la guerre, Kleist déclara que la plupart des généraux avaient prévu que, si les Russes décidaient de retraiter, l'Allemagne n'avait guère de chances de remporter une victoire décisive sans l'aide d'un soulèvement politique interne. C'était peut-être leur opinion mais ils la gardèrent tous pour eux. L'armée prévoyait les difficultés techniques d'une progression vers la mer Blanche, les rivages de la Caspienne et les rives de la Volga. La ligne Archangelsk-Astrakhan, à 2 500 kilomètres à l'est de Varsovie, à plus de 3 000 kilomètres de Berlin, marquait la zone dont la conquête devait, selon Hitler, amener l'effondrement de la Russie. Cependant, malgré leurs craintes, les chefs de l'armée considéraient, comme lui, qu'un conflit germano-russe était inévitable et ils accueillirent assez favorablement une confrontation avec les ennemis slaves et bolcheviks de l'Allemagne.

L'opposition raisonnée ne vint donc pas des chefs de l'armée de terre mais des représentants des armées rivales, les forces navales et aériennes. Goering s'inquiétait de l'effort économique qu'une guerre contre la Russie allait exiger. Il persistait à croire qu'une offensive aérienne contre l'Angleterre serait plus profitable. Hitler rétorqua que ses objections d'ordre économique ne tenaient pas puisque les territoires conquis en Russie fourniraient les vivres et le pétrole nécessaires à la poursuite de la guerre contre l'Angleterre et à sa défaite. Goering s'inclina et coopéra largement aux préparatifs de l'opération Barberousse par la suite.

L'amiral Raeder lui opposa une résistance plus tenace. Il vit Hitler le 14 novembre 1940, souligna le danger que présentait une guerre sur deux fronts, une situation fâcheuse que les dirigeants allemands avaient toujours cherché à éviter, et insista pour qu'aucune nouvelle opération ne soit entreprise avant l'écrasement définitif de la Grande-Bretagne. Raeder exerçait une certaine influence sur Hitler. C'est lui qui avait préconisé l'attaque contre la Norvège dont le succès renforça son prestige. C'est également lui qui avait persuadé le Führer de préparer un plan d'invasion de l'Angleterre pour le dissuader ensuite d'entreprendre l'opération Otarie en le mettant en garde contre la probabilité d'un échec. Il avait déjà présenté des solutions de rechange au plan Barberousse – notamment Félix – et il proposait des initiatives (dans les Balkans et la Turquie) qui feraient pression sur l'Angleterre à l'extrémité orientale de la Méditerranée. Goering partageait ses théories stratégiques. Ils étaient tous deux attirés par les avantages que présenterait l'occupation de l'Afrique du Nord : l'Italie pourrait être soutenue en Libye et l'Angleterre débordée en Egypte. Raeder alla plus loin : il envisageait de prendre les îles de l'Atlantique, les Açores, les Canaries et les îles du cap Vert, possessions espagnoles et portugaises qui procureraient à l'Allemagne le contrôle de la moitié ouest de l'Atlantique, d'autant plus que l'Amérique donnait « des preuves flagrantes de sa non-neutralité ». Bien que l'idée de placer les îles de l'Atlantique sous contrôle allemand, le séduisit, Hitler refusa de compter les Etats-Unis au nombre de ses ennemis. Un an plus tard, sa singulière conception de l'honneur entre alliés devait l'inciter à suivre le Japon dans le conflit qui l'opposait à l'Amérique. Pendant l'automne de 1940, tout en renonçant à risquer trente-six des meilleures divisions de la Wehrmacht sur les eaux turbulentes de la Manche, il s'accrochait à l'idée d'apaiser l'Amérique, l'alliée naturelle de l'Angleterre en dépit de toutes les provocations qu'elle pourrait lancer. Il était prêt à braver la Russie jusque dans son antre mais il ne tenait en aucun cas à affronter les Etats-Unis.

Cette politique n'était pas entièrement motivée par des calculs d'ordre stratégique. Il n'éprouvait pas pour les Américains l'admiration que lui inspiraient les Anglais. Il ne redoutait pas non plus leur puissance militaire, du moins pas à court terme. C'était leur puissance commerciale et productrice qui guidait son attitude dans les « rapports de force » des deux pays. Il ne croyait pas que l'Allemagne pourrait impunément défier cette puissance commerciale avant que la guerre ne fût entrée dans une nouvelle phase de succès. C'est précisément parce que son attitude était dépourvue de tout contenu idéologique qu'il choisit de dédaigner toute forme de provocation de la part des Etats-Unis pendant que Barberousse était en préparation. Le maintien de relations diplomatiques (sinon amicales) germano-américaines lui permettait d'engager et de poursuivre la lutte contre l'Union soviétique sans trop disperser ses efforts.

En revanche, son attitude à l'égard de la Russie était inspirée par une idéologie puisée à plusieurs sources – raciale, économique, historique. Alimentée par ses propres rancœurs et ses ambitions, cette idéologie s'était transformée en mégalomanie. Il était par-dessus tout obsédé par l'Histoire de l'Allemagne : seules parmi les peuples qui occupaient les frontières occidentales de Rome, les tribus teutoniques s'étaient soustraites à l'autorité de l'empire et, après l'avoir vaincu, elles avaient fondé leurs propres royaumes puis elles étaient allées planter leur étendard dans les territoires slaves. L'épopée des Teutons, devenus gardes du corps de l'empereur de Byzance, aventuriers vikings sur les mers nordiques et fondateurs de principautés sur les rives des fleuves russes, pionniers de la civilisation en Orient, conquérants de l'Angleterre et de la Sicile, chevaliers du rivage balte, constituait un thème auquel il revenait nuit après nuit au cours de conversations qui tenaient du monologue. La survie et l'implantation de colonies allemandes à l'est du front central européen – en Pologne, Hongrie, Roumanie, Tchécoslovaquie, en Russie même où un million huit cent mille colons allemands vécurent jusqu'en 1914 – l'ancraient dans sa foi en la destinée de la race allemande, parente de celle des Anglais. Cependant alors que les Anglais voyaient les limites de leur monde s'écarter comme par l'opération d'une main divine et bienfaisante, Hitler voyait son peuple menacé d'un danger dont il fallait le préserver par une lutte implacable.

Le danger était multiple et vague mais il se trouvait à l'est. Ses instruments étaient les éléments hétérogènes qui composaient la mosaïque des Etats tchèque, polonais, hongrois, serbe et croate, etc. (l'« etc » englobait tous les peuples slaves et non slaves de la Russie soviétique), et naturellement le « bacille destructeur de la société humaine, le Juif », dont le but a toujours été la fragmentation et la sujétion de la nation allemande. Le bolchevisme dirigé par la « juiverie » renforçait le danger, le judaïsme « cosmopolite » niait le principe de la pureté raciale qui formait le pinacle de son système des valeurs. En épousant la cause des « masses » – terme péjoratif en soi –, le bolchevisme répudiait le principe du populisme aristocratique sur lequel Hitler avait fondé son appel au peuple allemand. Le « bolchevisme juif » devait donc être affronté de plein fouet ; il fallait lui arracher ses dominions par la force brutale. L'« espace vital » *(Lebensraum)* ainsi libéré serait occupé par des individus de race supérieure – Allemands du Reich proprement dit, Allemands des territoires de l'Est, « Allemands associés » de l'Europe du Nord – qui, s'ils ne gagnaient pas le droit de survivre par la guerre, seraient condamnés à la sujétion et à l'esclavage sous la domination des hordes de barbares inférieurs.

« Irrévocable et terrible dans sa finalité. » C'est ainsi que David Irving, le biographe de Hitler, a défini la décision concernant l'opération Barberousse, une décision « qu'il n'a jamais regrettée même dans les affres de la défaite ». Pourtant, bien que la décision eût certainement été arrêtée en décembre 1940, six mois devaient s'écouler avant que les forces nécessaires pour son exécution soient mises en mouvement. Entre-temps, une série d'événements survenus dans les Balkans, où la politique des gouvernements allemand et soviétique s'opposait directement, détournait son attention des préparatifs de la campagne. En dépit des risques qu'elle présentait, l'opération Barberousse se caractérisait par une certaine simplicité qui se révélerait encore plus sommaire sur le champ de bataille : la Wehrmacht ou l'Armée rouge ? Pendant que les divisions de l'armée allemande achevaient leur redéploiement sur les lignes de départ de Barberousse, Hitler se trouvait embrouillé dans les complexités d'un vieux dilemme stratégique : de quelle manière imposer son pouvoir parmi les petits Etats militairement insignifiants mais qui pourraient rompre le cours de sa stratégie en appelant à l'aide des protecteurs plus forts ?

# 7

# LA SAISIE DU TREMPLIN VERS L'EST

« Carrefour de l'Europe », telle est la formule qui désigne les Balkans ; ceux qui l'utilisent semblent n'avoir qu'une connaissance limitée de la région. Hérissés de hautes montagnes, les Balkans n'offrent guère de routes, en tout cas, aucune qui mérite le nom de voie de conquête. Aucune puissance, pas même l'Empire romain à son apogée, n'a jamais dominé la région dans son ensemble. Les généraux prudents ont constamment refusé d'engager une campagne dans ce secteur quand ils le pouvaient. Les Balkans ont toujours été un cimetière d'opérations militaires depuis que l'empereur Valens fut vaincu par les Goths à Andrinople en 378.

Pourtant, bien que les Balkans n'offrent pas de passages faciles aux conquérants, ils semblent destinés à leur servir de champ de bataille. C'est précisément parce que le pays est un enchevêtrement de chaînes de montagnes et de vallées sans issue où les fleuves eux-mêmes doivent contourner des défilés et des gorges impraticables par l'homme et l'animal, qu'il constitue une barrière naturelle entre les empires d'Europe et d'Asie. Aux XVI^e^ et XVII^e^ siècles, alors que l'Islam était en marche, les Balkans furent le champ de bataille où les Turcs combattirent les Habsbourg. Au XIX^e^ siècle, à l'époque où la Turquie était devenue l'« homme malade de l'Europe », c'est sur le front des Balkans que ses ennemis – l'Autriche, la Russie et leurs clients – repoussèrent les Ottomans vers leurs forteresses d'Anatolie. La possession des Balkans et de leurs archipels – les îles Ioniennes, le Dodécanèse, les Cyclades – a toujours fait l'objet de luttes acharnées. Comme le font la Sicile en miniature et Malte sur une échelle encore plus réduite, les Balkans dominent la mer et les voies maritimes qui les baignent. Venise, la plus grande des cités italiennes, s'est rendue maîtresse de l'Adriatique, non par le contrôle de sa propre lagune mais par celui des forteresses qui se dressent le long du rivage balkanique de l'Adriatique – Zara, Cattaro, Valona – et des îles Ioniennes. A son apogée, Venise étendit ses puissants tentacules dans la Méditerranée orientale en occupant le Péloponnèse grec et les îles de Naxos, Crète et Chypre. Les Turcs s'étaient toujours assuré une ultime base de pouvoir aux Balkans en s'accrochant à la possession du Bosphore, canal de communication entre la mer Noire et la Méditerranée. Face à la corruption, aux menaces, aux attaques directes – par les Russes au XIX^e^ siècle, par les Etats balkaniques au XX^e^ siècle, par les Anglais et les Français pendant la Première Guerre mondiale – la Turquie s'agrippait à Istamboul comme une moule à son rocher, sachant parfaitement que le contrôle des Dardanelles faisait d'elle une puissance avec laquelle il fallait compter et non un simple appendice du Levant comme elle le serait si elle renonçait aux Détroits.

Les Balkans forment une barrière terrestre et une base maritime – ou un groupe de bases – au point où l'Asie rencontre l'Europe et la Méditerranée la mer Noire. C'est pourquoi un grand conquérant se doit d'avoir une stratégie à la fois « continentale » et « maritime », source de contradictions. Comme le souligne le professeur Martin van Crefeld, historien allemand qui s'est particulièrement penché sur la période comprise entre la défaite de la France et le déclenchement de l'opération Barberousse, c'est précisément à cette complication que Hitler s'est heurté à la fin de 1940. Jusqu'alors sa politique dans les Balkans avait consisté à laisser l'Italie jouer les grandes puissances dans ses relations avec les pays maritimes historiquement englobés dans la sphère d'influence italienne – Albanie, Grèce, Yougoslavie – pendant qu'il absorbait dans celle de l'Allemagne la zone continentale – Hongrie, Bulgarie, Roumanie. La Hongrie et la Roumanie avaient accepté sa domination en signant le pacte tripartite et en permettant aux troupes allemandes de stationner sur leurs territoires. La Bulgarie s'était montrée plus rétive pour des raisons de prudence compréhensibles et non par hostilité. La Yougoslavie avait adopté une position intermédiaire, insistant sur sa neutralité mais évitant une rupture avec l'Axe. Cependant, l'obstination de l'Angleterre avait bouleversé la politique balkanique du Führer. Ayant échoué dans ses efforts pour anéantir ses défenses aériennes avant l'invasion à laquelle il ne croyait pas, Hitler avait approuvé l'attaque de l'Italie contre la Grèce qui restait la seule alliée de la Grande-Bretagne sur le Continent. Il avait calculé que cette offensive obligerait l'Angleterre à réduire son effort de guerre en Egypte contre l'armée italo-libyenne et, par conséquent, renforcerait les tenailles qu'il essayait de forger en attirant l'Espagne et la France de Vichy dans son alliance antibritannique.

Cette stratégie complexe mais hésitante fut compromise par l'humiliant fiasco de l'offensive italienne. Avant l'invasion du 28 octobre 1940, Hitler envisageait d'expédier une force d'intervention en Afrique du Nord. Il avait même envoyé le général Von Thoma étudier sur place les possibilités de déploiement d'un « Afrika Korps »... Lorsqu'il apprit la déroute de l'armée italienne en Grèce, Hitler se sentit tenu de voler au secours de son allié pour le sauver de l'humiliation. L'aventure grecque de Mussolini eut donc pour effet d'obliger Hitler à intensifier son effort de guerre contre l'Angleterre. Abandonnant l'idée de l'envahir, il décida de s'attaquer à son empire méditerranéen, ce qui l'entraîna à prendre possession d'un territoire qui rendait impossible tout accord de « sphères d'influence entre Staline et lui ».

*L'aventure grecque de Mussolini*

Hitler avait de bonnes raisons de croire que l'expédition de Mussolini en Grèce aurait dû réussir. L'armée grecque était très inférieure en nombre et obligée de diviser ses forces pour défendre la Thrace – la bande côtière qui longe la mer Egée – contre la Bulgarie. En théorie, elle aurait dû être débordée au premier stade de l'invasion, or, les forces italiennes étaient elles-mêmes dispersées car il fallait maintenir d'importantes garnisons en Ethiopie et en Libye. Elles ne pouvaient donc déployer qu'une fraction de leurs moyens sur la frontière gréco-albanaise. De plus, l'armée italienne de 1940 n'était pas celle de 1915. A l'époque, engagée dans la guerre sur un seul front contre l'Autriche, elle s'était vaillamment battue. En octobre 1917, ses efforts avaient contraint les Autrichiens à faire appel aux Allemands pour les aider à repousser sa douzième offensive sur l'Isonzo. Cependant, pour augmenter le nombre de ses unités, Mussolini avait réduit les effectifs de chacune. Les divisions qu'il lança en Grèce le 28 octobre 1940 étaient plus faibles que celles des Grecs. Elles étaient aussi beaucoup moins motivées dans leur action. Mussolini avait entrepris cette expédition dans l'espoir qu'une brillante conquête lui apporterait la gloire qu'il enviait au dictateur nazi. Il souhaitait aussi régler quelques vieux différends avec la Grèce, réaffirmer les intérêts de l'Italie dans les Balkans et s'assurer de bases qui lui serviraient à lancer des attaques contre les avant-postes britanniques de la Méditerranée occidentale. Aucune de ces raisons ne passionnait ses soldats. Ils s'avancèrent dans les montagnes de l'Epire sans enthousiasme ; même les régiments alpins, les meilleures unités de l'Italie, semblaient manquer d'ardeur. En revanche, les Grecs se défendaient avec une énergie farouche. Grâce à une intervention des Turcs, le général Ioannis Metaxas, commandant en chef des forces grecques, put transférer ses troupes de Thrace sur le front albanais dès le début de la campagne. Les Turcs avaient en effet prévenu les Bulgares qu'ils utiliseraient leurs trente-sept divisions concentrées en Turquie d'Europe si la Bulgarie essayait de profiter des difficultés de la Grèce. Entre-temps, les Grecs laissèrent leurs adversaires s'épuiser en attaques frontales contre leurs positions montagneuses. Le 14 novembre 1940, à l'arrivée des renforts venus de Thrace, ils contre-attaquèrent et repoussèrent les Italiens qui se replièrent en désordre. Mussolini fit appel à tous ses réservistes dont une partie fut transportée en Albanie dans des avions allemands. Le 30 novembre, les Grecs opposèrent onze de leurs divisions à 15 des siennes. Toute la force d'invasion avait été rejetée en Albanie et l'offensive grecque se fortifiait de plus en plus.

Hitler, qui avait déjà ordonné à l'OKW de préparer un plan d'opérations pour l'invasion de la Grèce, fut obligé de le mettre à exécution malgré toutes les difficultés diplomatiques qu'il allait entraîner – mécontentement de la Yougoslavie, voisine neutre de la Grèce, inquiétude de la Turquie farouchement attachée à sa neutralité, embarras de la Bulgarie qui répugnait à offenser la Russie en accordant à l'Allemagne les bases que l'opération grecque nécessitait, sans compter toutes les complications militaires que l'armée devrait affronter : comment allait-elle engager des formations blindées sur le terrain le moins carrossable de toute l'Europe ? S'il renonçait à l'opération, l'ennemi se servirait de ce recul à des fins de propagande. Il ne pouvait le tolérer. Le monde considérait Mussolini comme son allié politique et militaire pour le meilleur et pour le pire, et Hitler ne devait jamais faillir à sa fidélité à l'égard du fondateur du fascisme. Il décida de lui épargner l'humiliation d'une défaite complète face à l'armée grecque. Il en profiterait pour s'emparer des bases que les Britanniques maintenaient sur le sol grec et d'où ils pourraient menacer les sources de ravitaillement, de minerai et surtout de pétrole essentielles à son effort de guerre.

A ce stade, les Grecs avaient pris soin de n'accorder aux Anglais que certaines facilités tactiques de courte portée. Les bases que la RAF avait établies étaient situées dans le Péloponnèse sur le golfe de Corinthe et aux environs d'Athènes. A partir de ces points, les chasseurs pouvaient tout juste protéger la ligne de front de l'Albanie. La Grèce lui avait refusé toute installation de bases plus importantes près de Salonique, ce qui aurait mis les champs pétrolifères de Ploesti (en Roumanie) à portée de ses bombardiers. Hitler avait donc de bonnes raisons de redouter une consolidation de la victoire remportée par les Grecs sur Mussolini. L'Europe du Sud-Est fournissait à l'Allemagne la moitié de ses céréales et de son bétail. La Grèce avec la Yougoslavie constituait la source de 45 pour cent du bauxite utilisé par l'industrie allemande. Tandis que la Yougoslavie lui procurait 90 pour cent de son étain, 40 pour cent de son plomb et 10 pour cent de son cuivre, la Roumanie et, dans une moindre mesure, la Hongrie, représentaient les seules réserves de pétrole qui se trouvaient dans ce secteur stratégique. Le reste venait de Russie. Si les terrains pétrolifères et les chemins de fer qui acheminaient le minerai et les produits agricoles des Balkans en Allemagne étaient bombardés par la RAF, ses chances de succès dans la poursuite de la guerre seraient sérieusement compromises. D'autre part, il reconnaissait l'ancienneté de la pénétration britannique dans la zone stratégique de la Méditerranée. Les amiraux et généraux anglais faisaient campagne en Méditerranée orientale depuis cent cinquante ans. Nelson avait remporté sa célèbre victoire d'Aboukir en 1798. Les Anglais avaient dominé les îles Ioniennes de 1809 à 1863. Ils possédaient Malte depuis 1800, Chypre depuis 1878. Ils maintenaient une armée et une flotte en Egypte depuis 1882. En 1915, une armée anglaise avait failli s'emparer du détroit des Dardannelles ; entre 1916 et 1918, ils avaient participé à l'offensive contre la Bulgarie à partir du sol grec (campagne de Salonique). Bien plus, l'intimité des relations gréco-britanniques était garantie par le titre d'« amis de la liberté » que les Anglais avaient conquis en aidant la Grèce au cours de la guerre d'indépendance contre les Turcs dans les années 1820.

Le souvenir dans les deux pays de Byron, héros romantique, était la pierre de touche de l'hostilité commune de leurs peuples à l'égard de la tyrannie.

Les ramifications de l'Angleterre s'étendaient plus loin. Bien qu'elle eût combattu la Turquie pendant la Première Guerre mondiale et favorisé l'installation des Juifs en Palestine après 1918, elle était la protectrice historique des Turcs contre la Russie – elle avait défendu leur cause pendant la guerre de Crimée en 1854-1856 – et elle avait aidé le nationalisme islamique par la fondation des Etats d'Iraq et de Transjordanie. Sa réputation d'avocat des petites nationalités revendiquant leur droit à l'autodétermination lui valait la sympathie des pays d'Europe centrale et sud-orientale. La Yougoslavie, en particulier, devait en partie sa naissance aux interventions britanniques lors des conférences de la paix de 1919-1920. La Bulgarie était le seul pays des Balkans qui fût hostile à l'Angleterre mais cette hostilité était compensée par l'attitude du roi Boris : désireux de ménager la Russie, le souverain bulgare ne pouvait se permettre de l'offenser tant qu'il n'était pas absolument sûr de bénéficier de l'appui total de l'Allemagne.

Tout cela eut pour effet de faire dévier le plan stratégique de Hitler au cours de l'hiver et du printemps 1940-1941. La mise à exécution de son grand dessein – la destruction de la puissance militaire soviétique dans une campagne éclair – était fixée au mois de décembre 1940. Mais son désir de sauver son vacillant allié d'une humiliation publique et de limiter l'activité de l'ennemi britannique avant de s'engager dans une guerre contre la Russie l'incita à prendre une série d'initiatives calculées ou fortuites qui devaient l'entraîner dans une campagne dont il n'avait pas imaginé l'ampleur.

### *« Le renard est tué à découvert »*

Bien que le plan de l'opération « Marita » fût prêt, il n'envisageait toujours pas l'éventualité d'une invasion totale de la Grèce. Une simple occupation de bases d'où la Luftwaffe pourrait dominer la Méditerranée orientale lui paraissait une solution stratégique convenant à la situation dans ce secteur. Il espérait même que les Grecs dont Mussolini promettait la défaite dans une offensive de printemps pourraient amener les Italiens à accepter un traité de paix bilatéral. Les Anglais de leur côté continuaient à défier résolument la puissance militaire de l'Axe. Ils avaient non seulement déployé des unités aériennes sur le territoire grec, des troupes en Crète et dans les îles de la mer Egée mais ils avaient aussi infligé de sévères défaites aux Italiens. Dans la nuit du 11 au 12 novembre, un groupe aérien de la Royal Navy embarqué sur le porte-avions *Illustrious* surprit la flotte italienne dans sa base de Tarente sur le talon de l'Italie et coula trois cuirassés sur leurs amarres. Ce succès, après d'autres engagements de surface en juillet, confirma la supériorité de la Royal Navy sur la marine italienne, bien que cette dernière fût supérieure en nombre. Le pire était encore à venir : le 9 décembre, l'armée britannique d'Egypte, commandée par le général Wavell, lança une offensive contre l'armée italienne que le maréchal Graziani avait conduite en septembre à une centaine de kilomètres de la frontière égypto-libyenne. Prévue pour une durée de cinq jours, l'offensive aboutit à de tels succès que Wavell décida de poursuivre son avance. En trois jours, le général O'Connor, son chef tacticien, captura 38 000 Italiens pour une perte totale de 624 soldats anglais et indiens tués ou blessés. Il envahit ensuite une position ennemie fortifiée et ne trouva plus aucun obstacle qui barrât la voie d'accès à Tripoli. A Bardia, la première ville de la colonie italienne, Bergonzoli fit part à Mussolini de la contre-attaque britannique : « Nous sommes à Bardia et nous y restons », mais, le 5 janvier, Bardia tombait aux mains de l'armée du Nil. La 4e division indienne et la 7e division blindée étaient citées par Churchill. Leurs avant-gardes progressaient sur la côte en direction du port de Tobrouk.

Le 21 janvier 1941, les Anglais prirent Tobrouk et firent vingt-cinq mille prisonniers. Le port leur fournit un soutien logistique pour leur avance. Les rescapés de l'armée italienne se replièrent sur Tripoli, capitale de la Libye. La route côtière de la Méditerranée virait au nord autour de la Cyrénaïque. Une voie directe à travers le désert offrait à une force mobile rapide la possibilité de couper l'ennemi. En conséquence, O'Connor lança la 7e division blindée dans le désert à sa poursuite et, le 5 février, elle surgit des sables, à Beda Fomm, devant les Italiens en fuite. « Renard tué à découvert » signala O'Connor à Wavell dans un message en clair pour irriter Mussolini. Les Anglais avaient fait 130 000 prisonniers au cours d'une avancée de 600 kilomètres en deux mois.

Churchill exultait : « Nous sommes enchantés de vos succès », écrivit-il à Wavell. Cependant, bien que spectaculaire, cette victoire ne pouvait entrer dans le cadre d'une guerre moderne. L'armée du Nil n'était guère que cette sorte de force coloniale mobile qui avait servi à vaincre les ennemis indigènes de l'Empire britannique au cours des campagnes du XIXe siècle. Ses succès étaient moins dus à sa supériorité sur les troupes italiennes qui s'étaient vaillamment défendues qu'à l'incompétence de leurs chefs et à la réduction de leurs moyens militaires, résultat de l'appétit de Mussolini qui lançait ses forces sur un front plus vaste que les ressources de l'Italie ne pouvaient le supporter.

Les efforts de Hitler pour empêcher une offensive britannique avaient été contrecarrés par la répugnance de Mussolini à accepter son aide. « Le plus absurde, confiait-il à ses généraux, c'est que, d'une part, les Italiens réclament de l'aide à cor et à cris, ils ne trouvent pas de mots assez forts pour décrire la médiocrité de leurs armes et de leur équipement mais, d'autre part, ils sont tellement jaloux et puérils qu'ils ne supportent pas d'être aidés par des soldats allemands. » Le 3 février, il chargea Rommel d'aller renforcer l'armée de Graziani à la tête d'un Afrika Korps. Le 3 février, l'avant-garde de l'Afrika Korps composée de la 15e Panzerdivision arrivait à Tripoli. Le 21 février, les forces de Rommel étaient prêtes à contre-attaquer.

Cependant, déterminé à restaurer le prestige de l'Axe et à consolider la position stratégique de l'Allemagne dans les Balkans, Hitler ne pouvait attendre une éventuelle victoire dans le désert. Les Anglais profitaient de leur supériorité militaire dans la seule région stratégique où ils jouissaient encore d'une assez grande liberté d'action pour mettre un frein aux prétentions impériales de Mussolini. Le 9 février, leur flotte de la Méditerranée était apparue au large de Gênes et avait bombardé le port sans subir de représailles. C'était un avant-goût de la défaite qu'ils allaient infliger à la marine italienne le 28 mars au cap Matapan dans les eaux grecques. Sur terre, une force britannique stationnée au Soudan était entrée le 19 janvier en Ethiopie du Nord et en Erythrée, la plus ancienne des colonies italiennes d'Afrique orientale. Le 11 février, une autre armée britannique stationnée au Kenya lança une offensive en Ethiopie du Sud et en Somalie.

Pendant tout le mois de février les Anglais n'avaient cessé d'offrir leur assistance au gouvernement grec en cas d'offensive allemande. Le dictateur Mataxas était mort le 19 janvier ; son successeur Papagos répugnait moins à entamer des négociations qui risquaient de provoquer une réaction de l'Allemagne. Un accord fut enfin conclu : quatre divisions britanniques viendraient renforcer les dix-huit divisions grecques déployées sur la frontière du nord. Leurs avant-gardes – prélevées sur l'armée du désert qui se trouva ainsi dangereusement diminuée – commencèrent à débarquer le 4 mars.

Cette initiative décida Hitler à agir. Terrifiée par la force militaire de l'Allemagne, la Bulgarie qui avait déjà signé un pacte de non-agression avec la Turquie le 17 février adhéra au pacte tripartite le 1er mars. En conséquence, l'armée d'observation de la Wehrmacht, stationnée en Roumanie, forte de sept divisions, fut libre de traverser le Danube pour entrer en Bulgarie et prendre les dispositions nécessaires à la bonne marche de l'opération Marita. Prévoyant le déploiement des quatre divisions britanniques en Grèce, Hitler décida d'étendre les objectifs de Marita qui se limitaient initialement à la possession de bases stratégiques d'où la Luftwaffe pourrait dominer la mer Egée et la Méditerranée orientale. Il résolut d'occuper la Grèce entière. Il ne tenait pas à risquer l'ouverture d'un autre « front de Salonique » d'où l'Angleterre (avec la France) avait harcelé le flanc sud de l'Allemagne en 1916-1918. Dans ce cas, comme bien souvent au cours de la Seconde Guerre mondiale, les calculs stratégiques de Hitler furent influencés par son expérience et ses souvenirs de la Première. A l'époque, les Anglais avaient profité de leur mobilité maritime pour détourner les armées allemandes de leurs objectifs continentaux. Il n'était pas question qu'ils recommencent.

Au printemps de 1941, Hitler essayait de les battre sur leur propre terrain. L'échec de ses tentatives auprès de Franco et de Pétain lui avait fermé la Méditerranée occidentale. En Méditerranée orientale et dans l'arrière-pays, en revanche, il entrevoyait une possibilité d'entreprendre le genre de campagne subsidiaire et subversive que l'Allemagne avait menée en 1915-1918 contre les intérêts britanniques avec la complicité de son ex-alliée turc. Il espérait aussi persuader l'administration française de Syrie et du Liban d'accepter l'assistance militaire de l'Allemagne et l'occupation de bases par dés unités de la Luftwaffe. Son aviation pourrait alors attaquer le canal de Suez et les terrains pétrolifères de l'Iraq. En Iraq même, le parti nationaliste était pro-allemand. Hitler entretenait avec lui des rapports indirects avec l'intermédiaire du Grand Mufti de Jérusalem, chef d'un autre parti arabe antibritannique et il pouvait compter sur sa dissidence pour contrecarrer l'action de l'Angleterre au Moyen-Orient.

En réalité, les difficultés politiques de Churchill dans la région ressemblaient à celles que rencontrait Mussolini dans son empire africain.

Au printemps de 1941, la menace d'une intervention de l'Allemagne en Iraq et au Levant occupait une place si importante dans les calculs de risques des Anglais qu'ils décidèrent de prendre possession des deux secteurs dans le courant de la même année. Pour Hitler, au contraire, les avantages qu'il pourrait tirer de l'un ou de l'autre ne méritaient pas qu'il investisse des forces dans l'opération. Tel n'était pas le cas pour la Grèce où l'ingérence de l'Angleterre constituait un défi direct à sa suprématie sur le continent et menaçait de déranger ses plans de campagne contre la Russie. Il pouvait compter sur un éventuel succès de la contre-offensive de Rommel en Libye, ce qui obligerait les Anglais à ramener de Grèce les divisions qu'ils venaient de retirer d'Egypte. Quoi qu'il en soit, l'opération Marita devait aboutir à une victoire indiscutable. Dans les premières semaines de mars, il travailla à mettre au point les préliminaires essentiels à son exécution.

Pour des raisons militaires que l'OKW lui avait exposées en détail ni l'Albanie ni la Bulgarie n'offraient de bases logistiques appropriées à la réalisation de son plan. L'Albanie était peuplée de soldats italiens vaincus et ne pouvait être ravitaillée que par la voie maritime. Les routes, ponts et voies ferrées de la Bulgarie étaient rares et primitifs. Restait la Yougoslavie où les troupes de la Wehrmacht pourraient s'étaler le long de la voix ferrée du Sud pour ouvrir un troisième front à Monastir et sur le fleuve Vardar – routes d'invasions traditionnelles – si les Grecs et leurs associés britanniques étaient écrasés au plus tôt.

*La résistance de la Yougoslavie*

Depuis le début d'octobre, l'Allemagne pressait sans cesse la Yougoslavie d'adhérer au pacte tripartite comme l'avaient fait la Hongrie et la Bulgarie. Les Yougoslaves résistèrent énergiquement. Dans leurs négociations avec Berlin, ils maintinrent résolument que les Balkans devaient être proclamés zone neutre dans la guerre en cours. En privé, le régent Paul, ancien élève d'Oxford, ne cachait pas ses sympathies pour l'Angleterre. En outre, il avait épousé une princesse grecque et ne souhaitait pas participer à la défaite de son voisin du Sud. Pendant l'hiver et le printemps de 1940-1941, alors que la Hongrie, la Roumanie et, finalement, la Bulgarie commençaient à se peupler de troupes allemandes, les capacités yougoslaves de résistance s'affaiblirent singulièrement. Néanmoins, le gouvernement de Belgrade s'obstinait à rejeter toutes les exigences allemandes. En fin de compte, le 17 mars, il céda et accepta d'adhérer au pacte à la condition expresse que le territoire yougoslave ne serait pas utilisé à des fins militaires. L'accord fut signé à Vienne le 25 mars.

Hitler exultait prématurément. Bien qu'ancien citoyen de l'Empire des Habsbourg, où les Serbes avaient si souvent semé le trouble, il avait compté sans leur impétuosité. Dans la nuit du 26 au 27 mars, un groupe d'officiers serbes conduits par le général d'aviation Bora Mirkovic dénonça le traité, s'empara de la capitale, Belgrade, obligea le régent Paul à démissionner et fit couronner le jeune prince Pierre, héritier présomptif. Bien qu'il eût pu rallier à sa cause une partie de la population croate favorable à l'Axe, Paul s'inclina devant le fait accompli et partit pour l'exil.

Rétrospectivement, le coup d'Etat de Mirkovic nous apparaît encore comme l'un des actes de défi les plus irréalistes de l'histoire contemporaine. Il menaçait non seulement de diviser un pays précairement unifié mais encore de pousser les Allemands à une action hostile qu'aucune aide extérieure ne viendrait empêcher. Les Serbes étaient entourés d'Etats complètement inertes, comme l'Albanie, ou aussi menacés qu'eux-mêmes, comme la Grèce, ou encore franchement hostiles, comme l'Italie, la Roumanie et la Bulgarie. Si l'on ajoute l'Etat fantoche de Croatie à la liste de leurs ennemis, le coup d'Etat du général Mirkovic et de ses complices du 26 mars est comparable à l'attentat de Gavrilo Princip contre la monarchie austro-hongroise personnifiée par l'archiduc François-Ferdinand. Il condamna la Serbie et, avec elle, les peuples de Yougoslavie, à l'invasion, à la défaite, à l'occupation et à la guerre civile pendant les quatre années suivantes.

Il convient de noter que ni Mirkovic, ni Dusan Simovic, commandant des forces aériennes yougoslaves, ni aucun des patriotes serbes qui participèrent à l'opération ne semblent s'être rendu compte des conséquences de leur action. Il n'est pas douteux qu'ils aient été encouragés par les Anglais et les Américains. Le colonel William Donovan, émissaire personnel de Roosevelt à Belgrade, était arrivé le 23 janvier dans la capitale, porteur d'un message exhortant le gouvernement à préserver l'honneur national. Dans le même temps, l'ambassadeur d'Angleterre à Belgrade harcelait les dirigeants yougoslaves pour qu'ils restent à l'écart du pacte tripartite. Malheureusement, les pressions et encouragements des Occidentaux étaient tout à fait inopportuns. Le coup d'Etat du 27 mars était une initiative serbe authentique qu'il fallait considérer comme l'ultime expression du nationalisme des petits peuples pris entre les serres des puissances allemande et russe depuis septembre 1939.

Les représailles allaient être immédiates et impitoyables. Dans un sens, le défi serbe simplifiait les options stratégiques de Hitler. Sur le plan diplomatique, la Yougoslavie était dans son tort. Malgré l'enthousiasme que suscitait le coup d'Etat dans les rues de Belgrade – entièrement pavoisées de drapeaux français et britanniques – le nouveau gouvernement pouvait être déclaré illégitime. Sur le plan militaire, l'OKH pouvait se servir de ce prétexte pour s'emparer du réseau des chemins de fer yougoslave qui, relié à ceux de l'Autriche, de la Hongrie, de la Roumanie et de la Grèce fournissait à la Wehrmacht un accès direct à la Macédoine dont elle comptait faire son champ de bataille. Hitler voulut profiter sans tarder de l'avantage qui lui était offert : « Je suis résolu à détruire la Yougoslavie, déclara-t-il devant Goering, Brauchitsch et Ribbentrop convoqués à la chancellerie le 27 mars. Combien d'effectifs vous faut-il ? Combien de temps ? » Les réponses à ces questions se trouvaient déjà dans les dossiers des états-majors de l'armée et de la Luftwaffe. Au début de l'après-midi, il offrit à l'ambassadeur de Hongrie un port sur l'Adriatique pour prix de sa participation à la prochaine campagne et à l'ambassadeur de Bulgarie la province grecque de Macédoine. « L'éternelle incertitude a disparu, lui dit-il, la tornade va s'abattre sur la Yougoslavie avec une soudaineté foudroyante. » Le lendemain, il confia à l'ambassadeur de Hongrie (dont le chef d'Etat, l'amiral Horthy, avait décidé de refuser l'offre de Hitler) : « Maintenant que je réfléchis à tous ces événements je ne puis m'empêcher de croire à une justice d'en haut. Je suis confondu devant le pouvoir de la Providence. »

Les conspirateurs yougoslaves continuaient à ignorer les conséquences de leur action. Ils étaient convaincus qu'ils pourraient apaiser l'Allemagne en refusant d'accepter une mission britannique. D'autre part, ce n'était pas leur coup d'Etat qui avait empêché l'adhésion de la Yougoslavie au pacte tripartite puisque la signature du gouvernement n'avait pas été ratifiée. Le Führer ne pouvait donc leur en tenir rigueur. En fait, Hitler les situait dans le camp ennemi de toute façon. Le jour du coup d'Etat, il publia la directive n° 25 : « La révolte militaire yougoslave a modifié la situation politique dans les Balkans. En dépit de ses protestations de loyalisme, la Yougoslavie doit être dorénavant considérée comme l'ennemie de l'Allemagne et réduite à merci aussi rapidement que possible... Nous encouragerons les tensions internes de la Yougoslavie en donnant des garanties politiques aux Croates... J'ai donc l'intention de rompre avec la Yougoslavie (du Nord et du Sud) et d'anéantir son armée. »

En octobre, Halder avait demandé à l'OKH d'établir des plans pour l'opération. Les forces mises en place pour Marita pourraient en même temps servir à l'invasion de la Yougoslavie. La II^e^ armée, stationnée en Autriche, avancerait directement sur Belgrade tandis que la XII^e^, en position d'attaquer la Grèce à travers la Bulgarie, se dirigerait d'abord sur la Yougoslavie méridionale. Une armée italienne partirait d'Italie pour gagner Zagreb, capitale de la Croatie, tandis que la III^e^ armée hongroise s'emparerait de la province transdanubienne de Voïvodine.

### *Le destin de la Yougoslavie*

L'armée yougoslave, forte d'un million d'hommes, était composée de 28 divisions d'infanterie et 3 de cavalerie, mais elle ne comprenait que 2 bataillons de 110 chars d'un modèle périmé. En fait, elle appartenait plus à l'époque des guerres balkaniques de 1911-1912 qu'au monde moderne. Ses mouvements étaient subordonnés à la mobilisation de 900 000 chevaux, bœufs et mulets. Son état-major général se comportait comme s'il disposait de plusieurs mois pour prendre des décisions et d'autres encore pour les mettre à exécution. Bien qu'il eût délégué l'un de ses généraux à Athènes le 3 avril pour conférer avec Papagos, commandant en chef de l'armée grecque, l'état-major yougoslave refusa de concentrer ses forces au sud pour soutenir les Grecs (et le contingent britannique venu se joindre à eux). Cependant, il insista pour que toute la frontière yougoslave (commune avec l'Italie, l'Allemagne, l'Autriche, la Hongrie et la Bulgarie) soit protégée contre une menace d'invasion.

« Qui défend tout ne défend rien », tel était l'aphorisme militaire cher à Frédéric le Grand. En 1939, les Polonais avaient commis l'erreur de vouloir défendre tout, erreur assez compréhensible puisque tous leurs secteurs économiques importants se trouvaient dans les zones frontières. C'était la même erreur qu'allaient commettre les Grecs dans leur hâte de protéger aussi la partie exposée de la Thrace en même temps que les routes d'invasion traditionnelles de la Macédoine. Pourtant, aucun pays n'a sans doute dispersé ses forces avec autant d'incohérence que le fit la Yougoslavie en avril 1941. Elle s'obstinait à défendre l'une des plus longues frontières de l'Europe avec de vieux fusils et une artillerie de montagne transportée à dos de mulet contre les Panzerdivisions et 2 000 avions modernes.

Le 6 avril 1941, l'aviation yougoslave qui avait monté le coup d'Etat du 27 mars fut submergée dès les premières heures de l'offensive allemande : sur ses 450 avions, 200 étaient d'anciens modèles. Ils furent détruits pour la plupart au cours d'une attaque sur Belgrade qui causa la mort de 3 000 civils. Le plan de l'armée allemande renforcée de la IIe armée italienne et de la IIe armée hongroise réduisit à néant la stratégie yougos-

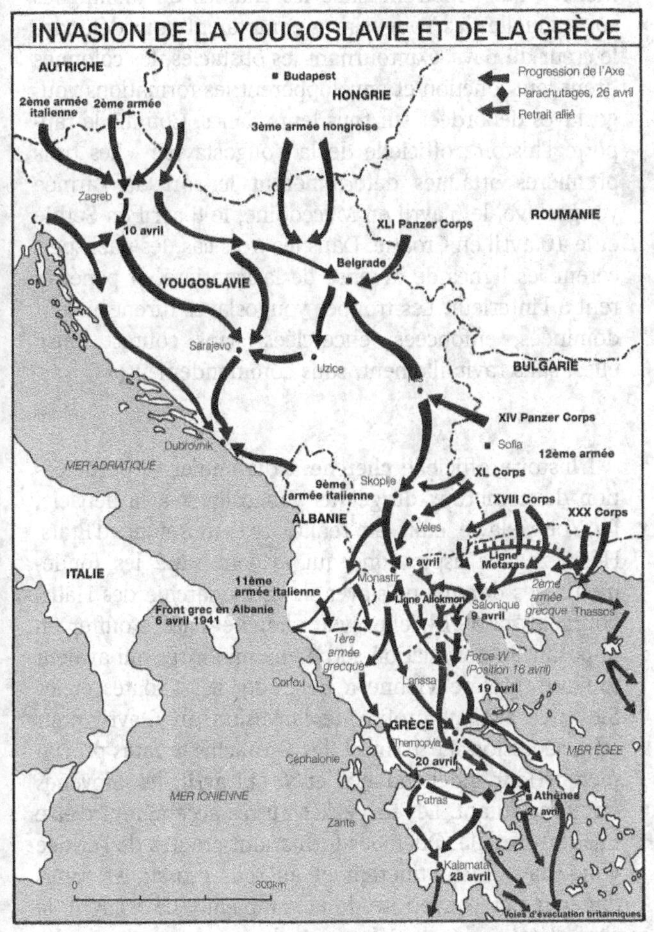

INVASION DE LA YOUGOSLAVIE ET DE LA GRÈCE
Progression de l'Axe
Parachutages, 26 avril
Retrait allié
AUTRICHE
Budapest
HONGRIE
2ème armée italienne
2ème armée
3ème armée hongroise
Zagreb
10 avril
ROUMANIE
XLI Panzer Corps
Belgrade
YOUGOSLAVIE
Sarajevo
Uzice
BULGARIE
Nis
XIV Panzer Corps
Sofia
12ème armée
Dubrovnik
MER ADRIATIQUE
Skoplje
XL Corps
9ème armée italienne
XVIII Corps
XXX Corps
ALBANIE
Veles
Ligne Metaxas
9 avril
Monastir
ITALIE
11ème armée italienne
Ligne Aliakmon
Salonique
9 avril
2ème armée grecque
Thassos
Front grec en Albanie 6 avril 1941
1ère armée grecque
Force W (Position 16 avril)
Corfou
Larissa
19 avril
GRÈCE
Thermopyles
MER ÉGÉE
Céphalonie
20 avril
MER IONIENNE
Patras
Athènes
27 avril
Zante
Kalamata
28 avril
0
300km
Voies d'évacuation britanniques

lave. Les Allemands lancèrent leurs colonnes blindées dans les vallées du Danube, de la Save, de la Drave, du Moravo qui pénètrent dans les chaînes de montagnes sur lesquelles les Yougoslaves comptaient pour défendre le cœur du pays. Contournant les obstacles, les colonnes firent leur jonction et enveloppèrent les formations yougoslaves débordées sur tous leurs flancs. Comme le rapporte l'histoire officielle de la Yougoslavie : « Les trois premières attaques déterminèrent le sort de l'armée yougoslave, le 6 avril en Macédoine, le 8 avril en Serbie et le 10 avril en Croatie. Dans les trois cas, les nazis percèrent les lignes de défense de la frontière, et pénétrèrent à l'intérieur. Les troupes yougoslaves furent bientôt dominées, enfoncées, encerclées, sans contact entre elles, sans ravitaillement, sans commandement. »

L'histoire officielle cherche à dissimuler la participation de nombreux dirigeants yougoslaves à la débâcle. La Yougoslavie était en réalité une mosaïque d'Etats. Héritière des aspirations qui avaient sapé les fondements des dominions slaves de la monarchie des Habsbourg avant 1914, elle avait cherché à les étouffer en imposant la domination serbe aux minorités qui avaient toujours préféré Vienne à Belgrade. Les Croates et les Slovènes avaient profité de l'invasion du 6 avril pour faire sécession. Le 10 avril, les Oustachis croates proclamèrent leur indépendance et, le 11 avril, les Slovènes en firent autant. Les uns et les autres acceptèrent d'être mis sous tutelle. Quelques formations croates de l'armée yougoslave se mutinèrent et allèrent grossir les rangs ennemis dès l'ouverture de la campagne. Le 10 avril, le chef d'état-major du 1^er^ groupe d'armée croate conspira avec les chefs oustachis pour entamer des pourparlers avec les Allemands. Ce furent les préliminaires d'une collaboration qui aboutit à la plus cruelle des guerres internes qu'ait connues l'Europe occupée par les nazis. Néanmoins, la majorité serbe de Yougoslavie ne peut nier sa part de responsabilité dans la soudaineté de la défaite. Toutes les divisions de l'armée sauf une se trouvaient sous le commandement serbe et la plupart des généraux avaient cédé à la panique créée par la rapidité de l'invasion allemande. La résistance de l'armée fut si faible que les agresseurs ne perdirent que 151 hommes au cours de la campagne. Le 41e corps de Panzers ne compta qu'un seul soldat tué bien qu'il fût en première ligne. Seul Draza Mihailovic, chef adjoint de l'état-major de la IIe armée résista au défaitisme général. A la signature de l'armistice germano-yougoslave du 17 avril, il prit le maquis avec une cinquantaine de fidèles et fonda le noyau du mouvement Chetnik qui, jusqu'à l'entrée en scène des partisans de Tito, allait à lui seul livrer une guérilla aux gouvernements d'occupation – allemand, italien, bulgare et croate.

En Grèce, la Wehrmacht rencontra une résistance plus énergique. Commandée par des généraux dont l'expérience datait de la guerre gréco-turque de 1919-1922, l'armée grecque avait repoussé l'offensive italienne avec succès. De plus, elle était soutenue par une force expéditionnaire britannique de trois divisions, équipée de chars modernes et appuyée par une force aérienne efficace. Hitler considérait les Grecs comme de valeureux descendants des hoplites d'Alexandre. Il admirait tellement la bravoure dont ils avaient fait preuve au cours de leur lutte contre les soldats de Mussolini qu'il avait ordonné à l'OKW de libérer tous les prisonniers grecs à la signature de l'armistice.

Ni la valeur des Grecs ni les armes des Britanniques ne purent éviter la défaite. Le général Papagos tenait à maintenir 4 de ses 18 divisions sur la ligne Metaxas, le long de la frontière bulgare. Il en disposa 3 avec les formations britanniques à 150 kilomètres derrière la ligne Aliakhmon, au sommet du mont Olympe. Il comptait sur les Yougoslaves pour protéger le flanc gauche des deux positions et il s'était même entendu avec eux pour lancer une offensive en Albanie contre les Italiens. Van Crefeld qualifie ces dispositions de « suicidaires ». Les forces défensives étaient alignées en trois positions séparées qui comptaient sur une force extérieure yougoslave pour protéger leurs flancs. « Si les Allemands réussissaient à culbuter les Yougoslaves, un désastre total était inévitable », note van Crefeld. La Yougoslavie et la Grèce seraient coupées l'une de l'autre, les lignes Metaxas et Aliakhmon débordées et les troupes grecques d'Albanie prises à revers. Après il ne serait pas difficile de balayer le reste des forces yougoslaves et alliées séparément.

*Effondrement en Grèce*

Le cours de la campagne évolua exactement comme prévu. En deux jours de combat, les 6 et 7 avril, les Allemands brisèrent la résistance yougoslave en Macédoine et, le 9 avril, ils forcèrent les défenseurs grecs de la ligne Metaxas à se rendre. Ils étaient donc libres de contourner le flanc gauche de la ligne Aliakhmon défendue par les Néo-Zélandais de l'armée britannique et de pénétrer en Grèce centrale par l'ancienne route d'invasion de la vallée de la Vardar. Une force détachée délogea le corps principal de l'armée grecque qui affrontait les Italiens en Albanie. Ainsi les Allemands fournirent aux troupes de Mussolini la possibilité d'entreprendre l'opération décisive qu'ils avaient été incapables de réussir en six mois de combats.

Le général George Tsolakoglu, commandant la I^re^ armée grecque sur le front albanien, était bien décidé à refuser aux Italiens la satisfaction d'une victoire qu'ils n'avaient pas remportée. Sachant sa situation désespérée, il entama des pourparlers avec Sepp Dietrich, commandant de la division SS qui lui faisait face et lui déclara qu'il entendait se rendre aux Allemands seuls. Il fallut que Mussolini intervienne auprès de Hitler pour que l'Italie fût englobée dans l'armistice signé le 23 avril.

Ailleurs, le front gréco-britannique s'effondrait à mesure qu'une position après l'autre était débordée par les envahisseurs. Le 18 avril, Koryzis, le Premier ministre grec, se suicida, les autres membres du gouvernement furent incapables de s'entendre avec le général Wilson, commandant la BEF, sur la meilleure tactique à suivre. En fait, le 16 avril, les Anglais se retiraient de la ligne Aliakhmon. Bien que manquant d'effectifs et d'équipement, ils possédaient assez de moyens de transports motorisés pour battre en retraite. De même que l'armée yougoslave, l'armée grecque appartenait à un autre âge et vingt mille de ses soldats tombèrent entre les mains de l'ennemi dans le sillage de la retraite britannique.

Les Anglais prirent position aux Thermopyles où les Spartiates étaient tombés sous les coups des Perses deux mille cinq cents ans auparavant mais ils furent promptement repoussés au sud par les chars allemands. Ils furent harcelés jour après jour par les appareils de la Luftwaffe qui, d'après le rapport d'un correspondant du *Times*, « bombardaient chaque recoin, hameau et village qui se trouvaient sur son passage ». Ils avaient détruit Le Pirée le premier jour de la guerre gréco-allemande de sorte que les fugitifs durent se diriger vers le Péloponnèse où ils pourraient prendre un vol de retour pour la Crète ou pour l'Egypte. Un parachutage de troupes allemandes sur l'isthme de Corinthe fut effectué à peine trop tard pour couper leur retraite. Entre-temps, les Britanniques – des Australiens et des Néo-Zélandais pour la plupart – avaient traversé Athènes et étaient arrivés à bon port. « Aucun de ceux qui sont passés par cette ville n'oubliera la chaleur des adieux athéniens, écrit un artilleur de l'armée royale. Nous étions sans doute les derniers soldats britanniques qu'ils verraient et les Allemands étaient sur nos talons. Pourtant, la foule alignée le long des rues nous acclamait et se pressait autour de nos voitures comme pour nous retenir. Hommes et femmes montaient sur les marchepieds pour embrasser les artilleurs exténués et couverts de poussière. Ils nous lançaient des fleurs et couraient à nos côtés en criant : "Revenez. Il faut revenir. Au revoir. Bonne chance." »

Les Anglais ne devaient revenir à Athènes que trois ans et demi plus tard. Malheureusement, ce serait pour participer à une guerre civile sanglante entre les partis de gauche et de droite. Les uns et les autres avaient appris la politique de violence en pratiquant la guérilla contre l'occupation allemande. Les trois divisions britanniques qui s'étaient battues aux côtés des 6 divisions grecques, rescapées du front albanais, contre 18 divisions ennemies, avaient le sentiment d'avoir combattu pour la bonne cause. La campagne grecque, comme celle du désert, méritait d'être célébrée. Ce fut une guerre chevaleresque entre hommes d'honneur de part et d'autre.

Par la suite, les historiens se sont demandé jusqu'à quel point Marita avait pu retarder le déclenchement de Barberousse. Question inutile. Ce fut l'hiver russe qui détermina la date du lancement de Barberousse. Les combattants allemands, anglais et même grecs n'eurent pas la sensation de participer à des événements de portée mondiale. Les Grecs avaient défendu leur patrie avec l'aide des Anglais. Les Allemands s'étaient battus pour occuper leur territoire mais, après la victoire, ils leur avaient laissé leurs épées en témoignage de respect pour leur courage. Ce fut sans doute le dernier geste de courtoisie accompli entre combattants dans une guerre bientôt destinée à sombrer dans la barbarie.

# 8

# La bataille aéroportée

## LA CRÈTE

Abstraction faite de sa brièveté, la campagne des Balkans fut une opération militaire conventionnelle à tous égards. Après la guerre éclair de Pologne et de France, le monde s'était habitué aux méthodes de la Wehrmacht de sorte que personne ne fut surpris de la rapidité foudroyante de l'avance allemande. En réalité, l'extrême disparité qui existait entre les forces de la Wehrmacht et celles de ses adversaires suffit à expliquer la désastreuse défaite des troupes balkaniques.

La guerre des Balkans aurait pu se terminer sur cette note : les chars allemands envahissant les rues d'Athènes et la croix gammée flottant sur l'Acropole, symbole du triomphe du fort sur le faible ; mais il n'en fut rien. Malgré le coût de la campagne – 13 000 tués, blessés ou prisonniers britanniques contre 5 000 du côté allemand sans compter les pertes yougoslaves et grecques –, malgré le démantèlement et le partage des territoires balkaniques – la Bosnie, la Dalmatie et le Montenegro attribués à l'Italie, la Serbie méridionale et la Thrace à la Bulgarie, le Vojvodila à la Hongrie, la Croatie au nouvel Etat fantoche croate –, malgré ce résultat qui aurait dû le satisfaire, Hitler prêtait une oreille complaisante aux membres de son entourage qui lui suggéraient de compléter sa victoire par une invasion de la Crète, opération qui pourrait être exécutée par le seul instrument de Blitzkrieg qui n'ait pas encore été mis à l'épreuve : l'armée aéroportée.

L'Allemagne n'est pas le premier pays évolué qui ait créé une force aéroportée. C'est l'Italie où est née aussi l'idée du bombardement stratégique. Dès 1927, les Italiens avaient fait des expériences de parachutages de troupes sur le champ de bataille. Reprenant la même tactique, l'Armée rouge l'avait suffisamment perfectionnée pour lâcher tout un régiment de parachutistes au cours de grandes manœuvres en présence d'observateurs militaires. Le développement d'avions de transport assez vastes pour contenir des unités complètes de soldats tout équipés avait permis le déroulement de cette opération spectaculaire.

La purge stalinienne de 1937-1938 dont furent victimes les officiers russes les plus évolués remit sérieusement en question la prééminence de l'Armée rouge en matière de tactique aéroportée. Toutefois, les unités survécurent et exécutèrent un grand nombre d'opérations au cours de la Seconde Guerre mondiale, notamment sur le Dniepr pendant l'automne de 1943, mais, contrairement à leur espoir, elles ne jouèrent jamais un rôle indépendant et décisif dans les grandes batailles. En Allemagne, cependant, la nouvelle génération de pionniers militaires de la Wehrmacht adopta le principe des opérations aéroportées avec enthousiasme. De même qu'en France où le parachutisme était considéré comme une branche de l'aviation, il fut placé sous l'autorité directe du haut commandement des forces aériennes. En 1938, le général Kurt Student, un vétéran de la Première Guerre mondiale, fut nommé inspecteur des troupes aéroportées et commandant de la 7 Flieger, 1re division de parachutistes. C'est cette division qui fournit les unités utilisées en Norvège et en Hollande en 1940. En 1941, ces unités, constituant le 11e corps de Student, se préparaient à prolonger la conquête des Balkans à l'intérieur de la zone méditerranéenne.

Les conseillers militaires du Führer insistaient pour qu'il prenne possession de Malte. « Pressés de choisir entre les deux objectifs importants de la Méditerranée – la Crète ou Malte –, note le général Warlimont, tous les officiers des forces terrestres, navales et aériennes optèrent pour Malte car la prise de cette île semblait assurer l'ouverture permanente de la voie d'accès à l'Afrique du Nord. » Keitel et Jodl acceptèrent leurs conclusions mais Student leur objecta que Malte était une forteresse trop bien défendue pour céder à une opération aéroportée. La Crète, au contraire, avec sa forme de saucisse et son unique route principale, offrait une cible idéale à ses parachutistes. D'ailleurs, ajouta-t-il, de là, ils pourront s'attaquer aux autres îles qui intéressent les stratèges allemands – non seulement Malte mais encore Chypre – et, par conséquent, s'assurer une position terrestre et maritime imprenable, entre la forteresse Europe et les possessions de plus en plus réduites de l'Angleterre au Moyen-Orient.

Goering, qui voyait dans le plan de Student une occasion de rétablir la réputation de la Luftwaffe après ses échecs dans la bataille d'Angleterre, appuya chaudement son projet. Le 21 avril, il l'exposa à Hitler qui, bien que réticent au début, finit par l'approuver. Le 25 avril, il publia la directive n° 28 portant le nom de code « Mercure » autorisant l'invasion de la Crète. Student qui allait rester la force motrice de l'opération prit aussitôt les mesures nécessaires pour que la 7e division aéroportée fût transportée en Grèce. Il persuada aussi l'OKH de le laisser disposer de la 5e division de montagne, désignée pour occuper la Grèce et de lui prêter quelques-uns des chars légers appartenant à la 5e Panzer. La division de montagne constituait une force de soutien. La division aéroportée, composée de trois régiments de parachutistes et d'un régiment aérotransporté, devait sauter sur l'île, transportée par une flotte de 600 Junkers 52 de transport, dont quelques-uns remorquant 80 planeurs contenant des chars légers et l'avant-garde de la 7e division. Une force de 280 bombardiers, 150 stukas et 200 chasseurs assumait la couverture aérienne. Au total, 22 000 hommes étaient engagés dans cette opération placée sous le haut commandement du général Alexandre Löhr, chef de la 4e flotte aérienne.

Le plan de Student était simple. Il avait l'intention de lancer chacun de ses régiments de parachutistes sur les trois villes de la côte nord : Maleme, Retimno, Heraklion où les observateurs avaient repéré des pistes d'atterrissage. Une fois prises, elles serviraient de terrain pour le largage de l'équipement lourd et de bases d'attaque contre les défenses britanniques. Son premier régiment d'assaut pourrait atterrir en planeur sur l'aérodrome de Maleme dont il comptait faire son centre de gravité.

A son avis, les défenseurs étaient supérieurs en nombre mais l'effet de surprise joint à la haute qualité de ses troupes et à la supériorité de la Luftwaffe les forcerait à capituler au bout de quelques jours.

Ses forces étaient effectivement supérieures en qualité à celles de la garnison britannique. Le général Bernard Freyberg qui la commandait était un officier dynamique, héros de la Première Guerre mondiale, décoré de la Victoria Cross. Churchill l'avait baptisé la « Salamandre » en hommage à ses qualités de résistance au feu. Mais la plupart des hommes placés sous ses ordres ne pouvaient rivaliser de bravoure avec lui. L'une des brigades de l'infanterie britannique régulière avait été retirée d'Egypte pour compléter la garnison de

Crète. C'était la seule qui fût apte au combat. Les autres étaient composées de rescapés du fiasco grec. Deux brigades néo-zélandaises étaient intactes ainsi qu'une brigade australienne. Le reste des quarante mille soldats de l'île formait un ramassis d'individus complètement désorganisés, « une compagnie de pouilleux, écrit le Néo-Zélandais Charles Upham en évoquant la Crète : des mortiers sans plaques de base, des mitrailleuses sans trépied ». Une poignée de chars et un armement à peine suffisant pour un régiment. Les défenseurs manquaient de matériel lourd essentiel et surtout d'avions. Le 1^er^ mai, ils ne disposaient que de dix-sept Hurricane et de biplans Gladiator périmés qui, d'ailleurs, devaient tous être retirés avant l'arrivée des Allemands. Qui plus est, les Anglais ne pouvaient compter sur aucune assistance locale. La 5^e^ division crétoise, mobilisée pour la guerre contre les Italiens, avait été capturée sur le continent. Les seuls soldats crétois qui restaient étaient des nouvelles recrues et des réservistes munis d'un fusil avec cinq ou six cartouches chacun.

### *Le rôle d'« Ultra »*

Malgré tout, la Crète aurait dû résister car Freyberg était au courant du dessein des Allemands avant même que les premiers parachutistes aient décollé. Le succès de l'opération aéroportée était donc compromis dès le début. Les parachutistes allemands se proposaient d'atteindre les défenses au sol par des largages des troupes d'infanterie aux points sensibles situés immédiatement derrière le front de l'ennemi : son quartier général, ses centres de communication et de ravitaillement. C'était une stratégie audacieuse mais, pour réussir, il était indispensable que l'ennemi ignore la menace qui pesait sur lui, autrement, les assaillants subiraient le même sort que les soldats des tranchées partant à l'assaut d'un adversaire alerté par une canonnade préliminaire. Leur vulnérabilité pendant la descente, la fragilité de l'équipement qu'ils utiliseraient s'ils survivaient les condamnaient à subir des pertes terrifiantes face à des défenseurs avertis de leur approche.

Or, les défenseurs de la Crète avaient été avertis. Jusqu'alors, Ultra, la source de renseignements provenant de l'interception et du décryptage des messages chiffrés ennemis par l'équipe de Beltchley n'avait guère fourni d'informations dignes d'intérêt sur la conduite des opérations terrestres entre Anglais et Allemands. Jusqu'à la fin de la campagne de France, Beltchley avait eu de grandes difficultés à détecter les « clés » utilisées par la machine Enigma qui enregistrait les communications des différents quartiers généraux de la Wehrmacht. La machine était conçue pour que les agents du contre-espionnage se trouvent placés devant plusieurs millions de solutions possibles. L'équipe de Beltchley accumulait les procédés de détection mais elle ne les avait pas encore systématisés. Son succès dépendait essentiellement de l'exploitation des erreurs commises par les opérateurs de la machine Enigma. Ceux de l'armée et de la marine en commettaient rarement mais la jeune Luftwaffe fournissait aux agents de Beltchley un certain nombre d'occasions. Le chiffrage des clés de la Luftwaffe avait considérablement aidé la défense aérienne de la Grande-Bretagne pendant l'hiver de 1940-1941.

Or, l'invasion de la Crète allait être une campagne de la Luftwaffe. Ainsi, la vulnérabilité de sa clé « rouge », comme la baptisait Beltchley, pouvait compromettre la sécurité de l'opération aéroportée dès le début. Le 26 avril, par exemple, date de la publication de la directive Mercure, deux messages « rouges » se rapportant directement à la Crète furent interceptés. La 4e flotte aérienne mentionna le choix des bases pour l'opération tandis que le 8e corps aérien demandait des cartes et des photographies de l'île. Après quoi, les avertissements se multiplièrent jour après jour. Le 6 mai, Ultra révéla que le quartier général allemand espérait que les préparatifs seraient terminés vers le 17 mai. Le 15, on découvrit que le jour J était reporté du 17 au 19 mai. Le 19, Ultra signala que la nouvelle date de l'attaque était fixée au 20 et que les commandants allemands devaient se réunir immédiatement avec des cartes et des photographies de Maleme, Retimno et Heraklion. Toutes ces informations furent transmises en temps voulu. Freyberg savait donc exactement quand, où et avec quels effectifs les parachutistes de Student et ses régiments d'infanterie allaient atterrir. Encore fallait-il qu'il eût les moyens d'utiliser ces renseignements. A une force d'assaut mobile et flexible, il ne pouvait opposer qu'une force presque totalement privée de mouvement. Ses unités étaient en bonne place mais si l'une de ces unités était chassée d'une piste d'atterrissage vitale, il ne pourrait la remplacer. Les Allemands auraient la possibilité de larguer des renforts et du matériel lourd et la bataille de Crète serait perdue.

Les 21e, 22e et 23e bataillons néo-zélandais défendaient l'aérodrome de Maleme. Rommel qui aura affaire aux Néo-Zélandais pendant la campagne du désert les considérera comme les meilleurs combattants qu'il eût rencontrés au cours de la Seconde Guerre mondiale. Endurants, énergiques, sûrs d'eux, ils ne connaissaient pas la défaite. Le matin du 20 mai, ils armèrent leurs fusils pour résister à l'assaut imminent sans se douter de l'âpreté du combat qu'ils allaient livrer. Le lieutenant W. B. Thomas, du 23e bataillon décrit ainsi sa première vision des parachutistes allemands : « Ils me paraissaient irréels et pas du tout dangereux. Vus dans le bleu foncé du ciel crétois, à travers un rideau de branches vert olive, ils ressemblaient à des petites poupées sautillantes dont les robes vertes, jaunes, rouges et blanches s'étaient brusquement gonflées... Je cherchai le sens de cette fantaisie en couleurs, je m'efforçai de comprendre que ces charmantes poupées dansantes annonçaient la reprise de toutes les horreurs que nous avions connues si récemment en Grèce. »

Il était compréhensible que le lieutenant Thomas ait éprouvé cette impression de vision irréelle. Il assistait à la première opération aéroportée majeure de l'histoire. Les parachutages précédents en Norvège et en Hollande avaient été exécutés sur une petite échelle, et solidement appuyés par des forces terrestres conventionnelles. Le *Sprung nach Kreta* était un véritable saut dans l'inconnu, un combat de pionniers contre des forces qu'ils ne pouvaient maîtriser que par leurs propres moyens. Or, les hommes de Student disposaient de moyens primitifs. Leurs homologues anglais et américains qui s'entraînaient déjà pour de futures opérations aéroportées considéraient leur équipement et leur technique avec une incrédulité horrifiée. Les Allemands étaient incapables de régler leur descente. Ils sautaient de leurs Junkers 52 par groupe de douze. Ils étaient suspendus par une seule courroie attachée au harnais au milieu du dos. Le sillage et le vent les emportaient effectivement « comme des poupées » vers leur point de chute. Le casque, le rembourrage et les bottes de caoutchouc étaient censés les protéger du choc de l'atterrissage. Ceux qui n'avaient pas souffert de l'impact sortaient leurs armes de caisses parachutées, se regroupaient et se lançaient à l'assaut.

Le plan de Student ne tenait aucun compte du terrain de la Crète ni de la ténacité des Néo-Zélandais. En touchant le sol dur et rocailleux des environs de Maleme, de nombreux parachutistes se rompirent les os et une forte proportion de planeurs fut pulvérisée. Les Néo-

Zélandais se montraient impitoyables avec les survivants. Ils tiraient sur les ennemis suspendus dans l'air. « On en voyait un se relâcher puis se raidir avec un soubresaut et se relâcher de nouveau, alors on savait qu'il était foutu. » Ils les abattaient à l'atterrissage de sorte que, le lendemain, un officier d'état-major du 23e bataillon en visite d'inspection trouva « des corps partout, tous les dix à douze mètres. On les enjambait en traversant les oliveraies » ; 60 Néo-Zélandais, libérés d'un centre pénitentiaire de Maleme, tuèrent 110 Allemands dans l'heure qui suivit l'assaut.

Les bataillons allemands parachutés à Maleme subirent des pertes massives. Une compagnie du 1er régiment d'assaut compta 112 soldats morts sur 126 ; 400 hommes sur les 600 qui composaient le 3e bataillon furent tués avant la fin de la journée. Dans le 1er bataillon, il n'y eut qu'une centaine de survivants et pas beaucoup plus dans le 2e. Seule la 4e division, commandée par le général Walter Gericke, conserva le gros de ses forces. Aidée des trois autres, elle s'efforça toute la journée du 20 mai de rassembler les effectifs qui restaient pour chasser ces Néo-Zélandais obstinés et avancer vers l'objectif fixé : l'aérodrome de Maleme. Dans le secteur du 21e bataillon néo-zélandais, les parachutistes qui entraient dans le village de Modhion furent attaqués « par toute la population, y compris les femmes et les enfants qui se servaient de toutes les armes à leur portée : fusils pris aux Turcs un siècle auparavant, haches, piques et même bêches ». Ils tuèrent plusieurs soldats ainsi que deux chefs de bataillon et en blessèrent deux autres. Le 1er régiment d'assaut qui se considérait comme l'élite de la Wehrmacht comptait 50 pour cent de pertes sans avoir rien accompli.

Ses régiments frères, les 1er, 2e et 3e parachutistes, qui avaient respectivement pour objectifs Héraklion, Retimno et la Sude, toutes situées sur la côte nord, perdirent eux aussi une importante proportion d'hommes dans la journée du 20 mai. En quelques rares points, l'opération produisit l'effet de surprise escompté. Près de la Sude, le principal port de la Crète, 10 fantassins allemands débarqués près d'un régiment d'artillerie, tuèrent 180 artilleurs qui manquaient d'armes légères pour se défendre. Ailleurs, ce sont généralement les Allemands qui se firent massacrer. Le 3e régiment de parachutistes, qui avait atterri à l'est du 1er régiment d'assaut près de Carrea et de la Sude n'avait plus de chef. Son commandant, Sussman, était mort dans une collision au décollage de son planeur. Son 1er bataillon, conduit par le baron von der Heydte[1] – qui écrivit un remarquable mémoire sur la campagne de Crète –, atterrit relativement indemne. Son 3e bataillon, en revanche, fut presque totalement anéanti dans la journée. Son 2e bataillon attaqua une hauteur défendue par les troupes logistiques de la division néo-zélandaise ; le sergent-major Neuhoff décrit ainsi l'engagement : « Nous avançons à l'assaut de la colline… Nous poursuivons sans rencontrer d'opposition jusqu'à mi-chemin… Soudain, nous sommes pris sous le feu nourri de mitrailleuses. L'ennemi a attendu avec discipline que nous soyons à portée de tir pour ouvrir le feu. Il nous a infligé de lourdes pertes et nous sommes obligés de nous replier en laissant de nombreux morts derrière nous. » Pourtant, comme le rapporte l'histoire officielle de la Nouvelle-Zélande, leurs adversaires étaient « pour la plupart, des chauffeurs et des mécaniciens, partant, mal entraînés pour les combats d'infanterie ».

Student, qui n'avait pas encore quitté son quartier général d'Athènes, resta toute la journée dans l'ignorance du sort de sa division favorite. D'après le récit de

1. Que l'on retrouvera commandant un régiment de parachutistes en 1944 en Normandie *(NdE)*.

von der Heydte, « il resta assis devant ses cartes une grande partie de la nuit du 20 au 21 mai, attendant la nouvelle qui lui confirmerait qu'il avait eu raison de proposer son plan d'invasion à Goering un mois auparavant. Tout lui avait paru tellement simple en perspective, tellement réalisable et tellement sûr. Il croyait avoir envisagé toutes les éventualités et voilà que tout allait à l'encontre de ses plans et de ses espoirs ». A la vérité, comme le rapporta plus tard I.M.D. Stewart, le médecin-chef du 1er Welch Regiment, il avait « gaspillé sa division aéroportée en attaques dispersées. Des milliers de jeunes Allemands gisaient désormais dans les oliveraies et dans les champs d'orge au milieu des boutons d'or. Ses troupes aéroportées et quatre de ses bataillons de parachutistes… avaient été réduits en l'espace de quinze minutes à quelques douzaines de fugitifs. D'autres bataillons avaient souffert presque autant. Pourtant, il n'avait pas encore pris un seul terrain d'aviation, il ne lui restait plus que sa petite réserve. Si ces quelques centaines d'hommes échouaient le lendemain, 21 mai, il faudrait recourir au débarquement par la voie maritime ».

Au soir du premier jour de la première grande opération aéroportée de l'histoire, la balance semblait pencher nettement du côté de la défense. Cependant, malgré toutes les pertes subies par les assaillants et toutes les erreurs commises par Student, il allait, le 21 mai, reprendre l'initiative et retourner la situation à son avantage. Comment était-ce possible ? L'un des officiers d'état-major de Freyberg conclut avec amertume que ce renversement de situation est imputable à l'absence d'« une centaine de postes de radios supplémentaires ». En fait, les défenseurs n'avaient pas perçu l'étendue de leur propre succès et ne s'étaient pas donné la peine d'en faire part à l'état-major de Freyberg qui, à son tour, avait négligé d'envoyer des ordres de regroupement. Le lendemain matin, Winston Churchill déclara à la Chambre des communes que l'ennemi se heurtait à la résistance la plus farouche : malheureusement, faute de renseignements exacts, Freyberg n'était pas en mesure d'exploiter son avantage initial. Il communiqua avec les défenseurs néo-zélandais de Maleme – le centre de gravité de Student – par l'intermédiaire de l'état-major de la 5e brigade qui, à son tour, communiqua indirectement avec ses chefs de bataillon. Le lieutenant-colonel E. W. Andrews, commandant le 22e bataillon, se méprit sur les intentions de son chef de brigade. Vaillant soldat – décoré de la Victoria Cross pendant la Première Guerre mondiale –, il décida d'effectuer un regroupement sur une hauteur dominant le terrain d'aviation pour livrer une contre-attaque concertée le lendemain, 21 mai. Ce fut ce regroupement qui permit aux Allemands de s'emparer du terrain et les sauva ainsi d'un désastre qui paraissait inévitable.

Alors qu'Andrews prenait la mauvaise décision pour de bonnes raisons, Student arrivait à la bonne décision pour de mauvaises raisons. Rien ne lui permettait de supposer que des troupes fraîches auraient plus de succès que celles qui étaient déjà décimées. La maxime militaire « Ne jamais renforcer les vaincus » lui enjoignait de ne pas engager sa réserve à ce stade. Il n'en décida pas moins de le faire. Dans l'après-midi du 21 mai, ses deux dernières compagnies de parachutistes tombèrent au milieu des Maoris et furent massacrées. En même temps, sa réserve – le fer de lance du 100e régiment de la 5e division de montagne transportée en Junker 52 – commença à atterrir sur le terrain de Maleme d'où Andrews avait retiré son 22e bataillon dans la soirée de la veille. « Les balles des mitrailleuses arrachent notre aile droite, écrit un correspondant. Le pilote serre les dents. Il faut qu'il se pose à tout prix. Au-dessous de nous un vignoble. Nous touchons le sol.

Une aile s'enfonce dans le sable et entraîne l'arrière de l'appareil qui se renverse à moitié. Hommes, sacs, caisses de munitions sont projetés vers l'avant. Nous avons perdu le contrôle de nos propres corps. Enfin, nous nous immobilisons. »

Près de quarante Junkers 52 réussissent à atterrir sur la piste de Maleme convoyant 650 hommes du 2e bataillon du 100e régiment de montagne. De même que les parachutistes de Student, le régiment de montagne se considérait comme une élite, et avec juste raison. Pendant que les Néo-Zélandais s'efforcent de faire face à la nouvelle menace, les montagnards se mettent en marche pour consolider les positions allemandes sur le terrain de Maleme dans la ferme intention de poursuivre leur avance le lendemain.

Des renforts allemands approchent de la Crète par mer. Un triste sort les attend mais celui des navires de la Royal Navy qui les interceptent n'est pas plus enviable. L'escadre d'Alexandrie vient aisément à bout de l'escorte italienne qui accompagne la flotte de péniches et de chalands transportant le reste du 100e régiment de montagne vers la Crète. Au cours de la bataille, trois cents soldats sont noyés mais, le 22 mai, la Luftwaffe inflige des pertes encore plus lourdes aux navires et équipages de la marine anglaise. Le cuirassé *Warspite* est sérieusement endommagé, les croiseurs *Gloucester* et *Fidji* sont coulés ainsi que les contre-torpilleurs *Kashmir* et *Kelly* – ce dernier commandé par le futur lord Mountbatten. La marine anglaise n'est pas au bout de ses peines. Avant le 2 juin, elle perd aussi les croiseurs *Juno* et *Calcutta* et les contre-torpilleurs *Imperial* et *Greyhound*. Le cuirassé *Valiant*, le porte-avions *Formidable*, les croiseurs *Perth, Orion, Ajax* et *Naiad*, les destroyers *Kelvin, Napier* et *Hervard* subirent de sévères dégâts. Bien que moins démoralisante que n'allait l'être la perte du *Prince of*

*Wales* et du *Repulse*, la bataille de Crète fut considérée comme le plus coûteux de tous les combats navals britanniques de la Seconde Guerre mondiale.

### *Student reprend la main*

Sur la côte, la bataille commence à tourner à l'avantage des Allemands. Les Néo-Zélandais échouent dans leur tentative pour reconquérir la base de Maleme. Toute la journée du 22 mai, Student dirige un flot de Junker 52 imperturbablement sur Maleme. Ceux qui s'écrasent au sol – et ils sont nombreux – sont poussés hors de la piste pour laisser la place aux nouveaux arrivants. Dans le même temps, la *Luftwaffe* opère en force au-dessus de l'île, bombardant tout ce qui bouge. « C'est une bataille des plus étranges et des plus sinistres qui se livre aujourd'hui, déclara Churchill aux Communes dans l'après-midi du même jour. Nous manquons d'avions et l'autre camp n'a pour ainsi dire pas de chars. Ni l'un ni l'autre ne dispose de moyens de retraite. » En réalité, les Anglais ne possédaient pas de chars utilisables et aucun moyen de transport alors que les Allemands recevaient des troupes fraîches formées de soldats d'élite prêts à manœuvrer contre les défenseurs.

Comme Andrews l'avait fait à Maleme, Freyberg décida de se replier à l'est et de regrouper ses hommes pour lancer une contre-attaque. Malheureusement, ce regroupement concernait l'ensemble de ses meilleures troupes, les Néo-Zélandais et les bataillons britanniques réguliers. En se repliant ils abandonnaient encore plus de terrain à l'ennemi dont le nombre augmentait rapidement. Le 24 mai, les parachutistes furent repoussés du village de Galatas puis ils le reprirent et le reperdirent face à la contre-attaque néo-zélandaise mais Freyberg ne put les poursuivre jusqu'à Maleme où les

Allemands avaient rassemblé la quasi totalité de la division de montagne. Lorsque l'ennemi lança une nouvelle offensive, les Anglais furent implacablement chassés vers l'est, cédant leurs positions l'une après l'autre.

Le 26 mai, Freyberg prévient Wavell que la perte de la Crète n'est plus qu'une question de temps. Le lendemain, Wavell décide de retirer les troupes de l'île avant que les forces de la *Luftwaffe* ne l'en empêchent. La garnison d'Heraklion, qui était restée inébranlable devant l'offensive des parachutistes est évacuée dans la nuit du 28 mai. La garnison de Retimo qui a résisté à toutes les attaques ne peut être embarquée. Du 28 au 31 mai, le gros des troupes quitte ses positions à l'est de Maleme et entreprend une marche longue et pénible à travers les montagnes pour aboutir au petit port de Sphakia sur la côte sud. Telle fut la fin humiliante d'une opération entreprise à l'aveuglette. La minorité des soldats qui s'étaient vaillamment battus resta groupée dans la mesure du possible. Ceux qui avaient déjà fui la Grèce en désordre avaient perdu tout semblant d'unité : « Jamais je n'oublierai l'état de confusion de cette masse d'hommes désorientés qui traînaient les pieds », écrit Freyberg. A Sphakia, ils se cachèrent dans les falaises en attendant que la flotte vienne les secourir sous le couvert de la nuit. Le 1er juin, la marine réussit à embarquer 18 000 hommes mais elle en laissa 12 000 qui tombèrent aux mains des Allemands. Le nombre des morts du côté anglais s'élevait à 2 000.

Ces chiffres confirment que la bataille de Crète fut une catastrophe. Elle avait entraîné la perte de deux divisions alors que les Anglais manquaient d'hommes pour combattre la force expéditionnaire de Rommel dans le désert. Elle avait ajouté une humiliation inutile à la liste de celles que Hitler avait infligées à l'Empire britannique d'autant plus qu'il savait que ses parachutistes avaient échappé de justesse à la défaite. Si

Maleme n'avait pas été abandonné le deuxième jour, si Freyberg avait lancé sa contre-attaque deux jours plus tôt, les parachutistes auraient été détruits au sol, l'île aurait été sauvée et le premier échec décisif de la campagne hitlérienne se serait imposé dans un tintamarre de publicité spectaculaire. Malheureusement, le sort avait voulu que la machine de guerre allemande triomphe une fois de plus au cœur même de la zone stratégique traditionnelle de l'Angleterre et contre l'un des principaux instruments de sa puissance maritime, la flotte de la Méditerranée.

Cependant, rétrospectivement, l'opération Crète peut être considérée comme une victoire ambiguë. Comme le rapporte Student, « Hitler était très mécontent de toute cette affaire ». Le 20 juillet, il déclara à son commandant de parachutistes : « L'invasion de la Crète prouve que le temps des opérations aéroportées est révolu. Le succès d'un parachutage dépend de son effet de surprise. A présent, le facteur surprise ne joue plus. » Il avait refusé que l'appareil de propagande du Reich orchestre l'opération pendant qu'elle était en cours. Par la suite, il se montra hostile à toute entreprise du même genre. L'Allemagne avait perdu quatre mille hommes appartenant à la 7e division de parachutistes pour la plupart et près de la moitié du 1er régiment d'assaut. Gerrich qui avait parcouru la zone d'atterrissage du 3e bataillon de ce même régiment fut horrifié par la vision qui s'offrait à sa vue. « C'était affreux… Des cadavres de parachutistes encore tout équipés étaient suspendus aux branches [des oliviers] doucement balancés par une brise légère – partout des morts. Ceux qui avaient réussi à se libérer de leur harnais avaient été abattus quelques pas plus loin. Ce spectacle ne nous révélait que trop ce qui s'était passé pendant les premières minutes de la bataille de Crète. » Non seulement les hommes mais toute la structure de la force aéroportée avaient été gravement endommagés. La destruction de 200 avions de transport sur 600 représentait une perte matérielle hors de proportion avec les avantages matériels acquis. La Crète n'était pas une base essentielle à la bonne marche de la stratégie allemande. En revanche la reprise de Malte préconisée par l'OKW aurait justifié les mêmes sacrifices, même plus. Qui plus est, l'occupation de la Crète allait entraîner l'Allemagne dans une campagne anti-partisans féroce qui lui attirerait une haine encore vivace dans l'île de nos jours.

Les Anglais et les Américains tirèrent une autre leçon de la bataille de Crète à savoir que c'était cette forme particulière d'opération aéroportée qui s'était révélée désastreuse et non le principe du parachutage en soi. Au cours de leurs grandes opérations sur la Sicile, la Normandie et la Hollande, ils éviteront de larguer leurs parachutistes directement sur une position ennemie, comme l'avait fait Student. Ils les lâchèrent à une certaine distance de l'objectif sur lequel ils devaient se concentrer. En Sicile et en Normandie, ils ne lancèrent une offensive aéroportée de grande envergure qu'en coordination avec un débarquement amphibie, empêchant ainsi l'ennemi d'entreprendre une attaque concertée contre des moyens militaires aussi fragiles qu'un parachute et un planeur. Mais, en septembre 1944, renonçant à toute prudence, Montgomery et ses parachutistes tentèrent un assaut de style crétois. Le désastre fut encore plus complet que celui dont les hommes de Student furent victimes. Hitler ne s'était donc pas trompé dans son jugement sur l'opération Mercure : un parachutage en temps de guerre est une entreprise hasardeuse dans laquelle le soldat qui confie sa vie à une voilure de soie et à une suspente joue avec la mort. Il est possible que la chance, alliée à une préparation bien conçue, lui permette d'échapper aux griffes du danger. C'est une possibilité, pas une probabilité. Sur les quatre grandes tentatives de parachutage de la Seconde Guerre mondiale, le pourcentage de réussites – Sicile, Normandie – équivaut au pourcentage d'échecs – Crète et Arnhem. Ce calcul explique que l'emploi de forces parachutistes indépendantes aille en décroissant depuis 1945.

9

# BARBEROUSSE

Pendant que lui parvenait la nouvelle de sa pénible victoire en Crète, la pensée de Hitler était souvent ailleurs. En réalité, au point culminant de la bataille, il était préoccupé par deux affaires qui n'avaient aucun lien entre elles : la perte de son prestigieux cuirassé, le *Bismarck*, dans l'Atlantique-Nord et la fugue de son second, Rudolf Hess, qui s'était envolé à son insu pour l'Angleterre, porteur d'une offre de paix. Ses services de propagande pouvaient présenter la destruction du *Bismarck* comme une sorte d'épopée. La folle équipée de Hess – qui intrigua les Britanniques tout autant qu'elle stupéfia les nazis – déchaîna la colère du Führer. Il ordonna à Goebbels de présenter l'épisode comme le résultat d'une « hallucination », mais il reçut le coup comme une blessure personnelle. Hess n'était pas seulement un ancien combattant. C'était lui qui avait écrit *Mein Kampf* sous sa dictée pendant qu'ils étaient tous deux captifs à Landsberg après le putsch de Munich. Hess était aussi son vieux compagnon d'armes du régiment List, cette société de jeunes Allemands dont la fraternité lui avait apporté la seule expérience vraiment enrichissante de sa jeunesse solitaire.

Le souvenir des sacrifices endurés par le régiment List, réveillé par la fugue de Hess, avait sans doute relégué la déroute de la 7e division de parachutistes et la destruction du 1er régiment d'assaut à l'arrière-plan de ses préoccupations. Hitler était lui-même le survivant d'une hécatombe dont l'ampleur dépassait de beaucoup le massacre des parachutistes en 1941. Aucune autre division de la Wehrmacht en Pologne, en Norvège, aux Pays-Bas, en France ou dans les Balkans n'avait subi autant de pertes que les troupes d'élite de Student. Pourtant, non seulement ces pertes étaient courantes dans le contexte de la Première Guerre mondiale mais elles ne comptaient guère, en regard des forces qui étaient venues grossir la Wehrmacht depuis le début de la guerre. Or, en vingt-deux mois, les pertes de la Wehrmacht étaient insignifiantes par rapport au sang versé au cours du XXe siècle : en Pologne 17 000 tués et disparus ; en Scandinavie, 3 600 ; en France et dans les Pays-Bas, 45 000 ; en Yougoslavie, 151 ; en Grèce et en Crète, moins de 5 000. D'autre part, depuis septembre 1939, les effectifs de l'armée allemande étaient passés de 3 700 000 hommes à 5 000 000. La Luftwaffe comprenait 1 700 000 hommes, les forces antiaériennes et les parachutistes inclus. Les Waffen-SS, armée du parti nazi, qui représentaient une formation de 50 000 hommes au début de la guerre, en comptaient 150 000 deux ans plus tard. A la mobilisation, la Feldheer englobait 106 divisions dont 10 blindées et 6 motorisées. En juin 1941, à la veille de Barberousse, elle était passée à 180 divisions d'infanterie, 12 motorisées et 20 Panzers. La multiplication des formations blindées s'était opérée par le partage du nombre des chars contenus dans chacune d'elles. Dans ces conditions, l'armée allemande, avec les flottes aériennes qui l'appuyaient, était non seulement supérieure en nombre à celle de 1939 mais infiniment plus puissante à tous égards – en armement, en réserves et surtout en technique opérationnelle. L'expérience qu'elle avait acquise sur le champ de bataille s'était communiquée à toute la société allemande. Le programme de réarmement conçu par Hitler en 1935-1939 avait simplement donné du poids à ses entreprises diplomatiques. Sa conduite de la guerre avait rallumé l'ardeur belliqueuse de la race. En 1939, un Allemand sur quatre était en uniforme. Ses soldats avaient goûté le fruit savoureux de la victoire et foulé le sol des territoires occupés. Ils avaient assisté à la capitulation des vainqueurs de 1918 et vu flotter le drapeau à la swastika « de la Meuse à Memel, de la Baltique à l'Adige », comme le proclamait l'hymne national. Ils étaient prêts à le porter plus avant dans la zone que le Führer avait décidé d'envahir : la Russie de Staline.

De nombreux historiens ont décrit la campagne des Balkans comme une intervention inopportune visant à détourner l'attention du plan Barberousse et entraînant un malencontreux retard dans sa mise à exécution. Ce n'est pas le cas. L'opération s'était terminée plus rapidement que les conseillers militaires n'auraient pu le prévoir. Le choix du jour J pour Barberousse dépendait des conditions météorologiques et de certains facteurs militaires. D'abord, la mise en place des unités désignées pour Barberousse présentait des difficultés que l'armée n'avait pas rencontrées en Pologne. En outre, par suite d'un dégel tardif, les fleuves de l'Europe orientale étaient restés en crue au-delà de la date prévue, de sorte qu'il aurait été impossible de déclencher Barberousse avant la troisième semaine de juin.

Les Allemands envisageaient l'opération Barberousse avec un optimisme inébranlable : « Batailles massives à prévoir sur les frontières ; durée : pas plus de quatre semaines, écrivit Brauchitsch à la fin d'avril 1941, mais il faudra tenir compte de points de résistance mineurs dans un développement ultérieur des opérations. » Hitler était plus emphatique : « Vous n'aurez qu'à pousser la porte, déclara-t-il à Rundstedt commandant le groupe d'armée Sud à la veille de Barberousse, et toute la structure pourrie s'effondrera. » Son pronostic était déterminé en partie par ses conceptions idéologiques : dans son esprit, les citoyens soviétiques étaient tous des créatures primitives courbées sous le joug d'un tyran bolchevique, 200 000 000 de Calibans défaillants sous les yeux d'un Prospero corrompu par le pouvoir absolu. Ce jugement contenait sans doute une part d'ironie mais il était aussi fondé sur des réalités. En 1939, la colossale Armée rouge s'était comportée lamentablement en face de la minuscule Finlande. Ses échecs s'expliquaient par la purge stalinienne qui avait éliminé la plupart des officiers supérieurs compétents. Ce massacre avait désorganisé les troupes russes beaucoup plus sûrement qu'aucune guerre n'aurait pu le faire.

Pour compléter la purge du parti et de la police secrète (NKVD) qui lui avait assuré la suprématie politique, Staline avait accusé, condamné et exécuté la fine fleur de l'Armée rouge pour crime de haute trahison. Sa première victime fut le maréchal Toukhatchevski, son chef d'état-major, représentant le groupe d'anciens officiers tsaristes qui avaient tourné casaque au début de la guerre civile et fourni à l'armée les cadres qui lui faisaient si terriblement défaut pendant la période de reconstruction d'après-guerre. Toukhatchevski avait pourtant donné de solides témoignages de son dévouement à la nouvelle Russie. C'est lui qui avait conduit l'offensive contre Varsovie en 1920 et écrasé la révolte de Kronstadt. C'est lui encore, qui, en 1921, avait préconisé l'introduction du char dans l'armée et organisé l'important corps mécanisé grâce auquel l'armée soviétique était passée au premier plan des puissances militaires. C'est peut-être à cause de sa valeur stratégique même qu'il fut condamné à mort et fusillé le 11 juin 1937 avec sept autres généraux.

Après quoi, les exécutions allaient s'accélérer. Durant l'automne de 1938, l'hécatombe avait éliminé 3 maréchaux sur 5, 13 sur 15 des commandants d'armée, 110 commandants de division sur 195 et 186 commandants de brigade sur 406. Le massacre des fonctionnaires de l'administration et des cadres politico-militaires atteignit les mêmes proportions : les 11 commissaires adjoints à la défense furent fusillés ainsi que 75 membres du soviet militaire, tous les commandants de districts militaires et la plupart de leurs chefs de l'administration politique – les commissaires qui avaient pour mission de veiller à ce que les soldats ne prennent ni décisions ni engagements susceptibles de déplaire au parti.

*Les effets de la grande purge*

Il est difficile de déterminer un plan dans la frénésie sanguinaire de Staline. La purge avait certainement éliminé de nombreux ex-tsaristes passés dans le camp bolchevique en 1917, pourtant, elle n'avait pas épargné Jegorov dont les références prolétariennes étaient incontestables et qui fut remplacé par Chaposhnikov diplômé du Collège militaire impérial. Il convient de noter aussi que les généraux ne furent pas plus maltraités que les commissaires puisque le nombre des « politiques » exécutés fut supérieur à celui des « soldats ». S'il existe une explication aux tendances meurtrières de Staline, elle se trouve sans doute dans l'histoire des rancœurs et alliances personnelles qui se sont développées au cours de la guerre civile. De même que les principales victimes de la purge politique furent des hommes qui s'étaient opposés à sa promotion au poste de premier secrétaire après la mort de Lénine, les principales victimes de la purge militaire furent des hommes qui avaient soutenu la stratégie de Trotski dans la lutte de l'Armée rouge contre les Blancs. La faction anti-trotskiste était concentrée dans la I^re armée de cavalerie. Elle avait appliqué à contrecœur sa propre stratégie contre les Blancs en Russie méridionale pendant que Staline était commissaire politique. La I^re armée de cavalerie représentait un élément incongru dans la guerre que Trotski menait contre les Blancs mais elle constituait l'instrument militaire dont Staline s'était servi dans le conflit qui l'opposait à Trotski. Les quatre officiers que la purge avait élevés à de hautes fonctions militaires – Timochenko, Boudienny, Mekhlis, Koulik – appartenaient tous à la I^re armée de cavalerie. Vorochilov, déjà commissaire à la Défense depuis 1937 – et dont la mort de Toukhatchevski avait considérablement accru les pouvoirs – était aussi un officier de la I^re cavalerie.

Cette promotion n'était pas un cadeau pour l'armée. Boudienny avait une belle moustache mais aucun talent militaire. Mekhlis, le commissaire principal, semblait, selon les termes du professeur Erickson, « allier une incompétence monumentale à une haine farouche du corps des officiers ». Timochenko, du moins, était compétent mais plus dans l'art de la politique que dans l'art militaire. Koulik, chef des services du matériel, était réactionnaire en matière de technologie. Il s'était énergiquement opposé à la distribution d'armes automatiques aux soldats, sous le prétexte qu'ils étaient incapables de les manier. Il avait également interrompu la production des canons anti-chars et anti-aériens. Vorochilov était le plus néfaste des quatre. En 1934, il avait pris parti contre Toukhatchevski qui préconisait la création d'une force blindée indépendante. « Il est évident que l'idée d'une force aussi puissante que le corps des chars est tirée par les cheveux et nous ne devons donc pas nous y arrêter », avait-il objecté. Aussitôt après la destitution de Toukhatchevski, il supprima toutes les formations de chars dont l'importance dépassait celle de la brigade. Il ôtait ainsi à l'Armée rouge les moyens essentiels à la guerre moderne et la réduisait à cet égard au niveau de l'armée française.

L'obscurantisme de Vorochilov – et celui des autres vétérans de la I^re^ armée de cavalerie – fut mis en évidence par la guerre de Finlande. L'humiliation infligée aux Russes par la petite armée finlandaise, deux cents fois inférieure en nombre, exigeait de promptes réformes. Vorochilov, nommé aux postes relativement figuratifs de Premier ministre adjoint et de président du comité de la Défense, fut remplacé par Timochenko dans ses fonctions de commissaire à la défense. Bien qu'il n'eût pas manifesté des compétences militaires exceptionnelles dans la conduite de la campagne de Finlande, Timochenko avait du moins perçu la nécessité de réorganiser l'Armée rouge de toute urgence. Sous son égide, le Haut Commandement prit des mesures pour rétablir les importantes formations de blindés constituées par Toukhatchevski ; il entreprit aussi la construction de défenses fixes sur la nouvelle frontière militaire russe qui s'était avancée de quelque trois cents kilomètres à l'ouest après l'annexion de la Pologne orientale. Il réduisit la fonction de commissaire à un rôle purement consultatif. Enfin, il promut à des postes de commandement les soldats qui avaient fait preuve de qualités militaires exceptionnelles.

Joukov venait en tête dé liste. En 1939, il avait gagné la bataille de Khalkin-Gol contre le Japon sur la frontière contestée de la Mongolie. Selon son collègue, le lieutenant-général Romanenko, Joukov n'avait pas tout à fait saisi la dynamique des formations Panzer, l'étendue de leur organisation ni la précision avec laquelle elles coordonnaient leurs attaques avec celles de la Luftwaffe.

Le potentiel de guerre d'une armée russe – rouge ou tsariste – n'a jamais été mis en doute. Les soldats russes avaient vaillamment combattu leurs ennemis dans le passé – Turcs, Autrichiens, Anglais, Français et même Allemands. Artilleurs, ils ne cédaient pas un pouce de terrain et leur matériel était excellent. Fantassins, ils étaient tenaces dans la défense et agressifs dans l'attaque. Les défaites des troupes russes n'étaient pas imputables à la médiocrité de leurs soldats mais à l'incompétence de leurs chefs. Le sort les avait trop souvent condamnées à subir l'autorité de généraux incapables : en Crimée, en Mandchourie, et surtout pendant la Première Guerre mondiale.

Il s'agissait désormais de savoir si les survivants de la purge témoigneraient de l'esprit de décision requis sur un champ de bataille.

Les perspectives des 479 officiers nouvellement promus au grade de commandants de division en juin 1940 n'étaient pas entièrement décourageantes. La purge avait eu pour effets secondaires d'imposer au conscrit soviétique un code disciplinaire comparable à celui de l'armée prussienne et de ramener le statut des commissaires à celui de simples conseillers. Jusqu'en 1934, les fonctionnaires politiques eurent pour mission de prévenir une éventuelle trahison des généraux ex-tsaristes et par conséquent de vérifier le bien-fondé de leurs ordres militaires. Leurs pouvoirs avaient été rétablis et renforcés pendant les purges mais abolis après la débâcle de l'Armée rouge en Finlande. Les délégués politiques des nouveaux généraux durent donc se contenter d'assurer l'éducation politique des soldats et de maintenir l'orthodoxie du parti chez les officiers. Cette restriction de leurs pouvoirs libérait les militaires d'un grand poids. L'amélioration de l'équipement représentait un autre facteur d'optimisme. Malgré les efforts de Koulik pour retarder la modernisation de l'armée, le matériel de guerre était de bonne qualité. Le programme d'industrialisation de Staline avait encouragé le développement de chars modernes construits sur des modèles achetés directement au constructeur américain Walter Christie. Ses systèmes révolutionnaires de propulsion et de suspension avaient abouti à la construction du T-34 qui allait se révéler le meilleur char de la Seconde Guerre mondiale. L'industrie soviétique produisait aussi des appareils de radio militaires et un prototype de radar ; les chantiers d'aviation, avec un débit annuel de cinq mille appareils accumulaient activement une flotte aérienne qui serait bientôt la plus importante du monde.

Cependant, le comportement de Staline faillit souvent interrompre la transformation des forces soviétiques en instrument de guerre sophistiqué. Quand il ne persécutait pas les savants et les technologues de l'industrie des armements, il les tournait en dérision. Sur les instances de Koulik, il autorisa la dissolution du département des transports mécanisés et priva ainsi l'armée de camions qui devaient lui être fournis plus tard. Pourtant, son influence ne fut pas entièrement néfaste. Après avoir déversé sa bile dans la purge, il admit la nécessité des réformes qui s'imposaient, reconnut le bien-fondé des conseils de Timochenko et la valeur d'officiers comme Joukov, Rokossovsky, Koniev, Vatutin, Jeremenko, Sokolovsky et Tchouikov. Enfin, il encouragea le développement de l'Armée rouge. Il était fier que son armée fût la première du monde. Il comptait sur elle pour défendre la Russie et étendre sa zone d'influence au-delà de ses frontières. (Au printemps de 1944, elle comptait de 230 à 240 divisions d'infanterie (110 à l'Ouest) fortes de 14 000 hommes chacune, 50 divisions de chars et 25 divisions mécanisées.) Le parc de chars soviétiques comprenait 2 400 unités et la production annuelle s'élevait à 2 000 dont un nombre croissant de

T-34. A la fin de 1941, le débit de production oscillait entre 20 000 et 25 000 unités alors que l'Allemagne n'avait jamais réussi à construire plus de 5 000 chars par an. L'aviation soviétique qui possédait 10 000 appareils en 1940 pouvait compter sur une production annuelle de 10 000 unités. Elle ne disposait pas encore d'éléments équivalant aux meilleurs avions allemands et, bien qu'elle dépendît entièrement de l'armée de terre, elle n'en était pas moins la flotte aérienne la plus importante du monde.

Dans ces conditions, en tant que seigneur de la guerre, Staline se considérait comme l'égal, peut-être même le supérieur de Hitler. Sur le plan stratégique, cependant, il n'était pas encore à sa hauteur. Hitler avait commis une grossière erreur de calcul en déclenchant les hostilités en 1939. Par la suite, pourtant, il fit preuve de cette même subtilité cynique dans l'art de déceler les motivations et d'exploiter les faiblesses qui lui avait valu des succès diplomatiques si spectaculaires entre 1936 et 1939. Staline aussi opérait avec cynisme mais son analyse des motivations se trouvait faussée par son monstrueux nombrilisme. Il mesurait ses adversaires à son aune et leur prêtait des calculs conformes à ceux qui conditionnaient ses propres actes. Ainsi, il attachait tant de prix à la possession des territoires annexés depuis 1939 qu'il était convaincu que Hitler se faisait un point d'honneur de les occuper en cas de guerre. Staline, quant à lui, se faisait un point d'honneur de les conserver. En conséquence, au printemps de 1941, il fit porter une grande partie de l'effort militaire russe sur la construction de nouvelles défenses frontalières pour remplacer les anciennes, abandonnées après l'extension des frontières de 1939. En même temps, l'Armée rouge était déployée de manière à assurer la protection de tous les tours et détours de la zone limitrophe au mépris de tous les principes militaires traditionnels qui insistent sur la « défense en profondeur » et le maintien de réserves pour contre-attaquer. Les anciennes fortifications furent donc abattues et les formations blindées, qui auraient pu être maintenues derrière les positions fortifiées, furent réparties dans les cinq districts militaires de l'Ouest.

En même temps qu'il dispersait ainsi ses forces, Staline manifestait un parfait dédain pour les avertissements de ses conseillers qui lui signalaient les dangers d'une telle stratégie. Bien qu'il restât impassible dans ses transactions avec Hitler, il accusait son homologue dictateur de « provocation ». Après mars 1941, il reçut une profusion de rapports concernant les intentions agressives du Führer. Ces rapports lui arrivaient de partout, de ses propres ambassadeurs et attachés militaires, d'agents soviétiques – russes et non russes –, de gouvernements étrangers déjà en guerre avec l'Allemagne, notamment les Anglais, même de pays neutres y compris les Etats-Unis. Le survol systématique du territoire soviétique par les avions de reconnaissance allemands lui confirma que les desseins de Hitler n'avaient rien de pacifique, d'autant plus que des patrouilles allemandes revêtues d'uniformes russes avaient pénétré dans la zone-frontière soviétique. En outre, Richard Sorge, l'espion du Komintern à Tokyo, l'informa que les armées du Reich venaient d'achever leurs préparatifs de guerre. Le 3 avril, Winston Churchill lui adressa un message lui annonçant que les Allemands déployaient vers la Pologne méridionale les troupes blindées libérées par l'adhésion de la Yougoslavie au Pacte Tripartite. Par un étrange manquement aux devoirs de sa charge, Stafford Cripps, l'ambassadeur britannique à Moscou, pourtant connu pour ses sentiments pro-soviétiques, ne transmit le message que le 19 avril. Auparavant, Staline avait déjà reçu des informations relatives aux desseins allemands émanant de pays occidentaux. Au début de mars, Sumner Welles, le sous-secrétaire d'Etat américain avait remis à l'ambassadeur soviétique à Washington le résumé d'une communication intergouvernementale ainsi conçue : « Pendant qu'il s'efforçait d'apprécier la situation mondiale, le gouvernement des Etats-Unis est entré en possession d'informations [...] indiquant que l'Allemagne a l'intention d'attaquer l'Union soviétique. » L'imprécision de cet important avertissement fut dissipée au printemps par des messages de l'agent du Komintern, Alexander Foote, et du mystérieux réseau « Lucy », tous deux basés en Suisse. Au milieu de juin, Lucy, dont l'identité reste obscure – peut-être un membre des services secrets tchèques exilés – adressa à Moscou une liste des objectifs allemands, le texte d'un ordre de bataille pour Barberousse et même l'indication de la date fixée pour le jour J (22 juin). Le 13 juin, le ministre des Affaires étrangères britanniques informa l'ambassadeur soviétique qu'une attaque allemande était imminente et il lui proposa d'envoyer une mission militaire à Moscou.

### *L'optimisme de Staline*

Staline était en possession d'un monceau de preuves confirmant que les forces allemandes (grossies de troupes roumaines et finlandaises) étaient prêtes à attaquer la frontière occidentale de la Russie. Pourtant, il s'accrochait à l'idée que toute interprétation pessimiste des faits était le fruit de la malveillance des Occidentaux. Dérouté par ce manque de réalisme, Cripps crut qu'il avait l'intention de céder à un ultimatum allemand. Il avait à moitié raison. Depuis l'échec de son offensive diplomatique contre la Bulgarie, la Yougoslavie et la Turquie, Staline était moins fanfaron. Effrayé également par la fugue de Hess qu'il considérait comme

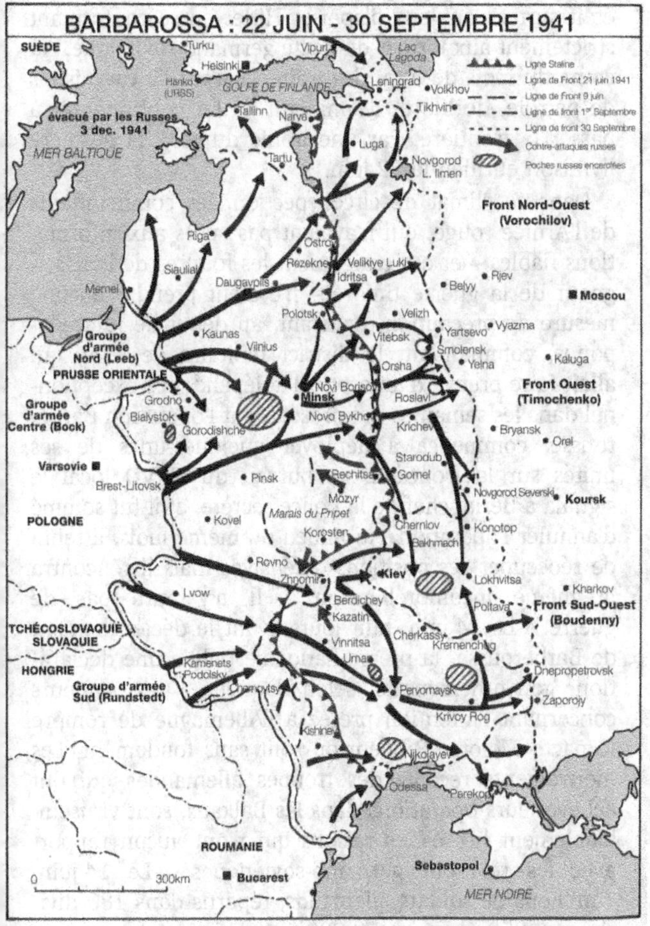
BARBAROSSA : 22 JUIN - 30 SEPTEMBRE 1941
SUÈDE
Turku
Helsinki
Vipuri
Lac Lagoda
Hanko (URSS)
GOLFE DE FINLANDE
Leningrad
Volkhov
Tikhvin
évacué par les Russes 3 dec. 1941
Tallinn
Narva
MER BALTIQUE
Tartu
Luga
Novgorod
L. Ilmen
Ligne Staline
Ligne de Front 21 juin 1941
Ligne de Front 9 juin
Ligne de front 1er Septembre
Ligne de front 30 Septembre
Contre-attaques russes
Poches russes encerclées
Front Nord-Ouest (Vorochilov)
Riga
Ostrov
Rezekne
Velikiye Luki
Siauliai
Daugavpils
Idritsa
Rjev
Belyy
Moscou
Memel
Polotsk
Velizh
Groupe d'armée Nord (Leeb)
Kaunas
Vitebsk
Yartsevo
Vyazma
Vilnius
Smolensk
Yelna
Kaluga
PRUSSE ORIENTALE
Orsha
Novi Borisov
Front Ouest (Timochenko)
Grodno
Minsk
Roslavl
Groupe d'armée Centre (Bock)
Bialystok
Novo Bykhov
Gorodishche
Krichev
Bryansk
Orel
Varsovie
Starodub
Pinsk
Rechitsa
Gomel
Brest-Litovsk
Novgorod Severski
Koursk
Mozyr
POLOGNE
Kovel
Marais du Pripet
Cherniov
Konotop
Korosten
Bakhmach
Rovno
Kiev
Zhnomir
Lokhvitsa
Lvow
Kharkov
Berdichev
Poltava
Front Sud-Ouest (Boudenny)
Kazatin
TCHÉCOSLOVAQUIE SLOVAQUIE
Vinnitsa
Cherkassy
Kremenchug
HONGRIE
Kamenets Podolsky
Uman
Dnepropetrovsk
Groupe d'armée Sud (Rundstedt)
Chernovtsy
Pervomaysk
Zaporojy
Krivoy Rog
Kishinev
Nikolayev
Odessa
Perekop
ROUMANIE
Sebastopol
0
300km
Bucarest
MER NOIRE

une tentative de négociations germano-britanniques qui laisseraient Hitler libre d'attaquer la Russie. Staline en était revenu à sa politique de concessions. A ce stade, il était surtout anxieux d'apaiser Hitler en se conformant strictement aux termes du pacte germano-soviétique. Au cours du mois de juin, des trains chargés de cargaisons de pétrole, de blé et de minerai de fer continuèrent à passer la frontière. Par une ironie du sort, la dernière livraison eut lieu le 22 juin.

Dans ce climat de circonspection, les commandants de l'Armée rouge, qui n'avaient pas accès aux informations fiables – et qui craignaient les foudres de leur seigneur de la guerre timoré – n'osaient prendre aucune mesure de précaution. Pourtant, au début de juin, Kirponos, commandant le district militaire de Kiev, qui allait faire preuve d'un esprit d'indépendance exceptionnel dans les semaines qui précédèrent l'opération Barberousse, commença à déployer quelques-unes de ses unités sur la frontière. Le bureau du NKVD local le signala à Beria, chef de la police secrète, et il fut sommé d'annuler l'opération. Au milieu du même mois, il tenta de réoccuper ses positions défensives mais il rencontra la même incompréhension : « Il n'y aura pas de guerre. » Le 14 juin, huit jours avant le déclenchement de Barberousse, la presse nationale publia une déclaration gouvernementale selon laquelle « les rumeurs concernant l'intention prêtée à l'Allemagne de rompre le pacte Molotov-Ribbentrop sont sans fondement. Les mouvements récents des troupes allemandes qui ont achevé leurs opérations dans les Balkans, sont vraisemblablement liés à des raisons qui n'ont aucun rapport avec les relations germano-soviétiques ». Le 14 juin, 4 millions de soldats allemands, répartis dans 180 divisions, 3 350 chars et 72 000 canons appuyés par une flotte aérienne de 2 000 avions s'apprêtaient à entrer en guerre. Ils devaient être renforcés plus tard par quatorze divisions roumaines, plusieurs divisions italiennes, la division Bleue espagnole et le gros des armées finlandaise, hongroise et slovaque. Sur la frontière, les généraux soviétiques qui percevaient le rassemblement de ces puissantes légions, avaient beau réclamer des ordres et des conseils d'en haut, ils recevaient toujours la même réponse : « Pas de panique. Inutile de vous inquiéter. Le patron est au courant de tout ce qui se passe. »

En réalité, Staline fut aussi surpris que ses soldats par le déclenchement de Barberousse. Il s'obstina dans son refus d'affronter la réalité alors même que les unités d'assaut allemandes gagnaient leurs positions de départ. « Il est trop tôt pour donner l'alarme », dit-il à Timochenko et à Joukov qui venaient lui annoncer que les Allemands avaient coupé les lignes téléphoniques russes et qu'ils avaient appris de source sûre que l'offensive était fixée au lendemain à 4 heures du matin. « La question peut encore être réglée pacifiquement, ajouta-t-il. Les troupes de la zone frontière ne doivent réagir à aucune force de provocation. Il faut éviter toute complication. » Joukov, implacable, lui présenta un projet de directive établissant les mesures préliminaires à prendre de toute urgence. Après avoir introduit quelques amendements mineurs au texte proposé, Staline accepta de le signer.

Cependant, la directive ne contenait ni ordre de mobilisation ni mise en garde contre le danger qui menaçait les troupes des frontières. De toute façon, elle arriva trop tard. Pendant que les districts militaires de Leningrad, de la Baltique, de Kiev et d'Odessa commençaient à garnir leurs défenses, les armées allemandes fondaient sur eux. Des raids aériens massifs et un gigantesque bombardement d'artillerie endommageaient les terrains d'aviation et les zones fortifiées. Derrière cette muraille de feu, l'*Ostheer* se lança à l'attaque.

Chacun de ses groupes d'armées : au nord (Leeb), au centre (Bock), au sud (Rundstedt) sont alignés sur l'une des routes d'invasion historique qui pénètrent en Russie d'Europe pour aboutir respectivement à Leningrad, Moscou et Kiev. La première longe la côte de la Baltique à travers le territoire germanisé par les chevaliers teutoniques et les commerçants hanséatiques pendant cinq cents ans. Manstein et Guderian, qui remportèrent de glorieuses victoires, descendaient de propriétaires terriens de cette région. Stauffenberg, qui faillit tuer Hitler le 20 juillet 1944, avait épousé une jeune fille de Kovno sur le Niémen. La deuxième route, celle que suivit Napoléon, passe par Minsk et Smolensk. La troisième, délimitée par la chaîne des Carpates au Sud et séparée des routes du Nord et du Sud par les marais du Pripet (vaste étendue d'eau couvrant une superficie de soixante mille kilomètres carrés) conduit en Ukraine, le grenier à blé de la Russie, et débouche sur les régions industrielles minières et pétrolières du Donetz, de la Volga et du Caucase.

Mis à part les marais du Pripet, aucune barrière naturelle ne se dresse entre les Allemands et leurs objectifs. Les trois routes sont traversées, il est vrai, par plusieurs fleuves immenses, notamment la Dvina et le Dniepr mais les fleuves ne constituent pas des obstacles infranchissables pour une armée mécanisée et appuyée par l'aviation. Dans la vaste steppe russe, le passage d'un fleuve ne représente qu'un retard sur une route parfaitement appropriée à une avance de blindés. L'insuffisance des réseaux ferré et routier ainsi que les crues de printemps et d'automne qui détrempent le sol offrent une protection plus sûre. Aussi, les Allemands avaient-ils choisi la saison sèche pour lancer leur offensive ; de plus, en massant leur armée dans l'étroite zone frontière derrière une ceinture de fortifications inachevée, nommée ligne Staline, les Russes laissaient la Wehrmacht libre d'avancer rapidement sur leurs arrières sans dépendre d'un réseau routier. La moindre pénétration suffisait pour prendre les « fronts » russes (terme désignant les groupes d'armées) en tenailles. Après quoi, les colonnes d'infanterie qui suivaient les chars pourraient les broyer à loisir.

Le groupe d'armée du Centre dont les fers de lance sont les Panzers commandés par Hoth et Guderian a pour mission d'encercler l'ennemi en Russie Blanche, de le détruire et de poursuivre jusqu'à Moscou. Dans la matinée du 22 juin, les appareils de la 3e flotte aérienne détruisent 528 avions soviétiques au sol et 210 en l'air. A la fin de la journée, l'aviation russe a perdu 1 200 unités et un quart de ses effectifs sur la frontière.

Les Panzers de Hoth et Guderian percent simultanément la ligne Staline. Brest-Litovsk est isolée dès le premier jour. Popov, commandant du 18e corps de fusiliers qui la défend, écrit que la forteresse était « littéralement submergée sous le feu de l'artillerie et des canons ». Les survivants de la garnison résistent héroïquement pendant toute une semaine mais leur sacrifice est vain. Les avant-gardes allemandes l'ont déjà dépassée et poursuivent en direction de l'est.

Se méprenant sur la ténacité des défenseurs de Brest-Litovsk, Bock, commandant du groupe d'armées du Centre, croit qu'ils couvrent la retraite de forces défensives à travers le glacis Dniepr-Dvina. En conséquence, le 22 juin, il informe l'OKH qu'il devrait renoncer à s'emparer de Minsk pour pousser directement sur Smolensk. Craignant que le Panzergruppe 3 de Hoth ne soit coupé, Halder s'y oppose. Hoth effectue donc un mouvement tournant. Pendant ce temps, le Panzergruppe 2 de Guderian commence à sentir la pression des soldats russes talonnés par ceux de Hoth. Ils cherchent apparemment à gagner les marais du Pripet où ils pourront constituer une arrière-garde et menacer les forces de soutien chargées de consolider les conquêtes des Panzers. L'OKH ordonne donc aux IV$^e$ et IX$^e$ armées de détruire tous les fugitifs pris entre les tenailles des divisions de Hoth et de Guderian.

Le 25 juin, le groupe d'armée du Centre livre trois batailles d'encerclement : l'une autour de Brest-Litovsk, une autre sur le saillant de Bialystok et la troisième à Volkovysk. Douze divisions russes sont encerclées à Bialystok et Volkovysk. Le 29 juin, une quatrième bataille d'encerclement s'engage autour de Minsk. Les agresseurs se comportent avec une férocité sans précédent dans l'histoire de l'Europe contemporaine. Les Russes se battent avec le courage du désespoir ; les Allemands attaquent avec une violence inouïe. Hitler avait donné le ton dès le début de la campagne :

« Le caractère que présente notre guerre contre la Russie doit exclure toute forme chevaleresque. Il s'agit d'une lutte entre deux idéologies, entre deux conceptions raciales. Il importe donc de la mener avec une rigueur sans précédent. Je sais que l'obligation où nous sommes d'adopter cette façon de faire la guerre vous échappe, généraux, mais […] je tiens absolument à ce que mes ordres soient obéis sans discussion. L'idéologie soviétique est aux antipodes de celle qui régit le national-socialisme. Par conséquent, les Soviets doivent être liquidés. Les soldats allemands coupables de contrevenir aux lois internationales seront innocentés. L'Union soviétique n'ayant pas adhéré à la Convention de La Haye ne pourra s'en réclamer. »

Le 20 août 1940, la Russie avait manifesté le désir d'adhérer à la convention de La Haye qui réglementait depuis 1907 le traitement des prisonniers et des civils en temps de guerre mais elle tergiversa tant et si bien que, le 22 juin 1941, ses soldats n'étaient protégés par aucune des dispositions prévues dans les accords de La Haye ou de Genève. En conséquence, non seulement les commissaires mais aussi les prisonniers furent massacrés au début de la campagne. Ces exécutions arbitraires suscitèrent l'indignation de certains officiers. Ainsi, le commandant du 18e corps Panzers reprocha à ses soldats « les fusillades insensées de prisonniers et de civils. Un soldat russe capturé, après s'être vaillamment défendu, a droit à un traitement correct », déclara-t-il. Cinq jours plus tard, il dut revenir à la charge : « De nouvelles fusillades de prisonniers m'ont été signalées. Ces procédés sont criminels. Ils tiennent de l'assassinat. »

Ses objurgations furent vaines. Les mauvais traitements infligés aux prisonniers russes étaient si courants que les soldats de l'Armée rouge « craignaient plus la captivité que la mort sur le champ de bataille », note un officier de la 12e division d'infanterie dans les premiers jours de 1942. « Depuis novembre dernier, seuls quelques déserteurs sont venus à nous. Au cours des batailles, la résistance est acharnée et les prisonniers sont peu nombreux. »

Ce n'était pas surprenant. Les bruits qui concernaient le traitement des prisonniers se répandaient avec la rapidité de l'éclair. Les informations relatives au pourcentage des blessés qui survivaient dans les hôpitaux de l'armée circulaient tout aussi vite mais la différence est capitale : les pronostics défavorables pour les blessés dissuadent les hommes de résister tandis que la cruauté des geôliers ennemis produit l'effet contraire. Au cours de la Seconde Guerre mondiale, la Wehrmacht fit 5 700 000 prisonniers russes dont 3 300 000 moururent en captivité, le plus souvent de faim, de froid, ou d'épuisement. En fait, les Allemands n'avaient pratiquement rien prévu pour nourrir, loger et transporter une telle multitude. D'après un document qui circula à l'intérieur de la division Grossedeutschland en 1943, les privations eurent pour résultat « un raidissement de la résistance ennemie parce que tout soldat de l'Armée rouge craint d'être capturé par les Allemands ».

En juin et juillet 1941, seuls les Allemands connaissaient le sort de leurs prisonniers. Si leurs adversaires russes se défendaient âprement, ils ne cherchaient pas vraiment à se dégager de leur encerclement car, d'une part, leurs chefs redoutaient les conséquences d'un ordre de repli – et les exécutions sommaires ordonnées par Staline allaient bientôt justifier leurs craintes –, d'autre part, ils manquaient de moyens pour s'échapper. L'infanterie allemande éprouvait elle-même des difficultés à rattraper les avant-gardes Panzers une fois qu'elles étaient lancées. A ce stade, le plan Barberousse exigeait que les divisions blindées progressent à la vitesse de 75 kilomètres par jour, compte tenu des arrêts prévus pour réduire les poches de résistance et faire le plein pendant que l'infanterie avançait dans la steppe à la cadence de 30 kilomètres par jour, parfois moins. Ainsi, entre le 22 juin et le 28 juillet, la 13e division d'infanterie couvrit 840 kilomètres, soit une moyenne de 22 kilomètres par jour sous un soleil de plomb et avec une charge de 56 kilos par homme, comprenant l'équipement, les munitions et les rations. Il est probable que, dans leur marche forcée, les hommes de la Landseer, fourbus, meurtris, les pieds en sang, ont été soutenus par la certitude que les Panzers gagnaient la bataille qui se déroulait plus loin. Les soldats de l'Armée rouge n'avaient pas cette consolation. Sous les ordres de généraux paralysés par la crainte de s'attirer les foudres de Staline et de passer devant le peloton d'exécution, ils se blottissaient dans les poches que les Panzers creusaient autour d'eux et attendaient la fin.

Le 9 juillet, Minsk capitule devant le groupe d'armée du Centre, mais ses deux formations blindées réorganisées pour former la IV^e armée Panzer sous les ordres du dynamique (et très nazi) général Gunther von Kluge, poussent déjà au-delà de Minsk pour opérer un quatrième encerclement autour de Smolensk. Le 17 juillet la poche où se trouve la langue de terre qui sépare le Dniepr et la Dvina est tenue par 25 divisions soviétiques centrées à Vitebsk, Mogilev et Smolensk. C'est la plus forte concentration d'effectifs russes que les Allemands aient jamais enveloppée. Comme les formations d'infanterie du groupe d'armées du Centre sur l'axe Minsk-Smolensk se trouvent à quelque 300 kilomètres derrière ses avant-gardes à cette date, Bock, qui est décidé à « nettoyer » son front le plus vite possible, est obligé d'engager ses précieuses divisions Panzers et motorisées dans un combat serré. Entre les 17 et 25 juillet, un cordon de chars, de chenilles et de troupes d'infanterie est disposé autour de Smolensk, cernant les Russes pris au piège. Le 5 août, toute résistance a cessé.

A ce stade, Bock a compris que les difficultés qu'il éprouve à fermer le cercle tiennent non seulement à l'acharnement des Russes de l'intérieur mais aussi à une aide déterminée de l'extérieur. Tant que l'espace Dniepr-Dvina reste ouvert, il est utilisé comme tête de pont à l'envers pour acheminer des troupes et des munitions à l'Ouest. Staline, qui s'était remis du choc produit par la Blitzkrieg, avait enfin compris à quel point l'appareil de guerre existant était inadéquat. Il venait de se nommer officiellement chef du gouvernement et, le 10 juillet, il avait créé le poste de commandant suprême qu'il s'était fait attribuer le 8 août par le Soviet suprême. Le 23 juin, un comité de Défense nationale (GKO) avait été mis en place. Il se composait de Staline, Vorochilov, Beria, Molotov (commissaire aux Affaires étrangères) et Malenkov (le délégué de Staline au sein du Parti). Directement subordonnée à ce comité, la Stavka (état-major opérationnel) comprenait des membres du Parti – Staline, Molotov, Vorochilov – et de l'armée – Timochenko, Boudienny, Tchepochnikov et Joukov. Le 8 août, l'état-major général chargé de la surveillance de toutes les branches des forces armées, fut placé sous l'autorité de la Stavka. A cette date, Staline occupait déjà toutes les fonctions les plus élevées de l'Etat – président du GKO, commissaire à la Défense et commandant suprême –, il contrôlait aussi tout le reste. Sa personne symbolisait désormais la haine de la défaite. Pourtant, la situation du pays était tellement désespérée après deux mois de guerre qu'il commençait à comprendre qu'il ne pourrait survivre aux conséquences de plus amples désastres. Seule la victoire pourrait le sauver.

### *La carotte et le bâton*

Dans cette crise suprême, il n'était aucun expédient, aucun stratagème dont Staline ne se servît pour assurer la survie de l'Etat et, partant, la sienne. En septembre, il ordonna la création de nouvelles unités de « gardes », les plus parfaits symboles de l'ancien régime. En 1917, en signe de dégoût pour les gants blancs traditionnels que portaient les officiers des gardes, les révolutionnaires leur avaient arraché la peau des mains. Vingt-trois ans plus tard, Staline décréta que les régiments, divisions et même les armées qui auraient le mieux résisté aux Allemands devraient ajouter le mot « garde » à leur titre. De nouvelles distinctions portant le nom des généraux qui avaient combattu Napoléon furent créées pour les héros et les vainqueurs : les ordres de Koutouzov et Souvorov. Les anciennes décorations furent rétablies ainsi que les épaulettes arrachées aux uniformes des officiers en 1917. Même la hiérarchie de l'Eglise orthodoxe, persécutée et diffamée pendant deux décennies, fut soudain réhabilitée en tant que servante de la « mère Russie », une matriarche ressuscitée par l'autocrate qui avait violé ses enfants avec une brutalité implacable à l'ère de la collectivisation et des purges.

Mais avec la carotte vient le bâton. Le 16 juillet, la double autorité des commissaires fut rétablie. Le 27, neuf officiers supérieurs furent condamnés à mort. Staline fit donner lecture du verdict devant toute l'armée. Parmi les condamnés figuraient l'officier des transmissions et les commandants des 3e et 4e divisions et des 30e et 60e chasseurs. D'autres furent fusillés en secret. Quelques-uns préférèrent se suicider pour ne pas avoir affaire aux exécuteurs du NKVD. Ses sections spéciales se tenaient à l'arrière-garde des unités combattantes pour abattre les déserteurs et menacer les servants qui auraient la moindre velléité de quitter leur poste.

Cependant, la résistance devient de plus en plus difficile à assurer. Le 10 juillet, tous les fronts sont mis en place : le premier au nord-ouest commandé par Vorochilov, le deuxième à l'ouest sous les ordres de Timochenko, le troisième au sud-ouest sous le commandement de Boudienny. Tous trois correspondent aux groupes d'armées de l'agresseur. Ainsi, le matériel et les renforts mobilisés pour la défense pourront être rassemblés et rationnellement répartis mais, en juillet 1941, le matériel et les renforts sont quasi inexistants alors que les unités et les armes se consument comme de la paille dans la fournaise de la bataille. Le 8 juillet, l'OKH rapporte qu'elle a détruit 89 divisions russes sur 164 et que le groupe du Centre a capturé 300 000 soldats, 2 500 chars et 1 400 canons dont les servants gisent sur le champ de bataille. Staline lui-même avait lancé 180 divisions dans la campagne sur 250 mobilisées. Il espérait en élever le nombre à 350 pour peu que Hitler lui en laissât le temps. Cependant, à l'époque, les remplaçants disparaissaient à peine arrivés. Pendant la bataille de Smolensk, (du 4 au 19 juillet) le groupe d'armées du Centre fait encore 310 000 prisonniers et s'empare de 3 200 chars et de 3 100 canons. L'industrie soviétique, brusquement mise en marche, produit 1 000 chars par mois (et 1 800 avions), mais la balance penche sensiblement du côté des pertes.

Pendant que le groupe d'armées du Centre achève la destruction des XVI^e^, XIX^e^ et XX^e^ armées enfermées dans la poche de Smolensk, le groupe d'armées du Nord accélère son avance le long des côtes de la Baltique en direction de Leningrad. Lacs, forêts et fleuves ont retardé les avant-gardes de Leeb au départ. A défaut d'encerclement spectaculaire, le groupe d'armées du Nord envahit la Lituanie et occupe des têtes de pont en aval de la Dvina où les fortifications de la ligne Staline sont censées se dresser. Le Panzergruppe 4 passe sans difficulté, arrive à Ostroy, au niveau de l'ancienne frontière russo-lettonienne, et, dix jours plus tard, atteint la Luga, dernier obstacle fluvial avant Leningrad.

Le groupe d'armées du Sud progresse moins vite que les autres. Commandé par Rundstedt, il se compose de deux blocs distincts : au nord, une masse de manœuvre d'infanterie précédée par les cinq divisions blindées du Panzergruppe 1 ; au sud, le contingent des pays satellites formé de divisions hongroises et roumaines, celles-ci équipées d'armes françaises fournies à l'époque de la Petite Entente. Les divisions satellites ont pour mission de franchir le Dniestr et le Bug et de marcher sur Kiev, capitale de l'Ukraine et berceau de la civilisation russe. L'avant-garde de Rundstedt perce facilement les défenses de la frontière soviétique, balayant les fortifications de Przemysl, puis elle se heurte à une forte concentration des troupes russes appartenant au front du Sud-Ouest commandé par Kirponos assisté de Rokossovsky, deux des meilleurs généraux de Staline. Ce front possède plusieurs formations blindées et une bonne proportion de T-34. Kirponos parvient à retarder l'avance du groupe blindé, mais Kleist réussit à passer et pousse sur Lvov dont il s'empare le 30 juin. Le général Vlasov, commandant la garnison, tente de se frayer un passage et s'échappe avec une partie de ses troupes. (L'année suivante, il tombera aux mains de l'ennemi près de Leningrad et désertera pour constituer une armée antistaliniste. Sa loyauté envers le régime avait dû être sérieusement ébranlée pendant l'évacuation de Lvov où le NKVD local massacra tous les prisonniers politiques ukrainiens pour éviter qu'ils ne soient libérés par les Allemands.)

Malgré les efforts de Kirponos pour s'opposer à l'avance de Kleist, les pointes du groupe d'armée Rundstedt continuent à progresser le long d'un couloir de plus en plus étroit, le « corridor de Jitomir », mais elles poursuivent inexorablement leur poussée sur Kiev. Kirponos comprend que le Panzergruppe pourrait constituer une branche des tenailles qui menacent d'envelopper Kiev et l'Ukraine toute entière si les Allemands détachent plusieurs divisions blindées du groupe d'armées von Bock pour les ramener sur Kiev, créant ainsi la seconde branche des tenailles.

### *La question de Moscou*

La même pensée vint à Hitler. L'année précédente il avait été en désaccord avec son état-major sur la conduite de la campagne de Russie. L'OKH, et particulièrement Halder, restaient convaincus que le colosse russe ne pourrait être terrassé que par la prise de Moscou alors que Hitler voulait s'emparer de la majorité du territoire soviétique en un minimum de temps. Avant et pendant la campagne de l'Ouest il avait donné des ordres à ses généraux mais non sans être sujet à de nombreuses crises de doute, notamment devant Dunkerque. Or, depuis la préparation du plan Barberousse, il s'était ancré dans sa certitude : cette guerre était sa guerre. Elle avait brillamment commencé et il était de plus en plus sûr de son résultat.

« L'ingérence du Führer dans les affaires du Haut Commandement devient intolérable, écrit Halder le 14 juillet. Il joue au seigneur de la guerre avec nous et nous assomme avec des idées tellement absurdes qu'il risque de perdre tout ce que notre magnifique opération nous a apporté. Contrairement aux Français, les Russes ne prennent pas la fuite quand ils sont tactiquement battus. Il faut les combattre sur un terrain à la fois boisé et marécageux [...] Il me convoque tous les deux jours [...] des heures de palabres dont il ressort qu'un seul homme est capable de conduire une guerre [...] Si je n'avais pas la foi, je sombrerais comme Brauchitsch qui est au bout du rouleau et le dissimule sous un masque de dureté pour ne pas trahir son impuissance... »

Les divergences de vues entre Hitler et ses généraux furent mises en évidence à l'occasion de sa directive numéro 33 indiquant la nouvelle étape des opérations : les Panzergruppen 3 (Hoth) et 2 (Guderian) doivent interrompre leur marche sur Moscou pour opérer leur jonction avec Leeb et Rundstedt qui s'avancent respectivement sur Leningrad et Kiev. La prise de Moscou sera retardée jusqu'à ce que les opérations de nettoyage autour de Smolensk soient achevées. Pour compléter cette directive, Brauchitsch ordonne au groupe d'armées du Centre (Guderian) de quitter la route de Moscou et de bifurquer au sud pour détruire la Ve armée soviétique au niveau des marais du Pripet.

Guderian ne décolérait pas. Epuisées par de violents combats et de longs trajets à travers une contrée sans routes, ses divisions avaient perdu la moitié de leurs chars. De plus, ses éléments avancés avaient déjà couvert près de 650 kilomètres en six semaines. Moscou n'était plus qu'à 320 kilomètres et il se faisait fort de l'atteindre avant la saison des pluies. Elevé aux fonctions de commandant d'armée, il ne dépendait plus de von Kluge, mais relevait directement de von Bock qui partageait ses vues. Avec l'accord de von Bock et de l'OKH, il engagea ses Panzers dans une bataille devant la ville de Roslav où se croisent les routes de Moscou, de Kiev et de Leningrad. Il espérait invoquer la nécessité de cette opération pour éviter de détourner ses troupes de leur objectif initial : la prise de Moscou.

La désobéissance de Guderian faillit atteindre son but. L'arrivée de réserves russes justifiait le maintien de son armée dans le secteur. D'ailleurs, Hitler s'était ravisé. Dans sa directive 34 en date du 30 juillet, il rapportait l'ordre adressé au groupe d'armée du Centre et décidait d'aller étudier la situation sur place. Hoth accepta de changer d'itinéraire pour se joindre à Leeb sur l'axe Leningrad mais Bock et Guderian refusèrent de renforcer Rundstedt. Il y eut ensuite une période de « dix-neuf jours d'interrègne » au cours de laquelle Guderian obliqua vers le sud tout en s'efforçant de retenir le gros de ses forces sur la route de Moscou.

L'« interrègne de dix-neuf jours » (du 4 au 24 août) fut marqué par le ralentissement de l'avance allemande et par une succession de décisions contradictoires. Le 7 août, l'OKW et l'OKH représentés par Jodl et Halder réussirent à persuader Hitler de reprendre la poussée sur Moscou. En conséquence, le Führer publia la directive numéro 34 A. Trois jours plus tard, l'intensification de la résistance russe sur le front de Leningrad l'inquiéta et il ordonna que les chars de Hoth aillent immédiatement renforcer Leeb. Jodl confia au colonel Heusinger, l'officier Opérations de l'OKW que le Führer « répugnait instinctivement à s'engager sur la route suivie par Napoléon. Moscou lui produit une impression sinistre ». Voyant que toute la hiérarchie militaire – Brauchitsch, Halder, Heusinger, Bock, Guderian – continuait à argumenter, Hitler perdit patience et réitéra ses ordres. Il dicta une lettre à l'adresse de Brauchitsch l'accusant de « manquer de poigne ». Brauchitsch fut pris d'une légère attaque. Halder qui l'avait pressé de démissionner à la réception de la lettre lui donna l'exemple pour « prévenir une folie ». Sa démission fut refusée. Hitler considérait désormais toutes les offres de démission comme des actes d'insubordination. « L'histoire portera contre nous la plus grave accusation qui puisse être portée contre un Haut Commandement, à savoir que nous n'avons pas exploité l'élan de nos troupes par crainte d'un danger problématique », note Halder dans son journal. Bock éprouvait le même sentiment mais tous deux laissèrent à Guderian le soin d'affronter le Führer. Le 23 août, quand Guderian se présenta au GQG de Hitler avant d'être reçu en audience, Brauchitsch l'accueillit par ces mots : « Je vous interdis de soulever la question de Moscou avec le Führer. Ses ordres sont donnés et l'opération [Kiev] doit être exécutée. Comment ? C'est ce qui reste à trouver. Une nouvelle discussion ne mènerait à rien. »

Guderian ravala sa rancœur mais, reçu par Hitler, il fit tant d'allusions à l'« objectif principal » du groupe d'armée du Centre que Hitler finit par aborder le sujet lui-même. Saisissant l'occasion, Guderian plaida avec véhémence l'assaut contre Moscou. Hitler le laissa parler. Il avait une considération spéciale pour le créateur des Panzers. Quand Guderian eut terminé son discours, le Führer lui exposa son point de vue : « Mes généraux ne connaissent rien à l'aspect économique de la guerre. » Il insista sur la nécessité de neutraliser la Crimée d'où les avions soviétiques « menacent les puits de pétrole de Ploesti, principale source de ravitaillement du Reich ». Comme les autres officiers présents manifestaient leur approbation, Guderian se sentit obligé de s'incliner. Il n'obtint qu'une seule concession, à savoir que son Panzergruppe rejoindrait celui de Rundstedt et serait autorisé à reprendre la marche sur Moscou dès que la bataille de Kiev serait gagnée.

A son retour au GQG, Halder et Brauchitsch l'accablèrent de reproches mais les dés en étaient jetés. Après trois semaines de quasi-inaction, l'Ostheer reprit son offensive dans les terres noires du Sud. Faudrait-il ensuite poursuivre jusqu'à Moscou ? La réponse allait dépendre des conditions météorologiques. Dans trois mois ce serait l'hiver et les généraux Janvier et Février combattraient dans le camp de Staline.

Entre-temps, Staline préparait déjà une contre-offensive. Le 16 août, il avait créé le front de Bryansk pour combler les fronts centre-ouest et sud-ouest commandés par Jeremenko. Il avait expédié sur ce nouveau front autant de matériel neuf que possible : plusieurs bataillons de chars T-34 et quelques batteries de fusées Katioucha (baptisées « orgues de Staline ») qui comportaient huit projectiles à grosse tête. Avec ses deux nouvelles armées, équipées d'armes modernes, Jeremenko lança une contre-attaque dans l'espace qui séparait les colonnes du Panzergruppe de Kleist et l'armée Panzer de Guderian... Il était tout simplement tombé dans un piège. Le 8 août, Kleist avait déjà opéré un mouvement d'encerclement à Ouman. Les Panzergruppen allongèrent les branches de leurs tenailles pour enfermer une forte concentration de soldats russes autour de Kiev. Guderian dont le flanc se trouvait exposé sur une longueur de 220 kilomètres était vulnérable mais ses 3^e^ et 15^e^ Panzers commandées par les jeunes et dynamiques généraux Model et von Thoma ne laissaient pas l'ennemi approcher. Le 16 septembre, ils firent leur jonction avec les troupes de Kleist à Lokhovitsa, ville située à 150 kilomètres de Kiev. Dix jours plus tard, le 26 septembre, Kiev était prise. A l'intérieur de ses murs étaient enfermés 665 000 soldats russes, la plus grande concentration d'hommes jamais capturée au cours d'une opération de guerre. Cinq armées et cinquante divisions soviétiques avaient été détruites. Parmi les morts figurait Kirponos, tué à Lokhovitsa le 20 septembre.

Au lendemain de la prise de Kiev, le spectacle était tellement affreux que même les Allemands les plus insensibles furent horrifiés à la vue des files de prisonniers qui étaient dirigés dans la steppe et parqués dans les cages installées à l'arrière.

« Soudain un long serpent marron s'étira le long de la route... Des prisonniers de guerre russes [...] un bourdonnement montait de cette foule [...] nous nous hâtâmes de nous écarter du nuage nauséabond qui les enveloppait », rapporte un témoin oculaire. « Mais le spectacle que nous avions sous les yeux nous figea sur place. Notre nausée fut oubliée. Etaient-ils vraiment des êtres humains, ces spectres chancelants, titubants, tremblants, qu'une dernière étincelle de volonté maintenait debout ? Toute la misère du monde semblait concentrée sur eux. »

Près de 3 millions de Russes étaient déjà prisonniers, dont 500 000 allaient mourir dans les trois premiers mois de l'hiver.

### *Le général hiver*

Vers la fin de septembre, l'Ostheer commençait déjà à sentir planer la menace de l'hiver avec son cortège de maux – la pluie, la boue, le gel, les tempêtes de neige que les hommes et le matériel n'étaient pas prêts à affronter. Guderian se hâta de ramener son armée sur le front central, impatient d'entreprendre la marche finale sur Moscou avant que la mauvaise saison ne s'installât. Au sud, les Roumains assiégeaient Odessa, défendue par une garnison terrestre et navale de 100 000 hommes. Le 29 septembre, la XIe armée, commandée par Erich von Manstein, traversa l'estuaire du Dniepr pour atteindre le goulet de Crimée le 29 septembre. Cette opération rassura Hitler qui craignait que la Crimée ne fût transformée en « porte-avions soviétique susceptible de servir à l'attaque des puits de pétrole hongrois ». L'avance de Manstein constituait aussi une menace pour les régions industrielles du Donetz et du Don. Dans les provinces russes du Sud, l'Armée rouge commençait à lâcher prise tandis que Bock rassemblait tous ses moyens sur le front central pour se diriger sur Moscou. Cependant, la prise de Moscou ne suffisait pas à Hitler. L'ouverture du front du Nord et la conquête éventuelle de Leningrad constituaient aussi une étape nécessaire à la victoire finale.

Le 8 août, le groupe d'armée du Nord attaqua les lignes de défense extérieure de Leningrad sur la Luga. En même temps, une armée germano-finlandaise, commandée par le maréchal Mannerheim, lança une offensive en Carélie et se déploya jusqu'au cercle arctique. L'offensive de Leeb se heurta à trois difficultés. Premièrement, Leningrad est protégée par le lac Ladoga, une énorme masse d'eau qui s'interpose entre la ville et toute tentative d'encerclement par le nord. Deuxièmement, toute la population s'est mobilisée pour construire des lignes de défense concentriques autour de la ville – 840 kilomètres de fortifications, 400 kilomètres de fossés antichars, un enchevêtrement de 540 kilomètres de barbelés et 5 000 blockhaus –, un ensemble de travaux extraordinaires auxquels avaient participé 300 000 membres de la Ligue des jeunes communistes et 200 000 civils, hommes et femmes. Troisièmement, le maréchal Mannerheim était fermement décidé à ne s'emparer que de la portion de territoire finlandais annexée par Staline. Après le 5 septembre, pendant que Leeb avançait sur la côte de la Baltique, les unités finlandaises s'arrêtèrent au-dessus du lac Ladoga. De son côté, le groupement blindé numéro 4 sous les ordres de Hoth avait rejoint le groupe d'armée du Centre. Hoepner reste donc seul pour assurer la conquête de la ville.

Une quatrième difficulté surgit au milieu de septembre. Joukov fut envoyé sur le front du Nord-Ouest pour galvaniser la défense. Il trouve les Allemands à la lisière de l'ancienne résidence tsariste, Tsarkoié-Sélo. Peu après, l'avant-garde de Leeb atteignit le golfe de Finlande à Strelna. Isolée du reste de la Russie, Leningrad n'est plus reliée à l'intérieur que par la voie du lac Ladoga. Les habitants vont bientôt faire l'expérience de la famine qui tuera un million d'individus avant la levée du siège en automne 1944. Dans l'immédiat, pourtant, l'arrivée de Joukov a un effet décisif : « Il faut étouffer l'ennemi sous le feu de l'artillerie et des mortiers appuyé par l'aviation, ordonna-t-il, l'empêcher à tout prix de percer nos défenses. » Face à sa capacité de résistance, l'ardeur des assauts ennemis faiblit devant les tranchées que les citoyens de Leningrad avaient creusées. Le 27 septembre, Leeb écrit au QG du Führer : « La situation s'est considérablement aggravée. La pression finlandaise à Karélin a complètement cessé. » La ville avec ses 3 millions d'habitants est restée intacte. Les bombardements allemands prélèvent un tribut de 4 000 morts civils par jour et déclenchent 200 incendies, mais la grande enceinte entourée de canaux reste imperméable aux attaques des Panzers ; 20 chars seulement prennent part à l'assaut final. Hitler avait décidé que le gros du Panzergruppe 4 de Hoepner devait être réservé pour l'opération « Typhon », à savoir la prise de Moscou avant les premières chutes de neige.

La directive numéro 35 en date du 6 septembre établit le plan de campagne suivant. Après l'encerclement et la destruction de l'Armée rouge, Bock devra commencer son avance sur Moscou avec son flanc droit sur l'Oka et son flanc gauche sur la Volga supérieure. Les Panzergruppen 2 et 3 seront renforcés par le Panzergruppe 4 ramené du front de Leningrad pour porter au maximum l'effort sur Moscou. L'objectif principal de l'opération doit être l'anéantissement des forces russes qui bloquent la route de Moscou dans l'espace de temps limité qui reste avant l'approche de l'hiver.

L'armée qui se mit en route pour Moscou à la fin de septembre était très différente de celle qui avait passé la frontière dix semaines auparavant. Les pertes, les blessures, la maladie avaient réduit ses effectifs d'un demi-million. Le rédacteur du journal des opérations de la 98e division d'infanterie retirée du front de Kiev pour renforcer le front de Moscou brosse un tableau réaliste de la situation :

« Les véhicules militaires depuis longtemps hors d'usage avaient été remplacés par des camions de ferme russes. Les robustes chevaux allemands tombaient d'épuisement et d'inanition jour après jour mais les petits poneys russes survivaient en mangeant de l'écorce de bouleau et le chaume mis en réserve pour couvrir les toits. L'équipement, y compris plusieurs tonnes de munitions, avait dû être abandonné sur la route faute de moyens de transport. Peu à peu les articles les plus élémentaires de la vie quotidienne disparaissaient : lames de rasoir, savon, pâte dentifrice, matériel de cordonnerie, fil, aiguilles. Dès septembre, avant même l'arrivée de l'hiver, la pluie se mit à tomber et un vent glacial commença à souffler en bourrasques. Tous les soirs, c'était la ruée vers un abri généralement sordide et grouillant de punaises. Ceux qui n'en trouvaient pas sombraient dans le désespoir. La pluie, le froid, le manque de sommeil entraînaient des maladies qui, en temps normal auraient justifié l'admission à l'hôpital. Or les malades devaient continuer à marcher avec la colonne et couvrir des distances de trente-cinq à quarante kilomètres à pied car on ne pouvait les abandonner dans la forêt infestée de bandits. Les bottes réglementaires tombaient en lambeaux. Tous les hommes étaient couverts de crasse et de vermine. Le typhus allait bientôt les menacer. »

Les réalités de la conquête sont rarement différentes. Les hoplites d'Alexandre sont entrés à Persépolis nu-pieds. Les « casaques rouges » de Wellington sont arrivées à Paris en haillons, mais aucune de ces armées victorieuses n'a pris le risque d'affronter les rigueurs de l'hiver arctique. D'ailleurs, les uns et les autres avaient déjà vaincu l'ennemi avant de pénétrer dans sa capitale. L'Ostheer devait encore livrer une grande bataille avant d'être sûre qu'elle pourrait installer ses quartiers d'hiver à Moscou. Les premières étapes s'annonçaient bien. Pratiquant la tactique de l'encerclement comme à Kiev, les Panzergruppen des armées du Centre commandées par Hoth et Hoepner (détachés du front de Leningrad) encerclent 650 000 Russes entre Smolensk et Vyazma. La plupart des *Osoviakhim* (miliciens) se rendent sans résistance. D'autres se battent avec acharnement. Au cours d'une visite à la 4e Panzerdivision, Guderian trouve des rapports très inquiétants concernant ses difficultés tactiques contre le T-34. « Nos armes défensives contre le T-34 ne sont efficaces que dans des conditions exceptionnelles. Le 75 mm du Mark IV n'est efficace que si le T-34 est attaqué par l'arrière... Les Russes nous attaquent de front avec leur infanterie pendant qu'ils lancent leurs chars en formations massives contre nos flancs. » Le 6 octobre, Guderian note dans son journal la première chute de neige. La couche fond rapidement, laissant les routes couvertes d'une boue collante.

Staline ne pouvait fonder de solides espoirs sur les changements de saisons. Il était possible que l'hiver sauve Moscou mais ce n'était pas sûr. Il doutait que les vestiges de l'Armée rouge en Russie d'Europe puissent accomplir des prodiges. Elle se trouvait réduite à une force de 800 000 hommes répartis dans 90 divisions dont neuf de cavalerie et une seule de chars. La couverture aérienne se composait de 364 avions. Une imposante armée était stationnée en Russie d'Asie mais elle ne pouvait être déplacée tant que subsistait une menace de guerre russo-japonaise. Hitler en revanche, avait élevé les effectifs du groupe d'armées du Centre à 80 divisions dont 14 Panzers et 8 motorisées appuyées par 1 400 avions. Les 2 autres groupes d'armées maintenaient leur pression sur Leningrad et dans la steppe méridionale.

Devant l'ampleur de cette crise, Staline se tourna vers Joukov. Malgré leurs différends, il reconnaissait ses talents militaires. C'est grâce à lui que Leningrad avait été sauvée – provisoirement du moins. A présent, c'était à Moscou que sa présence était nécessaire. Des rumeurs inquiétantes circulaient déjà dans la ville : les pilotes soviétiques qui avaient rapporté que des colonnes blindées allemandes se dirigeaient sur Moscou furent accusés de semer la panique et menacés d'arrestation. Le 15 octobre, la peur s'installa sérieusement. Molotov avait mis les ambassades britannique et américaine en demeure de se préparer à déménager à Kouibychev, située à 750 kilomètres à l'est sur la Volga. « Cependant la crise atteignit son comble dans les rues, les usines et les bureaux. Une fuite populaire spontanée vint s'ajouter à une évacuation hâtive et limitée. Ce fut la ruée sur les gares ; bureaux et usines furent handicapés par les désertions. Les agents des chemins de fer reçurent l'ordre de miner les voies et les gares de triage [...] seize ponts de la ville furent également minés et les équipes qui gardaient d'autres objectifs minés furent enjoints de les faire sauter à la seule vue de l'ennemi. »

Joukov, quant à lui, conservait son sang-froid. De même qu'à Leningrad, il mobilisa la population civile, 250 000 Moscovites (dont 75 pour cent de femmes) pour creuser des fossés antichars à l'extérieur de la ville. Il plaça des généraux expérimentés tels que Rokossovsky et Vatoutine sur les secteurs menacés et concentra aux approches de la ville toutes les réserves que Staline pouvait lui envoyer. Staline de son côté, témoigna d'un esprit de décision qu'il n'avait pas toujours manifesté aux réunions du Politburo et de la Stavka. A la parade traditionnelle de la place Rouge, il dénonça les défaitistes qui pensaient que les Allemands étaient invincibles, déclara que l'Etat soviétique avait connu de plus grands dangers en 1918 et évoqua le souvenir de tous les héros russes pré, post et même antirévolutionnaires pour raffermir le moral de son public. Inspiré par ces grandes figures » et se plaçant « sous la bannière victorieuse du grand Lénine », il prédit la victoire finale de l'Armée rouge.

Les premières gelées de l'hiver durcissaient le sol, ce qui facilitait la progression des trois groupements blindés vers Moscou. Cependant, la force numérique de leurs chars était réduite de 65 pour cent et leurs chefs, Guderian, Hoth et Hoepner se demandaient avec inquiétude s'ils pourraient pousser leurs têtes blindées jusqu'à l'objectif final. Le 13 novembre, Halder se rendit à Orsha, quartier général du groupe d'armées du Centre pour faire le point de la situation avec les chefs d'état-major, Sodenstern, Griffenberg, Brennecke. Fallait-il continuer dans la foulée et tenter l'assaut, ou bien s'installer pour l'hiver et attendre des conditions météorologiques plus favorables ? Sodenstern et Griffenberg optèrent pour la deuxième solution. Brennecke répondit qu'il fallait tenir compte du risque d'échec, mais qu'il serait sans doute plus pénible pour l'armée de coucher à la belle étoile dans la neige et le froid à une quarantaine de kilomètres du but. Comme Halder savait que c'était cette réponse que Hitler désirait entendre, la question fut réglée sur-le-champ.

### *La fuite en avant*

Le dernier stade de l'opération Typhon commença le 16 novembre par un double encerclement des défenses moscovites. Néanmoins, entre l'Ostheer et la ville se dressait la dernière ligne de défense de Joukov, la position Mojaïsk, qui englobait la mer artificielle de Moscou au nord et l'Oka au sud.

Malgré l'arrivée de renforts, la position Mojaïsk ne résiste pas au début. Bloqué à Tula, Guderian se contente de disposer son Panzergruppe autour de la ville et choisit un nouvel axe pour gagner Moscou. Le 27 novembre, la IXe armée allemande se dirige sur la mer de Moscou et le canal de la Volga et fait sa jonction avec le Panzergruppe 3. Le 28, la 7e Panzerdivision franchit le canal.

L'effort allemand atteint un point critique. A Krasnaia Poliana, le Panzergruppe 3 n'est plus qu'à 27 kilomètres de Moscou, la IVe armée dont les avant-postes sont à Burtsevo n'est qu'à 37 kilomètres de la ville. Le Panzergruppe 2 de Guderian se trouve à 90 kilomètres au sud. L'hiver russe sévit à présent dans toute sa cruauté. Le thermomètre descend à 20 degrés au-dessous de zéro. Le froid gèle les membres et plus de 2000 soldats devront être amputés. Après le 25 novembre, le Panzergruppe 2 n'avance plus. Il n'a pu s'emparer de Kachira sur la principale voie ferrée du sud. Le 27, Guderian donne l'ordre de halte. Le 29 novembre, la IXe armée s'arrête aussi, incapable de poursuivre. Le 1er décembre, Bock écrit à Halder pour lui exposer la situation :

« Après de nouveaux combats sanglants, l'offensive nous rapportera un gain de terrain limité et détruira une fraction des forces ennemies mais il est peu probable qu'elle aboutisse à un succès stratégique. L'idée que l'ennemi qui fait face au groupe d'armées est sur le point de s'effondrer tient du conte de fées. Camper devant les portes de Moscou où les réseaux ferré et routier communiquent avec toute la Russie orientale nous obligerait à passer à la défensive [...] une nouvelle action offensive semble donc inutile, d'autant plus que le moment est proche où mes troupes vont succomber. »

Dans la première semaine de septembre, les simples soldats des divisions combattantes ne peuvent plus progresser. Hitler leur avait refusé l'envoi de vêtements d'hiver. Il craignait qu'en les recevant, les hommes ne mettent en doute ses assurances concernant l'effondrement de la Russie avant les premières chutes de neige. Les soldats bourrent l'intérieur de leur uniforme de journaux pour se préserver du froid mais ce genre d'expédient n'est guère efficace. Les Russes au contraire sont équipés pour une campagne d'hiver. Chacun possède une bonne paire de bottes fourrées qui protège les pieds et l'Armée rouge continue à manœuvrer pendant que l'Ostheer est immobilisée par le gel.

Dans le même temps, le groupe d'armées du Sud occupe la Crimée. Cependant, à la fin de novembre, le front de Timochenko attaque les Panzers de Rundstedt à Rostov-sur-le-Don (la porte du Caucase) et, le

28 novembre, la ville est reprise. Elle n'est restée qu'une semaine aux mains des Allemands qui sont obligés de battre en retraite sur la rivière Mius, où Rundstedt décide d'établir ses quartiers d'hiver. Entre-temps, le groupe d'armée du Nord est arrêté avant Leningrad et, le 6 décembre, chassé de Tikhvin, son point le plus avancé sur la rive sud du lac Ladoga. C'est là qu'elle établit un front d'hiver qui réduira la ville à la famine – un million de morts au cours des trois années de siège dont la majorité pendant le premier hiver.

La grande manœuvre de l'Armée rouge commence le 5 décembre à l'extérieur de Moscou. De nouvelles vagues de conscrits ont fourni des troupes fraîches remarquablement équipées. Des chars expédiés d'Angleterre par la voie Arctique sont l'avant-garde d'une source de ravitaillement qui va devenir un torrent à mesure que l'aide occidentale se développera. A ce stade, pourtant, Joukov compte avant tout sur les forces sibériennes qui lui ont expédié 10 divisions, 1 000 chars et 1 000 avions. Staline s'était senti libre d'autoriser l'envoi de ces troupes à la suite d'informations transmises par Richard Sorge, l'espion allemand également agent du Komintern qui avait accès aux documents secrets de l'ambassadeur d'Allemagne à Tokyo. Il put ainsi avertir Moscou que le Japon allait entrer en guerre contre les Etats-Unis et n'utiliserait donc pas son armée de Mandchourie pour attaquer l'Union soviétique en Sibérie.

Si le Japon en avait décidé autrement, les Russes se seraient contentés de rester sur la défensive au lieu d'engager une bataille offensive ce qui aurait sûrement assuré la victoire allemande. Or, grâce aux renforts de Staline, l'armée de Joukov, était égale en nombre au groupe d'armées du Centre. Dans la matinée du 5 décembre, Joukov lança ses troupes sur les Allemands qui campaient devant Moscou tandis que le front de

Koniev et celui de Timochenko avançaient du sud. Kluge et Guderian, commandant les III$^{e}$ et IV$^{e}$ armées, avaient décidé que leurs troupes ne pouvaient aller plus loin et s'étaient mis sur la défensive. En conséquence, l'armée russe ne rencontre qu'une résistance passive.

Le 9 décembre, les XXX$^{e}$ et XL$^{e}$ armées russes attaquèrent le Panzergruppe 2 de Guderian et menacèrent sa principale ligne de ravitaillement, la voie ferrée Orel-Tula. A Tula, la position de Guderian formait un saillant. Les deux armées soviétiques réussirent à couper Guderian de la IV$^{e}$ armée de Kluge et à les refouler toutes les deux.

Le 25 décembre 1941, les armées russes ont repris tout le territoire conquis par les Allemands lors des efforts ultimes dans leur marche sur Moscou. Non seulement l'Ostheer a perdu du terrain, mais ses chefs ont perdu la confiance de leur maître. Le 30 novembre Rundstedt se plaint de l'attitude de l'OKH à son égard et offre sa démission. A l'occasion d'une visite à son QG, Hitler reconnaît le bien-fondé de ses plaintes mais accepte sa démission. Reichenau qui lui succède meurt presque aussitôt d'une crise cardiaque. Le 17 décembre, von Bock est remplacé par Kluge au groupe d'armée du Centre et, le 20 décembre, Guderian est limogé pour avoir ordonné le repli de ses Panzers qu'il jugeait trop exposés. Le général Hoepner est congédié pour la même raison. Les commandants des IX$^{e}$ et XVII$^{e}$ armées et du 35$^{e}$ corps sont relevés de leur commandement. Pis encore, le 19 décembre, Hitler se débarrasse de von Brauchitsch sous prétexte qu'il souffre d'une maladie cardiaque, en réalité parce qu'il entend assumer lui-même le commandement suprême des forces militaires du Reich. Il annonce donc à l'OKH que Brauchitsch n'aura pas de successeur mais que le Führer commandera lui-même l'armée.

Dans ce rôle, il exerce sur ces généraux un pouvoir absolu. Seul Mannerheim refusera de reconnaître son autorité. Ancien officier tsariste, le général finlandais était prudemment décidé à ne pas dépasser les limites du territoire que son pays possédait avant la guerre. Contre ses propres commandants cependant, Hitler n'hésite pas à employer l'invective et l'injure. La directive n° 39, datée du 8 décembre, annonce que l'Ostheer doit passer à la défensive mais il ne dit pas où : « Avez-vous l'intention de reculer de quarante-cinq kilomètres ? demande-t-il à ses généraux. Alors, rentrez en Allemagne aussi vite que possible mais vous me laisserez la direction de l'armée et le front restera où il est. »

Au début de janvier, le spectre de Napoléon commence à hanter le seigneur de la guerre, miné par la crainte de perdre non seulement le terrain conquis mais des milliers d'hommes sur la route et, pire encore, l'équipement lourd de l'armée. Quoi qu'il en soit, par la force de sa personnalité et sa rigueur implacable Hitler insuffle à ses généraux une volonté de résistance aussi énergique que la sienne. Au milieu de janvier 1942, le pire est évité. Le groupe d'armée du Sud tient bon. Le groupe d'armées du Centre est arrêté au nord de Moscou mais stabilisé. Le groupe d'armées du Nord est retranché sur le périmètre de Leningrad que son artillerie pilonne sans cesse. Les renforts de l'Armée rouge tentent des offensives sporadiques mais elles diminuent peu à peu en intensité et en fréquence. Hitler commence à penser au printemps et à la bataille qui provoquera l'effondrement définitif de la Russie de Staline.

# 10

# LA PRODUCTION DE GUERRE

Les tenailles des blindés allemands qui enserraient les armées soviétiques en Russie occidentale pendant les mois de juin, juillet et août 1941 étaient des instruments de victoire tels que le monde n'en avait jamais connus. Cependant, ils ne suffisaient plus à assurer une victoire totale. Ils avaient détruit l'un des principaux moyens de guerre de l'Union soviétique : ses défenses de première ligne mais ils n'avaient pas réussi à ruiner ses ressources industrielles en Russie d'Europe. Alors même que les Panzers étaient en marche, un soviet d'évacuation dirigé par l'expert soviétique A.I. Mikoyan, démontait rapidement les usines qui se trouvaient sur leur route. Des équipes spéciales chargeaient les machines, les stocks et la main-d'œuvre sur des trains interminables et les expédiaient vers de nouveaux emplacements hors de portée des Panzers. Les Russes avaient entrepris le transfert stratégique de leur industrie bien avant la guerre pour que le débit de la nouvelle zone industrielle installée au-delà de l'Oural puisse égaler celui des centres traditionnels situés autour de Moscou, Leningrad, Kiev et dans le Bassin du Donetz. Entre 1930 et 1940, de nouveaux centres sidérurgiques furent ouverts à Magnitogorsk, Kouznetsk et Novo Tagil, des complexes industriels à Tcheliabinsk, Novosibirsk et Volkhov, des bassins houillers à Kouznetsk et Karangoda et un second gisement pétrolifère dans la région Volga-Oural ainsi qu'une trentaine d'usines de produits chimiques. L'équilibre se réalisa lentement et, en 1940, alors que le bassin du Donetz produisait 94,3 millions de tonnes de charbon, les mines de l'Oural et de Karaganda en produisaient déjà 18,3 millions.

Barberousse entraîna une seconde révolution industrielle en Union soviétique. Entre août et octobre 1941, 80 pour cent de l'industrie de guerre russe déménagèrent à l'Est. L'avance allemande avait détruit 300 usines de production de guerre et les richesses minières de la Russie occidentale, en particulier le bassin houiller du Donetz, mais elle n'avait pu prévenir l'évacuation à l'Est de la majeure partie de l'industrie mécanique de Leningrad, Kiev et des secteurs situés à l'ouest de Moscou. Dans les trois premiers mois de la guerre, les chemins de fer soviétiques qui transportèrent deux millions et demi de soldats à l'Ouest, ramenèrent à l'Est les structures de 1523 usines pour les réinstaller dans l'Oural (455), en Sibérie occidentale (210) dans la région de la Volga (200) et dans le Kazakhstan et l'Asie centrale (250). L'entreprise était à la fois extraordinaire et périlleuse. Le 29 septembre 1941, l'usine de matériel lourd de Novo-Kramatorsk reçut l'ordre de démonter ses ateliers. En cinq jours, toutes ses machines, y compris les seules presses de 10 000 tonnes de l'Union soviétique, furent chargées sur des wagons sous les bombardements allemands et, le dernier jour, les 2 500 techniciens, durent couvrir à pied les trente kilomètres qui les séparaient de la tête de ligne la plus proche.

De même, 90 usines furent évacuées de Leningrad y compris les usines de chars lourds. Lorsque l'avance allemande eut coupé Leningrad de toute communication terrestre avec le reste de la Russie, les dernières expéditions furent effectuées en péniches par le lac Ladoga.

Quand l'armée allemande interdit tout autre évacuation du bassin du Donetz, les complexes industriels et le gigantesque barrage du Dniepr furent dynamités. En dépit de ce terrifiant bouleversement industriel, les dirigeants de l'économie soviétique réussirent à remettre les industries en marche dans un délai miraculeusement court. Le 8 décembre, l'usine des chars de Kharkov transférée à Tcheliabinsk sortit ses vingt-cinq premiers T-34, dix semaines après l'évacuation des derniers ingénieurs de l'usine d'origine.

Cette « seconde révolution industrielle » soviétique sema la consternation dans les rangs de la Wehrmacht. Hitler avait eu le tort d'entreprendre sa campagne spectaculaire de 1940-1941 avec une base économique trop fragile pour soutenir une guerre de longue durée. Il n'avait surtout pas tenu compte de la volonté de résistance de l'ennemi, ce qui l'obligea à prolonger la lutte au-delà de ses prévisions. Derrière le brillant des foules des congrès de Nuremberg et des rangs serrés de la Wehrmacht, l'Allemagne de Hitler était une coquille creuse. En 1939, son industrie égalait celle de l'Angleterre avec 14 pour cent de la production mondiale contre 5 pour cent pour la France et 42 pour cent pour les Etats-Unis. Cependant, alors que les revenus invisibles de la Grande-Bretagne venaient s'ajouter à son produit national brut, la production de l'Allemagne passa au troisième rang après celle des Etats-Unis et de l'Angleterre.

De même que sa stratégie militaire, la stratégie économique de l'Allemagne était attachée au concept de la guerre éclair. Il lui fallait une victoire rapide pour épargner à ses industries la nécessité d'une surproduction d'armes et de munitions. Le prolongement du conflit et la campagne de Russie modifièrent la stratégie économique de l'Allemagne. Il s'agissait désormais de mettre la main sur les ressources minières de l'ennemi y compris celles des Balkans mais tout particulièrement le charbon, le métal et le pétrole de la Russie méridionale ainsi que l'immense richesse agricole de l'Ukraine. Sur le plan industriel, le changement s'opéra dans deux directions différentes. Jusqu'en 1942 ; Hitler avait insisté pour que l'effort militaire ne réduise ni le niveau de vie de la population civile ni la production des biens de consommation. Entre janvier et mai 1942, sur les instances de son ministre des Armements, Fritz Todt, et de son successeur, Albert Speer, il accepta d'augmenter le budget militaire. Todt et Speer introduisirent donc des mesures de contrôle économique qui commencèrent à élever la production industrielle des armements de 16 pour cent en 1941 à 22 pour cent en 1942 pour atteindre 31 pour cent en 1943 et 40 pour cent en 1944. Todt et Speer n'exigèrent pourtant pas que l'Allemagne produise autant de matériel militaire que ses ennemis. La politique de l'économie de guerre allemande reposait sur l'idée que la production d'armes du pays pouvait et devait surpasser celle de l'ennemi avant tout en qualité.

*La guerre de la qualité*

Ce concept se révéla difficile à appliquer dans le domaine de l'aviation. Après 1942, tous les avions à hélices devinrent progressivement inférieurs à leurs équivalents britanniques et américains. L'industrie de l'aviation allemande ne produisit jamais de bombardier stratégique satisfaisant. Dès 1934, la Luftwaffe avait décidé de ne pas développer ce type d'appareil. Ses avions de chasse se périmèrent peu à peu. Son premier avion à réaction, le Me 262, fut au contraire une réussite. Si Hitler avait encouragé sa production massive, le Me 262 aurait constitué un défi sérieux à la campagne de bombardement stratégique des Alliés. Les chars allemands conçus pour la production en série à partir d'un modèle de base étaient de première qualité de même que les armes légères. Par exemple, le pistolet-mitrailleur MP 40, baptisé Schmeisser par les Alliés, était à la fois le plus efficace de son espèce et l'un des plus simples à produire. Les ingénieurs allemands avaient simplifié ses éléments de telle sorte qu'il pouvait être reproduit par simple moulage. Seuls le canon et la culasse devaient être façonnés.

Les armes secrètes de l'Allemagne justifiaient aussi le concept de « qualité ». Bien que son industrie électronique ait été constamment inférieure à celle des Anglais qui sortaient régulièrement de meilleurs équipements de radar et fournissaient la base scientifique et technologique nécessaire à l'industrie américaine dans ce domaine, ses succès en matière d'armes sans pilote et de submersibles étaient impressionnants. L'amélioration du Schnorkel introduisit une méthode opérationnelle que toutes les marines d'après-guerre adoptèrent et utilisèrent jusqu'à l'apparition du sous-marin nucléaire. Ses armes autopropulsées, la « bombe volante » V1 et la fusée V2 sont les précurseurs des missiles balistiques modernes.

Les succès relatifs de l'économie de guerre allemande étaient contrebalancés par plusieurs facteurs. D'abord, vers le milieu de 1944, il devint impossible de maintenir le niveau de consommation civile au même point qu'en 1939. Il s'ensuivit que le niveau de vie baissa considérablement. De plus, le produit national brut n'avait augmenté que lentement pendant la guerre, passant de 129 milliards de Reichsmarks à 150 entre 1935 et 1943 et, uniquement, grâce à deux circonstances extraordinaires : augmentation des horaires de travail ; importation de matières premières et de main-d'œuvre réquisitionnées dans les territoires occupés. Au début, les travailleurs étrangers étaient nourris avec les produits agricoles importés mais, après 1944, les importations de vivres diminuèrent nettement et ce supplément de main-d'œuvre représentait une charge encombrante pour la structure de l'économie de guerre allemande.

L'étranglement économique de l'Allemagne au cours de l'automne de 1944 se manifesta par une baisse spectaculaire de l'indice de production de guerre. L'indice général passa de 330 à 310 entre juin et novembre, l'indice de production d'explosifs de 230 à 180. Le pétrole, sans lequel les chars ne pouvaient rouler et les appareils de la Luftwaffe ne pouvaient voler, subit une baisse de production encore plus catastrophique. En mai, à la suite des dernières importations, la consommation dépassa le débit. En septembre, après l'attaque alliée contre les puits de pétrole, la production de pétrole synthétique était descendue à 10 000 tonnes, un sixième de la consommation qui, elle-même, avait été réduite de 195 000 tonnes en mai, seules de mauvaises conditions météorologiques et un désaccord entre les responsables du bombardement évitèrent aux gisements pétrolifères de subir de plus amples dommages et, partant, l'interruption totale de tout ravitaillement avant Noël 1944. En 1944, l'Allemagne faillit aller au désastre pour des raisons purement économiques. A ce stade, la reprise d'activité dans la raffinerie de Pölitz favorisa la production d'une quantité d'essence synthétique suffisante pour permettre à ses armées de se battre sur le Rhin et à Berlin au printemps suivant.

Le Japon était encore plus vulnérable aux facteurs économiques. Dans les dernières semaines de la guerre, une bonne partie de ses navires avait été coulée par les sous-marins américains. Il ne lui restait que 12 pour cent de sa flotte d'avant-guerre, une situation désespérée pour un pays qui dépendait non seulement de ses importations en denrées alimentaires pour survivre, mais encore de ses communications inter-insulaires pour assurer la bonne marche de son administration. Le Japon avait été amené à la guerre pour des raisons d'ordre économique. Sa population d'environ 73 millions d'âmes était trop vaste pour vivre uniquement des produits de son agriculture qui ne fournissait que 80 pour cent de la consommation nationale. Ce fut donc avant tout l'appât du riz de Chine qui incita l'armée à lancer une offensive dans le territoire chinois en 1937. Après la défaite effective de Tchang Kaï-chek en 1938, l'activité militaire japonaise en Chine prit la forme de « batailles du riz », incursions dans les secteurs ruraux en vue d'accaparer les récoltes pendant la moisson. Ces expéditions s'étaient poursuivies jusqu'à l'opération Ichi-Go en 1944. Cependant, comme le Japon se transformait en nation industrielle il lui fallait non seulement du riz mais des métaux ferreux et non ferreux, du caoutchouc, du charbon et surtout du pétrole. En 1940, la production de minerai de fer locale n'atteignait que 16,7 pour cent de la demande, celle de l'acier 62,2 pour cent, celle de l'aluminium 40,6 pour cent, du manganèse 66 pour cent et du cuivre 40 pour cent. Le nickel, le caoutchouc et le pétrole étaient entièrement importés et, bien que le Japon produisît 90 pour cent de son charbon, il n'avait aucune réserve de coke métallurgique, combustible essentiel à la production de l'acier. Le gouvernement aurait évidemment pu décider d'adopter une politique d'échange commercial mais le marasme mondial et les mesures protectionnistes imposées par les nations importatrices occidentales renversaient totalement les conditions du commerce. Or, les cabinets japonais militaristes refusaient d'envisager la réduction du niveau de vie national qu'un échange d'accords commerciaux ne manquerait pas d'entraîner.

Quand les Etats-Unis commencèrent à mettre l'embargo sur les envois stratégiques (pétrole, ferraille, etc.) au Japon et encouragèrent les Anglais et les Hollandais à en faire autant, le gouvernement nippon en majorité militaire, décida sur-le-champ de lancer une attaque surprise.

Dans la pratique, la conquête de la Malaisie, de la Birmanie et des Indes orientales n'avait pas rapporté les bénéfices que le cabinet Tojo escomptait. Ainsi, les importations de caoutchouc brut qui se chiffraient à 68 000 tonnes en 1941, tombèrent à 31 000 tonnes en 1942 pour atteindre 42 000 tonnes en 1943 mais elles redescendirent à 31 000 en 1944. Ce recul est dû en majeure partie aux attaques des sous-marins américains qui réduisirent aussi, progressivement, les importations de charbon, de minerai de fer et de bauxite. Bien que l'aviation japonaise se fût considérablement développée entre 1941 et 1944 ainsi que les chantiers navals, la production de véhicules à moteur avait baissé de deux tiers pendant la même période. Les lancements de navires de guerre et de cargos avaient respectivement doublé et quadruplé mais, comme le nombre des pertes dépassait celui de la production, l'effort accompli était annulé. Le produit national brut du Japon avait augmenté d'un quart entre 1940 et 1944 mais les dépenses militaires avaient quintuplé à la même époque, étouffant ainsi la production non militaire et entraînant une réduction importante de la consommation civile. En fin de compte, l'effort de guerre laissa le Japon à demi exsangue avec une population au bord de la famine mais avec une main-d'œuvre d'artisans et de techniciens compétents. Dans la période de renouveau économique de l'après-guerre, cette main-d'œuvre allait gagner aux produits japonais les marchés extérieurs dont le refus avait lancé auparavant le Japon dans la guerre.

*L'effort de guerre britannique*

L'Angleterre, l'autre grande puissance belligérante insulaire, avait été également menacée d'étranglement économique par les sous-marins ennemis. Elle dépendait plus encore que le Japon d'importations en denrées alimentaires car, depuis près d'un siècle, elle comptait sur les expéditions de vivres en provenance d'Amérique, du Canada, d'Australasie et d'Argentine de sorte que l'agriculture nationale ne fournissait que la moitié de la consommation locale. L'île se suffisait largement à elle-même en ce qui concernait le charbon et le minerai de fer mais elle devait importer la totalité de son pétrole, de son caoutchouc et la majeure partie de ses métaux non ferreux. De plus, bien qu'elle figurât avec l'Allemagne au deuxième rang des puissances industrielles, elle devait importer certains articles vitaux, notamment les produits chimiques et les machines-outils. L'effort de guerre qu'elle s'était imposé, particulièrement en 1940-1942, ne pouvait être soutenu sans un apport de l'extérieur. Pour payer les cuirassés et les chasseurs qui remportèrent la bataille d'Angleterre, les escorteurs qui gagnèrent la bataille de l'Atlantique, les cargos coulés dans l'océan et les chars qui s'opposèrent à ceux de Rommel dans le désert de l'Ouest, l'Angleterre fut obligée de liquider la plupart de ses capitaux d'outre-mer, un sacrifice dont la nation ne pourrait se remettre qu'après cinquante ans d'efforts.

Si, au début de la guerre, l'Allemagne avait sorti les 300 U-boots que Doenitz réclamait pour la bataille de l'Atlantique, l'Angleterre se serait effondrée bien avant que les événements du Pacifique n'obligent les Etats-Unis à entrer en guerre. Fort heureusement, Doenitz n'obtint gain de cause qu'en 1943 et, à cette date, l'équilibre des forces entre l'Axe et ses ennemis basculait déjà en faveur des Alliés. Entre-temps, l'industrie britannique avait réalisé un bond prodigieux dans la production du matériel de guerre. Ainsi, le nombre de chars sortis des usines passa de 959 en 1939 à 8 611 en 1942, le nombre de bombardiers de 758 en 1939 à 7 903 en 1943 et le nombre de bombes de 51 093 en 1940 à 309 366 en 1944.

L'Angleterre avait accompli des progrès tout aussi remarquables dans la qualité de son équipement. Ses capacités d'invention dans le domaine de la guerre électronique étaient incomparables. C'est grâce à ses ingénieurs que se développa le système de turbo-propulseur qui permit le déploiement d'avions à réaction en première ligne très peu de temps après les premiers vols des Me 262 de la Luftwaffe. A d'autres égards, ses réalisations furent lamentables. Bien que l'industrie britannique eût sorti les premiers tanks utilisés pendant la guerre de 1914-1918, les chars anglais étaient notoirement inférieurs à leurs équivalents allemands et américains. En 1944, toutes les divisions britanniques étaient équipées de Sherman américains. Les fabricants de moteurs d'avion construisirent le moteur qui équipait le Mustang P-51 américain, le plus remarquable des chasseurs à long rayon d'action, et permit aux forteresses volantes américaines d'effectuer leurs incursions diurnes au cœur même de l'Allemagne en 1944-1945. Pourtant, l'aviation anglaise ne sortit jamais un appareil comparable au Mustang. Quant à son bombardier Lancaster, bien que remarquable, il ne valait pas la Forteresse volante.

L'économie britannique augmenta de plus de 60 pour cent pendant la guerre mais la consommation civile ne diminua que de 21 pour cent entre 1939 et 1943 alors que les dépenses militaires absorbaient 50 pour cent du produit national brut. Cette rupture d'équilibre se fit sentir dans la pénurie d'articles de luxe et de textiles mais, surtout, dans le rationnement de nombreuses denrées essentielles telles que les graisses et les protéines. Les effets de la crise furent néanmoins déguisés. Si l'Angleterre avait essayé de faire face à ses dépenses militaires avec ses seules ressources internes, son économie aurait été ruinée. C'était également vrai pour l'Union soviétique. Malgré tous les sacrifices accomplis – allongement des horaires de travail, liquidation du capital extérieur et intérieur, baisse du niveau de vie, substitution d'ersatz aux aliments habituels, recrutement des femmes dans les usines et même dans les forces armées et une douzaine d'autres mesures d'urgence – ni l'économie britannique ni l'économie soviétique n'auraient pu supporter les pressions de la guerre sans une assistance extérieure. Cette assistance vint des Etats-Unis.

Très tôt dans le cours de l'invasion de la Russie, Hitler exprima ses regrets au général Guderian dont il avait refusé d'écouter les conseils : « Si j'avais su qu'ils possédaient autant de chars, j'aurais réfléchi avant de lancer cette opération », admit-il. Le nombre des chars russes s'élevait à 29 000 en 1944 alors que celui des chars allemands culminait à 17 800. Ces chiffres donnent une idée de la marge qui existait entre l'économie des Alliés et celle de l'Allemagne. En fin de compte, ce furent les Etats-Unis qui dominèrent l'Allemagne en tant que puissance industrielle dans toutes les catégories de ressources naturelles disponibles et d'articles manufacturés. Depuis mars 1941, la baisse de la production militaire de l'Angleterre avait été compensée par les expéditions de matériel de guerre en provenance des Etats-Unis conformément au terme de la loi prêt-bail. Cette même loi prêt-bail permit à l'Angleterre de fournir une aide militaire à l'Union soviétique entre juin et décembre 1941. Dès que, le 11 décembre, l'Allemagne déclara la guerre aux Etats-Unis, les expéditions affluèrent directement d'Amérique vers l'Union soviétique via Vladivostok, Mourmansk et le golfe Persique.

Les expéditions s'effectuaient sur une échelle colossale. L'Union soviétique reçut des tonnes de matériel de toute sorte – chars, avions, armes, munitions, équipement. « Comment aurions-nous pu avancer de Stalingrad à Berlin sans les moyens de transport américains ? demanda Nikita Khrouchtchev beaucoup plus tard. A la fin de la guerre, l'Union soviétique possédait 665 000 véhicules motorisés dont 427 000 en provenance des pays occidentaux, des Etats-Unis pour la plupart, et une grande proportion de camions Dodge qui transportaient tout le matériel indispensable à une armée en campagne. L'industrie américaine fournit aussi 13 millions de bottes fourrées aux soldats soviétiques et l'agriculture américaine 5 millions de tonnes de vivres, assez pour procurer à chaque soldat une demi-livre d'aliments concentrés par jour. L'industrie des chemins de fer américains expédia deux mille locomotives, onze mille wagons de marchandises et 54 000 tonnes de rails avec lesquels les Russes purent prolonger leur réseau ferré. Les trois quarts de la consommation de cuivre de la Russie venaient aussi des Etats-Unis ainsi qu'une grande partie du pétrole de haute teneur nécessaire à la production de carburant pour avions.

La Russie en guerre survécut et combattit grâce à l'aide américaine. Ce fut aussi grâce à l'Angleterre. Les convois britanniques acheminèrent à l'Est des cargaisons d'équipement militaire et de matières premières dont la valeur marchande équivalait au budget annuel de la défense en 1939. En même temps, d'autres convois britanniques venant de l'autre côté de l'Atlantique apportaient les vivres destinés au ravitaillement de la population civile et de l'armée ainsi que l'équipement nécessaire aux forces expéditionnaires américaines qui se préparaient à débarquer en Europe. Le pourcentage de matériel militaire expédié des Etats-Unis en Angleterre s'élevait à 11,5 en 1941, à 16,9 en 1942, 26,9 en 1943 et 28,7 en 1944. La proportion des denrées alimentaires suivit la même courbe.

L'économie des Etats-Unis ne se ressentit pratiquement pas des énormes dépenses qu'entraînait non seulement l'aide aux Alliés mais le maintien de forces armées dont les effectifs s'étaient considérablement accrus entre 1939 et 1945. Au contraire, bien que les dépenses fédérales annuelles soient passées de 13 à 71 milliards de dollars entre 1939 et 1944, l'inflation fut facilement contenue par les augmentations d'impôts et les emprunts nationaux. Le produit national brut doubla pendant la même période et la production industrielle aussi.

Ce redressement nécessite une explication relativement simple. En 1939, les Etats-Unis n'étaient pas complètement remis de la crise monétaire de 1929-1931 ni du marasme qui s'ensuivit. Ils comptaient encore près de 9 millions de chômeurs inscrits et les usines travaillaient en moyenne 40 heures par semaine. En 1944, elles fonctionnaient 90 heures par semaine et employaient 18,7 millions de travailleurs de plus qu'en 1939. (Les 10 millions en excédent représentaient les femmes.) La valeur de la production industrielle représentait 38 pour cent du revenu national contre 29 pour cent en 1939.

En termes absolus ces chiffres témoignent d'un bond économique extraordinaire. En termes relatifs, ils équivalent à une condamnation des économies allemande et japonaise. Autrement dit, l'économie américaine était non seulement beaucoup plus prospère que celle des deux nations ennemies mais aussi infiniment plus efficace. En conséquence, si les Etats-Unis constituaient une source d'équipement militaire négligeable en 1939, cinq ans plus tard, ils produisaient 40 pour cent de l'armement mondial. En catégories spécifiques, la production de chars avait augmenté de 346 en 1940 à 17 565 en 1944, celle des navires était passée de 1,5 million de tonnes en 1940 à 16,3 millions de tonnes en 1944 et celle des avions de 2 141 en 1940 à 96 318 en 1944.

En 1945, les Etats-Unis constituaient non seulement la nation la plus riche du monde mais la plus riche de tous les temps avec une économie à peu près égale en productivité à celle de tous les autres pays réunis. D'ailleurs, la population en avait profité. En 1944, les pathétiques « Okies » dont John Steinbeck a décrit la triste existence dans *les Raisins de la colère* vivaient dans une honnête aisance grâce aux usines d'aviation de Californie qui les employaient. Ceux de leurs voisins qui étaient restés dans leurs fermes de la « Terre sèche » avaient eux aussi recueilli les fruits de la croissance. Si les usines américaines fabriquaient les armes qui devaient abattre Hitler, c'étaient les fermiers américains qui nourrissaient tous les combattants alliés. Paul Edwards, travailleur social dans le cadre du « New Deal » avant la guerre rapporte : « La guerre fut une époque bénie. Quand j'ai été démobilisé, les fermiers du Sud-Dakota auxquels je distribuais des secours, quatre dollars par semaine et des boîtes de conserves, possédaient un quart de million de dollars... C'était vrai pour tous les Etats-Unis [...] et le reste du monde était exsangue [...] mais c'est oublié à présent. La Seconde Guerre mondiale ? Je suis prêt à la refaire. »

Dans l'énumération des erreurs commises par Hitler au cours de la Deuxième Guerre mondiale, sa décision d'affronter la puissance de l'économie américaine pourrait bien se trouver à la première place.

# 11

# UN ÉTÉ EN CRIMÉE, UN HIVER À STALINGRAD

Dans une campagne de Russie, l'hiver détruit les armées, mais l'approche du printemps interrompt les opérations. En période de dégel, la couche de neige qui couvre le sol se liquéfie et la *raspustitsa* – la saison de la boue – s'installe. Les véhicules motorisés s'embourbent jusqu'au moyeu. Même les robustes poneys locaux pataugent et glissent et les chariots qu'ils traînent restent enlisés dans cet océan de boue. Au milieu de mars 1942, l'Armée rouge et l'Ostheer capitulèrent toutes les deux devant les saisons. Une trêve forcée régna sur le front russe. Elle dura jusqu'aux premiers jours de mai.

Les deux armées en profitèrent pour panser leurs plaies. La Stavka calcula que la Russie comptant 16 millions d'hommes en âge de porter les armes, les effectifs de l'Armée rouge pourraient passer à 9 millions en 1942. Une fois comblés les vides laissés par 3 millions de prisonniers et un million de morts, il resterait encore assez de nouvelles recrues pour former 400 divisions. « Plusieurs divisions étaient extrêmement faibles mais la création d'une direction de réserves permettra de les compléter. En même temps, les usines évacuées au-delà de l'Oural sortaient 4 500 chars, 3 000 avions, 14 000 canons et 50 000 mortiers.

Les Allemands eux aussi augmentèrent leurs effectifs. En janvier, l'Ersatzheer (armée de remplacement) leva 13 divisions composées d'appelés et d'« embusqués » récupérés. Neuf autres furent créées peu après. En janvier 1942, les femmes volontaires *(Stabshelferinnen)* sont admises pour la première fois à prendre la relève des chauffeurs et secrétaires d'intendance. Les prisonniers russes *(Hilfsfreiwillige)* fournissent eux aussi un contingent de volontaires à la Wehrmacht, la plupart du temps pour échapper à la famine. Ainsi, les pertes subies pendant l'hiver sont réparées mais, en août, il manque encore 600 000 hommes. Les vides sont masqués par le maintien du même nombre de divisions. Pourtant, les pertes en matériel sont tout aussi lourdes que les pertes en hommes. Jusqu'en avril 1942, l'Ostheer avait laissé 1 600 chars Mark III et IV, 2 000 canons et 7 000 canons antichars sur les divers champs de bataille. Sur les 500 000 chevaux que l'armée avait emmenés en Russie, 250 000 étaient morts avant le printemps de 1942.

Hitler n'en était pas moins convaincu que les forces qui lui restaient suffiraient à achever l'ogre russe. Il était donc déterminé à lancer une offensive décisive dès que le sol aurait durci. De son côté, Staline était persuadé que les Allemands renouvelleraient leur tentative contre Moscou mais Hitler nourrissait un tout autre projet. En 1918, l'offensive finale du Kaiser contre la Russie avait eu pour objet la conquête de ses richesses naturelles. Les terres à blé, les mines et, mieux encore, les gisements pétrolifères se trouvaient au Sud. C'est donc dans cette direction, au-delà de la Crimée, sur la Volga et dans le Caucase que Hitler envisageait d'envoyer ses Panzers pour la campagne de l'été 1942. Il entendait retrouver ainsi les avantages économiques acquis lors du traité de Brest-Litovsk.

Le front que l'Ostheer avait tracé à travers la Russie occidentale en novembre, à l'époque de sa grande offensive « finale » contre Moscou, formait une ligne à peu près droite, partant du golfe de Finlande pour aboutir à la mer Noire. La contre-offensive d'hiver de Staline avait quelque peu modifié son tracé initial. Elle ne touchait plus les faubourgs de Moscou et était marquée par trois saillants. Entre Demyansk et Rjev, un saillant énorme s'avançait vers l'ouest, atteignant presque Smolensk sur l'autoroute de Moscou, et un saillant inverse enfermait une poche autour de Demyansk que les Allemands devaient ravitailler par air. Au sud-ouest de Moscou, un autre saillant enfermait presque Rjev et touchait à Roslav, sur la voie ferrée Smolensk-Stalingrad. A Izyoum, au sud de la grande métropole industrielle de Kharkov, encore une autre poche s'avançait vers l'ouest pour couper la voie ferrée de Kiev et interdisait l'entrée à Rostov, porte d'accès au Caucase. Les sacrifices consentis dans les attaques de l'Armée rouge de janvier à mars n'avaient pas été consentis en vain.

Hitler écarta vivement l'idée des dangers que présentaient les poches de Rjev et d'Izyoum pour son front. Il calcula que la poche de Demyansk coûtait plus cher à l'Armée rouge qui s'efforçait de la protéger qu'à l'armée allemande qui continuait à l'envelopper. L'occupation de la poche de Rjev maintenait la menace contre Moscou constamment présente. Quant à la situation à Izyoum, elle serait automatiquement réglée par la poussée du groupe d'armée du Sud dans le Caucase. Les détails de l'offensive (baptisée plan Bleu), sont exposés dans la directive n° 41, datée du 5 avril 1942. Elle comporte cinq opérations : Manstein, à la tête de la XIe armée doit liquider les troupes russes dans la péninsule de Kerch et réduire Sabastopol qui continue à résister après cinq mois de siège. Bock fera sauter la poche d'Izyoum et prendra Voronej dans les tenailles de ses blindés. Il dispose pour cette mission de 9 Panzerdivisions et de 6 motorisées sans compter les contingents satellites de Roumains, Hongrois, Slovaques et Espagnols plus ou moins fiables. Après quoi, le groupe d'armées du Centre descendra en aval du Don pour traverser la grande steppe du sud de Stalingrad sur la Volga. Une force auxiliaire en provenance de Kharkov le rejoindra. Enfin, ses pointes blindées pénétreront dans le Caucase pour s'emparer de Bakou, centre de l'industrie du pétrole soviétique. Pour protéger ces conquêtes, Hitler compte édifier à l'Est une muraille imprenable. « Alors, la Russie sera pour nous ce qu'est l'Inde pour les Anglais », déclare-t-il à Goebbels.

Les arguments économiques en faveur de l'opération sont légion. Hitler explique à ses généraux qu'une victoire au Sud libérera des troupes qui viendront compléter l'encerclement de Leningrad au nord. Cependant, le plan Bleu prévoit – par priorité – la possession du pétrole russe. Non seulement Hitler en a besoin pour l'Allemagne, mais il veut empêcher Staline de l'utiliser. Barberousse a déjà infligé un immense préjudice économique à la Russie. Au milieu d'octobre 1941, l'Ostheer avait occupé un territoire qui produisait 65 pour cent du charbon de l'Union soviétique, 47 pour cent de ses céréales, les deux tiers de son acier et 60 pour cent de son aluminium. L'évacuation des usines au-delà de l'Oural avait sauvé l'essentiel mais au prix d'une grave interruption du ravitaillement. La perte des ressources en pétrole serait une véritable catastrophe pour Staline et Hitler le sait bien. La directive n° 41 expose clairement sont but.

« L'objectif primordial est de balayer tout le potentiel de défense qui reste aux Soviétiques et de les couper de leurs principaux centres d'industrie de guerre [...] ordre est donc donné à toutes les forces disponibles de se concentrer dans le secteur méridional avec mission de détruire l'ennemi devant le Don afin de s'emparer des cols et des gisements pétrolifères du Caucase. »

Le plan Bleu commence le 8 mai aussitôt que le sol est assez dur pour porter les chars. Manstein lance ses troupes dans la presqu'île de Kerch en Crimée. Une semaine plus tard, l'opération est terminée et 17 000 Russes sont faits prisonniers. Seul Sébastopol tient bon et ne capitulera que le 2 juillet. Entre-temps, la principale phase de Bleu (nommée « Fridericus ») avait failli être annulée. Le 12 mai, prévoyait que Bock allait donner l'assaut à la poche d'Izyoum, les Russes lancent une contre-attaque sur Kharkov, cité industrielle clé. Pris de panique, Bock prévient Hitler que Fridericus doit être abandonné en faveur d'une défense frontale de Kharkov. Furieux, Hitler répond qu'il considérerait une interruption de son plan comme une « indignité ». « Ce n'est pas une "indignité" rétorque Bock. C'est une affaire de vie ou de mort. » Hitler reste insensible. Il répète que la situation s'arrangera dès que Fridericus sera mis en route et il insiste pour que le début de l'opération soit avancé d'un jour. Les événements lui donnent raison. Kleist qui commande la Ire armée Panzer perce facilement la ligne de défense russe au nord de Kharkov et, le 22 mai, la VIe armée de Paulus fait sa jonction avec la sienne, réalisant ainsi l'un de ces doubles encerclements qui avaient démantelé l'Armée rouge l'année précédente. Au début de juin, les Allemands ont fait 239 000 prisonniers et détruit 1 240 chars sur le champ de bataille de Kharkov. Deux opérations secondaires baptisées respectivement « Wilhelm » et « Fridericus II » ont pour but de détruire la poche d'Izyoum et les vestiges des forces russes isolées par la bataille de Kharkov. Le 2 juin, tout est terminé.

Le 2 juin est le jour J du plan Bleu proprement dit. Le groupe d'armées du Sud commandé par Bock et le groupe d'armées A commandé par List sur le secteur de la mer Noire font face à quatre armées russes, la XLe, la XIIIe, la XXIe et la XXVIIIe. La XXIe armée est détruite dès le premier jour ; les trois autres se replient en désordre. Les immenses espaces de la steppe méridionale, l'« océan d'herbe » sans arbres, sans routes, sans eau, dont les cosaques avaient fait leur domaine lorsqu'ils fuyaient l'autocratie tsariste, n'offrent à l'armée aucune ligne d'obstacles sur laquelle organiser une défense. Les blindés de Kleist et de Hoth se lancent en avant. La marche des colonnes allemandes est visible à trente ou quarante kilomètres à la ronde. Un énorme nuage de poussière tourbillonne dans le ciel, grossi par la fumée des canons et des villages incendiés. Sombre et dense à la tête de la colonne, la fumée reste en suspension dans l'air calme de l'été, longtemps après le passage des chars.

Cependant, la facilité imprévue par laquelle les Panzers ont pénétré dans le grand « corridor » qui s'étend du bassin du Donetz au cours supérieur du Don et débouche dans le Caucase, incite Hitler à modifier ses plans. Craignant que les forces russes opérant en direction de Voronej n'attaquent son flanc nord, Bock ordonne à la IVe armée de Hoth de s'emparer de la ville. Pendant ce temps, la VIe armée de Paulus doit poursuivre seule, sans l'appui de blindés, le long du « corridor » du Don-Donetz puis franchir la grande boucle du Don et s'emparer de Stalingrad.

Hitler dirige la campagne depuis Rastenburg, situé à plus de mille kilomètres de l'avant-garde de l'Ostheer. Il se demande soudain si un assaut contre Voronej ne risque pas d'entraîner une perte de temps et de matériel précieux. Le 13 juillet, il remplace Bock par Weichs à la tête du groupe d'armée du Sud (rebaptisé B) et interrompt la marche de Paulus sur Stalingrad.

*L'avance des Groupes d'Armée A et B vers la Volga et le Caucase en été 1942. Les régions pétrolifères russes se trouvent au-delà des Monts Caucase.*

Le 16 juillet, l'OKW transporte son quartier général à Vinnitsa en Ukraine, à quatre cents kilomètres du Don, dans une forêt de pins – qui se révélera paludéenne – mais néanmoins plus commode pour les interventions du Führer dans la conduite des opérations. C'est de là qu'il publie la directive n° 45 (opération Brunswick) qui complète le plan Bleu. Il ordonne à la XVII^e^ armée et à la 1^re^ Panzerdivision du groupe d'armée A de poursuivre les Russes à travers la grande boucle du Don avec ordre de les détruire au-delà de Rostov. Simultanément la VI^e^ armée, appuyée par la IV^e^ armée Panzer, devra pousser sur Stalingrad, écraser les forces russes concentrées dans la ville et bloquer toute communication terrestre entre le Don et la Volga. En même temps, une force mobile avancera le long de la Volga avec la mission d'envahir Astrakhan. Pour les soldats de la Landsheer qui ont déjà couvert mille cinq cents kilomètres, Astrakhan est au bout du monde mais l'imagination de Hitler bondit sans effort d'un objectif à l'autre. Les soldats allemands n'étaient-ils pas allés aussi loin en 1918 ? Sans doute mais, en 1942, une armée russe encore dynamique se dresse entre ses colonnes d'infanterie et la réalisation de ses rêves d'empire.

### *Ne contredisez jamais le Führer !*

Au début, le groupe d'armée A de List avance plus vite et plus facilement que prévu ! Après le passage du Don, les chars de Kleist foncent à travers la steppe de Kouban pour atteindre Maikop où se profilent les premiers derricks. Les installations sont détruites mais le commandant de la Luftwaffe, Wolfram von Richthofen est certain de pouvoir chasser les Russes des cols du Caucase et de libérer un passage jusqu'aux gisements pétrolifères plus éloignés. Il faut également s'assurer la possession de Tuapse, le port de la mer Noire par lequel l'avance peut être ravitaillée à partir de la Roumanie et de la Bulgarie. Le 21 août, Hitler apprend que les troupes bavaroises ont hissé le drapeau à croix gammée au sommet du mont Elbrouz, le point le plus élevé du Caucase mais ce genre de prouesse ne lui plaît pas. Seuls les progrès de ses chars l'intéressent. Cependant, lorsqu'ils atteignent le pied du Caucase, leur avance commence à ralentir et Hitler déverse son impatience sur son entourage, d'abord sur Halder, ensuite sur Jodl.

Halder était en disgrâce pour d'autres raisons. Il avait pris la défense des soldats chargés d'exécuter des ordres qu'il jugeait « impossibles » mais ses arguments eurent pour effet d'exciter la colère du dictateur contre ce qu'il nommait la « dernière loge maçonnique ».

Quant à Jodl, sans partager les sentiments de l'OKH, il comprenait très bien les difficultés de l'infanterie. Comme les rapports de deux de ses émissaires n'avaient pas réussi à calmer l'irritation du Führer, il alla inspecter en personne les troupes du groupe d'armée A. Il trouva la 4e division de montagne enlisée dans un défilé si étroit qu'elle n'avait pas la moindre chance de briser la résistance russe et de pénétrer en Transcaucasie. La force qui avançait sur Tuapse, également bloquée, ne pouvait espérer occuper le port avant que l'hiver n'eût fermé les cols. Il avertit Hitler que List se trouvait dans une impasse et insinua imprudemment que le Führer avait lui-même créé cette situation. Il en résulta une explosion de rage. Extrêmement sensible à toute atteinte à son autorité et hanté par la crainte de répéter les erreurs commises pendant la Première Guerre mondiale, Hitler accabla Jodl d'insultes, le compara à Hentsch, le général qui avait ordonné la retraite de la Marne en 1914, et lui interdit l'accès de son mess. Il limogea List et décida d'assumer personnellement le commandement du groupe d'armées A. En même temps, il chargea Keitel d'annoncer à Halder qu'il était destitué. Le 23 décembre, le chef d'état-major général quitta le bureau de Hitler en larmes. Il fut remplacé par le général Zeitzler. « Il ne faudra jamais contredire le Führer, lui conseilla Keitel en le croisant sur le seuil de la porte. Ne lui rappelez jamais qu'il a pu un jour avoir des idées différentes sur un sujet quelconque. Ne lui dites jamais que les événements lui ont donné tort. Ne lui signalez jamais une défaite, ménagez ses nerfs. » Zeitzler devait sa promotion à l'amitié que lui portait Schmundt, l'aide de camp du Führer, mais il avait aussi une réputation de bravoure et de ténacité méritée. Il répondit à Keitel : « Si un homme déclenche une guerre, il doit avoir le courage d'en assumer les conséquences. » Il conserva le poste de chef d'état-major pendant vingt-deux mois au cours desquels il y eut des échanges assez vifs entre lui et son maître mais son franc-parler rassurait Hitler et ils réussirent à faire assez bon ménage même au plus fort des crises.

Or une crise était justement en gestation. Hitler n'avait pas fait allusion à la Bataille de la Marne sans intention. A l'époque, l'armée allemande s'était considérablement étendue et le haut commandement n'avait pas prêté assez attention au péril que lui faisait courir la résistance d'une ville puissamment défendue sur ses flancs. Or le même danger se profilait sur la Volga. Le groupe d'armées A en route pour le Caucase maintenait – avec difficulté – des lignes de communication de 450 kilomètres de long qu'il n'avait pas les moyens de protéger contre les forces russes qui se trouvaient dans la steppe sur son flanc est. Le groupe d'armées B qui avait été retardé dans le corridor Donetz-Don était entraîné dans la bataille de Stalingrad et tout indiquait que Staline transformait la ville en centre de résistance formidable. Le parallèle entre 1914 et 1942 n'était pas exact. Sur la Marne, l'armée allemande avait été battue parce qu'elle n'avait pas eu la force de s'emparer de Paris sur son flanc. En 1942, le danger différait en ce sens qu'en concentrant un maximum de forces à Stalingrad, Hitler démunissait ses armées de montagne et de la steppe de leurs moyens de défense en cas de contre-attaque ennemie. Tel était précisément l'objectif que Staline et la Stavka espéraient atteindre.

Staline avait dévoilé ses plans de contre-attaque à Winston Churchill qui s'était arrêté à Moscou du 12 au 17 août au retour d'un voyage au Proche-Orient. Cette visite marqua un refroidissement dans les relations anglo-soviétiques. En décembre 1941, Staline avait promis de libérer ses 180 000 prisonniers polonais et de les envoyer via l'Iran en Egypte pour former l'« armée Anders » sous commandement britannique. La promesse avait été tenue mais, à la suite des pertes subies par le convoi PQ 17, l'Angleterre avait décidé d'interrompre les expéditions de ravitaillement à l'Union soviétique et, pis encore, d'ajourner à 1943 l'ouverture d'un nouveau front décidée à Washington en juillet 1942. Staline profita du passage de Churchill pour se répandre en récriminations. De plus, il se méfiait des intentions de l'Angleterre qui proposait d'aider l'armée soviétique à défendre le Caucase alors qu'elle avait soutenu les musulmans locaux contre les Russes en 1918. Enfin, à la veille du départ de Churchill, Staline se calma. Comme le pays avait désespérément besoin de camions et de certains produits manufacturés que seule l'industrie occidentale pouvait lui fournir, il fit part de ses priorités au Premier ministre britannique. Auparavant, pour faire la transition entre les reproches et les sollicitations, il lui confia son « projet extrêmement secret de vaste contre-offensive ».

Le plan était encore vague. Il ne devait pas être mis au point avant le 13 septembre. A cette date, la bataille de Stalingrad faisait rage depuis trois semaines. D'après les documents russes, il avait été conçu bien plus tôt. Le 24 juillet, Rostov-sur-le-Don, l'avant-poste de la Russie méridionale, était tombé aux mains de la VII$^{e}$ armée allemande. Dans le courant de la semaine suivante, les I$^{re}$ et IV$^{e}$ armées Panzer franchissaient le Don à l'est. Pendant que la I$^{re}$ armée se dirigeait au sud vers le Caucase, la IV$^{e}$ bifurquait au nord-est pour renforcer la VI$^{e}$ armée de Paulus qui se préparait à prendre Stalingrad. La résistance était si faible que « plusieurs soldats eurent le temps de se déshabiller pour prendre un bain dans le Don », écrit un sergent de la 4$^{e}$ Panzer-division. Le 19 août, la VI$^{e}$ armée se disposait à passer à l'assaut de la ville tandis que la IV$^{e}$ armée Panzer approchait par une route convergente. Le 23 août, des bombardements aériens détruisirent une grande partie des usines et des immeubles en bois situés à la périphérie sur la rive ouest de la Volga. A travers des ruines fumantes, la VI$^{e}$ armée continuait sa poussée vers son objectif final.

Cependant, un mois s'était écoulé depuis le passage du Don. Staline et la Stavka avaient eu le temps d'organiser à Stalingrad une défense aussi forte que celle qu'ils avaient opposée aux assaillants de Leningrad et de Moscou. Les trois villes avaient une valeur symbolique pour Hitler. Stalingrad présentait une importance particulière pour Staline. Elle était non seulement la plus grande de toutes les villes qui portaient son nom. C'était aussi le lieu où la « clique du sud » Staline, Vorochilov, Boudienny et Timochenko avaient condamné Trotski pour sa politique de guerre contre les Blancs, épisode qui avait favorisé l'ascension de Staline au sein du parti. En août, il avait donc dépêché des hommes et du matériel sur le front de Stalingrad, créé un comité de défense et nommé de nouveaux chefs énergiques à la tête de ses armées. « Ne pas reculer d'un pas », telle était la consigne qui devait être rigoureusement appliquée. Le « commandement unitaire » qui reléguait une fois de plus les commissaires au rang de conseillers fut rétabli le 9 octobre. Entre-temps, il comptait sur ses généraux pour s'opposer à toute velléité de retraite ; Gordov et Jeremenko commandant les fronts de Stalingrad et du Sud-Est, Tchenikov commandant la LXII^e^ armée dans la ville même et Joukov responsable du théâtre en sa totalité.

La rencontre Joukov-Staline eut lieu le 13 décembre au Kremlin. Dans un grand effort d'imagination, Joukov et Vassilievsky, promu au poste de chef d'état-major général, tracèrent les grandes lignes d'un plan de vaste encerclement des forces allemandes qui avançaient le long de la Volga inférieure et la destruction de la VI^e^ armée de Paulus. Staline marqua sa préférence pour un encerclement étroit. Ses arguments furent écartés. Il invoqua l'absence d'une armée assez forte pour exécuter une opération d'une telle ampleur. Joukov rétorqua que la force nécessaire pourrait être assemblée et équipée en quarante-cinq jours. Staline retira ses objections et donna son feu vert à la condition expresse que Stalingrad ne tomberait pas.

Elle faillit tomber. Le 23 août, après l'incendie des immeubles en bois de la périphérie, la VI^e^ armée s'était trouvée engagée dans une bataille acharnée aux abords de la zone industrielle, dans une partie accidentée de Stalingrad, hérissée de collines déchiquetées, couvertes de constructions en pierre et en béton.

« Chaque maison, chaque boutique, chaque château d'eau, chaque talus, mur, cave, chaque tas de ruines faisaient l'objet de combats sans précédent. »

Le 13 septembre, lendemain du jour où Paulus s'était entretenu avec Hitler à Vinnitsa au sujet de l'attaque de la ville, le front russe se trouvait encore à six, et en certains points à quinze kilomètres de la Volga. Trois divisions de la LXII^e^ armée commandées par Tchouikov composaient la garnison qui pouvait déployer une soixantaine de chars ; Rodimtsev, l'un des généraux de division, avait fait l'expérience des combats de rues à Madrid en 1937 avec les Brigades internationales. Entre le 13 et le 21 septembre, les Allemands lancèrent trois divisions d'infanterie dans un premier assaut et quatre divisions d'infanterie avec quatre Panzers dans un autre ; puis ils descendirent les rives de la Volga pour encercler le noyau de résistance – les usines Octobre Rouge, Barricades et Tracteur. En même temps, le ponton central où débarquaient les hommes et le matériel en provenance de l'autre rive était pilonné par leur artillerie.

Cependant, la lutte avait épuisé l'avant-garde de la VI$^{e}$ armée qui arrêta son action pendant que des troupes fraîches se groupaient pour affronter les batailles de rues. Les combats reprirent le 4 octobre. Tchouikov avait déplacé ses points forts dans les tunnels et les bunkers creusés sur la rive ouest de la Volga près du débarcadère. Seuls les immeubles les plus solides restaient debout.

« Nous nous sommes battus à coups de mortier, de grenades, de fusils, de baïonnettes, pour la possession d'une seule maison, rapporte un officier de la 24$^{e}$ Panzerdivision : le troisième jour, cinquante-quatre corps d'Allemands jonchaient les caves, les paliers, les escaliers. Le front est un corridor entre des pièces calcinées. L'aide provient des maisons voisines par les escaliers de secours et les cheminées. La lutte se poursuit de midi à la tombée de la nuit. D'étage en étage, des visages noirs de suie. Nous nous bombardions avec des grenades au milieu des explosions, des nuages de poussière et de fumée.. Demandez à n'importe quel soldat ce que signifie un combat au corps à corps dans ce genre de bataille. Imaginez Stalingrad : quatre-vingts jours et quatre-vingts nuit de combats au corps à corps... Stalingrad n'est plus une ville. Le jour, c'est un énorme nuage de fumée aveuglante. C'est une vaste fournaise éclairée par le reflet des flammes. Quand la nuit vient, une nuit brûlante, hurlante, atroce, les chiens plongent dans la Volga et nagent désespérément vers l'autre rive. Les nuits de Stalingrad les épouvantent. Les animaux fuient cet enfer… Seuls les hommes le supportent. »

Ce tableau de la bataille de Stalingrad n'a rien d'exagéré. Tchouikov qui ne peut être accusé de dramatiser décrit un autre épisode en termes comparables.

« Le 14 octobre, les Allemands attaquent. Une journée terrible entre toutes. Sur un front étroit, de quatre à cinq kilomètres, les Allemands lancent cinq divisions d'infanterie et deux divisions de chars soutenues par des forces d'artillerie et d'aviation massives… La Luftwaffe a fait plus de deux mille sorties dans la journée. Ce matin-là impossible d'entendre les tirs de mortier ou les explosions séparément. Tous les bruits se fondent dans un grondement continu, assourdissant. On ne peut plus rien distinguer à cinq mètres tant la poussière et la fumée sont épaisses. J'ai perdu soixante et un hommes. Après quatre ou cinq heures de ce tir de barrage terrifiant, les Allemands se préparent à l'attaque avec chars et infanterie. Ils avancent d'un kilomètre et demi et font irruption dans l'usine Tracteur. »

Cette poussée marque l'avant-dernière étape de l'avance allemande. « Dès lors, à partir du 18 octobre une trêve s'installe dans la ville, reprend Tchouikov. Les deux armées sont immobilisées dans une étreinte mortelle. Le front s'est pratiquement stabilisé. En certains points il se trouve à moins de trois cents mètres de la Volga. L'usine Octobre Rouge est occupée par les Allemands. Les usines Tracteur et Barricades sont restées aux mains des Russes. » Le front de Tchouikov est divisé en deux poches mais les garnisons tiennent bon. Les blessés, au nombre de 35 000, sont acheminés de nuit par les bateaux qui transportent les remplaçants et les munitions. Bien que renforcés et ravitaillés plus aisément, les Allemands de la VI^e^ armée sont tout aussi exténués que leurs adversaires. En novembre, Richthofen, commandant local de la Luftwaffe note dans son journal : « Les chefs et les troupes combattantes de Stalingrad sont tellement apathiques qu'il faudrait leur insuffler une nouvelle ardeur pour changer la situation. » Mais aucune ardeur nouvelle ne se manifeste. Hitler semble avoir oublié pourquoi il a lancé sa VI^e^ armée à l'assaut de Stalingrad. L'opération a relégué au second plan la poussée sur le Caucase ou même la consolidation du « front de la steppe » au nord de la ville en prévision d'une contre-attaque russe. Avec sa dangereuse tendance à prendre des kilomètres pour des mètres et les armées pour des pelotons, Hitler ne regarde plus les choses que par le petit bout de la lorgnette. Si ses soldats réussissaient à repousser Tchouikov et les vestiges de la LXII^e^ armée, au-delà des hauteurs de Stalingrad, dans la Volga, il aurait remporté un succès local à un prix exorbitant : les vingt divisions de la VI^e^ armée ont déjà perdu la moitié de leurs forces combattantes. S'ils échouaient, la plus énorme concentration de troupes de l'Ostheer serait anéantie pour rien et l'Armée rouge reprendrait l'initiative.

Le 11 novembre, Paulus monte un dernier assaut. Le temps est glacial. Bientôt, la Volga sera couverte d'une couche de glace assez solide pour offrir un passage sûr à l'armée de Tchouikov. Le lendemain, la VI^e^ armée réussit à atteindre la Volga au sud de la ville, l'encerclant ainsi complètement. C'est le dernier succès que les Allemands vont remporter à l'extrême est de leur avance en Russie. Six jours durant, une série de petits combats sporadiques oppose agresseurs et défenseurs faisant des morts des deux côtés sans avantage ni pour les uns ni pour les autres. Puis, soudain, le 19 novembre, « un grondement terrible domine le cliquetis des petites armes – le barrage fracassant des deux mille canons de Vironov au nord ». La contre-offensive Staline-Joukov-Vassilievsky commence.

### *Une coquille trop fragile*

Pour concentrer un maximum d'effectifs contre Stalingrad Hitler lui-même avait économisé ses forces ailleurs. C'est ainsi qu'il avait placé des troupes satellites – roumaines, hongroises, italiennes – sur le front de la steppe au sud de la ville. Le noyau de sa concentration à Stalingrad était donc allemand mais la coquille ne l'était pas. Les Russes avaient compris qu'en brisant l'enveloppe fragile, ils pourraient cerner et réduire la VI$^{e}$ armée sans combattre de front. Ils lui préparent un encerclement qui vengera Staline des ravages subis par l'Armée rouge à Minsk, Smolensk et Kiev l'année précédente.

Le plan de Joukov comporte deux fronts : 1° le front du Sud-Ouest (Vatoutine) et du Don (Rokossovsky), à l'ouest de la ville avec cinq armées d'infanterie et deux de chars ; 2° le front de Stalingrad (Jeremenko) au sud, avec une armée de chars et trois d'infanterie. Le front du Sud-Ouest et du Don attaque le 19 novembre et le front de Stalingrad le lendemain. Le 23 novembre, leurs tenailles se rejoignent à Kalach-sur-le-Don, à l'ouest de Stalingrad. Les III$^{e}$ et IV$^{e}$ armées roumaines sont décimées, la IV$^{e}$ armée Panzer bat en retraite et la VI$^{e}$ est ensevelie sous les décombres sur les rives de la Volga.

Au début de l'opération « Uranus » (nom de code de la contre-offensive soviétique) Hitler se trouvait dans sa retraite de Berchtesgaden loin des soucis de la campagne russe. Le 23 novembre, il se rendit à Rastenburg où il rencontra Zeitzler, qui l'adjura de l'autoriser à ordonner le repli de la VIe armée. Hitler ne voulut rien savoir : « Nous ne bougerons pas de la Volga », déclara-t-il. La semaine suivante, il eut recours à tous les expédients capables de maintenir la VIe armée en place. La Luftwaffe se chargerait de la ravitailler. Paulus réclamait un minimum quotidien de 750 tonnes de vivres et de matériel. Hitler réduisit le chiffre à 300. Manstein, le magicien de la stratégie de blindés, irait la renforcer. Il pourrait puiser dans les réserves disponibles pour l'opération « Tempête d'hiver » qui se déclencherait au début de décembre. Entre-temps, Paulus devait tenir bon. Lorsque l'attaque de Manstein se développerait, les deux armées pourraient unir leurs forces pour menacer l'Armée rouge comme elles l'avaient fait avant la contre-attaque des 19 et 20 novembre.

Manstein, commandant en chef du groupe d'armée du Don, disposait de quatre armées pour l'opération Tempête d'hiver. Les IIIe et IVe roumaines, la VIe (allemande) et la IVe Panzer. Les deux premières, toujours à court d'équipement et d'enthousiasme, étaient fort mal en point. La VIe était enfermée ; la IVe Panzer pouvait encore manœuvrer mais elle ne disposait que de trois divisions blindées (les 6e, 17e et 23e) pour lui servir de fers de lance. La tentative de percée commença le 12 décembre. Les Panzerdivisions avaient quelque quatre-vingt-dix kilomètres de steppe enneigée à parcourir avant d'atteindre les lignes de Paulus.

Elles progressèrent avec succès jusqu'au 14 décembre et les Russes, comme toujours, eurent du mal à contenir l'élan irrésistible des chars allemands. Le temps travaillait peut-être pour eux mais ils ne pouvaient égaler l'habileté militaire de la Wehrmacht. Contre ses satellites, en revanche, ils luttaient à armes égales. Le 16 décembre, la VIII^e^ armée italienne, au nord de Stalingrad a été dispersée et un nouveau danger menace les avant-gardes de Manstein. Le 17 décembre, la 6^e^ Panzerdivision se trouvait à soixante kilomètres du périmètre sud de Stalingrad assez près pour entendre le grondement des canons de la ville mais elle doit ralentir son allure. Le front italien plie et la VI^e^ armée ne semble pas près d'établir la liaison prévue. Le 19 décembre, Manstein dépêche son principal officier de renseignements dans les murs. Il revient avec des nouvelles alarmantes : Paulus est paralysé par la multiplicité des obstacles et, plus encore, par la crainte d'encourir la disgrâce du Führer. Le 21 décembre, Manstein conjure Hitler d'ordonner le repli de la VI^e^ armée de Paulus. Hitler persiste dans son refus. Le 24 décembre, Manstein est arrêté dans sa marche par la neige qui couvre la steppe entre le Don et la Volga. La nécessité de la retraite s'impose à lui.

Elle s'impose également à Kleist commandant du groupe d'armée A trop faible pour poursuivre sa poussée dans le Caucase. Au cours de l'automne, ses patrouilles motorisées avaient atteint le rivage de la mer Caspienne, l'Eldorado de la stratégie du Führer, près de l'embouchure du Terek mais il était revenu sur ses pas faute de renforts. Au début de janvier, la XVIII^e^ armée et la I^re^ armée Panzer commencent à se retirer du front du Caucase. Jusqu'au 21 janvier, le Führer avait gardé l'espoir de conserver les gisements pétrolifères de Maikop mais la pression russe au nord de Stalingrad met le désarroi dans la II^e^ armée hongroise et oblige Hitler à placer la I^re^ armée Panzer sous les ordres de Manstein pour augmenter sa force blindée. Il ordonne à Kleist d'établir une tête de pont à l'est de la Crimée où il espère que les opérations offensives pourront être reprises dès que la crise de Stalingrad sera réglée.

Ses espoirs sont illusoires. En janvier, les troupes allemandes de Stalingrad sont à l'agonie. Les livraisons quotidiennes de la Luftwaffe aux trois aérodromes du périmètre ne dépassent pas 70 tonnes alors qu'un minimum de 700 tonnes est indispensable.

Dans la première semaine de janvier 1943, les chars russes déferlent sur l'aérodrome de Morozovskaya, ce qui oblige les Junkers 52 à opérer à partir de Novotcherkassk, située à trois cent dix kilomètres de Stalingrad. Le 10 janvier, la principale piste d'atterrissage à l'intérieur du périmètre de Stalingrad tombe aux mains des Russes. Les atterrissages deviennent de plus en plus difficiles. La majeure partie du ravitaillement est parachutée et les blessés ne peuvent plus être évacués. Le 24 janvier, près de 20 000 hommes, un cinquième de l'armée ensevelie sous les décombres, gisent dans des infirmeries de fortune le plus souvent sans chauffage, par une température extérieure de moins trente degrés.

Le 8 janvier, Voronov et Rokossovsky envoient à Paulus des messagers porteurs de propositions de reddition à des conditions honorables. « Le cruel hiver de Russie ne fait que commencer », préviennent-ils. La mort dans l'âme, Paulus n'ose envisager un tel acte de désobéissance. La terrible lutte se poursuit. Le 10 janvier, les Russes bombardent la ville avec 7 000 canons, la plus forte concentration d'artillerie de l'histoire. Le 24 janvier la VI^e^ armée éclate en deux, le lendemain les forces Russes postées sur la rive est de la Volga franchissent le fleuve et rejoignent les braves de la LXII^e^ armée de Tchouikov dans leurs poches autour des usines Octobre Rouge et Barricades.

Espérant lui inspirer la décision de mourir glorieusement à son poste, Hitler confère à Paulus le bâton de maréchal. Il est sans exemple dans l'histoire qu'un Feldmarshall allemand ait capitulé devant l'ennemi et, par cette promotion, il lui met pratiquement le revolver dans la main. Devant ce dernier abus d'autorité Paulus regimbe. Le 30 janvier, son quartier général est envahi et il se rend à l'ennemi avec tout son état-major.

Troisième partie

# LA GUERRE DU PACIFIQUE
# 1941-1943

# 12

# DILEMME STRATÉGIQUE DE TOJO

Pendant toute la deuxième année de sa campagne de Russie, Hitler est absorbé par un problème stratégique séparé : la guerre contre les Etats-Unis. Le 11 décembre 1941, à 2 heures de l'après-midi, quatre jours après l'attaque japonaise de la flotte américaine du Pacifique à Pearl Harbor, Ribbentrop lut au chargé d'affaires américain le texte d'une déclaration de guerre aux Etats-Unis. C'était un événement que Ribbentrop s'était efforcé d'éviter. D'ailleurs, pendant la période de neutralité américaine, Hitler lui-même avait reculé devant tout incident qui risquerait de provoquer l'entrée en guerre des Etats-Unis. Or, le Japon ayant jeté les dés, il se hâta de suivre le mouvement. Ribbentrop lui fit valoir, en vain, que les termes du pacte tripartite n'engageaient l'Allemagne à prêter assistance au Japon qu'en cas d'agression contre lui. En apprenant les événements de Pearl Harbor, Hitler se dépêcha de communiquer la nouvelle à Keitel et à Jodl. « A présent, nous ne pouvons pas perdre la guerre, exulta-t-il : nous avons un allié qui n'a jamais été vaincu en trois mille ans d'existence. » (Pendant ce temps, Churchill formulait la même conclusion mais en sens inverse : « Ainsi, nous avons fini par gagner. ») Le 11 décembre, Hitler convoque le Reichstag et annonce à ses députés pantins :

« L'Allemagne frappera toujours la première. Toujours l'Allemagne portera le premier coup [...] Roosevelt incite les nations à la guerre puis il en falsifie les causes et, drapé dans un manteau d'hypocrisie, il conduit lentement et sûrement l'humanité à la guerre non sans prendre Dieu à témoin de la pureté de ses intentions [...] qu'après des années de négociations avec un tel homme, le gouvernement japonais se soit finalement lassé de se voir bafoué d'aussi indigne manière voilà qui remplit d'une profonde satisfaction le peuple allemand et, je n'en doute pas, toutes les autres nations honnêtes... »

Dans la soirée du même jour, l'Allemagne, l'Italie et le Japon renouvellent le pacte tripartite s'engageant à « ne pas négocier de paix séparée et à ne déposer les armes qu'après l'achèvement victorieux de leur lutte commune contre les Etats-Unis et la Grande-Bretagne ». En privé, Ribbentrop prévient Hitler : « Nous n'avons qu'un an pour couper la Russie du ravitaillement militaire qui lui parvient via Mourmansk et le golfe Persique. Le Japon doit s'occuper de Vladivostok. Si nous ne réussissons pas et que le potentiel de ravitaillement des Etat-Unis vienne s'ajouter au potentiel humain des Russes, la guerre entrera dans une phase où nous ne pourrons la gagner qu'avec difficulté. »

Ce jugement n'était pas propre à un membre de l'entourage de Hitler dont la réputation était en baisse. Il était partagé par un haut dignitaire japonais qui se trouvait au centre de la politique de son pays. A la fin de septembre, l'amiral Isoruku Yamamoto, commandant la flotte nippone, avait déclaré au Premier ministre, le prince Fuminaro Konoye : « Si vous me dites d'aller au combat sans tenir compte des conséquences, je vous apporterai une série ininterrompue de victoires pendant les six premiers mois, peut-être un an, mais je dois vous dire aussi que si la guerre devait se prolonger pendant deux ou trois ans, je ne suis nullement confiant dans notre victoire finale mais le pacte tripartite est signé et nous n'y pouvons rien [...] mais j'espère que vous vous efforcerez d'éviter une guerre américano-japonaise. » D'autres Japonais redoutaient la guerre, Konoye entre autres, mais aucun d'entre eux n'excerçait autant d'influence que Yamamoto sur l'état-major opérationnel de la marine. Dans ces conditions, comment se fait-il que non seulement son jugement n'ait pas prévalu mais que, un an après avoir exprimé ses doutes à Konoye, il ait conçu lui-même l'attaque qui allait engager son pays dans une lutte à mort contre une puissance dont il savait qu'elle finirait par le détruire ?

L'origine du conflit autodestructeur du Japon contre l'Ouest remonte au lointain passé du pays. Elle réside avant tout dans la méfiance de la caste dirigeante envers l'occidentalisation qui risquait d'ébranler la précieuse structure sociale sur laquelle repose l'ordre intérieur. C'est pourquoi, au début du XVII^e^ siècle, le Japon avait fermé ses côtes au monde extérieur et réussi à les maintenir fermées jusqu'au XIX^e^ siècle. A cette époque, l'apparition de marins occidentaux possesseurs d'une nouvelle technologie, le bateau à vapeur, l'obligea à reconsidérer sa position. Par un changement radical de leur politique nationale, les Japonais décidèrent de se joindre au monde occidental mais ils posaient comme conditions que les procédés de modernisation leur soient communiqués. Le Japon était disposé à acheter la technologie du monde moderne mais il ne voulait pas se vendre à l'ouest pendant qu'il l'acquérait.

A la fin de la Première Guerre mondiale, le Japon avait fait des progrès extraordinaires dans la voie de l'idéal qu'il souhaitait atteindre. Une comptine enfantine datant de l'ère de la modernisation, après la restauration Meiji de 1867-1868 qui rétablit le pouvoir du gouvernement central sur les seigneurs féodaux, énumère les dix objets occidentaux les plus désirables, notamment la machine à vapeur, l'appareil photographique, la presse quotidienne, la scolarisation, le navire à vapeur. Dans les années 1920, le Japon possédait un système scolaire efficace dont les produits travaillaient dans des usines qui fabriquaient non seulement des textiles vendus sur le marché mondial à des prix hautement compétitifs mais du matériel lourd et léger, de l'acier, des armements aussi modernes que partout ailleurs dans le monde. Le Japon avait déjà gagné deux guerres importantes, contre la Chine en 1894 et contre la Russie en 1905. Il avait également participé à la Première Guerre mondiale dans le camp des Alliés avec des armes en majeure partie de fabrication nationale.

### *Les desseins du Japon sur la Chine*

Malgré ses succès dans sa lutte pour la modernisation, le Japon ne fut pas traité sur le même plan que les nations victorieuses. L'Angleterre et les Etats-Unis lui savaient gré de son aide dans la campagne contre les colonies allemandes du Pacifique mais, après lui avoir concédé une partie de ces colonies, les Alliés refusèrent de lui attribuer un statut égal à celui des grandes puissances militaires. Les Japonais se plaignirent d'avoir été contraints à restituer plusieurs territoires stratégiques conquis pendant la guerre russo-japonaise de 1904-1905. De plus, à la conférence navale de Washington en 1921, les Anglo-Américains les avaient relégués à un rang inférieur dans la hiérarchie de la marine mondiale. C'était une blessure infligée à l'orgueil national que la caste des guerriers samouraïs décida de ne pas pardonner. Les samouraïs, qui avaient fait un bond prodigieux de la féodalité à la modernité pour conserver leur domination dans le nouveau Japon, savaient que leur marine du Pacifique était égale à celles de l'Angleterre et des Etats-Unis en qualité matérielle et en potentiel humain. Ils déploraient les termes du traité qui l'avaient réduite aux trois cinquièmes des flottes anglaise et américaine.

L'armée japonaise avait d'autres motifs de rancœur. Moins occidentalisée que la marine, dont les officiers avaient été élevés dans la tradition de la Royal Navy, l'armée de terre était habitée par l'intense esprit de nationalisme raciste qui s'était emparé de la vie politique japonaise entre les deux guerres. Avec sa population de soixante-dix millions d'habitants, le Japon avait cessé de se suffire en produits alimentaires. Il n'avait jamais pu se suffire en matières premières, en particulier en métaux non ferreux, caoutchouc et surtout en pétrole. Pour les nationalistes japonais, la solution était des plus simples ; le Japon prendrait les ressources nécessaires à sa révolution industrielle chez ses voisins et assurerait son ravitaillement par la méthode la plus directe : la conquête. L'armée japonaise méprisait les Chinois pour leur incompétence économique et politique. L'écroulement de leur système impérial dans le chaos des luttes féodales après 1912 témoignait de leur incapacité. Par conséquent, c'était en Chine que le Japon devait fonder un empire économique.

Un premier pas fut fait en 1931. A l'époque, la garnison japonaise de Mandchourie qui jouissait de droits de protection sur le réseau ferré par lequel il extrayait des minerais mit le seigneur de la guerre local en demeure de cesser ses efforts pour rétablir l'autorité chinoise dans la région. Ce jeune maréchal était un allié de Tchang Kaï-chek, commandant l'armée du gouvernement de Nankin et ses soldats furent rapidement mis en déroute. L'« incident de Mandchourie » provoqua la colère à la fois de l'étranger et du gouvernement japonais qui estimait à juste titre que l'armée avait usurpé son autorité. Cependant, malgré les vives protestations de l'Amérique qui adoptait une attitude protectrice vis-à-vis de la Chine, personne ne leva le petit doigt pour punir l'armée. En 1937, la garnison japonaise du secteur des concessions de Pékin se heurta aux troupes chinoises stationnées dans la ville et la lutte s'étendit rapidement d'un bout à l'autre du littoral chinois. En 1938, la majeure partie de la Chine fertile, englobant les vallées des fleuves Jaune et Yang-tsé, était occupée par les Japonais. Nankin, la nouvelle capitale, et Pékin, l'ancienne, étaient toutes deux aux mains des envahisseurs. Tchang Kaï-chek, devenu chef du gouvernement, se retira à Tchong-King, sur le haut Yang-tsé.

Entre-temps, l'armée et, indirectement, la marine avaient encouru la colère des puissances étrangères en infligeant des dommages aux flottilles britanniques et américaines naviguant sur les eaux extraterritoriales. En 1936, les Japonais s'étaient attaqués à l'Armée rouge sur la frontière sino-mongolienne mais, en 1939, au cours d'une autre action contre les troupes soviétiques, ils avaient été battus à plates coutures par le futur maréchal Joukov. Dès lors, ils s'étaient prudemment abstenus de provoquer les Russes. En revanche, ils n'éprouvaient aucun respect pour les Anglo-Américains dont les gouvernements s'étaient contentés de protester contre les attaques de l'USS *Panay* et du HMS *Ladybird* sans prendre aucune sanction.

Le général Hideki Tojo avait joué un rôle primordial dans l'« incident de Chine » comme dans l'« incident de Mandchourie ». En 1938, il était nommé ministre adjoint à la Guerre. Il profita de ses fonctions pour préconiser un réarmement intensif par mesure de précaution contre une menace de guerre venant de l'Union soviétique ou du gouvernement chinois. Tojo était un nationaliste fervent mais pas un extrémiste. Or, à la fin des années trente, les nationalistes extrémistes jouèrent un rôle de plus en plus pernicieux dans la vie japonaise. Le 26 février 1936, un groupe de soldats de la garnison de Tokyo s'opposa vivement à l'attitude conciliante de la classe samouraï traditionnelle ; ils tentèrent d'assassiner le Premier ministre et réussirent à tuer deux de ses prédécesseurs ainsi que le Grand Chambellan. L'« incident du 26 février » discrédita provisoirement les nationalistes violents mais, chose paradoxale, il renforça le pouvoir de l'armée qui se désolidarisa promptement des mutins. Après une succession de gouvernements modérés, le prince Konoye, ancien Premier ministre, reprit le pouvoir. Il nomma Tojo ministre de la Guerre et Yosuko Matsuoka ministre des Affaires étrangères. La présence de ces deux farouches impérialistes au gouvernement allait conduire le Japon à la guerre.

Matsuoka commença par faire adhérer le Japon au pacte tripartite de septembre 1940 avec l'Allemagne et l'Italie. L'article 3 imposait aux puissances signataires l'assistance mutuelle au cas où l'une d'entre elles serait attaquée par un pays extérieur au conflit sino-japonais ou aux hostilités en Europe. Il est clair que cet article engageait le Japon à combattre la Russie si elle attaquait l'Allemagne et l'Allemagne à combattre les Etats-Unis s'ils attaquaient le Japon. Le pacte reconnaissait également le rôle prépondérant de l'Allemagne dans l'instauration d'un « ordre nouveau » en Europe et le même rôle du Japon dans l'instauration d'une « sphère de coprospérité » en Extrême-Orient. Cette clause devait permettre au Japon de se constituer Protecteur des colonies asiatiques des Empires européens après 1941. En 1936, il avait déjà accepté l'appui de l'Allemagne en signant le pacte antikomintern qui était censé le garantir contre une éventuelle menace de la Russie. En 1938, pour faire contrepoids au pacte germano-soviétique,

Matsuoka négocia un traité de neutralité avec l'Union soviétique ; mais la tendance de la diplomatie japonaise allait fermement à l'encontre de tout arrangement avec les neutres et les puissances anti-Axe. Elle était favorable à une association plus étroite avec les vainqueurs de 1940 dont l'étoile semblait suivre une courbe ascendante.

Le cabinet japonais n'avait pas été averti de l'attaque allemande contre la Russie, ce qui ébranla provisoirement sa confiance vis-à-vis de son alliée. Le 16 juillet, Matsuoka fut remplacé par un ministre des Affaires étrangères plus modéré, mais Tojo demeura en place et il ne cessa de préconiser l'affrontement avec les ennemis du Reich – les Anglais et le gouvernement hollandais en exil – et les Etats-Unis. Cette politique incita les Anglais, pour apaiser les Japonais, à fermer la « route de Birmanie » par laquelle Tchang Kaï-chek était ravitaillé en Chine méridionale. Les Hollandais avaient aussi été contraints à maintenir leurs expéditions de pétrole, de caoutchouc, d'étain et de bauxite en provenance des Indes néerlandaises en quantités respectables. En septembre 1940, la France qui, bien que battue en Europe, restait une puissance coloniale en Extrême-Orient avait été forcée d'accorder aux Japonais le droit d'installer des bases en Indochine. De là, ils pouvaient opérer contre Tchang Kaï-chek, et menacer l'armée et la flotte hollandaise dans les Indes néerlandaises, l'armée et la flotte anglaises en Malaisie et en Birmanie ainsi que l'Australie et les possessions britanniques sur les côtes de l'océan Indien, de Ceylan à l'Afrique orientale.

Bien que lointaines, ces perspectives étaient séduisantes. Cependant, le danger de la puissance américaine se dressait au premier plan. Non seulement l'expansion japonaise menaçait le protectorat américain des Philippines mais les Etats-Unis protégeaient aussi la Chine.

Des générations de missionnaires et de professeurs américains avaient enseigné le christianisme et la culture occidentale dans les villes et les campagnes chinoises. Ils n'avaient jamais eu d'élèves plus reconnaissants que Tchang Kaï-chek et son épouse. Les commerçants américains trouvaient eux aussi des satisfactions substantielles en Chine. Les marins et soldats américains avaient croisé dans ses eaux et traversé ses plaines en pacificateurs depuis la révolte des Boxers. Le « lobby chinois » représentait le groupe de pression le plus important des Etats-Unis en matière de politique étrangère. Révolté par l'« incident chinois » (euphémisme employé pour désigner la guerre barbare qui sévissait depuis quatre ans contre le gouvernement du Kouomin-tang), il exigea non seulement que le Japon soit contraint de mettre un terme à ses menées expansionnistes dans le Pacifique mais qu'il soit forcé de renoncer à ses récentes conquêtes.

*Préparations pour la guerre*

En avril 1941, Cordell Hull, le secrétaire d'Etat américain, avait exposé aux Japonais quatre principes de conduite internationale, leur imposant une politique qui mettait un frein à leur expansion et redéfinissant la position inférieure que les Etats-Unis avaient assignée à leur pays. Les quatre principes en question convenaient à un parti du cabinet japonais qui pensait que les intérêts de l'empire seraient mieux servis par l'acquisition d'avantages aux dépens de l'Union soviétique, le « parti du Nord ». Le « parti du Sud » qui préconisait l'extension de la puissance japonaise par l'obtention de bases en Indochine française resta majoritaire. Le cabinet se mit d'accord pour poursuivre les négociations avec Cordell Hull tout en activant les préparatifs militaires. Le

16 juillet Matsuoka, qui seul prêchait l'intransigeance, fut remplacé au cours d'un remaniement du cabinet.

Depuis le début de 1941, le gouvernement américain était capable de décoder les messages japonais les plus secrets grâce à un système de déchiffrage appelé Magic semblable à l'Ultra britannique. Mis au courant de la réunion du cabinet japonais et de sa résolution de poursuivre à la fois des négociations diplomatiques et les préparatifs militaires, Roosevelt décida d'engager une guerre économique contre Tokyo. Le 24 juillet, le Japon arracha à Vichy l'autorisation de laisser ses troupes stationner en Indochine. Le 26, avec l'accord de l'Angleterre et de la Hollande, les Etats-Unis mirent l'embargo sur toutes les expéditions entre les puissances occidentales et le Japon, réduisant ainsi de trois quarts le commerce extérieur du Japon et lui coupant à la source les neuf dixièmes de son ravitaillement en produits pétroliers.

L'amiral Namura, ambassadeur du Japon à Washington, entretenait d'excellentes relations avec les hauts fonctionnaires américains. Ses idées étaient beaucoup plus modérées que celles des chefs de l'armée qui exigeaient qu'une date limite soit fixée aux pourparlers.

Le 6 septembre, au cours d'une conférence ministérielle en présence de l'empereur Hirohito, les solutions furent reconsidérées sous leur forme la plus simple : fallait-il entreprendre des préparatifs de guerre immédiatement, continuer les négociations ou accepter les restrictions imposées à l'activité stratégique du Japon y compris le retrait des troupes nippones d'Indochine ? Tojo, alors ministre de la Guerre, insista pour que les questions soient présentées sous cette forme. Comme les autres ministres présents, il fut stupéfait d'entendre l'empereur évoquer les conséquences terribles que leur décision risquait d'entraîner. Les membres du cabinet s'en tinrent à leurs conclusions précédentes et convinrent d'attendre jusqu'au 10 octobre le résultat des négociations.

Les pourparlers traînèrent en longueur et il parut bientôt évident que la date fixée devrait être reportée, ce qui inquiéta les extrémistes civils et militaires. Tojo, chef du parti de l'armée et très influencé par l'impatience populaire, opta pour la guerre. Le 5 octobre, il convoqua dans son bureau quelques hauts dignitaires qui conclurent que la diplomatie ne réglerait rien et qu'il fallait obtenir de l'empereur qu'il approuve une offensive militaire. Pendant toute la semaine suivante, Tojo exerça de multiples pressions sur le prince Konoye et, le 14 octobre, il laissa entendre à l'armée qu'il pensait accéder au poste de Premier ministre. Deux jours plus tard, Konoye démissionna et Tojo lui succéda.

Contrairement à ce que publiait la propagande alliée, Tojo n'était ni fasciste, ni pro-nazi, ni pro-Axe. Bien qu'il fût exécuté comme criminel de guerre selon les lois établies pour le procès de Nuremberg, ses motivations différaient de celles de Hitler et de ses partisans. Il n'était poussé ni par le désir de vengeance ni par la haine raciale. Il était farouchement anticommuniste et redoutait le pouvoir croissant de Mao Tsé-toung en Chine mais il n'avait nullement l'intention d'exterminer l'ennemi chinois pas plus qu'aucun autre groupe susceptible de barrer la route au Japon en Asie. Son chauvinisme était exclusivement anti-occidental. Tojo entretenait une alliance avec l'Allemagne pour des raisons de commodité. Il n'ignorait nullement que si son alliée du moment avait été une puissance dominante dans le Pacifique, elle ne se serait pas montrée plus généreuse que l'Amérique ou l'Angleterre à l'égard du Japon. Le programme de Tojo était très simple : il était fermement déterminé à soumettre et à annexer la Chine, à imposer la suprématie du Japon dans la sphère d'influence la plus avantageuse et, par conséquent, à vaincre les nations occidentales qui s'opposeraient à ses desseins. Il était également prêt à offrir aux autres Etats asiatiques une place au sein de la « sphère de coprospérité » sous domination japonaise. Il rêvait d'une Asie libérée de la présence occidentale où le Japon figurerait en tête des peuples qui reconnaîtraient l'immense effort qu'il avait accompli pour se moderniser.

Le 1er novembre, il présidait une réunion des représentants des autorités civiles et militaires convoquées pour examiner les conséquences de la paix et de la guerre, et de l'issue des pourparlers avec l'Amérique. Les personnalités présentes décidèrent de mettre les Etats-Unis en demeure d'accepter l'une de leurs deux propositions désignées par A et B. Par la première, les Japonais offraient aux Etats-Unis de retirer leurs troupes de Chine dans un délai de vingt-cinq ans, dans l'espoir que les Américains la rejetteraient. Par la proposition B, le Japon promettait le retrait de ses troupes du territoire chinois à la condition que les Etats-Unis lui vendent un million de tonnes de carburant pour avion. La paix dans le Pacifique dépendait de la réponse de Washington à ces deux propositions. En tant que Premier ministre mais aussi en tant que représentant du parti de la guerre, Tojo était écartelé. Il finit par admettre qu'il fallait tenter un dernier effort pour éviter la guerre en présentant à l'Amérique les conditions de la proposition B, aussi improbable que puisse paraître l'acceptation de Washington. Le lendemain, pourtant, il exprima son inquiétude en présence de l'empereur : « Si le Japon ne profite pas de son avantage maintenant, je crains que, d'ici deux à trois ans, nous ne devenions une nation de troisième rang [...] d'autre part, si nous gouvernons les territoires occupés avec justice, l'hostilité dont nous sommes l'objet s'apaisera probablement. L'Amérique commencera par protester mais elle finira par comprendre. Quoi qu'il en soit, j'éviterai soigneusement de faire une guerre raciale. »

L'empereur s'abstint, pour la circonstance, de rappeler à ses conseillers les risques que comportait l'opération. En effet, le Japon décida que, faute d'une réponse de Washington à la date limite du 29, il attaquerait les Etats-Unis. Le 25, les forces navales japonaises devraient être prêtes à lancer une attaque contre les bases américaines du Pacifique pendant que les troupes stationnées en Indochine se disposaient à entrer en Thaïlande dans l'intention d'envahir la colonie britannique de Malaisie et, au-delà, la Birmanie et les Indes néerlandaises.

Grâce à Magic, les Américains furent immédiatement informés que la date limite assignée à la conclusion des pourparlers était fixée au 29 novembre. Ils supposèrent que c'était à partir de cette date que le Japon se déclarerait en guerre. Bien qu'ils aient eu également accès au code secret de la marine, ils n'avaient pas eu vent des mouvements militaires préliminaires ordonnés par Tojo en raison du rigoureux silence radio imposé à tous les éléments de la flotte et à la XXVe armée d'Indochine. Pendant les deux dernières semaines de novembre, le département d'Etat étudia la proposition B avec les représentants japonais à Washington. Les négociations étaient chargées d'ambiguïté. Sachant que les Japonais procédaient à des préparatifs militaires tout en prétendant conduire des négociations franches, Hull ne se sentait guère disposé à accorder le moindre poids à leurs propositions et contre-propositions. Comme l'ambassadeur Nomura et le diplomate Kurusu chargé de l'assister étaient des hommes d'honneur, leurs efforts pour régler la question étaient freinés par l'embarras qu'ils éprouvaient à jouer le double jeu que Tojo leur imposait.

Le 26 novembre, toutes les ambiguïtés furent levées. Cordell Hull remit aux diplomates une note redéfinissant la position des Etats-Unis. Elle n'avait pas changé depuis le début des négociations : le Japon devait retirer ses troupes non seulement d'Indochine mais aussi de Chine, accepter la légitimité du gouvernement de Tchang Kaï-chek et se désolidariser des autres signataires du pacte tripartite. La note arriva à Tokyo le 27 novembre et sema la consternation. Elle allait plus loin que toutes les contre-propositions précédentes. Non seulement elle liait la levée des embargos économiques à une capitulation diplomatique humiliante mais elle exigeait le retrait de tout le territoire que les empereurs chinois avaient gouverné autrefois – la Mandchourie ainsi que la Chine proprement dite. Comme la Mandchourie ne faisait pas partie de la Chine ethnique et que les Japonais estimaient l'avoir conquise par des moyens réguliers, cet additif à la note de Hull ancra Tojo dans la conviction que sa politique était juste, que les Etats-Unis ne traitaient pas le Japon en égal dans la communauté des nations. Pensaient-ils donc que l'empereur et le gouvernement allaient se soumettre à la volonté du président américain ? Ils semblaient ne tenir aucun compte de la réalité de la puissance stratégique du Japon. L'armée et la marine convinrent que la note était inacceptable. Pendant que Tojo expédiait ses émissaires à Washington pour reprendre les conversations diplomatiques, navires et soldats reçurent l'ordre de gagner leurs postes. Un long message énumérant les griefs japonais fut adressé à Nomura qui devait le transmettre à Cordell Hull en guise de déclaration de guerre. Bien qu'il eût été intercepté par Magic, il ne fut officiellement présenté au Département d'Etat qu'à deux heures de l'après-midi, une heure après la limite stipulée par Tokyo. A ce moment-là, Pearl Harbor avait déjà été soumis à un bombardement intense. Quant à Tojo, il était doublement satisfait : en tant que chef militaire, il présidait à l'une des plus extraordinaires attaques surprises que l'histoire ait jamais connues, mais, en tant que traditionaliste, il avait l'ignominie d'être l'initiateur de ce que Roosevelt allait dénommer « le jour qui restera à jamais marqué d'infamie ».

# 13

# DE PEARL HARBOR À MIDWAY

Le dimanche 7 décembre, la flotte américaine du Pacifique mouillait paisiblement dans la rade hawaiienne de Pearl Harbor. Jusqu'en avril 1940, sa base permanente se trouvait à San Diego, Californie. En mai, l'attaque surprise de la France par l'Allemagne, l'alliée européenne du Japon, avait décidé le département de la Marine à prolonger la croisière de printemps de la flotte ; elle attendrait à Hawaii le retour au calme des eaux occidentales. Dans le Pacifique, le Japon maintenait une flotte composée de cuirassés et de porte-avions plus importante que celle des Etats-Unis. De plus, le conflit avec la Chine lui laissait encore une force armée de 11 divisions, supérieure à l'armée américaine du moment et susceptible d'être engagée n'importe où. La flotte du Pacifique était restée à Pearl Harbor pendant toute l'année 1940 tandis que la flotte de l'Atlantique commençait à entreprendre des opérations d'escorte au large de la côte Est de l'Amérique. La flotte du Pacifique, elle, poursuivait son programme d'exercices et de croisières. Depuis juin 1940, elle avait effectué plusieurs exercices d'alerte aérienne, navale et sous-marine et, depuis octobre 1941, elle était en état d'alerte permanente. En temps de paix, la flotte du Pacifique observait toujours le repos dominical. Les officiers passaient la nuit à terre et l'équipage prenait un petit déjeuner tardif. C'est ce qui se passait le 7 décembre, ce jour qui, selon la formule de Roosevelt, resterait « à jamais marqué d'infamie ».

La marine japonaise savait que la flotte du Pacifique était vulnérable à une attaque surprise et c'est sur cette hypothèse que ses plans étaient fondés. Ces plans prévoyaient trois étapes. Dans la première, la flotte combinée surprendrait la flotte des Etats-Unis à Pearl Harbor pendant que d'autres forces navales et militaires détruiraient les navires et unités ennemies et s'empareraient des territoires importants de la « région du Sud » – la Malaisie, les Indes néerlandaises et les Philippines. Puis, pour compléter les opérations, l'armée et la marine établiraient un périmètre défensif dans le Pacifique occidental, englobant les îles et archipels que les Américains et leurs alliés auraient pu utiliser comme bases pour attaquer la zone d'influence stratégique japonaise. Le plan reposait sur le raisonnement suivant : entre la Californie et Hawaii, l'océan Pacifique n'offrait aucun point de ravitaillement à une flotte ou à une force amphibie basée aux Etats-Unis alors que le Pacifique oriental présentait une constellation d'îles et d'archipels qui pourraient être fortifiés pour former une zone impénétrable. De plus, le long flanc sud insulaire pouvait être doté de forces aériennes et navales telles qu'une flotte américaine naviguant vers les bases d'Australie et de Nouvelle-Zélande subirait de gros dégâts au passage et que toute tentative de contre-offensive serait impossible à cette latitude.

La deuxième étape du plan prévoyait la construction de bases fortifiées le long d'une chaîne partant des îles Kouriles (au large de la Sibérie) et passant par Wake (possession américaine), les îles Marshall (ex-possession allemande attribuée au Japon par le traité de Versailles), les Gilbert (britanniques), les Bismarck (exallemandes, alors australiennes), la Nouvelle-Guinée (australienne), les Indes néerlandaises et la Malaisie britannique. La troisième étape était une phase opérationnelle. Elle comportait d'une part l'interception et la destruction des forces alliées qui violaient ou approchaient le périmètre défensif, d'autre part la mise en route d'une guerre d'usure tendant à abattre le moral des Américains et l'extension du conflit dans la zone de domination britannique, la Birmanie, l'océan Indien et peut-être l'Inde elle-même.

Cette forme de stratégie est gravée dans l'âme et dans l'histoire des Japonais qui, en tant que peuple insulaire, ont été habitués à utiliser leurs forces terrestres et navales de concert pour assurer la sécurité des archipels qu'ils habitent et étendre leur puissance aux régions avoisinantes.

Ils visaient par priorité la destruction de la flotte américaine faute de quoi les phases deux et trois seraient vouées à l'échec. Chose paradoxale, c'est à Yamamoto que fut confiée l'élaboration du plan. Cependant, bien que fermement opposé au pacte tripartite, sincèrement favorable aux Etats-Unis et, d'ailleurs, pessimiste quant à l'issue de la guerre, il pensa que son devoir de Japonais et d'officier exigeait qu'il accepte cette responsabilité.

Marin de carrière, Yamamoto avait été blessé à la bataille navale de Tsushima pendant la guerre russo-japonaise de 1905. Par la suite, il comprit que le porte-avions était l'arme navale de l'avenir et il avait appris à piloter à un âge avancé mais il doutait de ses compétences en matière d'opérations air-mer. Il eut donc recours au jeune et brillant officier de l'aéronavale Minoru Genda pour la mise au point du plan d'attaque. Ils l'étudièrent ensemble pendant tout le printemps et une partie de l'été. En septembre, après de multiples révisions, le plan fut soumis à l'état-major de la Marine.

Il comprenait cinq opérations séparées mais simultanées. Le jour Z – lettre du pavillon qui servit à donner le signal de la bataille de Tsushima –, deux petites forces amphibies devaient se diriger sur les avant-postes américains de Wake et de Guam pour balayer les bastions compris à l'intérieur du périmètre entourant la « zone sud ». En même temps, une autre force amphibie en provenance des bases japonaises de Formose, Okinawa et Palau débarquerait aux Philippines, pour attaquer les îles de Mindanao et Luzon pendant que les forces terrestres, aériennes et navales stationnées en Indochine et en Chine du Sud envahiraient la Malaisie et la presqu'île de Malacca. Néanmoins, l'action centrale dont dépendait le succès des quatre premières était la destruction de l'escadre américaine de Pearl Harbor : pour réussir cet exploit, la flotte nipponne avec ses porte-avions devrait s'approcher sans être repérée à une distance de trois cents kilomètres de l'île, lancer ses avions et repartir. Si tout se passait comme prévu, la flotte américaine du Pacifique, ses huit cuirassés et ses trois porte-avions seraient incendiés et coulés dans le port.

Deux obstacles pourraient compromettre le succès du plan : d'une part les torpilles japonaises posaient des problèmes en eaux peu profondes, mais, après une légère modification, elles se révélèrent parfaitement efficaces. D'autre part, même en approchant Hawaii par la route la moins directe, la flotte nipponne risquait d'être repérée en empruntant une voie éloignée du trafic commercial normal. En octobre 1941, un paquebot japonais expédié en mission de reconnaissance signala à son retour qu'il n'avait aperçu aucun autre navire à l'horizon et pas le moindre avion dans le ciel. Cette constatation balaya toute crainte d'une éventuelle détection.

Le 26 novembre, la flotte japonaise appareilla. Les forces d'attaque la suivirent quelques jours plus tard.

L'amiral Nagumo commandait 6 porte-avions, 2 cuirassés et 2 croiseurs lourds, 3 sous-marins, quelques escorteurs et une flottille de pétroliers. Les Japonais, comme les Américains, étaient les pionniers du ravitaillement en mer, une technique qui accroissait énormément le champ d'action et la durée à la mer d'une flotte opérationnelle. Cependant, c'était le groupe de 6 porte-avions capables d'embarquer ensemble plus de 400 appareils, dont 320 torpilleurs et bombardiers en piqué avec leur escorte de chasseurs, qui donnait toute sa force à cette escadre.

Aucun des services secrets américains ne se montra efficace en l'occurrence. Les historiens se sont demandé pendant des années si Roosevelt « savait ». Ceux qui répondent par l'affirmative prétendent que le Président avait cherché et trouvé dans la révélation de l'« infamie » japonaise le prétexte qu'il lui fallait pour entraîner les Etats-Unis dans la guerre aux côtés de l'Angleterre. Cette accusation confirme la version selon laquelle Churchill et Roosevelt auraient conclu un accord secret dans l'intention d'utiliser la perfidie japonaise pour convaincre le peuple américain de participer au conflit. Ces deux accusations défient la logique. Les avocats de la seconde hypothèse déclarent que Churchill ne désirait certainement pas s'engager dans une guerre avec le Japon, car l'Angleterre n'était pas équipée pour le combattre. Il tenait seulement à obtenir l'assistance de l'Amérique contre Hitler, ce qu'un « casus belli » dans le Pacifique n'aurait pas nécessairement assuré. Comme nous l'avons vu, la déclaration de guerre de Hitler aux Etats-Unis dans la foulée du désastre de Pearl Harbor avait résolu des problèmes diplomatiques qui, autrement, auraient sans doute nécessité des mois de négociations entre la Maison Blanche et le Congrès. Dans le second cas, il est possible de démontrer que Roosevelt avait eu une connaissance limitée des faits. Bien que les décrypteurs américains aient découvert la clé du code diplomatique japonais, « Purple », et celle du code naval, « JN 25b », « Purple » n'était utilisé que pour transmettre les instructions du ministère des Affaires étrangères à ses diverses ambassades. Or il n'est pas d'usage que ces instructions se rapportent à des plans de guerre. Il est vrai que, pendant les derniers mois de paix, leur contenu avait éveillé les soupçons des services de renseignements mais les soupçons ne constituent pas des preuves. Les plans de guerre qui auraient pu fournir des preuves n'étaient pas non plus confiés à « JN 25b ». D'autre part, pendant les semaines qui précédèrent l'attaque de Pearl Harbor, le silence radio fut de règle. Tous les ordres étaient transmis par courrier entre Tokyo, la flotte et l'armée. Par mesure de précaution supplémentaire, la flotte japonaise était dissimulée par une zone de brumes épaisses qui couvrent le Pacifique-Nord.

*L'attaque de Pearl Harbor*

Pourtant, Pearl Harbor était protégé par radar. La méconnaissance des avertissements du radar constitue la faute majeure de la marine du Pacifique au mois de décembre 1941. Une station expérimentale équipée d'un radar britannique avait été installée en août sur la côte nord d'Oahu et enregistrait régulièrement les mouvements qui se produisaient dans la zone maritime qu'elle couvrait. Le 7 décembre, à 7 heures du matin, au moment où il allait terminer sa surveillance de nuit, son opérateur détecta l'approche de la plus énorme concentration d'avions qu'il eût jamais repérée sur son écran. Alerté, l'officier de service à Pearl Harbor lui conseilla de ne pas se tracasser. Simple soldat dans le corps des transmissions, l'opérateur obéit. L'officier de service avait conclu à tort que l'écho sur l'écran signalait un vol de forteresses volantes, en provenance de Californie, attendues à Hickham Field dans la matinée. Une intense activité régnait autour de Hawaii en décembre 1941. Les porte-avions *Lexington, Enterprise* et *Saratoga* livraient couramment des appareils à Wake et à Midway. L'écho du radar semblait faire partie d'une opération de routine.

En réalité, l'écran-radar signalait le premier vol de la force d'attaque lâchée à 300 kilomètres d'Oahu et détectée à 200 kilomètres de sa cible, le « Battleship Row », à moins d'une heure de vol. Elle comprenait 181 bombardiers en piqué avec leur escorte de Zéros. Tous leurs équipages s'étaient inlassablement entraînés pendant des mois au cours d'attaques simulées, organisées dans les mêmes conditions que l'opération de Pearl Harbor. Un programme d'espionnage minutieux avait localisé l'emplacement de chaque cuirassé, de chaque croiseur et un groupe de pilotes était affecté à chaque cible. Chaque assaillant connaissait parfaitement son rôle. Il ne leur restait plus qu'à éviter les défenses et à larguer bombes et torpilles sur l'objectif visé.

Les défenses étaient inexistantes. Sur le pont, les équipes de service qui aperçurent le premier appareil japonais au-dessus de « Battleship Row » et ceux survolant Hickham, Bellows et Wheeler Fields, crurent qu'ils effectuaient un exercice de routine. Les trois quarts des 780 canons anti-aériens installés sur les navires n'étaient pas armés et seules 4 batteries sur 31 étaient opérationnelles. Une grande partie des munitions était emmagasinée dans les dépôts. A 7 h 49, les Japonais déclenchèrent leur attaque ; à 8 h 12, la flotte du Pacifique fut détruite ; l'*Arizona* avait explosé, l'*Oklahoma* avait chaviré, le *California* était en train de sombrer, 4 autres cuirassés étaient gravement endommagés. A 9 heures une seconde vague de 180 avions japonais compléta le massacre. Après leur départ le *West Virginia* vint s'ajouter à la liste des bâtiments coulés. Le *Nevada* s'était échoué – sauvé par la présence d'esprit de l'officier de ville qui avait pris le commandement. Le *Maryland*, le *Tennessee* et le *Pennsylvania* avaient subi de terribles dégâts. Les petits bâtiments n'avaient pas été épargnés et 188 avions rangés, côte à côte, furent détruits au sol. La victoire du Japon fut complète et l'humiliation des Etats-Unis sans précédent dans l'histoire. Yamamoto, le héros de cette bataille épique, fut proclamé le Nelson japonais.

Cependant, Pearl Harbor n'était pas Trafalgar. Les premiers pilotes japonais qui regagnèrent leurs bâtiments déploraient de n'avoir trouvé aucun porte-avions américain ancré à Pearl Harbor. Ils demandèrent à l'amiral Nagumo de les relancer pour qu'ils puissent achever leur œuvre par le pilonnage des docks et des réservoirs de pétrole. Ainsi, du moins, le port ne pourrait servir de base à une contre-offensive américaine. Genda soutint leur requête. Nagumo, un rude combattant, mais pas un Nelson, refusa. L'opération « Z » avait réussi au-delà de tout espoir. Il s'agissait à présent de mettre la flotte à l'abri du danger afin qu'elle se tienne prête pour la prochaine phase de l'offensive au Sud. Les autres forces aéronavales japonaises prenaient assez de risques dans leurs périlleuses tentatives contre les empires britannique, hollandais et américain. Qui pouvait savoir quand et où la précieuse flotte nipponne serait appelée à intervenir.

*La marée du Japon conquérant*

L'opération « Sud » était déjà en route et la Royal Navy allait commencer à sentir le poids des forces aéronavales japonaises. Les Anglais avaient bien l'intention de défendre leurs possessions en Asie du Sud-Est et dans le Pacifique. Or, le succès de leurs plans dépendait de l'envoi de navires de guerre assistés de porte-avions à Singapour, base fortifiée à la pointe de la presqu'île malaise, à mi-chemin entre Sumatra et Bornéo. Par mesure de précaution, le nouveau cuirassé *Prince of Wales* et le vieux croiseur *Repulse* avaient été envoyés à Singapour au début de décembre. Le 8 décembre, avertis que les Japonais commençaient à débarquer des troupes sur la presqu'île de Kra, près de la frontière entre le Siam et la Malaisie, le *Prince of Wales* et le *Repulse* appareillèrent de Singapour. Le 10 décembre, les bombardiers japonais les localisèrent et, après deux heures d'attaque incessante, les deux navires furent coulés. Winston Churchill, qui avait appris la nouvelle par téléphone, écrira plus tard : « Jamais de toute la guerre je n'ai reçu un choc aussi brutal. »

D'autres mauvaises nouvelles étaient en route. Les 8 et 10 décembre, les îles de Wake et de Guam, avant-postes américains à l'intérieur de la grande chaîne des anciennes îles allemandes furent attaquées. Guam tomba aussitôt ; Wake, héroïquement défendue par sa petite garnison de marines, succomba le 23 décembre. La colonie britannique de Hong Kong résista à un siège commencé le 8 décembre mais, le 25 décembre, elle capitule malgré la résistance acharnée de sa garnison anglo-canadienne. Les atolls de Tarawa et Makin dans les îles Gilbert furent occupés dans le courant du même mois. Le 10 décembre, les Japonais entreprirent des offensives amphibies dans l'intention d'envahir la Malaisie et les Philippines.

L'effondrement de la défense britannique de Malaisie fut considéré comme l'une des défaites alliées les plus humiliantes de la guerre. Les forces japonaises étaient très inférieures en nombre à celles de leurs ennemis occidentaux. Ils avaient entrepris leur campagne avec une division et les éléments de deux autres contre trois divisions britanniques et les éléments de trois autres. Les Anglais manquaient de chars et leur aviation était insuffisante mais la qualité supérieure de l'équipement des Japonais n'explique pas leurs succès foudroyants. En réalité, la flexibilité et le dynamisme de leurs méthodes apparentées à celles qui caractérisaient la Blitzkrieg en 1940 ont abouti à ce résultat. Les Anglais se sont laissé dépasser dès le début. Espérant prévenir une attaque japonaise, le commandant en chef sir Brooke-Popham et son chef des forces terrestres, le général Percival, avaient envisagé de passer la frontière siamoise pour s'emparer des éventuels points d'atterrissage de l'isthme de Kra, mais, à la suite de messages confus, l'opération était restée à l'état de projet. Lorsque les Japonais apparurent sur leur zone défensive avancée, ils ne firent aucune tentative pour les repousser et se replièrent sur des positions qu'ils jugeaient plus solides. Leur retraite libéra les emplacements de trois aérodromes au nord de la Malaisie et les envahisseurs se hâtèrent de les utiliser ainsi que les véhicules et les navires abandonnés par les défenseurs. De longues colonnes de fantassins japonais prirent la route dans les voitures et les camions anglais, suivis par d'autres qui pédalaient sur des bicyclettes réquisitionnées. Plusieurs unités montèrent à bord de bateaux de pêche pour débarquer sur la côte, derrière les lignes britanniques qui furent abandonnées aussitôt que l'alerte fut donnée. Le 14 décembre, la Malaisie septentrionale était perdue. Le 7 janvier 1941, les Japonais avaient envahi la Malaisie centrale et repoussaient les défenseurs vers Singapour.

Les unités qui cédèrent si facilement devant la ruée japonaise étaient en majorité indiennes. Elles n'avaient rien de commun avec les régiments de première valeur de l'armée indienne d'avant-guerre qui remportèrent de nombreuses victoires contre les Italiens dans le désert de l'Ouest. Formées de nouvelles recrues commandées par des officiers inexpérimentés qui ne connaissaient généralement pas leur langue, les unités indiennes manquaient totalement de discipline et les ordres de repli servaient trop souvent de prétexte à une débandade éperdue. Il convient d'ajouter qu'elles n'avaient pratiquement pas été entraînées à la guerre de jungle. Même l'opiniâtre 5ᵉ division australienne fut complètement désorientée face aux Japonais débarquant sur leurs arrières. Pourtant, une unité britannique, le 2ᵉ Argyll and Sutherland Highlanders, a prouvé que la défense aurait pu être efficace. Au cours des mois qui précédèrent la guerre, son chef avait entraîné ses troupes à étendre leurs flancs dans la jungle au-delà des routes qui traversaient leurs positions défensives, démontrant ainsi que les tactiques de débordement pouvaient être annulées. Malgré de lourdes pertes, le 2ᵉ Argyll combattit avec succès en Malaisie centrale. Si les autres unités avaient suivi son exemple l'invasion japonaise aurait été ralentie, peut-être même jugulée avant que Singapour ne soit menacé.

Le 15 janvier, la XXVᵉ armée japonaise, qui avait avancé de 600 kilomètres en cinq semaines, n'était plus qu'à 200 kilomètres de l'île-forteresse. Dix jours plus tard, après des combats acharnés, elle délogeait les Indiens et les Australiens de leurs positions de Singapour. Le 31 janvier, au son des cornemuses du 2ᵉ Argyll and Sutherland Highlanders, les arrière-gardes traversèrent le pont qui reliait Singapour au continent et se replièrent sur une ligne de défense protégeant la base navale contre les attaques lancées de la côte nord.

La tragédie de la campagne de Malaisie atteignait son point culminant. Singapour venait d'être renforcée par la 18ᵉ division britannique en provenance du Moyen-Orient de sorte que, malgré les pertes subies au cours

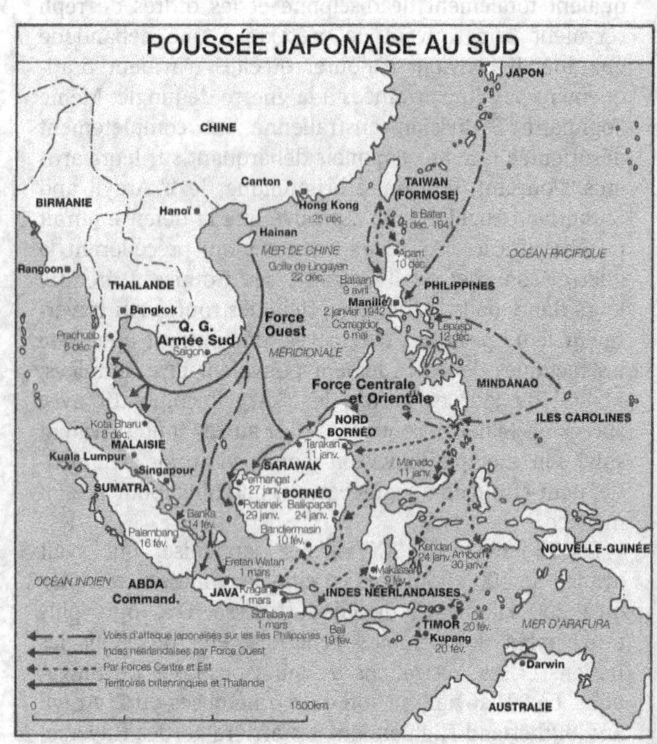


*Poussée Japonaise au sud et dans la périphérie du Pacifique Central, décembre 1941-février 1942.*

de la retraite, Percival pouvait opposer 45 bataillons aux 31 de la XXVe armée de Yamashita. Wavell, le vainqueur des forces italiennes au Moyen-Orient, promu commandant en chef en Inde, comptait sur l'arrivée de renforts aériens et maritimes pour soutenir les troupes terrestres. Il espérait aussi que les défenses de la base navale de Singapour seraient capables de résister plusieurs mois. Malheureusement, les défenses de Singapour se dressaient « du mauvais côté ». Ses points forts et ses canons lourds étaient placés de façon à repousser une attaque venant de la mer. Rien n'avait été prévu pour défendre l'île contre un assaut du Continent, dont elle était séparée par un canal qui mesurait à peine 1 500 mètres en largeur. De plus, sa côte nord s'étirait sur une longueur de 45 kilomètres. Percival devait donc disperser ses bataillons à raison d'un tous les 1 500 mètres (pendant que quelques-uns restaient groupés dans la réserve centrale). « Qui défend tout ne défend rien », avait écrit Frédéric le Grand. C'est une dure vérité de la guerre. Yamashita concentra ses troupes, renforcées par la division de la garde impériale, contre 6 bataillons australiens à l'angle nord-ouest de l'île et, le 8 février, il les lança à travers le détroit de Johore. Submergées par la violence de l'assaut, les 22e et 27e brigades s'effondrèrent rapidement. Les contre-attaques de la réserve centrale ne réussirent pas à rejeter les Japonais à la mer. Le 15 février, les entrepôts qui ravitaillaient la population de Singapour, grossie d'un afflux de réfugiés, étaient tombés aux mains des Japonais. Devant la perspective du désastre qui menaçait la ville, Percival franchit les lignes japonaises, porteur d'un drapeau britannique et accompagné d'un officier d'état-major qui agitait un drapeau blanc pour offrir sa reddition. « Pour les Anglais ce fut le plus grand désastre de leur histoire », désastre qui entraîna la capitulation de 130 000 soldats britanniques, indiens, australiens et volontaires locaux devant une force japonaise de 65 000 hommes. Séduits par les exhortations du nationaliste hindou Subhas Chandra Bose, de nombreux Indiens passèrent dans le camp japonais pour former une armée nationale indienne et combattre les Anglais en Birmanie. Cette défection et l'incident du drapeau comptent parmi les nombreuses causes de la disgrâce de Percival. Jamais le gouvernement Churchill ne lui pardonna la catastrophique défaite de Singapour. Tenu à l'écart après la libération, il fut exclu de toutes les cérémonies officielles commémorant la victoire tardive de l'Angleterre en Asie.

Kimmel, le commandant de Pearl Harbor, devait subir le même traitement et, dans son cas, l'injustice est encore plus flagrante. Comme le démontra la suite des événements, aucun officier occidental placé dans les circonstances de l'attaque-surprise japonaise de décembre 1941 n'aurait pu sauvegarder son honneur professionnel autrement que par la mort face à l'ennemi. L'amiral hollandais Karl Doorman est inscrit dans l'histoire parmi les héros, mais uniquement parce qu'il est mort au combat sur le pont de son navire coulé par la flotte ennemie. Les Indes néerlandaises se trouvaient encore moins préparées à la résistance que ne l'étaient Pearl Harbor et Hawaii. Doorman lui-même considérait sans doute la mort comme un moyen d'échapper à une catastrophe dont il n'était pas plus responsable dans son secteur que ne l'étaient Percival et Kimmel dans le leur.

### *L'ouverture de la maison au trésor : les Indes orientales*

Les attaques japonaises contre les Indes néerlandaises avaient commencé sur l'enclave britannique de Bornéo, le 16 décembre. Il semblait évident qu'elles allaient se multiplier dans toute la chaîne des îles, de la Malaisie à la Nouvelle-Guinée pour s'étendre à la côte nord de l'Australie qui se trouvait pratiquement sans défense. En effet, le gros des troupes australiennes avait été expédié en outre-mer pour combattre aux côtés des Anglais au Moyen-Orient et en Asie du Sud-Est. Grâce à un effort considérable toutes les forces australiennes, hollandaises, britanniques et américaines qui existaient dans la région furent regroupées sous un commandement unique, baptisé ABDA *(American Dutch British Australian)*. Placé sous les ordres du général Wavell, il comprenait la petite flotte asiatique des Etats-Unis, la Royal Australian Navy et les contingents de défense du continent australien, les vestiges de la flotte britannique de l'Est, les unités de la marine et de l'armée des Indes néerlandaises. Cette dernière comptait 140 000 hommes, en majorité indigènes, mal équipés, mal entraînés qui n'avaient aucune expérience de la guerre. Les forces navales de l'ABDA se composaient de neuf croiseurs, vingt-six destroyers et quarante sous-marins. Les Etats-Unis expédièrent au plus tôt une centaine d'avions modernes à Java. Les Hollandais ne possédaient que des modèles périmés et les Anglais avaient perdu tous leurs appareils dans la bataille de Malaisie.

Les Indes Néerlandaises constituent une source de pétrole, de caoutchouc et de métaux non ferreux. Pour les conquérir, les Japonais mirent au point une stratégie excellente. Ils planifièrent de lancer successivement le gros de leurs forces navales et amphibies en divers points des trois mille kilomètres de l'archipel : Bornéo et les Célèbes en janvier, Timor et Sumatra en février, Java en mars. La prise de Timor, situé à 450 kilomètres du port australien de Darwin, permettrait aux agresseurs de couper la liaison aérienne entre l'Australie et Java. Enfin, toutes les forces devaient se regrouper pour s'emparer de Batavia (aujourd'hui Djakarta), capitale des Indes orientales néerlandaises.

Les forces japonaises de débarquement eurent facilement raison des troupes indigènes. Les Australiens se montrèrent plus coriaces mais ils étaient trop peu nombreux pour changer le cours des événements. Le seul atout substantiel de l'ABDA résidait dans sa flotte, une force importante tant que les Japonais ne la soumettraient pas à des attaques aériennes. Au début, elle remporta quelques succès. Le 24 janvier, les destroyers américains et les sous-marins hollandais coulèrent des bâtiments japonais au large de Bornéo. Le 19 février, les croiseurs de Doorman, en arraisonnèrent d'autres au large de Bali. Le 27 février, l'ABDA lança sa principale flotte contre les troupes d'invasion japonaises approchant Java. La flotte de Doorman comprenait 2 croiseurs lourds, 3 croiseurs légers et 14 destroyers appartenant aux marines hollandaise, britannique, australienne et américaine. Son adversaire, Takagi, commandait 2 croiseurs lourds, 2 légers et 14 destroyers. Ils étaient donc à peu près égaux en nombre et, en qualité, les Japonais n'étaient pas les meilleurs. Cependant, ils possédaient un atout majeur : leur fameuse torpille 24 qui a détruit tant de cuirassés à Pearl Harbor, une arme bien supérieure en portée, en précision, en vitesse et en efficacité à celle des Alliés.

La bataille maritime de Java s'engage le 27 février à la fin de l'après-midi. Au début, elle prend la forme d'un duel d'artillerie à longue portée. Lorsque les Japonais chargent pour lancer leurs torpilles, ils touchent rapidement leurs cibles et Doorman est obligé de faire demi-tour pour protéger les unités endommagées. A la tombée de la nuit, il perd tout contact avec l'ennemi et doit bientôt détacher une grande partie de ses destroyers pour refaire le plein. Il n'en reste pas moins déterminé à empêcher le débarquement de la flotte japonaise. Il se dirige donc dans l'obscurité vers le point où il croit la trouver. A ce stade, ses forces sont réduites à 4 croiseurs, 1 lourd, 3 légers, et à un seul destroyer. La lune éclaire le paysage. A 22 h 30, il repère les Japonais ; plus exactement, les Japonais l'ont repéré. Pendant qu'il attaque une partie de leur flotte, une autre s'approche sans être vue et lance les terribles torpilles. Les 2 croiseurs hollandais survivants sont envoyés par le fond. Doorman, à bord du *Java,* coule avec son bateau. Le USS *Houston* et le HMAS *Perth* réussissent à s'échapper mais pour sombrer le lendemain après une résistance héroïque. La force navale sur laquelle l'ABDA comptait pour chasser les Japonais du Pacifique-Sud est complètement anéantie.

Vaincus sur mer, les Hollandais sont aussi obligés de capituler sur terre. Le 12 mars, il signent leur reddition officielle à Bandoung (Java). La division de la garde impériale qui a pris Singapour débarque le même jour à Sumatra, la dernière grande île qui n'est pas encore sous la domination nipponne. Les Japonais ne furent pas mal accueillis dans les Indes néerlandaises. Contrairement aux Français, les Hollandais n'avaient jamais eu l'art de faire admettre l'autorité coloniale en offrant l'égalité culturelle et intellectuelle à la, classe cultivée d'un peuple sujet. L'élite de la jeunesse indonésienne (comme elle allait s'appeler ainsi bientôt elle-même) répondit favorablement aux messages des Japonais qui « la libèrent du joug hollandais » et lui assurent la « coprospérité ». Les jeunes Indonésiens devaient se révéler les collaborateurs les plus enthousiastes de l'ordre nouveau japonais.

Les Birmans eux aussi supportaient mal l'impérialisme colonial. Leur intolérance ne s'accommodait pas du complexe amour-haine qui unissait leurs voisins indiens à l'Empire britannique. L'Angleterre avait toujours eu d'énormes difficultés à gouverner la Birmanie qu'elle n'avait finalement conquise qu'en 1886. En 1941, un groupe de jeunes dissidents les « Trente » était parti pour le Japon sous la conduite d'Aung San pour s'entraîner à la résistance contre l'autorité britannique. Ils allaient pouvoir saisir leur chance plus tôt qu'ils ne l'espéraient. En décembre, la XV^e^ armée japonaise, qui était entrée au Siam au début du mois, passa la frontière birmane pour s'emparer de l'aérodrome de Tenasserim. Il était évident qu'une offensive majeure n'allait pas tarder à suivre.

La Birmanie n'était défendue que par une seule division composée de recrues locales. Une partie de la 17^e^ division indienne vint se joindre à elle en janvier. La LXVI^e^ armée de Tchang Kaï-chek sur la route de Birmanie et 2 divisions chinoises, commandées par le redoutable général « Vinegar Joe » Stilvell, constituaient les seules autres forces disponibles. Le commandant de la XV^e^ armée, Iida, ne disposait que de 2 divisions, les 35^e^ et 55^e^, mais elles étaient bien entraînées et appuyées par 300 avions.

La campagne commença mal. Appelée à défendre un large front avec peu de soldats, la 17^e^ division indienne abandonna bientôt sa ligne de défense avancée sur le fleuve Salween pour se replier sur le Sittang protégeant la capitale Rangoon. Elle maintint provisoirement sa position puis, par un malentendu incompréhensible, fit sauter l'unique pont enjambant le fleuve alors que la plupart des combattants se trouvaient encore sur la rive ennemie.

Les choses allèrent bientôt de mal en pis. Arrivé d'Angleterre le 5 mars pour arrêter les dégâts, le général Alexander décida que les restes de l'armée iraient se réfugier dans la vallée de l'Irrawaddy, au centre du pays. La XV^e^ armée japonaise, renforcée par les 18^e^ et 56^e^ divisions et 100 avions, le suivit de près. Alexander espérait tenir au sud de Mandalay, la deuxième ville de Birmanie, sur une ligne passant entre Prome et Toungo où une division chinoise venait d'arriver. Malheureusement, il en fut chassé le 21 mars et obligé de battre en retraite. Les troupes anglaises et indiennes étaient épuisées et à court de vivres. Les troupes birmanes désertaient en masse. Il était menacé sur ses flancs est et ouest d'où les Japonais repoussaient les Chinois dans les montagnes. Il était en proie à un dilemme : devait-il suivre l'armée chinoise à travers la Birmanie jusqu'en Chine où il n'était pas sûr de trouver des vivres ou bien gagner l'Inde par une piste de montagne ? Il opta pour la seconde solution. Le 21 avril, d'accord avec l'officier de liaison de Tchang Kaï-chek, il décida que leurs deux armées vaincues suivraient des routes séparées. Il entreprit avec la sienne, encombrée de milliers de réfugiés civils, la plus longue retraite de l'histoire militaire britannique. Le 19 mai, après avoir couvert 900 kilomètres en neuf semaines, les survivants de son armée passèrent la frontière indienne à Tuma dans les montagnes chinoises. Ils arrivèrent en même temps que la mousson qui les empêcha de continuer leur retraite mais qui ôta aux Japonais toute possibilité de les poursuivre dans le sous-continent indien.

Sur les 30 000 soldats lancés dans la campagne, 4 000 étaient morts, 9 000 avaient disparu, des déserteurs birmans pour la plupart. Un seul bataillon birman recruté parmi les minorités ethniques, était arrivé en Inde. De nombreux réfugiés, répondant à l'appel d'Aung San devaient rejoindre son armée nationale birmane pour se battre aux côtés des Japonais et former, après la guerre, le noyau de son mouvement d'indépendance. Il y eut d'autres survivants : Vinegar Joe reprit la route de Chine et revint en Birmanie en 1944. Slim, l'adjoint d'Alexander, arriva en Inde et, en 1944, il reparut en Birmanie à la tête d'une armée victorieuse, la XIV^e^, qu'il avait reconstituée avec les débris de l'ancienne. Parmi ses unités se trouvait le 4^e^ fusiliers birmans, seul élément survivant de la 1^re^ division birmane initiale.

La victoire de Birmanie compléta la première étape de l'offensive japonaise au sud. Le Japon avait habilement profité de la position stratégique centrale qu'il occupait – en Indochine, à Formose, aux Mariannes, aux Marshall et aux Carolines – pour frapper les colonies de l'ennemi disséminées à l'est, au sud, à l'ouest et pour les envahir l'une après l'autre. Le 21 avril, après la reddition de Rangoon, il ne restait qu'un seul bastion de résistance dans les mers du sud. La forteresse américaine des Philippines.

*La chute des Philippines*

Ni colonie ni Etat souverain, l'archipel des Philippines était passé aux Etats-Unis après leur victoire sur l'Espagne en 1898. Ils avaient établi leur protectorat sur l'ensemble des îles, et institué un gouvernement démocratique. Depuis 1936 ils avaient commencé la levée d'une armée philippine, commandée par le général Douglas MacArthur, et placé l'archipel sous la protection de la flotte du Pacifique. En décembre 1941, les forces américaines des Philippines comptaient deux régiments composés de 13 000 hommes, 150 avions, 12 navires de surface et 28 sous-marins. Les seules forces indigènes entraînées au combat ne comprenaient que 12 000 hommes.

MacArthur avait concentré ses troupes près de la capitale, Manille, dans l'île de Luzon. Face à elles, les Japonais comptaient déployer la XIV^e^ armée de Formose, composée des 16^e^ et 48^e^ divisions appuyées par les 2^e^ et 3^e^ flottes – soit 8 croiseurs, 18 destroyers, 2 cuirassés, et une force complémentaire de 2 porte-avions, 5 croiseurs et 13 destroyers. Les groupes aériens des porte-avions devaient être remplacés par la XI^e^ flotte et la 5^e^ division aérienne basée à terre.

Comme à Hawaii, les Américains étaient équipés d'un radar mais ils ne tinrent aucun compte de ses signaux. Comme à Hawaii, leurs avions étaient rangés côte à côte par mesure de précaution contre le sabotage. Tous les appareils furent détruits au sol à la première attaque aérienne japonaise, le 8 décembre à midi ; privé de couverture aérienne, le général Hart, commandant la flotte asiatique dans les eaux philippines, fut obligé d'expédier ses navires de surface aux Indes néerlandaises où ils furent coulés au cours de la bataille navale de Java.

Le 10 décembre, la XIVe armée commença à débarquer. Les troupes du général Homma avancèrent dans Luzon. Il avait débarqué ses hommes en plusieurs points différents dans l'espoir d'attirer les unités de MacArthur loin de Manille. Voyant que les défenseurs ne réagissaient pas comme prévu, il entreprit un débarquement à grande échelle au nord de la capitale et, le 22 décembre, il força MacArthur à se replier sur une position solide couvrant la baie de Manille et l'île de Corregidor, la péninsule de Bataan.

S'étendant sur 60 kilomètres de long et 30 de large, Bataan est dominée par deux hautes montagnes couvertes d'une jungle sauvage. Bien défendue, elle aurait pu résister indéfiniment à tous les assauts, avec une garnison bien ravitaillée. Malheureusement, les hommes de MacArthur commirent l'erreur qui avait entraîné la défaite des Anglais en Malaisie. Ils prirent position sur les pentes de la montagne sans étendre leurs flancs dans la jungle, de sorte qu'ils furent rapidement débordés par les Japonais. En se repliant sur une seconde position, ils évitèrent la même faute mais ils avaient cédé la moitié du terrain et se trouvaient massés dans un secteur de quinze kilomètres carrés. Aux 80 000 soldats groupés à l'intérieur des lignes vinrent s'ajouter 26 000 réfugiés civils dont plusieurs milliers avaient fui Manille. Ils recevaient tous une demi ration mais, malgré les efforts des sous-marins américains pour forcer le blocus, les rations diminuèrent rapidement. Le 11 mars, MacArthur partit, sur l'ordre de Roosevelt, pour l'Australie d'où il promit : « Je reviendrai. » A cette date, la garnison ne recevait plus qu'un tiers de ration. Le 6 avril, lorsque Homma lança son offensive générale les défenseurs de la poche de Bataan étaient atteints de béribéri et d'autres maladies causées par la malnutrition. Trois jours plus tard, le général King, commandant à Bataan, offrit sa reddition. Après la sinistre « marche de la mort », 9 300 Américains et 45 000 Philippins furent enfermés dans un camp de prisonniers ; 25 000 d'entre eux moururent de faim, de maladie ou d'épuisement. Les derniers survivants de la garnison des Philippines furent contraints de capituler entre le 14 avril et le 6 mai. Dans la journée du 4 mai, plus de 16 000 bombes japonaises furent lâchées sur la petite île de Corregidor. Cependant, contrairement à la population des Indes néerlandaises et de Birmanie, les Philippins accueillirent la victoire japonaise sans aucune satisfaction. Les Américains leur avaient promis l'indépendance. Ils leur faisaient confiance et craignaient que l'occupation japonaise ne représente une forme d'exploitation et d'oppression. Le Commonwealth des Philippines fut l'unique membre de la sphère de coprospérité du Sud-Est où le Japon devait se heurter à une résistance populaire.

Il est vrai qu'à l'époque de la capitulation de Corregidor, la résistance philippine représentait tout juste un incident de parcours aux yeux des Japonais. Leur horizon stratégique s'étendait aux confins du Pacifique occidental, englobait une grande partie de la Chine et de l'Asie du Sud-Est. Les empires européens historiques d'Asie – Birmanie, Malaisie, Indes, Philippines, Indochine avaient été aspirés dans leur sphère. Quant aux pays sous dépendance chinoise – Formose, Corée,

Mandchourie –, ils les avaient déjà acquis bien avant les vastes territoires conquis en Chine proprement dite. Tous les archipels de l'Océanie au nord de l'équateur leur appartenaient et ils avaient posé des jalons dans ceux du sud. Entre la côte ouest des Etats-Unis et les dominions britanniques d'Australie et de Nouvelle-Zélande, s'étalait une vaste étendue d'océan qui n'offrait aucune possibilité de bases stratégiques de riposte. Les forces aéronavales japonaises pouvaient frapper loin sans rencontrer de résistance dans l'océan Indien, en direction des îles Nicobar, de Ceylan et même de l'Afrique orientale. Leur grande flotte amphibie était restée intacte. De ses 11 cuirassés, de ses 36 croiseurs lourds et légers, aucun n'avait été sérieusement endommagé.

Les Etats-Unis avaient perdu tous les cuirassés et un grand nombre de croiseurs et destroyers de leur flotte du Pacifique. Les flottes britannique et hollandaise d'Extrême-Orient étaient détruites et la modeste Royal Australian Navy avait été forcée de regagner ses ports. Seuls avaient échappé au désastre la base navale d'Hawaii avec le lointain îlot de Midway et 3 ou 4 porte-avions américains. Il n'est donc pas étonnant que même les sceptiques comme Yamamoto se soient laissé gagner par la « maladie de la victoire ». Au début de mai 1942, cette victoire totale qui jusqu'alors n'appartenait qu'au domaine des possibilités semblait ne plus dépendre que d'une bataille décisive.

# 14

# Une bataille de porte-avions

## MIDWAY

Dans le contexte du Pacifique, en mai 1942, une bataille décisive signifiait un combat de porte-avions. Après la victoire navale des Japonais à Pearl Harbor, à moins que les Américains ne renoncent au contrôle du Pacifique, une bataille de ce genre devenait inévitable. Le massacre de Battleship Row n'avait laissé à la marine des Etats-Unis que ses porte-avions et il fallait qu'elle trouve un moyen de les utiliser pour affronter la formidable armada japonaise – 11 cuirassés, 10 porte-avions, 36 croiseurs. Même nombreux, les cuirassés ne pouvaient défier une force de porte-avions bien manœuvrés. Les deux flottes avaient compris que, pour s'assurer le contrôle des mers, il leur faudrait désormais s'assurer le contrôle du ciel. Quelque part dans les immensités du Pacifique, le plus vaste espace du globe, les flottes de porte-avions américaine et japonaise devaient se livrer un combat sans merci. Si, selon toutes les probabilités, les Japonais l'emportaient, leur victoire imposerait leur ordre nouveau en Asie pendant les années à venir.

Les porte-avions japonais étaient supérieurs en nombre dans la proportion de dix contre trois. De plus, leurs groupes aériens étaient de première qualité. Avant décembre 1941, les Américains dédaignaient la force aéronavale nippone qu'ils considéraient comme une pâle imitation de la leur. Pearl Harbor avait révélé que les amiraux japonais commandaient leurs navires avec une compétence remarquable et que les pilotes japonais maniaient des avions sophistiqués et semaient la mort avec une habileté consommée. Leur Zéro s'était imposé comme le chasseur le plus efficace de toutes les flottes aéronavales. Leurs bombardiers-torpilleurs *Kate* et *Val*, bien que plus lents que leurs contreparties américaines, portaient de lourdes charges sur de longues distances.

La marine impériale japonaise n'avait pas construit sa flotte de porte-avions uniquement comme force d'appoint. Au contraire, c'était une force principale et la faute en incombait aux Anglo-Américains. A la conférence navale de Washington de 1921, les Alliés avaient contraint les Japonais à accepter de sévères restrictions sur le nombre des navires qu'ils étaient autorisés à posséder. La proportion fixée était de trois bâtiments nippons contre cinq anglais et américains. Cette clause avait pour effet de limiter le nombre de cuirassés que la marine impériale japonaise pourrait maintenir dans le Pacifique par rapport aux deux marines occidentales. Les porte-avions étaient également soumis à restriction mais c'était uniquement pour éviter le lancement de bâtiments qui, sous l'apparence de porte-avions, pourraient être ensuite convertis en cuirassés. Le Japon fit l'inverse. Déjà convaincu que le porte-avions allait devenir une arme capitale dans l'avenir, il convertit certains cuirassés et croiseurs lourds en porte-avions, comme le lui permettaient les clauses du traité de 1921. D'ailleurs, les Anglais et les Américains en faisaient autant pour conserver les coques en état de naviguer qu'ils auraient autrement envoyées à la ferraille. Le Japon lança également une série de porte-hydravions, une catégorie que le traité de Versailles avait passée sous silence.

Grâce aux conversions et aux constructions nouvelles, les Japonais avaient réussi à créer la flotte de porte-avions la plus importante du monde. Elle pouvait non seulement embarquer 500 avions, mais elle groupait en une seule force d'attaque la 1re flotte aérienne ; 4 porte-avions légers pouvaient être détachés pour des opérations périphériques. Les 6 porte-avions lourds, *Akagi, Kaga, Hiryu Soryu, Shokaku* et *Zuikaku*, restaient groupés pour les offensives stratégiques. C'étaient eux qui avaient dévasté Pearl Harbor. En mai 1942, ils étaient prêts à engager une bataille avec le groupe des porte-avions américains et à compléter la victoire du Japon dans le Pacifique.

En 1942, les porte-avions américains *Lexington* et *Saratoga* étaient encore des bâtiments formidables. Plus petit, l'*Enterprise* était un modèle plus récent. Le *Yorktown* et le *Hornet*, tous deux identiques, qui appartenaient à la flotte de l'Atlantique, devaient les rejoindre dans le Pacifique. Les appareils qu'ils embarquaient ne valaient pas ceux des Japonais. Les Etats-Unis manquaient en particulier alors d'un bon chasseur embarqué, mais leurs équipages pouvaient rivaliser avec les meilleurs. L'Amérique n'était-elle pas le berceau de l'aviation ? Sa jeunesse rêvait de s'envoler et ses pilotes de porte-avions étaient les guides d'une race d'aviateurs.

Les équipages de porte-avions étaient triés sur le volet. La technique du lancement et de l'appontage était extrêmement rigoureuse. Au décollage, sans catapulte, l'appareil plongeait sous la proue du navire et il arrivait souvent qu'il soit happé par la mer. A l'appontage, les pilotes étaient obligés d'appuyer à fond sur le balai de peur de manquer la plate-forme, auquel cas ils risquaient de s'écraser sur le pont d'envol ou de faire le plongeon. Le vol lui-même était aussi dangereux que le décollage et l'appontage. En 1942, les avions n'étaient pas équipés de radars. Le mitrailleur d'un bombardier en piqué pouvait s'orienter à la vue et guider ainsi son pilote vers la zone où il espérait repérer son bâtiment – à haute altitude et par temps clair. Un pilote de chasseur, loin de son bâtiment et seul dans son appareil, était perdu dans l'immensité. Il retrouvait son chemin au jugé. Si, entraîné à la poursuite d'une cible, il lui arrivait de dépasser son point de non-retour, c'était la panne de carburant et il tombait dans la mer. Son petit canot de sauvetage n'était plus qu'un point minuscule dans un océan de vingt-cinq millions de milles carrés. Seuls les plus braves – Japonais ou Américains – faisaient partie du personnel volant embarqué à bord d'un porte-avions.

Les équipages des groupes aériens japonais alliaient l'expérience au courage. En mai 1942, ils avaient non seulement détruit la flotte américaine de Pearl Harbor, mais bombardé Darwin en Australie du Nord, ainsi que plusieurs cibles dans les Indes néerlandaises, poursuivi la flotte britannique jusqu'à Ceylan et obligé ses vieux cuirassés à chercher refuge dans les ports d'Afrique orientale. Quant aux porte-avions américains, leur tentative de secourir Wake s'était soldée par un échec. Ils avaient effectué des raids sur les îles Marshall, les Gilbert, les Salomon et la Nouvelle-Guinée mais, à part la destruction d'un dragueur de mines japonais, leurs équipages n'avaient encore tenté aucune des opérations pour lesquelles ils avaient été entraînés et embarqués : le largage de bombes ou de torpilles sur une flotte de guerre ennemie.

*Le raid de Doolittle*

Soudain, en mai, l'occasion se présenta par deux fois. Les circonstances qui provoquèrent l'entrée en action des porte-avions américains étaient exceptionnelles. En mars, les chefs d'état-major des armées des Etats-Unis avaient cherché avec Roosevelt un moyen de venger le désastre de Pearl Harbor et d'attaquer les Japonais sur leur propre territoire. L'opération semblait impossible car les îles nippones étaient hors de portée des bases américaines du Pacifique. D'autre part, l'expédition de porte-avions près des côtes japonaises pour lancer des appareils présentait des risques énormes. La seule solution consistait à embarquer des bombardiers à long rayon d'action sur un porte-avions lourd dans l'espoir qu'ils pourraient s'envoler et lâcher leurs bombes sur la cible la plus précieuse pour l'orgueil national japonais : Tokyo. La mission est théoriquement possible mais difficilement praticable. Néanmoins, l'état-major décida de la tenter. Le 1er avril, à San Francisco, 16 bombardiers moyens sous le commandement du colonel James Doolittle sont embarqués à bord du porte-avions *Hornet*.

Le plan prévoyait que le *Hornet*, escorté de l'*Enterprise*, approcherait à 750 kilomètres des côtes japonaises, lancerait ses appareils et se retirerait pendant que ceux-ci bombarderaient Tokyo et continueraient leur vol pour atterrir en Chine sur des bases encore contrôlées par Tchang Kaï-chek. Le 18 avril, le *Hornet* se trouvait à mille kilomètres de Tokyo. Il suivait une route qui passait entre Midway et le nord des îles Aléoutiennes lorsqu'il repéra un navire patrouilleur ennemi. L'amiral Halsey décida de lancer immédiatement les B-25 contre la capitale japonaise et de repartir aussitôt pour se mettre à l'abri. Tous les bombardiers de Doolittle décollèrent du pont d'envol sans accident ;

13 atteignirent Tokyo et larguèrent leurs bombes sur la ville, 5 atterrirent en Russie ou en Chine, les autres furent abandonnés par leurs équipages qui durent sauter en parachute. Sur les 80 hommes lancés dans cette folle aventure, 71 revinrent indemnes.

Le raid Doolittle aurait pu néanmoins passer pour un fiasco si le haut commandement japonais ne l'avait pas enregistré. Les habitants de Tokyo remarquèrent à peine le bombardement qui ne fut signalé par aucun organe officiel mais les amiraux et généraux furent horrifiés par la menace que ce raid représentait pour la personne du dieu-empereur. Au même moment, la marine japonaise et la flotte combinée de Yamamoto engageaient une âpre discussion sur le prochain développement de la guerre. Les uns proposaient une avance au sud en direction des îles Salomon et de la Nouvelle-Calédonie. Le flanc oriental de l'Australie serait ainsi coupé de toute communication avec la côte ouest des Etats-Unis. Convaincu de son côté qu'une poussée en direction de Midway forcerait les Etats-Unis à engager la bataille décisive qui assurerait la victoire finale du Japon, Yamamoto préconisait l'invasion de l'atoll, chaînon essentiel dans la chaîne reliant les Philippines aux îles Hawaii.

Le raid de Doolittle mit fin aux débats. Le Haut-Commandement japonais se rallia au projet de Yamamoto. Un plan avait prévu l'occupation de Port Moresby sur la côte sud de la Nouvelle-Guinée et une attaque sur Darwin. Dès que les porte-avions chargés de couvrir les débarquements seraient disponibles, ils se regrouperaient dans le Pacifique central pour lancer leur offensive contre Midway.

Pour la première fois, le cerveau électronique Magic joua un rôle décisif dans la bataille du Pacifique. Grâce à l'interception et au décryptage des signaux que les Japonais émettaient avec une certaine imprudence –

symptôme de la « maladie de la victoire » qu'ils devaient se reprocher plus tard –, la flotte du Pacifique fut avertie du danger qui menaçait Port Moresby. Elle dépêcha donc les porte-avions *Lexington* et *Yorktown* dans cette direction pour faire échouer la tentative d'invasion japonaise, ce qui fut fait début mai. La flotte nippone était protégée par trois porte-avions, le *Shoho*, le *Shokaku* et le *Zuikaku*. Le *Shoho* fut coulé le 7 mai. Le lendemain, après une série de manœuvres compliquées, le *Shokaku* fut gravement endommagé et le *Yorktown* s'en tira avec quelques avaries mais le *Lexington* prit feu et dut être abandonné.

La bataille de la mer de Corail eut deux effets salutaires pour les Américains ; elle freina l'avance japonaise vers l'Australie et démontra aux équipages des forces aéronavales qu'elles pouvaient rivaliser avec leurs adversaires. Les dégâts du *Yorktown* furent réparés à Pearl Harbor en 45 heures, au lieu des quatre-vingt-dix jours théoriquement nécessaires. Le 30 mai, il appareilla pour rejoindre l'*Enterprise* et le *Hornet* qui se dirigeaient vers Midway.

### *Les cinq minutes fatales*

Les trois porte-avions constituaient le noyau de deux groupes opérationnels : la Task Force 17 avec pour navire-amiral le porte-avions *Yorktown* et la Task Force 16 avec pour navire-amiral le porte-avions *Enterprise* accompagné du *Hornet*. Ils appareillèrent avec une imposante escorte de croiseurs et de destroyers. Les amiraux Fletcher et Spruance qui commandaient respectivement les Task Force 17 et 16 savaient qu'ils partaient avec de sérieux handicaps. La 1re flotte aéronavale nipponne conservait ses 6 porte-avions, dont 4 – l'*Akagi*, le *Kaga*, le *Hiryu* et le *Soryu* – allaient mettre le cap sur Midway, accompagnés de cuirassés. Ses porte-avions embarquaient 70 appareils chacun et les Américains 60. Le jour J – pas encore fixé –, 272 bombardiers et chasseurs japonais allaient entrer en lutte avec 180 appareils américains.

La différence des chances entre les deux forces allait se réduire par l'opération Magic. Dans leurs messages radio, les Japonais observaient une prudence rigoureuse. Ainsi, ils nommaient Midway « AF » et l'opération d'invasion « MI ». De nombreuses communications contenant ces désignations furent captées par les décrypteurs de Magic, ce qui leur donna à penser qu'une vaste offensive se préparait. Il s'agissait de savoir vers quelle destination la 1re flotte aérienne se dirigeait. Un officier des services de renseignements de Hawaii, le commandant Rochefort, était convaincu que Midway était la cible visée. Il utilisa une ruse pour amener les Japonais à se trahir. Il enjoignit à Midway d'envoyer une dépêche en clair à Pearl Harbor signalant que les distillateurs d'eau douce de l'atoll étaient en panne ; il espérait bien que cet innocent message n'éveillerait pas les soupçons des Japonais. Sa confiance se trouva justifiée, une antenne australienne du réseau Magic intercepta bientôt un message radio japonais signalant qu'AF était à court d'eau douce. Des décodages ultérieurs révélèrent que l'opération désignée par MI était prévue pour le 4 juin. Les Task Forces 16 et 17 se mirent donc en route pour prendre position au nord-est de Midway, à temps pour l'arrivée des Japonais.

A l'origine, les officiers de marine voyaient dans l'avion un instrument de détection de l'ennemi et un auxiliaire du cuirassé dans une action conjointe. En 1942, la Royal Navy était encore attachée à cette idée du rôle de l'aviation navale. Dans les flottes américaine et japonaise, cependant, les aviateurs avaient acquis une autorité qui reléguait les partisans du cuirassé au second plan. Ils pensaient avec juste raison que le porte-avions et ses groupes aériens étaient devenus les rois des océans. Pourtant, aucune bataille, pas même celle de la mer de Corail, n'avait encore confirmé le bien-fondé de leur jugement. Ils devaient bientôt le mettre à l'épreuve dans les vastes étendues du Pacifique central, à deux mille milles marins de tout continent.

Le 4 juin, la 1re flotte aérienne nipponne, accompagnée par la force d'occupation de Midway, mit le cap sur l'atoll. D'autres forces navales japonaises se mirent en route en même temps avec la mission de semer la confusion parmi les commandants de la flotte américaine du Pacifique et de les obliger à disperser leurs forces. La tactique était subtile. En juin 1942, la marine des Etats-Unis était si faible dans le Pacifique qu'elle devait conserver toutes ses unités importantes groupées ensemble. Elle disposait néanmoins d'une force qui n'avait aucun équivalent dans l'armada de Yamamoto : ses avions basés à Midway même, les Catalinas et les Forteresses volantes. Ils pouvaient opérer contre les porte-avions japonais sans crainte de manquer leur piste d'atterrissage. Ils devaient jouer un rôle décisif dans le déroulement de la bataille de Midway.

Le 3 juin, un avion de reconnaissance américain avait découvert les transports d'invasion japonais et vérifié qu'ils prenaient bien la direction de Midway, confirmant ainsi l'exactitude des renseignements de Magic. Le lendemain, les forteresses volantes bombardèrent l'escadre ennemie sans l'atteindre pendant que quatre Catalinas coulaient un transport japonais, un humble pétrolier. Pourtant, le coup fut suffisant pour convaincre l'amiral Nagumo qu'il devait maîtriser les défenses de l'île avant d'entreprendre l'opération d'invasion.

A 4 h 30, ses quatre porte-avions lancent neuf escadrilles de bombardiers, armés de bombes explosives, pour une attaque au sol, escortées par quatre escadrilles de Zéros. Le radar de Midway alerte les Américains mais cette mise en garde ne compense pas l'infériorité des vieux chasseurs basés sur l'atoll. Les deux tiers sont détruits, et plusieurs installations vitales de l'île sont endommagées. Les bombardiers regagnent leurs plates-formes d'appontage sans aucune perte.

A son retour, le chef de l'escadrille annonce à Nagumo qu'une autre attaque contre Midway est nécessaire, ce qui n'entre pas dans le programme de l'amiral. Pendant qu'il réfléchit, Midway riposte. L'un de ses avions de reconnaissance avait repéré la position des porte-avions japonais. C'est alors que l'amiral Nimitz, commandant la flotte américaine du Pacifique avait donné l'ordre à Midway de contre-attaquer. Pendant ce temps, Fletcher dirige ses porte-avions *Hornet* et *Enterprise* vers des positions d'attaque. Une vague d'avions venant de Midway met fin aux hésitations de Nagumo. Bien que les ponts de ses porte-avions soient encombrés de torpilles remontées des cales pour armer ses appareils à leur retour, il ordonna d'échanger les torpilles contre des bombes en vue d'une nouvelle attaque contre Midway.

L'échange demande du temps et, pendant que les minutes s'écoulent, le *Hornet* et l'*Enterprise* ont atteint leurs positions. A 7 heures, Spruance commence à lancer ses torpilleurs et ses bombardiers en piqué. Le *Yorktown* lance les siens une heure plus tard. A 9 heures, au nord-est de Midway, le ciel du Pacifique est rempli de 150 avions américains qui se préparent à couvrir les 240 kilomètres d'océan séparant les deux flottes.

A 7 h 22, un avion de reconnaissance avait déjà signalé à Nagumo la présence de navires ennemis mais il n'avait pas identifié le type des bâtiments. A 8 h 20, le pilote avertit Nagumo qu'un porte-avions était en vue et, à 8 h 55, que des avions-torpilleurs ennemis se dirigeaient vers lui. L'amiral japonais reconnut alors qu'il avait commis une erreur et il annula son ordre de réarmer ses avions avec des bombes. Compte tenu de sa supériorité numérique, l'erreur n'était pas grave. D'ailleurs, les avions-torpilleurs envoyés par Nimitz furent tous abattus par ses Zéros. Entre 8 h 40 et 9 heures, ses bombardiers de la seconde vague revinrent se ravitailler. Les ponts d'envol étaient chargés d'appareils. La première vague de bombardiers américains lancés du *Hornet* et de l'*Enterprise* arriva pendant qu'ils se ravitaillaient. Les 4 porte-avions japonais fendaient l'eau en formation serrée, protégés par une couverture aérienne de Zéros. Nagumo fit changer de cap, un élément défavorable pour les Américains. La rencontre fut brève. A 9 h 36, tous les avions du *Hornet* et 10 sur 14 de l'*Enterprise* furent abattus. Leurs bombardiers en piqué avaient été trompés par le changement de cap de Nagumo et, faute de cible, ils firent demi-tour. Tous les chasseurs d'escorte tombèrent en panne de carburant et s'engloutirent en mer.

Nagumo l'avait échappé belle. Les deux tiers de la force de frappe ennemie étaient repoussés ou détruits. Il était peu probable que le tiers restant le découvre.

Attirés par la fumée de la bataille, les bombardiers-torpilleurs du *Yorktown* le découvrirent néanmoins mais, obligés de voler à basse altitude pour larguer leurs torpilles, 7 sur 12 furent abattus et aucun ne toucha sa cible. Vers 10 heures, Nagumo repoussa ce qui semblait être l'ultime attaque des Américains. Il se prépara à lancer le gros de ses forces contre l'ennemi désarmé qui devait se trouver quelque part au large de Midway. Sa formation était quelque peu éparpillée mais aucun de ses bâtiments ne fut endommagé et sa force aérienne resta intacte.

Malheureusement pour lui, elle se trouvait provisoirement mal placée. Pour chasser les torpilleurs du *Yorktown*, elle était descendue au niveau de la mer, laissant un espace aérien ouvert à une escadrille de bombardiers, s'il s'en présentait une. Or, justement, l'une des forces de l'*Enterprise* s'était égarée et après avoir couvert 260 kilomètres, elle avait retrouvé son chemin un peu par hasard, un peu par intuition. Le 4 juin 1942, à 10 h 25 du matin, elle se trouvait placée exactement où il fallait pour porter à l'adversaire le coup le plus décisif de l'histoire de la guerre navale. Son chef, le lieutenant-commandant Wade McClusky, descendit en piqué à la tête de ses 37 Devastators qui plongèrent directement sur les ponts des bâtiments japonais, couverts d'appareils.

Ceux-ci sont groupés, ravitaillés et réarmés, entourés de leur attirail de maintenance. Les tuyaux qui apportent le carburant passent entre les piles de bombes dont les appareils s'étaient délestés pour embarquer des torpilles. Il y avait là tous les ingrédients pour une catastrophe. L'*Akagi*, le navire amiral, fut le premier coulé. Une bombe déclencha un incendie dans le magasin de torpilles. Le feu se propagea si rapidement que Nagumo fut transféré de force sur un destroyer. Le *Kaga*, atteint par 4 bombes, fut incendié par le carburant de ses propres avions et dut être abandonné encore plus vite. Le *Soryu* fut gravement touché par une bombe au milieu des appareils parqués sur le pont qui prennent feu. A midi, un sous-marin américain, en patrouille dans les parages, l'expédia par le fond.

En cinq minutes, entre 10 h 25 et 10 h 30 le cours de la guerre du Pacifique s'est inversé. La 1re flotte aéronavale, ses appareils ultra-modernes, ses merveilleux pilotes furent anéantis mais le désastre n'était pas encore complet. Le *Hiryu* qui avait échappé à l'attaque fut repéré, vers 5 heures de l'après-midi, par les bombardiers de l'*Enterprise* et incendié à son tour. Il sera sabordé par son équipage le lendemain matin.

Ainsi périt toute la flotte de Nagumo et, avec elle, le rêve d'un empire. La prophétie de Yamamoto concernant l'issue d'une guerre de longue durée s'est réalisée presque jour pour jour. Non seulement les porte-avions des deux flottes sont à égalité (le *Yorktown* a été torpillé par un sous-marin le 6 juin), mais les Américains pourront reprendre rapidement l'avantage. Le temps travaille pour eux. Entre 1942 et 1944, 6 nouveaux porte-avions rejoignirent la flotte japonaise. Dans le même temps, les chantiers américains en sortaient 14 ainsi que 9 porte-avions légers et 66 porte-avions d'escorte – le noyau d'une flotte que le Japon ne serait pas en mesure d'affronter. Maintenant, celui-ci était condamné à la défensive, qui le conduirait à éprouver au maximum le courage et les ressources de l'Amérique et de ses alliés.

# 15

# OCCUPATION ET RÉPRESSION

Bien que la bataille de Midway se soit soldée par une défaite catastrophique pour le Japon, elle ne lui fit pas perdre un pouce de terrain et ne modifia en rien les frontières de son nouvel empire. Les véritables conséquences de Midway se feront sentir plus tard, lorsque, les Américains ayant percé le périmètre de défense des Japonais dans le Pacifique centre et sud, les forces ont de nouveau eu à engager une guerre de mouvement. Entre-temps, le Japon conservait son immense zone de conquêtes – la Chine orientale et la Mandchourie, les Philippines, l'Indochine, la Birmanie et la Malaisie, les Indes néerlandaises – et l'administrait sans être gênée aucunement par une quelconque intervention des Alliés.

La conquête a entraîné des problèmes complexes tels que ceux de l'organisation de la victoire. Il faut maintenir l'ordre, remplacer les gouvernements, soutenir les monnaies, ranimer les marchés, exploiter l'économie au profit du conquérant. Cependant les Japonais s'étaient préparés à affronter ces problèmes. Ils administraient déjà les territoires conquis en Mandchourie. Par ailleurs, leur théorie impérialiste n'était ni hostile aux pays conquis ni impopulaire auprès des peuples soustraits à la tutelle des puissances coloniales. L'idée d'une sphère de coprospérité d'Asie du Sud-Est avait pris racine dans les milieux nationalistes et les cercles de l'armée et de la marine du Japon d'avant-guerre. Elles masquait aussi ses ambitions impérialistes et sa foi sincère dans sa mission de guide des autres pays asiatiques vers l'indépendance. De nombreux Etats d'Asie étaient enthousiasmés par les victoires japonaises de 1942 et même impatients de coopérer avec les vainqueurs.

En juillet 1940, le second cabinet Konoye avait admis l'établissement d'un ordre nouveau en Asie. En février 1942, le cabinet Tojo avait institué un Conseil de la Plus Grande Asie puis, en novembre, un ministère de la plus grande Asie. Le point culminant de la politique pan asiatique se situe un an plus tard, lorsque la première, et l'unique, conférence de la plus grande Asie de l'Est se réunit à Tokyo en 1943. Sa composition révèle le caractère varié de l'administration que le Japon a imposé au sein de la sphère de coprospérité.

Etaient présents à la conférence les Premiers ministres de Mandchourie, Chang Chung-hui, de la Chine sous contrôle japonais, Wang Ching-wei, un représentant du gouvernement thaïlandais, le prince Wan Waithayakon, le président des Philippines occupées, José Laurel, le chef de l'Etat de Birmanie occupée, Ba Maw, enfin Subhas Chandra Bose, chef du « gouvernement de l'Inde libre ». Les Premiers ministres de Mandchourie et de « Chine » étaient des pantins dénués de toute autorité, des instruments de l'exploitation japonaise dans leurs territoires annexés. Subhas Chandra Bose, leader du « gouvernement de l'Inde libre », qui s'était délibérément exilé de l'Inde britannique, était arrivé au Japon dans un U-boot allemand en 1943 ; se donnant un caractère messianique, il ne jouissait d'aucun crédit dans les cercles nationalistes en Inde où il avait rompu avec Gandhi et le Congrès national indien, mais il avait une grande influence dans les classes populaires et dans l'armée nationale indienne recrutée parmi les soldats capturés par les Japonais en Malaisie. Ba-Maw était un partisan enthousiaste de la sphère de coprospérité. Chef d'un Etat dont la déclaration d'Indépendance avait été patronnée par les Japonais le 1er août 1942, il avait déclaré la guerre le même jour à l'Angleterre et aux Etats-Unis. L'armée de l'Indépendance birmane était commandée par de jeunes nationalistes prêts à se battre dans le camp japonais. Le prince thaïlandais représentait un Etat indépendant qui s'était librement allié au Japon, cependant dans des conditions qui auraient rendu toute autre politique difficile. José Laurel était un partenaire politique de Manuel Quezon, le président légitime exilé, qui l'avait chargé de feindre la collaboration avec les Japonais mais qui s'était converti par la suite au pan-asiatisme. Le 14 octobre 1942 les Philippines avaient proclamé leur indépendance – déjà promise par les Américains.

L'Indochine, la Malaisie et les Indes néerlandaises avaient été exclues de la conférence. L'Indochine – Vietnam, Laos et Cambodge – bien que sous occupation japonaise, était restée colonie française sous le gouvernement de Vichy et devait le rester jusqu'en mars 1945. La Malaisie avec son importante population chinoise, qui comprenait un petit noyau de guérilla communiste, ne se prêtait pas à une expérience d'autonomie. Cependant certains éléments malais musulmans n'étaient pas défavorables aux Japonais qui leur avaient promis l'indépendance. Les Musulmans des Indes néerlandaises avaient reçu la même promesse. Les Japonais n'avaient pas jugé opportun de la tenir tant que la guerre se poursuivait en Nouvelle-Guinée. Cependant, en septembre 1943, un grand nombre de chefs nationalistes, dont le futur président Soekarno, acceptèrent de faire partie d'un comité consultatif central.

Certains autres territoires tels que Hong Kong, Singapour, Timor, Bornéo et la Nouvelle-Guinée furent purement et simplement annexés à l'empire japonais et dotés d'un gouvernement militaire en raison de leur importance stratégique. Ailleurs, la délégation des pouvoirs par les Japonais ne posa guère de problèmes. Les Philippins, qui n'étaient pas hostiles aux Américains et se montraient fiers de leur culture très occidentalisée, acceptèrent l'occupation à contrecœur. Ils abritaient le seul mouvement important de guérilla antijaponais populaire au sein de la sphère de coprospérité. Ailleurs – sauf dans les portions de territoire birman, thai et malais où la main-d'œuvre locale était contrainte au travail forcé avec les prisonniers de guerre alliés (la construction de la voie ferrée vers la Birmanie coûtera la vie à 12 000 prisonniers sur les 60 000 engagés et 90 000 travailleurs sur les 270 000 recrutés dans ce but) –, la population occupée n'eut guère de motifs de se plaindre du changement d'administration. Les classes instruites l'accueillirent favorablement au début. Par la suite, elles découvrirent peu à peu que les Japonais étaient racialement aussi arrogants que leurs anciens maîtres européens.

Tel n'était pas le cas de la Chine. Etat indépendant avant 1937, elle avait été envahie sans provocation et systématiquement exploitée partout où les armées japonaises étaient assez fortes pour imposer leur autorité. Profondément conscientes de l'ancienneté et de la grandeur de leur système impérial disparu, les classes cultivées, toujours hostiles à la pénétration commerciale de l'Ouest et à l'agression diplomatique du siècle précédent, méprisaient autant les Japonais que tous les autres étrangers. Néanmoins, dans le chaos qui régnait – inflation galopante, incessantes batailles du riz, extension du mouvement communiste au Nord-Est – de nombreux Chinois conclurent des arrangements avec l'ennemi. En 1942, les communistes chinois déclarèrent que vingt-sept généraux du Kuomintang étaient passés dans le camp japonais. De plus, un vaste réseau de commerce local s'était créé entre occupants et occupés. Comme les armées japonaises ne contrôlaient généralement que les villes et réquisitionnaient les denrées nécessaires dans la campagne environnante, les propriétaires terriens et les commerçants jugèrent opportun de trouver des acommodements avec les chefs militaires japonais locaux. Ce compromis qui se révéla satisfaisant pour les deux camps prévalent en Chine occidentale jusqu'au déclenchement de l'offensive Ichi-Go au printemps de 1944.

### *L'« ordre nouveau » hitlérien*

Bien que trompeuse et hypocrite dans sa conception et souvent cruelle dans la pratique, la politique de l'ordre nouveau nippon était basée sur une relative coopération. Cependant les excès et les atrocités japonais étaient arbitraires et sporadiques. Le caractère de la politique d'occupation allemande était exactement l'inverse. L'« ordre nouveau » de Hitler avait pour but de servir exclusivement les intérêts de la plus grande Allemagne mais le système de coercition utilisé pour assurer son succès était calculé et méthodique alors que le recours aux représailles et à la terreur qui le soustendait reposait sur des règles et des procédures instituées par le pouvoir central.

A la fin de 1942, les troupes allemandes occupaient quatorze Etats européens souverains : France, Belgique, Hollande, Luxembourg, Danemark, Norvège, Autriche, Tchécoslovaquie, Pologne, Yougoslavie et les trois Etats baltes d'Estonie, de Lituanie et de Lettonie. Depuis 1938, l'Autriche était annexée au Reich en tant que territoire souverain en même temps que la province sudète Tchécoslovaquie. Depuis 1939, les anciennes provinces allemandes de Pologne, puis le Luxembourg, l'Alsace-Lorraine, les provinces yougoslaves de Styrie et de Carinthie, occupées en 1940-1941 étaient placés sous l'administration civile spéciale du ministre de l'Intérieur. Le Danemark conserva son gouvernement élu et sa monarchie sous la supervision du ministère des Affaires étrangères allemand. La Norvège et la Hollande étaient placées sous l'autorité des commissaires du Reich qui relevaient directement de Hitler. Leurs monarchies et gouvernements étaient partis en exil mais leurs administrations civiles étaient restées en place. La Belgique dépendait du gouvernement militaire de la Wehrmacht ainsi que la France du Nord mais le gouvernement de Vichy demeura l'autorité administrative civile du pays, même après l'extension de l'occupation allemande à la « zone libre » en novembre 1942.

A part dans l'Etat de Slovaquie, il n'y eut aucun arrangement en Europe de l'Est et du Sud. La province serbe de Yougoslavie et la Grèce étaient administrées par des gouvernements militaires. La Pologne orientale, la Russie Blanche, les Etats baltes et l'Ukraine, groupés sous la désignation « Ostland », étaient traités comme des colonies du Reich. Les territoires tchèques de Tchécoslovaquie érigés en protectorat (la Bohême-Moravie) étaient directement gouvernés par l'Allemagne. La Pologne était désignée sous le nom de « gouvernement général ». Les zones de Russie situées immédiatement en deçà de la ligne de front relevaient de l'administration militaire.

Des arrangements économiques spéciaux furent conclus en Belgique et dans les départements de la France du Nord où les industries du charbon et du fer étaient groupées sous une direction unique et dont la production était liée à celle de la Ruhr et de la Lorraine occupée. (Le succès de cette « Communauté fer, charbon, acier » allait former la base de la Communauté économique européenne d'après guerre). Dans un sens plus large, tout l'empire européen de Hitler était exploité au profit du Reich. Dans l'Ouest industrialisé, les délégués des ministères de l'Economie et des Armements établirent des arrangements de quotas de travail et d'achats avec les directions d'entreprises familiales et de grandes sociétés. Des accords semblables furent conclus avec les ministères et les coopératives agricoles. L'agriculture intensive de l'Europe occidentale représentait un aimant pour les planificateurs économiques de l'Allemagne où 26 pour cent de la population étaient employés aux travaux de la terre sans réussir à satisfaire les besoins alimentaires de la nation. La France sous-peuplée, un des premiers pays exportateurs d'avant-guerre devait pouvoir fournir une part importante des vivres, surtout lorsque la mobilisation eut réduit d'un tiers la main-d'œuvre masculine allemande. L'agriculture danoise était une source importante de produits laitiers. En raison du joug relativement léger qui leur était imposé, les 4 millions de Danois répondirent favorablement aux exigences du Reich. Ils fournirent les rations de 8,2 millions d'Allemands pendant la majeure partie de la guerre. La France nourrissait les 60 divisions d'occupation et trouvait des surplus pour l'exportation mais aux dépens de sa propre consommation nationale. Sa productivité agricole déclina sensiblement pendant la guerre, sans doute à cause de la pénurie des fertilisants artificiels qui affecta l'agriculture dans tout l'empire nazi.

Les achats de toutes les denrées de France étaient financés par des crédits prélevés sur les « frais d'occupation ». Le montant annuel arbitraire était imposé par l'Allemagne à un taux de change maintenu artificiellement bas au bénéfice de l'occupant. Des arrangements similaires furent passés avec d'autres nations occupées mais c'est la France, le plus industrialisé des pays vaincus, qui paya le tribut le plus lourd. De 1940 à 1944, elle produisit jusqu'à 16 pour cent du revenu du trésor du Reich. Il est vrai que les « frais d'occupation » furent compensés dans une certaine mesure par les investissements d'entreprises privées allemandes telles que Krupp et IG Farben dans l'industrie de guerre française. Mais ces investissements permettaient simplement aux industriels français de maintenir ou accroître leur capacité de production au profit d'un seul marché, pour une vente à un prix fixé en dernier ressort par les acheteurs allemands.

Les produits industriels français, hollandais et belges – dont un bon nombre à usage militaire : moteurs d'avions, équipements radio, acier, matières premières brutes – étaient acquis dans un marché truqué mais c'était un marché et les acheteurs allemands tels que les autorités officielles de la commission de l'armistice franco-allemand étaient attentifs à préserver l'autonomie de leurs homologues.

Il n'en était pas de même pour les ingérences allemandes dans le marché du travail européen. Pendant la guerre, l'industrie et l'agriculture du Reich manifestèrent un insatiable appétit de main-d'œuvre étrangère, d'autant plus que les nécessités militaires réduisaient d'un tiers le nombre des travailleurs nationaux et que la politique nazie interdisait l'emploi à grande échelle de la main-d'œuvre féminine allemande. La pénurie devait donc être compensée par un apport extérieur aux frontières du Reich. Les prisonniers de guerre fournissaient un apport appréciable. Entre 1940 et 1945 plus d'un million de Français étaient employés dans les fermes, les mines et les usines allemandes mais cette source de main-d'œuvre était insuffisante. Dès le milieu de 1940, des salaires alléchants furent offerts aux ouvriers spécialisés des pays occupés et, en décembre, 220 000 Occidentaux travaillaient en Allemagne. Cependant, certaines économies locales se rétablissant après la catastrophe de 1940, d'autres résistèrent à la tentation. En octobre 1941 le nombre des travailleurs occidentaux en Allemagne ne dépassait pas 300 000 individus dont 272 000 étaient italiens.

De ce fait, les Allemands eurent recours à la conscription. Fritz Sauckel, qui avait la haute main sur l'Organisation du travail, demandait simplement aux administrations des pays occupés de fournir un certain quota de travailleurs (en France, le Service du travail obligatoire provoqua le départ des jeunes gens pour le maquis). Entre janvier et octobre 1942, le nombre des ouvriers étrangers engagés en Allemagne passa à 2,6 millions d'individus. L'augmentation suivit le même rythme jusqu'en 1943. A cette date, la rupture de l'Italie avec l'Axe permit l'extension du travail obligatoire à la population italienne qui fournit a l'Allemagne un million et demi d'ouvriers supplémentaires.

Cependant, le recrutement à l'Ouest, volontaire ou forcé, ne satisfaisait pas aux exigences allemandes. Les travailleurs occidentaux devaient être payés, nourris, logés selon les normes occidentales, une charge qui pesait de plus en plus lourd. Pour résoudre le problème, Sauckel introduisit la conscription à l'Est. En 1941, des millions de prisonniers russes fournirent une source de main-d'œuvre immédiate. Sur les 5 160 000 soldats soviétiques capturés pendant la guerre 3 300 000 moururent par suite de privations ou de mauvais traitements. En mai 1944, 875 000 étaient enregistrés comme travailleurs. Ils vivaient généralement dans des conditions d'esclavage. Les 2 800 000 Russes civils envoyés dans le Reich entre mars 1942 et l'été 1944 subirent le même sort. Initialement invités à s'engager de leur plein gré, les premiers travailleurs « volontaires » furent tellement maltraités que les nouvelles qu'ils réussirent à faire parvenir chez eux dissuadèrent les autres de suivre leur exemple. Sauckel eut alors recours au travail forcé pour atteindre les quotas. La même politique fut imposée au gouvernement général polonais. Les SS devinrent des instruments d'asservissement. Dans son ignoble allocution de Posen en date d'octobre 1943, leur chef, Heinrich Himmler leur indiquait les principes qui devaient les guider : « Ce qui peut arriver à un Russe ou à un Tchèque ne m'intéresse pas le moins du monde… Que ces peuples soient prospères ou meurent de faim ne m'intéresse que dans la mesure où nous avons besoin d'eux comme esclaves de notre Kultur… »

Les commissaires du Reich pour l'Ukraine et l'Ostland et le gouverneur général de Pologne adoptèrent la même attitude pour l'exploitation des économies sous leur contrôle. En Pologne, les entreprises privées furent soit confisquées au profit de directeurs allemands soit soumises à un contrôle de gestion allemand. En Union soviétique où toutes les entreprises étaient nationalisées, il s'agissait avant tout de réparer les dommages de guerre, le plus souvent délibérés, comme par exemple la destruction de trois complexes électriques sur quatre dans la zone conquise. Une fois les installations remises en état, l'exploitation de toute la structure industrielle y compris les mines, les puits de pétrole, les usines et les fabriques était confiée à des corporations d'Etat – notamment la Berg-und-Hüttenwerk Company pour les mines, la Continentale Oel Company pour les pétroles, et la Ostfaser Company pour la fibre de laine – qui opéraient en tant qu'extensions du secteur industriel nationalisé d'Allemagne. Plus tard, quand les corporations d'Etat se révélèrent inférieures à leur tâche, certaines compagnies privées telles que Krupp, Flick et Mannesman furent chargées de superviser plusieurs entreprises comme des succursales de leurs empires existants.

La ferme collective fut le seul système économique soviétique que les Allemands ne tentèrent pas de modifier. En effet, l'apport de colons germaniques dans la zone conquise était trop faible pour permettre une privatisation radicale de l'agriculture. En Pologne occidentale et dans d'autres régions en bordure du Grand Reich, les cultivateurs indigènes furent expropriés et remplacés par des Allemands. Dans l'Ostland et en Ukraine un effort de re-privatisation fut tenté mais le système collectif était généralement trop bien implanté pour être déraciné.

Certains changements imposés par les Allemands n'étaient que des replâtrages. L'Agrererlass[1] de février 1942 reconstitua les fermes collectives en communes agricoles assez semblables aux sociétés villageoises qui existaient avant la Révolution. Les cultivateurs de la région retrouvaient leurs droits de propriété sur les parcelles privées et les occupants allemands reprenaient le rôle des grands propriétaires et percevaient à ce titre une partie de la récolte. En pratique, les Allemands étaient aussi féroces que les Commissaires soviétiques dans leurs exigences et un regard dans le paiement du tribut entraînait l'expropriation et la condamnation au travail forcé.

En résumé, la politique agricole allemande dans les pays de l'Est reposait comme toute l'Ostpolitik sur le principe de coercition. L'Allemagne nazie ne tenait nullement à gagner la sympathie ni même la coopération des peuples qu'elle jugeait inférieurs *(Untermensch)*, ce qui était vrai à l'Est, l'était aussi dans tous les territoires conquis. Coercition, répression, punitions, représailles, terreur, extermination – autant de mesures par lesquelles l'Allemagne nazie exerçait son pouvoir sur l'Europe occupée – étaient infligées avec plus de cir-

1. Décret sur l'agriculture *(NdT)*.

conspection à l'ouest du Rhin qu'à l'est de l'Oder mais elles n'en étaient pas moins les instruments de contrôle courants partout où flottait le drapeau à la swastika et les Allemands les utilisaient avec une barbarie implacable sans tenir aucun compte des conventions internationales. La volonté du Führer avait force de loi.

L'Allemagne elle-même avait senti la première le poids de son joug. En 1933, aussitôt après son accession à la chancellerie, Hitler avait étendu l'institution légale de la garde à vue à la détention policière pour activité politique. Un centre de détention fut créé à Dachau pour les « détenus de la police » et bientôt d'autres « camps de concentration » furent installés dans plusieurs régions d'Allemagne. Leurs premiers pensionnaires étaient des communistes internés pour une durée déterminée par le bon plaisir du Führer. Plus tard, d'autres opposants au régime, actifs ou simplement suspects, furent incarcérés et, en 1937, ce fut le tour des « marginaux », homosexuels, gitans et clochards. Au début de la guerre, le nombre des détenus des camps de concentration s'élevait à 25 000 individus. A l'époque, les camps de concentration n'étaient pas encore des camps d'extermination. Ils n'étaient que des lieux d'internement arbitraires administrés par une branche spéciale de la police, les SS à tête de mort placés sous l'autorité de Heinrich Himmler. Ainsi, les forces de la police politique (Gestapo) criminelle et civile du Reich se trouvaient groupées avec les organes de sécurité du Pari (Sicherheitsdienst ou SD) sous la direction d'un seul haut fonctionnaire nazi. En conséquence, un citoyen allemand pouvait être arrêté par la Gestapo, assigné à « détention policière » par le SD et emprisonné par les SS à tête de mort sans la moindre intervention des autorités judiciaires.

Les grandes conquêtes de 1939-1941 entraînèrent l'extension du pouvoir de la Gestapo associé à celui de la Feldgendarmerie militaire dans les territoires occupés. Les effets s'en firent d'abord sentir en Pologne où les nazis commencèrent par s'attaquer à l'élite de la société. Médecins, avocats, professeurs, prêtres furent placés en « détention policière » et internés dans des camps de concentration. Rares furent ceux qui en sortirent. Le travail forcé était le principe de base du système d'internement. « *Arbeit macht frei* », « Le travail rend libre ». Pendant que les camps se multipliaient dans les territoires occupés, leur population augmentait mais les rations diminuaient, le rythme du travail s'accélérait, les maladies proliféraient et le travail forcé devenait synonyme de condamnation à mort. Les Polonais furent les premiers à mourir en masse. Les autres peuples ne furent guère épargnés. Les peines infligées pour résistance et même dissidence ne se limitaient pas à l'emprisonnement. Les suspects étaient déportés sans jugement ce qui équivalait le plus souvent à une sentence de mort. Le plus poignant de tous les mémoriaux du grand champ de bataille d'Azincourt n'est pas le monument qui domine le cimetière des chevaliers tombés en 1415 mais le modeste calvaire qui se dresse devant les grilles du château à la mémoire du châtelain et de ses deux fils « morts en déportation à Natzweiler en 1944 ».

Natzweiler où furent déportés ces trois Français était l'un des dix-huit camps de concentration dirigés par les SS à l'intérieur et à l'extérieur de l'Allemagne. Dans ceux qui étaient situés à l'ouest de l'Oder les prisonniers moururent par dizaines de milliers, de faim, de maladie, de privations. Certains furent exécutés. Les camps de concentration de l'Ouest n'étaient pas des camps d'extermination. Le spectacle de mort qui s'offrit aux regards épouvantés des Anglais à leur arrivée à Belsen en mai 1945 était la conséquence d'une épidémie soudaine, pas le résultat d'un massacre. Cependant, le massacre était l'horreur ultime sous-jacente au système des camps de concentration. Ceux qui se trouvaient à l'est de l'Oder, particulièrement Chelmno, Belzek, Treblinka et Sobibor-Maïdanek avaient été construits et gérés exclusivement à cette fin.

Le massacre est endémique dans les campagnes de conquêtes, c'était la marque caractéristique du passage des Mongols. Il fut pratiqué en leur temps par les Romains en Gaule et par les Espagnols en Amérique du Sud. Cependant, le fait que le massacre ait été prohibé par les lois de la guerre témoigne du degré d'évolution de la civilisation européenne depuis le XVIIe siècle. Ainsi, le fait que l'Allemagne nazie ait érigé le massacre en principe de son impérialisme témoigne de son retour à la barbarie. Les principales victimes de ce retour au massacre en tant qu'instrument d'oppression n'étaient pas ceux qui s'opposaient à l'autorité allemande par la résistance mais les Juifs dont l'idéologie nazie considérait l'existence comme un défi, une menace et un obstacle à son triomphe.

### *Le sort des Juifs*

Les Juifs avaient été défavorisés par la loi aussitôt après l'accession des nazis au pouvoir. Dès le 1er novembre 1935, ils furent privés de leur citoyenneté allemande par les Lois de Nuremberg. En novembre 1938, sur les 500 000 Juifs que comptait l'Allemagne, 150 000 avaient émigré mais la grande concentration des Juifs d'Europe qui n'avaient encore aucune raison de fuir, restait dans les zones de peuplement historiques : Pologne orientale, Russie occidentale et les grandes villes de l'Est, Varsovie, Budapest, Prague, Salonique, ainsi que Vilna, capitale de Lituanie, centre de la culture religieuse juive. Les victoires militaires et diplomatiques de 1938-1939 placèrent un grand nombre de Juifs d'Europe orientale sous l'autorité nazie. Barberousse les engloba tous dans le même sort. Bien qu'il persistât à vouloir établir ses droits au génocide, Himmler commença à les massacrer. Entre juin et novembre 1941, quatre Einsatzgruppen divisés en commandos spéciaux (Sonderkommando) composés de SS et de miliciens locaux avaient déjà tué un million de Juifs dans la zone de conquête. La plupart des victimes avaient été exterminées par la méthode de la fusillade en masse, mais Himmler la jugeait inefficace. Au cours d'une réunion qui se tint à Wannsee (faubourg de Berlin) en janvier 1942 au quartier général d'Interpol dont il était président, il réclama et reçut le pouvoir d'institutionnaliser le massacre des Juifs, mesure que les nazis désignaient sous le nom de « solution finale » *(Endlosung)*. En Pologne, les Juifs avaient été contraints de se regrouper dans des ghettos, dès le début de l'occupation. L'ordre s'était étendu aux Juifs des autres territoires occupés. Dans ces conditions, il était plus facile de les rassembler et de les transporter pour les « réinstaller » à l'Est. Ceux qui étaient expédiés dans des camps associés à un complexe industriel dirigé par la branche économique des SS étaient généralement contraints de travailler jusqu'à l'extrême limite de leurs forces avant d'être envoyés à la chambre à gaz. Les vieillards, les malades et les enfants en bas âge étaient « liquidés » immédiatement. Auschwitz, le camp le plus célèbre et le plus important, servait les deux desseins. A Treblinka et à Sobibor les nouveaux arrivants étaient exterminés sur-le-champ. A la fin de 1943, environ 40 pour cent de la population juive mondiale, soit quelque 6 millions d'individus avaient été mis à mort. Entre mars et juin 1944, la dernière grande communauté juive survivante, les 400 000 Juifs de Hongrie, fut livrée aux SS et massacrée.

En avril 1944 il y avait 25 camps de concentration et 165 de travail. En août 1945 la population des camps s'élevait à 524 286 individus dont 145 119 femmes. En janvier 1945, leur nombre était passé à 714 211 dont 202 674 femmes. Les Juifs n'étaient guère nombreux à l'époque pour la simple et sinistre raison que la « solution finale » avait fait son œuvre. Il semble possible, toutefois, que les Juifs n'aient jamais constitué une majorité dans la population des camps car ils étaient condamnés à mourir à leur arrivée après un délai très court. Les travailleurs non juifs ont sans doute toujours été plus nombreux. Cette situation paradoxale montre la dimension de la « politique raciale » des nazis. En effet, la déportation des Juifs d'Europe était un fait connu de tous les habitants du continent entre 1942 et 1945. Leur disparition témoignait de la barbarie impitoyable du régime hitlérien et faisait planer une menace tacite sur tout individu qui aurait défié ou trangressé l'autorité nazie, l'avertissant que le traitement infligé à un peuple pouvait tout aussi bien être infligé à un autre.

Dans un sens profond, le dessein de la solution finale et celui de l'empire nazi étaient un et identique. Comme le massacre systématique sous-tendait l'exercice de l'autorité nazie à tous les tournants, Hitler n'avait pour ainsi dire pas besoin de gouverner ses sujets des territoires conquis. La menace du système des camps de concentration suffisait en elle-même à maintenir dans la servitude une poignée de résistants héroïques pendant cinq années de terreur.

## 16

# LE COMBAT POUR LES ÎLES

La victoire de Midway transforma le climat de la guerre dans le Pacifique à tous points de vue objectif et subjectif. A partir de là, l'état-major américain, réconforté, comprit qu'il pourrait passer à l'offensive. La question se posait alors de savoir sur quel axe il conviendrait d'opérer. L'objectif ultime était l'archipel japonais, à moins que Tojo et son gouvernement ne puissent être amenés à s'avouer vaincus avant que la nécessité de l'invasion ne s'impose. Or, le Japon se trouvait à trois mille kilomètres des bases américaines qui restaient dans le Pacifique, à Hawaii et en Australie. Entre les deux s'interposait une formidable chaîne d'îles forteresses japonaises qui empêchaient l'avance des forces amphibies américaines. Il fallait regagner pied à pied le terrain perdu entre décembre 1941 et mai 1942 par des garnisons mal préparées ou bien inexistantes. Valait-il mieux emprunter la route des grandes îles des Indes néerlandaises ou passer d'un atoll à l'autre sur la voie du Pacifique-Nord ?

Le choix de l'itinéraire impliquait le choix du commandement et des moyens. Le 30 mars 1942, les chefs d'état-major, le général Marshall et l'amiral King s'étaient mis d'accord sur le principe d'un partage des responsabilités stratégiques. Ils étaient convenus de dissoudre l'ABDA et de placer Nimitz à la tête de la flotte du Pacifique avec son quartier général à Hawaii, chargé de la zone centrale de l'océan et MacArthur à la tête de l'armée de terre avec son quartier général en Australie, chargé de la zone Sud-Ouest. Le choix de la route du Centre attribuait à Nimitz et à la flotte un rôle prééminent, promotion logique puisque le Pacifique avait toujours été le centre d'intérêt de la marine. Seulement, la marine manquait alors de cuirassés et d'équipages pour s'engager sur la route des atolls jusqu'au Japon. L'armée au contraire, disposait d'un nombre croissant d'hommes entraînés dans les camps d'Australie. La route du Pacifique Sud qui commençait près de l'Australie et continuait le long des grandes îles qui pouvaient, dans une certaine mesure, ravitailler une force offensive, exigeait proportionnellement moins de navires. Le choix de cet itinéraire donnait la prééminence non seulement à l'armée mais à son chef. Bien que MacArthur fût devenu le héros du peuple américain, après la défense de Bataan, il n'avait pas le don de plaire aux amiraux. Conscients de sa popularité et de son esprit d'indépendance, ils savaient qu'il s'emparerait de la direction de la stratégie si la zone du Pacifique-Sud-Ouest devenait la zone principale de la contre-offensive.

Après bien des négociations orageuses, un compromis fut trouvé. L'itinéraire passerait par la route du Sud mais elle serait divisée de façon à laisser une partie du théâtre des opérations à Nimitz et à la flotte et l'autre à MacArthur et à l'armée qui n'aurait qu'un droit de regard strictement limité sur les unités de la marine. Conclu le 2 juillet 1942, le compromis assignait à la flotte la première phase qui consistait à prendre possession de l'île de Guadalcanal à l'est de la Nouvelle-Guinée. La deuxième phase, l'attaque de la Nouvelle-Bretagne où les Japonais avaient installé une base aéronavale à Rabaul serait du ressort de

MacArthur ainsi que la phase trois, l'assaut final contre Rabaul.

Guadalcanal, dans les Salomon, fut l'objet de combats héroïques auxquels participèrent la flotte et le corps des marines. Bien que facilement accessible à partir de la Nouvelle-Zélande, le point de départ de l'opération, elle était entourée de trois côtés par d'autres îles du groupe des Salomon qui formaient ensemble un canal baptisé la « Rainure » par les marins américains. Une fois les soldats débarqués, la flotte devait les ravitailler dans ces eaux fermées et risquer la bataille avec les Japonais dans des conditions où la manœuvre était difficile et l'attaque-surprise trop facile pour l'ennemi.

La 1re division de marines débarqua le 6 août sans difficulté et s'empara des îles de Tulagi, Gavutu et Tanambogo. La garnison japonaise ne comptait que 2 200 hommes et fut facilement maîtrisée mais l'apparition des marines à Guadalcanal déchaîna la colère du Haut-Commandement nippon : « Le succès ou l'échec de la bataille de Guadalcanal représente la fourche sur la route qui conduit à la victoire pour eux ou pour nous », pouvait-on lire sur une note trouvée dans un document capturé plus tard. Les Japonais reconnaissaient qu'une brèche dans leur périmètre défensif à Guadalcanal exposerait tout le secteur Sud au danger. Ils décidèrent donc de tout mettre en œuvre pour reprendre le chaînon menacé. Dans la nuit du 8 au 9 août, ils surprirent la flotte américaine qui protégeait le débarquement et lui coulèrent, au large de l'île de Saro, 4 croiseurs et lui endommagèrent 2 destroyers. A partir du 18 août, des renforts affluèrent vers l'île tandis que les avions japonais attaquaient sans répit son aérodrome, appelé Henderson Field en l'honneur d'un pilote de marines tombé à Midway. Le 24 août, la flotte américaine intercepta à l'est de Guadalcanal un convoi transportant les renforts les plus importants expédiés jusqu'alors, déclenchant la deuxième des cinq grandes batailles engagées dans ses eaux. Bien que l'*Enterprise* fût endommagé, la victoire était aux Américains. Les Japonais perdirent 1 porte-avions, 1 croiseur, 1 destroyer et 90 avions contre 20 pour les Américains.

Repoussés sur mer, les Japonais se battirent avec acharnement sur terre. A Guadalcanal, les marines firent leur première expérience des sentiments de respect professionnel et de haine ethnique que devaient leur inspirer les Japonais pendant toute la guerre du Pacifique. Les Américains avaient donné le nom de « Tokyo Express » aux convois de renforts nocturnes que les Japonais acheminaient vers l'île. Ils s'évertuaient à les intercepter et, dans la nuit du 11 au 12 octobre, ils surprirent une force de croiseurs japonais dans l'obscurité. Dans cette bataille du cap Espérance, les Américains l'emportèrent mais, le 26 octobre, à la bataille de Santa Cruz, au sud-ouest de Guadalcanal, la victoire passa dans l'autre camp. Les Japonais perdirent 170 avions mais aucun de leurs 4 porte-avions. Les Américains ne perdirent que 80 de leurs appareils mais l'*Enterprise* fut endommagé et le *Hornet*, le héros du raid de Doolittle sur Tokyo, fut envoyé par le fond.

*La lutte épique pour Guadalcanal*

Avant même leur succès de Santa Cruz, les Japonais avaient continué à expédier des renforts à Guadalcanal dont les défenseurs furent soumis à de violents assauts du 23 au 26 octobre. Ces jours-là, une pluie torrentielle immobilisa les avions américains à Henderson Field mais permit aux appareils japonais, à partir de bases plus lointaines, de multiplier leurs attaques. Les marines tinrent bon, contre-attaquèrent et reçurent même des renforts malgré les efforts des Japonais pour fermer la route de Guadalcanal aux transports américains. Entre le 12 et le 16 novembre les cuirassés des deux adversaires se livrèrent un duel acharné, le premier duel classique entre grands bâtiments depuis la bataille du Jutland avec cette différence que l'action était nocturne et que le radar constituait l'arme décisive. Dans la nuit du 12 novembre, le navire amiral *Hiei* fut tellement endommagé que, le lendemain, il sombra, achevé par les avions de l'*Enterprise*. Deux nuits plus tard, le cuirassé *Kirishima* porta quarante-deux coups au *South Dakota* mais le *Kirishima* était ancien et le *South Dakota* flambant neuf. Il survécut tandis que son sister-ship, le *Washington*, envoyait le *Kirishima* par le fond en sept minutes. Le 30 novembre, à la bataille de Tassafaronga, une force de croiseurs américaine s'en sortit moins bien mais la couverture japonaise ne réussit pas à protéger les transports de troupes. Des milliers de soldats japonais furent noyés au cours de la bataille.

Privées de renforts et de ravitaillement, les forces japonaises sur Guadalcanal commençaient à faiblir. En outre, l'île était extrêmement malsaine, infestée par les sangsues, les insectes tropicaux et les moustiques porteurs de la malaria.

A mesure que leurs rations diminuaient, les maladies se développaient. Les Américains tombaient malades eux aussi. Après trente jours de combats, les pilotes de Henderson Field perdaient l'acuité visuelle et l'habileté manuelle nécessaires dans les batailles aériennes, mais la balance penchait en leur faveur. En janvier 1943, le commandant japonais de Guadalcanal transféra son quartier général dans l'île de Bougainville. Au début de février, le *Tokyo Express* entreprit une opération inverse, évacuant les défenseurs malades et épuisés vers la Nouvelle-Guinée. Le 7 février, les Japonais avaient quitté Guadalcanal.

La bataille de Guadalcanal allait devenir une épopée des marines. Les combattants de Guadalcanal étaient enveloppés d'une aura d'héroïsme qu'aucun vétéran des autres campagnes n'acquerrait jamais. Pourtant, sur le plan des pertes, ce fut une victoire relativement bon marché. Les Japonais avaient perdu 22 000 hommes, tués ou disparus. Les 1re et 2e divisions des marines, qui supportèrent le plus gros des combats, comptèrent à peine plus de mille morts. A Guadalcanal, les Américains avaient inauguré la tactique qu'ils allaient employer sur toute l'étendue du Pacifique pour soumettre les Japonais. Tandis que les sujets de l'empereur se faisaient un point d'honneur de verser leur sang en son nom, les Américains utilisaient leur puissance de feu pour les tuer par milliers. C'était une bataille inégale que les Américains devaient inévitablement gagner.

Ils allaient gagner une autre bataille, loin des rivages brumeux de Guadalcanal. En juin 1942, les Japonais avaient débarqué des troupes sur les deux îles à l'extrême ouest de la chaîne des Aléoutiennes, l'archipel qui va de l'Alaska vers le Japon. Occupés ailleurs, les Américains avaient attendu leur moment. En mai, après avoir rassemblé une force substantielle, Nimitz l'avait débarquée à Attu. Les occupants n'étaient pas nombreux, mais ils tuèrent 1 000 Américains, avant de se trouver à court de munitions et réduits à lancer une charge suicide à la baïonnette. En août une force encore plus importante reprit Kiska d'où les Japonais n'attendirent pas d'être attaqués pour se retirer.

En Nouvelle-Guinée, sur l'équateur, au contraire, les Japonais s'étaient installés pour durer dans un terrain favorable à la défense. Ils avaient débarqué dans la « queue » de l'« oiseau » de Nouvelle-Guinée, le 22 juillet, après que la victoire américaine de la mer de Corail les eut dissuadés d'attaquer Port Moresby par la voie maritime. Leurs efforts pour atteindre Port

Moresby par les cols des monts Owen Stanley furent enrayés par les soldats australiens et ils furent obligés de se replier sur leurs points de débarquement de Buna et Gona. Cependant, quand les Américains et les Australiens relancèrent l'offensive, les monts Stanley leur barrèrent la route car ils ne pouvaient être traversés qu'en utilisant la piste tortueuse de Kokoda. Ce n'est qu'avec la plus grande difficulté qu'une force d'attaque prit position autour de Gona et Buna où les Japonais étaient solidement retranchés. Après deux mois de combats acharnés, les Japonais étaient à court de vivres mais leurs ennemis étaient traumatisés par les terribles conditions qu'ils devaient supporter. Le 2 décembre, un nouveau chef, le général Robert Eichelberger vint leur remonter le moral. Le 2 janvier 1943, Buna était prise et, le 22, ce fut le tour de Gona. Les pertes étaient une fois encore au désavantage flagrant des Japonais qui avaient perdu 12 000 morts dans cette campagne contre 2 850 aux Alliés, surtout des Australiens.

### *L'opération « Cartwheel »*

La victoire de Papouasie mit fin à la menace qui pesait sur l'Australie et dégagea la route du sud pour permettre à MacArthur de concentrer ses efforts sur la reconquête des Philippines à travers les archipels des Salomon et des Bismarck. La stratégie qui consistait à laisser les garnisons japonaises « pourrir sur place », comportait tant d'opérations de débarquement que ses demandes en hommes en navires et en avions risquaient d'épuiser les ressources disponibles. Son objectif principal était Rabaul, la place forte des Japonais en Nouvelle-Guinée, la plus grande île des Bismarck. Pour réaliser son programme il avait besoin d'une force supplémentaire de cinq divisions et de quarante-cinq groupes aériens, soit 1 800 avions. Or les Américains avaient déjà envoyé 400 000 hommes dans le Pacifique et seulement 380 000 en Europe où le second front commençait à se former – si tant est que l'invasion de l'Afrique du Nord puisse être considérée comme un prélude.

Les exigences de MacArthur provoquèrent des querelles entre les états-majors, qui durèrent jusqu'en mars 1943. Pendant que les Japonais étaient aux prises avec les marines et les troupes australo-américaines à Guadalcanal et en Nouvelle-Guinée, les généraux et amiraux essayaient de s'entendre sur la décision à prendre concernant le développement de la guerre du Pacifique. Dans les derniers jours d'avril, un plan fut finalement élaboré. Il portait le nom de code « Cartwheel » et, bien qu'il conservât l'esprit de l'accord du 2 juillet 1942, il le modifiait sensiblement. Nimitz prenait le commandement de tout le théâtre du Pacifique tandis que MacArthur était responsable de la région du Pacifique-Sud-Ouest. L'amiral Halsey était chargé des opérations du Pacifique-Sud. Le plan prévoyait que MacArthur envahirait la côte nord de la Nouvelle-Guinée et l'intérieur de la Nouvelle-Bretagne où se trouvait Rabaul pendant que Halsey longerait la chaîne des Salomon jusqu'à Bougainville. Tous deux descendraient ensuite sur Rabaul dans un mouvement de tenailles.

Tandis que les chefs d'état-major et leurs adjoints participaient à la conférence militaire sur le Pacifique à Washington, les Japonais s'occupaient de renforcer et de réorganiser leurs garnisons en attendant l'offensive ennemie. Le commandant en chef était Hitoshi Imamura dont le quartier général se situait à Rabaul. Il avait sous ses ordres la XVIIe armée dans les Salomon. L'état-major impérial décida de lui adjoindre la XVIIIe armée pour défendre la Nouvelle-Guinée septentrionale sous le commandement du général Adachi dont le quartier général se trouvait à Lae. Adachi arriva avec deux nouvelles divisions de Corée et de Chine du Nord. Il débarqua d'abord à Rabaul puis l'une des divisions, la 51e, prit la mer pour gagner sa nouvelle garnison en Nouvelle-Guinée. En route, elle fut interceptée par l'aviation américaine qui remporta à cette occasion l'une des deux victoires spectaculaires du printemps de 1943.

En août 1942, MacArthur s'était adjoint un nouveau commandant des forces aériennes, le général George Kenney, qui avait opéré une révolution dans les méthodes d'attaque antinavires de l'aviation américaine. Constatant que la méthode de bombardement à haute altitude manquait d'efficacité, Kenney entraîna ses pilotes de bombardiers moyens à attaquer à basse altitude avec des bombes explosives. Le 2 mars, lorsque la 51e division japonaise quitta Rabaul pour Lae, elle fut d'abord attaquée par des Forteresses volantes employant l'ancienne technique de bombardement à haute altitude. Un seul navire fut coulé. Le lendemain, une force composée de B-25, d'A-20 et de Beaufighters australiens retrouva les navires de transport. Echappant à l'attention des Zéros qui attendaient les forteresses à haute altitude, les bombardiers moyens volant à fleur d'eau coulèrent tous les transporteurs et quatre des huit escorteurs.

Cette bataille des Bismarck constitue une victoire matérielle importante. Le mois suivant l'aviation de MacArthur remporta une victoire psychologique peut-être encore plus importante. Un nouvel appareil était venu s'ajouter à sa force aérienne, le Lightning P-38, un chasseur bimoteur à long rayon d'action. Il n'était pas utilisé pour les combats aériens mais réservé pour les opérations stratégiques contre les grandes formations japonaises parmi lesquelles il semait la terreur en plongeant d'une haute altitude. « Le son à la fois spécial et familier du bimoteur épouvantait les Japonais dans toute la zone du Pacifique-Sud. » Pour contrebalancer les succès des P-38 et des B-25, Yamamoto rassembla toute sa force aérienne disponible et, au début d'avril, il la lança sur Guadalcanal et la petite île de Tulagi. Cette opération « I » manqua son objectif qui consistait à couler le plus de navires ennemis possibles mais les pilotes croyaient avoir touché des bâtiments qui n'avaient en fait été atteints que par la déflagration de leurs bombes. Yamamoto, néanmoins, parut être convaincu et décida de faire une tournée pour encourager ses pilotes à de nouveaux efforts. Imprudemment, la nouvelle de ses déplacements fut annoncée à l'ensemble de la zone de la VIIIe armée mais les cryptographes de Pearl Harbor interceptèrent et déchiffrèrent les messages. Nimitz décida d'essayer de l'« attraper ». Une escadrille de Lightnings fut équipée en hâte de réservoirs supplémentaires pour avoir l'autonomie suffisante requise pour l'embuscade envisagée. Le 18 avril au matin, comme Yamamoto approchait de l'aérodrome de Kahili sur l'île de Bougainville, son avion, un Betty, fut abattu d'une rafale de 20 millimètres et s'écrasa, en feu, dans la jungle.

Les cendres de Yamamoto furent enterrées à Tokyo le 5 juin. Dans le courant du même mois, les Américains déclenchèrent la grande offensive sur Rabaul que l'opération I avait eu pour but d'empêcher. A la fin de juin, ils envahirent les îles Woodlark et Trobriand ce qui leur permit d'approcher par la mer la queue de l'oiseau de Nouvelle-Guinée. A la fin de juin, ils exécutèrent une opération amphibie sur la côte nord de Nouvelle-Guinée et, en décembre, ils s'emparèrent de Saidor et d'Arawe près de Rabaul.

Entre-temps, Halsey poursuivait son avance le long des Salomon. Les îles Russell avaient été prises en février, celles de la Nouvelle-Géorgie en juin et juillet et Vella Lavella en août. En octobre, Halsey était prêt à attaquer Bougainville, la plus grande des îles Salomon, située à cent cinquante kilomètres de Rabaul. Koga, le successeur de Yamamoto, lança l'opération « RO » destinée à empêcher les débarquements mais il échoua. Halsey déclencha une attaque amphibie contre les îles Treasury au large de la côte sud de Bougainville, puis l'assaut principal sur la baie Augusta le 1er novembre. Koga envoya une force de 7 croiseurs lourds pour s'opposer au débarquement. Il obligea Halsey à risquer par deux fois ses porte-avions sans escorte mais les Japonais avaient perdu 55 avions contre 12 et 3 de leurs croiseurs furent gravement endommagés. Le 21 novembre, la 3e division de marines et la 37e division étaient solidement établies à Bougainville. C'est de là que les deux branches des tenailles formées par les troupes de Halsey et de MacArthur allaient descendre pour se refermer sur Rabaul.

Au moment même où les deux forces commençaient à se rejoindre au niveau de Rabaul, la guerre du Pacifique prit un nouveau tournant. En janvier 1943, à la conférence de Casablanca, Roosevelt, Churchill et les chefs d'état-major des armées alliées avaient accepté le plan américain proposé par l'amiral King, commandant des opérations navales. La décision du 2 juillet 1942 qui attribuait une force de soutien à MacArthur dans sa progression vers Rabaul avait été prise alors que la marine des Etats-Unis se relevait lentement des pertes subies à Pearl Harbor et dans la mer de Corail. Elle ne possédait guère de porte-avions et aucun cuirassé. Au début de 1943, les chantiers navals américains commençaient déjà à combler les vides. Au milieu de 1943, ils sortaient de nouveaux cuirassés et de nouveaux porte-avions lourds et légers. C'est pourquoi, le 20 juillet, les chefs d'état-major alliés autorisèrent Nimitz à préparer une opération de débarquement dans les îles Gilbert conquises par le Japon et une autre dans les Marshall.

C'étaient des expéditions risquées. Jusqu'alors, les campagnes dirigées par Halsey et MacArthur dans le Pacifique-Sud ressemblaient à des avances traditionnelles terre-mer malgré leur caractère amphibie. La flotte appuyait l'armée et vice-versa par une série de bonds relativement courts dans l'espace. Le saut le plus long que MacArthur ait effectué jusqu'alors ne dépassait pas 225 kilomètres entre Buna et Salamaua. La distance la plus longue que Halsey ait franchie sans escale couvrait environ 150 kilomètres entre Guadalcanal et la Nouvelle-Géorgie. Dans le Pacifique central, les distances étaient d'un autre ordre. Entre Tarawa dans les Gilbert et Luzon, la grande île des Philippines s'étalaient trois mille kilomètres d'océan. Cette masse d'eau n'était pas entièrement vide. Le Pacifique central était parsemé d'atolls mais, alors que les îles de MacArthur offraient de vastes plates-formes de terre sèche, les atolls n'étaient que des bandes de sable et de corail portant des palmeraies. De nombreuses campagnes comme celles de MacArthur, s'étaient déroulées au cours des siècles précédents dans la Méditerranée ou dans la mer du Japon, mais une campagne comme celle qu'envisageait Nimitz représentait une succession de bonds de géant entre des jalons si éloignés et si minuscules qu'ils pourraient amener la marine des Etats-Unis à son point de rupture.

Cependant, l'entreprise était devenue possible grâce au renouvellement de la flotte du Pacifique. Même ses cuirassés étaient flambant neufs, plus rapides et plus forts que ceux qui gisaient encore au fond de la rade de Pearl Harbor, ou qui avaient été remis à flot. Ses porte-avions représentaient une nouvelle catégorie de bâtiments. Les porte-avions légers du type de l'*Indépendance* embarquaient cinquante appareils et pouvaient manœuvrer à plus de trente nœuds et ceux du type *Essex*, tout aussi rapides pouvaient transporter une centaine d'avions et étaient armés de canons anti-aériens de 40 et 20 millimètres. Six de ces bâtiments étaient en rade à Pearl Harbor prêts à conduire la flotte de Nimitz à la bataille. Ils allaient protéger les nouveaux transports d'attaque et leurs escortes de cuirassés, de croiseurs et de destroyers au cours de neuf débarquements successifs dans l'approche de l'archipel des Philippines.

Les atolls de Makin et Tarawa dans les Gilbert, à la pointe extrême du périmètre défensif japonais, furent les premiers à tomber. La Task Force 54 de l'amiral Turner débarqua ses marines le 20 novembre 1943. Défendue par une garnison de 5 000 Japonais, Tarawa fut plus difficile à prendre. Les marines subirent de lourdes pertes et apprirent en l'occurrence à quel point la lutte pour le plus petit îlot peut être féroce :

« Un marine saute par-dessus la digue et commence à lancer des charges de TNT dans un blockhaus en rondins de cocotiers, rapporte le correspondant de guerre Robert Sherrod. Deux autres marines escaladent la digue avec un lance-flammes. Pendant qu'une autre charge de TNT explose à l'intérieur du blockhaus faisant jaillir des tourbillons de poussière et de fumée, une silhouette kaki se précipite dehors. Le lance-flammes l'attend et l'atteint. Le Japonais flambe comme du celluloïd ; il meurt instantanément mais les balles de sa cartouchière explosent pendant soixante secondes après qu'il a été réduit en cendres. »

Malgré la supériorité matérielle incontestable des marines ou peut-être à cause de cette supériorité même, les Japonais lancent un ultime assaut pendant la nuit et vont se jeter dans le feu des canons américains. Le lendemain, 325 cadavres gisent dans un espace de quelques centaines de mètres carrés. A midi, la bataille était finie mais elle avait « produit une impression indélébile sur les commandants des forces du Pacifique ». Plus de 1 000 marines étaient morts, 2 000 étaient blessés. Presque toute la garnison japonaise avait péri. Pour épargner de telles horreurs à leurs hommes, les états-majors établirent un programme intensif de construction de véhicules amphibies et firent bâtir des répliques exactes des défenses de Tarawa pour que les instructeurs puissent entraîner les marines à affronter les obstacles par les moyens les plus efficaces.

Tarawa eut un autre effet immédiat et positif sur le développement de la campagne du Pacifique central. Comme la flotte japonaise n'était pas intervenue, pas plus que l'aviation basée sur les autres îles, Nimitz pensa qu'il vaudrait mieux laisser les garnisons des autres Marshall « pourrir sur place » et pousser vers les atolls situés à l'extrême ouest de l'archipel : Kwajalein et Eniwetok. Kwajalein ne résista que deux jours. A Eniwetok, les Japonais opposèrent aux assaillants une défense suicidaire et il fallut cinq jours pour venir à bout de leur résistance. L'îlot finit par capituler le 23 février.

La prise des Marshall ouvrit la voie vers les Mariannes parmi lesquelles Saipan et Guam représentaient des bases importantes. Nimitz était pressé. En Nouvelle-Guinée, MacArthur accélérait son avance. A la conférence anglo-américaine de Québec en août 1943, les états-majors estimèrent que le rythme de progression convenu dans le secteur des Philippines était trop lent, que Rabaul pouvait être « sauté » et simplement neutralisé et que MacArthur devait avancer sur la côte nord de la Nouvelle-Guinée par une série de poussées amphibies. En novembre, à la conférence du Caire, le haut commandement avait spécifiquement approuvé l'offensive de Nimitz dans les Marshall. MacArthur en avait pris ombrage pensant que sa propre campagne était reléguée au second plan. En février, son état-major lui signala que les îles de l'Amirauté semblaient à peu près sans défenses. Il bondit sur l'occasion. Entre le

29 février et le 18 mars les îles furent prises et MacArthur décida d'exécuter son saut le plus long – 820 kilomètres – vers Hollandia à mi-chemin de la côte nord de la Nouvelle-Guinée. Le 22 avril, la garnison japonaise s'enfuit prise de panique. De cette base, MacArthur poussa sur Wake et Biak mais il lui fallut deux mois pour vaincre la résistance de ce dernier îlot et compléter son programme stratégique. Le 30 juillet, il s'empara de la péninsule de Vogelkop dans la tête de l'oiseau de Nouvelle-Guinée.

L'intensification de son offensive au Sud avait eu un effet imprévu et indirect mais crucial sur la conduite de la campagne du Pacifique central. Les Japonais étaient tellement alarmés par le succès de son débarquement à Biak qu'ils décidèrent de freiner son avance en concentrant la flotte combinée dans les eaux des Indes néerlandaises pour reprendre l'île. A la fin de mai, leurs bâtiments de guerre qui comprenaient les nouveaux cuirassés géants *Yamoto* et *Musashi* étaient prêts à appareiller. A ce stade, averti que Nimitz se disposait à faire le saut des Marshall aux Mariannes, à la porte des Philippines, l'état-major japonais annula l'opération. La flotte combinée reçut l'ordre de mettre le cap sur le Pacifique central pour livrer une bataille décisive en haute mer.

Avant qu'elle n'ait eu le temps d'arriver, les marines de Nimitz avaient débarqué à Saipan avec la 27e division de l'armée. Saipan est une grande île dont la garnison se composait de 32 000 hommes. Les Américains avaient prévu leur opération en conséquence. 7 cuirassés pilonnèrent la zone de débarquement avant que les troupes d'assaut aient touché terre et 8 cuirassés plus vieux entretinrent le bombardement pendant le débarquement. Plus de 20 000 soldats américains furent débarqués le premier jour mais les défenseurs résistèrent farouchement et, entre-temps, la Première Flotte

Mobile japonaise s'approchait pour attaquer la Task Force 58. Heureusement, le sous-marin américain *Flying Fish* en patrouille au large des Philippines la vit passer le détroit de San Bernardino et alerta Mitscher. Celui-ci se mit aussitôt en position d'attaque avec quinze porte-avions contre neuf et se prépara à monter une offensive aérienne. En fait, les Japonais repérèrent la position de Mitscher avant qu'il n'ait pu découvrir la leur mais, grâce à la supériorité de son radar – et des nouveaux Hellcat plus rapides et mieux armés que les Zéros – les quatre attaques de l'amiral Ozawa échouèrent. Le « grand tir aux pigeons » des Mariannes prit fin dans la soirée du 19 juin. Les Japonais avaient perdu 227 avions sur 326 et les Américains 29. En même temps, les sous-marins américains avaient coulé le vétéran *Shokak* et le navire amiral d'Ozawa, le *Taiho*, le plus moderne et le plus grand porte-avions de la marine japonaise.

L'opération n'était pas encore terminée. Le lendemain, la Task Force 58 repéra la 1^re^ flotte mobile occupée à faire le plein. Elle coula le porte-avions *Hiyo* et en endommagea 3 autres. En deux jours, la bataille des Philippines avait réduit de moitié la force opérationnelle des porte-avions japonais et des deux tiers de sa force aérienne. La Task Force 58 était restée intacte.

Le désastre maritime des forces japonaises fut suivi d'un désastre terrestre. Après une lutte héroïque à Saipan, les défenseurs, à court de munitions, commencèrent à choisir le suicide pour éviter la honte de la reddition. Parmi les Japonais de l'île se trouvaient 12 000 civils dont les deux tiers préférèrent se tuer avec les survivants des 30 000 combattants pour ne pas capituler. La conquête de Saipan fut achevée le 9 juillet. L'île voisine de Tinian tomba le 1^er^ août et Guam le 11. Les Américains avaient conquis tout le territoire qu'ils convoitaient dans les Mariannes. De là, leur nouveau bombardier, la superforteresse B-29, pourrait attaquer directement l'archipel japonais et, mieux encore, la flotte du Pacifique pourrait préparer l'assaut contre les îles du nord des Philippines, tandis que MacArthur menaçait celles du sud par son avance dans les Indes néerlandaises.

Quatrième partie

# LA GUERRE À L'OUEST 1943-1945

# 17

# DILEMME STRATÉGIQUE DE CHURCHILL

La guerre du Pacifique avait changé les dimensions de la stratégie de Winston Churchill. L'appréhension de la défaite était remplacée par la certitude de la victoire. « Ainsi nous avons gagné après tout », avait-il déclaré en apprenant le désastre de Pearl Harbor. « Oui, après Dunkerque, après la défaite de la France, après l'horrible épisode d'Oran, après la menace d'invasion, alors que, abstraction faite de notre marine et de notre aviation, nous étions un peuple désarmé ; après la terrible guerre des U-boots, après dix-sept mois de lutte isolée et dix-neuf mois d'écrasantes responsabilités, nous avions gagné la guerre. »

De même que la nouvelle de la victoire d'El-Alamein et celle du débarquement en Normandie, l'annonce de l'attaque japonaise contre Pearl Harbor fut l'un des grands moments de la guerre de Churchill. Des moments plus sombres l'avaient marqué, par exemple, la perte du *Prince of Wales* et du *Repulse* – « Jamais, de toute la guerre je n'ai ressenti un tel choc » – la reddition de Singapour, la chute de Tobrouk. Pourtant, après Pearl Harbor, Churchill ne douta pas un instant que l'alliance vaincrait Hitler et, partant, le Japon. Peut-être les phrases de son magnifique discours, radiodiffusé le 8 mai 1945, commençaient-elles à se former dans son esprit le soir du 7 décembre 1941.

La conduite d'une guerre n'est jamais simple et la conduite d'une guerre de coalition est particulièrement compliquée. De plus, la coalition contre l'Axe était composée d'éléments extraordinairement disparates. Deux démocraties capitalistes unies par la langue mais divisées par des philosophies profondément différentes quant aux relations internationales avaient été entraînées par la force des événements dans une cobelligérance imprévue avec un Etat marxiste qui, non seulement prêchait la fin du système capitaliste mais s'était allié librement par un pacte de non-agression avec l'ennemi commun. La coordination d'une stratégie commune entre elles ne pouvait donc être que difficile. Jusqu'à quel point ? En décembre 1941, Winston Churchill ne pouvait le prévoir.

Au début, la gravité de la crise qui secouait l'Union soviétique simplifiait la situation. Avec l'armée allemande aux portes de Moscou, les puissances occidentales ne pouvaient fournir aucune aide militaire directe à la Russie. L'Angleterre était encore à peine armée, les Etats-Unis venaient tout juste d'émerger de deux décennies de désarmement. Au moment de l'agression allemande en juin, Churchill avait promis à Staline qu'il lui enverrait tout le matériel essentiel dont l'Angleterre pourrait disposer. Les convois étaient aussitôt partis vers la Russie du Nord. Roosevelt et Churchill avaient renouvelé leur promesse en août pour la Charte atlantique signée à Placentia Bay (Terre-Neuve), et les Etats-Unis avaient étendu les conditions de la loi prêt-bail à l'Union soviétique. Cependant, en septembre, Staline ne cessait de réclamer l'ouverture d'un second front. En 1941, il n'avait aucune chance d'obtenir satisfaction. L'Angleterre et les Etats-Unis ne pouvaient que prier pour la survie de la Russie tout en cherchant le meilleur moyen de détourner Hitler de sa campagne à l'Est et d'affaiblir la Wehrmacht à la périphérie de l'empire germanique.

C'est ce que s'efforça de faire Churchill pendant les deux années qui suivirent. Il avait déjà entrepris de porter la guerre sur un autre terrain dans le désert occidental. Il avait détruit l'empire de Mussolini en Afrique orientale et, bien qu'il eût échoué dans son intervention en Grèce, il se réservait la possibilité de frapper plus tard. La Norvège était un secteur qui retenait son intérêt. Après l'entrée en guerre de l'Amérique, il sut qu'ils pourraient ouvrir ensemble un second front. C'était une question de temps. Si l'Allemagne avait été le seul ennemi des Etats-Unis, le second front n'aurait pas tardé à s'ouvrir directement contre le mur que Hitler construisait sur la côte nord de la France.

Or l'Allemagne n'était pas le seul ennemi des Etats-Unis. Le Japon en était un autre et, pour la plupart des Américains, celui qui avait la priorité. La marine des Etats-Unis qui était responsable de la conduite de la guerre dans le Pacifique avait à cœur de porter tous ses efforts dans ces eaux. Elle voyait dans la flotte japonaise un adversaire à sa mesure et aspirait à la vaincre dans une opération navale de grande envergure. De nombreux soldats américains, y compris le célèbre MacArthur partageaient son désir de régler leurs comptes avec les Japonais, de se venger des défaites de Wake, de Guam et des Philippines et de pousser jusqu'à Tokyo.

Pendant toute la première année de la guerre du Pacifique, Churchill se trouva dans une situation inhabituelle. Bien qu'il ne fût plus angoissé par la crainte de la défaite, il n'était pas non plus maître de la stratégie de son pays. Certes, l'Angleterre allait gagner mais, comme elle ne pouvait gagner que de concert avec les Etats-Unis, il devait se plier aux volontés des stratèges de la Maison Blanche et du comité des clubs d'Etat-Major interarmées (JCS). Roosevelt était encore enclin à le suivre mais le général Marshall et l'amiral King n'étaient pas d'accord. King s'intéressait au Pacifique à l'exclusion de tous les autres théâtres. Marshall restait profondément européen, il se méfiait de toutes les opérations tendant à retarder l'ouverture d'un second front qu'il se proposait de créer le plus tôt possible, sur le plus court chemin qui menait en Allemagne.

Churchill répugnait à une aventure aussi risquée. « Rappelez-vous que je porte sur la poitrine les médailles des Dardanelles, d'Anvers, de Dakar et de Grèce », lança-t-il à Anthony Eden le 5 juillet 1941 en se référant à quatre opérations amphibies désastreuses des deux guerres mondiales. Un second front entraînerait toutes les forces expéditionnaires anglo-américaines dans un assaut contre la frange fortifiée d'un continent défendu par trois cents divisions et une machine de guerre sans équivalent au monde. Pendant toute l'année 1942, Churchill eut l'impression de marcher sur une corde raide. D'une part, il n'osait minimiser l'importance qu'il attachait à l'ouverture d'un second front, de peur que les Américains ne décident de consacrer toutes leurs forces à la guerre du Pacifique. D'autre part, il n'osait insister sur la nécessité de cette ouverture de peur que les Américains ne se ruent sur le continent avant que l'opération n'ait de solides chances de succès. Quatre mois avant Pearl Harbor, il avait rencontré Roosevelt à Placentia Bay et ils étaient convenus que, si les Etats-Unis entraient en guerre, leur stratégie commune serait : « L'Allemagne d'abord ». Au cours des dix-huit mois qui suivirent Pearl Harbor il s'efforça de convaincre Roosevelt et les généraux alliés mais tout particulièrement Marshall que la stratégie commune devait être : « L'Allemagne d'abord – mais pas tout de suite. »

A ce stade, Churchill n'avait jamais temporisé avec les militaires. Il s'était toujours comporté en autocrate avec le Haut-Commandement – comme avec le gouvernement. « Entre 1939 et 1943, il n'y eut pas un amiral occupant un poste de responsabilité important [...] que Churchill [...] n'ait pas tenté de congédier », rapporte l'historien officiel de la Royal Navy. Ses limogeages de généraux sont notoires. En juin 1941, il releva Wavell de son commandement au Moyen-Orient ; quatorze mois plus tard, il destitua son remplaçant Auchinleck. Il congédia aussi trois commandants de la VIIIe armée, Cunningham, Leese et Ritchie. Il était exigeant avec ceux qu'il maintenait en fonction, particulièrement avec Alan Brooke, son chef d'état-major qu'il entretenait quotidiennement pendant toute la guerre mais aussi avec Montgomery, bien qu'il eût intérêt à ménager le héros populaire. Seul Alexander trouvait grâce à ses yeux. Sa bravoure célèbre et son attitude chevaleresque le mettaient au-dessus de tout reproche malgré la lenteur de la campagne d'Italie en 1944 dont il fut seul responsable.

Churchill ne pouvait traiter les généraux américains comme il traitait les siens et surtout pas King et Marshall. Enveloppé dans une aura de dignité, Marshall intimidait Roosevelt lui-même. (D'ailleurs, il s'était fait un point d'honneur de ne jamais sourire en sa présence.) De plus, invité à profiter des largesses de la loi prêt-bail, Churchill avait des raisons qui n'étaient pas purement diplomatiques pour dissimuler, argumenter et tergiverser alors que, sur son propre terrain, il aurait exigé et ordonné. S'il n'avait pas réussi à persuader Marshall que le cabinet britannique était aussi impatient que l'état-major allié d'établir un second front, le produit de l'industrie de guerre américain serait allé ailleurs – comme ce fut le cas pour les navires et avions qui dépendaient du domaine de l'amiral King. Sa diplomatie interalliée différait totalement du comportement qu'il adoptait à l'égard des membres de son gouvernement et de son état-major. Il trouva l'attitude qui convenait en appliquant les méthodes que ses propres subordonnés utilisaient à son égard quand ils désiraient qu'il ajourne une opération ou annule un ordre qu'ils jugeaient impraticable.

Churchill craignait qu'un second front ne provoque des pertes massives dans son armée. En 1942, il savait qu'il ne pourrait disposer ni de la force ni du soutien nécessaires pour résister aux coups de boutoir de l'ennemi. En assistant à la conférence d'Arcadia en décembre 1941, il apprit aussi que Marshall était hostile à son idée de maintenir une pression sur l'Allemagne en Méditerranée, le seul secteur où les Anglais avaient remporté des succès, mais favorable au maintien d'une forte présence alliée dans le Pacifique. La conférence d'Arcadia avait eu pour avantage de permettre la création d'un Comité interallié des chefs d'état-major, mais paradoxalement, elle avait eu pour inconvénient de faire approuver par les militaires l'accord privé conclu entre Churchill et Roosevelt, « l'Allemagne d'abord », ce qui provoqua l'arrivée à Londres d'un Marshall impatient d'établir un programme. Déprimés par les succès allemands dans le désert et sceptiques sur les capacités de survie de l'Union soviétique après l'invasion de la Crimée et du bassin du Donetz, Churchill et Alan Brooke temporisèrent dans la mesure du possible. A force d'arguments, ils réussirent à convaincre Marshall de renoncer à l'opération « Sledgehammer » (l'invasion de la France en 1942). Par des moyens détournés, il obtinrent son appui pour « Bolero », la poursuite des expéditions de matériel américain en Angleterre. Cependant, Churchill eut beau user de tous les moyens – charme, raisonnement, prière, éloquence, colère, émotion – il ne parvint pas à éveiller l'enthousiasme de son interlocuteur pour l'opération « Torch » – invasion de l'Afrique du Nord. Les pressions réitérées de Marshall finirent par décider les Alliés à envisager la création d'un second front pour 1943.

*Churchill et les Américains*

En avril, Churchill avait cédé du terrain. Il en regagna une partie en juin au cours d'une visite à Washington en montrant l'opération Sledgehammer sous un jour encore plus dangereux et il attira l'attention du président sur l'intérêt que présentait Torch. Comme il était admis que les troupes américaines expédiées en Europe ne pouvaient être employées à la défense d'un second front, pour le moment, pourquoi ne pas les utiliser dans une intervention en Afrique du Nord en attendant ? Roosevelt fut à demi convaincu. En juillet, il envoya Marshall à Londres pour étudier le problème. Marshall en était revenu à sa première idée. L'opposition britannique à son projet de second front l'irritait tellement qu'il était prêt à unir toutes ses forces à celles de King et de MacArthur dans le Pacifique. Pour l'amener à partager ses vues, Churchill consacra les quatre jours suivants au débat stratégique le plus ardu qu'il ait eu à soutenir au cours de toute la guerre.

Les deux camps n'en restèrent pas moins sur leurs positions. D'un côté, le haut commandement américain réclamait l'ouverture d'un second front, de l'autre les clubs d'état-major britanniques et le cabinet de guerre refusaient de donner leur accord. Ils convinrent de soumettre la question au président, le mettant ainsi en demeure de prendre une décision. Or Roosevelt laissait généralement à Marshall le soin de le guider dans les affaires d'ordre militaire. Marshall aurait donc dû gagner la partie. Cependant, au cours de sa visite à Washington, Churchill avait semé des doutes dans l'esprit du président, doutes qu'il avait pris soin d'entretenir par l'intermédiaire de l'émissaire particulier de Roosevelt, Harry Hopkins. En fin de compte, Roosevelt décida de présenter au JCS un éventail de choix qui excluait l'ouverture immédiate d'un second front et donnait la priorité à l'opération Torch. Marshall opta donc pour le débarquement en Afrique du Nord. Roosevelt approuva son choix et la date de l'opération fut fixée au 30 octobre (en fait, elle eut lieu le 8 novembre 1942).

### *La conférence de Casablanca*

Churchill avait donc fini par obtenir ce qu'il voulait. Mais il savait que sa victoire n'était que provisoire. A moins que les forces de l'Allemagne ne déclinent subitement ou que celles des Alliés n'augmentent rapidement, il ne pourrait éviter l'ouverture d'un second front en 1943 et il lui faudrait trouver un moyen de soustraire son pays à cette obligation dans le courant de l'année à venir. Enfin, pour le moment, la crise était écartée mais il savait que la question allait bientôt revenir sur le tapis, d'autant plus que, pour la première fois depuis 1940, la conjoncture commençait à être favorable aux Alliés.

Si la Wehrmacht poursuivait son avance vers le sud de la Russie, les Japonais avaient été battus à Midway, la « belle époque » des U-boots était terminée, l'armée du désert avait contenu Rommel à la frontière égyptienne et la campagne de bombardements s'intensifiait contre l'Allemagne. Cette série de succès allait continuer. En octobre, Montgomery remporta la Bataille d'El-Alamein ; en novembre, l'armée anglo-américaine débarquait en Afrique du Nord et, le même mois, la VI^e^ armée de Paulus était encerclée à Stalingrad. L'affaiblissement de l'armée allemande fut le principal thème de la conférence de Casablanca et Roosevelt en profita pour relancer le sujet du second front.

Cette fois, Churchill dut s'incliner, d'autant plus que, depuis sa dernière rencontre avec Roosevelt et Marshall, il était allé voir Staline et lui avait laissé entendre qu'une armée anglo-américaine pourrait bien envahir le Nord de la France en 1943. La conférence de Casablanca – qui portait le nom codé de « Symbol » – se révéla donc aussi embarrassante pour Churchill que l'avait été la conférence de Londres en juillet. Il se rendait compte que si King et l'« école du Pacifique » étaient battus, il faudrait qu'il persuade Marshall de donner une suite à l'opération Torch – par exemple l'invasion de la Sicile. Néanmoins il ne pourrait circonvenir Marshall qu'en maintenant la promesse de création d'un second front. C'était un problème diplomatique quasi insoluble et il ne fut résolu que grâce à la supériorité de la technique diplomatique britannique. Les Anglais avaient tout prévu. Ils avaient avec eux deux centres de télécommunications mobiles, un navire suréquipé en matériels radio, de sorte qu'ils opéraient comme une extension de la machine gouvernementale de Londres. Une longue expérience acquise dans l'administration de l'empire leur avait appris à éviter les pièges où tombent les politiciens et les hauts fonctionnaires qui ne se sont pas mis d'accord sur une position commune en cas d'imprévu. De plus, ils étaient experts dans l'art de manier le vocabulaire. Portal, chef d'état-major de l'air, probablement l'officier le plus subtil des deux côtés, conçut une formule qui semblait contenter tout le monde. Comme il savait exactement ce que Churchill avait en tête et que les Américains ne voyaient pas clairement ce qu'ils voulaient, chacun rentra chez soi pleinement satisfait : la formule permettait aux armées de Torch de poursuivre la guerre en Sicile une fois la campagne d'Afrique du Nord terminée. C'était la seule clause qui intéressait Churchill car il prévoyait qu'une opération en Sicile empêcherait l'ouverture d'un second front en 1943. Pour les Américains, une expédition en Sicile n'était qu'une action parmi tant d'autres. Ils persistaient à croire qu'une stratégie méditerranéenne n'empêcherait pas l'offensive prévue contre le mur de l'Atlantique.

D'autres décisions importantes furent prises à la conférence de Casablanca, notamment que les Alliés imposeraient aux nations vaincues une capitulation sans conditions. Tous étaient d'accord à ce sujet. La décision concernant la Sicile se révéla de plus en plus difficile à éliminer. A la conférence Trident qui se tint en mai, à Washington, les Américains arrivèrent, prêts à réduire à néant tous les arguments invoqués par les Anglais et appuyés par des armées d'experts dont les serviettes regorgeaient de rapports et de statistiques. Wedemeyer qui était présent à Casablanca résuma ainsi l'épisode vu du côté américain : « [...] nous sommes venus, nous avons écouté et nous avons été convaincus. » Cette fois, ils étaient bien décidés à ne pas se laisser faire et à dépasser les Anglais dans le jeu des anticipations. En fait, à Trident, l'expérience aurait dû leur servir et ils l'auraient emporté si Alexander n'avait pas envoyé un message de Tunis avant la fin de la conférence. Il informait Churchill que l'armée anglo-américaine était victorieuse et que ses soldats étaient maîtres de l'Afrique du Nord. Ce message euphorique s'ajoutant à un habile marchandage de Churchill, qui préconisait l'extension de la campagne méditerranéenne aux Balkans, convainquit les Américains d'adopter la solution plus sûre de l'expédition sicilienne qui commença en juillet. Les événements les décidèrent alors à envahir le territoire italien. Marshall et ses collègues abordèrent la conférence Quadrant qui eut lieu à Québec en août dans un esprit de conquête. Pendant la conférence, ils apprirent que l'Italie était sur le point de capituler. Cette première défaite de l'un des partenaires de l'Axe et la possibilité qu'elle offrait d'établir un front en Italie près d'une frontière allemande remettait en cause la stratégie du second front. Eisenhower fut autorisé à envoyer une armée américaine sur la côte italienne mais elle devait se limiter au sud. Sa mission consistait à détourner les forces allemandes du secteur choisi pour l'ouverture du second front.

Churchill devait encore multiplier ses efforts pour reporter le débarquement en Normandie à une date où les risques seraient réduits au minimum. L'avance d'Eisenhower dans la péninsule italienne l'entraîna plus loin que Marshall ne l'avait prévu... Les Américains auraient dû imposer des limites plus strictes à la campagne italienne qui, en fin de compte, fut plus profitable aux Allemands qu'aux Alliés. Après Quadrant, ils ruinèrent toutes les tentatives de Churchill pour diversifier la stratégie méditerranéenne. Celui-ci savait qu'il ne pouvait plus remettre indéfiniment une opération dont il reconnaissait la nécessité mais il ne pouvait pas non plus se résoudre à en fixer la date. Ni Roosevelt ni même l'imperturbable Marshall ne le pressaient encore d'affronter l'inévitable. C'est ce qu'allait faire l'implacable Staline qu'ils devaient rencontrer tous les trois à Téhéran en novembre.

18

# TROIS GUERRES EN AFRIQUE

La Première Guerre mondiale s'étendit à l'Afrique trois jours après son déclenchement en Europe quand la colonie allemande de la côte occidentale africaine, le Togo, fut envahie et rapidement occupée par les forces franco-britanniques venues du Sénégal et de la Gold Coast. Les autres colonies du Kaiser passèrent rapidement sous contrôle allié sauf l'Afrique orientale où le redoutable von Lettow-Vorbeck résista jusqu'au bout. La Deuxième Guerre mondiale, au contraire, ne gagna le continent africain que bien plus tard et progressivement. C'était explicable. Le traité de Versailles avait transféré la souveraineté des anciennes colonies allemandes à l'Angleterre, à la France et à l'Afrique du Sud sous le mandat de la Société des Nations. Alors que l'Italie qui possédait de vastes territoires africains sur les côtes de la Méditerranée et de la mer Rouge était l'alliée de l'Allemagne, elle n'entra pas en guerre avec l'Angleterre et la France avant juin 1940. Bien qu'il tînt en réserve un ministre des Colonies, Hitler n'avait pas cherché à étendre le théâtre des opérations au-delà de la Méditerranée. En fait, avant que l'Italie ne le fasse pour lui, il n'avait aucun moyen de monter une offensive en Afrique et, à moins que Mussolini n'échoue, rien ne l'y incitait.

La défaite de la France, où l'Italie joua le rôle honteux du pleutre qui donne le coup de grâce, incita Mussolini à aller recueillir des lauriers en Afrique. L'armistice franco-allemand avait neutralisé les forces françaises en bordure de son empire, les « troupes spéciales du Levant » en Syrie et au Liban, l'importante « armée d'Afrique » en Tunisie, en Algérie et au Maroc. De plus, il était sûr que la marine française n'apporterait aucun soutien à ses anciens alliés après les événements de Mers el-Kébir où les Anglais avaient détruit sa flotte le 3 juillet 1940, après que les amiraux français eurent refusé de la soustraire à l'autorité du gouvernement de Vichy. En juillet, Mussolini attaqua donc en Afrique aux points où ses troupes étaient supérieures en force et en nombre. Le 4 juillet, les unités de la garnison italienne d'Ethiopie occupèrent les villes frontières du condominium anglo-égyptien du Soudan. Le 15 juillet, elles pénétrèrent dans la colonie britannique du Kenya et, entre le 5 et le 19 août, elles occupèrent la totalité de la Somalie britannique sur le golfe d'Aden.

Comment l'Italie a-t-elle pu s'emparer avec tant d'audace des territoires africains d'un pays qui était encore le plus grand empire colonial du monde ? En réalité, après sa récente conquête de l'Ethiopie, encore superficiellement pacifiée, l'Italie avait maintenu dans la région, comme en Erythrée et en Somalie, une armée de 92 000 soldats italiens et de 25 000 indigènes appuyée par 323 avions. Les Anglais, quant à eux, ne disposaient que de 40 000 soldats, indigènes pour la plupart. Les forces britanniques locales comprenaient les fidèles unités du Somaliland Camel Corps, du Sudan Defence Force et le bataillon du Kenya du King's African Rifles, mais ils étaient complètement dépassés par la supériorité numérique et matérielle de l'ennemi. Les 10 000 soldats de l'enclave française de Djibouti étaient fidèles à Vichy et allaient le rester jusqu'au débarquement des troupes alliées en Afrique du Nord en novembre 1942.

L'Angleterre maintenait une armée en Egypte depuis l'annexion de ce fief semi-autonome de l'empire ottoman en 1882 car elle devait défendre sa frontière occidentale contre l'armée de 200 000 hommes que l'Italie conservait en Libye. De plus, Newbold, secrétaire civil pour le Soudan, avait prévu les événements. Le 19 mai 1940, il écrit à un correspondant anglais : « L'Italie prendra Kassala sans peine, Port-Soudan probablement, Khartoum peut-être. C'est la ruine de quarante années de travail patient au Soudan et nous abandonnons les Soudanais confiants à un conquérant totalitaire. »

Heureusement, les craintes de Newbold se révélèrent exagérées. Bien que forte sur terre, l'armée éthiopienne d'Italie – commandée sans hardiesse par le duc d'Aoste – souffrait de graves faiblesses. Elle était isolée de ses sources de ravitaillement et ne pouvait être renforcée. Les Anglais, au contraire, avaient la possibilité de faire venir des renforts de l'Inde et de l'Afrique du Sud par la chaîne de ports qu'ils contrôlaient le long du littoral de l'océan Indien. En avril 1940, le général Archibald Wavell, commandant en chef au Moyen-Orient, était allé voir Jan Smuts, Premier ministre de l'Afrique du Sud, dont le parlement avait voté de justesse l'entrée en guerre en septembre 1940. Il était revenu avec l'assurance que le dominion enverrait une brigade et trois escadres aériennes au Kenya. La force expéditionnaire devait être commandée par Dan Pienaar, un vétéran de la guerre des Boers comme Smuts, mais, comme lui aussi, partisan convaincu de la cause impériale. En septembre, Wavell se risqua à transférer la 5e division indienne d'Egypte au Soudan pour la grouper avec une brigade britannique. Dans le courant de l'automne, deux brigades sud-africaines supplémentaires arrivèrent au Kenya pour former la 1re division sud-africaine. En décembre, après le succès de l'opération de Wavell contre l'armée italo-libyenne en Egypte, Wavell expédia au Soudan le renfort de la 4e division indienne. Au début de janvier 1941, le général Alan Cunningham, frère de l'amiral commandant la flotte de la Méditerranée, fut nommé à la tête des troupes d'Afrique orientale. Il disposait de forces suffisantes pour expulser les Italiens des territoires britanniques et porter la guerre dans leur empire éthiopien.

### *La campagne d'Éthiopie*

Les Anglais étaient déjà entrés en Ethiopie pour exercer des représailles contre l'empereur Théodore en 1867-1868. Les difficultés d'une campagne dans ses hautes montagnes les avaient dissuadés de rester. En 1936-1937, les Italiens avaient dispersé les troupes sommairement équipées de l'empereur Hailé-Sélassié grâce à leurs chars, leur aviation et leur énorme supériorité numérique. La campagne éthiopienne de 1940 était d'ordre essentiellement colonial. Bien qu'elle opposât des puissances européennes, la plupart des soldats engagés n'étaient pas européens. Le terrain accidenté, l'absence de routes, de moyens de transport et de toute l'infrastructure dont des armées européennes dépendaient pour le mouvement et le ravitaillement imposaient un rythme colonial à son déroulement.

L'offensive britannique contre l'armée du duc d'Aoste était fixée à la fin d'octobre 1940. Anthony Eden, ministre de la Guerre, était arrivé le 28 octobre pour rencontrer Wavell, Cunningham, Smuts et Haïlé-Sélassié, revenu d'exil dans l'espoir de récupérer son royaume. Smuts et Eden avaient de puissants mobiles pour pousser à l'offensive. Smuts avait besoin d'une victoire pour vaincre l'opposition des nationalistes antibritanniques à la participation de l'Afrique du Sud à la guerre. Eden, pour sa part, espérait qu'un succès britannique contrebalancerait l'influence qu'exerçaient les Allemands sur certains chefs musulmans tels que le Mufti de Jérusalem et Raschi Ali en Iraq. Ces derniers espéraient profiter de l'adversité de l'Angleterre pour régler leurs différends avec elle, tels que la présence d'une garnison britannique à Bagdad et la protection de la colonie sioniste en Palestine.

Subtil diplomate, Haïlé-Sélassié persuada Eden que, malgré les allégations contraires du Foreign Office, son retour en Ethiopie, où la résistance à l'occupation étrangère commençait à se réveiller, offrait la meilleure chance de libérer le pays de l'emprise de l'ennemi. Des unités de patriotes éthiopiens, armées par les Anglais, étaient déjà installées sur la frontière soudanaise. Le 6 novembre, Orde Wingate, un officier britannique, représentatif d'une tradition de troupes irrégulières qui remontait à la conquête de l'Inde, et incarnée plus récemment par T.E. Lawrence, arriva à Khartoum avec un trésor de guerre d'un million de livres et la conviction qu'il pourrait rétablir Haïlé-Sélassié, le Lion de Juda, sur son trône. Il prit immédiatement le commandement des unités de patriotes et s'envola vers l'Ethiopie pour prendre contact avec la résistance intérieure. A son retour, il entreprit des préparatifs pour escorter l'empereur au-delà de la frontière.

D'après un compte rendu officiel, le 20 janvier 1941, « Sa Majesté, l'empereur Haïlé-Sélassié I^er^, accompagné par le prince héritier [...] et deux puissantes armées éthiopienne et britannique, passa la frontière soudano-éthiopienne et reprit possession de son pays ». Les frustrations d'un long exil excusent les exagérations. La colonne de Wingate était ridiculement faible : une caravane de chameaux dépourvue de tout équipement moderne. Quoi qu'il en soit, elle avançait vers Addis-Abeba.

Après quelques escarmouches de frontière, les forces britanniques qui constituaient la véritable menace pour l'empire italien avancèrent à leur tour. Le 19 janvier, les 4e et 5e divisions indiennes traversèrent la frontière au nord du Nil bleu pour se diriger vers Gondar. Elles ne rencontrèrent qu'une faible résistance malgré une charge héroïque du corps de cavalerie Amharic, commandée par un officier italien monté sur un cheval blanc. Le 20 janvier la Sudan Defence Force qui comptait parmi ses officiers l'anthropologue Edward Evans-Pritchard entra en Ethiopie au sud du Nil bleu. Le non moins célèbre arabisant, Wilfrid Thesiger se trouvait dans l'escorte de l'empereur avec la « Force Gedeon » de Winsgate. Enfin, le 11 février, l'armée de Cunningham, avec les Sud-Africains, les King's African Riffles et les Royal West African Frontier Force partirent du Kenya pour entrer en Ethiopie du Sud et en Somalie italienne.

Le duc d'Aoste pensait, avec juste raison, que les pénétrations des 4e et 5e divisions indiennes au nord étaient les plus dangereuses. En conséquence, il concentra ses meilleures troupes autour de Keren, une petite ville d'Erythrée défendue par de hauts sommets et accessible par une gorge étroite et profonde. Les Indiens l'attaquent le 10 février. Ils sont repoussés. Ils relancent l'offensive le 15 mars et sont contre-attaqués. Mais, tandis que leurs pionniers entreprennent de démanteler systématiquement les obstacles qui entourent Keren, les Italiens décident qu'ils sont battus et se retirent vers l'intérieur. Le 2 avril toute l'Erythrée est occupée. En même temps, la position italienne au sud s'est effondrée. L'armée du général Cunningham pénètre en Somalie italienne. A la fin de mars, il se dirige vers l'Ethiopie centrale mais il est obligé de livrer bataillé pour s'ouvrir un chemin vers l'ancienne ville fortifiée de

Harar qui est prise par les Nigériens de la Royal West African Frontier Force. Dès lors, les Italiens commencent à perdre le contrôle de leurs unités locales. Au début d'avril, seul un mince rideau de grenadiers de Savoie sépare Cunningham d'Addis-Abeba. Le 5 avril, la capitale tombe aux mains des Anglais. Le 5 mai, escorté par la Force Gedeon de Winsgate, Haïlé-Sélassié fait une entrée triomphale dans sa capitale. Entre-temps, le duc d'Aoste s'est réfugié dans les montagnes d'Amba Alagi où il se rendra aux Anglais à la fin de mai. Atteint de tuberculose, il mourut en captivité l'année suivante.

La guerre d'Ethiopie était terminée. La Somalie britannique avait été reprise le 10 mars grâce à un débarquement amphibie lancé d'Aden. Le commandant de la capitale, Berbera, éclata en sanglots en rendant son arme à un officier britannique qui essaya de le réconforter en lui parlant des vicissitudes de la guerre. Une poignée d'Italiens irréductibles s'enfuit à l'ouest pour se rendre à une force belge qui venait du Congo. Au cours de la campagne, l'Italie perdit quelque 289 000 hommes qui furent faits prisonniers pour la plupart. Les vainqueurs furent aussitôt renvoyés sur d'autres fronts – les Indiens et les Sud-Africains dans le désert occidental, les Africains de l'Ouest et de l'Est dans leurs pays respectifs. En 1944, ils devaient être envoyés en Birmanie où Wingate allait devenir un héros de légende. Une Force française libre retourna au Moyen-Orient d'où elle venait. En novembre 1942, le général William Platt, commandant la force de défense soudanaise, arracha Madagascar à sa garnison vichyssoise. Cunningham, le conquérant de l'Ethiopie, partit pour l'Egypte où il allait perdre sa réputation de chef victorieux dans sa lutte contre Rommel.

La campagne d'Ethiopie constitue une bizarrerie parmi toutes celles de la Seconde Guerre mondiale. Sur le plan stratégique, elle est un prolongement de la

« ruée vers l'Afrique » commencée au XIXe siècle. Sur le plan tactique c'est un épisode de chanson de geste avec ses caravanes de chameaux et ses luttes sporadiques pour la possession de forteresses de montagne et de fortins du désert. Il est normal que la Légion étrangère ait participé à cette lutte épique au milieu d'une variété d'unités coloniales hautes en couleur – Mahratta Light Infantry, Rajputana Rifles, Gold Coast Regiment, Gruppo Banda Frontiere. Engagée sur les instances du général de Gaulle – qui à l'époque cherchait un moyen de transformer sa rébellion déclarée contre le gouvernement de Vichy en réalité –, la Légion avait vaillamment et efficacement combattu à Keren. De retour au Moyen-Orient, elle prit part à la bataille de Bir-Hakeim où sa réputation allait encore grandir.

L'Ethiopie n'était pas le seul front situé au sud de la Méditerranée où de Gaulle s'efforçait de prouver que certains Français rejetaient l'armistice. En septembre 1940, il avait conduit une Force française libre embarquée avec des unités britanniques de la Royal Navy devant Dakar, au Sénégal, pierre angulaire de la présence française en Afrique-Occidentale. Il échoua dans son dessein de rallier la garnison aux Forces françaises libres. La Royal Navy qui cherchait à immobiliser les unités de la marine française réfugiées dans le port n'eut pas plus de succès. Cependant, si de Gaulle fut obligé de se retirer le 25 septembre, ses efforts ne furent pas vains. Le 27 août, la colonie du Cameroun se laissa convaincre par Leclerc, son plus farouche partisan, et adopta leur cause. Le gouverneur noir du Tchad imita son exemple et le Congo français le suivit peu après. Le 12 octobre, Leclerc envahit le Gabon avec sa petite armée composée de soldats du Cameroun, du Tchad, du Congo et de quelques Sénégalais. Assisté de son confrère, Pierre Kœnig, il conduisit ses colonnes devant la capitale, Libreville, qui capitula le

12 novembre. Le gouverneur Masson se pendit pour ne pas avoir à se rendre ; le même soir, son successeur en fit autant. Ces suicides témoignent du caractère farouchement idéologique de cette lutte fratricide entre Français.

*La campagne de Syrie*

De Gaulle contrôlait désormais une solide portion de territoire de la grande baie d'Afrique-Occidentale. Il disposait aussi de quatre forces militaires indépendantes sur le continent : une brigade en Egypte, une « division » en Afrique-Orientale, une garnison en Afrique-Occidentale et, au Tchad, le groupe nomade du Tibesti de Leclerc. De loin le plus dynamique de tous les partisans du général de Gaulle, Leclerc conduisit ses troupes en Libye italienne au printemps de 1941. Il prit contact avec le Long Range Desert Group britannique et s'empara de l'oasis de Koufra le 1^er^ mars. Ce fut le premier succès remporté par les Français libres contre l'Axe. Conscient de l'importance de sa victoire, Leclerc demanda à ses soldats français, blancs et noirs, de s'engager par un serment solennel (le « serment de Koufra ») à ne pas déposer les armes avant que le drapeau français ne flotte de nouveau sur les villes de Metz et de Strasbourg, annexées par les Allemands. Leclerc appartenait à la promotion Metz-et-Strasbourg de Saint-Cyr mais, au printemps de 1941, ce défi ressemblait à une fanfaronnade. Personne, pas même l'indomptable Leclerc, n'aurait pu prévoir que, trois ans plus tard, il défilerait avec les soldats français le long des Champs-Elysées pour aller chanter un *Te Deum* en action de grâces à Notre-Dame de Paris. En novembre 1944, sa 2^e^ division blindée était au combat lorsque le drapeau tricolore fut hissé sur Metz et c'est elle qui libérera Strasbourg.

Au printemps de 1941, plus que la vision d'une éventuelle libération le spectre d'autres luttes fratricides inquiétait ces Français qui avaient pris parti pour ou contre l'armistice. Une plus forte concentration de troupes françaises encore autonomes, l'armée d'Afrique du Nord commandée par le général Weygand se trouvait encore hors du périmètre stratégique. L'armée du Levant, sous les ordres du général Dentz, était une cible évidente pour les opérations de subversion des agents de l'Axe. Ses bases débordaient par l'est celles de l'armée anglaise stationnée en Egypte où la guerre du désert avait commencé en décembre. Elle procurait aussi une tête de pont par laquelle les ennemis arabes de l'Angleterre, Rashid Ali, en Iraq, et le Mufti de Jérusalem, en Palestine, pouvaient recevoir des renforts. De même que Weygand, Dentz était tenu à la neutralité par les clauses de l'armistice mais, en raison de la relative faiblesse de ses troupes – 38 000 hommes contre 100 000 pour Weygand –, de son éloignement de la France et de sa proximité des bases de l'Axe en Italie et dans les Balkans, il pouvait être soumis à des pressions auxquelles Weygand pouvait mieux résister. Au début d'avril, des décryptages britanniques révélaient que les Allemands et les Italiens envisageaient d'utiliser la Syrie comme base d'opérations de ravitaillement destinées à Rashid qui venait de renverser le régent pro-britannique d'Iraq. De nouveaux décryptages signalèrent que des avions allemands portant des insignes iraqiens étaient arrivés en Syrie. Le lendemain, ils bombardèrent les forces britanniques entrées en Iraq pour réagir contre le coup d'Etat de Rashid Ali. L'action de Rashid Ali avait été violente et primitive. Son armée n'était ni assez forte ni assez résolue pour vaincre la garnison britannique qui occupait la base aérienne d'Habaniya à la périphérie de Bagdad. Elle n'était pas capable non plus d'empêcher les troupes anglaises d'exercer leurs droits de transiter en Iraq par le port de Basra. Rejointe par la Habforce de Palestine et la 10e division débarquée à Barra, l'armée britannique entra dans la ville et rétablit le régent le 31 mai.

La complicité de Dentz[1] dans l'épisode d'Iraq décida les Anglais à se tourner contre l'armée du Levant. La menace qu'elle présentait pour les arrières des forces du Désert occidental opérant en Libye devenait intolérable. Le 23 juin, quatre colonnes britanniques se mirent en marche – la 10e division indienne et la Habforce d'Iraq vers Palmyre et Alep, la 6e division britannique de Palestine vers Damas, la 7e division australienne de Haifa vers Beyrouth. La campagne qui s'ensuivit fut courte mais pénible sur tous les fronts et plus encore sur la frontière de Palestine septentrionale où les Français du général de Gaulle se trouvèrent aux prises avec les Français du maréchal Pétain. L'armée du Levant se battit si vaillamment que seule la 7e division australienne réussit à percer ses défenses mais la brèche était faite et, le 9 juillet, Dentz dut admettre que sa position était intenable. Il demanda les conditions d'un armistice. Celui-ci entra en vigueur le 11 : les soldats de Vichy qui refuseraient de rallier les Forces françaises libres seraient autorisés à retourner en France. Sur les 38 000 combattants de Dentz, 5 700 seulement acceptèrent de passer dans le camp gaulliste. Les autres furent expédiés en Afrique du Nord où les troupes de débarquement alliées devaient les retrouver en novembre 1942.

---

1. En fait, Vichy avait autorisé le transit de quelques avions allemands par Alep dans l'espoir d'obtenir en échange des avantages pour la France *(NdE)*.

Bien que cette petite campagne de Syrie eût coûté fort cher – 3 500 soldats alliés furent tués ou blessés au cours de la campagne – son incidence sur la stratégie britannique en Afrique fut entièrement bénéfique. Après la défaite de l'Italie en Ethiopie et l'écrasement du parti pro-axiste en Iraq, elle consolida l'influence de l'Angleterre en Egypte et permit au haut commandement des forces du désert occidental de penser exclusivement à vaincre l'Axe en Libye. La campagne libyo-égyptienne avait commencé en septembre 1940. A l'époque, elle était très importante aux yeux des Anglais car elle constituait le seul centre de combats terrestres entre une armée britannique et l'ennemi. Sur le plan tactique, c'était une guerre très insignifiante et, bien que ses implications stratégiques aient été considérables, elles ne furent pas perceptibles tant que la faiblesse britannique locale était compensée par l'incompétence militaire italienne.

*Victoire en Libye*

L'armée italienne de Libye commandée par le maréchal Rodolfo Graziani comptait quelque 200 000 hommes organisés en douze divisions et basés à Tripoli, à l'extrémité de la courte route maritime venant de Sicile. Le général Archibald Wavell et son armée de 63 000 hommes étaient stationnés à Alexandrie, base de la flotte méditerranéenne depuis que Malte ne constituait plus qu'une base aérienne. Jusqu'alors l'armée française d'Afrique avait tenu l'armée italienne de Libye en échec au-delà de la frontière tunisienne. La coopération de la flotte française de Toulon avec la flotte anglaise de Malte avait suffi à annuler la puissante force navale italienne. Cependant, après le 24 juin, date de l'armistice franco-italien, les six cuirassés de l'Italie représentèrent soudain la force navale la plus importante de la Méditerranée. Elle était néanmoins menacée par la Royal Navy uniquement parce que dans ses cinq bâtiments de ligne il y avait deux porte-avions, alors que l'armée de terre de Graziani était cinq fois supérieure en nombre à celle de Wavell.

Fort de son apparente égalité en mer et de son incontestable supériorité numérique sur terre, le 13 septembre, Mussolini ordonna à Graziani de lancer une offensive en Egypte.

Trois jours plus tard, après une poussée de quatre-vingt-dix kilomètres en Egypte, Graziani arrêta ses troupes pour installer des positions solides. Il passa trois mois à construire des camps et des forts. Cependant, Mussolini s'était sûrement fait des illusions. Son offensive n'avait nullement décontenancé la Royal Navy. Les 8 et 9 juillet la Force H (basée à Gibraltar) et la flotte de la Méditerranée (basée à Alexandrie) avaient engagé la flotte italienne dans sa totalité entre la Sardaigne et la Calabre, la forçant à se retirer. Quatre mois plus tard, le 11 novembre, le groupe aérien du porte-avions *Illustrious*, opérant avec la flotte d'Alexandrie de l'amiral Cunningham, surprit les cuirassés italiens dans le port de Tarante, le talon de la péninsule, et en endommageant quatre au mouillage. La supériorité de la Royal Navy sur la flotte de surface italienne fut établie par ces opérations et devait être renforcée par la destruction de trois croiseurs lourds dans la bataille nocturne du cap Matapan (Tainaron), le 28 mars 1941, au début de la campagne de Grèce. Après quoi, bien que la marine italienne ait réussi sporadiquement à expédier des convois à travers les détroits entre la Sicile et Tripoli et que ses forces légères de vedettes lance-torpilles et de sous-marins de poche aient remporté quelques succès contre la flotte de la Méditerranée, les cuirassés de Mussolini restèrent au port. En juin 1940, l'amirauté britannique avait craint de devoir abandonner la Méditerranée, comme elle l'avait fait en 1796, mais ses craintes s'effacèrent. Les forces aériennes de l'Axe se déployaient contre les convois de ravitaillement expédiés vers Malte et Alexandrie en 1941 mais elles ne pouvaient lui ôter la maîtrise de la mer intérieure. L'armée italienne, qui aurait dû opérer en tant qu'auxiliaire amphibie de la flotte, fut réduite au rôle de force expéditionnaire capable de monter des offensives uniquement dans la mesure où elle serait ravitaillée et renforcée à partir de la Sicile par sa base principale de Tripoli. En septembre 1940, son avance en Egypte avait étendu ses lignes de communications. Le 9 septembre la force du Désert occidental, sous les ordres du général O'Connor, avait lancé une contre-offensive surprise contre les avant-postes italiens de Sidi-Barrani. Les défenses mal construites s'écroulèrent ; la garnison battit en retraite vers Tripoli et ne s'arrêta qu'à Beda Fomm, à 600 kilomètres à l'ouest, au début de février. L'offensive de Wavell servit de modèle aux combats qui caractérisèrent la guerre du Désert occidental au cours des deux années suivantes. Cette guerre fut extraordinaire par le nombre de soldats capturés – plus de 130 000 – un total qui comblait à peu près la différence existant entre les effectifs de Graziani (200 000) et ceux de Wavell (63 000). Elle est typique en ce sens que les vaincus se précipitèrent en débandade le long d'une seule côte, ardemment poursuivis par les vainqueurs qui montent simultanément une série de crochets destinés à déloger l'ennemi de ses positions, l'une après l'autre (d'est en ouest – Sollum, Bardi, Tobrouk, Gazala, Derna, Benghazi, El-Agheila, Tripoli) et, si possible, de le prendre en tenailles entre la pince du désert et celle de la route côtière.

La Western Desert Force aboutit à ce résultat à Beda Fomm le 7 février. La 7e division blindée était arrivée devant les Italiens en roulant à tombeau ouvert à travers la Cyrénaïque pour bloquer la retraite de la Xe armée italienne dont les arrière-gardes étaient talonnées par la 6e division australienne sur la route côtière. Se voyant prise entre deux feux, elle se rendit. L'audacieuse offensive de Wavell était couronnée par un succès éclatant.

Succès de courte durée pour deux raisons. D'abord parce que la décision de Churchill d'intervenir en Grèce retire à Wavell les forces nécessaires à la poursuite de son avance jusqu'à Tripoli. Ensuite parce que Hitler envoie un général allemand et une petite force blindée au secours de Graziani. Pendant que les divisions anglaise et australienne partent pour Athènes, Rommel et l'Afrika Korps – composé à l'origine des 5e division légère et 15e Panzerdivision – arrivent à Tripoli. Bien que totalement novices dans la technique de la guerre du désert, Rommel et ses troupes étaient prêts à donner l'assaut le 24 mars, quarante jours après l'arrivée de son avant-garde à Tripoli. La première attaque chasse les Anglais de leurs fragiles positions de Beda Fomm. Le 3 avril, Rommel prend Benghazi et le 11 il est sur la ligne d'où O'Connor (fait prisonnier pendant la bataille) a lancé l'offensive de Wavell quatre mois plus tôt. Tobrouk où s'est retranchée la 9e division australienne est isolée à l'intérieur des arrières de l'armée germano-italienne.

Cependant, Rommel ne pouvait améliorer ce brillant renversement de situation. Malgré tout son dynamisme, il était prisonnier des déterminantes géographiques et territoriales propres aux campagnes du désert : sur d'immenses étendues, la plaine côtière est limitée par des hauteurs ou des dépressions profondes, ce qui réduit la marge de manœuvre des armées à une bande de 60 kilomètres de large. Dans cette bande qui s'étire sur 1 800 kilomètres entre Tripoli à l'ouest et Alexandrie à l'est, des petits ports sont les seuls points présentant une valeur militaire. La campagne prend donc nécessairement la forme d'une succession de bonds d'une source de ravitaillement à l'autre. C'est une course d'endurance où chacun espère que l'ennemi succombera quand il sera privé d'eau, de carburant, de munitions, de vivres et de renforts.

L'avance de Rommel a dangereusement restreint ses possibilités de ravitaillement depuis Tripoli. Les communications de ce port avec la Sicile sont elles-mêmes menacées par les attaques des forces aéronavales britanniques. En avril, il essaie de s'emparer de Tobrouk pour raccourcir sa voie de ravitaillement mais il échoue. Entre-temps, la Royal Navy a réussi à faire passer un convoi (opération Tigre) de Gibraltar à Alexandrie, via Malte, sa forteresse méditerranéenne vitale. Grâce à ce renfort, Wavell lance une contre-offensive (« Battleaxe ») et tente de déloger Rommel de sa position avancée.

Battleaxe se solde par une coûteuse défaite en grande partie parce que les Anglais lancent des chars de qualité inférieure contre des rangées de canons antichars allemands soigneusement camouflés. Le 88 millimètres entre en action dans les longs champs de tir qu'offre le désert. Quand ils sont suffisamment affaiblis, les unités Panzers contre-attaquent. A la suite de l'échec de Battleaxe, Wavell est expédié en Inde et, le 5 juillet, il est remplacé par l'officier qui commande l'armée indienne, Claude Auchinleck.

### *Auchinleck lance l'opération « Crusader »*

La guerre du désert connaît alors une période de stagnation. L'Angleterre n'a pas encore les moyens de renforcer suffisamment son armée pour lui assurer la victoire. Engagée depuis juin dans la campagne de Russie, l'Allemagne ne peut distraire aucune de ses unités pour l'Afrika Korps. Seul un retournement de situation en Iran apporte un avantage aux Alliés. Un ultimatum anglo-russe adressé le 17 avril au gouvernement du shah exigeait l'autorisation de faire passer des renforts et plus particulièrement du matériel et des vivres par les ports du golfe d'Iran vers la Russie et le Moyen-Orient. L'armée iranienne opposa une certaine résistance aux troupes britanniques qui se présentèrent huit jours plus tard pour appuyer l'ultimatum, puis elle dut s'incliner et le Shah fut exilé en Afrique du Sud. Le 17 septembre, les troupes soviétiques qui étaient entrées en Iran du Nord firent leur jonction avec les Anglais à Téhéran. Après quoi, le pays fut divisé et administré par les deux gouvernements jusqu'en 1946.

Pendant que l'Iran était solidement incorporé au sein de la sphère d'influence anti-Axe, Auchinleck préparait sa riposte contre Rommel sur la frontière égyptienne. Tobrouk, défendue par la 9e division australienne tenait bon. Malgré les attaques aériennes incessantes de l'Axe, Malte tenait aussi. Elle était ravitaillée par des opérations de convois (trois en 1941 : « Excès » en janvier, « Substance » en juillet, « Halberd » en septembre). Auchlinleck envisageait de dégager Tobrouk et de reprendre le saillant de la Cyrénaïque avant de bouter Rommel et ses satellites italiens hors de Libye. « Crusader », nom code de l'offensive d'hiver commence le 18 novembre avec près de 700 chars contre 400 aux Germano-Italiens. Une première tentative pour forcer l'ennemi à lever le siège de Tobrouk échoue mais, le 10 décembre, la VIIIe armée opère sa jonction avec la garnison australienne.

Après la défaite de Tobrouk, les Allemands se replient sur El-Agheila d'où Rommel avait lancé une offensive en mars de l'année précédente mais les facteurs d'« extension », qui l'avaient tellement exposé en novembre, agissaient alors contre les Anglais. Quand il contre-attaqua le 21 janvier 1942, ils durent céder à leur tour une grande partie de la bande côtière récemment conquise et reculer jusqu'à la position de Gazala-Bir-Hakeim qu'ils atteignirent le 28 janvier 1942 et fortifièrent ensuite.

Harassés de part et d'autre, les deux camps prennent le temps de récupérer. Pendant l'opération Crusader les Anglais ont perdu quelque 18 000 hommes, tués ou blessés et 440 chars. L'armée germano-italienne, 38 000 hommes et 340 chars. Les pertes aériennes s'équilibrent ; environ 300 appareils de chaque côté. Au cours du printemps, ils réparent progressivement leurs forces et, en mai, Churchill presse Auchinleck de reprendre l'offensive. Pendant qu'il se prépare, Rommel le devance et attaque le 27 mai. La bataille de Gazala qui suit est l'une des plus coûteuses de la guerre du désert. A un certain moment, Rommel conduisit en personne une unité de chars contre les lignes ennemies, comptant sur les champs de mines de l'adversaire pour protéger ses flancs et ses arrières. Pendant qu'il défiait les Anglais à l'intérieur de leurs lignes, sa 90e division légère et la division Ariete italienne ont raison de la vaillante résistance de la brigade française de Koenig à qui Auchinleck a confié la sécurité de son flanc du désert. Le 10 juin, les survivants de la brigade française sont obligés de capituler. Leurs assaillants bifurquent vers le nord pour secourir Rommel. Le 14 juin, Auchinleck décide de battre en retraite vers Alam Halfa, une position plus solide, située aux environs d'El-Alamein où l'impraticable dépression de Qattare est proche de la mer. Il laisse derrière lui la forteresse de Tobrouk défendue par une petite garnison, dans l'espoir qu'elle sera comme une épine plantée dans le flanc ennemi.

Le 21 juin, après une semaine de siège, la 2e division sud-africaine rend Tobrouk ; Churchill apprend la nouvelle à Washington où il confère avec Roosevelt : « Je n'ai pas essayé de cacher au président le choc que j'ai reçu, écrit-il. Ce fut un moment pénible. La défaite est une chose, le déshonneur en est une autre. »

Si cette capitulation réveilla les doutes de Churchill concernant l'esprit combatif de ses soldats, elle inspira aux Américains l'offre généreuse de prélever une partie de leurs nouveaux chars Sherman sur leurs divisions blindées en formation pour les expédier dans le désert occidental. En conséquence, 300 Sherman et 100 canons automoteurs furent expédiés par la route du Cap et arrivèrent en Egypte en septembre. La force de l'aviation de l'Axe en Sicile excluait encore l'utilisation de la Méditerranée comme voie de ravitaillement pour l'armée du Désert. C'est ce que montre la destruction importante d'unités du convoi Piédestal qui acheminait du matériel et des vivres à la garnison de Malte au mois d'août. Au cours de l'expédition, la Royal Navy avait perdu un porte-avions, deux croiseurs et onze navires marchands. De son côté, l'aviation britannique arrêtait les convois expédiés d'Italie à Tripoli dans une proportion de trois sur quatre. A cette cadence, Rommel risquait d'être totalement privé de carburant pour ses chars et ses avions.

Après la défaite de Tobrouk, Churchill avait absolument besoin d'une victoire sur le terrain pour ne pas être en reste avec les Etats-Unis, grisés par leur triomphe de Midway, et l'Union soviétique qui résistait farouchement à l'avance de la Wehrmacht en Russie du Sud. Entre le 4 et le 10 août, Churchill se rendit au Caire pour conférer avec Smuts, Wavell, Auchinleck et Alan Brooke, chef de l'état-major général impérial. Le Premier ministre jugea qu'une purge s'imposait. Le 15 août, il remplaça Auchinleck par le général Harold

Alexander au poste de commandant en chef du théâtre du Moyen-Orient. En même temps, le général Montgomery fut nommé à la tête de la VIII$^{e}$ armée.

En destituant Auchinleck, Churchill avait l'impression d'« abattre un noble cerf ». Auchinleck possédait toutes les qualités physiques et morales du soldat, sauf l'« instinct du tueur ». Or Churchill n'avait jamais été aussi près du désespoir qu'à ce stade de la guerre. Le 1$^{er}$ juillet, il avait dû se défendre contre une motion de censure votée par la Chambre des communes et il craignait que la stagnation de la guerre du désert n'ébranle davantage son autorité nationale et internationale. Bien qu'il n'eût ni la réputation ni la stature d'Auchinleck, Montgomery était renommé pour son efficacité implacable et Churchill comptait sur lui pour opposer son « instinct de tueur » à celui de Rommel dans un combat décisif pour assurer la victoire dans le désert.

Pour la première fois depuis le début de la guerre, les Anglais étaient supérieurs en nombre – à tous points de vue, hommes, avions et chars. En août, Rommel avait encore l'avantage en nombre de divisions – 10 contre 7. Le 31 août, il lança une offensive contre la position d'Alam Halfa que Montgomery avait héritée d'Auchinleck. Pendant les semaines qui suivirent son arrivée, Montgomery s'était employé à la consolider. Il avait aussi fait comprendre à ses subordonnés qu'il ne tolérait aucun mouvement de repli. Et, pendant la brève mais rude bataille d'Alam Halfa, il fut strictement obéi. Le 2 septembre, Rommel, qui avait perdu 50 chars dans les champs de mines britanniques, se retira sur sa position initiale. Pendant l'accalmie qui suivit, Montgomery entraîna ses divisions de vétérans à l'action offensive et intégra les nouvelles, y compris la 51$^{e}$ Highlands dans l'organisation de la VIII$^{e}$ armée. En octobre, il déployait 11 divisions (dont 4 blindées – les 1$^{re}$, 7$^{e}$, 8$^{e}$ et 10$^{e}$ –) et un total de 1030 chars, dont 250

Sherman appuyés par 900 canons et 530 avions. La Panzerarmee Afrika possédait 500 canons et 350 avions mais, sur ses divisions, 4 seulement (dont 2 blindées) étaient allemandes. Rommel ne faisait guère confiance aux divisions italiennes (dont 2 étaient également blindées). Elles étaient démoralisées par leurs lourdes pertes et leurs défaites précédentes. Mal équipées, mal ravitaillées et sachant que leur manque de véhicules motorisés les condamnait au rôle de chair à canon de Rommel, elles n'étaient guère pressées de se lancer dans la bataille. Rommel décida donc de les « imbriquer » dans des unités allemandes pour qu'elles ne soient jamais seules à assurer la défense d'un tronçon de sa ligne.

Rommel avait encore bien d'autres soucis : sur le plan militaire, l'extrême étirement de sa ligne de communication – 1800 kilomètres depuis Tripoli –, sur le plan personnel, sa santé. Malgré sa force de caractère, Rommel n'était pas robuste. Il souffrait de maux d'estomac chroniques, peut-être psychosomatiques. Le 22 septembre, il fut hospitalisé à Berlin et remplacé par un général de blindés, Georg Stumme, venu de Russie. Une fois rétabli, il devait prendre le commandement d'un groupe d'armée en Ukraine mais, le 24 octobre, Hitler l'appela au téléphone : « Rommel, les nouvelles d'Afrique sont mauvaises, lui annonça-t-il, et la situation quelque peu obscure, vous sentez-vous capable de retourner là-bas ? » Bien que toujours souffrant, Rommel partit le lendemain et arriva au quartier général le soir même. A El-Alamein, la bataille faisait rage et le front germano-italien craquait déjà sous les assauts de la VIIIe armée.

*Un combat de chiens*

Montgomery avait conçu son offensive dans un style totalement différent de celui de ses prédécesseurs. En raison de la liberté de manœuvre que le désert leur offrait, ces derniers avaient tenté d'utiliser leurs chars comme principal instrument tactique dans l'espoir de « mener une guerre éclair de style Panzer ». Montgomery pensait à juste titre que les divisions blindées britanniques ne pouvaient employer la tactique allemande mieux que les Allemands. Au lieu de chasser l'armée Panzer de sa position pour la forcer à se replier sur Tripoli, comme ce fut déjà trois fois le cas, il voulait briser son offensive définitivement.

En conséquence, il conçut le plan de bataille d'El-Alamein comme un assaut d'infanterie-artillerie qui détruirait les défenses fixes de l'ennemi et leurs garnisons. Il ne lancerait ses blindés sur la position qu'après la lutte acharnée qu'il prévoyait. La bataille commença le 23 octobre par un bombardement de 456 canons concentrés pour soutenir une poussée d'infanterie le long de la route côtière mais appuyée par une opération de diversion dans le désert du sud. L'opération de diversion ne réussit pas à détourner les forces ennemies du secteur crucial et, le 26 octobre, jour du retour de Rommel, Montgomery renforça son assaut principal avec des blindés. Pendant une semaine de violents combats qui réduit la force des chars allemands à 35, il parvient à effectuer une trouée et à tailler deux « corridors » à travers la position côtière de l'armée Panzer. Le 2 novembre, il est bien placé pour l'enfoncer. Rommel est prêt à se replier sur Fuka, mais Hitler le lui interdit : « Dans la situation où vous vous trouvez aujourd'hui, une seule conduite est possible : tenir bon, ne pas reculer d'un pas. » Rommel jette donc ses dernières forces dans la bataille pour défendre le corridor nord, le long de la côte. Informé par Enigma des diverses intentions des Allemands, le 4 novembre, Montgomery décide d'engager la masse de ses blindés dans le corridor sud. Au milieu de l'après-midi, les 7e et 10e divisions blindées ont détruit la malheureuse division Ariete italienne dont les chars étaient complètement périmés et répartis à l'arrière de l'armée Panzer. Rommel comprend que la bataille est perdue et, contrairement aux instructions de Hitler, il ordonne à celles de ses unités qui peuvent encore se déplacer de se replier à toute vitesse le long de la route côtière en direction de l'ouest.

Après la guerre, certains critiques ont reproché à Montgomery de n'avoir pas profité de la victoire d'El-Alamein pour harceler l'Afrika Korps jusqu'à sa destruction complète. Il est vrai que son action immédiate fut prudente mais il n'en tenta pas moins de poursuivre l'ennemi et, le 5 novembre, la 2e division néo-zélandaise faillit déborder l'armée en retraite et établir un barrage sur ses arrières. Après quoi, de fortes pluies gênèrent les mouvements hors piste et l'armée vaincue réussit à rester devant ses poursuivants. Quoi qu'il en soit, il est douteux qu'une tentative d'anéantissement ait eu des chances d'aboutir. Aucun des prédécesseurs de Montgomery, à l'exception d'O'Connor en février 1941, n'avait pu passer devant un ennemi battant en retraite le long de l'unique route côtière. D'ailleurs, l'armée qu'O'Connor avait dépassée était complètement démoralisée et celle de Rommel ne l'était pas. Plus important encore, la logique de la bataille de Montgomery excluait la possibilité d'une transformation soudaine de l'assaut opiniâtre en poursuite effrénée. Dans ses instructions précédant l'opération, il avait précisé : « Cette bataille sera longue et difficile. Nos troupes ne doivent pas penser que l'ennemi va se rendre parce que nous possédons une grande puissance de chars et d'artillerie. L'ennemi ne se rendra *pas* et la lutte sera rude. L'infanterie doit être prête à se battre et à tuer et à continuer pendant de longs mois. » Les combats avaient été rudes en effet et les pertes nombreuses – 13 500 tués ou blessés du côté britannique, soit 5 pour cent de la VIIIe armée mais un quart de son infanterie. Ses pertes ne pouvaient se justifier que par une victoire décisive. Si Montgomery avait organisé une bataille de harcèlements confuse et coûteuse, Rommel et l'Afrika Korps auraient pu profiter de leur habileté en matière d'opérations mobiles pour compromettre le résultat d'El-Alamein. Dans ce cas, Montgomery aurait certainement subi des critiques encore plus sévères de la part des stratèges en chambre.

Après El-Alamein, Rommel s'engagea sur la route côtière sous le feu constant des forces aériennes britanniques. Le 20 novembre, il atteignit Benghazi et, après une halte à Wadi Zem Zem, il arriva à Tripoli le 23 janvier 1943. Il ne reçut aucun renfort et pratiquement pas de ravitaillement en route et il laissa 40 000 prisonniers (des Italiens pour la plupart) aux mains des Anglais. Il ne lui restait que 80 chars en état de marche. Selon tous les critères de la guerre, l'Afrika Korps avait subi une terrible défaite et les débuts de Montgomery sur un champ de bataille comptent incontestablement parmi les plus brillants de l'histoire de la tactique militaire.

L'Afrika Korps fut sauvé de la destruction immédiate par un développement qui aurait dû entraîner son anéantissement total. L'apparition sur ses arrières de l'armée anglo-américaine chargée d'exécuter l'opération Torch devait déclencher une troisième guerre en Afrique. Comme nous l'avons vu, en juillet 1942, les Américains et les Anglais s'étaient mis d'accord pour tenter un débarquement en Afrique du Nord en attendant l'ouverture d'un second front en France qu'ils jugeaient trop prématurée à l'époque. L'opération permettrait d'occuper les régiments américains qui commençaient à affluer dans le Royaume-Uni et l'armée de réserve britannique, d'autant plus que leur présence sur l'île était plus encombrante qu'utile depuis que le danger d'invasion était écarté. Les forces engagées dans Torch se composaient de trois Task Forces, celles de l'ouest, du centre et de l'est, destinées à débarquer respectivement à Casablanca, sur la côte atlantique du Maroc, à Oran et à Alger, sur la Méditerranée. La Task Force de l'ouest, commandée par le général Patton, comprenait les 3ᵉ et 9ᵉ divisions d'infanterie et la 2ᵉ division blindée expédiées des Etats-Unis. La Task Force centrale était formée par la 1ʳᵉ division blindée et une partie de la future 82ᵉ division aéroportée, venant d'Angleterre. La Task Force de l'ouest se composait de la 78ᵉ division britannique et de la 34ᵉ américaine. Toutes les trois furent embarquées dans une armada anglo-américaine. Naviguant à vive allure, protégés par une puissante couverture aérienne, les convois atteignirent leurs positions de pré-attaque sans intervention des U-boots. Jusqu'au 6 novembre, date à laquelle les Task Forces du centre et de l'est traversèrent le détroit de Gibraltar, les services de renseignements de la marine allemande avaient assuré à Hitler que la flotte ennemie n'était qu'un convoi de ravitaillement destiné à Malte. Le 7 novembre, il leur apparut que la flotte allait débarquer des troupes en Afrique du Nord, la destination la plus improbable. Jusqu'alors Hitler était convaincu, en effet, que les Américains ne feraient rien qui puisse pousser le gouvernement de Vichy à s'unir plus étroitement au Reich. C'était une double méprise. Certes, les Américains admettaient que Vichy était hostile aux Anglais, mais ils étaient persuadés que de nombreux partisans de Pétain les voyaient eux-mêmes sous un autre jour. Il est vrai que beaucoup à Vichy n'acceptaient les conditions de l'armistice qu'aussi longtemps que Hitler demeurait nettement le maître de l'Europe.

# AFRIQUE DU NORD : 1940 1943

**1)** *Première offensive de Wavell contre la Libye occupée par les italiens. Sa force occidentale bat l'armée très supérieure en nombre de Graziani sur la frontière égyptienne qu'elle avait traversée en nov. 1940, la repoussant hors de Libye orientale (Cyrénaïque).*

MER MÉDITERRANÉE
Avance de Grazziani
(13 - 16 septembre 1940)
Gazala
Tobrouk
22 janvier
Benghazi
Sidi Barrani
5 janvier
10 décembre
Bir Hacheim
Bardia
Mersa Matruh
Beda Fomm
5 février
LIBYE
GRANDE SYRTE
El Alamein
ÉGYPTE
Offensive de Wavell
(9 décembre 1940 - 7 février 1941)
El Agheila
Dépression de Qattara infranchiss

**2)** *Rommel arrivé à Tripoli avec l'avant-garde de son Africa-Korps en février 1941, reprend tout le territoire conquis par Wavall entre mars et juin. Il assiège Tobrouk occupé par une garnison australienne.*

MER MÉDITERRANÉE
Tobrouk
Benghazi
30 avril
14 avril - 15 juin
Bardia
Sidi Barrani
10-14 avril
Mersa Matruh
GRANDE SYRTE
El Alamein
LIBYE
ÉGYPTE
El Agheila
Agedabia
Première offensive de Rommel
(24 mars - 30 mai 1941)
24 mars
Dépression de Qattara infranchiss

**3)** *Contre-offensive d'Auchinleck, novembre 1941. L'opération «Cruisader» libère Tobrouk et chasse Rommel de la Cyrénaïque mais ne réussit pas à couper ses colonnes en repli.*

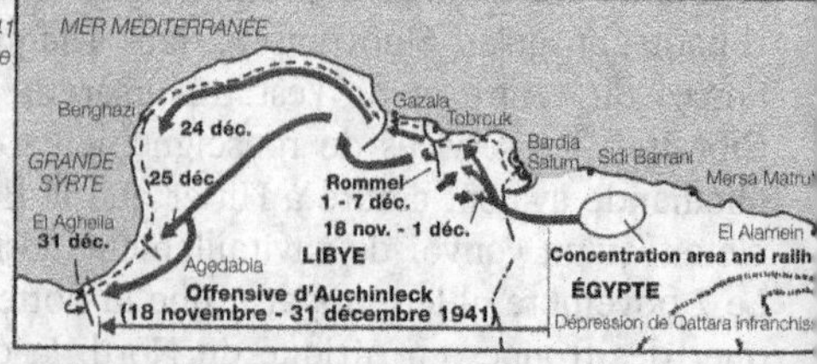


**4)** *En janvier 1942, Rommel reprend l'offensive et repousse les Anglais en Cyrénaïque centrale où il livre en juin une bataille rude sur la ligne Gazala-Bir Hackheim, forçant Auchinleck à se replier sur la position Alamein à l'intérieur de la frontière, Toubrouk est encerclée et sa garnison sud- africaine se rend le 21 juin.*

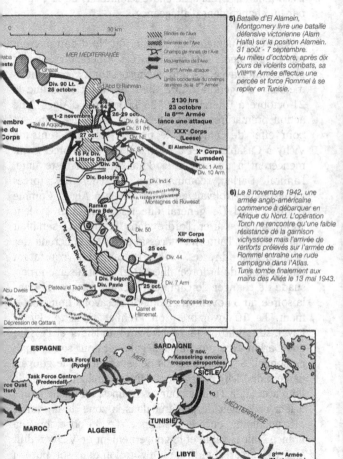

**5)** *Bataille d'El Alamein, Montgomery livre une bataille défensive victorienne (Alam Halfa) sur la position Alamein, 31 août - 7 septembre. Au milieu d'octobre, après dix jours de violents combats, sa VIIIème Armée effectue une percée et force Rommel à se replier en Tunisie.*

**6)** *Le 8 novembre 1942, une armée anglo-américaine commence à débarquer en Afrique du Nord. L'opération Torch ne rencontre qu'une faible résistance de la garnison vichyssoise mais l'arrivée de renforts prélevés sur l'armée de Rommel entraîne une rude campagne dans l'Atlas. Tunis tombe finalement aux mains des Alliés le 13 mai 1943.*

Aux premiers signes d'affaiblissement de son pouvoir, ils se tenaient prêts à défendre les intérêts de la France par un changement d'allégeance.

Les débarquements en Afrique du Nord entraînèrent ces changements d'allégeance. Les Américains avaient pris contact avec les antipétainistes locaux par l'intermédiaire du général Mark Clark qui avait débarqué le 21 octobre à Cherchell, à 135 kilomètres d'Alger. Une action prématurée des partisans de la France libre eut pour effet de renforcer le pouvoir des adhérents de Vichy à Casablanca et à Alger où les Task Forces commencèrent à débarquer le 8 novembre. A cette date, l'amiral Darlan, commandant en chef des forces vichystes, se trouvait en visite privée à Alger. Comme Henri Giraud (le général que les Américains avaient choisi pour assurer l'ordre dans la région) semblait manquer de l'autorité nécessaire, ils entamèrent des négociations directes avec Darlan. En constatant l'importance de la force alliée, Darlan fut aisément persuadé de changer de camp et proclama l'armistice dans la soirée du 8 novembre. Pétain le désavoua immédiatement. Le 10 novembre, son Premier ministre, Pierre Laval, se rendit au quartier général de Hitler et l'assura que Darlan avait agi dans l'illégalité et pour son compte personnel. Ses protestations ne servirent pas le gouvernement de Vichy pour autant. Hitler demanda le droit de libre accès à la Tunisie pour ses troupes. En même temps il leur ordonnait de pénétrer dans la zone de la France métropolitaine encore inoccupée. Le 11 novembre, la France était envahie et le gouvernement de Vichy réduit à zéro. Le maréchal fit de la figuration dans son bureau de chef d'Etat jusqu'au jour de septembre 1944 où il fut emmené en exil.

*La contre-offensive allemande*

A ce stade, la balance des avantages militaires en Afrique du Nord penchait du côté des Alliés. Deux grandes armées anglo-américaines dominaient la majeure partie de la ligne côtière. La VIIIe armée de Montgomery en Libye, la Ire armée d'Eisenhower en Algérie. L'armée d'Afrique vint ensuite les renforcer. Jusqu'à la semaine qui suivit le débarquement, l'armée Panzer affaiblie de Rommel était la seule force de l'Axe opérationnelle en Afrique du Nord. Elle se trouvait encore à 1 500 kilomètres de la frontière tunisienne. Hitler était impatient d'agir pour priver les Alliés de leur avantage. Le 12 novembre, Pétain fut sommé de désavouer Darlan et son armistice, obligeant ainsi le commandement français de Tunisie, le seul secteur d'Afrique du Nord qui n'était pas encore occupé par Alliés, d'ouvrir ses ports et ses aérodromes aux Alliés de l'Axe. La Ve armée Panzer commença à débarquer ses troupes le 16 novembre et les déploya immédiatement vers l'Ouest pour tenir la ligne de l'Atlas contre l'armée d'Eisenhower qui avançait.

La chaîne de l'Atlas offre une position militaire doublement forte car, un peu au sud de Tunis, elle se divise en dorsales occidentale et orientale. Sur la carte, la montagne ressemble à un Y inversé dont la queue est tournée vers Tunis. La Ve armée Panzer, commandée par Walther Nehring jusqu'au 9 décembre (et après par Jürgen von Arnim), manque tout d'abord des effectifs nécessaires pour tenir la dorsale occidentale et le 17 novembre les troupes anglo-américaines avaient avancé en force. L'arrivée du 2e corps américain soutenu par des blindés permet aux Alliés d'installer leur ligne sur la dorsale orientale à la fin de janvier 1943. Ils puisaient aussi d'importants renforts chez les Français. Le

21 décembre, après l'assassinat de Darlan par un jeune Français royaliste, Giraud avait pris le commandement des troupes françaises. A la conférence de Casablanca, il s'était entendu avec de Gaulle et tous deux avaient conclu un arrangement qui devait durer jusqu'en avril 1944, date de son éclipse préméditée.

Entre-temps, les Allemands avaient amélioré leur position en Tunisie. Des renforts leur parvenaient de Sicile et Rommel approchait de la ligne Mareth via Tripoli. La ligne Mareth était un système de fortifications construit par les Français avant 1939. Son occupation par les troupes de Rommel au début de février, avait assuré les arrières de l'armée allemande contre Montgomery tandis que sa position sur la dorsale orientale la protégeait contre les attaques frontales d'Eisenhower. A court terme, en tout cas, la situation stratégique en Afrique du Nord était renversée. Au lieu de se trouver coincé entre les tenailles des I^re^ et VIII^e^ armées, Rommel s'était retiré pour rejoindre une armée qui pouvait frapper ses ennemis des deux côtés à partir d'une position centrale. La V^e^ armée Panzer s'était servie de sa mobilité et de sa force blindée pour déstabiliser les forces alliées sur la dorsale orientale, frappant tour à tour le 19^e^ corps français le 2 janvier à Fondouk et le 2^e^ corps américain les 18 et 30 janvier à Ben Arada et à Faid. Ces attaques désorganisèrent les Français, une force essentiellement coloniale, mal équipée pour engager une lutte contre des chars modernes, et obligea les blindés américains à se disperser. Au cours d'une conférence avec Rommel, Arnim décida que la situation de l'ennemi en Tunisie du Sud invitait à la contre-attaque. Les deux généraux n'étaient pas d'accord sur les moyens de la lancer. Kesselring, commandant suprême du secteur sud, trancha et, en février, les 1^re^ et 2^e^ divisions Panzer repoussèrent le 2^e^ corps américain au col de Faid et le mirent en déroute. La position des Alliés était menacée par une opération d'enroulement sud-nord. La menace ne fut écartée que par l'intervention de la 6e division blindée britannique soutenue par l'artillerie de la 9e division américaine. Le terrain était favorable à la défense, confinant les chars allemands dans des vallées de plus en plus étroites à mesure qu'ils poursuivaient leur poussée en avant. Le 22 janvier, Rommel confia à Kesselring qu'il avait mal jugé la situation, qu'il ne pouvait élargir l'attaque assez rapidement pour exploiter son avantage initial et qu'il devait retourner à Mareth pour faire face à l'offensive que Montgomery préparait sur ses arrières.

Arnim et Rommel organisèrent tous deux des attaques contre les Ire et VIIIe armées mais avec un succès relatif. Les Américains avaient fait l'expérience de la bataille à Kasserine et relevaient désormais de l'autorité du général Patton qui ne tolérait pas l'amateurisme. Les deux armées anglaises étaient bien aguerries et commandées par des chefs expérimentés. Le 20 mars, pendant que Patton menaçait les arrières du groupe d'armée Afrique, Montgomery lança un assaut contre la ligne Mareth. Comme son attaque directe était contenue, il trouva un moyen de la contourner et, le 31 mai, il repoussa les vestiges de l'Afrika Korps vers la queue de la dorsale orientale.

Allemands et Italiens possédaient encore une force considérable en Tunisie, plus de sept divisions mais leur situation était critique. Vingt-deux de leurs navires de ravitaillement sur cinquante et un avaient été coulés en janvier et les ponts aériens qui devaient compléter les expéditions maritimes n'avaient livré que 25 000 tonnes au lieu des 80 000 attendues en février. Le 22 avril, les chasseurs alliés interceptèrent et abattirent 16 Me 323 Geant sur les 21 qui transportaient du carburant aux aérodromes tunisiens. Même les armes nouvelles ne suffisaient pas à compenser ces inconvénients. Plusieurs des chars Tigre révolutionnaires expédiés en Tunisie pour s'opposer à la supériorité alliée en blindés s'embourbèrent dans les terrains marécageux et certains furent même troués par des armes antichars. De plus, Hitler n'avait mis aucun cœur dans cette bataille qui suivait de si près celle de Stalingrad. La Tunisie lui avait paru « condamnée » dès le 4 mars. « C'est la fin, avait-il prédit à l'époque. Le groupe d'armée Afrique ferait aussi bien de rentrer. » Pourtant, bien qu'il eût rappelé Rommel, le 6 mars, il ne pouvait se résoudre à liquider le front tant que quelque chose pourrait être sauvé et il chargea Arnim de poursuivre la lutte jusqu'au bout.

A la fin d'avril, Arnim n'avait plus que soixante-seize chars en état de marche et il essayait de distiller du carburant pour leurs moteurs avec le vin et les alcools de production locale. Le 8 mai, la Luftwaffe, confrontée à une force aérienne alliée de 4 500 avions de combat, abandonna la totalité de ses bases tunisiennes. Le groupe d'armée Afrique, qui avait été chassé entre le 7 et le 13 avril de la queue de la dorsale orientale par la VIII^e^ armée, était alors confiné dans une petite poche couvrant Tunis et Bizerte. Son front avait été rompu par la I^re^ armée au cours d'un assaut lancé le 6 mai en face de Tunis. Le lendemain, Tunis et Bizerte se rendirent. Les arrière-gardes résistèrent toute la semaine suivante pendant que les vestiges du groupe d'armée Afrique, à court de munitions et de carburant, tentaient de se replier dans l'ultime refuge du cap Bon. Néanmoins, le 13 mai, il ne lui restait plus de territoire à défendre et ses derniers éléments capitulèrent : 275 000 soldats de l'Axe, y compris leurs chefs allemands et italiens, Arnim et Messe, furent faits prisonniers. Ce fut la plus importante capitulation imposée à l'Axe par une force alliée, une grave humiliation pour Hitler et un désastre pour Mussolini qui avait joué son destin sur la création et le développement d'un grand empire en Afrique. Chacune de ses guerres sur le continent s'était terminée par un fiasco. Hitler qui avait pris part à deux d'entre elles pouvait survivre aux conséquences. Il avait couru assez de risques pour prouver sa loyauté à son collègue dictateur et profiter de la diversion stratégique que son intervention avait créée. Mussolini envisageait ces conséquences sans optimisme. En Afrique, il avait perdu à la fois la majeure partie de l'armée italienne et son prestige. Désormais, sa survie et celle de son régime dépendaient de Hitler.

19

# L'ITALIE ET LES BALKANS

« Heureuse Autriche, dit le refrain du XVIIIe siècle. Les autres font la guerre, toi, tu fais des mariages. » Les Habsbourg en effet avaient l'habitude de se marier entre gros propriétaires terriens, ce qui leur avait apporté les plus vastes domaines qu'ait possédés aucune autre monarchie d'Europe. L'Italie dont certaines parties appartenaient encore aux Habsbourg jusqu'en 1918 était l'antithèse de l'Autriche – malheureuse et en amour et dans la guerre. Ses provinces du nord et celles du sud, unifiées en 1866, sous l'égide de la Maison de Savoie, ne réalisèrent jamais un mariage avantageux. Ses guerres d'indépendance contre les Habsbourg au milieu du XIXe siècle et plus tard, ses guerres de conquête en Afrique se soldèrent au mieux par des échecs, au pire par de honteuses défaites. La force expéditionnaire italienne qui affronta les Ethiopiens à Adoua en 1896 fut l'une des rares armées européennes qui battirent en retraite devant des forces indigènes dans l'histoire des guerres coloniales. Bien pire, sa campagne peureuse contre l'Empereur Haïlé Sélassié en 1936 ne lui attira que le mépris international.

Aucune guerre n'a coûté aussi cher à l'Italie que la Première Guerre mondiale. L'expérience qu'elle en a tirée explique en grande partie sa politique intérieure et extérieure dans les années qui suivirent. Bien que leurs efforts aient été dénigrés, les Italiens luttèrent avec ténacité et courage contre les Autrichiens sur le plus difficile de tous les fronts ouverts par les Alliés entre 1914 et 1918. En mai 1915, quand leur pays décida de lier son sort à celui de l'Angleterre, de la France et de la Russie, les Italiens lancèrent onze offensives successives dans les Alpes juliennes où ils gagnèrent peu de terrain mais subirent de lourdes pertes. Surprise en novembre 1917 par un corps d'intervention allemand dont le jeune Rommel était l'un des officiers les plus audacieux, l'armée italienne fut rejetée dans la plaine de Venise mais, à la fin de 1918, elle s'était suffisamment remise pour relancer l'attaque et finir la guerre honorablement.

C'est là que le bât blessait. L'Italie avait conquis sa place parmi les vainqueurs mais ni l'Angleterre ni la France ne voulaient lui attribuer la part du butin qu'elle estimait avoir gagnée. Les deux grandes nations s'étaient partagé les colonies allemandes et les dominions arabes de la Turquie : la Syrie, le Liban, la Palestine, l'Iraq et la Transjordanie. L'Italie n'obtint qu'une province autrichienne et un débouché au Moyen-Orient qui se révéla intenable. De plus, en 1921 les Etats-Unis et l'Angleterre décidèrent de fixer des limites à l'importance de la flotte que les puissances alliées seraient autorisées à maintenir en activité. D'après les clauses du traité, l'Italie était obligée d'accepter des restrictions qui reléguaient sa force navale au niveau des forces de la Royal Navy en Méditerranée, une mer dont elle s'estimait en droit de revendiquer la maîtrise.

Le décalage entre la part obtenue par l'Italie et celle qu'auraient dû lui octroyer ses mérites est à l'origine de la révolution fasciste qui bouleversa en 1922 l'ordre établi dans le royaume. L'appel de Mussolini aux classes laborieuses et moyennes n'est qu'en partie d'ordre économique. C'est aussi l'appel d'un vétéran à d'autres vétérans. A une époque de récession, de chômage et de crise financière, il offrait non seulement travail et sécurité mais il promettait l'honneur aux ex-soldats et, à la nation, des récompenses territoriales qu'elle n'avait pas obtenues à la conférence de la paix. La transformation de la Libye, ancien dominion turc, en « empire » d'outre-mer fut suivie par la conquête de l'Abyssinie en 1936 et l'annexion de l'Albanie en 1939. Mussolini justifia son intervention dans la guerre d'Espagne en expliquant aux Italiens que leur pays devait jouer un rôle sur la scène internationale. C'est la même motivation qui le poussa à entrer dans le camp allemand au début de la Seconde Guerre mondiale. Ses efforts pour conclure une alliance avec l'Autriche n'avaient pas de raison d'être depuis que l'Autriche était incorporée au Reich par l'Anschluss de 1938 qui dévaluait, de ce fait, son traité bilatéral avec la Hongrie et la Yougoslavie. L'Anschluss impliquait que Mussolini deviendrait nécessairement l'associé de Hitler au cours de la Seconde Guerre mondiale.

Malgré tous les efforts de Mussolini, les circonstances voulurent que l'Italie ne fût jamais une associée à part égale. Non seulement l'état de l'économie italienne ne pouvait supporter plus d'un dixième des dépenses militaires consenties par l'Allemagne (Italie, 746 millions de dollars, Allemagne, 7 415 millions de dollars en 1938), mais sa force militaire avait considérablement décliné entre les deux guerres. Ses divisions d'artillerie et d'infanterie étaient beaucoup plus faibles qu'elles ne l'avaient été vingt-cinq ans auparavant, d'une part parce que Mussolini avait jugé bon de transférer une partie de leurs effectifs dans les formations de chemises noires du parti fasciste, d'autre part parce qu'un grand nombre d'Italiens avait émigré vers les Etats-Unis. Bien qu'élégant et confortable, l'équipement italien, de fabrication artisanale, ne pouvait rivaliser en quantité ni en qualité avec celui que les usines anglaises et américaines produisaient en masse pour répondre à la demande. Les services italiens qui avaient été pressés de procéder à un réarmement rapide en subissaient les inconvénients. Les chars et avions italiens se trouvaient de ce fait périmés par rapport à leurs équivalents britanniques. Comparés aux véhicules américains qui commençaient à arriver dans le désert en 1942, ils apparaissaient antédiluviens. Il existait un dernier obstacle à l'engagement total de l'Italie dans le camp de l'Allemagne : les Italiens n'éprouvaient aucun sentiment d'hostilité pour les ennemis que Hitler leur avait choisis ; s'ils manifestaient peut-être une légère francophobie, dans l'ensemble, ils étaient plutôt anglophiles ; les paysans et artisans étaient généralement bien disposés à l'égard des Etats-Unis. En conséquence, l'armée italienne qui croisa le fer avec les Anglais en Afrique-Orientale et dans le désert de Libye en 1940-1941 manquait d'enthousiasme. Elle avait été traumatisée par la contre-offensive de Wavell en décembre 1940 et, malgré l'arrivée de l'Afrika Korps en février 1941, elle ne s'était jamais vraiment ressaisie. Aussi brillant et sympathique qu'ait été Rommel aux yeux des simples soldats, leurs propres généraux se rappelaient que sa réputation reposait sur la victoire qu'il avait remportée sur l'armée italienne à Caporetto en novembre 1917. A l'époque, il avait capturé plusieurs milliers d'Italiens à la tête de 200 chasseurs wurtembourgeois.

En mai 1943, le nombre des prisonniers italiens dépassait 350 000. Même avant la débâcle tunisienne, l'équipement de l'armée italienne que Mussolini avait rêvé d'élever à 90 divisions n'était prévu que pour 31. La perte de ses meilleures divisions en Afrique suivant de si près la déroute de sa VIII^e^ armée à Stalingrad la réduisirent à l'état de squelette et incitèrent son haut commandement à se demander si elle devait continuer à soutenir Mussolini et le régime fasciste. Les généraux italiens étaient issus, pour la plupart, de la société de Piémont-Savoie siège de la maison royale à laquelle ils restaient fidèles. Ils adhéraient au fascisme tant qu'il favorisait les intérêts de la monarchie et de l'armée. Quand il leur parut évident qu'il n'agissait plus dans ce sens, ils commencèrent à reconsidérer leur position. Pendant l'hiver de 1943, particulièrement quand les villes italiennes sentirent le poids des bombardements alliés, ils envisagèrent de se débarrasser de Mussolini.

L'arrivée des forces de débarquement alliées sur la côte sud de la Sicile les 9 et 10 juillet 1943 fut le déclic qui déclencha l'action. L'invasion prit Hitler par surprise, plus encore que Mussolini. Le 14 mai, il avait déclaré à ses généraux : « En Italie, nous ne pouvons nous fier qu'au Duce. Il est à craindre qu'il soit neutralisé d'une façon ou d'une autre. La famille royale, tous les officiers généraux, le clergé, les Juifs (malgré tout ses défauts, Mussolini n'était pas antisémite) et de nombreux secteurs de la fonction publique nous sont hostiles… Les masses sont apathiques et manquent de dirigeants. Pour le moment, le Duce dirige encore sa garde fasciste mais le véritable pouvoir est en d'autres mains. De plus, il n'est pas sûr de lui sur le plan militaire et doit faire confiance à ses généraux hostiles ou incompétents comme en témoigne l'inconcevable refus qu'il a opposé à mon offre de renforts. »

Hitler venait d'offrir à Mussolini cinq divisions allemandes pour les ajouter aux quatre reformées en Sicile et en Italie du Sud avec les restes sauvés de Tunisie mais le Duce avait décliné sa proposition. Par mesure de précaution, des plans étaient tenus prêts en cas d'occupation de l'Italie (opération Alaric, du nom du roi wisigoth conquérant de Rome au v^e^ siècle). Mussolini comptait que l'armée alliée, libérée par sa victoire en

Tunisie, attaquerait la Sicile. Hitler répliqua que l'île était trop bien défendue pour se laisser prendre facilement et que les Anglo-Américains débarqueraient plus vraisemblablement en Sardaigne, en Corse ou au Péloponnèse. Devant l'éventualité d'un débarquement en Grèce, Hitler fut en proie aux plus sombres pressentiments. Il entrevoyait la menace non seulement d'un troisième front sur les arrière-gardes de l'Ostheer mais encore le danger d'une interruption du ravitaillement de l'Allemagne en matières premières vitales bauxite, cuivre, chrome des Balkans et, plus précieux encore, le pétrole roumain des puits de Ploesti.

*L'opération Husky*

Les Alliés avaient un plan remarquable pour duper l'ennemi – la découverte d'un cadavre portant des documents top-secrets fabriqués de toutes pièces qui contribua à convaincre Hitler qu'une flotte d'invasion ennemie détectée en Méditerranée se dirigeait vers la Grèce, la Corse ou la Sardaigne mais pas vers l'Italie. En outre, il était distrait par d'autres événements – intensification des offensives de bombardements contre le Reich, aggravation de la situation de l'Allemagne dans la bataille de l'Atlantique et décisions de dernière minute concernant l'offensive de Koursk (opération Citadelle) en Russie. Il venait aussi de déplacer une fois de plus son quartier général. Depuis mars, après un séjour prolongé dans ses quartiers de Werwolf en Ukraine, il était allé dans sa résidence du Berghof à Berchtesgaden. Il n'en était reparti que vers la fin de juin pour se rendre dans sa « tanière du loup » à Rastenbourg en Prusse-Orientale et s'y réinstalla quatre jours avant le commencement de l'opération Citadelle prévue pour le 4 juillet. Comme c'était du résultat de Citadelle

– destinée à détruire le potentiel de l'armée soviétique – que dépendait l'évolution de la guerre, il était compréhensible que son attention ait été divisée à un moment où les troupes de Patton et de Montgomery entamaient leurs débarquements à l'est et à l'ouest du cap Pessaro, le 9 juillet 1943.

L'armée alliée comprenait huit divisions arrivant par la mer et deux divisions aéroportées, une armada qui dépassait de beaucoup non seulement les prévisions de l'OKW mais les forces que l'Axe déployait sur l'île. Alfredo Guzzoni, le chef d'état-major général italien, disposait de douze divisions dont six italiennes statiques de valeur médiocre et quatre autres divisions italiennes, qui bien que capables de manœuvrer, n'étaient pas à la hauteur des Alliés. Seules la 15e Panzer grenadiers et la nouvelle Panzer de parachutistes Herman Goering (l'élite des troupes terrestres de la Luftwaffe) étaient des unités de premier ordre. Malgré la supériorité des forces alliées, l'opération « Husky » (nom code du débarquement en Sicile) se déroula moins facilement que prévu. Les forces aéroportées alliées subirent d'énormes pertes. Plusieurs pilotes inexpérimentés lâchèrent les parachutistes dans la mer et les servants des canons antiaériens abattirent d'autres appareils. Une opération clé des parachutistes britanniques chargés de s'emparer du pont Primasole, au sud du mont Etna, se révéla particulièrement coûteuse face à une contre-attaque de la division Hermann Goering.

En revanche, les débarquements sur les côtes siciliennes furent partout couronnés de succès. Certains « défenseurs » aidèrent même à décharger les chalands des « envahisseurs ». Le 15 juillet, le général Alexander, le supérieur de Patton et de Montgomery, publia une directive visant à l'élimination finale des forces de l'Axe sur l'île. Pendant que Patton occupait la moitié occidentale, Montgomery avancerait de chaque côté du mont

Etna et s'emparerait de Messine, à l'extrémité nord-est, coupant ainsi la ligne de retraite des forces de l'Axe vers la pointe de la botte italienne. En l'occurrence, Patton ne rencontra qu'une faible résistance et progressa rapidement mais Montgomery se heurta à la division Hermann Goering. Il ne put passer à l'Est du mont Etna par la route directe de Messine et fut forcé de redéployer ses divisions pour le contourner par l'ouest. Le 20 juillet, Alexander ordonna à Patton de différer son assaut sur Palerme et Trapani et de bifurquer à l'est pour gagner Messine par la route côtière. Hitler qui avait envoyé cinq divisions allemandes en renfort à l'armée italienne ordonna que deux d'entre elles passent en Sicile pour durcir la défense.

Confrontée à ces forces, l'avance alliée ralentit. Patton et Montgomery ne purent former une ligne sud-est et nord-ouest entre le mont Etna et la côte nord de l'île que le 2 août. Même alors, ils ne progressèrent qu'avec le concours des forces transportées par mer. Dans une série d'interventions amphibies (les 8, 11, 15 et 16 août) ils délogèrent l'ennemi de ses positions défensives. Or, dès le 3 août, Guzzoni avait admis que sa situation était indéfendable et s'était résigné à évacuer ses unités italiennes par le détroit de Messine. Les Allemands commencèrent à se retirer le 11 août. Comme ils opéraient de nuit, ils évitèrent les attaques aériennes alliées et purent sauver une grande partie de leur équipement dont 9 800 véhicules. Les Alliés firent une entrée triomphale à Messine le 17 août mais l'ennemi leur échappait.

L'opération Husky n'avait donc réussi qu'à établir une ligne de communication alliée à travers la Méditerranée jusqu'au Moyen-Orient. Or, comme la guerre en Asie et en Afrique du Nord était terminée, le résultat n'offrait guère d'intérêt. Elle n'avait pas décidé la Turquie à se raprocher des Alliés, elle n'avait pas détourné les divisions allemandes de la Russie puisque les renforts envoyés en Italie après le 24 juillet venaient de l'Ouest. Il restait à savoir si elle exercerait une influence suffisante sur les forces antifascistes d'Italie pour déterminer un renversement d'alliances.

D'après le général Marshall, les Américains doutaient de la valeur d'un éventuel renversement des alliances. Ils continuaient à s'accrocher à l'idée qu'un assaut direct en Europe du Nord-Ouest était le seul moyen sûr et rapide de liquider Hitler. L'attachement de Churchill à une stratégie « périphérique » contre ce qu'il appelait le « ventre mou » de l'Europe hitlérienne leur paraissait contestable. Hitler soutenait l'Italie parce que sa perte porterait un coup à son prestige et qu'elle offrait une protection de flanc aux Balkans qui constituaient une zone économique et stratégique d'intérêt vital. Cependant, s'il avait pu entendre le jugement que Marshall portait sur l'Italie en tant que front secondaire où les opérations créeraient « un vide dans lequel il est essentiel de verser des moyens de plus en plus importants » il aurait été pleinement d'accord.

Le renversement des alliances est pourtant à portée de main. L'arrivée des Alliés en Sicile et la faible résistance que leur ont opposée les défenseurs de l'île convainquent la classe dirigeante italienne qu'elle doit changer de camp. A la conférence de Québec (Quadrant, 14 au 23 août), Churchill apprend les démarches tentées par les ennemis de Mussolini : « Badoglio admet qu'il va trahir quelqu'un, remarque-t-il, il est… probable que c'est Hitler qui sera dupé. » Hitler avait eu cette impression lui-même au cours de sa visite du 19 juillet à son collègue-dictateur. Il l'avait assuré de son soutien en des termes destinés à déguiser son intention de neutraliser l'armée italienne et de saisir la partie défendable de la péninsule avec ses propres forces au premier signe de trahison. Le 25 juillet, une assemblée du Grand

Conseil fasciste décida de destituer Mussolini de ses fonctions de Premier ministre. Convoqué au palais royal par le roi, il fut arrêté et incarcéré. Victor-Emmanuel assuma le commandement direct des forces armées et Badoglio devient Premier ministre.

Le nouveau gouvernement annonça publiquement qu'il poursuivrait la guerre aux côtés de Hitler mais il entama des négociations secrètes avec les Alliés. La première réunion eut lieu le 5 août, veille du jour où Guariglia, le nouveau ministre des Affaires étrangères jurait à Ribbentrop que l'Italie ne négociait pas avec les Alliés. Peu après, Roosevelt et Churchill autorisèrent Eisenhower à conclure un armistice mais à des conditions beaucoup plus dures que Badoglio ne l'avait imaginé. Pendant que les Italiens ergotaient, les préparatifs de débarquement sur le continent avançaient. Les Italiens espéraient que les Alliés débarqueraient au Nord de Rome et s'empareraient de la capitale par un largage de troupes aéroportées, devançant ainsi les intentions de Hitler qui s'apprêtait à occuper la péninsule. Le 31 août, les Alliés leur présentèrent un ultimatum : soit ils acceptaient la capitulation sans conditions, soit ils subissaient les conséquences de leur refus, à savoir l'occupation allemande. Le 3 septembre, les Italiens signèrent, croyant qu'ils auraient le temps de se préparer à résister à l'intervention allemande qui ne manquerait pas de se produire dès que la nouvelle de l'armistice serait publique. Eisenhower l'annonça le 8 septembre, cinq jours plus tard, quelques heures avant le débarquement des troupes à Salerne, au sud de Naples.

### *La réaction de Hitler*

Le débarquement de Salerne (opération Avalanche) n'était pas le premier que les Alliés opéraient sur le continent italien. Le 1er septembre, la VIIIe armée de Montgomery avait franchi le détroit de Messine pour prendre Reggio de Calabre, un prélude à l'occupation de la pointe de la botte italienne. Hitler n'en décida pas moins que cette action était négligeable, une opinion partagée d'ailleurs par Montgomery, mécontent d'être relégué au second plan. Le débarquement de Salerne, en revanche, poussa Hitler à agir. Bien qu'il n'ait pu empêcher l'expédition de la flotte italienne à Malte comme l'exigeaient les clauses de l'armistice, la Luftwaffe parvint à couler le cuirassé Roma en lâchant l'une de ses nouvelles armes, une bombe téléguidée. A cette exception près, l'opération Alaric réussit à tous égards.

A court de navires de débarquement et de divisions, Eisenhower n'avait pu pousser plus au Nord. Washington répugnait à engager des troupes en Italie car, à son avis, l'Alliance devait procéder sans délai à l'invasion de l'Europe du Nord-Ouest. En conséquence, Hitler put utiliser les divisions qui s'étaient échappées de Sicile pour se concentrer contre les forces d'Avalanche pendant qu'il déployait celles mobilisées en France et ailleurs, pour occuper Rome et soumettre l'armée italienne du Centre et du Nord de la péninsule. Avant l'invasion, il avait reçu des avis contradictoires. Rommel lui déconseillait d'essayer de tenir le Sud. Kesselring lui assurait qu'une ligne pourrait être facilement établie au sud de Rome. Tenant compte des talents des deux hommes, il chargea Rommel d'écraser la résistance militaire et civile à Milan et à Turin (et de recapturer les dizaines de milliers de prisonniers alliés libérés après la défection de l'Italie). Pendant ce temps, Kesselring organisait la Xe armée au sud, pour contenir le débarquement de Salerne.

Ailleurs, l'armée allemande se hâta de désarmer et d'emprisonner les soldats italiens ou de briser éventuellement leur résistance. Les provinces de Yougoslavie et de France occupées par les Italiens passèrent sous contrôle allemand (avec des conséquences tragiques pour les Juifs qui s'y étaient réfugiés). La Sardaigne et la Corse furent évacuées, la première le 9 septembre, la seconde le 1er octobre. Dans tous les secteurs de Grèce sous occupation italienne, les Allemands marquèrent de remarquables succès stratégiques. Encouragés par le déclenchement d'une bataille entre les Allemands et la garnison italienne des îles Ioniennes, les Anglais envahirent le Dodécanèse le 12 septembre et prirent Kos, Samos et Leros. Sentant que leur maîtrise de l'air leur assurerait un facile succès, les Allemands rassemblèrent une force « triphibie », reprenant Kos le 4 octobre, chassant l'ennemi de Samos et s'emparant de Leros le 16 novembre. Péniblement humiliante pour les Anglais, l'opération du Dodécanèse se répéta aux Cyclades. A la fin de novembre, les Allemands contrôlaient directement le secteur de la mer Egée ; ils avaient capturé plus de 40 000 Italiens et plusieurs milliers de soldats anglais et avaient écarté l'éventualité d'une entrée en guerre de la Turquie dans le camp allié.

L'armistice italien avait apporté d'autres avantages à Hitler. Le 16 septembre, une unité aéroportée commandée par Otto Skorzeny, un officier SS, avait enlevé Mussolini de sa résidence perchée au sommet du Gran Sesso où il se trouvait relégué depuis son arrestation. Le Duce avait aussitôt proclamé la République sociale italienne dans le nord du pays. Après le 9 octobre, il reformait son armée, composée de soldats qui lui étaient restés fidèles, sous le commandement du maréchal Rodolfo Graziani, ancien gouverneur de Libye et adversaire de Wavell en Egypte. La création du nouvel Etat eut pour effet de transformer la résistance croissante à l'occupation allemande en guerre civile avec des conséquences tragiques auxquelles Hitler demeura totalement indifférent. La défection de l'Italie le relevait de l'obligation de ravitailler le pays en charbon et lui permettait d'ajouter une main-d'œuvre de prisonniers au corps des travailleurs volontaires des usines allemandes. De plus, les armes confisquées constituaient un complément utile au matériel militaire de la Wehrmacht.

Entre-temps, l'effort stratégique entrepris pour minimiser l'effet de l'invasion alliée se développait pour sa plus grande satisfaction. Rommel avait eu tort de vouloir le dissuader de défendre l'Italie au sud de Rome. Kesselring savait que le terrain se prêtait admirablement à la défense. L'arête centrale de la montagne, qui se dresse en certains points à plus de 3 000 mètres, projetait de nombreux éperons à l'est et à l'ouest vers la Méditerranée et l'Adriatique. Entre les éperons, des cours d'eau torrentiels coulaient dans des vallées profondes avant de se jeter dans la mer. Cours d'eau, éperons, arêtes de montagne offraient ensemble une succession de lignes de défense, à intervalles rapprochés et d'autant plus difficiles à percer qu'elles étaient dominées par des forteresses naturelles dressées sur les éperons qui les surplombent.

Salerne, le point choisi par l'état-major des forces de la Méditerranée centrale pour le débarquement en Italie, s'imbriquait exactement dans ce schéma topographique. Bien que la bande côtière fût singulièrement large et plane, elle était entourée de hauteurs et son extrémité nord-est était fermée par le massif du Vésuve. Si Kesselring avait disposé d'une force suffisante dès le début, il aurait pu établir la ligne à travers la péninsule, peut-être jusqu'à Naples. Cependant, avec les sept divisions de sa X^e^ armée dont seule la 16^e^ Panzer avait ses effectifs au complet, il fut obligé d'engager le maximum de ses forces contre le flanc nord de la tête de pont pour barrer la route de Naples aux envahisseurs et ainsi gagner assez de temps pour construire un front (nommé position d'hiver) au nord de la ville.

Pendant la première semaine de l'invasion, malgré sa faiblesse momentané, la Xe armée mena la vie dure à la force d'Avalanche. Mark Clark, le général américain qui commandait la Ve armée, avait deux corps sous ses ordres, le 10e britannique et le 6e US. Soutenus par d'intenses bombardements navals et aériens, tous deux débarquèrent facilement le 9 septembre mais ils ne surent pas exploiter à temps leur supériorité initiale. Le lendemain, les troupes de réserve allemandes, y compris celles qui ont échappé à l'armée de Montgomery, lançaient de violentes contre-attaques. La 16e Panzer se révéla particulièrement efficace. Le 12 septembre, elle reprit aux Anglais le village clé de Battipaglia, proche de la frontière anglo-américaine commune. Le lendemain, aidée de la 29e Panzerdivision elle redoubla sa pression, menaçant de rompre la tête de pont en deux et de couper ainsi les Anglais des Américains. Les Alliés réussirent à stabiliser la tête de pont par un tir de barrage intensif. Pendant que l'infanterie de la 45e division américaine montait sur les collines, son artillerie arrêta les Panzers grenadiers dans leur progression.

Le 15 septembre, grâce à l'arrivée des blindés britanniques et de l'infanterie aéroportée américaine, le danger était passé. Le 1er octobre, les Anglais entrèrent à Naples. Entre-temps, la VIIIe armée avait poussé deux divisions, dont la 1re canadienne, le long de la côte adriatique pour prendre le complexe de Foggia d'où devaient être organisés les raids de bombardements stratégiques sur l'Allemagne du Sud. Au début d'octobre, les Ve et VIIIe armées établirent une ligne continue de 180 kilomètres à travers la péninsule, passant le long du fleuve Volturno au nord de Naples et du Biferno qui se jette dans l'Adriatique à Termoli.

*La position d'hiver de Kesselring*

A ce stade, commence l'âpre et coûteuse campagne d'hiver dont l'objectif était d'enfoncer la ligne qui défend les approches de Rome. Une avance par les montagnes centrales étant impossible, les VIII^e et V^e armées limitèrent leurs efforts à de courtes incursions vers l'une et l'autre côtes sur des fronts de trente kilomètres de long tout au plus. La stratégie de Kesselring s'en trouva largement simplifiée car il put ainsi laisser son secteur central sans défenses tout en concentrant ses meilleures divisions sur les flancs méditerranéen et adriatique. Puisées dans les forces mobiles de l'OKW, les troupes allemandes d'Italie sont de premier ordre. En octobre, Kesselring déploie contre la V^e armée une force colossale : les 3^e et 5^e Panzers grenadiers, la division Hermann Goering étant en réserve, et les 16^e et 26^e Panzer, 29^e Panzer grenadiers, la 1^re parachutistes et deux divisions d'infanterie sur la façade adriatique. A ces neuf divisions, les Alliés ne peuvent en opposer que neuf également dont une seule blindée. Bien que disposant de chars supplémentaires dans des unités indépendantes, Clark et Montgomery ne bénéficient pas d'une supériorité matérielle suffisante pour déloger les Allemands de leurs positions fortifiées. Ils ne peuvent pas non plus compter sur leur puissance aérienne, forcément limitée par la topographie de l'Italie. Installés sur et derrière des collines escarpées, les défenseurs n'ont rien à redouter de l'aviation alliée. Les historiens se rappellent que l'Italie n'avait été envahie que deux fois au cours des temps modernes, d'abord par Charles VIII en 1494, ensuite par Napoléon après Marengo en 1800. Dans le premier cas, les Français avaient inauguré une arme révolutionnaire, le canon mobile ; dans le second, ils s'étaient heurtés à des adversaires ineptes et divisés.

Or, pendant l'hiver de 1943, les Alliés ont en face d'eux un ennemi résolu et habile qui n'a rien à perdre et tout à gagner en restant sur ses positions. Toute tentative pour lui faire lâcher prise dans la chaîne tourmentée des Apennins risque d'entraîner les Anglo-Américains dans la lutte la plus sanglante qu'ils aient eu à livrer contre la Wehrmacht.

Les forces alliées en Méditerranée ressentirent d'autant plus la violence de la bataille d'Italie que la plupart de leurs divisions étaient composées d'éléments recrutés dans des zones spécifiquement localisées. Les 36$^{e}$ et 45$^{e}$ divisions US sont des formations de la garde nationale du Texas et d'autres Etats montagneux, tandis que les 36$^{e}$ et 46$^{e}$ divisions britanniques viennent de Londres et des Midlands. Les 4$^{e}$ et 8$^{e}$ divisions indiennes ont été levées dans la minorité de la « race martiale » du Raj, tandis que la 1$^{re}$ canadienne est formée de volontaires d'un dominion qui, depuis la tragédie de Dieppe en 1942, soupçonne les généraux britanniques de faire bon marché du sang de ses soldats. Trois autres des formations placées sous les ordres d'Alexander, la 2$^{e}$ division néo-zélandaise et les corps franco-marocain et polonais sont réputés pour leur témérité. Pourtant, tous trois manquent de moyens pour compenser les pertes qu'ils subissent au front. Tous les généraux alliés qui ont participé à la bataille d'Italie ont perçu la fragilité de l'instrument qu'ils commandaient et cette prise de conscience a profondément affecté leur politique des combats.

Après la victoire de Salerne, les Alliés lancèrent une attaque contre la position d'hiver que Kesselring avait fortifiée de Gaete à Pescara. Son extrémité ouest, accrochée à la grande abbaye-forteresse de Monte Cassino, était le secteur le plus fort de toute la ligne. Entre le 1$^{er}$ et le 15 octobre, la V$^{e}$ armée établit des têtes de pont à travers le Volturno, au nord de Naples. Entre-temps, la

VIII^e armée traversa le Trigno, au-delà de Termoli qui avait été prise le 6 octobre, et atteignit la ligne du Sangro. La bataille du Sangro – du 20 novembre au 2 décembre – se révéla particulièrement difficile. Les pluies d'hiver avaient fait déborder le fleuve et immobilisé les deux camps pendant la première semaine. Avant de quitter le théâtre d'opérations, Montgomery, affecté au commandement des forces d'Overlord, réussit à passer le Sangro avec son armée mais la ténacité des Allemands qui défendaient la ville côtière d'Ortona l'empêcha d'exploiter son succès.

Pendant que la campagne du Sangro se poursuivait, la V^e armée avançait pas à pas vers le Garigliano, à travers un amas de décombres d'où la vallée de la Liri conduit à Rome en passant devant le massif de Monte Cassino. Les abords de la Liri sont dominés par les pics de Monte Camino, Rotundo et Sammucro dont chacun dut être escaladé et conquis au cours d'une série d'opérations violentes entre le 29 novembre et le 21 décembre. Les tempêtes de neige hivernales imposèrent alors une trêve qui durera jusqu'au 5 janvier. A cette date, les divisions américaines et françaises de la V^e armée relancèrent l'attaque pour gagner le fleuve Rapido qui coule le long de la vallée du Liri, sous les hauteurs de Cassino. Pour parachever son mouvement de pénétration dans la vallée, Clark ordonna à la 36^e division (Texas) de traverser le Rapido, du côté mer à son point de jonction avec le Liri.

Le commandant du génie américain, responsable du nettoyage des mines dont les Allemands ont parsemé le terrain fut chargé de construire un pont sur le cours d'eau après la traversée de l'infanterie. Il avertit l'état-major qu'« une attaque dans une vallée boueuse sans voie d'accès ni débouchés praticables et bloquée par des défenses organisées derrière un fleuve sans passages à gué « créerait une situation impossible et entraînerait

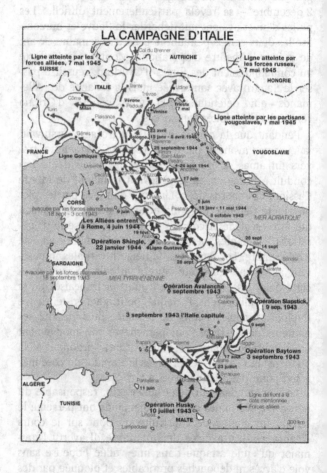

# LA CAMPAGNE D'ITALIE

Ligne atteinte par les forces alliées, 7 mai 1945
Col du Brenner
AUTRICHE
Ligne atteinte par les forces russes, 7 mai 1945
SUISSE
HONGRIE
ITALIE
Trente
Udine
Côme
Trévise
Vérone
Milan
Padoue
Trieste 7 mai
Turin
Venise
Plaisance
Ligne atteinte par les partisans yougoslaves, 7 mai 1945
Gênes
23 avril
15 janv - 8 avril 1945
Bologne
Ravenne
FRANCE
25 septembre 1944
Rimini
YOUGOSLAVIE
Ligne Gothique
Saint-Marin
Pesaro
Florence
Livourne
4-26 août 1944
Ancône
Cecina
Poggibonsi
Arezzo
Pérouse
17 juin
Orvieto
Terni
CORSE
évacuée par les forces allemandes 18 sept - 3 oct 1943
9 juin
6 juin
15 janv - 11 mai 1944
Pescara
8 octobre 1943
Rome
MER ADRIATIQUE
Les Alliées entrent à Rome, 4 juin 1944
Cassino
19 févr.
Anzio
Foggia
Opération Shingle, 22 janvier 1944
Terracina
Ligne Gustave
26 sept
Bari
14 sept
Naples
28 sept
Brindisi
Salerne
SARDAIGNE
Tarente
évacuée par les forces allemandes 18 septembre 1943
MER TYRRHÉNIENNE
Opération Avalanche 9 septembre 1943
Opération Slapstick, 9 sep. 1943
Calabre
3 septembre 1943 l'Italie capitule
9 sept
Trapani
Palerme
Messine
Reggio
Opération Baytown 3 septembre 1943
SICILE
17 août
Catane
23 juillet
Syracuse
ALGÉRIE
Pantelleria
Licata
Gela
Avola
11 juin
TUNISIE
Ligne de front à la date mentionnée
Forces alliées
Opération Husky, 10 juillet 1943
Linosa
MALTE
Lampedusa
0
300 km

d'énormes pertes en vies humaines ». Sa prédiction fut malheureusement confirmée par l'expérience. Les Texans essayèrent trois jours durant de traverser le fleuve. Certains réussirent mais aucun secours ne leur parvint et ils durent repasser en sens inverse. Plus de mille hommes périrent sur les six mille qui participèrent à l'opération. La 15e Panzers grenadiers en face d'eux n'avait pas conscience du désastre qu'elle leur infligeait. Dans son rapport d'opérations elle se contenta de signaler qu'elle « avait empêché les troupes ennemies de traverser ».

L'échec de l'attaque texane mit fin aux espoirs que nourrissait Mark Clark de monter sur Rome par la route nord-sud sur la côte de la Méditerranée. Clark ne désespérait pourtant pas de prendre Rome car, depuis le 3 novembre, Eisenhower avait prévu de déloger les Allemands de leur position d'hiver au moyen d'un débarquement amphibie dans les arrières de la Ve armée, à Anzio, près de Rome. Son plan était lié à la politique du second front, en particulier celle qui consistait à associer l'invasion de la Normandie (Overlord) avec un débarquement au sud de la France (opération « Anvil » rebaptisée plus tard « Dragoon »). Le général Walter Bedell Smith la considérait comme une diversion inutile mais il admettait qu'elle exigerait le maintien d'une grande partie de la flotte de la Méditerranée centrale désignée pour appareiller à destination de l'Angleterre. La ligne Pise-Rimini était considérée comme essentielle à tenir pour un succès de l'opération Anvil. Pour l'atteindre au milieu de 1944, la Ve armée devait arriver au sud de Rome au plus tôt. Une avance au-delà de Rome nécessiterait des péniches de débarquement pour effectuer une descente immédiate derrière la position d'hiver, ce qui entraîna Anzio et l'opération « Shingle ».

Les préparatifs logistiques étaient impeccables, la réalisation opérationnelle se révéla lamentable. Selon le plan de Bedell Smith, soixante LST[1] furent maintenus en Méditerranée jusqu'au 6 février. Le 22 janvier, le 6e corps US, qui comprenait un important contingent de troupes anglo-américaines commandées par le général John P. Lucas, débarqua à Anzio, à 45 kilomètres au sud de Rome. L'effet de surprise fut total. Ni l'Abwehr ni l'état-major de Kesselring n'avaient décelé le moindre signe de préparatifs. Si Lucas avait tenté une poussée sur Rome le jour même, ses pointes blindées y seraient probablement arrivées. Elles auraient sans doute été ensuite écrasées, mais il aurait pu essayer de poser des jalons assez en avant à l'intérieur. En l'occurrence, il fit exactement ce qu'il ne fallait pas faire : il débarqua un grand nombre d'hommes et de véhicules et s'assura le périmètre d'une tête de pont minuscule, exposant sa force à tous les dangers sans en créer à l'ennemi : les Allemands se hâtèrent de rassembler des « unités d'urgence » *(Alarmeinheiren)* avec les soldats qui rentraient de permission et les expédièrent sur Anzio pendant que des formations constituées étaient transférées du Nord et des secteurs calmes de la position d'hiver. Le 30 janvier, lorsque Lucas tenta de se diriger vers l'intérieur, il trouva la route barrée. Le 15 février, la XIVe armée nouvellement formée lança une contre-attaque. Cette offensive baptisée « Fischgang » fut lancée sur l'ordre de Hitler qui entendait ainsi d'une part avertir les Alliés que des troupes de débarquement anglo-américaines pouvaient être rejetées à la mer, d'autre part rassurer le peuple allemand sur le sort qui attendait les envahisseurs du nord de l'Europe. Fischgang échoua mais les soldats de Lucas n'en restèrent pas moins assiégés dans des conditions pénibles. Relevé de son commandement le 23 février, il fut remplacé par le général Lucius Truscott.

1. Landing Ship Tank : navires de débarquement de chars.

*Crise dans la stratégie alliée*

Ayant échoué dans son projet de prendre Rome par la vallée du Liri ou par Anzio, le général Clark se trouva confronté à la nécessité d'emprunter la route n° 6 surplombée par le grand monastère-forteresse du Monte Cassino. Saint Benoît avait choisi ce refuge imprenable 1 400 ans plus tôt, pour y fonder son ordre de moines contemplatifs. Les moines étaient restés, assaillis de trois côtés par les clameurs de la guerre. Le monastère était plus imprenable que jamais. Ses environs immédiats étaient occupés par la 1re division de parachutistes, l'une des meilleures de la Wehrmarcht. Le commandant local, Frido von Senger und Etterlin, était aussi membre laïque de l'ordre de saint Benoît, ce qui ne lui permettait pas d'utiliser les bâtiments du monastère pour établir ses défenses ; mais les à-pics, les grottes et les cavités de la montagne lui procuraient tous les obstacles nécessaires pour tenir les Alliés en échec.

Entre le 12 février et le 17 mai, les troupes alliées se lancèrent à l'assaut par trois fois et furent repoussées. Pendant la première bataille du Monte Cassino, la 34e division US put mesurer la solidité de la position ennemie. Pendant la seconde, la 2e division néo-zélandaise et la 4e indienne, commandées par Bernard Frey-berg, le vétéran de Crète, attaquèrent le monastère et la ville de Cassino entre le 15 et le 18 février. Auparavant une pluie de bombes lâchées par 135 forteresses volantes avaient réduit le monastère à un tas de ruines, mais sans déloger les parachutistes allemands de leurs positions. Dans la troisième bataille, du 15 au 23 mars, les divisions de Freyberg firent une nouvelle tentative sans plus de succès. Dans les décombres de la ville et du monastère, les Allemands creusèrent des tunnels et des abris dont ils ne pouvaient être chassés que par des combats de troglodytes.

En avril, la conduite de la stratégie alliée était en état de crise. Churchill critiquait ouvertement l'inefficacité des états-majors. Hitler exultait devant les succès remportés par ses X$^{e}$ et XIV$^{e}$ armées bien que de vastes secteurs du front de l'Est eussent été repris par les Russes et que les villes allemandes fussent soumises aux bombardements incessants de l'aviation alliée. Il est vrai qu'en Italie ses ennemis n'avaient progressé que d'une centaine de kilomètres en huit mois. Mark Clark, sans doute le plus égocentriste de tous les généraux alliés de la Seconde Guerre mondiale, était inquiet pour sa carrière et ne dissimulait pas son antipathie naturelle pour les Anglais. Alexander qui commandait les opérations en Italie ne voyait aucune possibilité d'avancer et, même Churchill, qui le considérait comme le modèle de l'aristocratie militaire, commençait à douter de sa volonté et de sa capacité de sortir de l'impasse. Il fallait élaborer un plan qui permette de relancer les armées alliées d'Italie sur le chemin de la victoire.

Derrière ce front bloqué, l'aviation alliée jouait son rôle. Commandée par Ira C. Eaker, transféré d'Angleterre en mars, elle avait poursuivi l'opération « Strangle », destinée à détruire le réseau logistique qui ravitaillait les X$^{e}$ et XIV$^{e}$ armées à Anzio et sur la position d'hiver. Le plan d'Eaker était un modèle de logique militaire. En avril, John Harding, le chef d'état-major d'Alexander, mit au point un plan également logique pour exploiter les capacités de manœuvre terrestre des Alliés.

Depuis la fin de l'année précédente, l'armée alliée d'Italie avait été sensiblement renforcée. Le 2$^{e}$ corps polonais était désormais présent dans sa totalité. Une division indienne l'avait rejoint dans la VIII$^{e}$ armée, commandée par Oliver Leese, successeur de Montgomery, une division blindée sud-africaine et une formation canadienne étaient venues doubler ses effectifs. En outre, une force expéditionnaire française formée en grande partie de tribus berbères, pour lesquelles la guerre de montagne est une seconde nature, avait pris en charge le secteur compris entre Cassino et la plaine côtière. Les renforts compensèrent largement le départ de six divisions américaines et britanniques pour l'Angleterre où elles devaient se préparer à l'opération Overlord. Harding utilisa leurs qualités disparates mais complémentaires pour établir un plan opérationnel (Diadem) qui avait pour but de contourner la position du Monte Cassino, ouvrir la vallée de la Liri et puiser dans les forces d'Anzio en vue d'encercler la Xe armée au sud de Rome et libérer la capitale.

Le plan de Harding consistait à persuader les Allemands qu'une autre descente amphibie menaçait leurs arrières près de la position Pise-Rimini qui marquait l'ultime ligne de repli de Kesselring. Après quoi, les Polonais attaqueraient Cassino par le nord tandis que les Français s'infiltreraient dans les montagnes par le sud. Cette opération ouvrirait la vallée de la Liri aux blindés canadiens et sud-africains pendant que les Américains de la côte ouest traverseraient le Garigliano pour faire leur jonction avec le corps bloqué dans Anzio qui sortirait de sa tête de pont pour interdire la ligne de retraite de la Xe armée. Une grande victoire s'annonçait à l'horizon.

L'initiative de ce plan revenait pour une large part au général Juin, commandant le corps expéditionnaire français. Il avait assuré à Harding et à Alexander que les Nord-Africains connaissaient assez la montagne pour trouver un passage que les Anglo-Saxons ne verraient pas ; c'est ce qu'ils firent dès le début de l'opération « Diadem ». Précédés par les troupes irrégulières marocaines, les montagnards de Juin s'étaient frayés un chemin dans la vallée de la Liri. Le 17 mai, les Polonais enlevèrent Monte Cassino au cours d'un assaut suicidaire. L'entrée de la vallée et la zone côtière leur étant ainsi ouvertes, l'infanterie américaine et les blindés britanniques se mirent en route le 25 mai, le jour même où le 6e corps de Truscott se dégageait de la tête de pont d'Anzio.

Désormais le sort de la Xe armée et celui de Rome sont liés. L'encerclement de l'un entraîne inévitablement l'occupation de l'autre. Déclarée « ville ouverte » et peuplée d'ex-prisonniers de guerre alliés qui circulent librement sous le nez des quelques Allemands restés dans la ville, Rome attendait sa libération. Clark envisageait la perspective d'une entrée triomphale. Toujours irrité par l'attitude paternaliste d'Alexander et soupçonnant les Anglais de vouloir lui dérober les lauriers de la victoire, il ordonna aux troupes américaines d'abandonner leur poussée en direction des arrières allemands et de progresser directement sur la capitale. Cette erreur stratégique fit l'affaire de Kesselring. Pendant que son arrière-garde retardait les Alliés à Volmonte et à Valletin dans les monts d'Albe au sud de Rome, il expédia les formations intactes de la Xe armée à travers le Tibre et se hâta de gagner les positions intermédiaires qu'il avait préparées sur sa carte entre Rome et la ligne Pise-Rimini, baptisée « Ligne gothique ».

Les Xe et XIVe armées de Kesselring n'en battaient pas moins en retraite. Elles se repliaient donc sur la ligne Pise-Rimini, position que leur chef jugeait la plus facile à défendre. Les armées alliées les poursuivirent dans la mesure du possible, mais le retrait des sept divisions désignées pour l'opération AnvilDragoon prévue pour la mi-août empêcha Clark de les talonner de près. Kesselring réussit à livrer deux batailles, l'une sur la ligne Viterbe, l'autre sur la ligne Trasimène avant de gagner une position sûre entre Pise et Rimini, sur la Ligne gothique, au début d'août.

Le centre de l'action en Méditerranée se déplaça vers la côte méridionale de la France, défendue par la XIX<sup>e</sup> armée allemande du groupe d'armée G. Elle était déjà affaiblie par le transfert de nombreux effectifs vers le groupe d'armée B en Normandie. Les huit divisions restantes étaient si dispersées entre Nice et Marseille qu'elles ne purent s'opposer efficacement aux débarquements alliés. Churchill jugeait depuis longtemps que l'opération ne présentait aucun intérêt sur le plan militaire mais l'état-major de Marshall à Washington avait insisté sur l'importance vitale de Marseille pour le soutien logistique de l'invasion anglo-américaine de la Normandie. Roosevelt, pour sa part avait objecté que son annulation offenserait Staline. En conséquence, le 15 août, la VII<sup>e</sup> armée américaine commandée par le général Patch débarqua entre Cannes et Toulon précédée par le parachutage d'unités aéroportées soutenu par des bombardements aériens et navals intensifs. La VII<sup>e</sup> armée s'empara de Toulon et de Marseille après de rudes combats puis elle effectua une poussée dans la vallée du Rhône, chassant la XIX<sup>e</sup> armée allemande (dont la 11<sup>e</sup> Panzerdivision) au-delà d'Avignon, Orange et Montélimar vers Lyon et Dijon. Comme le groupe d'armée B battait lui-même en retraite, la XIX<sup>e</sup> armée ne s'attarda pas. Le 11 septembre, les avant-gardes des armées de Patch et Patton firent leur jonction au nord de Dijon mais, le 14 septembre, la moitié de la XIX<sup>e</sup> armée se réfugiait en Alsace du Sud où elle se tint prête à défendre les abords du mur de l'Ouest.

Dans l'esprit de Hitler, la perte du midi de la France ne représentait qu'un incident de parcours. Bien qu'elle eût entraîné la conquête d'une grande partie de la péninsule par les Alliés, la campagne d'Italie présentait des avantages stratégiques pour les Allemands. Elle laissait en effet le gros de leurs forces confrontées aux solides défenses de la Ligne gothique, à distance respectable de la zone industrielle italienne et des abords alpins de la frontière du Grand Reich. Elle avait détourné leur flotte amphibie et la masse de leurs réserves disponibles vers une zone dégagée de toutes opérations et loin des Balkans dont l'importance était vitale pour la poursuite de la guerre.

### *Les Balkans*

Le soutien britannique à la résistance des partisans yougoslaves n'avait guère troublé la Wehrmacht jusqu'alors. Sur les 30 divisions de l'Axe qui assuraient la sécurité dans les montagnes yougoslaves, 12 seulement étaient allemandes. Les autres étaient des formations italiennes, bulgares, hongroises et croates dont les qualités étaient trop médiocres pour permettre leur emploi sur les principaux fronts. Néanmoins, elles servaient à contenir les guérillas communistes de Tito. La capitulation de l'Italie, en septembre 1943, avait consolidé la position du chef des partisans yougoslaves en lui permettant de récupérer une grande partie des armes et de l'équipement restitués ainsi que certains territoires, notamment la côte dalmate et les îles de l'Adriatique. Cependant, tant que les Allemands purent isoler les partisans des forces régulières de l'extérieur, les règles de la guérilla furent de mise : Tito causait de grands dommages aux lignes de communication qui reliaient l'Allemagne à la Grèce et à ses autres sources de ravitaillement en minéraux mais sans grand effet stratégique.

En automne 1944, la position de l'Allemagne dans les Balkans commença à faiblir et Tito passa du rôle de simple saboteur à celui d'adversaire dangereux. Les pays balkaniques satellites, Bulgarie, Roumanie, Hongrie, n'étaient entrés dans la guerre que grâce à un habile dosage de promesses et de menaces. Hitler ne pouvait plus rien promettre et l'Armée rouge qui avait reconquis l'Ukraine occidentale et s'était avancée jusqu'au pied des Carpates était la principale menace qui pesait sur la souveraineté de ces Etats.

Les pays satellites commencèrent à regretter leur alliance avec Hitler. Antonescu, dictateur de la Roumanie, était entré en contact avec les Alliés depuis mars 1943. En mai, son ministre des Affaires étrangères avait même essayé d'entraîner Mussolini dans un projet de paix séparée. La Bulgarie, dont le roi pro-allemand, Boris, était mort empoisonné le 24 août 1943, avait fait des avances à Londres et à Washington en janvier 1944 pour se tourner ensuite du côté de Staline. La Hongrie, qui avait largement profité des accords de Vienne, conclus en août 1940 aux dépens de la Roumanie, jouait désormais son propre jeu. Son Premier ministre, Kallay, avait pris contact avec les Occidentaux en septembre 1943 dans l'intention d'établir par leur intermédiaire des conditions de reddition avec les Russes. Pendant ce temps, son chef d'état-major suggérait à Keitel de confier la défense des Carpates à la seule armée hongroise ce qui libérerait le territoire national non seulement des troupes allemandes mais aussi des troupes roumaines.

La Hongrie avait entamé des négociations avec l'Union soviétique car elle craignait, avec juste raison, que la Roumanie traitant aussi avec eux, celle-ci ne récupérât la Transylvanie qu'elle avait été obligée de lui céder à la suite des accords de Vienne. Cependant, la Hongrie s'était laissé devancer. Le 20 août, dès que l'Armée rouge eut traversé le Dniestr, le roi Michel avait fait arrêter Antonescu. Le 23 août, Hitler ordonnait le bombardement de Bucarest et, le lendemain, la Roumanie déclarait la guerre à l'Allemagne. Ce renversement d'alliances força la VIe armée allemande à battre en retraite vers les cols des Carpates. Elle y perdit une grande partie de ses 200 000 hommes. La Bulgarie, où les troupes du Reich auraient pu passer pour se replier vers le Sud, leur était fermée car, depuis le 5 septembre, son gouvernement négociait avec les Russes et se retournait contre Hitler. « En Roumanie, rapporte Friesner, commandant de la VIe armée, il n'y a plus de Haut-Commandement, c'est le chaos. Chacun, du général à l'employé, tient un fusil et se bat jusqu'à la dernière cartouche. »

La défection de la Roumanie provoqua aussitôt la fermeture de l'accès aux champs de pétrole de Ploesti. C'est la crainte d'être privé de cet accès qui avait si profondément influencé la stratégie de Hitler pendant toute la guerre. C'est l'intérêt que présentaient ces terrains pétrolifères qui l'avait conduit à s'assurer la maîtrise des Balkans, à envisager une offensive contre la Russie et à maintenir son armée en Crimée contrairement à tous les conseils de prudence. Les usines de pétrole synthétique qui ravitaillaient abondamment l'Allemagne avaient été gravement endommagées par la VIIIe flotte aérienne des Etats-Unis. Dans ces conditions, la perte des pétroles de Ploesti était doublement désastreuse. Cependant, Hitler ne pouvait espérer les récupérer par une contre-attaque car, non seulement les troupes des fronts russe et ukrainien entrés en Roumanie dépassaient largement ses forces sur place, mais la défection simultanée de la Bulgarie mettait les forces allemandes de Grèce en danger. Le 18 octobre, elles évacuèrent le pays et entreprirent un repli difficile à travers les montagnes macédoniennes sur la Yougoslavie méridionale. Tolbuklim commandant le troisième front ukrainien, entra à Belgrade le 4 octobre. Menacés par une forte concentration soviétique, les 350 000 Allemands commandés par le général Lörh avaient eu à progresser, depuis la Grèce, à travers des vallées de montagne infestées de partisans de Tito et survolés par l'aviation alliée qui opérait dans la zone de l'Adriatique à partir de ses bases d'Italie.

Dans ce qui restait de la zone d'occupation allemande, la sécurité des forces du Reich – le groupe d'armée F – dépendait étroitement de la capacité de Kesselring à défendre l'Italie du Nord. Si celle-ci tombait aux mains des Alliés, leurs armées seraient libres de frapper à l'est à travers les trouées qui débouchaient sur la Yougoslavie et la Hongrie et de lancer des opérations amphibies à partir des ports italiens de l'Adriatique. Au cours d'une visite à Moscou en octobre 1944, Churchill conclut avec Staline un accord remarquable, bien que difficilement applicable, préconisant le partage de zones d'influence dans les Balkans entre la Russie et l'Angleterre. Contrairement aux Américains, Churchill continuait à être fasciné par l'intérêt qu'offrait une expédition dans les Balkans. En l'occurrence ce ne fut pas le plan allié mais la répartition des forces allemandes qui régla la question. Au moment où la Ve armée US et la VIIIe armée britannique atteignirent la Ligne gothique, elles comptaient 21 divisions alors que les Xe et XIVe armées allemandes en totalisaient 26 grâce au transfert de 5 formations nouvelles. Bien que la Ligne gothique mesurât 120 kilomètres de plus que la position d'hiver, elle s'appuyait sur une excellente route transversale, l'ancienne voie Emilienne allant de Bologne à Rimini, qui permettait le transfert aisé de renforts d'un point critique à un autre. Sur la côte adriatique elle était protégée par treize cours d'eau qui se déversaient dans la mer, dont chacun constituait un obstacle militaire majeur.

La nature du terrain et le début des pluies d'automne devaient permettre à Kesselring de se maintenir en

Italie du Nord sans craindre d'être délogé. Observant que la route vers la grande plaine du Pô était plus praticable à l'est qu'à l'ouest, Alexander transféra en août le gros de sa VIIIe armée sur la côte de l'Adriatique. Elle attaqua le 25 août, rompit la Ligne gothique et arriva à 15 kilomètres de Rimini avant d'être arrêtée sur la Couca. Pendant qu'elle se regroupait, Vietinghoff, commandant la XIVe armée, expédia des renforts par la voie Emilienne pour freiner son avance. Les Anglais renouvelèrent leur attaque le 12 septembre mais ils se heurtèrent à une vive résistance. La 1re division blindée perdit tellement de chars qu'elle ne pouvait plus participer à une opération offensive. Pour détourner l'ennemi du front britannique, Alexander ordonna à Clark de lancer un assaut sur la côte opposée à travers la région située au nord de Pise. La plaine côtière est tellement étroite dans ce secteur, dominé par de hautes montagnes que l'armée de Clark n'avançait que lentement. En octobre et novembre, les pluies transformèrent le terrain en bourbier et les fleuves grossis par les crues étaient infranchissables. La campagne traîna en longueur. Durant l'automne, la VIIe armée perdit 14 000 hommes, tués ou blessés au cours de la bataille de l'Adriatique. Les Canadiens placés en première ligne payèrent le tribut le plus lourd. Le 23 octobre, la Ve armée arriva à 12 kilomètres de Bologne. Elle avait subi de lourdes pertes elle aussi – 15 000 tués ou blessés. Elle se trouvait tellement affaiblie qu'une offensive surprise des Allemands l'obligea à céder une partie du terrain conquis au nord de Pise le mois précédent.

Les pertes, la nature du terrain, la rigueur de l'hiver déterminèrent les belligérants à interrompre la campagne d'Italie à Noël, après une succession de violents combats. La topographie du pays avec son décor de hautes montagnes, ses villages haut perchés, ses sommets, ses ravins, ses châteaux en ruine présentait une menace constante pour les soldats tendus vers la conquête. Les peintres dont les paysages enchantaient les collectionneurs européens avaient laissé assez d'indications sur les difficultés qui attendaient une armée d'invasion surtout une armée moderne encombrée d'artillerie et de véhicules à roues ou à chenilles. Les scènes de bataille dans un cadre de montagnes peintes par Salvator Rosa sont assez éloquentes. Les toiles de Claude Lorrain avec ses perspectives sereines de grandes plaines paisibles sont également imprégnées de menaces. Peints sur des hauteurs qu'un officier d'artillerie choisirait automatiquement comme poste d'observation, leurs tableaux montrent au premier coup d'œil la multiplicité des obstacles dont les défenseurs du territoire peuvent tirer parti. Les officiers du génie furent les véritables héros de la campagne d'Italie de 1943-1944. C'étaient eux qui reconstruisaient les ponts détruits que les armées alliées rencontraient à dix ou quinze kilomètres d'intervalle au cours de leur avance dans la péninsule. C'étaient eux qui désamorçaient les charges explosives que les Allemands semaient sur leur passage. C'étaient eux encore qui creusaient des pistes à travers les décombres et dégageaient les ports bloqués par les épaves. L'infanterie elle aussi a fait preuve d'héroïsme. Aucune campagne ne lui a coûté aussi cher en vies humaines que la campagne d'Italie. Les pertes et les épreuves furent également partagées entre les Allemands et les Alliés, de même que les souffrances physiques et morales causées par le terrible hiver italien : « un poste perché sur une aiguille rocheuse était tenu par quatre ou cinq hommes… Si l'un d'entre eux était blessé, il fallait qu'il reste sur place ou descende tout seul jusqu'à un poste de secours… S'il restait, il devenait un poids pour ses compagnons et mourait de froid ou se vidait de son sang… S'il essayait de descendre, il s'arrêtait automatiquement dans un coin abrité ou se perdait en chemin… et mourait le corps gelé. » De nombreux Allemands de la 1[re]division de parachutistes qui défendit Cassino avec tant d'acharnement ont cru finir ainsi… de même que tant d'Américains, Anglais, Indiens, Sud-Africains, Canadiens, Néo-Zélandais, Polonais, Français et même Brésiliens qui les combattaient sur la Ligne gothique.

Les pertes et les épreuves étaient d'autant plus difficiles à supporter surtout par les Alliés que cette campagne était en marge de la bataille principale. Les Allemands savaient qu'ils tenaient l'ennemi à bout de bras depuis la frontière sud du Reich. Les Alliés, après le jour J, n'avaient plus le sentiment de livrer là une bataille décisive. Au mieux, ils maintenaient un danger qui menaçait le « ventre mou » de l'Europe de Hitler, au pire ils se contentaient de retenir les divisions ennemies. Mark Clark, commandant de la Ve armée, conservait le sentiment de sa mission personnelle. Convaincu de son talent militaire, il menait la vie dure à ses subordonnés et la rancœur que lui inspirait la lenteur des décisions britanniques empoisonnait les relations entre les chefs d'état-major des Ve et VIIIe armées – un élément déplorable mais indéniable de la campagne. Les officiers et les simples soldats étaient soutenus par le sentiment qu'ils développaient leur expérience de la guerre de montagne et les Italiens, eux, par l'esprit de résistance à l'occupation allemande qui s'était emparé d'eux. Cependant, contrairement aux troupes qui débarquaient en France, aucune perspective de victoire ne les motivait. Leur guerre n'était pas une croisade mais, à tous les égards, une diversion stratégique sur le flanc maritime d'une armée continentale, la guerre péninsulaire de 1939-1945. Leur combat d'arrière-garde arrêté par les rigueurs de la saison mettait à l'épreuve leur force d'âme.

## 20

# OVERLORD

Jusqu'en novembre 1943, Hitler refusa de concéder à ses généraux ou à ses alliés que le Grand Reich était menacé par l'ouverture d'un second front à l'ouest. Bien que dès les premières semaines de Barberousse, Staline ait mis tous ses espoirs dans une Grande-Bretagne venant sauver l'Union soviétique de la défaite, et, après décembre 1941, dans une contre-invasion anglo-américaine en Europe occidentale, Hitler, lui, n'envisageait rien de semblable. En juin 1942, il annonça aux officiers du quartier général de l'Oberkommando West que, ayant chassé les Britanniques du continent une bonne fois pour toutes, il ne les craignait plus, tout en caressant la perspective, si jamais elle se présentait, de donner une bonne leçon aux Américains. Bien plus, lorsque le 19 août suivant, une importante force de reconnaissance alliée débarqua autour du port de Dieppe, dans le nord de la France, et que sur les 6 000 hommes engagés – principalement des Canadiens –, seuls 2 500 réussirent à regagner l'Angleterre, la confiance de Hitler se trouva renforcée par cet échec. Bien que ce raid ait été organisé comme un test préalable à la perspective d'ouvrir un second front, Hitler manifestement choisit de croire qu'il avait infligé un coup sévère tel que les Anglo-Américains n'envisageraient plus d'organiser une invasion à grande échelle. En septembre, au cours d'un discours de trois heures qu'il tint à Goering, à Speer – son ministre de l'Armement – et à Rundstedt, commandant en chef à l'Ouest (OB West), il leur prédit que, si l'invasion pouvait ne pas se produire avant le printemps 1943, le mur de l'Atlantique serait alors achevé et que « dès lors, plus rien ne pouvait nous arriver ». Il poursuivit : « Nous avons dépassé le point le plus bas de notre déficit alimentaire. Par l'augmentation de la production de pièces anti-aériennes et de munitions, l'intérieur de l'Allemagne sera protégé contre les raids aériens. Au printemps, nous marcherons avec nos meilleures divisions vers la Mésopotamie et alors un jour nous obligerons nos adversaires à faire la paix où et comme nous le voudrons. »

En septembre, il déclara que, si l'invasion éventuelle était retardée au-delà du printemps de 1942 lorsque le mur de l'Atlantique serait achevé, « rien ne pourra plus nous arriver… Nous avons survécu à la pire disette. Grâce à l'accroissement de notre production de munitions et de canons antichars, notre patrie sera protégée des raids aériens. Au printemps, nous entrerons en Mésopotamie avec nos meilleures divisions et nous forcerons nos ennemis à faire la paix à nos conditions ».

En novembre 1943, l'armée anglaise restait traumatisée par la défaite de 1940. Les Américains n'étaient pas encore endurcis aux rigueurs de la guerre contre la Wehrmacht. Se fiant à sa perception aiguë des points faibles de l'adversaire, Hitler était persuadé qu'il n'y aurait pas de second front en 1942 et probablement pas en 1943. Toutefois, vers l'automne de cette année-là, son refus d'admettre les difficultés allemandes n'était plus crédible. L'offensive aérienne anglo-américaine contre le Reich s'intensifiait. Les armées nazies avaient été chassées non seulement des abords de l'Iraq mais aussi de la zone la plus fertile de la Russie occidentale (Kiev, capitale de la région des terres noires tomba aux mains de l'Armée rouge le 6 novembre 1943). Les Anglo-Américains avaient repris confiance en leurs qualités de combattants. Qui plus est, le mur de l'Atlantique n'était pas achevé et, dans de nombreux secteurs, même pas commencé.

Le 3 novembre 1943, fut publiée la directive du Führer n° 51, l'une des plus importantes : « La lutte dure et coûteuse menée contre le bolchevisme a exigé des efforts extrêmes... Le danger de l'Est demeure mais un danger plus grand encore apparaît à l'Ouest : un débarquement anglo-saxon. La vaste étendue de territoire dont nous disposons à l'Est nous permet de céder du terrain, même sur une grande échelle, sans que le système nerveux de l'Allemagne subisse un coup fatal. La situation est très différente à l'Ouest. Si l'ennemi réussit à percer nos défenses sur un large front, les conséquences seront imprévisibles. Tout indique que l'ennemi va lancer une offensive contre le front occidental, au plus tard au printemps, peut-être même plus tôt. Je ne puis donc assumer la responsabilité d'affaiblir le front de l'Ouest en faveur d'autres théâtres de la guerre. J'ai donc décidé de renforcer ses défenses, en particulier les points d'où commenceront les bombardements à longue portée de l'Angleterre avec des fusées sans pilotes. »

La directive n° 51 spécifiait les mesures particulières prévues pour renforcer les troupes de l'OBW. En novembre 1943, l'OB West (Rundstedt) commandait toutes les forces terrestres de Belgique et de France organisées en XV$^{e}$ et VII$^{e}$ armées (groupe d'armées B) ainsi que les I$^{re}$ et 2$^{e}$ armées (groupe d'armées C) à partir de son quartier général de Saint-Germain-en-Laye. La frontière entre les groupes d'armées allait d'ouest en est le long de la Loire. La I$^{re}$ armée défendait le golfe de Gascogne et la XIX$^{e}$ la côte de la Méditerranée ; la XV$^{e}$

la Belgique et le nord de la France, la VII^e^ la Normandie. C'est la Normandie que visaient les Alliés à l'insu des Allemands.

La force de Rundstedt comptait 46 divisions qui allaient bientôt s'élever à 60, comprenant 10 Panzers et Panzers grenadiers ; 6 des divisions blindées se trouvaient au nord de la Loire, 4 au sud. Jodl avait assuré à une assemblée des Gauleiters du parti nazi que, « sur un front de 2 600 kilomètres, il est impossible de renforcer la ligne côtière avec un système de fortifications en profondeur sur tous les points... Il est donc essentiel d'avoir une force mobile et des réserves spécialement équipées à l'Ouest pour former des noyaux de concentration de forces *(Schwerpunkte)* ». L'analyse stratégique révélait que les propres Schwerpunkte des Alliés contre la Westheer devaient être formés de forces assemblées en Angleterre et stationnées sur les côtes de la Manche. C'est ce qui explique la concentration des Panzers au nord de la Loire.

Cette concentration présentait des dangers car le reste des divisions de l'OB West était à peine mobile. Les deux divisions de parachutistes postées en Bretagne et les divisions numérotées dans les séries 271-278 et 349-367, étaient des formations de haute qualité mais elles manquaient de transports mécanisés. Les autres étaient médiocres et entièrement dépendantes du réseau de chemin de fer français si elles recevaient l'ordre de quitter leurs zones de stationnement pour le front d'invasion. Leur artillerie et leurs unités de ravitaillement étaient tirées par des chevaux. Exception faite des unités de reconnaissance cyclistes, l'infanterie se déplaçait à pied à une cadence de marche qui ne dépassait pas celle des fantassins de Napoléon ou de la piétaille de Charlemagne. En outre, elles seraient constamment menacées par l'aviation alliée qui possédait la maîtrise des airs depuis 1942. Les transports ferroviaires et même routiers en étaient sérieusement limités. Il était donc vital que les Panzerdivisions qui seules avaient la capacité de manœuvrer rapidement en tous terrains soient placées près de la zone d'invasion pour tenir une ligne du front en attendant l'arrivée des renforts d'infanterie. La côte elle-même était garnie de divisions chargées de tenir le terrain *(Bodenständige)*, incapables de manœuvrer mais protégées des bombardements aériens par des fortifications en béton. Les plages qu'elles dominaient devaient être minées, couvertes de barbelés, de chevaux de frise et autres obstacles.

Le plan du mur de l'Atlantique était parfait en théorie. Une fois terminé, il devait largement compenser la faiblesse de la Luftwaffe à l'Ouest. En 1943, elle ne déployait plus que 300 chasseurs en France (pour tenir en échec une aviation alliée qui comptait 12 000 appareils de tous les types le jour de l'invasion). Or, le jour où la directive n° 51 fut publiée, le mur de l'Atlantique était encore inachevé. Pendant les deux années où Hitler s'était efforcé d'écarter l'idée d'une éventuelle invasion, la Westheer avait mené une vie bucolique. Son chef, Gerd von Rundstedt, n'était plus un foudre de guerre. Après son transfert du front de l'Est en décembre 1941, il s'était installé à Saint-Germain, dans une confortable routine. Il consacrait une partie de son temps à la lecture de romans policiers, permettait à ses officiers d'état-major d'étudier l'anglais, marque du style aristocratique que la Wehrmacht traditionaliste cultivait pour se distinguer des généraux nazis de l'Ostheer. Les cadres moyens et la troupe adoptaient le même mode de vie. Leurs relations avec la population ne posaient guère de problèmes. La plupart des Français se résignaient à leur présence (« très correcte »). Satisfaits d'être cantonnés dans le seul secteur facile de la zone opérationnelle de la Wehrmacht, les Allemands cueillaient des roses, mangeaient de la crème et du beurre et ne travaillaient pas plus que leurs officiers ne l'exigeaient.

Cette belle vie prit fin en décembre 1943 avec l'arrivée de Rommel. Depuis son retour de Tunisie en mars, il avait été en poste en Italie du Nord, mais, après la promulgation de la directive n° 51, Hitler le choisit pour donner plus d'ardeur aux défenses de l'Ouest. « Dans les paisibles secteurs côtiers, son arrivée fit l'effet d'un vent glacial soufflant de la mer du Nord. » Rommel découvrit que, depuis 1941, les Allemands n'avaient posé que 1,7 million de mines sur les plages normandes alors que les Anglais en avaient placé 1 million en Afrique du Nord en deux mois de campagne. Quelques semaines après son arrivée, plus de 4 millions de mines étaient en place. Le 5 mai, il dicta à son secrétaire : « Je suis plus confiant que je ne l'ai jamais été. Si les Anglais nous donnent encore deux semaines, je n'aurai plus aucune appréhension. »

La défense de la côte française ne pouvait être assurée par le seul mur de l'Atlantique. Passé maître dans l'art de la guerre mobile et vétéran des campagnes dominées par la supériorité aérienne des Alliés, Rommel savait qu'il lui fallait des chars sur la côte pour s'opposer à un débarquement éventuel. Il devait donc résoudre deux problèmes : d'abord connaître le lieu du débarquement, ensuite établir une chaîne de commandement aussi courte que possible entre lui et ses unités blindées.

### *« La guerre des miroirs (aux alouettes) »*

En mai 1943, à la conférence de Washington, les Alliés avaient proposé un plan (Fortitude) destiné à faire croire à l'ennemi que le débarquement aurait lieu dans le Pas-de-Calais, passage le plus étroit de la Manche. Du point de vue militaire, c'était parfaitement plausible. Les services de renseignements allemands, notamment l'Abwehr avaient été avertis de l'existence – complètement fictive – d'un 1er groupe d'armée US (FUSAG) stationné en face du Pas-de-Calais dans le Kent et le Sussex. Des messages radio fictifs émanant du FUSAG furent émis sur les ondes pour tromper l'ennemi. Le nom du général Patton fut mentionné pour créer l'illusion qu'il prendrait le commandement de l'opération. De plus, pour renforcer l'idée que le FUSAG débarquerait sur la voie la plus courte menant directement au Reich, les forces de l'air alliées larguèrent à l'est de la Seine trois fois plus de bombes qu'à l'ouest. Le 9 janvier 1944, la ruse avait porté ses fruits. A cette date un message d'Ultra fit référence au FUSAG. Les initiateurs de Fortitude tenaient la preuve que leur plan fonctionnait. Ils ne pouvaient s'attendre à détourner totalement l'attention des Allemands de la Normandie mais ils espéraient multiplier les chances de les leurrer.

Hitler ne se laissait leurrer qu'en partie. Les 4 et 20 mars, puis le 6 avril, il évoqua la possibilité d'un débarquement en Normandie. « J'envisage de rassembler toutes nos forces ici », déclara-t-il le 6 avril. Le 6 mai il ordonna à Jodl de téléphoner à Blumentritt qu'il attachait une importance particulière à la Normandie. Cependant, à part l'envoi de la division Panzer-Lehr et de la 116e Panzers au début du printemps, il n'apporta aucun changement décisif aux dispositions de l'OB West. En fait, jusqu'au jour où il autorisa ses divisions à traverser la Seine, il fut obsédé par la crainte d'une seconde invasion pendant les semaines cruciales de l'opération Overlord.

Son souci de repousser les deux offensives empêcha Rommel de mettre son plan à exécution. Il estimait qu'il valait mieux placer des blindés sur la bonne plage, même si les autres étaient mal disposés, que les laisser en réserve au centre sans pouvoir les manœuvrer sous la menace des avions alliés. A la fin de janvier 1944, il fut transféré de son poste d'inspecteur du mur de l'Atlantique à celui de commandant du groupe d'armée B pour la défense de la zone d'invasion. Il se querella presque aussitôt avec Rundstedt, son supérieur immédiat. Rundstedt n'avait jamais fait l'expérience d'une bataille où la Luftwaffe n'était pas la plus forte. Il croyait donc que, même après le débarquement, il aurait le temps de faire le point de la situation et d'engager les réserves dans une contre-attaque. Or Rommel savait qu'une contre-attaque tardive serait jugulée par l'aviation alliée. Connaissant par expérience la valeur des forces aériennes ennemies, il était convaincu que l'invasion ne pourrait être refoulée et vaincue que par une poussée immédiate des blindés en avant.

La querelle Rommel-Rundstedt parvint aux oreilles de Hitler. Décidant de trancher entre l'expérience personnelle de l'un et la logique conventionnelle de l'autre, il les convoqua tous les deux à Berchtesgaden le 19 mars, mais sa décision ne satisfit aucun de ses généraux. Le Panzergruppe West qui comprenait les six divisions blindées du groupe d'armée B fut partagé entre Rommel et Rundstedt avec cette restriction que les divisions attribuées à Rommel (21^e^, 116^e^ et 2^e^) ne seraient engagées dans la bataille qu'avec l'accord express de l'état-major de l'OKW, ce qui risquait d'entraîner un retard encore plus grave que Rommel ne le craignait.

Comme la 21^e^ Panzers était la seule division blindée qui se trouvât près des plages choisies par les auteurs du plan Overlord, le projet de contre-attaque de Rommel était compromis dès le départ. Montgomery, son vieil ennemi du désert avait noté le 15 mai : « Dans son estimation de la prochaine invasion, Rommel essaiera de nous rejeter à la mer – pas de livrer une bataille de blindés sur un terrain de son choix mais de l'éviter complètement et d'empêcher nos chars de débarquer en lançant les siens en avant. Le jour J, il tentera *a)* de nous déloger des plages, *b)* de protéger Caen, Bayeux, Carentan... Nous devons nous frayer un chemin sur la côte à coups d'explosifs et nous installer solidement avant qu'il n'ait le temps d'assembler suffisamment de réserves pour nous chasser... Pendant que nous serons ainsi occupés, l'aviation devra empêcher les réserves de l'ennemi d'arriver par le train ou par la route jusqu'aux zones de rassemblement. »

Si Montgomery avait su à l'époque à quel point la querelle Rommel-Rundstedt-Hitler dérangeait le plan conçu par la Westheer pour vaincre les forces de débarquement, ses craintes concernant l'issue du jour J se seraient vite dissipées.

Montgomery n'avait pris le commandement des troupes de débarquement que le 2 janvier 1944. Jusqu'à la conférence de Téhéran en novembre 1943, personne n'avait été désigné pour le poste. Les gouvernements américain et britannique l'avaient promis à leurs chefs d'état-major respectifs, le général George Marshall et le général Alan Brooke. Cependant, depuis le mois d'août, Brooke savait que, pour des raisons de politique internationale, le poste devait être attribué à un Américain. La question de la nomination ne fut abordée qu'à Téhéran. Staline l'avait posée pour sonder les intentions des Anglo-Américains. « Les Anglais croient-ils vraiment à l'opération Overlord, demanda-t-il, ou se contentent-ils de le dire pour rassurer l'Union soviétique ? » Devant les protestations de Churchill, il demanda qu'un commandant soit désigné dans le courant de la semaine. Churchill acquiesça et Roosevelt accepta de choisir parmi ses généraux. Néanmoins, le 5 décembre, date limite du délai fixé, il reconnut qu'il ne pouvait se séparer de son collaborateur, le général Marshall et le lui dit. Le commandement suprême de la Force Expéditionnaire alliée serait donc attribué à Eisenhower. Or, les talents d'Eisenhower étaient d'ordre plus stratégique que tactique. L'autorité opérationnelle serait donc exercée par Montgomery jusqu'à ce que les forces de libération aient pu s'assurer une position assez solide sur le sol de France pour ne pas craindre d'être délogées.

Montgomery arrivait directement d'Italie où il commandait la VIII^e^ armée. Il se lança dans la mise à exécution du plan Overlord avec une énergie qui laissa le quartier général du COSSAC[1] pantois. Depuis la réunion Roosevelt-Churchill à Casablanca, le général Frederich Morgan, chef d'état-major du commandant suprême des forces alliées, avait mis au point un plan de débarquement en Europe du Sud-Ouest. Il s'était assigné la tâche de présenter au commandant suprême, nouvellement nommé, un rapport militaire impeccable. Son état-major anglo-américain avait commencé par repérer les points de débarquement possibles. Le rayon opérationnel d'un Spitfire servait à délimiter la zone où les Alliés jouiraient d'une supériorité aérienne incontestable. Elle allait du Pas-de-Calais à la presqu'île du Cotentin. Les côtes ouest et est de ces secteurs pouvaient être éliminées. A l'intérieur de la zone, en outre, de longues bandes de littoral se révélaient impraticables. Les falaises crayeuses du pays de Caux étaient trop escarpées. L'estuaire de la Seine était trop découpé, le Cotentin lui-même trop facile à encercler à la base. En procédant par élimination, seules deux bandes côtières présentaient un profil favorable : le Pas-de-Calais avec ses pentes douces, ses plages de sable et la Normandie entre la Seine et le Cotentin. Le Pas-de-Calais offrait

1. COSSAC : Chief of Staff to the Supreme Allied Commander *(NdT)*.

l'avantage de la proximité à la fois des côtes anglaises et de la route directe vers l'Allemagne. Il est vrai que les Allemands s'attendraient à être attaqués dans ce secteur pour ces mêmes raisons. C'était donc là qu'ils posteraient le plus gros de leurs forces. C'est pourquoi le COSSAC opta pour la Normandie.

Comme la zone choisie était dépourvue de ports et que les Allemands mettraient sûrement tout en œuvre pour empêcher Cherbourg ou Le Havre de tomber aux mains des Alliés, le Haut-Commandement allié ordonna au génie de préparer deux ports flottants artificiels pour les remorquer sur les plages une fois qu'elles seraient prises. Dans la phase initiale, trois divisions devaient débarquer sous un bombardement aérien et naval intensif ; des troupes aéroportées seraient larguées aux deux extrémités de la tête de pont choisie pour assurer « des positions de blocage » sur les flancs. Dès que la tête de pont serait consolidée, des renforts arriveraient par la mer pour la transformer en base d'où pourrait s'effectuer une percée vers la Bretagne et l'ouest de la France. Dans la phase finale, 100 divisions traverseraient la Normandie ; la force principale de l'armée américaine qui fournirait la majorité des divisions serait expédiée directement des Etats-Unis.

Le succès dépendait de l'importance des forces que les Allemands pouvaient opposer aux troupes de débarquement. Bien que le black out total sur la flotte d'invasion puisse être garanti et une intervention aéronavale allemande exclue, il était vital qu'il n'y ait pas plus de 3 divisions allemandes autour de Caen, le centre de gravité de l'invasion, le jour J. La première semaine, les armées alliées et allemandes lutteraient de vitesse pour accumuler des forces dans et contre la tête de pont.

Les Allemands ne pourraient empêcher le renforcement des forces alliées. Les Alliés en revanche pourraient empêcher celui des forces allemandes. A cette fin, ils devaient bombarder les routes, les voies ferrées et les ponts qu'emprunteraient les 60 divisions de Rundstedt. Plus l'aviation alliée pourrait infliger de dégâts à l'infrastructure du réseau de transports français, plus les divisions débarquées auraient de chances de survivre au débarquement et à l'affrontement dans la zone des combats initiaux.

A son arrivée à Londres en janvier 1944, Montgomery n'était en désaccord avec aucun des critères du COSSAC. Cependant, après avoir étudié le plan opérationnel avec Eisenhower pendant leur voyage en Angleterre via Marrakech (où Churchill passait une partie de l'hiver) ils avaient jugé tous les deux que les débarquements américain et britannique devaient s'opérer séparément avec des forces plus importantes et une contribution aérienne accrue. Montgomery observa que, dans l'état actuel des choses, « les formations de réserve allemandes pourraient réussir à contenir les troupes d'invasion à l'intérieur d'une position superficiellement protégée pendant que les plages seraient soumises à un feu continu ». Il se souvenait de Salerne où un assaut bien conçu avait failli échouer à cause de la rapidité de la réaction allemande.

Le 21 janvier, il avait donc proposé un élargissement du débarquement : 5 divisions débarqueraient par la voie maritime – 2 américaines à l'ouest, 2 britanniques et 1 canadienne à l'est. Les 2 brigades aéroportées américaines initiales, augmentées au niveau division, seraient larguées des deux côtés de la Vire, à la base de la presqu'île du Cotentin, et la 6ᵉ division britannique aéroportée des deux côtés de l'Orne entre Caen et la mer. La création des têtes de ponts aéroportées sur la Vire et l'Orne empêcherait les Allemands de rejeter la tête de pont amphibie située entre les deux. A l'intérieur, les cinq divisions débarquées par mer, renforcées par deux autres en attente en deuxième vague, prépareraient le terrain pour les renforcements des forces d'invasion. Des blindés spécialisés, comprenant des chars Sherman amphibies, accompagneraient l'infanterie d'assaut. La 79e division blindée britannique composée de chars spécialisés dans le déblaiement des obstacles ouvrirait la voie de l'arrière-pays aux bataillons d'assaut.

Eisenhower approuva immédiatement ces propositions. Il restait à savoir comment rassembler les embarcations nécessaires pour un débarquement d'une telle ampleur. L'amiral King, chef des opérations navales, était à la fois anglophobe et partisan de la guerre amphibie dans le Pacifique. Il contrôlait directement la part du lion de la production des navires de débarquement alliés dont la vaste majorité sortait des chantiers américains. Un quasi doublement des divisions d'assaut du jour J nécessitait une augmentation proportionnelle de bateaux. King disposait d'un surplus de navires de débarquement dans le Pacifique particulièrement de Landing Ship Tank (LST) mais il ne semblait pas tenir à les transférer d'un océan dans l'autre. En conséquence, le COSSAC, rebaptisé SHAEF[1] depuis la nomination d'Eisenhower fut obligé d'ajourner l'opération Overlord de mai à juin pendant que son état-major remuait ciel et terre pour trouver des navires de débarquement. L'opération Anvil, débarquement au sud de la France, qui était programmée pour coïncider avec Overlord, fut retardée d'un mois.

Des recherches ultérieures ont révélé qu'en 1943 les chantiers navals britanniques produisaient à eux seuls assez de LST pour assurer le succès du débarquement. Les LST américains représentaient un surplus. L'état-major du COSSAC était convaincu que les impératifs de la guerre du Pacifique l'avaient privé de sa juste part de

1. SHAEF : Supreme Headquarters Allied Expeditionary Force.

navires amphibies mais cette privation semble plutôt due à une mauvaise répartition du matériel de transport en Europe. Quant à l'ajournement d'Anvil, il a plus favorisé qu'empêché le succès d'Overlord. En fait, l'opération n'avait qu'une valeur de diversion. La seule menace d'un « troisième » débarquement, comme celle d'un deuxième dans le Pas-de-Calais, réussit à retenir plusieurs divisions allemandes en Provence, alors qu'elles étaient tellement nécessaires au nord pour repousser le débarquement réel en Normandie.

### *La force des Alliés, la faiblesse des Allemands*

Au printemps de 1944, l'armée d'invasion, concentrée sur la côte sud de l'Angleterre semblait prête à relever tous les défis. Les grands ports naturels qui abondent sur les côtes de la Manche – Chichester, Portsmouth, Southampton, Poole, Portland, Plymouth, Falmouth – étaient remplis de navires de guerre et de transport. L'armada qui se rassemblait était tellement vaste que deux de ses sept escadres avaient dû mouiller dans des rades éloignées en Galles du Sud et en East Anglia. Ces forces, B et L, devaient lever l'ancre la veille de l'invasion et rejoindre les cinq autres escadres au milieu de la Manche, dans la zone Z. De là, précédées par des dragueurs de mines, elles devaient avancer en colonnes parallèles vers les cinq plages où allaient débarquer l'infanterie d'assaut et les chars amphibies. La flotte de débarquement comprenait 6 483 vaisseaux dont 4 000 péniches, plusieurs centaines de transports d'attaque, 9 cuirassés, 23 croiseurs et 104 destroyers. Ils avaient pour mission de détruire les batteries côtières du mur de l'Atlantique. En même temps, d'autres embarqueraient l'artillerie automotrice qui tirerait contre les positions ennemies avant d'envahir la plage à la suite des premières vagues d'infanterie débarquées. Derrière les groupes de débarquement et les chars amphibies viendraient les navires transportant l'infrastructure nécessaire aux vagues d'assaut : équipes de plage pour régler le trafic et installer des stations de transmission, déminer le terrain, évacuer les morts et les blessés. Les sapeurs d'assaut devaient manœuvrer les bulldozers amphibies, les chars de démolition. Les postes de guidage aérien débarqueraient dans la première vague pour régler les opérations d'appui et de bombardement des forces aériennes.

Sur les 12 000 appareils anglo-américains qui devaient appuyer le débarquement, 5 000 étaient des chasseurs. Le 6 juin 1944, la 3e flotte aérienne de Sperrle ne disposait que de 169 appareils sur la côte de la Manche ; 1000 Dakotas transportaient les bataillons de parachutistes des 3 divisions aéroportées vers leurs destinations et plusieurs centaines d'autres avions remorquaient des planeurs chargés d'infanterie, d'artillerie et de troupes du génie. Cependant, l'élément le plus puissant des forces aériennes était fourni par le Bomber Command de la RAF et la 8e flotte aérienne US provisoirement détournés de leur campagne stratégique contre l'Allemagne pour préparer et soutenir l'invasion. Au cours des semaines précédentes, l'aviation lourde – Lancaster et forteresses – avait détruit une grande partie du réseau ferroviaire français du Nord. Dans la nuit et la matinée du jour J, le Bomber Command et la 8e Air Force larguèrent l'une et l'autre 5 000 tonnes de bombes sur les défenses allemandes qui se trouvaient à proximité des plages.

La supériorité aérienne écrasante des Alliés garantissait aux troupes d'assaut l'appui d'une puissante couverture aérienne et empêchait les vols de reconnaissance. Au cours des six premiers mois de 1944, la Luftwaffe n'effectua que 32 vols sur l'Angleterre dont un seul dans la première semaine de juin – le 7, un jour trop tard –, et à une époque où les incursions alliées dans l'espace aérien français étaient aussi courantes que des vols d'hirondelles. Entre-temps, Ultra enregistrait les mouvements d'unités à destination et à l'intérieur de la France avec une fréquence horaire tandis que l'Abwehr n'avait pas accès au sens des transmissions alliées. Le volume de ces dernières était soigneusement contrôlé pour déguiser la présence de l'armée d'invasion à l'ouest de l'Angleterre et donner plus de poids à la fiction de l'existence du FUSAG dans le Kent. En compensation, l'Abwehr pouvait puiser dans les rapports de son réseau d'agents en Angleterre. Ses services étaient à l'affût de toute indication concernant les forces, la date et surtout les objectifs de l'invasion. Cependant, comme chacun de ses agents apparemment libres avait en fait été récupéré par le contre-espionnage britannique, leurs rapports étaient non seulement sans valeur mais volontairement fallacieux. Les Anglais craignaient que les agents qui échappaient à leur contrôle à Lisbonne et à Ankara ne réussissent à découvrir la vérité par déduction mais tel ne fut pas le cas. La seule indication sérieuse fut fournie par un document secret vendu à l'Abwehr par le valet turc de l'ambassadeur à Ankara. Il se rapportait à l'opération Overlord, mais il était dépourvu de détails. (C'est la fameuse affaire Cicéron.)

La Westheer, l'OKW et Hitler manquèrent donc de renseignements sur Overlord dans les semaines qui précédèrent l'opération. Les informations de dernière minute furent dénaturées par le brouillage des stations radar côtières allemandes et la simulation d'une flotte d'invasion fantôme et d'une armada aérienne dans les ports de la Manche pendant la nuit du 5 au 6 juin. Cependant, au cours des semaines qui précédèrent le jour J, Hitler et la Westheer réussirent à renforcer les forces anti-invasion y compris celles de Normandie.

Entre avril et juin, l'excellente division Panzer-Lehr fut transférée de Hongrie à Chartres et la 21e Panzers de Bretagne à Caen pendant que les 352e et 92e divisions d'infanterie étaient affectées à des positions côtières. Les plages choisies devaient être défendues par 3 divisions d'infanterie au lieu de 2 ; 4 divisions blindées au lieu de 3 resteraient à proximité, dont une directement derrière les plages britanniques. Les Allemands avaient pris ces nouvelles dispositions par prudence pour renforcer les capacités de résistance de la Westheer aux positions clés, exactement comme si leurs services de renseignements les avaient correctement renseignés sur les points de débarquement ; or ce n'était pas le cas.

Dans la première semaine de juin, la SHAEF ne pouvait plus faire grand-chose pour affaiblir la résistance ennemie avant l'invasion. Les hommes étaient confinés au camp, isolés de tout contact civil et distraits par des spectacles et des concerts. Les officiers savaient que les pertes seraient élevées. La plupart des Américains n'avaient aucune expérience de la guerre et envisageaient l'épreuve à venir avec sang-froid. Les Anglais qui avaient été ramenés en Angleterre, après trois années de luttes dans le désert et en Italie, étaient moins insouciants. Ils connaissaient la férocité des soldats de la Wehrmacht et l'idée de combattre ces farouches défenseurs du Reich ne les enthousiasmait guère. Le lieutenant Edwin Bramall, un nouvel officier du 2e Royal Rifle Corps (et futur chef d'état-major de l'armée britannique) remarqua que le bataillon semblait épuisé. « Ils avaient tiré leurs dernières cartouches. Tous les hommes de valeur avaient été promus ou tués. » En revanche, le conseiller naval d'Eisenhower trouvait les jeunes Américains qui n'étaient jamais allés au feu « verts comme le blé en herbe » et il se demanda : « Comment vont-ils se conduire au combat ? Et de quoi auront-ils l'air dans trois mois d'ici ? » Les inquiétudes du commandant Butcher et du lieutenant Bramall se révélèrent sans fondement. Ils avaient beau être las de la guerre, les soldats anglais se lancèrent dans la bataille. Les Américains se mirent au diapason en un instant, démontrant une fois de plus que trois minutes de combat valent trois ans de préparation militaire. Cependant, aucune formation ne devait acquérir une réputation de férocité aussi terrible que la 12e Panzerdivision SS « Hitler Jugend » dont les soldats avaient été recrutés directement dans les mouvements de jeunesse hitlérienne à l'âge de seize ans.

A la fin de la première semaine de juin, le temps tourna à l'orage. Le 4 juin, date choisie pour l'invasion, la force du vent et la violence des vagues empêchèrent toute tentative de débarquement par air ou par mer. Les divisions aéroportées demeurèrent à terre, les navires de transport venus des points les plus éloignés firent demi-tour, le gros de l'armada resta au port. Dans la soirée du 5 juin, le vent se calma et le jour J fut fixé au lendemain matin.

A l'aube, le spectacle qui s'offrit à tous était sans doute le plus extraordinaire que jamais soldats ou marines aient vu au début d'une bataille. D'est en ouest, et jusqu'à l'horizon, la mer était couverte de milliers d'embarcations et le ciel vibrait au passage de vagues successives d'avions. La côte commençait à disparaître derrière un rideau de fumée et de poussière sous l'effet des bombardements. « Les villages de La Brèche et de Lion-sur-Mer sont enveloppés d'énormes nuages de fumée. Des tourbillons de poussière de brique s'élèvent de la zone de tir, obscurcissant momentanément nos cibles. » Les fantassins britanniques canadiens et américains débarquèrent sous ces nuages épais et se frayèrent un chemin entre les obstacles, plongeant de temps à autre pour éviter le feu de l'ennemi et fonçant vers l'abri des dunes et des falaises.

L'heure H dépendait de l'horaire des marées qui s'échelonnaient entre 6 heures et 7 h 30 d'une plage à l'autre. Le moment de l'abordage était le plus difficile. Cependant, les fantassins trempés et effrayés qui se ruaient sur les 90 kilomètres de la côte normande n'étaient pas les premiers soldats alliés qui débarquaient en France ce jour-là. Les unités parachutistes des 3 divisions aéroportées avaient déjà atterri en aval des deux fleuves, la Vire et l'Orne, qui délimitaient les flancs extérieurs de la tête de pont. La 6e division aéroportée britannique, larguée en masse dans les champs et les prés par des pilotes expérimentés s'était rapidement regroupée. Les troupes avaient foncé vers leurs objectifs – les ponts de l'Orne et de la Dives qu'ils devaient tenir et faire sauter pour empêcher les blindés allemands d'encercler la tête de pont britannique. Les 82e et 101e divisions aéroportées américaines eurent moins de chance. Leurs pilotes manquaient d'expérience. Le goulot de la presqu'île du Cotentin était tellement étroit qu'ils le dépassèrent souvent, larguant certains parachutistes dans la mer. De nombreux parachutistes se noyèrent, d'autres, largués à plusieurs kilomètres de leurs objectifs, se dispersèrent dans la campagne. Vingt-quatre heures plus tard, 3 000 hommes seulement s'étaient regroupés et quelques-uns errèrent plusieurs jours durant derrière les lignes ennemies, refusant de se rendre tant qu'il leur restait des vivres et des munitions.

### *Confusion dans le camp ennemi*

La dispersion des parachutistes américains parut catastrophique à l'époque. Pourtant, rétrospectivement, il semble bien qu'elle ait augmenté la confusion qui régnait dans le camp allemand. Ainsi, à l'aube du 6 juin le général commandant la 91e division tomba dans une

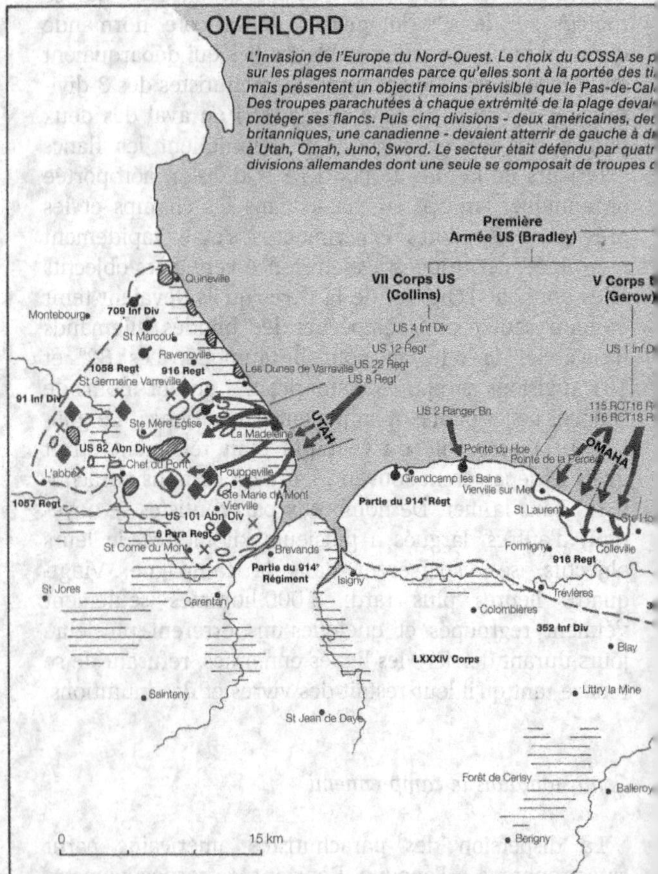
OVERLORD
L'Invasion de l'Europe du Nord-Ouest. Le choix du COSSA se p
sur les plages normandes parce qu'elles sont à la portée des ti
mais présentent un objectif moins prévisible que le Pas-de-Cal
Des troupes parachutées à chaque extrémité de la plage devai
protéger ses flancs. Puis cinq divisions - deux américaines, de
britanniques, une canadienne - devaient atterrir de gauche à d
à Utah, Omah, Juno, Sword. Le secteur était défendu par quatr
divisions allemandes dont une seule se composait de troupes
Première
Armée US (Bradley)
VII Corps US
(Collins)
V Corps
(Gerow)
US 4 Inf Div
US 12 Regt
US 22 Regt
US 8 Regt
US 2 Ranger Bn
115 RCT16
116 RCT18
Quineville
709 Inf Div
Montebourg
St Marcouf
Ravenoville
1058 Regt
916 Regt
Les Dunes de Varreville
St Germaine Varreville
91 Inf Div
Ste Mère Eglise
La Madeleine
UTAH
US 82 Abn Div
Chef du Pont
L'abbé
Pouppeville
Ste Marie du Mont
Vierville
1057 Regt
US 101 Abn Div
6 Para Regt
St Come du Mont
Brevands
Partie du 914e Régiment
Isigny
St Jores
Carentan
Sainteny
St Jean de Daye
Pointe du Hoe
Pointe de la Percée
OMAHA
Grandcamp les Bains
Vierville sur Mer
Partie du 914e Régt
St Laurent
Formigny
Colleville
916 Regt
Trévières
Colombières
352 Inf Div
Blay
LXXXIV Corps
Littry la Mine
Forêt de Cerisy
Balleroy
Berigny
0
15 km

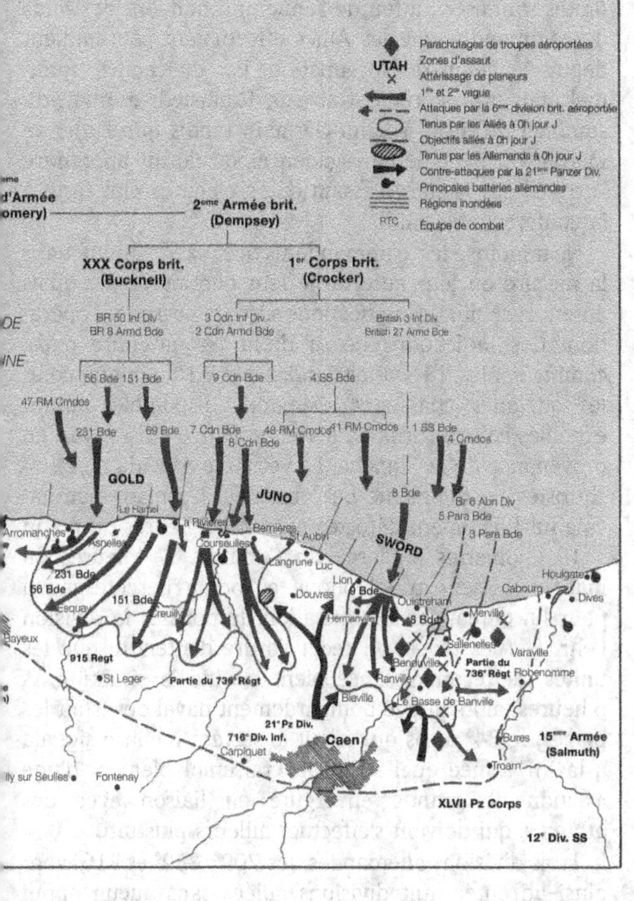

Parachutages de troupes aéroportées
UTAH
Zones d'assaut
Atterrissage de planeurs
1ère et 2e vague
Attaques par la 6ème division brit. aéroportée
Tenus par les Alliés à 0h jour J
Objectifs alliés à 0h jour J
Tenus par les Allemands à 0h jour J
Contre-attaques par la 21ème Panzer Div.
Principales batteries allemandes
Régions inondées
RTC
Équipe de combat
d'Armée
omery)
2ème Armée brit.
(Dempsey)
XXX Corps brit.
(Bucknell)
1er Corps brit.
(Crocker)
BR 50 Inf Div
BR 8 Armd Bde
3 Cdn Inf Div
2 Cdn Armd Bde
British 3 Inf Div
British 27 Armd Bde
56 Bde
151 Bde
9 Cdn Bde
4 SS Bde
47 RM Cmdos
231 Bde
69 Bde
7 Cdn Bde
8 Cdn Bde
48 RM Cmdos
41 RM Cmdos
1 SS Bde
4 Cmdos
GOLD
JUNO
SWORD
8 Bde
Br 6 Abn Div
5 Para Bde
3 Para Bde
Le Hamel
La Rivière
Bernières
St Aubin
Arromanches
Asnelles
Courseulles
Langrune
Luc
Lion
Houlgate
Cabourg
Dives
231 Bde
56 Bde
151 Bde
Esquay
Creully
Douvres
9 Bde
Hermanville
Ouistreham
8 Bde
Merville
Sallenelles
Varaville
Bayeux
915 Regt
St Leger
Partie du 736e Régt
Benouville
Ranville
Partie du 736e Régt
Robehomme
Bieville
Le Basse de Banville
21e Pz Div.
716e Div. Inf.
Caen
Carpiquet
Bures
15ème Armée
(Salmuth)
Troarn
Tilly sur Seulles
Fontenay
XLVII Pz Corps
12e Div. SS

embuscade et fut tué par des parachutistes américains égarés, avant même de savoir ce qui se passait. Ailleurs, les commandants allemands ne comprirent que beaucoup plus tard que les bombardements signalés par les unités soumises au feu de l'ennemi différaient des raids de commandos que les Alliés effectuaient couramment depuis le début de l'occupation. Par malchance, Rommel était provisoirement absent, Rundstedt dormait du sommeil du juste à Saint-Germain tandis que Hitler se mettait au lit à Berchtesgaden et ne devait apprendre l'arrivée des vagues d'assaut que six heures plus tard, à la conférence de midi.

Néanmoins, les commandants locaux réagirent dans la mesure où leur autorité le leur permettait dès qu'ils eurent recueilli des indications sûres concernant l'opération. Ces indications ne se firent pas attendre mais, comme seules 18 stations radar sur 90 fonctionnaient, les quelques chasseurs allemands disponibles furent expédiés contre l'armada aérienne fictive qui arrivait en provenance de la Manche. La véritable armada de parachutistes ne fut même pas attaquée. L'armada aéronavale fut finalement détectée au son à 2 heures du matin à 18 kilomètres au large du Cotentin. A 4 heures du matin, Blumentritt téléphona à Jodl à Berchtesgaden pour lui demander l'autorisation de pousser la division Lehr vers les plages. Il reçut l'ordre d'attendre que les unités de reconnaissance aient clarifié la situation. A 6 heures, alors que le bombardement naval dévastait les plages, le 84^e^ corps qui tenait le secteur menacé signala à la XII^e^ armée qu'il s'agissait vraisemblablement d'une « action de grande envergure en liaison avec des attaques qui doivent s'effectuer ailleurs plus tard ».

Trois divisions allemandes, les 709^e^, 352^e^ et 716^e^ vont ainsi affronter huit divisions alliées sans aucun appui immédiat de leurs états-majors généraux. Les 709^e^ et 716^e^ divisions se trouvèrent dans une situation particulièrement désespérée. Elles étaient médiocres l'une et l'autre et toutes deux manquaient de moyens de manœuvre. La première défendait le secteur où les 82e et 101e divisions aéroportées atterrirent, ainsi qu'Utah Beach où la 4e division US arriva de la mer. Mission quasi impossible. La 4e division était une excellente formation qui lança 9 solides bataillons d'infanterie sur la plage dès la première vague. Les 82e et 101e divisions représentaient la fine fleur de l'armée américaine. Bien que dispersés, leurs 18 bataillons valaient une force deux fois supérieure. La 709e division était très ordinaire. Ses 6 bataillons encerclés et inférieurs en nombre n'opposèrent aucune résistance à l'envahisseur. Les trois bataillons postés sur la plage capitulèrent après avoir tiré quelques coups de feu. A Utah, les Alliés perdirent 197 hommes, une perte insignifiante comparée à une force de débarquement de 23 000 hommes.

Confrontée aux 50e et 3e divisions britanniques renforcées par la 3e canadienne à l'extrémité est de la tête de pont, la 716e division allemande fut complètement désorientée par la descente de la 6e aéroportée sur ses arrières. Les Anglais comportaient aussi deux brigades de commandos et trois brigades blindées d'assaut. Leurs Sherman amphibies avaient pour mission de quitter leurs péniches de débarquement aussi près que possible des plages pour que l'infanterie soit couverte dès l'abordage. Le débarquement de forces d'infanterie massives contre les défenseurs allemands disséminés produisit un effet saisissant.

A Sword et à Juno, les Anglais et les Canadiens débarquèrent sans subir de pertes et foncèrent vers l'intérieur. La 3e division britannique rejoignit un peu plus tard la 6e aéroportée. A Gold, la 50e division connut un sort mitigé. L'une de ses brigades débarqua devant les dunes et traversa sans difficulté, l'autre en face d'un village fortifié fut épargnée par le bombardement naval. Par malheur, ses Sherman amphibies arrivèrent en retard et, entre-temps, les deux bataillons de tête, le 1er Hampshire et le 1er Dorset subirent de lourdes pertes.

L'un des artilleurs qui soutenaient la brigade, le canonnier Charles Wilson, brosse un tableau de l'extraordinaire confusion qui régnait au moment même de l'abordage. Son navire de débarquement – Landing Craft Tank (LCT) – transportait quatre canons automoteurs de 25 qui tiraient sur des objectifs sur le rivage pendant qu'il approchait de la côte : « Nous touchons deux mines qui flottent sur l'eau. Elles ne nous arrêtent pas, bien que notre pont soit endommagé et que l'officier qui se tenait dessus ait été tué. Nous nous échouons sur un banc de sable. Le premier soldat qui met pied à terre est un sergent de commando équipé de pied en cap. Il disparaît dans deux mètres d'eau. Nous attrapons les cordes du filet qui nous servait à traîner les canons sur le rivage et nous plongeons dans l'eau glacée. Le courant est si fort que nous ne pouvons manier le filet. Il nous entraîne vers des mines. Nous lâchons les cordes et nous nous mettons à nager vers la plage. Je perds mes chaussures et ma veste. Il ne me reste que mon short. Quelqu'un m'offre des cigarettes mais elles sont trempées. La chenillette conduite par George est le premier véhicule qui sort du LCT. Elle flotte un moment, dérive vers une mine et coule. George saute par-dessus bord et nage vers la côte. La plage est jonchée de débris, un char incendié, des tas de couvertures et d'équipement, des corps déchiquetés. Un type à côté de moi coupé en deux par un obus sa partie inférieure s'affale dans une mare de sang sur le sable. Le half-track du capitaine s'arrête et je réussis à me rhabiller tant bien que mal. »

La 50e division surmonte ses difficultés au milieu de la matinée. A la tombée de la nuit, elle a progressé jusqu'à Bayeux, plus près de ses objectifs désignés que ne l'est aucune formation alliée le jour J. Beaucoup plus près que la 1re division d'infanterie américaine qui a traversé les pires épreuves à Omaha Beach. Cette 1re division US se trouvait confrontée à la meilleure de toutes les formations allemandes postées sur la côte normande le 6 juin, la 352e division d'infanterie. De plus, celle-ci défendait des plages protégées par des talus de galets escarpés et dominées par des falaises abruptes. Il est difficile de sortir de ces plages dont les hauteurs sont surmontées de postes d'observation d'où l'ennemi déverse sa puissance de feu sur l'infanterie arrivant par la voie maritime. Les Sherman flottants lancés trop loin du rivage dans une mer démontée coulèrent. Ils n'étaient couverts par aucune artillerie. Le résultat était lamentable. Le rapport du 1er bataillon d'infanterie donne une idée de la situation : « Dans les dix minutes où les rampes furent baissées, la compagnie de tête se retrouve inerte, privée de chef et incapable d'agir. Officiers et sergents sont tués ou blessés. C'est la lutte pour la survie. Les hommes restés dans l'eau poussent les blessés sur le sable. Ceux qui sont arrivés sur la plage retournent dans l'eau pour aider les autres à gagner le rivage. Vingt minutes après avoir atteint la rive, la compagnie A a cessé d'être une force d'assaut pour devenir un petit groupe perdu, acharné à survivre. »

Si tous les défenseurs allemands de Normandie avaient été aussi bien entraînés et résolus que ceux de la 352e division et que les accidents de Sherman amphibies aient été plus nombreux, le désastre d'Omaha aurait pu se répéter sur les cinq plages avec des résultats catastrophiques pour l'ensemble de l'opération. Heureusement, le sort du 1er/116e d'infanterie fut exceptionnel. Le débarquement d'Omaha coûta fort cher dans l'ensemble. Cependant, quelques-uns des bataillons qui débarquèrent dans ce secteur s'en sortirent indemnes. A la fin du jour J, les Alliés occupaient toutes les plages choisies pour le débarquement même si, en certains points, la tête de pont mesurait moins de 1 500 mètres de profondeur. A la tombée du jour, la question se posait de savoir comment les secteurs séparés pouvaient être réunis et quelle serait la force de la contre-attaque ennemie.

*La bataille du renforcement*

En raison de l'immobilité de toutes les divisions d'infanterie allemande, ce fut l'emploi des Panzerdivisions par le groupe d'armée B et l'OKW qui menaça les envahisseurs. Sur les quatre divisions voisines de la zone d'invasion, seule la 21e Panzers stationnée près de Caen était assez proche de la zone des combats pour exercer un effet décisif. En l'absence de Rommel, Hans Speidel, son chef d'état-major, réussit à convaincre l'OKW de permettre à la 21e Panzers d'intervenir à 6 h 45. Ce n'est que deux heures plus tard que le général Erich Marcks (la deuxième autorité dans la chaîne de commandement) ordonnait aux chars de foncer dans l'espace vide qui séparait les plages Sword et Juno afin d'arrêter l'avance britannique sur Caen, qui n'était qu'à douze kilomètres de la mer, et de nettoyer la tête de pont en l'enroulant.

Une brigade de l'infanterie britannique venant de Sword Beach avançait sur Caen, conduite par le 2e bataillon du King's Shropshire Light Infantry. Elle aurait dû être accompagnée par les chars du Staffordshire Yeomanry mais ils furent pris dans un embouteillage monstre sur la plage. Les Shropshire durent donc s'emparer de chaque position allemande pour un classique combat d'infanterie. La progression fut lente. Dans l'après-midi, les chars les rejoignirent mais à

6 heures, la colonne tomba sur les avant-gardes de la 21e Panzerdivision qui avait été retardée dans sa marche vers le front par une série de missions sans intérêt. Ses canons forcèrent les Shropshire à s'enterrer à cinq kilomètres de Caen et son 22e régiment Panzer se lança à l'attaque de la tête de pont. « Si vous ne réussissez pas à rejeter les Anglais à la mer, nous aurons perdu la guerre », dit Marcks au commandant du régiment. Ses chars Mark IV se lancèrent contre les canons antichars de la Staffordshire et subirent de lourdes pertes. Quelques-uns prirent contact avec l'infanterie de la 710e division qui tenait toujours à Lion-sur-Mer. A ce moment, les 250 planeurs de la 6e division aéroportée, qui apportaient des renforts aux parachutistes largués sur l'autre rive de l'Orne, les survolèrent et, craignant d'être coupés de leur régiment, les Allemands se retirèrent. A la tombée de la nuit, bien que Caen restât aux mains des Allemands, le périmètre de la tête de pont de Sword était intact. Le danger du jour J était passé et, avec lui, l'occasion de faire échouer l'invasion. Les 7 et 8 juin, la Panzerdivision la plus proche, la 12e SS (Hitler Jugend) se lança à l'assaut des Canadiens qui défendaient leur tête de pont à l'est de Caen et leur infligea de lourdes pertes. Mais cette division ne réussit pas à les déloger. Entre-temps, les forces débarquées comblèrent les vides qui séparaient les plages Sword, Juno et Gold, puis les plages anglaises et américaines. Le 10 juin, les Anglais furent rejoints à Omaha. Le 13 juin, Omaha est reliée à Utah tandis que leurs marines devançaient l'ennemi dans la course pour amener des renforts sur le champ de bataille. L'explication des succès alliés dans l'escalade des forces est simple. La Manche est une vaste autoroute entièrement sous contrôle allié. Seuls quelques rares bateaux ont été détruits par des mines et les attaques de patrouilleurs rapides allemands. Quelques-uns des nouveaux sous-

marins équipés de Schnorkel entrèrent dans la Manche en venant de Bretagne, mais sans grand effet. Tout le nord de la France était sous le contrôle des forces aériennes alliées qui, à partir du 6 juillet, redoublèrent d'efforts pour détruire les transports et l'infrastructure, tirant sur tout ce qui bougeait. Le 17 juillet, Rommel lui-même fut grièvement blessé dans sa voiture de commandement au cours d'une attaque en rase-mottes par des chasseurs britanniques.

Même si Hitler avait autorisé l'envoi de renforts des XV^e^, I^re^ ou XIX^e^ armées à la VII^e^ armée, ils auraient eu d'immenses difficultés à atteindre le champ de bataille à grande vitesse. En l'occurrence, il interdit le transfert d'unités de la XV^e^ armée jusqu'à la fin de juillet de peur que la « seconde invasion » ne se matérialise pas dans le Pas-de-Calais. Il n'en libéra que quelques-unes des I^re^ et XIX^e^ armées tout à fait à contrecœur. Les Panzerdivisions furent expédiées les premières. Les 9^e^ et 10^e^ Panzers SS, qui arrivèrent de Pologne, mirent quatre jours à traverser l'Allemagne, mais onze pour se rendre de la frontière française en Normandie à cause des attaques aériennes qu'elles eurent à subir. L'avance des divisions non mécanisées fut encore plus laborieuses. Ainsi, la 275^e^ division couvrit 45 kilomètres en trois jours. Il lui fallut trois jours de plus pour atteindre ses positions. Les divisions de renforts alliées mirent moins de vingt-quatre heures pour faire le voyage de la côte sud de l'Angleterre en Normandie.

Pendant tout ce premier mois, la bataille de Normandie ne fut qu'une suite de combats entre les formations alliées qui débarquaient et les divisions allemandes mobiles qui s'efforçaient de les refouler. L'objectif essentiel pour lequel les Américains se battaient, la presqu'île du Cotentin et le port de Cherbourg, se trouvaient à l'intérieur de la tête de pont. L'objectif essentiel des Anglais était Caen et ses environs d'où ils pourraient plonger dans les plaines découvertes qui conduisaient directement sur Paris à quelque cent cinquante kilomètres.

Montgomery avait espéré s'emparer de Caen le 6 juin. Sa première tentative se solda par un échec. Il lança trois nouveaux assauts contre la ville. Les 7 et 8 juin, une offensive locale canadienne fut contenue par la 12e Panzers SS. Le 13 juin, une attaque de blindés, à l'ouest de Caen, fut complètement repoussée par l'un des rares bataillons de chars Tigre de Normandie. Enfin, une vaste offensive de la 15e division écossaise (du 26 juin au 1er juillet), portant le nom code Epsom, fut tenue en échec par les 9e et 10e divisions SS. En fin de compte, l'opération Epsom assura un passage sur l'Odon, un affluent de l'Orne. La position la plus avancée, le village de Gavrus, fut pris par le 2e Argyll qui avait été contraint de capituler à Saint-Valéry, quatre ans plus tôt et s'était reconstitué depuis en Angleterre. Cependant, une tentative des chars de soutien de la 11e division blindée pour effectuer une poussée en terrain découvert au sud de l'Odon se solda par un échec – 4 020 blessés ou tués – et l'opération Epsom fut arrêtée.

### *Les combats dans le bocage*

Entre-temps, les troupes alliées triomphaient de la résistance des défenseurs allemands du Cotentin. Deux des divisions allemandes, les 77e et 90e, étaient des formations de qualité. Les divisions d'attaque américaines, les 4e, 9e, 29e et 90e étaient au contraire inexpérimentées et peu préparées aux difficultés du terrain. Les haies, éléments essentiels du bocage normand, plantées par les fermiers celtes deux mille ans plus tôt, servaient à délimiter les terrains. Depuis plus de deux millénaires, leurs racines enchevêtrées avaient accumulé la terre pour former des remblais de près de deux mètres d'épaisseur. Plus tard, les Américains équipèrent leurs Sherman pour arracher les haies, mais, en juin 1944, chaque haie était impénétrable aux chars, au feu et à la vue. Pour les Allemands, elles constituaient des lignes défensives imprenables à des intervalles de cent à deux cents mètres. Pour les Américains, elles représentaient des pièges mortels. Devant elles, leur jeune infanterie perdait courage, forçant le général Bradley, commandant la Ire armée US, à faire trop souvent appel aux parachutistes surmenés. Les « All American » et les « Screaming Eagles » n'ont jamais failli à leur tâche : mais l'effet cumulatif des pertes dans leurs rangs menaçait ces superbes formations de disparition. Croisant un groupe de parachutistes dans le Cotentin, le lieutenant Sidney Eichem de la 30e division qui montait en ligne, leur demande :

— Où sont vos officiers ?

— Tous morts, répondent-ils.

— Qui est le chef, alors ?

— C'est moi, répond un sergent.

Je regardai les GI's. Ils avaient les yeux rouges, le menton hérissé de barbe, les vêtements crasseux, la démarche chancelante, et je me demandai : « Est-ce ainsi que nous serons après quelques jours de combat ? »

Cependant, mètre par mètre les Allemands furent repoussés sur le périmètre de Cherbourg. Hitler envisageait de transformer les ports français en forteresses – comme il l'avait fait en Crimée – pour qu'ils ne puissent servir à l'ennemi, quel que soit le terrain perdu à l'intérieur. Le 21 juin, il déclara au général Karl Wilhelm von Schlieben, commandant le port : « J'espère que vous vous battrez comme Geisenau s'est battu jadis pour la défense de Colberg » (l'une des luttes épiques de la résistance prussienne contre Napoléon en 1807). Cinq jours plus tard, Cherbourg tombait. Le commandant de la citadelle demanda aux Américains de simuler un tir d'artillerie à la porte principale afin de lui donner un prétexte pour capituler. Aussitôt après, il sortit à la tête de ses hommes, armé d'un drapeau blanc. Le 26 juin, Hitler ordonna à Rundstedt d'ouvrir une enquête pour faire comparaître tous les responsables en cour martiale. Dollman, commandant la VIIe armée s'empoisonna le soir même. En 1941, on comptait de nombreux suicides dans l'Armée rouge mais très peu dans la Wehrmacht avant 1944. Leur nombre allait augmenter à mesure que l'ombre s'épaississait autour du Reich.

Au milieu de juin 1944, jamais Hitler n'avait connu une telle crise depuis la reddition de Stalingrad. Le 12 juin, il avait enfin lancé sa campagne d'armes secrètes contre l'Angleterre mais la proportion des lancements était beaucoup plus faible qu'il ne l'avait espéré, environ 80 par jour dont 40 seulement atteignirent Londres et il y eut de nombreux tirs ratés. Le 17 juin, une bombe volante s'écrasa directement sur le bunker de Hitler à Margival au cours de l'unique visite qu'il fit en France pendant la bataille de Normandie. Malgré le danger qui menaçait le front de l'Ouest, c'était le front de l'Est qui accaparait son attention. Le 22 juin, troisième anniversaire de Barberousse, l'Armée rouge lançait l'opération « Bagration » qui, en six semaines d'attaques blindées sans relâche, détruisit le groupe d'armée Centre et porta le front russe à 450 kilomètres à l'ouest de la Russie blanche sur les rives de la Vistule, devant Varsovie : 350 000 soldats allemands formant 30 divisions furent tués, blessés ou capturés pendant la bataille.

La stabilité illusoire que la Westheer imposait au front de Normandie après la chute de Cherbourg apporta un certain répit aux conférences biquotidiennes du Führer à Rastenbourg. Au début de juillet, en dépit de la continuelle érosion des unités d'infanterie de la VIIe armée, la défense du périmètre de la tête de pont semblait solide. Après son échec du 6 juin, Montgomery avait décidé d'établir à Caen une base d'où il lancerait des attaques successives contre les forces mobiles allemandes pendant que les Alliés accumuleraient des réserves pour effectuer leur percée. Du 19 au 21 juin, les envois de renforts à la tête de pont furent interrompus par une tempête qui endommagea les ports anglo-américains de la Manche. Grâce à la capacité d'improvisation des alliés, les dégâts furent bientôt réparés et, le 26 juin, 25 divisions avaient déjà débarqué et 15 autres étaient en route. Devant elles, 14 divisions allemandes représentaient non seulement un quart de la Westheer mais les deux tiers, 8 sur 12, de ses Panzerdivisions. Hitler pouvait bien être convaincu que ses forces maîtrisaient l'invasion. Rundstedt ne l'était pas. Le 5 juillet, il conseilla au Führer de faire la paix et fut aussitôt remplacé par Kluge à la tête de l'OB West. Quotidiennement informé par Ultra des pertes croissantes subies par la Westheer, Montgomery s'ancra dans sa résolution de faire de Caen le centre de la bataille de Normandie.

Le 7 juillet, la RAF lâcha 2 500 tonnes de bombes sur Caen, achevant la destruction de l'ancienne capitale de Guillaume le Conquérant. Les 3e et 59e divisions britanniques, renforcées par la 3e canadienne, marchèrent sur la ville. Elles ne purent s'emparer du centre mais occupèrent tous les faubourgs. Cette opération, nommée Charnwood, isola Caen du reste des positions allemandes de Normandie. Montgomery jugea donc qu'une nouvelle attaque lui fournirait l'occasion de dégager la voie qui menait à Paris. Cette nouvelle offensive, appelée « Goodwood », serait déclenchée à partir de la tête de pont aéroportée à l'est de l'Orne dans le corridor situé entre ce fleuve et la Dives. Une seule hauteur, le

Bourguébus, barrait le débouché de ce corridor sur la route de Paris.

Les trois divisions blindées britanniques de Normandie, la 7e, la 11e et les gardes, participèrent à l'opération Goodwood. Celle-ci commença le 18 juillet et fut précédée par le bombardement aérien le plus intense de la campagne. L'effet de surprise fut total et les survivants restèrent tremblants d'épouvante. Les chars allemands étaient renversés par les déflagrations et les prisonniers capturés pendant les premières étapes de l'invasion chancelaient à l'arrière comme des hommes ivres. Au milieu de la matinée, les chars britanniques étaient arrivés à mi-chemin de leurs objectifs et le succès semblait assuré. C'est alors que s'affirmèrent les extraordinaires qualités d'improvisation et de résistance des Allemands. De retour de permission, Hans von Luck, commandant d'un régiment de la 1re Panzerdivision, arriva directement sur le champ de bataille et trouva des poches de blindés et d'artillerie qui avaient échappé au bombardement. Il organisa une défense en toute hâte. Pendant que les artilleurs engageaient et ralentissaient les chars britanniques, les bataillons du génie de la division s'installaient rapidement sur la crête du Bourguébus. En même temps, les chars des 1re et 12e Panzer-divisions SS se lançaient en avant pour former un écran antichars. Au milieu de l'après-midi, la 11e division blindée britannique s'était frayé un chemin vers le pied de la hauteur, ses chars commençaient à se déployer pour gravir la pente, mais ils furent arrêtés par le tir des mortiers installés sur la crête. L'escadron de tête du Fife and Forfar Yeomanry fut incendié sur-le-champ. Le 23e hussards venu à la rescousse subit le même sort : « Partout, des hommes blessés et brûlés cherchent désespérément un abri, rapporte l'historien du régiment, pendant que nos Sherman sont criblés par une pluie d'obus. Il était évident que nous n'allions pas effectuer notre percée ce jour-là : 106 de nos chars gisaient dans les champs de blé, hors d'état de marche. »

La 11e division blindée, à elle seule, en avait perdu plus de la moitié et la division des gardes une soixantaine. Goodwood était un quasi fiasco. Churchill s'impatientait de la lenteur des opérations. C'était le 10 juillet, quarante-trois jours après le jour J. Le plan prévoyait qu'à cette date les Alliés seraient à mi-chemin de la Loire. Or ils n'avaient pas encore atteint la ligne fixée pour le 17e jour après le débarquement. Montgomery dut parlementer longuement pour convaincre Churchill que rien n'était perdu et que la victoire ne saurait tarder.

L'échec de Goodwood avait eu son utilité en attirant les réserves blindées du groupe d'armée B vers le front britannique au moment où elles se concentraient pour affronter ce qu'elles croyaient être une grande offensive américaine. En juillet, les Américains avaient engagé une coûteuse bataille dans le bocage normand au sud du Cotentin. Entre le 18 et le 20 juillet, les 29e et 35e divisions avaient perdu respectivement 2 000 et 3 000 hommes devant Saint-Lô, cinq fois autant que les divisions britanniques blindées pendant la même période à l'est de Caen. Les pertes allemandes étaient encore plus lourdes. Après Saint-Lô, la 352e division, principal adversaire des Américains, avait presque cessé d'exister. Les pertes matérielles étaient également sévères. Sur les 2 313 chars sortis des usines allemandes entre mai et juillet, 1 730 étaient détruits, dont un tiers en France. A la fin de juin, 17 seulement étaient venus les remplacer. La force qui encerclait la tête de pont alliée était étirée à craquer et elle allait bientôt recevoir un coup décisif au point le plus faible de sa cuirasse.

Le matin du 25 juillet, après un faux départ, quatre divisions américaines, deux d'infanterie et deux blindées, se préparent à donner l'assaut à l'ouest de Saint-Lô précédées par un tapis de bombes. Elles appartenaient au 7e corps du général Joe Collins – Lightning Joe. Ce dernier avait la réputation de mener durement ses hommes. Le général Fritz Bayerlein, commandant la Panzer-Lehr, face au 7e corps, témoigne de la violence de l'attaque : « Au bout d'une heure, je n'ai plus aucune communication avec personne, même par radio. A midi, on ne voit que des tourbillons de fumée et de poussière, ma ligne de front ressemble à la face de la lune et au moins 70 pour cent de mes hommes sont tombés – morts, blessés, frappés d'épouvante ou engourdis. Le lendemain se lève avec un autre tapis de bombes. » L'avance américaine d'un kilomètre le premier jour, était passée à cinq, et la 2e division blindée américaine atteignit des positions d'où elle se tenait prête à effectuer une percée. Bayerlein rapporte que Kluge, le nouveau commandant du groupe d'armée B, envoya un message marquant que la ligne tenue sur la route Saint-Lô-Periers doit être conservée à tout prix mais elle était déjà rompue. Il promit d'expédier un bataillon de chars SS, de 60 Tigres. Il n'en arriva que cinq. « Cette nuit-là, poursuit Bayerlein, je rassemblai les vestiges de ma division au sud-ouest de Canisy. Je n'avais que quatorze chars en tout. Il ne me restait qu'à battre en retraite. »

La Panzer-Lehr était naguère la meilleure et sûrement la plus forte des divisions blindées de l'armée allemande. Elle constituait un exemple de l'état de la Westheer après six semaines de combats en Normandie. Hitler n'en maintenait pas moins qu'il fallait redresser le front et renverser la situation.

*Le complot du 20 juillet*

Cinq jours avant « Cobra » (nom de code de l'opération de percée américaine) un groupe d'officiers avait tenté d'assassiner Hitler dans son quartier général. Le

20 juillet, le colonel Claus von Stauffenberg, un vétéran invalide affecté à l'état-major de l'Ersatzheer, avait placé une bombe sous la table de la salle de conférence de Rastenbourg. Aussitôt après, il s'était envolé pour Berlin afin d'organiser la conspiration destinée à remplacer les chefs nazis de toute l'Allemagne par des militaires. Par une série de malchances, le complot échoua. Hitler ne fut que légèrement blessé. Sur le moment, l'explosion fut attribuée à un acte de sabotage. En conséquence, l'officier des transmissions qui était complice des conspirateurs ne put interrompre les communications extérieures avec Rastenbourg. Goebbels, accouru au côté de son Führer, mobilisa les soldats fidèles à Hitler pour procéder à l'arrestation des rebelles dont plusieurs, notamment Stauffenberg, furent fusillés le soir même. A la tombée de la nuit, le danger d'un coup d'Etat était écarté et Hitler renforcé dans son pouvoir. Cependant, le complot du 20 juillet l'ancra dans ses préjugés contre les cadres de l'armée dont Stauffenberg était le modèle. Aristocrate, profondément chrétien, excellent cavalier, Stauffenberg incarnait tout ce que Hitler haïssait. Il avait été entraîné dans le complot antinazi parce qu'il entrevoyait l'abîme où le Führer précipitait sa patrie et les représailles que l'iniquité du nazisme allait attirer sur ses compatriotes. Ses motivations étaient à la fois politiques et morales. Hitler méprisait autant son patriotisme que son sens moral et il englobait dans son mépris tous ceux qui appartenaient à la caste sociale et professionnelle de Stauffenberg. A son avis, la Westheer comprenait beaucoup trop d'officiers de cette catégorie. Le général comte Heinrich von Stülpnagel, gouverneur militaire de la France, faisait partie du complot. Rommel aussi, Hitler en était convaincu, bien que le maréchal eût été hospitalisé depuis le 17 juillet à la suite de ses graves blessures. Il se méfiait aussi de Kluge. Seule une riposte résolue – et réussie – à la poussée américaine à Saint-Lô pourrait le convaincre que ses

soupçons étaient injustifiés et lui rendre confiance dans le dévouement de la Westheer à la cause national-socialiste.

Pour prouver son loyalisme, la Westheer devait lancer une contre-attaque avec tous les blindés disponibles dans le flanc du fer de lance américain qui avançait au sud de Saint-Lô entre le bocage et la mer et sauver ainsi la situation militaire à l'ouest. Le 2 août, Hitler envoya Warlimont, délégué de l'état-major opérationnel de l'OKW, au quartier général de Kluge à La Roche-Guyon. L'émissaire du Führer comptait discuter avec le feld-maréchal d'un éventuel repli sur une position plus éloignée de la côte. Or, à son arrivée, il apprit qu'entre-temps Hitler avait donné l'ordre de lancer au plus tôt une contre-offensive à partir de Mortain, de poursuivre vers la mer et de détruire la position alliée en Normandie.

La contre-attaque de Mortain avait commencé. Elle mobilisa quatre Panzerdivisions dont deux SS. Deux autres devaient partir du sud de la France pour les rejoindre ainsi que les deux divisions SS du secteur de Caen. Ensemble, ces huit divisions avec leurs 1 400 chars devaient entraîner la Westheer dans une opération nommée Lüttich, comportant un large contre-encerclement des envahisseurs qui aboutirait au résultat obtenu par la percée de Ludendorff dans les arrières de l'armée française trente ans auparavant. Comme Hitler l'avait dit à Warlimont la veille de sa visite à Kluge : « Nous devons maintenir l'ennemi confiné à sa tête de pont et lui infliger des pertes sérieuses de façon à l'épuiser et finalement le détruire. »

## 21

# Bataille de blindés

# FALAISE

L'opération Lüttich marque le début du duel de blindés le plus terrible de la campagne du front de l'Ouest et peut-être même de toute la guerre. Seule la bataille de Koursk, livrée en juillet de l'année précédente, avait rassemblé un plus grand nombre de Panzerdivision – 12 contre 10 en Normandie. Cependant, à Koursk, l'échec de l'offensive allemande est dû aux champs de mines et aux canons antichars beaucoup plus qu'à une riposte mobile. La bataille de Falaise, au contraire, prend la forme d'une gigantesque manœuvre de 20 divisions blindées (10 allemandes, 10 alliées) char contre char, dans un périmètre de 1200 kilomètres carrés de rase campagne et s'étale sur deux semaines de violents combats.

En juin 1944, la mystique de la guerre éclair est dépassée depuis longtemps. Pendant l'été de 1940, Kleist et Guderian pouvaient compter sur la seule apparition des blindés pour semer la panique et forcer l'infanterie à prendre la fuite ou à se rendre. Quatre ans plus tard, les généraux allemands n'espéraient plus provoquer de telles réactions. Certes, les régiments non rodés se sauvaient à l'approche des chars et ils le firent en maintes occasions en Normandie mais les fantassins expérimentés avaient appris qu'il était plus dangereux de fuir que de maintenir une position face à une attaque de blindés. En 1944, les chars n'opéraient plus comme ils l'avaient fait dans leurs jours de gloire en tant que fers de lance indépendants. Ils avançaient en liaison étroite avec leur infanterie d'accompagnement, les Panzers grenadiers, et couverts par leur artillerie. L'infanterie, en défense, qui quittait ses tranchées pour se mettre à l'abri, s'exposait ainsi au feu croisé des chars, des fantassins des chars et de leurs appuis. Face à cet assaut terrifiant, les défenseurs s'efforçaient de maintenir leur position, comptant sur leurs propres armes antichars pour tenir les assaillants en échec en attendant le renfort de leur artillerie et de leur aviation. En 1944, le char avait cessé d'être un instrument de stratégie autonome mais il s'était imbriqué dans un système élaboré de guerre d'usure. Cette tactique qui épuisait la résistance de l'ennemi était des plus efficace.

Le passage du char du statut d'instrument de conquête à celui d'instrument de tactique courant suit un schéma depuis longtemps établi dans l'histoire des armements modernes. La torpille et le canon ont tous deux été accueillis à leur apparition comme des armes dont la puissance rendait la défense, la guerre elle-même impossible. Un antidote avait été découvert pour chacune, « une arme révolutionnaire plus efficace et plus complexe que les précédentes ». Pourtant, bien que le char eût suivi la même courbe, son autonomie avait été mise en doute dès le début. Il fit l'objet de controverses entre les deux grands théoriciens dont les noms seront toujours associés à son développement. Pour le major-général J.F.C. Fuller qui conçut la première grande offensive de chars à Cambrai en 1917, seul le char aurait sa place sur le champ de bataille à l'avenir. Sir Basil Liddell Hart, son adversaire amical dans leurs débats publics, publiés dans la presse des années 1920 et 1930, soutenait que le char ne remporterait pas de victoires à lui seul et que toutes les armes, y compris l'infanterie et l'artillerie, seraient mécanisées pour constituer des armées qui ressembleraient à des flottes terrestres. Liddell Hart voyait trop loin. Quarante ans s'écouleraient après la Deuxième Guerre mondiale avant que les Etats les plus évolués possèdent les richesses et les ressources industrielles nécessaires à la mécanisation complète de leurs armées de campagne. C'était néanmoins lui, pas Fuller, qui avait une juste vision de l'avenir. Des embryons de flottes d'invasion existaient déjà en 1944. C'est avec une flotte terrestre composée de Panzerdivisions et Panzers grenadiers que l'OB West avait essayé de refouler l'invasion alliée. C'était aussi avec une flotte terrestre de divisions blindées et mécanisées que Montgomery et Bradley allaient réaliser l'encerclement et la destruction du groupe d'armée B. Les chars alliés devaient jouer le rôle principal en repoussant les attaques allemandes qui préludèrent à la bataille de Falaise. C'est grâce à leurs chars que les Alliés purent encercler l'ennemi, mais le terrain qu'ils conquirent fut consolidé et tenu par leur infanterie. Le travail de destruction à l'intérieur de la poche de Falaise fut réalisé par leur artillerie et leurs escadrilles aériennes. La bataille de Falaise fait entrer en jeu toutes les armes. Sa nature montre le niveau de rationalisation de la tactique des blindés depuis les premiers jours de la guerre où les généraux de Panzers se comportaient en chefs invincibles.

Le déclassement du char remonte en fait aux débuts de la guerre. Malgré son indécision chronique, Gamelin perçut la parade appropriée à la poussée Panzer immédiatement après la traversée de la Meuse le 13 mai 1940. Elle consistait à lancer des blindés dans le passage situé entre les fers de lance et l'infanterie. La

4e division blindée de Charles de Gaulle effectua cinq contre-attaques de ce type le 18 mai à Laon et la Frankforce en fit autant à Arras le 21 mai. Cependant, mal coordonnées et privées du soutien de l'infanterie et de l'artillerie, elles échouèrent toutes. Ce furent d'ailleurs les Allemands qui profitèrent de l'expérience de ces engagements. A Arras, Rommel qui commandait la 7e Panzerdivision se trouvait dangereusement exposé. Il fit appel aux canons anti-aériens de son bataillon de flanc auquel il ordonna de faire demi-tour pour affronter la charge du Royal Tank Regiment sur son centre. Les 88 arrêtèrent les chars lourds britanniques, ce que n'avaient pu faire ses Panzers équipés de canons légers. Cette manœuvre évita une défaite qui aurait pu mettre fin à sa carrière.

La bataille d'Arras révéla aux Allemands que le moyen le plus efficace dans une bataille de blindés de forces égales consiste à combiner l'emploi des chars et des armes antichars. Dans la guerre du désert contre les Anglais, ils apprirent que cette tactique réussissait aussi bien dans l'offensive que dans la défensive. Pendant la première bataille de Tobrouk, en avril 1941, l'Afrika Korps perça le périmètre du port fortifié avec ses chars mais plusieurs d'entre eux furent bientôt abandonnés aux équipes de chasseurs de chars australiens car les défenseurs comblèrent les vides derrière les agresseurs et empêchèrent l'infanterie de suivre pour les appuyer. Rommel utilisa bientôt cette tactique contre l'armée anglaise. Au cours des batailles de Sidi Rezegh et de Gazala de novembre 1941 à juin 1942, Rommel perfectionna une méthode qu'il avait déjà mise au point : il attaquait les chars britanniques avec les siens, se repliait pour les attirer vers un rideau de canons antichars et avançait dès que les pertes subies avaient ôté à l'ennemi les moyens de conduire une défense mobile. L'infanterie motorisée et l'artillerie automotrice accompagnaient l'avance de ses blindés pour assurer le succès de leur offensive contre les positions ennemies.

Le dédoublement des Panzerdivisions favorisa la réussite de cette tactique. En réduisant le nombre des chars, vers la fin de 1940, Hitler comptait accumuler des surplus grâce auxquels il pourrait créer de nouvelles Panzerdivisions. En fait, le nombre des divisions fut doublé entre la défaite de la France et le début de Barberousse. Ce partage des forces eut pour effet indirect d'obliger les commandants allemands à mieux utiliser les éléments non blindés de leurs unités Panzers, particulièrement l'infanterie mécanisée et l'artillerie automotrice. De cette nécessité naquit une véritable doctrine de coopération char-infanterie-artillerie que les Panzerdivisions mirent en pratique à un haut degré. Même lorsque le nombre des chars tomba au-dessous de 200 par division (au lieu de 400 en 1940) les unités Panzers se révélèrent égales ou supérieures aux formations alliées les plus fortes – ainsi, en février 1943, la 10e Panzerdivision mit en déroute la 1re division blindée américaine à Kasserine en Tunisie. Dès le milieu de la guerre, les divisions britanniques et américaines imitèrent le modèle allemand en fractionnant les bataillons de chars et en leur adaptant des unités d'infanterie mécanisée et d'artillerie antichars pour réaliser un meilleur équilibre des armes. Les Américains étaient en mesure de transporter leur infanterie et leur artillerie antichars dans des véhicules chenillés, leur assurant une plus grande mobilité. Malgré cela, les meilleures formations Panzers – celles des SS, de la Panzer-Lehr et de la division Hermann Goering de la Luftwaffe restèrent supérieures à leurs homologues alliés. Après les batailles de Normandie et de Biélorussie, les effets implacables de l'usure imposée au front par les combats et à l'arrière par les bombardements aériens, commencèrent à se faire sentir. Leurs forces déclinèrent à un point tel que la proportion des pertes en hommes et en matériel dépassait largement le pourcentage des effectifs disponibles et celui de la production des usines.

*La technologie de la guerre des blindés*

Cependant, l'organisation et l'expérience ne suffisent pas à expliquer comment l'Allemagne a pu combattre à armes égales une coalition de puissances industriellement supérieures, du début de 1942 à la fin de 1944. La qualité des blindés allemands pesait sensiblement dans la balance. Les véhicules blindés allemands étaient, à une ou deux exceptions près, meilleurs que leurs équivalents des armées ennemies. Les blindés britanniques en particulier étaient lamentablement inférieurs aux produits des usines du Reich. Bien que les Anglais aient inventé le char et conçu la théorie de base de la guerre de blindés, ils ne réussirent pas à construire un char efficace pendant la Seconde Guerre mondiale. L'équilibre nécessaire entre la puissance de feu, la protection et la mobilité sous-jacentes à la structure des chars leur échappait. Leur char Mark I était puissant mais quasi immobile. Le Churchill était également résistant mais à peine plus rapide. Seul le Cromwell qui sortit en 1944 pour équiper les bataillons de reconnaissance des divisions blindées britanniques combinait la mobilité et la protection mais son canon était inefficace. En conséquence, les divisions britanniques de 1944 devaient compter sur le Sherman américain pour leur principale force blindée. Pourtant, le Sherman avait des défauts, lui aussi. Bien que rapide, solide et aisément manœuvrable, il brûlait facilement et manquait de puissance de feu. La contribution la plus réussie de l'Angleterre à la force blindée anglo-américaine fut son redoutable canon antichars. Adapté au Sherman, appelé alors Firefly, il constituait en 1944-1945 un remarquable antidote aux blindés allemands. Le Sherman a surtout eu le mérite de pouvoir être fabriqué en quantité industrielle.

En 1943-1944, les Etats-Unis sortent 47 000 chars, presque tous des Sherman, alors que l'Allemagne n'en produit que 29 600 et l'Angleterre 5 000. Seuls les chars soviétiques pouvaient rivaliser en qualité et en quantité avec ceux du Reich. En 1944, les Russes sortent 29 000 chars dont une grande partie de T-34. Ce dernier doit beaucoup à l'ingénieur américain indépendant, Walter Christie, à qui l'Union soviétique avait acheté des prototypes à une époque où la rigueur fiscale maintenait le budget de l'armée américaine à un niveau très bas. Les Russes avaient ajouté au châssis et à la suspension de Christie un moteur tout temps, un blindage oblique ainsi qu'un canon efficace. L'ensemble était si bien équilibré qu'en 1942 les Allemands envisagèrent de le reproduire en masse pour remplacer le vieux Mark IV, mais la production du Mark V Panther leur évita l'aveu humiliant de leur infériorité technique. Malgré l'échec du nouveau char à Koursk, l'effort accompli pour son développement se justifia en Normandie où il équipait de nombreux bataillons des divisions SS. En 1944, cependant, le Mark IV resta le pilier de l'arme Panzer. En 1939, il représentait la dernière marche d'une échelle de modèles dont chacun était l'ébauche du suivant. Le Mark IV en particulier s'était révélé remarquablement adaptable. Il avait été perfectionné peu à peu. Finalement, équipé avec un canon de 75 millimètres, il fut presque en mesure de rivaliser avec le T-34.

Ses prédécesseurs, notamment le Mark III, étaient eux aussi facilement adaptables en canons automoteurs d'assaut ou antichars et, en février 1943, Guderian l'incorpora ainsi avec les chars dans une nouvelle « arme Panzer ». Ces engins présentaient cet inconvénient que leurs canons ne tiraient que dans la direction vers laquelle le véhicule était orienté. Cependant, en raison de leur absence de dispositif de tourelles compliqué, leur production était bon marché et, grâce à leur profil bas, ils n'étaient pas faciles à détecter sur le champ de bataille. Leur forme était assez rationnelle pour être imitée par les Russes et les Anglo-Américains. Ils fournissaient la puissance de feu mobile des Panzerdivisions grenadiers telles que la 17e SS que les Alliés trouvèrent si redoutable en France. L'armée allemande elle-même ne faisait guère de distinction entre chars et canons d'assaut. En réorganisant l'arme blindée en 1943, Guderian eut de grandes difficultés à vaincre la répugnance de l'artillerie à abandonner le contrôle des canons d'assaut. En effet, c'était grâce à eux que ses officiers supérieurs fournissaient aux servants leur unique chance de gagner la croix de chevalier.

Le Mark VI Tiger était le seul instrument de guerre blindé que les commandants allemands jugeaient différent des autres en qualité. Il n'était pas attribué aux divisions, mais organisé en bataillons indépendants, placés sous le contrôle du GQG et réservé à des missions d'offensive et de contre-offensive cruciales. Le Tigre avait des défauts – son poids énorme lui ôtait toute rapidité mais, avec son canon de 88 millimètres et son épais blindage, il se révéla régulièrement supérieur à tous les autres chars de l'armée dans les opérations statiques sinon mobiles. Les Alliés se rappellent avec un certain respect la toux spéciale du moteur du Tigre qui se mettait en marche dans le lointain.

Tigres, Panthers, Mark IV et canons d'assaut devaient tous jouer leur rôle dans la grande bataille de Normandie qui allait commencer à Mortain dans la nuit du 6 au 7 août 1944 pour atteindre son point culminant dans la fournaise de Falaise. Inspiré, comme si souvent, par un coup d'œil sur sa carte d'état-major, Hitler avait décidé que les armées américaines qui déferlaient dans l'étroit corridor situé entre Mortain et la mer s'exposaient à une contre-attaque décisive : « Nous devons frapper comme la foudre, avait-il déclaré à son état-major opérationnel de l'OKW. Quand nous atteindrons la mer, les pointes blindées américaines seront coupées… Nous ne devons pas nous attarder à couper les Américains qui ont effectué une percée. Leur tour viendra plus tard. Nous devons foncer vers le nord avec la rapidité de l'éclair et contourner tout le front ennemi par l'arrière. »

C'est cette décision qui avait amené les 116^e^ et 2^e^ Panzerdivisions, ainsi que les 1^er^ et 2^e^ Panzerdivisions SS à serrer les rangs à Mortain, à une trentaine de kilomètres de l'Atlantique, sur le flanc de la I^re^ armée américaine qui se dirigeait vers la Bretagne. Malheureusement pour Hitler et pour les troupes de la Westheer, les messages qui avaient déterminé leur déploiement étaient captés par les services de décryptage d'Ultra depuis le 5 août. L'état-major de Montgomery avait donc connaissance de leurs objectifs : Brécey et Montigny. Quatre divisions américaines, les 2^e^, 3^e^, 30^e^ et 4^e^ blindées, se mirent en marche pour leur barrer la route dans la vallée de la Sée que Hitler leur avait désignée comme voie d'accès à l'océan.

### *Le calvaire des forces de l'Ouest*

Quelque 200 chars allemands (en première ligne) attaquent sans préparatifs d'artillerie pour renforcer l'effet de surprise, et avancent en deux colonnes de chaque côté de la Sée dans la nuit du 6 août. La colonne sud dépasse les avant-postes de la 30^e^ division mais elle est arrêtée par l'infanterie américaine retranchée sur une hauteur. Celle-ci fait appel au bataillon antichars équipé de canons d'assaut qui anéantit 14 chars et attend que le lever du jour permette aux forces aériennes tactiques de compléter son œuvre. C'est ainsi qu'une division d'infanterie américaine tout à fait moyenne traita l'avant-garde d'une armée blindée jadis quasi invincible.

Sur la rive nord, la 2^e^ Panzerdivision et la 1^re^ Panzerdivision SS (la division Adolf Hitler, qui n'a jamais failli au Führer) sont arrêtées encore plus facilement. Le commandant de la 116^e^ Panzerdivision qui a omis d'intervenir est relevé de son commandement. A l'aube, la 2^e^ division blindée US contre-attaque. « Elle parut se matérialiser dans l'air léger », note l'historien officiel, à une époque où le secret d'Ultra était encore jalousement gardé. Le même jour, la 2^e^ division blindée US et les Typhons lance-roquettes de la 2^e^ force aérienne tactique britannique, qui effectua 294 sorties le 7 août, réduisent à trente les chars de la 2^e^ Panzerdivision. De Rastenbourg, Hitler ordonne que l'attaque soit poursuivie avec audace… « Chaque homme doit croire à la victoire. » Cependant, lorsque la nuit tombe sur le champ de bataille de Mortain, les unités engagées dans l'opération Lüttich doivent faire face à la défaite.

D'autres événements survenus le 7 août augmentent encore les épreuves de la Westheer. Ce jour-là, Montgomery lance une nouvelle offensive dans les lignes allemandes à l'autre extrémité de la tête de pont en direction de Falaise. Elle vient à la suite de deux poussées canadiennes et britanniques avortées. Bien que précédée par un bombardement en tapis, l'opération « Totalise » lancée le 7 août n'aboutit pas au succès total que Montgomery escomptait. Les Canadiens qui avaient pris part à la campagne se heurtèrent à leur ennemi juré, la 12^e^ Panzerdivision SS. Cependant, à l'époque, les Canadiens étaient plus forts qu'ils ne l'avaient jamais été. Leur 4^e^ division blindée et la 1^re^ division polonaise s'étaient jointes à eux. Chacune avait un compte à régler avec les Allemands. La division Hitler Jugend avait massacré les prisonniers canadiens en début de la campagne et les Polonais étaient d'autant plus furieux que la bataille faisait rage à Varsovie entre l'armée nationale de Bor-Komorovsky et les troupes d'occupation allemandes. L'opération Totalise n'atteignit pas ses objectifs mais elle lança ces deux divisions blindées dans des positions d'où elles menaçaient les arrières de toute la concentration Panzer engagée en Normandie.

Cette concentration (moins la 12e SS qui se tenait toujours sur le front britannique) comptait 9 divisions et se trouvait groupée à l'extrémité ouest de la tête de pont. La Panzer-Lehr, avant le 6 juin la plus forte des Panzers, n'était plus que l'ombre d'elle-même. Les quatre divisions Panzer SS, les 1re, 2e, 9e et 10e avaient terriblement souffert depuis la fin de juin. La 17e Panzers grenadiers SS était sérieusement handicapée. Les 2e, 21e et 116e Panzers avaient subi de lourdes pertes. Seule la 9e Panzers, qui était arrivée en Normandie en août, demeurait à peu près intacte mais elle ne disposait que de la moitié de ses 176 chars et la Panzer-Lehr n'en avait pratiquement aucun.

De plus, les divisions allemandes sont mal placées. Les divisions d'infanterie survivantes, très réduites en effectifs, sont concentrées en trois groupes : un groupe de 7 sur la route des Anglo-Canadiens qui se dirigent sur Falaise, un groupe de 5 sur le chemin des avant-gardes américaines qui progressent vers la Bretagne. Les 19 autres toujours accrochées au périmètre de la tête de pont qu'elles défendent si âprement depuis le 6 juin. Toutes sont en danger d'être encerclées. Le 21e groupe d'armées anglo-canadien descend au sud pour couper leur ligne de retraite vers la Seine pendant que le 12e groupe d'armées américain bifurque à l'est pour le rejoindre sur leurs arrières. Les neuf divisions qui composent la Ve armée Panzers se trouvent dans une situation tragique. L'ordre de Hitler qui rêvait de décapiter les fers de lance américains à Mortain les a envoyées à l'extrémité du front de Normandie, leur ôtant la possibilité de se frayer une issue pour échapper aux tenailles qui se referment sur elles.

A quel prix pourront-elles se dégager ? La 12e Panzers SS l'avait appris dans Totalise où les 3 bataillons de l'infanterie canadienne de la 4e division blindée n'avaient perdu que 7 hommes pendant l'assaut. La force blindée qui les accompagnait était si dense qu'elle avait réussi à mettre fin à la carrière de Michael Wittman, le commandant de chars le plus prestigieux de la Wehrmacht. Il avait détruit 117 chars russes avant d'arriver en Normandie, où il avait réussi à freiner l'attaque britannique à Villers-Bocage le 13 juin. Le 7 août, il fut surpris dans son Tigre par cinq Sherman et détruit par une concentration d'obus. Compte tenu des effets opposés du renforcement de la tête de pont et des pertes allemandes à l'intérieur de son périmètre, cette disparité des forces, désormais courante, devait déterminer l'issue finale de la bataille de Normandie avec une précision mathématique.

Le 6 août, Montgomery s'était entretenu par téléphone avec les généraux Omar Bradley et Eisenhower. Les Américains avaient suggéré que, si les VIIe et Ve armées Panzers n'étaient plus en état de manœuvrer en raison des dommages subis au cours des opérations Goodwood, Cobra et Totalise, le plan de large encerclement de la Wehrmacht en Normandie n'avait plus de raison d'être. Ils proposaient que des formations américaines, britanniques et canadiennes se rassemblent pour livrer bataille en un court encerclement près de Falaise. Montgomery accepta et laissa à Bradley le soin de donner les instructions nécessaires à son adjoint, George Patton, qui commandait les formations que le plan de bataille allait faire entrer en scène.

Patton, qui avait joué le rôle d'épouvantail dans le plan fictif prévu pour le jour J pour leurrer l'Abwehr au printemps de 1944, était devenu un personnage de premier plan sur le théâtre de Normandie. C'était sa III^e^ armée qui avait effectué la percée de Saint-Lô et son dynamisme qui l'avait conduite à travers la zone défendue en rase campagne. Quoi qu'il en soit, sans l'obstination de Patton, qui ne cessait de préconiser l'action, la Blitzkrieg de la III^e^ armée n'aurait jamais réussi.

La percée de la III^e^ armée peut se comparer à une véritable guerre éclair. Ce fut la première et la dernière opération de ce genre exécutée par une armée occidentale au cours de la Seconde Guerre mondiale. La Blitzkrieg proprement dite ne comportait pas seulement la brusque pénétration du front ennemi par une force blindée et la rapide exploitation de ce succès. Il fallait aussi que les troupes ennemies qui se trouvaient au-delà de la percée soient encerclées et détruites. C'était le type d'opération que la Wehrmacht avait réalisée en France en 1940 et en Russie occidentale de juin à octobre 1941. Après quoi, aucune armée combattante ne fut plus en mesure d'employer cette tactique. La progression de la Wehrmacht en Russie méridionale au printemps et en été de 1942 ne lui avait pas fourni l'occasion d'opérer les encerclements spectaculaires qui avaient entraîné l'Armée rouge au bord de la destruction l'année précédente. Les grandes batailles de 1943 et 1944 avaient été des luttes d'usure, comme à Koursk, ou des offensives frontales russes. Les attaques éclairs de Rommel et de ses adversaires britanniques le long de la côte nord-africaine en 1941-1943 ressemblaient davantage à des raids de cavalerie qu'à des campagnes décisives. Qui sait combien de temps ce jeu aurait duré si l'armée anglo-américaine de Torch n'était pas arrivée en Algérie en novembre 1942 ? En Italie, où la nature du terrain excluait toute possibilité de percée, le dynamisme de la Blitzkrieg ne s'était jamais manifesté au cours des combats. Au début de la campagne de Normandie, les efforts de Montgomery pour lancer ses blindés contre les Allemands s'étaient heurtés à leur système de défense fixe et de contre-attaque rapide. L'Opération Bagration qui avait provoqué la destruction du groupe d'armée du Centre en juin 1944 fut la seule qui reproduisait dans sa forme et dans ses effets les succès spectaculaires des opérations Faucille et Barberousse.

*Une amère bouchée*

Pourquoi la Blitzkrieg a-t-elle pris fin après l'encerclement de Kiev en septembre 1941 et pourquoi l'occasion de la renouveler s'est-elle présentée en France en août 1944 ? La Blitzkrieg dépendait pour ses effets de la coopération ou, tout au moins, du consentement de l'ennemi. En France, en 1940, les Alliés avaient à la fois consenti et coopéré. En omettant de garnir leur front des Ardennes de défenses antichars appropriées – obstacles, armes antiblindées, force de contre-attaque – ils invitaient les Allemands à lancer une offensive sur les points faibles. Par leur avance simultanée en Belgique, qui entraînait leurs meilleures divisions mobiles vers l'est au moment précis où les Panzerdivisions fonçaient vers l'ouest, elles coopérèrent activement à leur isolement et à leur encerclement.

Les Alliés comprirent bientôt les désastres qu'entraînait leur coopération aux plans de l'ennemi. Les Français et les Anglais s'aperçurent, dès la première semaine de la guerre éclair, que la riposte efficace consistait à attaquer le flanc des colonnes blindées pendant qu'elles fonçaient vers leur objectif. Les Russes ne tardèrent pas à l'apprendre aussi. A Koursk, où ils avaient eu le temps de préparer le terrain, non seulement ils taillèrent en pièces les pointes allemandes mais ils décimèrent les assaillants dans les champs de mines où ils s'étaient engouffrés. Koursk peut être considéré comme la première bataille où les canons antichars jouèrent le rôle qui leur avait été assigné en 1918 – repousser et, si possible, détruire les chars ennemis sans l'intervention de blindés de soutien.

L'efficacité du canon antichars s'était accrue grâce à l'augmentation de son calibre. Le 57 millimètres était le modèle courant. Le 75 millimètres, le 88 millimètres et le 90 millimètres étaient réservés aux unités spécialisées. En 1944, toutes les divisions britanniques et américaines d'infanterie possédaient entre 60 et 100 canons antichars de même que plusieurs centaines de roquettes antichars, qui étaient utilisées en dernier ressort. Les premiers étaient d'authentiques destructeurs de chars. En règle générale, le blindage n'est pénétrable que par des projectiles dont le diamètre est égal à son épaisseur. Or seul le blindage le plus épais dépasse 100 millimètres. Par conséquent, les divisions blindées allemandes engagées dans l'opération Lüttich contre la 30e division américaine à Mortain se heurtent à une infanterie capable de maintenir ses positions et de faire plier l'ennemi sous le poids d'une attaque massive de blindés.

La situation de la Ve armée Panzers confrontée à des concentrations de chars ennemis et à des formations d'infanterie était extrêmement précaire. Au mieux, elle pouvait espérer protéger ses flancs au nord et au sud du saillant occupé par la VIIe armée derrière laquelle les divisions d'infanterie venues d'Allemagne pourraient amorcer leur repli sur la Seine. Si Kluge, commandant à la fois la Ve Panzers, la VIIe armée et le groupe d'armée B, avait été libre de prendre des décisions stratégiques il aurait sans doute préconisé cette disposition mais Hitler n'entendait pas le laisser libre de décider. Au contraire, le 10 août, il lui ordonna de reprendre l'opération Lüttich le lendemain. « L'offensive Panzers a échoué parce qu'elle a été lancée prématurément et dans des conditions météorologiques favorables à l'ennemi. Il faut la relancer ailleurs avec des forces puissantes. » Six Panzerdivisions devaient se diriger vers le sud-ouest sous le commandement du général Hans Eberbach.

Une attaque au sud-ouest conduisait les divisions Panzer dans la poche qu'Eisenhower traçait autour de la VII$^{e}$ armée. Ainsi, Hitler, le stratège de la Blitzkrieg organisait la manœuvre la mieux calculée pour conduire sa force de frappe blindée à la destruction. Malgré toutes les preuves que ses ennemis lui avaient données des dangers qu'entraînaient le consentement et la coopération à la Blitzkrieg, Hitler adoptait une tactique de coopération plus étroite que toutes celles que ses ennemis avaient employées. Kluge était conscient de l'absurdité du plan de son commandant suprême : « une grande force militaire de vingt divisions organisant allégrement une attaque alors que, loin derrière elle, l'ennemi était occupé à former le nœud qui devait l'étrangler, c'était aberrant », mais, à la suite de la conspiration du 20 juillet, Kluge était plus inhibé que la plupart des autres généraux car il savait que la Gestapo et les SS le soupçonnaient de complicité. Or leurs soupçons étaient fondés. Kluge avait appris qu'un complot était en gestation car plusieurs des conjurés avaient fait partie de son état-major en Russie mais il ne s'en était pas dissocié et il n'avait pas non plus refusé de se joindre à eux. « Oui, si le cochon était mort », avait-il dit le soir du 20 juillet. Il se rendait compte qu'il ne pouvait écarter les soupçons qu'en acceptant qu'un « commandant ignorant des conditions du front juge la situation de son antre de Prusse orientale ». Ses subordonnés immédiats, Hausser de la VII$^{e}$ armée Panzers et Dietrich de la V$^{e}$, tous deux officiers SS, récemment nommés en remplacement des généraux d'armée profitèrent de certaines lacunes dans ses instructions pour diriger leurs divisions vers l'est et échapper ainsi à l'encerclement des troupes américaines. Kluge admit la logique de leurs redéploiements mais se sentit contraint de suivre les directives de Hitler. Le 15 avril, il alla inspecter la poche où ses deux armées étaient confinées, dans l'intention de persuader Hitler qu'il exécutait ses ordres. Mais ce fut le contraire qui se produisit. Attaqué dans sa voiture comme Rommel l'avait été vingt-neuf jours plus tôt, il resta caché dans les fossés une partie de la journée et n'atteignit le quartier général de la VIP armée qu'au milieu de la nuit. Pendant les heures où il était resté éloigné de toute possibilité de communication, Hitler s'était convaincu que le commandant du groupe d'armées B envisageait de « conduire toute l'armée de l'ouest à la capitulation ». Il décida de relever Kluge de son commandement et de le remplacer par Model. Il ordonna au maréchal en disgrâce de rentrer en Allemagne. Prévoyant qu'il serait accueilli à son arrivée par la Gestapo, Kluge s'empoisonna sur le chemin du retour.

Son suicide ne pouvait réparer les erreurs qui avaient placé le groupe d'armées B en mauvaise posture et, malgré toute son expérience tactique, Model n'avait aucun moyen de le secourir. La coopération de Hitler à la Blitzkrieg américaine l'avait amenée à une impasse et elle ne pouvait en sortir qu'en battant en retraite pour sauver ses vestiges de l'anéantissement total. Et le groupe d'armée B en était réduit à des vestiges ; 300 000 soldats allemands étaient enfermés dans la poche de Falaise et 8 des 20 divisions encerclées s'étaient désintégrées tandis que le nombre de chars des meilleures Panzerdivisions – 1e SS, 2e, 9e et 116e – était tombé respectivement à 30, 35, 15 et 12 unités. Il ne pouvait être question de renouveler l'opération Lüttich.

Heureusement pour les survivants, en changeant de commandant, Hitler avait aussi changé de ton. Model arriva en France le 17 août avec l'ordre de réorganiser la ligne sur la Seine en tenant assez de terrain pour soutenir l'attaque des armes « V » contre l'Angleterre et protéger les frontières allemandes contre un assaut direct.

Sa mission fut dépassée par les événements. Le 19 août, l'avant-garde de Patton atteignit la Seine à Mantes au nord-ouest de Paris. Cette extension du crochet d'Eisenhower commandée par Bradley le 14 août laissa un répit aux Allemands. En effet, après cette date, la concentration américaine d'Argentan qui formait un côté de la trouée à travers laquelle le groupe d'armée B devait s'échapper ne monta pas plus au nord pour rencontrer la concentration anglo-canadienne à Falaise. La poussée vers Mantes anéantit tous les plans des Allemands qui comptaient maintenir une ligne défensive sur la Seine. Entre-temps, les Allemands restés à l'intérieur de la poche étaient l'objet de constantes attaques aériennes tandis que les Anglais et les Canadiens descendaient de Falaise sur Argentan pour boucher le goulot. Dans le goulot même, une nouvelle formation alliée, la 1re division blindée polonaise, représentant l'armée polonaise en exil, prit la position dominante de Chambois après trois jours d'âpres combats entre le 18 et le 21 août. Ses équipes de chars et ses fantassins lancèrent une succession d'assauts contre la route par laquelle le groupe d'armée B affluait vers les ponts et les bacs de la Seine. Cependant, la 12e Panzerdivision SS Hitler Jugend, tout aussi résolue, exécuta la dernière de ses nombreuses missions opérationnelles cruciales en Normandie.

*La libération de Paris*

Le succès de la division Hitler Jugend qui réussit à maintenir ouvert le goulot de la poche de Falaise jusqu'au 21 août permit à 300 000 hommes de s'échapper avec 25 000 véhicules sur des ponts flottants et des bacs entre les 20 et 24 août. Derrière eux, les fugitifs laissèrent quand même 200 000 prisonniers, 50 000 morts et le matériel de deux armées. Plus de 1300 chars furent perdus en Normandie. Aucune des Panzerdivisions qui se replièrent avec un semblant d'ordre ne sauva plus de 15 chars de l'hécatombe ; 2 Panzerdivisions, la Lehr et la 9e n'existaient plus que de nom ; 15 divisions sur les 56 qui s'étaient battues à l'ouest de la Seine avaient complètement disparu.

Hitler ordonna à quelques-unes des divisions rescapées de se réfugier dans les ports de la Manche et de les tenir comme des forteresses mais ce plan perdit toute raison d'être lorsque Bradley eut abandonné son projet de poussée au sud en faveur d'un projet d'encerclement du groupe d'armées B par l'ouest. En revanche, la décision d'occuper ces ports eut une importance stratégique considérable. Hitler avait déjà marqué son intention de conserver les ports de la Baltique et de la mer Noire, même après les succès de l'Armée rouge dans l'arrière-pays mais, dans ce cas précis, la décision du Führer était encore bien plus justifiée par la réalité logistique. En effet, alors que l'Armée rouge pouvait se passer de ravitaillement par mer, les Anglo-Américains ne le pouvaient pas. Tant qu'ils étaient dans l'impossibilité d'occuper Le Havre, Boulogne, Calais et Dunkerque, ils ne pouvaient pas approvisionner leurs forces d'invasion, ce qui devait gêner sérieusement le développement de la campagne pendant l'automne et l'hiver suivants.

L'ordre d'occuper les ports montre une fois de plus l'extraordinaire aptitude de Hitler à éviter les conséquences de ses absurdités opérationnelles, même dans les situations les plus désespérées. Néanmoins sa décision ne compensait pas les irréparables pertes de chars et de soldats aguerris que la fermeture de la poche avait infligées à l'armée allemande. Elle en atténuait cependant les effets immédiats et permit à ses troupes de lancer leur dernière grande offensive à l'ouest avec des forces quasi égales à celles des Alliés.

Pendant que les ports de la Manche se remplissaient des vestiges de la XVe armée rejoints par les rescapés des VIIe et V[e] armées Panzers, le dernier acte de l'épopée de la libération se jouait à Paris. Alors que la bataille de Normandie battait son plein, Hitler avait conçu le plan de transformer la capitale en vaste tête de pont à travers laquelle la VIIe armée pourrait se replier en ordre sur les lignes de la Somme et de la Marne et ensuite utiliser la ville elle-même comme champ de bataille où les forces alliées seraient détruites, au besoin sous un monceau de ruines.

Plusieurs événements devaient faire échouer ce dessein. Le premier fut l'arrivée en France d'une seconde armée d'invasion, non comme le prévoyait Hitler, par le Pas-de-Calais mais par le sud entre Nice et Marseille. La VIIe armée, l'instrument de l'opération Anvil, montée avec trois divisions américaines et trois françaises, vint facilement à bout de la résistance de la XIXe armée du général Wiese et, le 22 août, elle remontait la vallée du Rhône pour atteindre Grenoble. Son apparition fit craindre que le mur de l'Atlantique ne subisse des attaques venant d'une direction totalement imprévue. D'autre part, tout espoir de tenir Paris était aberrant alors qu'une nouvelle poussée alliée venant du sud menaçait les communications de la capitale avec l'Allemagne.

Le second fait était spécifiquement parisien. La population de la cité n'avait pas résolument pris parti pour la résistance. Cependant, son hostilité à l'occupation allemande allait grandissant. Le 18 août, les gardiens de la paix parisiens s'étaient insurgés et occupèrent la préfecture de police. Aussitôt, les mouvements de résistance prirent ouvertement les armes. Le 20 août, la garnison allemande fut tellement débordée par le désordre qui régnait dans les rues que Dietrich von Choltitz, commandant la place de Paris, proposa et obtint une trêve. Cependant les combats avaient atteint une telle ampleur que les Alliés durent modifier leurs plans prévus pour la libération de la capitale. Pendant que Hitler ordonnait que la ville soit transformée en un Stalingrad occidental, Eisenhower et Montgomery avaient décidé d'interdire l'entrée de leurs troupes dans son périmètre jusqu'à ce que les circonstances le permettent. Néanmoins, dès qu'il parut évident que la population parisienne luttait pour sa propre libération, les chefs alliés furent obligés d'aller lui prêter main forte. Le moyen d'intervention le plus approprié était à leur portée. Depuis le 1er avril, la 2e division blindée française, fidèle au général de Gaulle, avait débarqué en Normandie. Le 20 mai, le général lui-même, dont les Alliés ne reconnaissaient pas encore le titre de chef de la France libre, était arrivé lui aussi – sans se faire annoncer et par une route détournée. Le 22 août, conformément aux instructions d'Eisenhower, Bradley avait ordonné que la 2e DB, commandée par le général Leclerc, marche sur Paris. De Gaulle, qui s'était installé dans la résidence présidentielle de Rambouillet, approuva l'ordre et se prépara à le suivre.

Le 23 août, la 2e DB couvrit les 120 kilomètres qui la séparaient des faubourgs de Paris. Retardé par le raidissement de la résistance allemande, Leclerc désespérait d'entrer dans la capitale le même jour. Puis apprenant que les Français « dansaient vers Paris », il ordonna à une petite force d'infanterie et de chars d'opérer une infiltration dans le centre de la ville. Le 23 août, à 21 h 30, trois chars de la 2e DB, *Montmirail, Champaubert* et *Romilly*, (noms de victoires napoléoniennes de 1814) arrivèrent sous les murs de l'Hôtel de Ville. Le lendemain ils étaient rejoints par le gros de la division qui se fraya un chemin dans le cœur historique de la ville, après un ultime sursaut de la résistance allemande. Le surlendemain, de Gaulle arrivait en personne. Qui mieux que le champion français de la guerre des blindés aurait pu comprendre que la capitale conquise par la guerre éclair devait être libérée par les chars de son armée renaissante ?

## 22

# BOMBARDEMENT STRATÉGIQUE

Le 12 janvier 1944, le maréchal Arthur Harris, chef de la RAF, écrivait que, pour apporter une aide efficace à l'opération Overlord, il fallait intensifier les attaques aériennes sur les objectifs industriels de l'Allemagne. « Si nous tentons de détruire de préférence les emplacements des canons, les défenses des plages, les dépôts de munitions, les réseaux de communications en territoire occupé, nous commettrons l'erreur irréparable de détourner notre meilleure armée de sa véritable fonction militaire vers des tâches auxquelles son entraînement ne l'a pas préparée. »

Ce jugement allait se révéler faux. D'abord, les équipages prouvèrent qu'ils étaient devenus experts dans l'art d'atteindre de petites cibles avec une extrême précision. En mars, les objections de Harris et de Spaatz, commandant la VIIIe Air Force, furent rejetées et le maréchal Arthur Tedder, adjoint d'Eisenhower prit le commandement des deux forces désignées pour détruire le réseau ferroviaire français. L'opération allait leur coûter 2 000 avions et 12 000 équipages en un peu plus de deux mois. La RAF, qui avait largué 70 pour cent de ses bombes sur l'Allemagne en mars, intervertit la proportion de ses attaques en avril et mai. Elle lâcha 25 000 bombes sur la France et 14 000 sur l'Allemagne. En mai, et juin, elle porta tout le poids de ses efforts contre la France où elle déversa 52 000 tonnes d'explosifs dans la zone d'invasion et sur l'infrastructure militaire qui l'entourait.

De plus, en parfaite contradiction avec les prévisions de Harris, les bombardiers de la RAF exécutèrent leurs missions avec une efficacité qui, non seulement soutenait remarquablement les tonnes au sol, mais détermina la défaite allemande dans la bataille de Normandie. En comparaison des armées britanniques et américaines, l'armée allemande appartenait à une autre génération de militaires. Exception faite de ses Panzers motorisés, ses troupes parcouraient de courtes distances à pied et de longues distances en train, tandis que tout son ravitaillement et son équipement étaient acheminés exclusivement par rail. L'interruption du réseau ferroviaire français et la destruction des ponts réduisait donc singulièrement sa marge de manœuvre. D'avril à juin, et pendant la bataille de Normandie, les chemins de fer français furent quasi immobilisés et la plupart des ponts qui enjambaient les fleuves du Nord furent détruits ou trop endommagés pour être promptement réparés.

Une grande partie des dégâts fut causée par les bombardiers de la 2e Tactical Air Force britannique et de la 9e Air Force américaine. Les chasseurs Thunderbolt américains et Typhon britanniques survolant le Nord de la France de jour détruisirent 500 locomotives entre le 20 et le 28 mai. Cependant, les dégâts les plus importants furent l'œuvre des bombardiers stratégiques. Vers la fin de mai, le trafic ferroviaire français avait baissé de 55 pour cent sur le chiffre de janvier et, par la suite, il tomba à 10 pour cent. D'après un message expédié par un officier de l'état-major de Rundstedt (déchiffré par Ultra) les autorités de la Société des chemins de fer « se demandent s'il n'est pas inutile d'entreprendre des travaux de réparation » tant la pression des forces alliées sur le réseau ferroviaire se montrait implacable.

En juin et juillet 1944, le Haut-Commandement allemand réussit à maintenir une activité ferroviaire à peine suffisante pour fournir aux VIIe et V[e] armées Panzers le strict minimum de vivres, de carburant et de munitions (pas assez pourtant pour approvisionner Paris menacé de famine dans les jours qui précèdent sa libération). Néanmoins, ce ravitaillement ne peut être garanti aux troupes combattantes que dans la mesure où elles n'essaient pas de manœuvrer. Le réseau de communication improvisé entre la France et l'Allemagne est tellement fragile que les troupes du front ne peuvent compter sur lui que si elles restent ancrées aux stations terminales. Si elles se déplacent, elles risquent de manquer de denrées essentielles. Quand le périmètre fortifié de leur tête de pont est détruit par la guerre éclair de Patton, elles ne peuvent que se replier aussi vite que possible sur la position fortifiée suivante, le Westwall, sur la frontière franco-allemande.

La campagne de Normandie prouve, tant dans ses préliminaires que dans son développement, que Harris avait tort. La force aérienne utilisée pour le soutien direct des armées avait obtenu des succès surprenants au niveau stratégique. Il était néanmoins inévitable et compréhensible que Harris ait résisté aux pressions des autorités, l'invitant à cesser ses attaques sur les villes allemandes. Après tout, la RAF se vantait à juste titre d'avoir été pendant trois ans la seule force de frappe occidentale qui ait été utilisée avec succès contre le territoire du Reich. De plus, Harris était le porte-parole d'un service dont l'unique raison d'être était de bombarder le territoire ennemi.

La Luftwaffe, pour sa part, n'adopta jamais ce genre de doctrine opérationnelle. En 1934, ses chefs s'étaient demandé s'il convenait de créer une force de bombardement stratégique mais ils avaient décidé que l'industrie de l'aviation allemande n'était pas assez développée pour fournir le complément d'appareils à long rayon d'action indispensable. Ainsi, de même que l'aviation soviétique, elle joua le rôle de servante de l'armée. Sa campagne stratégique contre l'Angleterre en 1940-1941 fut donc montée avec des bombardiers à moyen rayon d'action destinés à protéger les armées de terre. En 1943, Korten est nommé chef d'état-major de la Luftwaffe en remplacement de Jeschonnek, il s'efforce de créer une arme de bombardement stratégique mais sa tentative échoue faute d'appareils appropriés. Cette lacune résultait des décisions que son prédécesseur avait prises pour l'avenir de la Luftwaffe une dizaine d'années plus tôt.

La tentative tardive de Korten pour doter la Luftwaffe d'une capacité stratégique était motivée par la conviction (qu'il partageait avec Albert Speer) que l'offensive de l'Armée rouge de 1943 pourrait être compensée par une contre-offensive sur ses arrières industriels. En somme, la crise l'avait obligé à suivre la politique qu'une génération d'aviateurs anglais et américains avait adoptée et affinée à loisir. Pendant qu'il était forcé d'adapter hâtivement des bombardiers à moyen rayon d'action et d'entraîner leurs équipages pour des opérations de pénétration à court terme, Harris commandait déjà une flotte de mille bombardiers quadrimoteurs destinés à des missions de pénétration.

### *La maîtrise de l'air*

Les Anglais avaient adopté le principe du bombardement stratégique dès les dernières années de la Première Guerre mondiale. Bien que l'« aviation indépendante » de 1918 n'eût largué que 534 tonnes de bombes sur le territoire allemand, sa stratégie était déjà imprégnée de l'idée que l'attaque directe sur l'arrière de l'ennemi était la tâche qui convenait à une force aérienne. L'aviateur italien Guilio Douhet avait introduit ce principe dans une philosophie cohérente de la puissance aérienne, au cours des années 20, équivalente à celle que Mahan avait conçue pour la marine auparavant. Entre-temps, sans s'embarrasser de théorie, la Royal Air Force créait la première flotte aérienne de bombardiers stratégiques. Les racines de sa fonction opérationnelle résidaient dans une étude préparée par le père de la Royal Air Force, sir Hugh Trenchard, pour le conseil de guerre suprême des Alliés à la fin de la Première Guerre mondiale. « Il y a deux facteurs, écrivait-il alors, l'effet moral et l'effet matériel – il s'agit d'obtenir le maximum de chacun. Le meilleur moyen d'aboutir à cette fin est d'attaquer les centres industriels où vous pouvez 1° causer des dégâts militaires et vitaux en frappant les centres de matériel de guerre ; 2° obtenir l'effet maximum sur le moral en frappant la partie la plus sensible de la population allemande – la classe laborieuse. »

En préconisant cette stratégie simple et brutale, Trenchard propose d'étendre à la guerre totale un principe admis par les nations civilisées uniquement en cas de siège. Dans une guerre de siège, les armées se sont toujours fondées sur l'idée que les citoyens qui choisissent de rester dans une ville assiégée savent ce qui les attend : privations, famine, bombardements et, après le refus de l'offre d'ultimatum, la rapine et le pillage. La généralisation quasi incontestée de cette morale démontre à quel point la Première Guerre mondiale ressemblait à une guerre de siège à l'échelle continentale et combien la poursuite des hostilités avait émoussé les sensibilités des chefs de guerre civils et militaires. Les propositions de Trenchard ne rencontrèrent aucune opposition à l'époque. Après la guerre, elles incitèrent les gouvernements français et britannique à réclamer la suppression de la force aérienne allemande pour une durée illimitée mais, en 1935, le Premier ministre britannique, Stanley Baldwin, admettait amèrement que le bombardier « aurait toujours raison » pendant que les chefs de la Royal Air Force plaidaient inlassablement en faveur de l'expansion de la flotte des bombardiers même au détriment des escadrilles de chasseurs.

La RAF était convaincue que l'attaque constitue la meilleure forme de défense. Le général John Slessor, chef d'état-major des forces de l'air à la fin des années 30, soutenait qu'une offensive contre le territoire ennemi aurait pour effet immédiat d'obliger la force aérienne adverse à la défensive et pour effet indirect mais décisif d'ôter à l'adversaire toute possibilité de faire la guerre. Dans son ouvrage *Air Power and Armies* (1936), il écrit : « Il est difficile de nier qu'un bombardement aérien maintenu même à intervalles irréguliers pendant assez longtemps peut réduire la production de l'industrie de guerre à un degré qui rendrait absolument impossible de satisfaire les énormes exigences d'une armée du type de 1918 en matériel de guerre de toute sorte. »

A l'aube de la Seconde Guerre mondiale, la perspective d'un bombardement stratégique éveillait des craintes si intenses que, paradoxalement, Hitler lui-même se joignit à l'accord tacite par lequel chacun des principaux belligérants s'engageait à ne pas lever le premier l'embargo moral décrété contre cette forme de guerre.

Hitler n'étendit pas l'embargo jusqu'à exclure les attaques contre les pays incapables de représailles – comme en témoignent les bombardements de Varsovie en septembre 1939 et de Rotterdam en mai 1940 – ou sur des cibles militaires chez ceux qui en étaient capables. Le bombardement de cibles militaires – aérodromes, ports, réseaux ferroviaires – était un acte conforme aux conventions les plus traditionnelles de la guerre – et, de même que ses ennemis franco-britanniques, Hitler avait appliqué cette stratégie. Cependant, jusqu'au milieu de l'été de 1940, tous les belligérants considéraient que les villes étaient inviolables. Même au début de la Bataille d'Angleterre, Hitler avait insisté pour que les attaques soient confinées aux aérodromes et aux cibles qui pouvaient être assimilées à des installations militaires, comme les docks de Londres. Ces restrictions devinrent de plus en plus difficiles à observer à mesure que la Bataille d'Angleterre se prolongeait sans perspective d'issue. Comme la nécessité d'obliger la RAF à combattre devenait plus impérieuse, Hitler cherchait des moyens de justifier la levée de l'embargo. Dans son discours du 19 juillet au Reichstag, il avait publiquement accusé les Français d'avoir bombardé Fribourg-en-Brisgau. En fait, le 10 mai, un avion égaré de la Luftwaffe avait attaqué la ville par erreur. Le 24 août, un autre appareil isolé de la Luftwaffe bombarda le centre de Londres également par erreur, provoquant un raid de représailles le lendemain sur Berlin. Hitler profita de l'occasion pour annoncer qu'il n'était plus question de ménager l'ennemi. « Lorsque les Anglais déclarent qu'ils intensifieront leurs attaques contre nos villes (Churchill n'avait rien déclaré de tel) nous raserons leurs villes. Nous mettrons un terme aux méfaits de ces corsaires de l'air, dit-il le 3 septembre à un public qui l'écoutait en extase dans le palais des sports de Berlin. L'heure viendra où l'un d'entre nous se brisera et ce ne sera pas l'Allemagne national-socialiste. »

*Crise au Bomber Command*

Pendant l'hiver de 1940, au début de sa campagne de bombardement, l'aviation britannique n'était pas en mesure d'amener l'Allemagne au point de rupture. Quand elle eut l'impertinence de bombarder Munich le jour anniversaire du putsch du 8 novembre 1923, la Luftwaffe riposta par une attaque sur la ville de Coventry, détruisant 60 000 bâtiments. Dans une tentative d'escalade, la RAF bombarda Mannheim dans la nuit du 20 décembre mais elle ne causa que le vingt-cinquième des dommages qu'avait subis Coventry – 23 morts pour 568. Telle devait être la proportion des succès des bombardements stratégiques désormais. Comme le raid sur Mannheim était une attaque directe contre leur population civile, la RAF se trouva descendue au même niveau moral que la Luftwaffe tout en manquant des moyens nécessaires pour égaler son efficacité. Pendant l'hiver de 1940-1941, la Luftwaffe incendia des hectares de villes britanniques. Le 23 décembre 1940, elle alluma 1 300 incendies dans la seule cité de Londres. Aucune ville allemande ne fut aussi abîmée en 1940-1941. Le Haut-Commandement de la RAF qui, selon les propos tenus par Churchill au ministère de la Guerre le 3 septembre 1940, devait revendiquer la première place devant la marine ou l'Armée n'était plus qu'un service exportateur de bombes en Allemagne.

Le déséquilibre entre les forces de la RAF et celles de la Luftwaffe comporte plusieurs explications. L'une est d'ordre matériel : la médiocre qualité des bombardiers britanniques qui manquent de la rapidité et de la puissance nécessaires pour transporter d'importants tonnages de bombes vers des cibles éloignées. Une autre explication est d'ordre géographique : pour atteindre l'Allemagne de l'Ouest, les bombardiers doivent survoler la France, la Belgique ou la Hollande où l'ennemi a déjà commencé à déployer un formidable écran défensif de chasseurs et de canons antiaériens. La troisième est d'ordre technologique : la RAF est obligée d'opérer de nuit, car elle ne dispose pas des chasseurs d'escorte à long rayon d'action nécessaires pour protéger les bombardiers effectuant des raids diurnes ; elle manque aussi des instruments de navigation indispensables pour détecter non seulement ses cibles désignées – usines, centrales électriques – à l'intérieur des villes qu'elle doit attaquer mais les villes elles-mêmes.

Un rapport préparé en août 1941, à l'instigation de lord Cherwell, conseiller scientifique de Churchill, révèle que seul un avion sur trois arrive à sept kilomètres de sa cible… Au-dessus des ports français la proportion est de deux sur trois. En Allemagne elle est de un sur quatre dans l'ensemble, et sur la Ruhr, cœur de l'industrie allemande et principale cible de la RAF, elle ne dépasse pas un sur dix.

En 1941, plus de 700 avions sont portés manquants. En somme, les équipages de la RAF se font tuer pour creuser des cratères dans la campagne allemande. Cette constatation va précipiter une crise. Le 8 juillet 1941, Churchill avait écrit : « Il y a une chose qui démontera Hitler : c'est une attaque massive de bombardiers lourds sur le territoire nazi. » Aiguillonnée par Churchill, la RAF entreprend un programme de fabrication de 4 000 bombardiers lourds (alors que le total quotidien d'appareils utilisables ne dépasse pas 700). Comme le chiffre fixé se révèle inaccessible, elle admet que les bombardiers déjà déployés pourraient tuer des civils allemands puisque les usines où ils travaillent sont pratiquement hors d'atteinte. Le 14 février, l'état-major de l'air émet une directive soulignant que les futures opérations devront désormais viser le moral de la population civile ennemie et, en particulier, des travailleurs de l'industrie. Pour mieux se faire comprendre, le maréchal Portal, chef de l'armée de l'air, écrit le lendemain : « Il est clair que les nouvelles cibles seront les secteurs d'habitation... ni les chantiers ni les usines d'aviation... Il faut l'indiquer clairement si ce n'est pas déjà compris. » Il était normal que ce fût Portal, le patricien intellectuel, qui eût mis en évidence le but réel du bombardement stratégique car il laissait entendre que les mécontents du prolétariat constituaient le talon d'Achille des Etats industriels. En 1925, Liddell Hart avait imaginé « les quartiers de taudis déchaînés par les bombardements », dramatisant ainsi la théorie énoncée par Trenchard en 1918. Leurs conceptions à tous les trois étaient déterminées par les appréhensions de la classe dirigeante qui redoutait une insurrection susceptible de provoquer la révolution que le succès des bolcheviks dans la Russie déchirée par la guerre avait rallumée dans toute l'Europe après 1917. Les événements allaient démontrer que c'étaient les capacités d'endurance et de souffrance du prolétariat que les effets des bombardements devaient surtout mettre à l'épreuve. Au début de 1942, les ennemis des classes laborieuses – pour employer les termes de Marx – avaient d'autres motivations. Les « champions du bombardement » s'engagèrent dans une campagne contre la classe ouvrière allemande, avec l'espoir de provoquer entre elle et ses dirigeants une rupture comparable à celle que l'épreuve de la Première Guerre mondiale avait entraînée dans la Russie tsariste.

Le choix de l'agent chargé d'appliquer la nouvelle politique fut nettement teinté d'esprit de classe. Arthur Harris était un chef sans complexes. Il ne s'embarrassait ni de doute intellectuel ni de scrupules moraux quant au bien-fondé de la politique du bombardement des secteurs civils. Il allait chercher par tous les moyens à augmenter son efficacité : « Une foule de gens prétendent que les bombardements ne peuvent gagner la guerre, dit-il à un journaliste après sa nomination. Je leur réponds que personne n'a encore essayé. Nous allons bien voir. »

Il eut la chance d'assumer son commandement à un moment où « Gee », le premier instrument de navigation, allait entrer en service. « Gee » ressemblait au système à rayonnement qui avait guidé la Luftwaffe vers les cibles britanniques en 1940-1941. Il transmettait deux paires de signaux radio qui permettaient à un avion récepteur de repérer sa position précise sur une carte quadrillée et de lâcher ses bombes sur un point prédéterminé. En décembre, Gee fut complété par « Oboe » qui fonctionnait selon le même principe mais se passait de carte et, en janvier 1943, par H2S, un radar qui donnait une image du terrain survolé avec ses points de repère marquants.

Les trois instruments de navigation améliorèrent considérablement la capacité des bombardiers à détecter leurs cibles bien que ce fût la création d'escadrilles spécialisées de la Pathfinders qui assurera l'avance décisive à partir d'août 1942. Equipés de ces trois instruments, les bombardiers légers Mosquitos rapides, volant à haute altitude, précédaient les vagues de bombardiers lourds pour marquer les cibles avec des fusées éclairantes et des bombes incendiaires.

Au début, Harris s'opposa farouchement à la création d'unités de Pathfinders, craignant qu'elles ne réduisent les moyens de la force de bombardement. Cependant, voyant que les Pathfinders trouvaient les cibles plus facilement que ne le faisaient les équipages non spécialisés, il retira ses objections.

### *L'arrivée des bombardiers lourds*

Les convictions de Harris en faveur de la tactique du bombardement stratégique furent renforcées avec l'apparition d'un nouvel appareil d'attaque hautement perfectionné. Les bombardiers britanniques disponibles au début de la guerre, les Hamden, Whitley et Wellington manquaient d'efficacité. Leurs successeurs, plus grands, les Stirling et les Manchester présentaient également des défauts – manque d'altitude ou de sécurité. Le Halifax et notamment le Lancaster, qui commença à être opérationnel en mars 1942, se révélèrent capables de transporter d'énormes cargaisons de bombes sur de longues distances et être assez robustes pour résister aux attaques nocturnes des chasseurs allemands.

Au début, Harris était plus préoccupé de quantité que de qualité. Son objectif consistait à concentrer le plus grand nombre de bombardiers sur une ville allemande pour détruire ses défenses et ses services de lutte contre les incendies. En mars, un raid réussi sur les usines Renault de Paris lui suggéra d'entreprendre une attaque contre la ville hanséatique de Lübeck sur la Baltique dans la nuit du 28 au 29 mars 1942 : « Il me paraissait plus intéressant de détruire une ville industrielle de moyenne importance que d'échouer dans la tentative de destruction d'une grande ville industrielle, déclara-t-il avec une franchise brutale. Je voulais que mes équipages connaissent le goût de la victoire, pour changer. » Lübeck, joyau de l'architecture médiévale, fut réduite en cendres et 95 pour cent des corsaires de l'air retournèrent à leur base indemnes. Ce pourcentage le persuada qu'il avait découvert une formule de victoire.

Quatre nuits durant, en avril, la RAF renouvela son expédition incendiaire sur Rostock, une autre ville médiévale de la Baltique. « Avec ces deux attaques, écrit

Harris, la superficie totale des zones allemandes dévastées s'élève à 780 hectares, à peu près l'équivalent des effets produits par les bombardements allemands en Angleterre. » La Luftwaffe riposta, visant les villes touristiques de Bath, Norwich, Exeter et York, mais elle n'eut pas les moyens de rivaliser avec la RAF dans l'escalade suivante. En mai, une énorme armada de mille bombardiers survola Cologne et incendia tout le centre de la ville, à l'exception de sa célèbre cathédrale.

Le succès des nouvelles tactiques était dû non seulement à l'augmentation du nombre des unités aériennes et à l'amélioration des instruments de détection mais encore à l'adoption de méthodes incendiaires. Désormais, les chargements de bombes étaient répartis en bombes légères incendiaires et bombes lourdes explosives à haute puissance, dans une proportion de deux pour une. A Cologne, 600 hectares furent entièrement brûlés. En juin, des raids de 1000 bombardiers sur Essen et sur Brême produisent les mêmes effets. Essen, dans la Ruhr, le centre industriel de l'Allemagne, avait déjà subi huit attaques entre mai et avril. Au printemps et en été de 1943, la RAF intensifia ses efforts pour anéantir les installations du Bassin de la Ruhr.

A ce stade, l'offensive de bombardement stratégique contre l'Allemagne était menée par la coalition de deux armadas aériennes. La VIIIe Air Force américaine était arrivée en Angleterre au printemps de 1942. En août, elle avait effectué son premier raid de jour contre les chantiers de Rouen.

Préoccupés par l'urgente nécessité de détruire les forces navales ennemies opérant dans leurs eaux, les Américains avaient développé une aviation et un appareil de visée conçus pour larguer d'énormes cargaisons de bombes sur de petites cibles avec une précision minutieuse. Le viseur Norden était l'instrument d'optique le plus précis jamais monté dans un bombardier stratégique. Le bombardier lui-même, le Boeing B-17 (forteresse volante) était remarquable pour son très long rayon d'action, son armement défensif lourd dont il avait été doté en raison de l'absence de chasseurs suffisamment résistants pour l'escorter jusqu'à sa cible. Passant du rôle défensif naval à un rôle offensif continental, la VIII^e^ Air Force du général Ira Eaker était chargée de missions de pénétration en profondeur diurnes pour compléter les expéditions nocturnes de la RAF en Allemagne et dans ses territoires occupés. En janvier 1943, Eaker disposait de 500 B-17.

### *L'offensive alliée de bombardement*

La coordination des opérations aériennes anglo-américaines contre l'Allemagne fut officialisée en janvier 1943 à la conférence de Casablanca. Une directive établit les bases d'une offensive alliée de bombardiers (nommée Point Blank) contre des cibles clés définies par ordre de priorité : chantiers de construction de sous-marins allemands, industrie aéronautique, transports, raffineries de pétrole et autres installations de l'industrie de guerre allemande. La spécification de ces cibles masquait une profonde divergence de vues entre Anglais et Américains. Eaker demeurait convaincu que les bombardements devaient être réservés aux attaques de précision sur des objectifs que Harris nommait avec dédain « cibles miracles ». Harris, pour sa part, refusait de changer de méthode. En conséquence, les deux armées de l'air se partagèrent les cibles définies par le programme de Casablanca, la RAF continua ses attaques nocturnes sur les « autres objectifs », à savoir les quartiers d'habitation des principales villes allemandes pendant que l'aviation américaine se spécialisait dans les raids de jour sur les goulots d'étranglement de l'économie allemande.

L'usine de roulements à billes de Schweinfurt en Allemagne centrale fut la première « cible miracle » choisie par les économistes qui conseillaient l'armée de l'air américaine. L'analyse suggérait que la destruction de l'usine qui fournissait des pièces essentielles pour les mécanismes des trains d'atterrissage, des chars et des U-boots, paralyserait la production d'armement allemande. Cette théorie n'était qu'en partie fondée. En effet l'Allemagne possédait d'autres sources de ravitaillement à Regensburg et dans la Suède neutre, qui non seulement se trouvait hors du rayon d'action des bombardiers alliés, mais était dans la dépendance de l'Allemagne pour ses importations en charbon. La pratique se révéla désastreuse. Forcées de traverser le Nord de la France et la moitié de l'Allemagne de jour, sans escorte, les formations de forteresses volantes furent décimées par les attaques de chasseurs ennemis. Sur les 229 B-17 qui avaient pris le départ le 17 août, 36 furent abattus, soit 16 pour cent, trois fois la proportion que la RAF jugeait « acceptable » pour une seule mission. Un raid secondaire sur Regensburg, effectué le même jour, fut tout aussi catastrophique. La VIIIe armée interrompit ses raids de pénétration en Allemagne pendant cinq semaines.

## *Les raids sur Hambourg*

Alors que la campagne américaine reste en suspens, les Anglais étendent leur œuvre de destruction plus avant dans les villes d'Allemagne de l'Ouest. Pendant la bataille de la Ruhr, qui dure de mars à juillet, 800 avions larguent 58 000 tonnes de bombes sur le cœur industriel de l'Allemagne au cours de 18 000 sorties. En mai et août, Harris est obligé d'accomplir deux missions miracles qui sont de brillants succès. Dans la première, une escadrille spécialement entraînée, la 617, détruit les barrages de la Möhne et de l'Eder qui fournissent à la Ruhr la majeure partie de son énergie hydroélectrique. En août, un raid plus important dévaste les laboratoires et ateliers de Peenemünde sur la côte de la Baltique où, selon des sources de renseignements bien informées, les Allemands construisaient un arsenal de missiles téléguidés.

En juillet, un raid de quatre nuits sur Hambourg provoqua un violent incendie et réduisit en cendres le cœur du grand port allemand. Le déclenchement d'un incendie nécessite un concours particulier de conditions atmosphériques et d'impuissance de la défense civile. Quand ces circonstances sont réalisées, les conséquences sont catastrophiques. Un foyer central d'incendie s'alimente de l'oxygène puisé à la périphérie par des vents qui atteignent la vitesse du cyclone, étouffant ceux qui se sont réfugiés dans les caves et les abris. Les débris sont aspirés dans le vortex et les températures s'élèvent à un niveau où tout ce qui est inflammable prend feu par combustion spontanée. Ces conditions étaient réunies à Hambourg entre le 24 et le 30 juillet 1943. Il y avait eu auparavant une longue période de chaleur sèche. Ensuite, le premier bombardement rompit les conduites de distribution d'eau en 847 points et, bientôt, la température monta à 1500 degrés Fahrenheit. Quand l'incendie se fut éteint, 20 pour cent des immeubles de Hambourg étaient encore debout. Le centre de la ville n'était plus qu'un amas de décombres. Le nombre des morts s'élevait à 30 000 dont 20 pour cent d'enfants.

Hambourg ne fut pas le seul foyer d'incendie allumé par la RAF. Elle devait obtenir le même résultat en octobre à Cassel où les incendies durèrent sept jours et dans d'autres villes allemandes, notamment Wurzbourg (4 000 morts), Darmstadt (6 000 morts), Heilbronn (7 000 morts), Wuppertal (7 000 morts), Weser (9 000 morts) et Magdebourg (12 000).

Encouragé par ses succès à Hambourg, Harris étendit ses visées au-delà de la périphérie des villes industrielles et des ports hanséatiques de l'Allemagne de l'Ouest. Berlin avait été l'un des premiers objectifs de la RAF. En novembre 1943, Harris décida qu'elle deviendrait la cible principale de ses équipages pendant la saison des nuits les plus longues. Elle avait déjà subi des attaques en janvier 1942, mais les raids avaient été abandonnés en raison de la distance qui la séparait des bases de la RAF. Des attaques tests tentées en août et septembre révélèrent que la capitale du Reich était désormais une cible plus facile pour la nouvelle armée de l'air britannique. Dans la nuit du 18 au 19 novembre 1943, la RAF engagea toutes ses forces dans la bataille de Berlin.

Entre cette première nuit et le 2 mars 1944, elle effectua seize raids sur la ville. Jusqu'alors Berlin n'avait guère subi de dommages et continuait à fonctionner normalement en tant que capitale non seulement du Reich mais de toute l'Europe hitlérienne. La ville restait un grand centre industriel, administratif et culturel. Ses grands hôtels, restaurants et théâtres étaient prospères, de même que ses élégants secteurs résidentiels, tels que Dahlem, quartier de la haute bourgeoisie opposée à Hitler. « Missie » Vassilchikov, une Russe blanche anglophile, réfugiée à Berlin, amie intime d'Adam von Trott, l'un des principaux conspirateurs du complot du 20 juillet, trouvait que la vie n'avait pratiquement pas changé depuis le début de la guerre. Elle continuait à mener une existence mondaine et à s'absenter de son service au ministère de la propagande de Goebbels sous des prétextes aussi futiles qu'une invitation au dernier grand mariage aristocratique qui eut lieu chez les Hohenzollern-Sigmaringen avant la bataille de Berlin.

Mais alors les nuages de la guerre s'accumulaient sur Berlin. Goebbels, Gauleiter de Berlin, persuada un million de Berlinois de quitter la capitale avant que la RAF n'entreprenne sa campagne de bombardements. Ceux qui restèrent connurent les attaques aériennes comme en subirent toutes les populations des villes pendant la Deuxième Guerre mondiale. Construit en grande partie aux XIXe et XXe siècles, Berlin, avec ses grands espaces verts et ses larges avenues, résista bien aux incendies. Néanmoins, le déluge de bombes et d'explosifs qui s'abattit sur elle causa de terribles dégâts. Bien que le nombre des morts ne dépassât pas 6 000 grâce à la construction de solides abris dans onze énormes tours de béton, 1,5 million d'habitants se trouvèrent sans abri et, à la fin de mars 1944, une grande partie de la ville était détruite de fond en comble.

La bataille cessa non seulement parce que tous les appareils de la RAF étaient requis pour les préparatifs du jour J, mais parce que Harris lui-même dut reconnaître que Berlin avait relativement moins souffert que ses propres équipages au cours des raids de bombardements sur la capitale. A la fin de mars 1944, il disposait d'une moyenne quotidienne de mille bombardiers. Mais les pertes subies dépassaient de 5 pour cent le « maximum acceptable » et approchaient parfois 10 pour cent. Comme les équipages de bombardiers devaient effectuer trente missions avant de pouvoir prétendre à un congé, chacun pouvait envisager l'éventualité d'être abattu avant d'obtenir une permission. En pratique, au-delà de cinq missions, un équipage avait plus de chances de survie que les novices qui figuraient en majorité dans les 5 pour cent de sacrifices « acceptables ». Quand le taux des pertes s'élevait à 10 pour cent, les survivants voyaient la mort se rapprocher et leur moral s'en ressentait, ce qui se traduisait par un bombardement au plus court et un retour anticipé à la base.

La montée du pourcentage des pertes britanniques témoignait de l'efficacité des moyens de défense allemands. A mesure que les bombardiers pénétraient plus avant en Allemagne, ils s'exposaient davantage aux tirs de la DCA et aux attaques de chasseurs ennemis. Au début des raids de nuit, la Luftwaffe avait éprouvé autant de difficultés à intercepter la RAF que celle-ci en avait eu à repousser les attaques allemandes en 1940-1941. En 1942, grâce à l'amélioration apportée à ses instruments de détection et à ses armements, ses succès augmentèrent considérablement. Cependant, les tirs de la DCA ne pouvaient atteindre les Mosquitos volant à une altitude de 11 000 mètres. En revanche, les chasseurs pouvaient attaquer à moins de 150 mètres une fois guidés vers leurs cibles. A partir d'octobre 1940, les Allemands commencèrent à déployer une force de chasseurs nocturnes, équipée de radars, guidés vers les intrus par des stations radar au sol (les « Würzbourg »). La RAF riposta en équipant ses appareils de dispositifs de détection, en augmentant la densité de ses vagues de bombardiers pour offrir une cible plus réduite aux chasseurs et finalement en lâchant des leurres métalliques pour créer des interférences dans les émissions radar. Les Allemands étaient devenus experts dans l'interception des émissions électroniques de la RAF en tant qu'indicateurs de cibles. De plus, ils perfectionnaient leurs propres radars pour diminuer les effets des leurres et augmentaient la densité de leurs formations pour rivaliser avec celles des Anglais. A la fin de 1943, les escadrilles de nuit équipées de radars furent renforcées par des formations de chasseurs diurnes utilisées de nuit, guidées vers les bombardiers par radio et à l'aide de balises lumineuses, et qui attaquaient à la lumière des projecteurs.

*La bataille des matériels*

Si la RAF avait été la seule force de l'air ennemie de l'Allemagne, elle aurait été bien près de s'avouer vaincue au printemps de 1944. Cependant, la VIIIe Air Force, toujours engagée dans une campagne de bombardements diurnes contre des objectifs précis, avait assemblé une force de 1 000 B-17 et B-24 Liberator en Angleterre et elle s'apprêtait à montrer aux Allemands ce que les Américains entendaient par une « véritable bataille de matériel ». Jusqu'alors, exception faite de ses coûteuses incursions à Schweinfurt et Regensburg, elle n'avait guère lancé d'attaques massives sur les villes de l'intérieur. En février 1944, sous les ordres des nouveaux commandants Spaatz et Doolittle (le héros du raid sur Tokyo), elle commença à s'approcher des objectifs que la Luftwaffe était obligée de défendre : usines d'aviation et les douze complexes de production de pétrole synthétique. En 1943, Albert Speer, ministre des Armements du Reich, avait privé l'ennemi d'une grande partie de son programme de cibles en séparant les complexes industriels et en dispersant les petites usines dans de nouveaux emplacements, particulièrement en Allemagne du Sud. Cependant, il lui était impossible de disperser les usines d'aviation et les installations pétrolifères. Elles fournirent à la « Puissante Huitième » (Mighty Eight) des cibles idéales.

La VIIIe Air Force possédait les moyens de les atteindre. Les bombardements diurnes nécessitaient des escortes de chasseurs. En conséquence, la RAF avait renoncé à ce genre d'opération car les Spitfire avaient un rayon d'action trop court pour atteindre l'Allemagne.

En 1943, c'est pour la même raison que les chasseurs américains avaient limité la VIIIe Air Force à des attaques en France et dans les Pays-Bas. Néanmoins, après août, les P-47 Thunderbolt et le P-38 Lightning furent équipés de réservoirs qui leur donnaient l'autonomie nécessaire pour dépasser la Ruhr. En mars 1944, un nouveau modèle sortit des usines : le P-51 Mustang qui, équipé de ses réservoirs, pouvait voler au-delà de Berlin, à 800 kilomètres de ses bases britanniques. Le P-51 était un nouveau phénomène ; un chasseur à long rayon d'action avec les capacités d'un intercepteur à court rayon d'action. Sa production avait été ralentie parce qu'il était un hybride anglo-américain sans sponsor puissant. Dans une cellule américaine sous-motorisée, les Anglais avaient placé le fameux moteur Merlin. Dès que Spaatz et Doolittle eurent vérifié ses capacités, ils préconisèrent sa production en masse. En mars, le ciel d'Allemagne était rempli de P-51 et ils commençaient déjà à briser la résistance de la Luftwaffe. Vers la fin du mois, 14 000 de ces appareils devaient sortir des usines.

Dès que l'opération Overlord fut terminée, Point Blank reprit avec une intensité redoublée. Même pendant la bataille de Normandie, la VIIIe Air Force avait poursuivi ses attaques contre les complexes de pétrole synthétique allemand. A la fin de l'été, ses résultats dépassèrent ses espérances. Entre mars et septembre, la production de pétrole de l'ennemi baissa de 316 000 tonnes à 17 000 et celle du carburant pour moteurs d'avion descendit à 5 000 tonnes. Dès lors, la Luftwaffe vécut sur ses réserves qui, au début de 1945, étaient complètement épuisées. Les forces de bombardement alliées coordonnaient leur campagne de vingt-quatre heures sur vingt-quatre contre les villes allemandes avec une concentration particulière sur les réseaux de transport. A la fin d'octobre, le nombre de wagons de chemin de fer disponibles chaque semaine était passé de

900 000 à 700 000 et, en décembre, il était descendu à 2 140 000.

Sous les bombardements de jour et de nuit de la RAF et de l'USAAF qui déployèrent chacune plus de 1 000 avions pendant l'automne, l'hiver et le printemps de 1944-1945, la vie économique allemande était complètement paralysée. Envahi à l'est et à l'ouest par les armées ennemies, le Reich n'était plus protégé par le *cordon sanitaire*[1] des territoires occupés. La Luftwaffe était dominée et dépassée par les escortes des bombardiers de jour et ne pouvait plus faire décoller ses rares chasseurs survivants. Bien que la défense aérienne eût drainé deux millions d'hommes et de femmes hors des autres services, elle devint inefficace devant la densité et la rapidité des attaques nocturnes, tandis que la proportion des pertes alliées était réduite à 1 pour cent par mission.

Le brusque renversement d'avantages entre l'attaque et la défense découlait directement de l'apparition du Mustang comme escorteur des Liberator et forteresses de la VIIIe Air Force. A la fin de 1943, l'aviation américaine avait été vaincue par les chasseurs diurnes de la Luftwaffe. Au début de 1944, l'aviation anglaise avait été battue par ses chasseurs nocturnes. Grâce au Mustang, la VIIIe Air Force put pénétrer dans l'espace aérien allemand. De ce fait, elle força la Luftwaffe à épuiser ses réserves de carburant et l'empêcha de maintenir la haute proportion de pertes qu'elle avait infligées à la RAF en 1943-1944.

Comme les succès des bombardements anglo-américains coïncidaient avec la défaite de la Wehrmacht sur terre et l'occupation progressive des territoires du Reich, il est difficile de prouver que les partisans du bombardement stratégique possédaient réellement le

1. En français dans le texte *(NdT)*.

secret de la victoire. Cette thèse allait être mieux étayée par les résultats de la campagne américaine contre le Japon où 158 000 tonnes de bombes dont deux tiers d'incendiaires détruisirent 60 pour cent des zones d'habitation, réduisant la population à la misère et au désespoir. Même avant le largage de la bombe atomique sur Hiroshima et Nagasaki et l'invasion de l'Armée rouge en Mandchourie, la volonté de résistance des insulaires avait été brisée par les bombardements de la XXe Air Force du général Curtis LeMay.

Par contraste, le moral des civils allemands ne fut jamais abattu par les attaques aériennes massives. Dévastée dans la nuit du 14 février 1945, Dresde ne recommença à vivre qu'après la fin de la guerre. Cependant, à Berlin, les services et les transports continuèrent à fonctionner même pendant les batailles de rues d'avril 1945. A Hambourg, le nombre des morts causées par les bombardements de juin 1943 (50 000) égalait presque celui des pertes de l'Angleterre pendant toute la guerre (60 000). Pourtant la production industrielle reprit à 80 pour cent de son rendement normal dans les cinq mois. Rien ne justifie mieux la réputation de discipline et d'endurance du peuple allemand que la force d'âme dont ont fait preuve ses hommes et surtout ses femmes sous les bombardements aériens de 1943-1945.

Les bombardements stratégiques coûtèrent cher à la population allemande. Dans l'ensemble, 600 000 civils dont 18 pour cent d'enfants et près de 60 pour cent de femmes périrent sous les attaques aériennes ; 80 000 individus furent grièvement blessés. Dans les villes de la Ruhr, on comptait 87 000 victimes ; 50 000 à Hambourg, 50 000 à Berlin, 20 000 à Cologne, 15 000 à Magdebourg et 4 200 à Wurzbourg, ce joyau de l'art baroque. Après la guerre, les privations vinrent s'ajouter aux souffrances causées par les deuils et les destructions. Les réductions (30 pour cent dans la production de l'acier, 25 pour cent dans la fabrication des moteurs, 15 pour cent en énergie électrique, 15 pour cent en produits chimiques et 100 pour cent en pétrole) combinées aux effets de l'immobilisation quasi totale des moyens de transport ôtaient à la population survivante toute possibilité d'entreprendre une quelconque reconstruction. L'arrêt des transports imposait aussi des restrictions de combustible qui réduisaient la consommation au niveau de survie minimum.

Comme la totalité de l'Allemagne était occupée au moment de la capitulation, aucune partie de la population n'eut à subir les affres de la famine comme ce fut le cas, en novembre 1918, après la période de blocus de guerre imposée par les Alliés. Les armées, y compris l'Armée rouge, collectèrent des vivres et assurèrent la responsabilité de leur distribution. Les forces aériennes qui s'étaient acharnées à la destruction économique de l'Allemagne en 1943-1945 se trouvèrent engagées dans le transport des denrées vitales aux villes qu'elles avaient survolées avec des charges explosives et des bombes incendiaires.

Au cours de leur campagne, les escadrilles alliées avaient subi de lourdes pertes elles aussi. Dans la seule année 1944, la VIII$^{e}$ Air Force perdit 2 400 bombardiers et, au cours de la guerre, la RAF compta 55 0000 morts, plus que le nombre des officiers tués pendant la Première Guerre mondiale. Cependant, les morts ne furent pas honorés au même titre que ceux de la « génération perdue ». Bien qu'elle eût apporté une amère satisfaction à la majorité du peuple britannique, leur campagne ne reçut jamais le soutien de toute la nation. Son éthique fut publiquement mise en doute à la Chambre des communes par Richard Stokes et, plus encore, à la Chambre des lords par l'évêque Bell de Chichester ; et, dans une correspondance privée, par le marquis de Salisbury, chef de la famille la plus ardemment conservatrice d'Angleterre. Il est certain, écrit-il, « que ce sont les Allemands qui ont commencé mais nous ne prenons pas le diable pour exemple ». Cette réflexion traduisait cette prise de conscience nationale qui, après la guerre, dénia au « bombardier » Harris les honneurs de la pairie conférée à tous les autres commandants britanniques et à sa flotte aérienne le droit à une médaille distinctive. Le dos au mur, le peuple britannique avait choisi de ne pas reconnaître qu'ils étaient descendus au niveau de l'ennemi. Dans la victoire, il se rappelait que le *fair play* faisait partie de son code de l'honneur. Le bombardement stratégique, qui n'était peut-être même pas une stratégie efficace, n'entrait certainement pas dans les règles du *fair play*. Ses partisans les plus convaincus décidèrent de tirer un voile sur ses procédés et ses résultats.

## 23

# LES ARDENNES ET LE RHIN

Habituée à surmonter les crises, l'armée allemande ne perdit pas de temps à se remettre du désastre de Normandie. Hitler avait été contraint d'accepter les résultats de la bataille de Falaise. Pourtant, il s'était toujours refusé à permettre la construction de défenses sur la ligne de la Somme et de la Marne que le groupe d'armée B considérait comme une position intermédiaire entre les murs de l'Atlantique et de l'Ouest. En conséquence, après sa traversée de la Seine entre le 19 et le 29 avril, la Westheer ne put s'arrêter dans sa retraite avant d'avoir atteint des positions défensives sur les grands cours d'eau de l'Europe du Nord – l'Escaut, la Meuse, les affluents du Rhin – dans la première semaine de septembre. Les Anglais s'emparèrent de Bruxelles le 3 septembre et d'Anvers le lendemain, à la grande joie des populations civiles. Le 14 septembre, la Belgique et le Luxembourg étaient aux mains des Alliés ainsi qu'une partie de la Hollande. Le 11 septembre, quelques patrouilles de la I$^{re}$ armée américaine passèrent la frontière allemande près d'Aix-la-Chapelle. L'avant-garde de la force franco-américaine qui avait débarqué le 15 août en Provence rejoignit la III$^{e}$ armée de Patton près de Dijon le 11 septembre et entra ensuite en Alsace en tant que 6$^{e}$ groupe d'armée. A la fin de la deuxième semaine de septembre, une ligne allant des rives de l'Escaut en Belgique au coude du Rhin à Bâle, sur la frontière suisse, formait un front continu en Europe du Nord.

Cependant, Patton et Montgomery, les adjoints entreprenants d'Eisenhower, arrivèrent aux abords de la frontière allemande convaincus qu'une stratégie plus hardie et une distribution de ravitaillement mieux calculée auraient assuré la rupture du Mur de l'Ouest. Pour trouver les racines de la querelle connue comme celle de « la stratégie du front large contre celle du front étroit », il faut remonter à l'opération Overlord alors que la campagne de bombardements aériens contre le réseau de chemins de fer français battait son plein. Les forces alliées avaient si bien réussi à détruire les ponts, les voies ferrées et le matériel roulant qu'en août, après leur sortie de la tête de pont, les armées ne purent être ravitaillées que par la route. Il leur restait à espérer que la prise progressive des ports de la Manche leur permettrait de se passer en partie des transports routiers. Malheureusement, sur l'ordre de Hitler, le groupe d'armée B laissa des garnisons au Havre, à Boulogne, Calais, Dunkerque et à l'embouchure de l'Escaut. Bien que le Havre fût pris le 12 septembre, Boulogne le 22 et Calais le 30, Dunkerque résista jusqu'en décembre et les défenses de l'estuaire de l'Escaut étaient encore aux mains des Allemands au début de novembre.

On constate rétrospectivement que l'incapacité des Alliés à dégager l'estuaire de l'Escaut et, par conséquent, à ouvrir la voie au ravitaillement allié vers Anvers constitua la faille la plus dangereuse de la post-campagne de Normandie. De plus, rien ne la justifiait, puisque Ultra avait prévenu le quartier général de Montgomery que Hitler avait décidé d'empêcher les Alliés d'utiliser les ports et cours d'eau de la Manche. Dès le 12 décembre, la section d'informations personnelle de Montgomery au 21e groupe d'armée signala que les Allemands avaient l'intention de « tenir le plus longtemps possible de part et d'autre d'Anvers sans lequel les installations portuaires, bien que peu endommagées, ne pourront nous être d'aucune utilité ».

Malgré tous les conseils, et contrairement à son propre instinct militaire qui était aigu, Montgomery refusa de faire demi-tour pour dégager l'estuaire de l'Escaut. Il décida d'utiliser la Ire armée alliée aéroportée (1re division britannique, 82e et 101e américaines) pour traverser la Meuse et le Bas-Rhin poser des jalons sur la plaine d'Allemagne du Nord et prendre la Ruhr, cœur de l'économie de guerre allemande. Le 10 septembre, jour où il prit officiellement le commandement des forces terrestres de l'Europe du Nord-Ouest et fut nommé maréchal, il soumit son plan au Haut-Commandement allié qui l'accepta et, le 17 septembre, l'opération « Market-Garden » commença.

Market, qui prévoyait la prise des ponts d'Eindhoven et de Nimègue par les divisions aéroportées américaines fut un brillant succès. Garden, la descente de la 1re division aéroportée britannique sur les ponts plus éloignés du Rhin à Arnheim fut un échec. A la suite de l'expérience de la 7e division parachutiste allemande en Crète, les Alliés avaient compris que les opérations aéroportées devaient être effectuées à une certaine distance de l'objectif choisi sur lequel les parachutistes ne devaient se concentrer qu'après avoir rassemblé leur équipement et s'être regroupés. La 1re division atterrit sans difficulté mais, en avançant vers les ponts d'Arnheim, elle trouva les 9e et 10e Panzerdivisions qui se rééquipaient dans le secteur après leurs épreuves de Normandie. Les deux divisions ne comprenaient qu'une compagnie de chars, quelques voitures blindées et plusieurs chenillettes.

Pourtant, même les vestiges d'une Panzerdivision déployaient plus de puissance de feu que la 1re aéroportée dont le soutien d'artillerie était fourni par des obusiers de 75 millimètres que leurs propres servants qualifiaient d'inoffensifs. Après avoir vu l'un des deux ponts d'Arnheim s'écrouler dans le Rhin, les parachutistes britanniques réussirent à s'emparer de l'autre. Ils le conservèrent solidement jusqu'au 20 septembre, espérant que les chars alliés viendraient les secourir mais la division blindée des gardes qui allait à leur rencontre se trouva bloquée sur une route étroite entre des champs inondés et ne put avancer à la vitesse prévue. Les renforts allemands s'étaient concentrés autour du périmètre d'Arnheim et, le 24 septembre, les Anglais reçurent l'ordre de battre en retraite. Certains réussirent à se replier grâce à des bacs improvisés, d'autres revinrent à la nage sur la rive sud du Rhin. Un peu plus de 2 000 hommes réussirent à s'échapper ; 1 000 furent tués au cours de la bataille, 6 000 furent faits prisonniers. La 1re division aéroportée avait pratiquement cessé d'exister.

Arnheim représentait le premier succès de l'armée allemande depuis son départ de Normandie. Elle avait aussi soutenu une défense à peine remarquée mais réussie à Aix-la-Chapelle et elle renforçait activement sa position le long de l'estuaire de l'Escaut, apparemment à l'insu du 21e groupe d'armée de Montgomery. Pendant sa galopade désordonnée vers Bruxelles, le 21e groupe d'armée avait dépassé les éléments non mécanisés de la XVe armée allemande dont le nouveau commandant Gustav von Zangen réussit à évacuer les 65 000 survivants de 9 divisions par l'embouchure de l'Escaut vers l'île de Walcheren et la zone côtière de Beveland du Sud. Il laissa une tête de pont sur la rive nord à Breskens. Montgomery ne se soucia pas avant le 6 octobre de la Ve armée reconstituée. A cette date, alerté par la précarité de la position logistique des armées alliées tant qu'Anvers restait inutilisable, il chargea les troupes canadiennes de prendre et de dégager les rives inondées de l'Escaut. Il les lança dans l'opération la plus pénible qu'exécutèrent les armées alliées pendant l'hiver de 1944. Les combats cessèrent le 8 novembre mais il restait encore à nettoyer deux fleuves parsemés de mines. Ce ne fut que le 29 novembre, quatre-vingt-cinq jours après sa capitulation, que le port d'Anvers fut enfin ouvert à la navigation.

L'improvisation logistique sur les 600 kilomètres de route séparant les plages normandes de la zone des opérations permit la reprise des offensives d'un bout à l'autre du front. Sur le front américain, à côté de celui de Montgomery, le 12e groupe d'armées faisait face au Mur de l'Ouest, qui s'était dégradé depuis 1939, mais avait été hâtivement restauré. Eisenhower espérait qu'une poussée concertée de part et d'autre d'Aix-la-Chapelle permettrait une percée vers Cologne avant que l'hiver ne mette fin à la campagne. Le Mur de l'Ouest, en tout cas, se révéla un obstacle encore formidable lorsque les Ire et IXe armées attaquèrent le 16 novembre 1944. Les denses taillis de la forêt d'Hürtgen en particulier défiaient toutes les tentatives de percée. A l'extrémité sud du front, Patton qui en voulait toujours à Eisenhower de lui avoir refusé son appui logistique pour sa poussée sur le Rhin en septembre, livrait une bataille plus mobile en Lorraine contre le groupe d'armée G (Bazok), composé des divisions qui avaient fui le sud de la France et de renforts prélevés sur l'armée de l'intérieur allemande. Les Allemands bénéficiaient des avantages défensifs offerts par une succession de cours d'eau, la Moselle, la Meurthe, la Seille, et l'ancienne zone de fortifications française construite en 1870-1914. Ils se replièrent pied à pied, obligeant la

III^e^ armée de Patton à ne s'emparer de Metz qu'au prix d'âpres combats qui durèrent du 18 novembre au 13 décembre. Patton n'atteignit le Mur de l'Ouest au niveau du cours inférieur de la rive de la Sarre que le 15 décembre. L'hiver commençait à s'installer, accompagné de fortes chutes de neige, lorsque les avant-gardes américaines réussirent à prendre pied sur quelques petites têtes de pont enjambant le fleuve. Le 6^e^ groupe d'armées de Devers, composé de la VII^e^ armée américaine et de la I^re^ armée française, avait pu chasser les Allemands d'Alsace malgré les difficultés du terrain montagneux des Vosges. Les troupes américaines entrèrent à Strasbourg le 23 novembre mais une poche de résistance autour de Colmar protégeait encore le Haut-Rhin. Elle continua à se maintenir jusqu'au milieu de décembre malgré tous les efforts des Français pour s'en emparer.

Le ralentissement de la poussée alliée contre les défenses extérieures de l'Allemagne en automne et au début de l'hiver de 1944 est dû dans une large mesure aux difficultés logistiques de la campagne. Il s'explique aussi par le regain de puissance des forces allemandes. Au début de septembre, Hitler avait chargé Goebbels de mobiliser vingt-cinq nouvelles divisions de Volksgrenadiers pour garnir les défenses de l'Ouest. Himmler, qui dirigeait l'armée de l'intérieur depuis la destitution de Fromm, trouva les effectifs requis en ratissant tous les secteurs statiques de l'Allemagne. Ce procédé permit aussi de combler les vides dans les divisions décimées par la bataille de Normandie. Entre le 1^er^ septembre et le 15 octobre, 150 000 hommes peuvent être ainsi recrutés et encore 50 000 de plus puisés dans les réserves du Haut-Commandement de l'Ouest. En outre, malgré la reprise de l'offensive de bombardement anglo-américaine en septembre, l'industrie de guerre allemande avait atteint son niveau de production le plus élevé de la guerre grâce à la politique de dispersion des usines loin des centres traditionnels. En conséquence, en 1944, la production des chars et des canons d'assaut avoisina celle de l'Union soviétique pendant la même période : les 11 000 chars moyens et canons d'assaut, les 16 000 chars destroyers et 5 200 chars lourds nouvellement construits suffirent à maintenir les Panzerdivisions existant sur le terrain et à équiper treize nouvelles brigades Panzers dont neuf furent regroupées par la suite en divisions.

Les états-majors de Hitler se faisaient beaucoup d'illusions s'ils supposaient que tous ces efforts de reconstruction et de rééquipement suffisaient à réparer les pertes subies au cours de l'été catastrophique de 1944. Hitler, il est vrai, était expert dans l'art de l'autosuggestion. Bien qu'il ne permît à aucun de ses commandants de céder la moindre parcelle de terrain, il s'accommodait toujours des pertes de terrain qui se produisaient inévitablement, en affirmant que l'ennemi s'exposait ainsi à une contre-attaque qui réparerait tous les dommages causés et permettrait de reprendre le territoire abandonné par-dessus le marché. C'est ce mécanisme d'autodéfense qui l'avait incité à exiger le maintien de Paulus à Stalingrad en novembre 1942, à refuser à Arnim l'autorisation d'évacuer la Tunisie en mars 1943 et à conduire la V<sup>e</sup> armée Panzers à sa perte à Mortain en août 1944. Avant même que la bataille de Normandie eût complètement cessé, le même schéma d'auto-illusion commença à refaire surface dans ses estimations stratégiques. Le 19 août, alors que les VIP et V<sup>e</sup> armées Panzers s'efforçaient encore de sortir du goulot de la poche de Falaise, il convoqua Keitel, Jodl et Speer et leur ordonna de reconstituer les forces de la Westheer car il envisageait de lancer une contre-offensive d'envergure sur le front de l'Ouest en novembre. « La neige, le brouillard la nuit maintiendraient au sol les forces aériennes alliées, prédit-il le 1er septembre, et nous donneraient les conditions de la victoire. »

Hitler réunit son état-major opérationnel à la tanière du loup le 16 septembre pour lui révéler le lieu et l'objectif de l'opération « Wacht am Rhein » : « J'ai pris une décision capitale, déclara-t-il. L'offensive partira des Ardennes avec pour objectif Anvers. » Il exposa ensuite son plan en détail : encore inutilisable au milieu de septembre, Anvers était le principal port de ravitaillement des Alliés qui n'allaient pas manquer de lancer une offensive en Allemagne à partir de cette base. Si les Allemands s'emparaient de la ville, cette offensive serait retardée de plusieurs mois. Pendant ce temps, les fusées V2 dont les bases principales se situaient au-delà d'Anvers pourraient infliger de terribles dégâts à Londres, ce qui aurait un effet désastreux sur le moral de la population. De plus, au cours de la poussée sur Anvers qui ne se trouvait qu'à 90 kilomètres des positions de la Westheer dans les Ardennes, il isolerait les armées anglo-canadiennes des troupes américaines postées plus au sud, les encerclerait et les détruirait. Les forces respectives en présence sur le front de l'Ouest seraient ainsi équilibrées et la puissance croissante de ses armes secrètes lui permettrait de reprendre l'initiative. Ce serait alors au tour de l'Ostheer de frapper les Russes sur les frontières de l'Est pour que l'Allemagne, profitant de la « stratégie de la position centrale » puisse retrouver ses avantages intrinsèques et remporter la victoire.

Hitler était d'autant plus convaincu du bien-fondé de ses illusions que le point de départ de son offensive se trouvait dans les Ardennes. C'était là, en effet, du côté allemand des Ardennes, l'Eifel, que s'était regroupée l'armée qui avait percé le front français en 1940 et à travers les Ardennes que ses Panzerdivisions s'étaient avancées pour effectuer leur attaque-surprise. En 1944, comme en 1940, l'Eifel et les Ardennes offraient à ses soldats la protection de forêts épaisses et de vallées étroites quasi invisibles aux avions de reconnaissance. A l'intérieur de cet amas de végétation et de rochers, ses nouvelles Panzerdivisions pourraient se rassembler et avancer vers leurs positions d'attaque sans que leur présence et leurs intentions puissent être prématurément découvertes. De plus, renouvelant maladroitement les erreurs commises par le Haut-Commandement français quatre ans auparavant, l'état-major général allié considérait dans l'automne 1944 les Ardennes comme un front secondaire et maintenait le gros des forces anglo-britanniques réparti au nord et au sud. Ainsi, pour la seconde fois, la région des Ardennes offrait précisément les mêmes points faibles que Kleist et Guderian avaient su exploiter en mai 1940.

Malgré tout, l'opération « Wacht am Rhein » n'inspirait pas la même confiance aux généraux qui étaient chargés de l'exécuter. Rundstedt et Model, le remplaçant de Kluge, étaient d'accord pour dire que le plan du Führer ne tenait pas debout. Ils en proposèrent un autre qui consistait à harceler les forces ennemies en face des Ardennes au lieu de les détruire mais Hitler ne voulait rien entendre. Il envoya Jodl au quartier général de Model, le 3 novembre, pour lui signifier que son plan était « inaltérable » et, le 2 décembre, il convoqua Rundstedt et Model à la Chancellerie du Reich à Berlin où il avait établi son quartier général après le 20 novembre, date de son départ définitif de Rastenburg. Il les autorisa uniquement à reporter le début de l'offensive et à la rebaptiser « Brouillard d'automne », nom choisi initialement par Model pour son propre plan.

« Hitler m'ordonne tout simplement de traverser un fleuve, puis de prendre Bruxelles et d'aller ensuite m'emparer d'Anvers, déclara amèrement Sepp Dietrich, commandant une des deux armées affectées à l'opération. Et tout cela à la pire saison de l'année, dans les Ardennes, quand on enfonce dans la neige jusqu'à la taille et qu'il n'y a même pas la place de déployer quatre chars de front. Il ne fait pas jour avant huit heures et la nuit tombe à quatre heures. Et avec des divisions reformées, composées de gamins et de vieillards fatigués... et, par-dessus le marché, à Noël ! » Cette analyse de l'un des plus loyaux partisans de Hitler est rigoureusement exacte. Sur le papier, l'ordre de bataille de l'armée allemande pour l'opération Brouillard d'automne paraît impressionnant. Deux armées Panzers, la V^e^ et la VI^e^, respectivement sous les ordres de Manteuffel et de Dietrich, déploient à elles deux huit Panzerdivisions, une Panzers grenadiers et deux divisions parachutistes dont la plupart ont participé à la campagne de Normandie et sont donc commandées par des officiers expérimentés.

Elles comprennent les 1^re^, 2^e^, 9^e^ et 12^e^ Panzer SS, les 2^e^, 9^e^, 116^e^ Panzer et la Panzer-Lehr ainsi que les 3^e^, 15^e^ Panzer grenadiers, et les 3^e^ et 5^e^ divisions parachutistes. Cependant, bien que tout ait été mis en œuvre pour équiper ces troupes, certaines, comme la 2^e^ et la 116^e^ Panzer, ne déployaient qu'une centaine de chars chacune. Quant aux Volksgrenadierdivisions qui devaient appuyer les pointes blindées, elles étaient mal équipées et composées en majeure partie d'éléments ethniques qui devaient leur nationalité allemande à des modifications de frontière, la 62^e^ Volksgrenadierdivision, par exemple, comprenait de nombreux conscrits tchèques et polonais de régions annexées au Reich, ne parlant pas allemand et dont les sympathies allaient aux armées alliées qu'ils devaient combattre. La 352^e^ Volksgrenadierdivision, réorganisée sur les débris de celle qui s'était battue à Omaha Beach, était composée d'aviateurs et de marins. Quant à la 79^e^ Volksgrenadier, elle était formée de soldats « ratissés » de l'arrière.

Une autre faiblesse du plan était le manque de carburant. Un quart des besoins nécessaires était en place au début de l'offensive, principalement à l'est du Rhin, tandis que les éléments avancés de l'attaque étaient supposés s'emparer des dépôts alliés au cours de leur progression.

Hitler n'en était pas moins convaincu que l'opération Brouillard d'automne allait réussir. S'adressant aux généraux qui devaient l'exécuter, il brossa le tableau de l'alliance des Etats capitalistes composés d'« éléments hétérogènes avec des objectifs divergents, d'une part et des Etats ultra-marxistes d'autre part..., un empire moribond, l'Angleterre [...] une colonie qui guette l'héritage, les Etats-Unis. Si nous pouvons leur assener encore quelques coups durs, le front commun artificiellement maintenu [...] s'écroulera d'un moment à l'autre dans un fracas de tonnerre ».

Grâce d'une part aux mesures de sécurité observées par le groupe d'armée B pendant les préparatifs de Brouillard d'automne, d'autre part à l'attention que portaient leurs adversaires à leurs propres opérations à Aix-la-Chapelle, dans la Sarre et en Alsace, les signes avertisseurs de l'imminence d'une offensive passèrent inaperçus des Alliés. Dans la matinée du 16 décembre, quatre divisions américaines, dont la 9ᵉ DB, réparties sur près de cent vingt kilomètres défendent la ligne de front. Deux des trois divisions d'infanterie, les 4ᵉ et 28ᵉ, ont perdu ensemble 9 000 hommes au cours de la bataille de la forêt de Hurtgen et elles ont été envoyées au repos dans les Ardennes. La troisième, la 106ᵉ DI, est totalement nouvelle au combat.

Le matin du 16 décembre, les VIᵉ et Vᵉ armées Panzers s'abattent comme la foudre sur les défenseurs des Ardennes. Au centre, la 28ᵉ division est vite débordée et, au nord, les éléments avancés de la 106ᵉ sont encerclés. Au sud, où la 4ᵉ division est appuyée par la 9ᵉ blindée, les Allemands se heurtent à une résistance plus forte que prévu. De plus, l'état-major du 12e groupe d'armée de Bradley dont dépend le secteur des Ardennes ne réalise pas l'ampleur de l'offensive qui se développe. Privé de reconnaissance aérienne en raison des conditions météorologiques et de renseignements à cause du silence radio imposé par les services de sécurité allemands, il suppose qu'il s'agit d'une attaque de diversion locale et ne réagit pas instantanément.

Heureusement, Eisenhower prend la situation plus au sérieux. Il décide de faire venir deux divisions blindées appartenant aux formations des environs, la 7e de la IXe armée et la 10e de la IIIe armée, pour contenir les flancs de l'attaque allemande de peur qu'elle ne se développe en offensive de grande envergure. Patton qui se bat dans la Sarre, toujours persuadé qu'il est sur le point d'effectuer une percée, proteste automatiquement mais les précautions d'Eisenhower se trouvent justifiées par les événements. Le 17 décembre, la 1re Panzer SS arrive au carrefour de Saint-Vith, point de départ d'une route qui conduit à la Meuse, débouche dans les plaines de Belgique et mène aux faubourgs d'Anvers. L'arrivée des avant-guides de la 7e US DB l'empêche d'accéder en terrain libre et aux vastes dépôts de carburant américains de Stavelot sur lesquels elle comptait se ravitailler.

Pendant que la VIe armée Panzers est détournée de la route directe d'Anvers et obligée de se replier progressivement vers l'Est, la Ve Panzers avance dans le secteur sud en direction de Monthermé où les Panzers de Kleist ont franchi la Meuse en 1940. Son objectif est Bastogne, à la jonction du réseau de routes qui va d'Eifel aux Ardennes et au-delà. La prise de Bastogne est essentielle à la bonne marche de Brouillard d'automne. A l'aube du 19 décembre, la Panzer-Lehr n'est qu'à trois kilomètres de la ville mais, dans la nuit, la 101e division aéroportée américaine, arrivée de Reims en camion, s'est installée

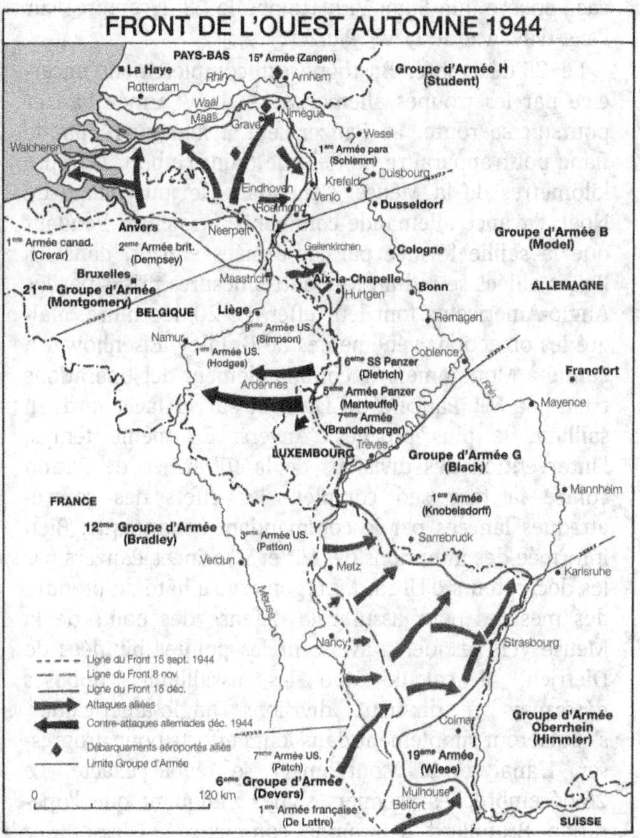

FRONT DE L'OUEST AUTOMNE 1944
PAYS-BAS
15e Armée (Zangen)
La Haye
Rhin
Arnhem
Groupe d'Armée H
(Student)
Rotterdam
Waal
Maas
Nimègue
Grave
Wesel
Walcheren
1ère Armée para
(Schlemm)
Duisbourg
Krefeld
Eindhoven
Venlo
Roermond
Dusseldorf
Anvers
Neerpelt
Groupe d'Armée B
(Model)
1ère Armée canad.
(Crerar)
2ème Armée brit.
(Dempsey)
Geilenkirchen
Cologne
Bruxelles
Maastricht
Aix-la-Chapelle
Bonn
ALLEMAGNE
21ème Groupe d'Armée
(Montgomery)
Hurtgen
BELGIQUE
Liège
Remagen
9ème Armée US.
(Simpson)
Namur
Coblence
1ère Armée US.
(Hodges)
6ème SS Panzer
(Dietrich)
Francfort
Ardennes
5ème Armée Panzer
(Manteuffel)
Mayence
7ème Armée
(Brandenberger)
Trèves
LUXEMBOURG
Groupe d'Armée G
(Black)
Mannheim
FRANCE
1ère Armée
(Knobelsdorff)
12ème Groupe d'Armée
(Bradley)
3ème Armée US.
(Patton)
Sarrebruck
Verdun
Metz
Karlsruhe
Meuse
Nancy
Strasbourg
Ligne du Front 15 sept. 1944
Ligne du Front 8 nov.
Ligne du Front 15 déc.
Attaques alliées
Contre-attaques allemandes déc. 1944
Débarquements aéroportés alliés
Limite Groupe d'Armée
Colmar
Groupe d'Armée
Oberrhein
(Himmler)
7ème Armée US.
(Patch)
19ème Armée
(Wiese)
6ème Groupe d'Armée
(Devers)
0
120 km
Mulhouse
Belfort
1ère Armée française
(De Lattre)
SUISSE

en défensive. Les parachutistes ne sont pas équipés pour lutter contre les chars mais leur défense résolue empêche l'infanterie de la Panzer-Lehr d'entrer dans la ville. Bastogne devient ainsi un barrage routier plus efficace encore que Saint-Vith (tombé le 23 décembre) sur l'axe d'avance de la VI^e^ Panzer.

Le 25 décembre, Bastogne est complètement encerclée par les troupes allemandes et la V^e^ armée Panzer poursuit sa route. La Panzer-Lehr a manœuvré par le flanc pour apparaître au-delà de Saint-Hubert, à trente kilomètres de la Meuse. Cependant, le jour même de Noël, l'avance allemande commence à ralentir. Pendant que la saillie formée par les armées Panzer, dans les lignes alliées se réduit, les contre-mesures prises par les Anglo-Américains font leur effet. Le 20 décembre, malgré les objections véhémentes de Bradley, Eisenhower a confié à Montgomery le commandement des opérations contre la VI^e^ Panzers de Dietrich sur la face nord du saillant, la plus proche d'Anvers. En même temps, l'intervention des divisions de la III^e^ armée de Patton contre la face sud complète les effets des contre-attaques lancées par le commandant britannique. Bien informée des intentions des VI^e^ et V^e^ armées Panzers par les décrypteurs d'Ultra, Montgomery se hâte de prendre des mesures pour assurer la défense des ponts de la Meuse vers lesquels s'avancent les pointes blindées de Dietrich. Il calcule que les assaillants, opposés désormais à dix-neuf divisions anglo-américaines, s'épuiseront simplement dans leurs efforts pour progresser. L'analyse de Montgomery se révèle exacte. Le 26 décembre, les premiers signes indiquant que l'opération Brouillard d'automne commence à s'essouffler parviennent au quartier général d'Eisenhower. La 4^e^ division blindée de Patton effectue une percée par la face sud du saillant pour secourir la 101^e^ division aéroportée encerclée à Bastogne. La 2^e^ division blindée de la

I^re armée de Hodge surprend la 2^e Panzerdivision en panne de carburant près de Celles, à 7 kilomètres de la Meuse, et détruit, au cours de la rencontre, les 88 chars et 28 canons d'assaut avec lesquels la II^e Panzers avait commencé l'offensive.

Le 28 décembre, Montgomery est convaincu que Brouillard d'automne a échoué mais il pense que les Allemands vont poursuivre leur offensive et même en lancer une autre. Or cette seconde offensive se produit hors du saillant des Ardennes, dans la Sarre, où le groupe d'armées G de Blaskowitz se heurte à la VII^e armée de Patch et réussit à s'emparer d'un triangle de territoire sur la rive ouest du Rhin. Ce bref succès renforce Hitler dans l'idée que sa stratégie agressive est bien conçue. En fait « Vent du nord » (nom de code de cette seconde offensive) n'a eu aucun effet sur Brouillard d'automne. Le 3 janvier 1945, Montgomery lance une contre-attaque convergente contre les faces nord et ouest du « saillant », obligeant Hitler à ordonner le repli des quatre Panzerdivisions de tête. Le 13 janvier, la 82^e division aéroportée américaine fait sa jonction avec la 1^re britannique au centre de ce qui fut le saillant des Ardennes. Le 16 janvier, la ligne de front est rétablie.

Entre le 16 décembre et le 16 janvier, les V^e et VI^e armées Panzers ont infligé de lourdes pertes au 12^e groupe d'armées US – 19 000 tués et 15 000 prisonniers. Dans les premiers jours de leur offensive, ils ont semé la panique dans la population civile belge et provoqué l'inquiétude parmi les militaires, même à Paris, où toutes sortes de précautions sont prises contre les unités de sabotage clandestines qu'Otto Skorzeny infiltre derrière les lignes. L'offensive allemande a aussi ébranlé l'optimisme des gouvernements de Washington et de Londres qui ont cru à une rapide conclusion de la guerre. Hitler annonce un extraordinaire retournement de la situation… « L'ennemi a dû abandonner tous ses plans d'attaque. Il a été obligé de regrouper ses forces. Il a dû recourir de nouveau à des unités fatiguées. Il est sévèrement critiqué chez lui. Déjà il lui faut admettre qu'il n'a aucune chance de voir la guerre se terminer avant août, peut-être même pas avant la fin de l'année prochaine. Nous assistons à un renversement de situation que personne n'aurait cru possible il y a quinze jours ».

Hitler exagérait. Il se trompait lourdement sur le véritable sens de la campagne des Ardennes. Certes, ses ennemis avaient subi des pertes, mais elles étaient réparables. L'armée anglaise était à la limite de ses effectifs mais pas l'armée américaine. Depuis septembre, elle avait expédié 21 divisions dont 6 blindées en France. En janvier et février, elle devait en débarquer 7 autres dont 3 blindées entièrement équipées. La Westheer, quant à elle, avait perdu 100 000 hommes tués, blessés ou capturés dans les Ardennes, 800 chars et 1 000 avions. Aucune de ces pertes en hommes ou en matériel ne pouvait être réparée. Les ressources de la Wehrmacht étaient épuisées et la production de guerre était incapable de suivre le rythme des pertes quotidiennes. Entre octobre et décembre, la production de l'acier, vitale pour les manufactures d'armes, était tombée de 700 000 à 400 000 tonnes par mois, et elle continuait à baisser. De plus, la rupture du système des transports rendait extrêmement difficile l'acheminement des pièces détachées des points de production aux points d'assemblage.

Brouillard d'automne eut pour seul effet de retarder quelque peu les armées alliées dans leurs préparatifs d'invasion de l'Allemagne et d'empêcher le transfert du front de l'Est des hommes et du matériel nécessaires pour contenir l'avance régulière de l'Armée rouge en Pologne et dans les Etats baltes. En novembre et décembre, 2 295 chars et canons d'assaut et 18 nouvelles divisions avaient été engagées dans le front de l'Ouest et seulement 921 chars et 5 divisions dans celui de l'Est où 225 divisions d'infanterie soviétiques, 22 corps blindés et 29 autres formations blindées faisaient face à 133 divisions allemandes dont 30 étaient déjà menacées d'encerclement dans les Etats baltes. La bataille des Ardennes, appelée le « dernier coup de dés de Hitler », coûta très cher aux Allemands pour un gain de temps sans intérêt. Elle avait échoué dans son dessein de détruire l'armée de Montgomery et n'avait pas récupéré la moindre parcelle de terrain.

Malgré l'intervention des généraux Janvier et Février qui combattaient du côté de l'Allemagne en 1945, les armées occidentales se remirent rapidement du choc de Brouillard d'automne et réussirent à avancer avec autant d'efficacité que le faisait l'Armée rouge en Pologne, en Hongrie et en Yougoslavie. En janvier, les deux saillants allemands à l'ouest, le triangle de Rœrmond et la poche de Colmar furent réduits. En février et mars, les armées d'Eisenhower avancèrent sur toute la longueur du front pour atteindre le Rhin entre Wesel et Coblence et s'emparer de la rive nord de la Moselle entre Coblence et Trier. A la fin de la première semaine de mars, les armées alliées n'étaient plus séparées du cœur de l'Allemagne que par la barrière du Rhin.

Cinquième partie

# LA GUERRE À L'EST
# 1943-1945

# 24

# DILEMME STRATÉGIQUE DE STALINE

Il semble qu'en lançant sa dernière armée dans une offensive d'hiver à l'Ouest au lieu de l'utiliser pour empêcher l'Armée rouge de poursuivre son avance à l'Est, Hitler ait pris la décision la plus aberrante de toute la Deuxième Guerre mondiale. A l'est, l'Allemagne n'était défendue ni par des obstacles naturels ni par des fortifications artificielles. A l'ouest, la ligne Siegfried et le Rhin séparaient les Alliés de l'intérieur de l'Allemagne. Des forces relativement faibles auraient suffi à tenir en échec les troupes d'Eisenhower plusieurs mois durant pendant que la VI^e^ armée SS et la V^e^ Panzers qui englobaient la dernière réserve de chars allemands auraient pu gagner autant de temps si elles avaient été déployées pour combattre sur la ligne de la Vistule et les Carpates au lieu d'être lancées dans l'aventure des Ardennes. Hitler avait calculé qu'à l'ouest les Alliés s'exposaient à une contre-attaque dans la région d'Anvers et qu'ils seraient battus, libérant ainsi des forces qui auraient été expédiées à l'est pour lancer une offensive destinée à déstabiliser l'Armée rouge. En fin de compte, il préférait frapper pour avoir des chances de remporter une victoire plutôt que s'installer dans une position lui permettant de retarder le commencement de la défaite. Les événements devaient le priver des deux possibilités. Le choix de l'offensive des Ardennes eut pour effet de détruire sa dernière réserve de chars permettant ainsi à l'Armée rouge de poursuivre son avance sans encombre.

En réalité, la détermination de Hitler était motivée par une triple menace. A l'ouest, il affrontait le danger d'un assaut allié sur le Rhin. A l'est, l'Armée rouge menaçait le Grand Reich sur deux larges fronts séparés : l'un allait de la Pologne à Berlin en passant par la Silésie, l'autre partait de la Hongrie orientale vers Budapest, Vienne et Prague. Comme il n'avait aucun moyen de savoir sur lequel de ces deux axes Staline allait porter le maximum d'efforts, son sens stratégique lui conseillait d'éliminer d'abord le danger de l'Ouest et de transférer ensuite sa force de frappe à l'Est pour l'opposer à l'Armée rouge dans le secteur où elle lui semblerait la plus forte, au nord ou au sud des Carpates. Ce calcul aurait pu se justifier en ce sens que jusqu'en novembre 1944, Staline lui-même hésitait, se demandant s'il devait marcher directement sur Berlin ou détruire les forces de l'Ostheer en l'attaquant ailleurs. L'axe Budapest-Vienne lui paraissait le choix le plus judicieux.

Depuis que l'Armée rouge avait résisté à l'offensive de Stalingrad en 1942, la dimension du front de l'Est, le rapport puissance-espace, l'irrégularité du ravitaillement, la rareté des voies de communication routières et ferroviaires avaient constamment placé Staline devant un choix entre deux fronts. Pendant l'été de 1941, au cours de l'opération Barberousse, l'armée allemande elle-même avait été obligée d'arrêter le groupe d'armées du Centre pendant six semaines, tandis que les groupes d'armée du Nord et du Sud s'avançaient sur les routes de Leningrad et de Kiev. C'étaient des armées au summum de leur puissance, conduites par des commandants couverts de gloire, précédées de forces blindées prodigieusement efficaces et soutenues par d'amples réserves d'effectifs. L'Armée rouge lancée dans l'offensive pour la première fois à Stalingrad était au contraire dévastée par dix-huit mois de pertes sur une échelle jamais connue dans l'histoire. Elle était conduite par des généraux dont la confiance avait été ébranlée par une série de désastres et composée de recrues dont les tranches d'âge s'échelonnaient de l'adolescence à la vieillesse. Tant qu'elle n'avait pas appris à manœuvrer, ses opérations se limitaient à des ripostes et à des gains de terrain par des avances frontales dans les secteurs où les Allemands étaient faibles.

Les déficiences de l'Armée rouge contaminaient la structure militaire soviétique, de la base au sommet. Staline lui-même était un chef indécis, entouré de subordonnés civils et militaires qui manquaient de l'expérience nécessaire pour diriger des forces armées en temps de guerre. Il devait aussi créer des cadres de commandement à partir de rien. De plus, en raison de la nature du système soviétique et de la complexité de son propre caractère, Staline ne pouvait mobiliser le soutien populaire qui permettait à Churchill de convaincre la nation de surmonter les crises. Les peuples de l'Union soviétique ne formaient pas une nation. L'expérience de l'industrialisation et de la collectivisation avait détourné des millions d'individus de la férule du parti communiste. Le parti était pollué par ses méthodes de gouvernement exclusives et répressives alors que Staline lui-même le dominait par l'utilisation de la terreur sélective contre les camarades. Politique d'autant plus détestable qu'il imposait la fiction qu'il n'était que le premier parmi des égaux dans un gouvernement collectif.

Il était possible de ranimer artificiellement le patriotisme du peuple par le rappel de l'épopée historique russe, par la réhabilitation des héros du passé – Ivan le

Terrible, Alexandre Nevski, Pierre le Grand –, par la création de décorations et d'ordres – de Koutouzov et de Souvorov – qui commémoraient les hauts faits de généraux victorieux de l'ère impériale, par le rétablissement des insignes de grade et d'uniformes abolis pendant la révolution. L'Eglise orthodoxe, objet de mépris dans un Etat qui faisait profession d'athéisme était enrôlée pour prêcher la croisade de la Grande Guerre patriotique. En septembre 1943, elle fut autorisée à élire son premier synode depuis la suppression de l'institution après la Révolution. Ce n'étaient là que des expédients et non des substituts à un organe de commandement stratégique que Staline devait fournir s'il ne voulait pas échouer en tant que chef de guerre, condamnant la Russie à la défaite et lui-même à l'anéantissement.

Il semble que Staline ait été bien près de s'effondrer pendant les premières semaines de Barberousse. « Engagé irrévocablement dans la guerre malgré lui, Staline s'enferma trois jours durant, écrit le professeur Erickson. Quand il refit surface, d'après un officier qui le vit émerger, « il était nerveux et démoralisé »... Il ne fit que de rares apparitions à la Stavka à l'époque. La principale administration militaire était sérieusement désorganisée et l'état-major général dont les spécialistes étaient expédiés sur tous les fronts fonctionnait au ralenti. La Stavka pataugeait dans un bourbier de discussions administratives et opérationnelles. En essayant de mettre au point des stratégies opérationnelles, Staline et ses officiers se perdaient dans des détails qui absorbaient un temps précieux – quel modèle de fusil fallait-il distribuer aux unités d'infanterie ? les baïonnettes étaient-elles nécessaires et, dans ce cas, devaient-elles être à triple tranchant ?

Il faut dire, en toute équité, que Hitler lui aussi se réfugiait dans la discussion de détails militaires pour échapper à la pression de la crise et, souvent, si la crise se prolongeait, il refusait de parler d'autre chose. Staline, au contraire, revint vite à la réalité. Le 3 juillet 1941, le onzième jour de la guerre, il adressa un message radio diffusé au peuple soviétique, événement sans précédent : « Camarades, citoyens, frères et sœurs », commença-t-il, et il plaça immédiatement le gouvernement de l'Union soviétique sur pied de guerre. Sa façon de faire est quasi incompréhensible pour les Occidentaux habitués à une stricte séparation entre les organes de l'Etat et les partis politiques, le pouvoir civil et l'autorité militaire, les bureaucrates et les chefs de guerre. Le système soviétique effaçait ces distinctions en temps de paix. Staline accentuait l'ambiguïté dans la structure qu'il érigeait. Le 30 juin, il commença par créer un comité de défense d'Etat pour superviser les aspects politiques, économiques et militaires de la guerre. Ses membres comprenaient, outre lui-même, Molotov, Vorochilov, ministre des Affaires étrangères précédemment commissaire à la Défense, de 1925 à 1940, Malenkov, son bras droit dans l'organisation du Parti, et Beria, chef de la police secrète (NKVD). Le 19 juillet, il se nomma commissaire du peuple pour la Défense. En sa qualité de commandant suprême, il contrôlait la Stavka, l'organe exécutif du comité de la Défense (GKO) qui supervisait l'état-major général et les unités opérationnelles ou Fronts. Les actes et décisions du GKO relevaient automatiquement de l'autorité du Conseil des commissaires du peuple dont Staline était le chef. Il pouvait aussi détacher les officiers de l'état-major général, comme il le fit notamment pour Joukov et Vassilievski pour diriger les fronts ou des opérations spécifiques. Staline dominait donc la conduite de la grande guerre patriotique du sommet à la base. Bien qu'il eût soigneusement caché au peuple soviétique son ultime responsabilité pour les décisions de commandement, Staline était en fait commandant en chef depuis le début de janvier 1941, mais il ne se proclama maréchal et généralissime qu'après s'être assuré un palmarès de victoires substantiel. Il fut implacable dans ce rôle. Bien que sa confiance fût quelque peu ébranlée en octobre par la reprise de l'avance du groupe d'armée du Centre sur Moscou, il ne relâcha jamais la politique de terreur qu'il exerçait sur ses subordonnés ; destitution, disgrâce, exécutions, telles étaient les pénalités qui attendaient les échecs. Le général Ismay, adjoint militaire de Churchill, nota l'effet qu'il produisait : « Lorsqu'il [Staline] entra dans la pièce, tous les Russes se figèrent dans le silence et l'expresison d'animal traqué qui apparut dans le regard des généraux ne montrait que trop nettement la crainte constante dans laquelle ils vivaient. Il était révoltant de voir des hommes braves réduits à une écœurante servilité. »

Quelques-uns résistaient. Joukov était particulièrement intrépide. Il ne semblait pas effrayé par Mekhlis, le commissaire politique dont Staline se servait pour abattre les autres. Joukov avait l'avantage d'avoir commandé avec succès des régiments de chars contre les Japonais en Mongolie en 1939. Mieux encore, il était naturellement coriace. Muté de son poste de chef d'état-major général, il avait pris un commandement opérationnel sans perdre confiance en ses capacités que Staline ne pouvait manquer de reconnaître, il en était sûr. D'autres officiers de la même trempe allaient bientôt surgir, notamment Rokossovsky et Koniev. Au moment où tous trois commandaient des fronts en 1944, Staline n'éprouvait plus de difficultés à trouver des collaborateurs militaires compétents.

Entre-temps, néanmoins, il assumait lui-même la direction de la grande guerre patriotique et de l'Armée rouge. Il gérait l'effort de guerre de son pays beaucoup plus que ne le faisait le haut commandement d'aucune des nations belligérantes. Hitler et ses généraux coexistaient dans un état de tension constante. Churchill imposait sa volonté par l'argumentation qui prévalait de moins en moins à mesure que les Américains s'engageaient davantage dans la guerre. Roosevelt présidait les réunions de ses chefs d'état-major beaucoup plus qu'il ne les dirigeait. Staline commandait. Toutes les informations convergeaient vers lui, où qu'il se trouvât, de jour ou de nuit, au Kremlin, ou dans sa datcha de Kuntsevo, ou dans un quartier général improvisé dans le métro de Moscou pendant que les bombes menaçaient la ville. C'était aussi de lui qu'émanaient tous les ordres. Il tenait trois conférences par jour pour faire le point de la situation – une à midi, une deuxième à 4 heures de l'après-midi, enfin il dictait ses ordres directement aux officiers de son état-major général mais, en présence du Politburo, entre minuit et 3 ou 4 heures du matin.

Vassilievski, l'officier opérationnel de Staline qui jouait un rôle équivalent à celui de Jodl au quartier général de Hitler, observa et rapporta par la suite les méthodes de commandement du dictateur. Il nota que Staline avait établi son autorité sur les militaires dès la première année de la guerre. C'est-à-dire beaucoup plus vite que Hitler ne l'avait fait sur la Wehrmacht, peut-être à cause de son expérience de commissaire de la I^re^ armée de cavalerie pendant la guerre civile. Au début, il pécha par excès d'assurance : en 1941, il fut presque entièrement responsable du désastre de Kiev pour avoir refusé l'autorisation de repli aux défenseurs qui ne purent, de ce fait, échapper à l'encerclement. En 1942, il écarta le danger d'une nouvelle offensive allemande en Russie méridionale et engagea les fronts de Timochenko dans la contre-offensive de Kharkov, initiative prématurée qui entraîna la capture de 200 000 Russes, presque une répétition des encerclements de l'année précédente. Après quoi, il se montra plus prudent. Ce furent Joukov et Vasilevsky qui préparèrent le double enveloppement de Stalingrad, un plan qu'ils proposèrent à Staline le 13 septembre. Il ne l'accepta que lorsqu'ils eurent réfuté toutes ses objections.

Selon le jugement rétrospectif de Joukov, Staline était avant tout un excellent économiste militaire qui savait amasser des réserves même lorsque le front engloutissait les effectifs avec une voracité de Moloch. C'est sans doute grâce à ces réserves que l'Armée rouge réalisa ses exploits à Stalingrad et, pendant les deux années qui suivirent, chaque fois que l'Ostheer lui offrait l'occasion de profiter d'une erreur stratégique. Il déclarait aux Anglais qu'il disposait toujours de quelque soixante divisions de plus que les Allemands – estimation probablement exagérée. Il déploya des réserves de cet ordre pour contre-attaquer l'ennemi épuisé par la phase offensive de l'opération de Koursk en juillet 1943. Il compléta sa victoire de Koursk en utilisant sa réserve pour reconquérir Kharkov en août. En octobre, il lança ses réserves dans l'offensive d'automne pour reprendre une importante zone stratégique conquise par l'Ostheer au cours des deux années précédentes – un immense territoire de 1000 kilomètres de large du nord au sud sur 225 kilomètres de profondeur au-delà duquel le Dniepr constituait le seul obstacle militaire solide qui s'opposât à l'avance de l'Armée rouge. A la fin de novembre, elle occupait trois énormes têtes de pont sur la rive européenne du Dnieper, coupait la Crimée de tout contact avec l'Ostheer et se préparait à entrer en Pologne et en Roumanie.

Paradoxalement, la victoire fut une source de dilemmes. Jusqu'à Stalingrad, Staline avait évité la défaite ; jusqu'à Koursk il était resté exposé au danger d'une initiative allemande qui le mettrait hors de combat. Jusqu'à son avance sur le Dniepr, il dirigea, équipa et arma l'Armée rouge en suivant ses inspirations selon les nécessités de la guerre. Il sut alors, comme Churchill, qu'il « avait gagné après tout ». La masse de manœuvre blindée de l'Allemagne avait désormais disparu alors qu'il avait repris possession des régions agricoles et industrielles les plus productives de son territoire. De plus, il pouvait compter sur les Alliés pour aider l'Armée rouge à détruire la Wehrmacht. En novembre 1943, à Téhéran, Brooke, le chef d'état-major de Churchill, remarque que par l'exactitude et la rapidité de son jugement en face de toutes les situations « il se distinguait de Churchill et de Roosevelt ». Par l'une des ruses les plus embarrassantes des annales de la diplomatie, il força Churchill à affirmer son engagement total dans l'opération Overlord, à accepter de nommer un commandant et à fixer une date. Après quoi, il put être certain qu'à partir du milieu de 1944, Hitler serait pris entre deux feux et qu'il pourrait lui-même laisser brûler celui de l'Ouest pendant qu'il attiserait l'autre aux points qui lui paraîtraient les plus profitables. Il décida d'attaquer sur son front nord pour détruire les armées du groupe du Centre et repousser les Allemands sur la Vistule. Mais il se réservait le choix d'engager toutes ses forces contre l'Allemagne orientale dans une bataille finale qui anéantirait la Wehrmacht ou de détourner une partie des effectifs de l'Armée rouge vers l'Europe du sud pour imposer à cette partie du continent un équivalent soviétique du pacte tripartite. Il entendait assurer ainsi la Russie contre les invasions pour les décennies à venir.

C'était une décision difficile. Staline n'avait pas choisi d'engager son pays dans la Deuxième Guerre mondiale mais il avait choisi, avant même qu'elle n'ait commencé, de tirer parti des tensions qui l'avaient déclenchée. Pendant les vingt et un mois où il s'était tenu dans les coulisses, il avait largement profité du conflit. Son alliance avec Hitler lui avait permis de conquérir tour à tour la Pologne orientale, la Carélie de l'Est, les Etats baltes, la

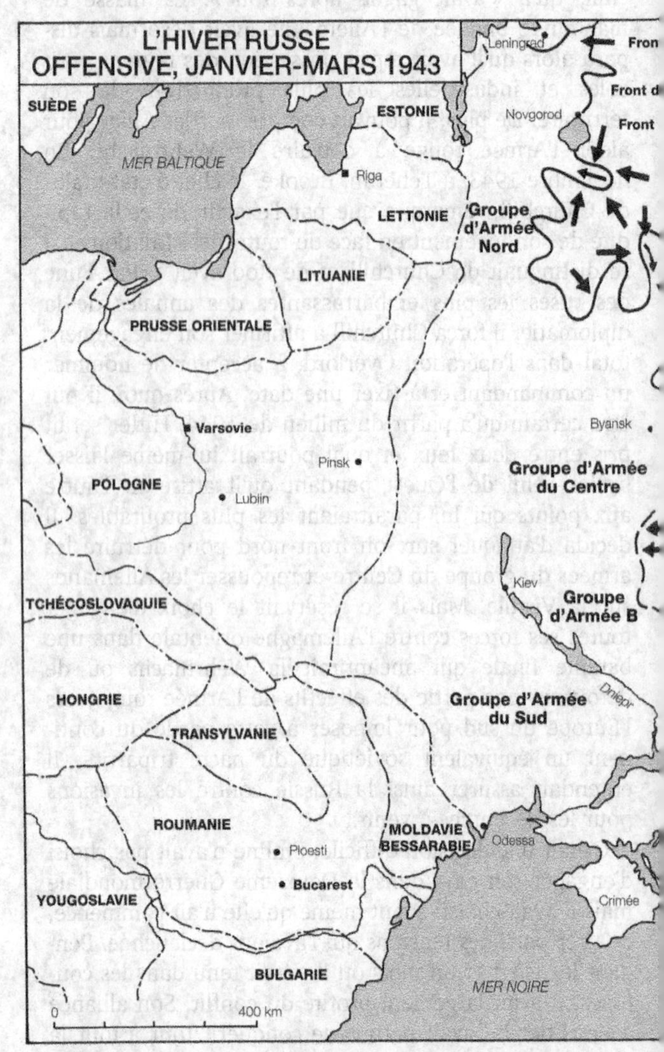
L'HIVER RUSSE
OFFENSIVE, JANVIER-MARS 1943
SUÈDE
MER BALTIQUE
ESTONIE
Leningrad
Novgorod
Front
Front d
Front
Riga
LETTONIE
Groupe d'Armée Nord
LITUANIE
PRUSSE ORIENTALE
Varsovie
Byansk
Pinsk
Groupe d'Armée du Centre
POLOGNE
Lublin
Kiev
Groupe d'Armée B
TCHÉCOSLOVAQUIE
Dniepr
HONGRIE
Groupe d'Armée du Sud
TRANSYLVANIE
ROUMANIE
MOLDAVIE
BESSARABIE
Odessa
Ploesti
Bucarest
YOUGOSLAVIE
Crimée
BULGARIE
MER NOIRE
0
400 km

CONTRE-ATTAQUE DE MANSTEIN

Orel
Front de Bryansk
Groupe d'Armée du Sud
Koursk
Voronej
Front de Voronej
Belgorod
Kharkov
Poltava
Don
Dniepr
Front du Sud-Ouest
Povlograd
Donetz
Groupe d'Armée A

Moscou
Voronej
Front de Voronej
RUSSIE
Front du Sud-Ouest
Stalingrad
Front du Don
(front central en mars)
Volga
Rostov
Front Sud
(front février)
Front Transcausasien
MER CASPIENNE
Groupe d'Armée A

Ligne de Front allemande 30 décembre
Ligne avancée russe 2 février
Ligne de front russe 20 février
Ligne d'avance allemande 18 mars

Bessarabie roumaine et la Bukovine du Nord. Barbe-rousse l'avait plongé dans la réalité militaire de la guerre. Pendant l'été de 1944, il recommençait à se demander comment la Russie pourrait tirer les meilleurs avantages géo-politiques de la dernière phase de la guerre. Plus encore que Hitler, Staline considérait la guerre comme un événement politique. Entre Barbe-rousse et Koursk, le rapport des forces « l'avait placé en mauvaise posture ». Après, elles avaient commencé à travailler en sa faveur. Alors même que Hitler posait les jalons de sa dernière offensive à l'Ouest, Staline se demandait où il aurait la meilleure chance d'assurer l'échec de la stratégie hitlérienne à l'Est.

# 25

# KOURSK ET LA RECONQUÊTE DE LA RUSSIE OCCIDENTALE

Le désastre de Stalingrad avait terriblement marqué Hitler. Pendant sa visite du 21 février 1943, au quartier général du Führer, Guderian le trouva extrêmement changé « voûté, le visage tacheté de rougeurs, les mains agitées de tremblements, le bras gauche secoué par un tic violent, les yeux saillants, le regard fixe mais éteint. Il est plus irritable que jamais, perd facilement son sang-froid. Il est enclin à ces accès de colère et prend des décisions inconsidérées ».

Sa volonté de décision est également affaiblie. Entre le début de la bataille de Moscou et l'encerclement de Stalingrad par les Russes, Hitler avait exercé le Führersprinzip au maximum. Il s'était débarrassé des généraux qui échouaient ou lui déplaisaient et tenait les autres à sa botte. Ils observaient ses ordres à la lettre et c'est là que le bât blessait. Les triomphes de la campagne de 1942 revenaient exclusivement à Hitler mais les défaites aussi, les échecs de la campagne du Caucase, comme le désastre de Stalingrad. La perte de vingt des divisions de l'Ostheer pesait sur sa conscience. Deux ans plus tard, il avoua à l'un de ses médecins que ses nuits de veille étaient remplies de visions de cartes d'état-major signalant les positions qu'elles occupaient au moment où elles furent détruites. Les reproches tacites des généraux de son entourage étaient difficiles à supporter mais plus pénibles encore étaient ceux qu'il s'adressait à lui-même.

Au printemps de 1943, Hitler laissa à ses collaborateurs une liberté d'action qu'ils ne connaissaient pas depuis qu'il s'était exercé au commandement en 1940 et qu'ils ne devaient plus connaître par la suite. Pensant que Rommel manquait à la fois d'« optimisme » et d'« endurance », il intervint fermement dans la conduite de la bataille contre les armées anglo-américaines en Afrique du Nord. Il préleva de précieuses unités blindées sur la réserve centrale et ordonna à Goering de transférer des escadrilles de Sicile en Tunisie. Entre-temps, il harcelait les collaborateurs de Goering au sujet de l'intensification de la guerre aérienne dont l'Allemagne faisait l'objet. La campagne de bombardement ininterrompue des Alliés avait commencé le 25 février et des raids aériens britanniques ou américains sur Berlin, Nuremberg, Essen, Brême, Kiel et les barrages de Mohne-Eder l'avaient suivie. Il exigea des représailles contre l'Angleterre, chargea Guderian de multiplier la production de chars et, au cours d'une réunion des Gauleiters du parti nazi tenue à Rastenbourg le 7 février, il approuva le plan de guerre totale de Goebbels. Cependant, en assumant la direction immédiate des opérations sur le front de l'Est, son principal théâtre de guerre, il se montra étrangement hésitant.

Son indécision tourna plutôt à l'avantage de l'Ostheer. Elle avait dans la personne du maréchal von Manstein, commandant du groupe du Sud, un chef d'élite. Il possédait un sens aigu des opportunités tactiques que lui offrait le style de manœuvre de l'Armée rouge. Il était pourtant tout à fait imperméable à la forme d'intimidation psychologique que Hitler exerçait sur ses généraux. Cependant, en février, après la capitulation de Stalingrad, et sa propre tentative avortée de secourir la VIe armée de Paulus, Manstein fut dérouté par le succès imprévu de l'attaque soviétique contre la ville clé de Kharkov à l'ouest du Don.

La victoire de l'Armée rouge à Stalingrad avait tellement ébranlé le front allemand que, pour la première fois depuis le début de la guerre, la Stavka prit l'initiative et décida de chasser les troupes allemandes de l'Ukraine, l'acquisition territoriale la plus précieuse faite par l'Ostheer au cours de l'opération Barberousse. Un plan conçu à la fin de janvier prévoyait que les fronts du Sud et du Sud-Ouest avanceraient jusqu'à la ligne du Dniepr, la troisième grande ligne de fleuve au-delà du Don et du Donetz, à l'époque du dégel de printemps. Après quoi, leurs fronts voisins se tourneraient vers le nord-ouest pour déloger le groupe d'armée Central de l'Ukraine du Nord et le repousser sur Smolensk. Le Groupement mobile de front commandé par le général Popov et composé de quatre corps blindés devait attaquer en avant-garde du front du Sud-Ouest (Vatoutine) et pousser sur Kharkov.

Le jugement positif porté sur le plan de la Stavka était superficiel, car sa victoire à Stalingrad avait créé trois crises pour les Allemands. L'avance de l'Armée rouge venant de Stalingrad avait repoussé le groupe d'armée du Don, commandé par Manstein, sur Rostov, la porte du front du sud. Le repli forcé du groupe d'armée A de Kleist venant du Caucase, l'avait entraîné sur le littoral de la mer d'Azov, laissant un espace vide de cent cinquante kilomètres entre son front et celui de Manstein. Enfin, la poursuite de l'attaque de Vatoutine contre les défenseurs hongrois de Voronej, au nord de Stalingrad, menaçait après le 14 janvier, de détacher le flanc de Manstein de tout contact avec le groupe d'armée B (devenu « Centre » après le 12 février). Les préliminaires de l'offensive de la Stavka augurèrent bien de son succès. Entre les 2 et 5 février, la pression russe sur le Don inférieur était tellement intense que Manstein réussit à convaincre Hitler d'abandonner Rostov, pendant que le front du Sud-Ouest de Vatoutine atteignait Kharkov le 14 février. La ville fit l'objet d'âpres combats auxquels la population prit part et, malgré les efforts du 1er corps blindé SS 1 (divisions Leibstandarte Adolf Hitler et Das Reich) les Allemands furent surclassés et obligés de battre en retraite le 16 février. En conséquence, un espace d'environ trois cents kilomètres de large séparait les groupes d'armées du Sud et du Centre.

Cependant, la Stavka avait commis deux erreurs de calcul fatales. Elle avait surestimé les capacités de l'Armée rouge et sous-estimé Manstein. Le professeur John Erickson, l'éminent historien occidental de la Grande Guerre patriotique, commente ainsi la situation : « Les fronts de Voronej et du Sud-Ouest s'étaient magnifiquement battus et avaient conquis d'immenses étendues de terrain derrière les unités allemandes qui se repliaient en détruisant tout sur leur passage – ponts, bâtiments, aérodromes, routes, voies ferrées. » Au milieu de février, l'avant-garde de Popov qui avait commencé l'offensive avec 137 chars – soit le nombre qu'une seule Panzerdivision lançait normalement sur le terrain ne pouvait en utiliser que 53 alors que la IIIe armée de chars du front de Voronej n'en trouvait que six.

Le 12 février, Vatoutine avait décidé d'élargir l'offensive conformément à la directive générale de la Stavka. Cette décision aurait été imprudente même en face d'un commandant ennemi normalement compétent disposant d'un minimum de réserves de chars. En face d'un expert tel que Manstein, l'élargissement de l'offensive était téméraire. Avant même que la crise eût atteint son comble, Hitler avait fait venir sept divisions de France. Le 17 février, il se rendit en personne sur le front pour conférer avec Manstein. Il était venu sous le prétexte de superviser le lancement d'une contre-offensive du groupe d'armée du Sud pour rallier l'Ostheer au concept de la guerre totale. Le lendemain, Goebbels développa ce thème dans un discours enflammé adressé au peuple allemand au Palais des sports de Berlin.

« Le résultat d'une bataille cruciale dépend de vous, écrivit Hitler dans son ordre du jour. A mille cinq cents kilomètres des frontières du Reich, le sort du présent et de l'avenir de l'Allemagne est dans la balance [...] L'Allemagne entière est mobilisée [...] Notre jeunesse assure la défense antiaérienne dans les villes et usines allemandes. Des divisions de plus en plus nombreuses sont en route. Des armes uniques et encore inconnues arrivent sur votre front [...] C'est pourquoi je suis venu vers vous, pour épuiser tous les moyens de faciliter votre bataille défensive et la transformer en victoire ultime. »

En réalité, c'était Manstein et non Hitler qui avait eu l'idée de la contre-attaque. Le 6 février, au cours d'une brève visite à Rastenburg, il avait obtenu l'autorisation de la lancer. Il avait aussi trouvé les forces blindées nécessaires en concentrant dans sa IV$^{e}$ armée Panzers reconstituée toutes les réserves Panzers disponibles. Il l'avait placée à côté de la 1$^{re}$ Panzers dans la langue de terre reliant le Donetz et le Dniepr où le front du Sud-Ouest de Vatoutine cherchait à se frayer un passage vers l'arrière-garde allemande.

La manœuvre de Vatoutine menaçait de couper le groupe d'armée A dans sa tête de pont sur le littoral asiatique de la mer d'Azov. Elle semblait si dangereuse que Hitler avait permis que les troupes stationnées dans cette zone soient aéroportées dans le secteur de Manstein. Or Manstein n'avait pas attendu leur arrivée pour frapper. Le 20 février, ses deux armées Panzer lancèrent deux attaques convergentes sur les flancs du groupe mobile du front de Popov qui avançait vers le Dniepr. Le Haut-Commandemùent russe ne saisit absolument pas la gravité de la situation. Il pressa Popov de poursuivre son avance et, le 21 février, l'état-major général ordonna au front du Sud de participer plus activement à l'offensive : « Les troupes de Vatoutine avancent à une allure extraordinaire... Le retard sur sa gauche est dû à l'absence d'opérations actives de la part de votre front. » En fait, Popov, déjà menacé d'encerclement, commençait à manquer de carburant. Le 22 février, malgré l'arrivée de renforts, il ne lui restait qu'une cinquantaine de chars. Or plus de 400 chars allemands opéraient contre son seul flanc gauche. Le 28 février, alors que les chars allemands atteignaient les rives du Donetz, son groupe et une partie de celui de Vatoutine furent encerclés et certaines unités ne purent s'échapper que parce que le fleuve était encore gelé.

### *Manstein relance l'offensive*

L'échec de l'offensive de Popov – et le brusque retour du gel qui durcissait le sol facilitant le passage des chars – permit à Manstein d'entamer la deuxième phase du plan pour la reconquête de Kharkov. La IVe armée Panzers commençait à recevoir les renforts expédiés de l'Ouest, comprenant la division SS Totenkopf (initialement formée de gardes des camps de concentration) qui allèrent rejoindre la Leibstandarte et Das Reich dans le Panzerkorps SS I. Ulcérés par la perte de Kharkov, le 7 mars, les guerriers idéologiques se lancèrent sauvagement à l'attaque. Le 10, les faubourgs du Nord furent le théâtre de combats féroces et, deux jours plus tard, la ville fut totalement encerclée avec les unités soviétiques qui la défendaient. La Stavka prit soudain conscience du danger de la situation car l'assaut allemand menaçait le centre de l'Armée rouge, au point même où elle avait espéré amorcer l'encerclement des troupes ennemies. De plus, au lieu d'expédier des renforts à ses formations de Kharkov, la Stavka avait dû les envoyer au front de Voronej, au sud de Koursk, où ils réussirent à tenir un secteur qui devait devenir la face sud du saillant de Koursk. En engageant ces troupes dans une action défensive, elle avait conduit à l'échec l'offensive d'hiver de 1942 comme celle qui avait suivi la victoire de la bataille de Moscou l'année précédente. Certains Russes avaient prévu, ce résultat. Ce fut le cas de Golikov, commandant du front de Voronej : « Environ 300 kilomètres nous séparent du Dniepr et 30 à 35 jours de la *rasputitsa* de printemps, dit-il à l'un de ses officiers. Tirez vos conclusions. »

La *rasputitsa*, la saison humide bi-annuelle qui transforme les pistes en fondrières et la steppe en marécage avait travaillé contre l'armée allemande en 1941-1942, retardant son avance sur Moscou, en Ukraine et sur Stalingrad. A ce stade, elle lui apporta un répit apprécié. Avec toutes les réserves de l'Ostheer concentrées dans le sud, l'Armée rouge put rouvrir une route sur Leningrad et se porter contre les forces isolées dans la poche de Demyansk depuis la bataille de Moscou – sans toutefois empêcher son repli. Elle put également maintenir une pression suffisante sur le saillant de la Vyazma, à l'ouest de Moscou, pour persuader Hitler d'autoriser un repli sur un front plus court, préparé à l'avance et nommé la « ligne Buffalo ». Cependant, tant que dura la saison humide et, malgré les énormes pertes infligées à l'ennemi, elle ne trouva la force de reprendre l'offensive dans aucun des principaux secteurs.

*L'opération « Citadelle »*

Bien que l'Ostheer eût frôlé le désastre sur le front sud pendant l'hiver de Stalingrad, Hitler et ses généraux étaient décidés à relancer l'attaque au moment précis où l'Armée rouge admettait sa défaite. « La véritable bataille ne fait que commencer, déclara Staline le 23 février 1943, jour de l'Armée rouge, dans un message à ses soldats. Il savait que ses forces normales étaient épuisées. La Russie ne pourrait former la réserve qui permettrait à ses généraux de lancer une offensive de grande envergure. Il fallait attendre l'arrivée des secours prévus par les termes de la loi prêt-bail, la sortie du matériel des usines transférées dans l'Oural et la fin de l'entraînement des nouvelles recrues. Les Allemands avaient fait le calcul contraire. Comme la *rasputitsa* et l'usure de l'Armée rouge leur laissaient un répit, ils devaient attaquer au plus tôt ou subir les conséquences de leur inactivité.

La question se posait de savoir où porter leur attaque. Pour la dernière fois au cours de la guerre, les généraux durent la régler entre eux. L'assurance de Hitler était tellement ébranlée par le résultat de son obstination à tenir Stalingrad coûte que coûte qu'il avait provisoirement perdu toute envie d'imposer des décisions stratégiques à ses subordonnés. Pendant son passage au quartier général de Manstein, avant la contre-attaque de Kharkov, il avait laissé ses généraux – Kleist, Jodl, Zeitzler et Manstein – discuter des possibilités que le succès de l'opération pourrait faire naître. A la fin de la réunion qui dura trois jours, du 17 au 19 février, il était intervenu pour s'opposer à une proposition particulièrement hardie de Manstein consistant à « faire un pas en arrière, deux pas en avant ». Comme elle entraînait un abandon provisoire de terrain, Hitler était farouchement hostile à cette manœuvre. Il ne rejeta pas un autre projet d'attaque concentrique sur le saillant de Koursk mais laissa aux généraux de l'Ostheer le soin de le mettre au point.

Pendant l'accalmie imposée par la *rasputitsa* en mars et avril, la plus longue que connurent les soldats des deux camps au cours de la guerre, les états-majors des armées allemandes et soviétiques s'occupèrent activement d'établir les plans de la grande bataille que l'été allait leur permettre de déclencher. Pendant ce temps, par une bizarre convergence d'idées, leurs chefs suprêmes envisageaient de modifier leurs propositions et, au besoin, de temporiser avec le caractère inéluctable de l'action. Staline semblait incapable de suivre la logique de l'analyse stratégique de ses généraux. Croyant que tout le front soviétique était menacé, mais particulièrement le secteur situé en face de Moscou, il préconisait l'emploi des forces disponibles dans une attaque foudroyante qui ôterait aux Allemands la possibilité de remporter une troisième victoire en 1943. Le 12 avril, au cours d'une réunion avec ses officiers généraux, il admit que la construction de solides défenses dans le saillant de Koursk devait passer en priorité mais il veilla aussi à ce que la même décision s'appliquât à tous les principaux axes d'avance ouverts aux Allemands. Il divergeait en cela avec l'opinion de généraux hautement expérimentés comme Vatoutine et Joukov qui étaient convaincus que l'Ostheer choisirait d'attaquer dans le secteur de Koursk. A leur avis, il fallait fortifier ce front aussi solidement que possible pour aborder le choc de l'offensive blindée. Cependant, les réserves accumulées par la Stavka ne devaient pas être engagées exclusivement à Koursk mais réparties de façon à constituer une masse de manœuvre avec laquelle l'Armée rouge pourrait lancer par la suite une offensive pour son propre compte. Le 8 avril, Joukov soumit son opinion à Staline : « Une prochaine offensive de nos troupes tendant à devancer l'ennemi me paraît inutile. Il vaudrait mieux l'écraser dans nos défenses, anéantir sa force de chars et, ensuite, lancer une offensive générale avec des réserves fraîches pour pulvériser ses concentrations principales une fois pour toutes. »

Le 15 avril, il signa l'ordre d'attaquer le saillant de Koursk mais le 3 mai, il se ravisa et proposa à Zeitzler d'attaquer le nez du saillant. Cette suggestion allait à l'encontre de toute l'orthodoxie militaire qui préconise que les troupes installées dans un saillant doivent être coupées au lieu d'être attaquées de front et Zeitzler eut fort à faire pour l'en dissuader (21 avril). Cependant, Model qui devait commander l'une des deux armées chargées de lancer les attaques convergentes objecta ensuite que, s'il n'obtenait pas de chars supplémentaires, il lui faudrait plus de temps que le plan ne le permettait pour percer les forces défensives russes. Hitler accepta donc de retarder l'offensive de quelques jours en attendant que Guderian, son nouvel inspecteur de l'armée blindée, trouve les chars supplémentaires. Guderian, qui était bien informé de la quantité et de la qualité des chars soviétiques soumit à Hitler un programme de livraison de chars qui justifiait l'ajournement de l'opération. Il promit non seulement plus de chars, mais de meilleurs chars, y compris le nouveau Panther Mark V et la famille des canons de 88 millimètres, Hornets, Tigres, Ferdinands, invulnérables et invincibles sur le champ de bataille. Le 4 mai, après une autre conférence avec ses généraux, à Munich, Hitler reporta l'attaque de Koursk, baptisée « Citadelle », au milieu de juin.

Pendant ce temps, l'industrie soviétique continuait à sortir des chars à une cadence deux fois plus rapide que celle des usines allemandes. De plus, à la production du remarquable T-34, elle ajouta celle de modèles plus lourds notamment le KV-85 avec un canon de 85 millimètres, le premier modèle du super-lourd Joseph Staline, équipé plus tard d'un canon de 122 millimètres, et divers équivalents des canons d'assaut sans tourelles que les Allemands préféraient. La production d'armes antichars russes était encore plus impressionnante. Plus de 200 régiments de réserve équipés d'un puissant canon de 76 avaient été formés pendant que 21 000 canons antichars plus légers étaient distribués aux unités d'infanterie. « Pendant l'hiver de 1943, l'infanterie soviétique était mieux équipée que toute autre pour les combats antichars », note le professeur Erickson. Aux ressources blindées et antichars soviétiques venaient encore s'ajouter d'énormes quantités d'artillerie. « L'artillerie est le dieu de la guerre », disait Staline. Elle avait toujours été l'arme principale des armées russes et l'artillerie de l'Armée rouge était, en été 1943, la plus forte du monde tant pour la quantité que pour la qualité de l'équipement. Des divisions d'artillerie entières avaient été formées en 1943, équipées des nouveaux canons de 152 millimètres et 203 millimètres. Elle comprenait aussi quatre divisions de lance-fusées Katyoucha, une arme révolutionnaire dont chacune peut tirer 3 840 projectiles de 230 tonnes dans une seule salve. La Katyoucha que les Allemands allaient se hâter de copier devint l'arme la plus redoutable du champ de bataille de l'Est, déstabilisant les fantassins qui n'étaient pas mis hors de combat par son effet de déflagration terrifiant.

Le rééquipement de l'Armée rouge représentait une terrible menace pour l'Ostheer. Au cours des mois d'avril et mai, d'énormes quantités de matériel de guerre furent déversées dans le saillant de Koursk, entre autres 10 000 canons, canons antichars et lance-fusées. La population du saillant fut mobilisée pour creuser des tranchées et des fossés antichars pendant que les hommes du génie posaient des mines – environ 3 000 par kilomètre de front. Les troupes des deux fronts qui le défendaient, front du centre (Rokossosky) et front de Voronej (Vatoutine) établirent leurs positions défensives dont chacune consistait en une première ligne de cinq kilomètres de profondeur et deux positions arrière. Grâce à la participation de 300 000 civils, le saillant de Koursk devait contenir huit lignes défensives échelonnées sur une profondeur de 150 kilomètres. On n'avait jamais rien vu de pareil sur un champ de bataille, pas même sur le front de l'Ouest au summum de la guerre des tranchées en 1916-1918.

Les atermoiements de Hitler concernant la date de l'opération Citadelle reflètent ses doutes quant aux possibilités de sa mise à exécution et aux capacités des généraux chargés de la lancer, par exemple Model, commandant la IX^e armée. Ce dernier était allé le voir à Berchtesgaden avec des photographies aériennes pour lui demander un supplément de chars et un délai plus long. Hitler déclara un an plus tard : « Quand Model m'a dit qu'il lui fallait trois jours, j'ai eu la frousse. » Quoi qu'il en soit, Hitler ne prit aucune décision pour annuler Citadelle. Sa confiance s'était affaiblie pendant que celle de Zeitzler se raffermissait. L'ancien fantassin combattant de la Première Guerre mondiale était résolu à « faire quelque chose » en 1943, c'est-à-dire à livrer bataille sur le front de l'Est, qui représentait son unique secteur de responsabilité. Hitler lui aussi voulait que « quelque chose » soit fait à moins de laisser l'Armée rouge augmenter ses forces pour une offensive majeure en 1944. Cependant, à part la rancœur persistante que lui causait la défaite de Stalingrad, il avait d'autres soucis en tête : non seulement l'aggravation de la situation en Tunisie où l'armée germano-italienne avait dû capituler mais la position de plus en plus précaire de son allié Mussolini et surtout son incertitude au sujet du prochain point où les Alliés allaient frapper en Méditerranée, sans compter la difficulté grandissante d'assurer la défense civile en Allemagne où la RAF et l'aviation américaine faisaient de plus en plus de dégâts chaque semaine. Il reporta l'opération Citadelle par trois fois. D'abord au 6 juin, lorsque Guderian lui demanda un délai pour accumuler des réserves de chars, ensuite au 18 juin, puis au 25 juin, après s'être rendu aux arguments de Model. Enfin, le 29 juin, il annonça qu'il allait retourner à Rastenburg et que Citadelle serait déclenchée le 5 juillet. Le 1er juillet, il expliqua à son état-major qu'après examen de la situation stratégique, il avait conclu que « les Russes attendent leur heure. Ils emploient leur temps à se réapprovisionner pour l'hiver. Nous ne devons pas le permettre ou nous aurons à affronter de nouvelles crises. Il nous faut donc les isoler ».

On était loin des appels à la guerre éclair lancés à grands sons de trompe en 1941 et 1942. Ce discours montre à quel point Hitler avait limité ses horizons après deux années de la guerre germano-soviétique. Il indique aussi l'importance du développement de l'Armée rouge malgré les pertes qu'elle avait subies et le degré d'affaiblissement auquel un programme implacable avait réduit l'Ostheer. Les effectifs de l'Armée rouge s'élevaient à 6 500 000 hommes au début de juillet 1943 ; l'Ostheer n'en comptait que 3 100 000, soit 200 000 de moins qu'en juin 1941. Le nombre de ses divisions restait le même, à 180 environ, mais leurs effectifs étaient inférieurs à la normale. Dans l'Armée rouge, les effectifs étaient également faibles – 5 000 dans chaque division – mais elle possédait un grand nombre d'unités « non endivisionnées » comprenant les formations d'artillerie spécialisées. Alors que l'armée allemande dépendait exclusivement de la production de son industrie nationale pour ses besoins, les Russes bénéficiaient de l'aide prévue par la loi prêt-bail :

183 000 camions américains leur étaient parvenus au milieu de 1943. Pendant ce temps, la guerre détruisait le principal moyen de transport de l'Ostheer – le cheval. Au printemps de 1942, elle avait perdu 250 000 chevaux sur les 500 000 qui l'avaient accompagnée en Russie et les pertes s'étaient succédé à la même cadence par la suite.

Cependant, l'idée de manœuvre n'était pas essentielle à l'opération Citadelle. Seule comptait la puissance des moyens de combat. Or, la puissance des moyens allemands était considérable. Elle était déployée entre la Ve armée de Model qui devait attaquer la face nord du saillant de Koursk et la IVe armée Panzers de Hoth qui devait attaquer la face sud. Elles disposaient ensemble de quelque 2 700 chars appuyés par 1 800 avions, la plus vaste concentration de forces jamais vue sur le front de l'Est dans un espace aussi restreint. Model commandait 8 Panzerdivisions et Panzerdivisions grenadiers avec 7 divisions d'infanterie de soutien ; et Hoth 11 Panzerdivisions et 7 d'infanterie. Le plan était simple : Model et Hoth devaient frapper à la gorge du saillant de Koursk entre Orel et Kharkov, faire leur jonction puis envelopper et détruire les 60 divisions de Vatoutine et de Rokossovsky.

### *Dans la fournaise*

L'attaque commença le 5 juillet à 4 h 30. Apparemment, Staline avait été averti de la date par Lucy, son réseau d'informations en Suisse. « Douze heures durant, raconte le professeur Erickson, les deux camps alimentèrent furieusement la grande fournaise de la bataille de Koursk. Les blindés continuaient à se masser formant une concentration de forces jusqu'alors inconnue depuis le déclenchement de la guerre. Les deux commandants observaient cette fantastique escalade avec une satisfaction sinistre. Les officiers allemands n'avaient jamais vu autant d'avions soviétiques tandis que les officiers soviétiques n'avaient jamais vu un rassemblement de chars allemands aussi formidable, tous tachetés de vert et de jaune dans leur camouflage, des armadas de chars en mouvement déferlant par vagues de 100 et de 200 ou plus, une vingtaine de Tigres et de canons d'assaut au premier échelon des groupes, de 50 à 60 chars moyens au second, ensuite l'infanterie protégée par les blindés. Près de 4 000 chars russes et 3 000 chars et canons d'assaut allemands s'affrontèrent dans un duel de Titans. La bataille gronda heure après heure, laissant des monceaux de morts et de mourants sur le champ de bataille, des amas de blindés incendiés ou hors d'usage, des débris de canons et d'épaisses colonnes de fumée qui s'élevaient au-dessus de la steppe ».

Le 6 juillet, Rokossovsky contre-attaque, essayant de regagner le terrain perdu le premier jour, mais ses troupes sont encerclées par les divisions allemandes. Le 7 juillet, les 18e, 19e, 2e et 20e Panzerdivisions approchent de la hauteur d'Olkhovatka à 45 kilomètres de leur ligne de départ. De là, elles pourront dominer Koursk au nord et les lignes de communication à l'intérieur du saillant. Les défenses soviétiques sont bousculées mais les réserves arrivent à temps pour frustrer les Allemands de leur victoire. Entre-temps, sur le secteur sud, Hoth, qui coiffe trois Panzerdivisions SS, Leibstandarte, Das Reich et Totenkopf, ainsi que les 3e et 11e Panzers et la puissante division Grossdeutschland, progresse inexorablement. Vatoutine envisage de lancer une contre-attaque le 6 juillet mais, devant la force que déploient les Allemands, il décide de rester sur la défensive. Dans la soirée du 7 juillet, le « poing » de la Panzer de Hoth s'abat sur la cuirasse soviétique, à 18 kilomètres d'Oboyan, qui défend Koursk au sud. La jonction des poussées Panzers nord et sud dont dépend la réussite de Citadelle semble près de se réaliser.

Mais les défenses russes se révèlent difficiles à enfoncer. Tout le front est couvert de tranchées et de remblais tandis que les batteries soviétiques antichars sont organisées en simples unités face aux avancées allemandes. Le 10 juillet, Hoth est obligé de faire appel à sa réserve blindée, la 10e division et la division SS Viking pour appuyer son avance sur le secteur sud, mais il est quand même forcé de ralentir son allure. De plus, le 11 juillet, Vassilievski et Joukov qui assument la direction de la bataille, sous la supervision de la Stavka et de Staline, sont sur le point de lâcher les réserves soviétiques dans une contre-offensive générale. Le front de Bryansk (Popov), sur la droite de Rokossovsky, doit attaquer le flanc de Model. Le 12 juillet, ils lancent les chars, tenus en réserve dans le front de la Steppe (de Koniev), contre la IVe armée Panzers de Hoth, au sud de Koursk. Cette décision va déclencher la plus terrible bataille de chars de la Deuxième Guerre mondiale. « Dans la région de Prokhorovka, deux énormes corps de blindés allemand et soviétique précipitent dans un gigantesque déferlement plus de mille chars. Les deux groupes de blindés allemands [...] rassemblent respectivement 600 et 300 chars. La Ve armée de la Garde (Rotmistrov) en compte à peine moins de 900 – une parité approximative, à cette différence près que les Allemands possèdent environ cent Tigres. » La bataille fait rage toute la journée. Les T-34 soviétiques et quelques KV se ruent sur la formation allemande dont les Tigres restent immobiles pour tirer à bout portant. Ainsi, le blindage est plus facile à percer. Des centaines de monstres mécaniques s'entrechoquent. Les munitions explosent, projetant les tourelles à plusieurs mètres des carcasses déchiquetées ou envoyant des jets de flammes dans l'air... A la tombée de la nuit, des nuages d'orage se brassent au-dessus du champ de bataille, la canonnade ralentit... le silence tombe sur les chars, les canons et les morts. Le massacre de Prokhorovka est provisoirement terminé. Plus de 300 chars allemands détruits, dont 70 Tigres, gisent dans la steppe... Plus de la moitié des chars de la V^e^ armée de la garde soviétique gît déchiquetée dans la même région. Les deux adversaires s'étaient infligé des coups terribles. L'attaque allemande s'est maintenue au nord et au sud. A Oboyan, elle a été repoussée et ce n'est pas seulement dans le secteur sud de Hoth que l'opération Citadelle a manqué ses objectifs. « Sur les larges pentes de Sredne-Roussky, l'offensive de la 9^e^ armée de Model contre Koursk a été arrêtée aussi et Rokossovsky dispose de réserves considérables ».

Nul n'était plus prêt que Hitler à admettre la défaite. « C'est la dernière fois que j'écoute les conseils de mon état-major général, déclara-t-il à ses collaborateurs après une entrevue avec Manstein et Kluge qu'il avait convoqués le 13 juillet pour leur ordonner de mettre fin à l'opération. Manstein était sûr qu'il lui serait encore possible de couper le saillant s'il pouvait jeter les dernières réserves blindées sur le front de l'Est. Hitler refusa carrément. Citadelle reprit par intermittence jusqu'au 15 juillet, mais l'initiative était passée dans le camp des Russes. Ils avaient perdu plus de la moitié de leurs chars. Les pertes n'étaient pas moins lourdes du côté allemand : ainsi, les 3^e^, 17^e^ et 19^e^ Panzer-divisions ne possédaient plus que 100 chars au lieu de 450. Or, malgré les efforts de Guderian et de Speer, les usines allemandes étaient loin de produire les mille chars mensuels programmés pour 1943. La moyenne de production ne dépassait pas 350 par mois. En conséquence, la réserve blindée sur laquelle l'Ostheer avait toujours compté en cas de crise était décimée et ne pouvait être reconstruite avec la production normale qui suffisait à peine à remplacer les pertes. Grâce au rendement de l'industrie lourde, les usines soviétiques transférées au-delà de l'Oural produisaient quelque 2 500 chars par mois en 1944, c'est-à-dire suffisamment pour compléter les formations blindées. L'opération de Koursk eut une importance capitale en ce sens qu'elle priva l'Allemagne des moyens de reprendre l'initiative.

Au début, les Russes exploitèrent leur victoire avec une certaine maladresse. Une attaque en direction d'Orel au nord du saillant de Koursk entraîna les blindés soviétiques dans une bataille contre quatre Panzerdivisions qui bloquèrent leur avance. Une offensive simultanée sur Bielgorod, au sud du saillant, montée par Tolboukhine, fut repoussée, et les troupes engagées dans l'opération durent battre en retraite le 1er août. En mobilisant les dernières réserves de Kluge et Manstein ces attaques russes exposèrent Kharkov à une nouvelle offensive que Staline avait approuvée le 22 juillet. Lancée le 3 août, elle produisit un effet dévastateur. Une division d'infanterie allemande, la 167e, fut soumise la première au bombardement intensif de l'artillerie de la VIe armée de la garde (Voronej). Après quelques heures de pilonnage, son secteur fut complètement détruit et une colonne de chars russes l'envahit. Le 5 août, elle prit Bielgorod et, le 8, elle ouvrit une brèche sur le flanc de la IVe armée Panzers qui conduisait directement aux ponts du Dniepr, à quelque cent cinquante kilomètres.

Manstein informa alors Hitler qu'il lui fallait un renfort de vingt divisions, faute de quoi il serait obligé d'abandonner le bassin du Donetz avec toutes ses ressources minières et industrielles si précieuses pour l'effort de guerre allemand et russe. En réponse à cet ultimatum, Hitler lui proposa une troisième solution. Loin de lui expédier des renforts, il transférait plusieurs divisions de Russie, y compris la Leibstandarte, en Italie pour protéger sa position dans ce pays. Néanmoins, compte tenu de l'aggravation de la crise à l'est, il admit la nécessité de la construction d'un « mur de l'Est » derrière lequel l'Ostheer pourrait défendre le territoire conquis en 1941-1942. Il partirait du littoral de la mer d'Azov, se prolongerait le long des fleuves Dniepr et Desna via Kiev et Tchernigov jusqu'à la Baltique.

Il ordonna que les travaux commencent immédiatement sur cette ligne qui serait aussi une position d'arrêt derrière laquelle l'Ostheer ne devait pas se retirer. En fait, il manquait à la fois des effectifs et des matériaux nécessaires à sa construction. De toute façon, l'Armée rouge ne lui laissa pas le temps d'entreprendre l'ouvrage. Lançant des attaques simultanées dans tout le secteur sud du front, elle s'empara de Kharkov le 23 août et franchit le Donetz et le Mius en même temps. Ces poussées menaçaient d'encerclement le groupe d'armées A qui tenait toujours sa tête de pont derrière la Crimée et mettait en danger la position de la VI^e^ armée, la formation la plus méridionale du groupe d'armée de Manstein au-dessus de la Crimée. Le 31 août, Hitler approuva de nouveaux replis au sud. Cependant, les défenses du groupe d'armées du Centre avaient été pénétrées en trois points et le secteur méridional du front de l'Ostheer croulait sous le poids des forces de l'Armée rouge. Le 8 septembre, son avant-garde se trouvait à 45 kilomètres du Dniepr et, le 14, elle menaçait Kiev. Le groupe d'armées du Centre était incapable de maintenir ses positions dans le secteur de la Desna désigné un mois plus tôt pour faire partie du « mur de l'Est ». Le même jour, le front de l'Ouest de Sokolovsky marchait sur Smolensk dans le secteur du groupe d'armées du Centre, foyer de la grande bataille d'encerclement de 1941, année des grandes victoires de l'Ostheer sur les Russes. Le lendemain, Hitler autorisa ses généraux à se replier sur les lignes des fleuves Dniepr, Soj et Pronya, mais sa directive arriva trop tard pour leur permettre une retraite en bon ordre. En fait, cette retraite se transforma en course de vitesse vers les positions désignées mais l'Armée rouge devança de nombreuses formations allemandes et, le 30 septembre, elle occupait cinq têtes de pont sur le Dniepr ainsi qu'une importante zone au sud des marais du Pripet.

L'Ostheer avait subi un désastre irréparable car le Dniepr avec sa rive occidentale escarpée était la position défensive la plus forte de la Russie méridionale. Pendant cinq semaines de combats continuels, elle avait reculé de 225 kilomètres sur un front de 1000 kilomètres. Bien que Hitler eût ordonné à son armée de tout anéantir derrière elle, usines, mines, centrales électriques, fermes collectives et voies ferrées, ses équipes de démolition n'avaient pu détruire le réseau routier utilisé par l'Armée rouge qui poursuivait son avance. Quant au « mur de l'Est », 1 était resté à l'état de projet.

*La puissance croissante de l'Armée rouge*

Pour l'Armée rouge au contraire, la bataille de l'été 1944 fut un triomphe. Elle avait atteint tous les objectifs désignés par la Stavka et Staline, et, malgré ses lourdes pertes en hommes et en matériel, ses forces continuaient à croître et ses capacités d'offensive aussi. En octobre, elle comptait 126 corps de fusiliers (de 2 à 3 divisions chacun), 72 divisions d'infanterie indépendantes, 5 armées blindées (de 3 à 5 divisions), 24 corps blindés (de 2 à 3 divisions), 13 corps mécanisés (de 2 à 3 divisions), 80 brigades de chars, 106 régiments de chars indépendants et un vaste éventail de formations d'artillerie – 6 corps d'artillerie, 26 divisions d'artillerie, 43 régiments de canons automoteurs, 20 brigades d'artillerie et 7 divisions de lance-fusées Katyoucha. Pour marquer ses succès, l'Armée rouge avait rebaptisé ses fronts. Dans la première semaine d'octobre elle fait halte pour se regrouper en vue de la prochaine étape de l'offensive. Les fronts de Voronej, de la Steppe, du Sud-Ouest et du Sud deviennent les premier, deuxième, troisième et quatrième fronts d'Ukraine. Ceux du nord s'appelleront désormais premier et second fronts de Biélorussie, premier et second fronts de la Baltique. L'Armée rouge était en marche.

L'hiver était la saison la plus favorable pour le combattant russe. Habitué au froid, il était mieux équipé que le soldat allemand contre les intempéries. Le fantassin allemand avait les pieds gelés dans ses boîtes à dés, comme il surnommait ses bottes. Le soldat Russe, chaussé de bottes fourrées fabriquées aux Etats-Unis conformément aux instructions soviétiques, résistait aux morsures du froid. Il connaissait aussi les moyens de maintenir un moteur en marche à des températures sibériennes – par exemple en mélangeant l'essence à une huile lubrifiante – et de soigner les bêtes de trait lorsqu'elles avaient les naseaux couverts de glaçons. Il fallut attendre le troisième hiver de la guerre pour que l'Ostheer reçoive enfin des provisions de vêtements appropriés au froid.

Aux premières gelées, les fronts d'Ukraine commencèrent à lancer leurs attaques sur le Dniepr inférieur. L'augmentation récente des effectifs et du matériel de l'Armée rouge ne lui permettait pas encore d'entreprendre une offensive de grande envergure sur tout le front et, pendant les dix-huit mois suivants, elle allait effectuer une série de manœuvres en dents de scie. Son premier objectif fut la XVII^e armée qui occupait la Crimée et ses environs. Hitler attachait une importance excessive à cette région, sans doute parce qu'il avait fait un maximum d'efforts pour la conquérir en 1942 et qu'il était obsédé par l'idée qu'elle pouvait offrir une base idéale pour des attaques aériennes sur les champs pétrolifères de Ploesti. Le 27 octobre, en apprenant que le quatrième front d'Ukraine (Tolboukhin) se disposait à l'envahir, il demanda des renforts aux Roumains, persuadé qu'ils partageaient sa vision du danger imminent. Comme Antonescu refusait de miser sur le front de l'Est, Hitler décréta purement et simplement que la XVIIe armée devait tenir et poursuivre la lutte. Sous la pression soviétique, la VIe armée, sa voisine la plus proche, fut rapidement repoussée au-delà de la langue de terre qui relie la Crimée au continent (l'isthme de Perekop) pendant que des débarquements s'opéraient du littoral asiatique sur la presqu'île de Kerch. Le 30 novembre, 210 000 soldats se trouvaient non seulement isolés en Crimée mais menacés d'une attaque sur le territoire même qu'ils défendaient.

Entre-temps, les trois autres fronts d'Ukraine se déployaient sur toute la longueur du Dniepr inférieur, menaçant les flancs du groupe d'armée du Sud de Manstein. Les troisième et deuxième fronts d'Ukraine s'emparèrent d'une large tête de pont près de Krivoï Rog, sur le flanc sud de Manstein. Le 3 novembre, le premier front d'Ukraine franchit le Dniepr au-dessus du Pripet pour reprendre Kiev par le plus spectaculaire retournement de situation qu'ait connu le front de l'est depuis l'encerclement de Stalingrad.

En novembre, les fronts de Biélorussie et de la Baltique entrèrent en action au nord du Pripet. Partant de Bryansk pour reconquérir Smolensk, ils menacèrent Vitebsk. Ils roulaient sur la route que Napoléon avait suivie pour aller à Moscou, mais dans la direction opposée. Hitler avait donc de bonnes raisons de craindre pour la sécurité des Etats baltes et pour le maintien des limites de la frontière polonaise de 1939.

En décembre, le temps fut exceptionnellement clément, de sorte que les cours d'eau et les petits lacs restèrent provisoirement libres de glace, épargnant à l'Ostheer la difficulté de défendre la route Smolensk-Minsk à travers le Dniepr supérieur. En compensation, Hitler annonça dans sa directive n° 51 qu'une invasion anglo-américaine à l'Ouest était imminente et qu'il ne pouvait plus assumer la responsabilité d'affaiblir davantage le front de l'Ouest en faveur d'autres théâtres de guerre. En conséquence, il avait décidé de renforcer ses défenses. Autrement dit, l'Ostheer ne pouvait plus compter sur les renforts des secteurs plus calmes de l'OKW – France, Italie et Scandinavie. Elle devait continuer à se battre avec les forces dont elle disposait.

« La vaste étendue du territoire à l'Est nous permet de céder du terrain, même sur une plus grande échelle, sans que le système nerveux de l'Allemagne s'en ressente », admit-il dans cette même directive n° 51. Il laissait entendre par là qu'il accepterait volontiers que ses généraux de l'Est lui suggèrent qu'un abandon élastique de territoire constituerait le moyen le plus profitable de lutter contre l'Armée rouge en application de la théorie qui consiste à « reculer pour mieux sauter ». La théorie ne devait pas être mise en pratique. Pendant l'hiver de 1943-1944, l'Armée rouge se révéla plus forte que jamais et la répugnance de Hitler à céder du terrain toujours aussi obstinée. Il s'accrochait à l'espoir de conserver les mines de Nikopol et de Krovoï Bog et exagérait constamment le danger que représenterait l'occupation de la Crimée par les Russes qui se hâteraient d'en faire une base d'aviation soviétique pour attaquer les champs pétrolifères de Roumanie – une véritable obsession.

### *Hitler ordonne la retraite*

Manstein qui avait transféré son poste de commandement dans l'ancien quartier général de Hitler à Vinnitsa, en Ukraine, se rendit à Rastenburg en janvier à deux reprises pour obtenir un ordre de repli. Il se heurta chaque fois à un refus. Son groupe d'armée se battit farouchement pour maintenir son front contre les attaques implacables des premier et deuxième fronts d'Ukraine sous le commandement direct de Joukov. Au début, il recula moins lentement que le groupe d'armées A qui, sous l'assaut des troisième et quatrième fronts ukrainiens, fut quasi encerclé au cours de ses tentatives pour conserver Nicopol et Krivoï Rog. L'autorisation de repli arriva à temps pour leur permettre d'échapper à l'enveloppement. Comprenant que la situation était désespérée, Hitler avait enfin donné l'ordre de retraite et le groupe d'armée A s'était retiré en abandonnant une grande partie de son artillerie et de ses moyens de transport. Au milieu de février, le groupe d'armées du Sud se trouva également dans une position critique. Deux de ses corps étaient encerclés par Vatoutine entre le Dniepr et Vinnitsa à l'ouest de Tcherkassy. Ils furent dégagés le 17 février par une concentration de tous les blindés disponibles. Cette opération des I$^{re}$ et IV$^{e}$ armées Panzers montrait que les chars de Manstein étaient mal placés pour contenir l'assaut du premier front d'Ukraine au sud du Pripet. Le 11 mars, celui-ci avait passé la frontière polonaise de 1939, menaçait Lvow et se trouvait à 150 kilomètres des Carpates, le seul rempart de l'Europe du Sud contre une invasion par l'est.

Le 15 janvier, le groupe d'armée de Kuchler fut attaqué sur le front Nord. Les fronts soviétiques de Leningrad, de Volkhov et le second front de la Baltique étaient montés à l'assaut. Le 19 janvier, ils avaient rompu les défenses du groupe d'armées du Nord en trois points, élargi l'étroit corridor reliant Leningrad à la Russie proprement dite au cours d'une avance foudroyante. La capitale était libérée après mille jours de siège. Le blocus qui avait réduit un million de citadins à la famine fut officiellement levé le 26 janvier. Toute l'artillerie de la ville salua sa libération par une salve de vingt-quatre coups de canon. Derrière Leningrad, se dressait le seul pan du « mur de l'Est » dont Hitler avait permis l'achèvement. Aux premiers stades de l'offensive de Leningrad, il avait exigé que Kuchler fortifie une position intermédiaire sur la Luga. Quand il parut évident qu'il manquait du temps et des ressources nécessaires, il fut obligé d'autoriser une retraite sur la « ligne Panthère », nom donné à la partie du mur de l'Est allant de Narva au lac Peipus et au lac Pskov. La retraite, comme la perspective d'abandonner la Crimée, faisait naître en lui de sinistres pressentiments car il croyait avec juste raison qu'elle encourageait la Finlande à entamer des négociations secrètes avec les Russes pour une paix séparée.

Cependant, les difficultés de Hitler restaient d'ordre militaire et non politique. A la fin de février, Zeitzler, son chef d'état-major, lui avait assuré que 18 000 000 de Russes en âge de servir étaient éliminés et que Staline ne disposait plus que de 2 millions d'hommes dans sa réserve. Au milieu d'octobre, Gehlen, chef de la section renseignements sur les armées étrangères à l'Est, l'avait averti, au contraire, que l'Armée rouge allait bientôt dépasser la Wehrmacht sur le plan des effectifs, du matériel et de la propagande. Gehlen avait raison, Zeitzler se trompait. L'Armée rouge avait exactement rassemblé le genre de réserve blindée que Hitler avait autorisé l'OKH à jeter dans le chaudron de Koursk, et elle pouvait la déplacer sur le front à mesure que les occasions de percée se présenteraient. Au milieu de février, la Stavka avait concentré cinq de ses armées blindées en face du groupe d'armées du Sud. La sixième arriva à la fin du mois. Le 18 février, Staline leur ordonna d'attaquer au début de mars. Le premier front d'Ukraine lancerait l'offensive le 4 mars. Les deuxième et troisième fronts devaient se joindre à lui les 5 et 6 mars. A eux trois ils dépassaient leurs adversaires en nombre dans une proportion de deux contre un.

Il y eut un empêchement de dernière minute. Le 29 février, Vatoutine, commandant le premier front d'Ukraine, tomba dans une embuscade préparée par des partisans séparatistes ukrainiens et fut mortellement blessé. Sa mort représentait une perte grave pour le Haut-Commandement soviétique, mais il fut immédiatement remplacé par Joukov. L'offensive commença par l'un de ces bombardements d'artillerie destructeurs qui portaient désormais la marque des méthodes opérationnelles de l'Armée rouge. Le premier front d'Ukraine ouvrit rapidement une brèche entre les flancs des Ire et IVe armées Panzers et se rua en avant. La IVe Panzers fut encerclée à Kamenets et forcée de se disperser. Les deuxième et troisième fronts d'Ukraine progressèrent encore plus vite contre les forces plus faibles du groupe d'armée A. Le 15 avril, les Russes avaient franchi les lignes de trois fleuves derrière lesquelles les Allemands auraient pu se retrancher, le Bug, le Dniestr et le Prut, repris Odessa et laissé la XVIIe armée isolée en Crimée. Le 8 avril, le quatrième front de Tolboukhine élargit brusquement sa tête de pont sur la presqu'île de Kerch et enveloppa les survivants de la XVIIe armée dans une petite poche autour de Sébastopol. Au début de mai, Hitler reconnut qu'il ne pourrait assurer la défense de la ville. Elle fut évacuée en quatre nuits du 4 au 8 mai, mais plus de 30 000 soldats allemands furent abandonnés dans son périmètre et faits prisonniers lorsque les Russes libérèrent la ville le 9 mai.

L'offensive de printemps sur le front Sud s'était soldée par une victoire pour l'Armée rouge. Entre mars et la mi-avril, elle avait avancé de 220 kilomètres, enfoncé trois positions défensives en préparation, repris une partie du territoire le plus productif de l'Union soviétique, privé Hitler d'un avant-poste stratégique important et infligé des pertes irréparables aux groupes d'armées A, du Sud et du Centre. La XVIIe armée, qui formait la garnison de la Crimée, avait complètement disparu, laissant sur le terrain plus de 100 000 soldats allemands et roumains.

Cette débâcle avait déjà incité Hitler à modifier l'aspect général de l'Ostheer sur le front Sud. Le 30 mars, il convoqua Manstein et Kleist à Rastenburg et leur annonça qu'il était décidé à doter l'armée Sud d'un « nouveau nom, d'une nouvelle devise et d'un nouveau commandant expert en stratégie défensive ». Finalement, il les releva de leurs fonctions, Manstein serait remplacé par Model, et Kleist par Schörner, deux farouches partisans du régime. Ainsi, deux grands experts des percées blindées durent céder la place à des hommes qui consacraient l'essentiel de leurs capacités à réduire leurs soldats à une soumission servile aux ordres du Führer. Zeitzler, qui était aussi un parangon de discipline, conservait pourtant assez d'intégrité professionnelle pour offrir sa démission. Hitler refusa avec cet avertissement : « Un général ne peut pas démissionner. »

Quelques jours plus tard, Hitler ordonna que les groupes d'armées du Sud et A soient rebaptisés respectivement Ukraine-Nord et Ukraine-Sud pour marquer sa détermination de reconquérir ce territoire dont rien ne restait en sa possession. Non seulement il n'avait plus les moyens de préparer une offensive ni même une bataille défensive mais, au printemps de 1944, il était confronté à la perspective d'une invasion en France et à la réalité d'une percée alliée en Italie. A l'est, Staline préparait une offensive qui bouterait l'Ostheer hors du sol russe une fois pour toutes.

En mai, Staline, avait chargé deux de ses officiers d'état-major, Shtemenko, chef des opérations à l'état-major général, et Timochenko, représentant la Stavka, d'examiner chaque secteur du front soviétique – 3 000 kilomètres de long entre la Baltique, et la mer Noire – et d'établir un rapport sur leurs possibilités éventuelles. Ils lui remirent l'analyse suivante : il serait dangereux de poursuivre l'avance en direction des Carpates parce que ce mouvement entraînerait l'allongement du flanc que les troupes russes présentaient au groupe d'armée du Centre. Une avance, à partir de Leningrad sur la côte de la Baltique menacerait la Prusse orientale, mais pas le cœur de l'Allemagne et risquerait de provoquer une contre-attaque du groupe d'armée du Centre. Par conséquent, la meilleure stratégie consistait à éliminer le groupe du Centre qui occupait encore le secteur le plus important du territoire russe et barrait aussi la route de Varsovie par laquelle passait la route de Berlin. Cette opération nécessiterait des changements d'organisation, notamment le renforcement et le fractionnement des fronts de Biélorussie et de la Baltique mais, compte tenu de la nouvelle capacité de l'Armée rouge à concentrer rapidement ses forces sur un autre axe, un tel redéploiement était possible.

### *L'opération « Bagration »*

En avril, le théâtre des opérations de l'Ouest fut réorganisé. Les deux fronts de Biélorussie et de la Baltique furent chacun divisé en trois : de nouveaux généraux furent nommés et les commandants en chefs – Vassilievski et Joukov – furent affectés à des rôles d'inspection. Les renforts de chars et les réserves d'artillerie furent concentrés sur les fronts de Biélorussie, les mouvements de diversion seraient coordonnés aux extrémités sud et nord du théâtre des opérations. Finalement, le premier front d'Ukraine au sud du Pripet, commandé par

Koniev, était renforcé d'armées blindées prélevées sur les autres fronts pour préparer une manœuvre d'encerclement de grande envergure autour du Pripet dans le flanc du groupe d'armées du Nord de Model, et enfin contre celui du groupe d'armées du Centre lui-même. L'opération devait être la plus ambitieuse de toutes celles que l'Armée rouge avait montées. Il lui manquait seulement un nom. Le 20 mai, après avoir reçu le plan détaillé de son état-major, Staline annonça qu'elle se nommerait « Bagration », d'après le nom d'un général mortellement blessé à Borodino pendant l'invasion napoléonienne de 1812.

Le 9 juin, le front de Leningrad attaqua la Finlande et vint facilement à bout des réserves de la petite armée finlandaise. Le 28 juillet, le président finlandais demanda l'autorisation de transférer ses pouvoirs au maréchal Mannerheim qui entama immédiatement des négociations pour une paix séparée. Les Russes répondirent à ces démarches vers la fin d'août.

Entre-temps, Staline avait fixé une date pour le lancement de Bagration : le 22 juin, troisième anniversaire de l'attaque surprise de Hitler contre l'Union soviétique. Au cours des trois nuits précédentes, les groupes de partisans opérant à l'arrière des armées du Centre s'occupèrent de poser des charges explosives sur les voies ferrées qui assuraient l'approvisionnement logistique. Plus de 40 000 charges explosèrent les 19, 20 et 21 juin. L'OKH et l'OKW ne comprirent pas que ces attaques étaient les signes avant-coureurs d'une offensive en préparation. Depuis le début de mai, le front de l'Est était calme et la section de renseignements de Gehlen soulignait que ces signes annonçaient l'existence de préparatifs d'offensive contre le groupe d'armée d'Ukraine du Nord. C'est ce que Gehlen nommait la « solution balkanique », précisément celle que la Stavka rejetait. La Luftwaffe voyait la situation sous un autre angle. Elle avait appris par ses services de renseignements et ses vols de reconnaissance, que 4 500 avions soviétiques étaient concentrés contre le groupe d'armée du Centre. Cette information qui parvint à Hitler le 17 juin le convainquit. Il ordonna au 4e corps aérien, sa dernière force aérienne disponible à l'est, de lancer des attaques préventives. Cependant, la concentration russe était trop puissante pour qu'aucune de ces opérations soit efficace et le temps était passé où il aurait pu déplacer des forces terrestres vers le front du groupe d'armée du Centre.

Le 22 juin, à 4 heures du matin, Bagration commença par un bref bombardement d'artillerie, immédiatement suivi d'une attaque des unités de reconnaissance d'infanterie. Joukov était soucieux de ne pas disperser ses assauts contre des positions dégarnies. La véritable offensive se développa le lendemain. De puissantes vagues d'infanterie soutenues par de denses formations aériennes se ruèrent contre les défenses allemandes, ouvrant la voie aux chars. C'était l'avant-garde de 166 divisions appuyées par 2 700 chars et 1 300 canons d'assaut. Face à ces forces, le groupe d'armée du Centre, déployé sur un front de 1 500 kilomètres, ne disposait que de 37 divisions, bénéficiant d'un faible soutien de blindés.

La IXe armée qui tenait le secteur sud du front du groupe d'armée fut la première à subir les effets de cette disproportion. Menacée d'encerclement par les premier et deuxième fronts de Biélorussie dès le lendemain de l'offensive, elle fut autorisée à se replier sur la Berezina le 26 juin, trop tard. La IVe armée connut le même sort. Prise dans un vaste encerclement par les premier et troisième fronts de Biélorussie, elle fut taillée en pièces le 29 juin, à l'est de Minsk.

A la fin de la première semaine de Bagration, les trois armées allemandes qui s'étaient placées en travers de sa route avaient perdu près de 200 000 hommes et

900 chars. Les 9e et 3e Panzers n'étaient plus que des ombres avec les 3 ou 4 divisions opérationnelles qui leur restaient. La IVe armée était en pleine retraite. La vision d'une énorme brèche sur le front de l'Est tourmentait Hitler qui se trouvait confronté à d'autres difficultés plus ou moins angoissantes : le débarquement allié en France, la défection de la Finlande, la mort du général Dietl, un de ses favoris, tué dans l'avion qui le transportait sur le front de l'Arctique. Le 28 juin, Hitler remplaça Busch par le général Model à la tête du groupe d'armée du Centre, le laissant à la tête du groupe d'armée de l'Ukraine-Nord comme source de réserves.

Cependant, malgré toute sa capacité d'initiative militaire, Model ne put maîtriser la tourmente qui détruisait ses troupes. Le 2 juillet, il perdit tout espoir de ramener la IVe armée à Minsk car elle se trouvait bloquée sur la Berezina que le deuxième front de Biélorussie avait déjà franchie à Lepel. Il s'efforça donc de maintenir des issues de chaque côté de la ville mais la rapide avance des blindés soviétiques ne tarda pas à ruiner ses plans. Minsk tomba le 3 juillet tandis que la IVe armée restait encerclée à l'est. Sur ses 105 000 soldats, 40 000 furent tués en essayant d'effectuer une percée. Le 5 juillet, les survivants commencèrent à se rendre. Le commandant du 12e corps capitula officiellement le 8 juillet. Toute résistance avait cessé dans la poche.

L'encerclement de la IVe armée mit fin à la bataille de Russie blanche. La victoire fut célébrée officiellement le 17 juillet. Ce jour-là, 57 000 prisonniers furent emmenés dans les camps au milieu d'une foule silencieuse qui les regardait passer dans les rues. Les avant-gardes des fronts soviétiques étaient déjà loin de la zone où les vaincus s'étaient rendus. Le 4 juillet, la Stavka leur avait désigné de nombreux objectifs dans un rayon s'étendant de Riga, en Lettonie, à Lublin, en Pologne méridionale, et contournait la frontière de la Prusse orientale. Pour la première fois depuis le début de la guerre, le territoire même du Reich était menacé. Pendant la deuxième semaine de juillet, les Russes poursuivirent leur avance. Le 10 juillet, Vilna, la capitale de la Lituanie, tombait entre leurs mains et le troisième front de Biélorussie avait pris pied sur le sol allemand. Le 13 juillet, pour augmenter les difficultés de Model, le premier front d'Ukraine de Koniev lança 1 000 chars et 3 000 pièces d'artillerie contre Lvow, le vieux bastion austro-hongrois de la Galicie orientale, objectif farouchement défendu. La ville capitula le 27 juillet. A ce stade, le premier front de Biélorussie (Rokossovsky) dévia vers le sud, autour des marais du Pripet, pour faire sa jonction avec les troupes de Koniev. A la fin de la première semaine d'août, les deux fronts atteignaient les lignes de la Vistule et de son affluent le San, au sud de Varsovie, pendant que l'autre front de Biélorussie et le premier front de la Baltique franchissaient l'affluent nord de la Vistule et le Niémen pour menacer Varsovie par l'autre flanc.

Hitler avait la sensation d'être trahi de toutes parts. Le simple soldat lui restait fidèle mais la caste des officiers ne lui avait jamais inspiré confiance. A la veille de Bagration, le groupe Seydlitz composé des officiers qui s'étaient rendus à Stalingrad était passé dans le camp antifasciste et avait entrepris une campagne de propagande face au groupe d'armée du Centre. Le 22 juillet, sous la pression des Russes, seize des généraux capturés pendant la bataille lancèrent un appel à leurs compatriotes révélant que les 350 000 soldats perdus avaient été « sacrifiés dans un jeu de hasard ». Deux jours plus tôt, le colonel von Stauffenberg avait tenté de l'assassiner dans son propre quartier général, en prélude à une conspiration visant à remplacer le régime national-socialiste par un gouvernement susceptible d'être agréé par les Occidentaux. Le même jour, Zeitzler, son chef d'état-major, avait disparu, destitué ou en fuite, la question n'a jamais été élucidée. Le 1er août, l'Armée nationale polonaise insurgée s'emparait du centre de Varsovie.

Les causes de l'insurrection de l'armée nationale polonaise sont assez complexes, de même que les raisons qui ont empêché l'Armée rouge de venir au secours du soulèvement. Le 29 juillet, Radio Kosciuszko, dirigée par des communistes polonais sous contrôle soviétique, avait poussé les patriotes à se soulever en leur promettant qu'ils pouvaient compter sur l'aide des Russes. L'armée nationale polonaise se trouvait devant un dilemme : si elle n'agissait pas, elle serait accusée de collaboration avec les nazis ou reléguée au rang des nullités selon l'expression de Staline. Celui-ci avait sa propre armée satellite polonaise, l'armée du peuple qui participait à l'opération Bagration. Il avait aussi un gouvernement polonais de rechange connu à l'Ouest sous le nom de comité de Lublin. Le 3 août, il reçut Mikolajczyk, le Premier ministre polonais de gouvernement en exil, qui voulait s'entretenir avec lui des futures relations de leurs deux pays. Au début, Staline prétendit qu'il n'était pas au courant du soulèvement, puis il déclara qu'il ne pouvait tolérer un désaccord entre les Polonais de Londres et ceux de Lublin. Il refusa de faciliter les expéditions d'armes britanniques aux insurgés et déplora que les contre-attaques allemandes près de Varsovie empêchent le front de Biélorussie le plus proche de la ville de poursuivre son avance. Finalement, le 9 août, il assura Mikolajczyk qu'il ferait « l'impossible pour l'aider ».

Il était trop tard. Model avait pu réunir suffisamment de blindés pour organiser une attaque contre le premier front de Rokossovsky près de Praga, faubourg de Varsovie situé sur l'autre rive de la Vistule. Himmler que Hitler avait chargé d'écraser la révolte de Varsovie avait envoyé des troupes, entre autres la brigade Dirlewanger, composée de criminels allemands et la brigade Kaminsky formée de déserteurs russes qui, vingt-quatre heures après la percée, firent régner la terreur dans la population – combattante ou non – et firent 200 000 victimes avant même que l'insurrection eût pris fin.

## 26

# RÉSISTANCE ET ESPIONNAGE

« Et maintenant, mettez l'Europe à feu et à sang », ordonna Churchill à Hugh Dalton en le nommant directeur de l'organisation des opérations spéciales (SOE) chargée de fomenter la résistance à la dictature hitlérienne. L'insurrection de Varsovie, en 1944, fait ressortir mieux que tout autre événement le sens que Churchill donnait à cette formule. Hitler se trouvait confronté à une crise militaire intérieure aiguë. Les insurgés incitaient tous les peuples opprimés à les imiter. Ils souscrivaient au message que Churchill avait lancé à toutes les nations anglophones, incitant les vaincus à se dresser contre la tyrannie. Il justifiait la guerre de subversion et de sabotage que préconisaient les officines britanniques et américaines en Europe occupée.

Il faut néanmoins admettre que, malgré tout le courage déployé et toutes les souffrances endurées par l'armée territoriale polonaise, l'insurrection de Varsovie ne fut pas une réaction spontanée à la brutalité de l'occupation. De plus, elle ne réduisit guère les moyens dont disposait Hitler pour maintenir l'ordre dans l'ensemble de la Pologne tout en continuant à opposer une défense efficace à l'Armée rouge qui s'était arrêtée sur l'autre rive de la Vistule au moment où l'insurrection avait éclaté. Au contraire, l'armée de l'intérieur polonaise supposa que la défaite des Allemands en Biélorussie permettrait au gouvernement en exil de prendre la capitale polonaise avant que l'arrivée de l'Armée rouge n'encourage l'installation d'un gouvernement fantoche de Staline. Cependant, l'incapacité des Russes à maintenir leur pression militaire sur les Allemands déjoua ces calculs.

Par conséquent, loin de démontrer qu'un soulèvement suivi d'une série d'autres événements du même ordre avait pu contribuer à la défaite de Hitler, la révolte de Varsovie fait ressortir le danger que couraient les peuples asservis en prenant les armes dans les territoires occupés par la Wehrmacht. L'expérience du maquis du midi de la France en juin et celle des Slovaques en juillet en témoigne. En France, le maquis de Grenoble brandit l'étendard de la révolte sur le plateau du Vercors d'où il commença à harceler les troupes allemandes qui utilisaient la vallée du Rhône après le jour J. En juillet, plusieurs milliers de maquisards – qui pour la plupart fuyaient le service du travail obligatoire – s'étaient réfugiés dans le Vercors. Exaspéré par les attaques incessantes qu'il subissait dans tout son secteur de responsabilité, le groupe d'armée B décida de faire un exemple, parachuta par planeurs, sur le sommet du plateau, des troupes qui tuèrent tout ce qu'elles rencontrèrent. Les rebelles slovaques en Tchécoslovaquie orientale subirent le même sort. Les éléments de l'armée satellite slovaque qui s'étaient révoltés contre les forces d'occupation dans l'espoir d'une intervention russe furent passés au fil de l'épée. Tant que ses armées restèrent en terrain conquis, Hitler n'eut plus à faire face à d'autres soulèvements.

Le massacre du Vercors fut d'autant plus démoralisant que les victimes appartenaient aux équipes des opérations spéciales parachutées pour renforcer les maquisards qui avaient reçu une cargaison de mille colis d'armes et de munitions. Ils n'avaient même pas pu en profiter. Bien que conduits par un officier supérieur français, les résistants manquaient trop d'expérience et d'entraînement pour combattre des troupes aguerries dressées à abattre toute résistance avec une brutalité implacable.

Varsovie, Slovaquie, Vercors, ces noms évoquent des événements clés dans l'histoire de l'Europe hitlérienne. Il convient de les mettre dans la balance avec les autres actes de subversion et de sabotage intervenus entre 1939 et 1945.

En effet, si ces trois soulèvements répondent au programme de subversion, de sabotage et de résistance préconisé par Churchill après juin 1940 – et plus tard par Roosevelt et les gouvernements européens en exil –, ce programme fut un lamentable fiasco. Tous trois ont échoué pour le plus grand malheur des courageux patriotes engagés dans ces opérations et sans grand dommage pour les forces allemandes qui les réprimaient. En conséquence, toutes les manifestations mineures et préliminaires des forces de la résistance doivent être considérées comme des actes de bravade inopportuns et inutiles. Il reste à expliquer les raisons de leur échec.

L'erreur de Churchill concernant le pouvoir de la résistance face à l'idéologie tyrannique – erreur partagée par des centaines d'Anglais énergiques et intelligents – découle d'une incompréhension totale du rôle de l'opinion publique dans la politique de conquête. L'histoire de l'Angleterre est tissée de conquêtes et d'actes de résistance. Du vivant de Churchill, les limites de l'Empire britannique avaient été considérablement étendues par la force militaire, en Afrique du Sud, de l'Ouest et de l'Est, au Moyen-Orient, en Arabie et en Asie du Sud-Est mais l'autorité britannique avait toujours été modérée par des facteurs extérieurs : influence persistante de l'anti-impérialisme national et étranger, caractère équitable de l'administration des bâtisseurs de l'empire. Confrontés à la rébellion et aux atrocités en Inde pendant la grande mutinerie de 1857-1858 les Anglais de l'époque victorienne réagirent avec une brutalité à laquelle les forces de sécurité de Hitler n'avaient rien à envier. Leurs successeurs furent élevés dans une idée plus tolérante de l'empire. Le principe de l'autogestion fut désormais appliqué dans les colonies d'Afrique conquises à la fin de l'ère victorienne, dans les pays sous mandat britannique et dans les républiques d'Afrique du Sud après la guerre des Boers. Le même esprit imprégna l'administration britannique en Inde après la Première Guerre mondiale.

La modération que l'Angleterre s'imposait dans le gouvernement de son immense empire découlait de ses propres idées démocratiques et de son souci de l'opinion des autres peuples, en particulier le peuple américain. Bien qu'il se fût isolé de son propre parti dans les années 1930 pour son opposition à la dévolution du gouvernement en Inde, Churchill était aussi attaché au principe d'autodétermination que le libéral le plus doctrinaire. En outre, grâce à son expérience de la guerre des Boers il avait appris jusqu'où le désir de liberté peut conduire et combien il est difficile pour une puissance occupante d'imposer un gouvernement étranger à un peuple conscient de son droit à l'indépendance. Churchill lui aussi était conscient de ce droit et sa conviction était renforcée par sa connaissance approfondie de l'histoire moderne qui abonde en exemples des succès de la résistance populaire à une domination étrangère – Espagnols et Prussiens contre Napoléon, colons américains contre George III.

*La philosophie de l'empire chez Hitler*

Les conceptions de l'empire étaient diamétralement opposées chez Winston Churchill et chez Adolf Hitler. En fait, il est difficile d'imaginer antinomie plus profonde. Churchill croyait à la dignité de l'homme. Pour Hitler, la dignité de l'homme était une aberration bourgeoise. Comme pouvaient le comprendre les Anglo-Saxons qui avaient lu *Mein Kampf* – ils n'étaient encore qu'une poignée en 1940 – Hitler rejetait avec mépris les prétentions à l'autoadministration de ceux qui n'appartenaient pas à la race allemande. Pour des raisons d'opportunité, il était prêt à faire cause commune avec les Japonais. Par fidélité, il englobait Mussolini un « descendant des Césars », et ses Italiens, dans la confraternité germanique. Il avait un faible pour les Grecs modernes qu'il identifiait aux défenseurs des Thermopyles contre les hordes asiatiques (et considérait à juste titre comme des guerriers déterminés). Quant aux Scandinaves, ils étaient à ses yeux des cousins éloignés de même race, titre qu'il aspirait à donner aux Anglais et qu'il étendait aux Hollandais et aux Flamands qui s'identifieraient à sa cause. Il était prêt à inclure les Finlandais et les Baltes parmi les minorités tolérées, dans la mesure où ils se battaient à ses côtés. Il exceptait les Hongrois, Roumains, Slovaques ou Bulgares des stigmates raciaux. Pour le reste des Européens tombés sous sa domination, il n'éprouvait que du mépris. Ils appartenaient à ces groupes qui, comme les Français, étaient marqués par leur soumission au droit romain, ou à cette racaille slave : Polonais, Serbes, Tchèques et surtout les Russes.

En conséquence, Hitler n'était nullement gêné par les réserves d'ordre moral qui affectaient si facilement l'attitude des Anglo-Saxons vis-à-vis de leur empire. Il se réjouissait positivement de la facilité avec laquelle il avait réduit les gouvernements indépendants de Pologne, de Tchécoslovaquie et de Yougoslavie. Il appréciait les dirigeants qu'il installait à la place des gouvernements légitimes uniquement en termes d'opportunité. Si leurs administrations se comportaient avec un minimum de tracas pour ses forces d'occupation il se contentait de les laisser en place sans les harceler. Ainsi, il délégua le pouvoir en Norvège au gouvernement Quisling pendant la durée de la guerre (Vidkun Quisling était le dirigeant nazi local). Il toléra l'existence d'un régime parlementaire chez les Danois qui, au cours d'élections démocratiques organisées en 1943, avaient élu 97 pour cent de candidats patriotes. Il laissa Pétain incarner l'apparence sinon la réalité d'un chef d'Etat souverain même après l'extension de l'occupation militaire allemande à toute la France en novembre 1942.

La complexité de la politique d'occupation de Hitler se reflète dans le mode de résistance opposé à ses régimes d'occupation après 1940 en Europe de l'Ouest et, après 1942, en Europe de l'Est mais le processus de la résistance n'était pas seulement déterminé par la valeur du régime que Hitler avait choisi d'imposer à tout territoire occupé. Trois autres facteurs entraient en ligne de compte : l'attitude de la gauche, le degré d'assistance que les Alliés étaient capables d'apporter aux organisations de résistance locale, et, finalement la géographie.

La géographie étant une constante, il vaut mieux l'examiner en premier. Le succès de tout mouvement de résistance à l'occupation ennemie dépend de la difficulté du terrain sur lequel elle opère. Montagnes, forêts, déserts ou marais sont dépourvus des ressources nécessaires au soutien d'une force militaire irrégulière qui doit donc être approvisionnée par une aide extérieure.

Or la majeure partie de l'Europe occupée était soit peu propice aux opérations irrégulières, soit trop éloignée des bases alliées pour que des forces marginales puissent être facilement ravitaillées. Au Danemark, par exemple, où, malgré l'existence de groupes militaires et politiques favorables à la propagande antibolchevique de Hitler, l'esprit de résistance était puissant, le terrain plat et nu se prêtait mal aux activités des partisans. Il en va de même pour la Belgique, la Hollande et le nord de la France. Dans toutes ces régions, la résistance clandestine est strictement contrôlée par la police – dans toute l'Europe occupée, les forces de la police nationale avaient accepté l'autorité et l'administration du conquérant depuis le début – et les représailles étaient infligées tout aussi strictement. La rapidité et la cruauté des représailles représentèrent un moyen de dissuasion suffisant pendant une grande partie de la guerre. De plus, la crainte du châtiment qui allait de l'arrestation à la prise d'otages et de la déportation à l'exécution sommaire encourageait la délation qui, à son tour, augmentait l'efficacité de la surveillance allemande. La plupart des organisations de résistance étaient obligées de consacrer une grande somme d'énergie à combattre les informateurs et nulle part avec un succès total.

La Norvège était l'un des rares pays de l'Europe occupée où le terrain était propice aux activités de résistance, surtout au nord d'Oslo mais la population de la région était tellement disséminée et la densité des troupes allemandes si forte que toute l'activité de la guérilla devait être organisée à l'extérieur du pays. L'infiltration des combattants de la résistance norvégienne à partir de l'Ecosse, renforcée par les raids de commandos contre les installations militaires allemandes, eurent pour principal effet d'inciter Hitler à occuper toute la Norvège pendant la guerre mais la résistance intérieure elle-même n'eut qu'une importance stratégique négligeable.

Certaines régions de l'Europe de l'Est et du Sud-Est présentaient une topographie favorable à l'activité des résistants, notamment les Carpates polonaises, la forêt de Bohême, une grande partie de la Tchécoslovaquie, les zones montagneuses de la Grèce, les Alpes italiennes et les Apennins. Cependant, le développement de la résistance en Italie dut attendre la chute de Mussolini en août 1943. La Tchécoslovaquie était trop éloignée des bases de soutien extérieur pour que la résistance puisse s'y implanter. Le gouvernement tchèque en exil dirigeait les services de renseignements pro-alliés les plus efficaces de tous ceux qui opérèrent en Europe pendant la guerre mais la seule caution sérieuse accordée par le SOE aux activités de résistance à l'intérieur du pays, l'exécution de Reinhard Heydrich, le SS « protecteur de Bohême-Moravie » en mai 1942, provoqua des représailles si terribles (le masacre de toute la population du village de Lidice) que ce genre d'action ne fut pas renouvelé. Le fait que les commandos aient été trahis par l'un des leurs qui s'était fait connaître à la Gestapo aussitôt qu'il eut été parachuté dans son pays, témoigne de l'efficacité de la politique d'occupation nazie. En Grèce, le SOE avait créé en automne de 1942 un réseau d'agents dont plusieurs étaient d'anciens élèves d'Oxford et Cambridge inspirés par l'épopée des Philhellènes qui avaient aidé les Grecs dans leur lutte contre les Turcs au cours des années 1820. Pour riposter aux activités des maquisards, les Allemands exercèrent des représailles si implacables sur la population que les agents britanniques se hâtèrent de dissuader les partisans d'entreprendre de nouvelles actions contre les occupants.

Après 1939, la Pologne fut de nouveau partagée : ses provinces occidentales devinrent allemandes, ses provinces orientales, russes, et seul son centre, le « gouvernement général » resta une entité spécialement administrée. L'armée de l'intérieur sous la direction du gouvernement en exil à Londres s'abstint de tout acte de provocation militaire contre l'occupant jusqu'au soulèvement de Varsovie en août 1944. Bien que le réseau de renseignements polonais ne fût inférieur en efficacité qu'à celui des Tchèques (il se glorifiait d'avoir fourni au gouvernement britannique des pièces essentielles d'armes téléguidées allemandes qui s'étaient écrasées au sol) il décida, dès le début de préserver la force de l'armée de l'intérieur pour le moment où l'effondrement de l'Allemagne lui permettrait de reconquérir son indépendance ; les efforts militaires de l'armée de l'intérieur étaient réduits par ses difficultés à s'approvisionner en armes. C'est à cause de cette pénurie d'armes qu'elle n'était pas intervenue pendant la destruction du ghetto de Varsovie en janvier-mai 1943. Jusqu'en 1944, le SOE manquait d'avions à rayon d'action suffisant pour atteindre le centre de la Pologne : même après la conquête de bases en Italie en 1943, les vols étaient encore longs et dangereux. Les Russes, qui accordaient des facilités de ravitaillement aux forces aériennes occidentales pour leurs raids de bombardement sur l'Allemagne, refusèrent de fournir des armes à l'armée de l'intérieur polonaise.

L'attitude de la Russie était déterminée par ses divergences politiques avec le gouvernement en exil et l'armée de l'intérieur. Ces divergences subsistèrent après l'accord d'août 1941 qui libérait les prisonniers polonais retenus en Russie pour leur permettre de rejoindre les armées britanniques au Moyen-Orient. Dans l'esprit de Staline, l'armée de l'intérieur était un adversaire potentiel du parti communiste polonais grâce auquel il commençait à constituer sa propre armée en exil en Union soviétique après juin 1941. C'était un effet négatif de Barberousse sur le développement de la résistance à l'occupation allemande dans l'Europe de Hitler. Presque partout ailleurs, les efforts étaient positifs. Le contrôle persistant du Komintern avait empêché les partis communistes européens de se joindre à la résistance tant que le pacte germano-soviétique était resté en vigueur. Dès qu'il fut rompu, tous les partis communistes européens reçurent l'ordre d'entreprendre des activités subversives ce qui accrut l'efficacité des groupes de résistance de toutes les couleurs politiques. Ce regain d'efficacité était le résultat soit de la collaboration des communistes (dont l'habitude du secret était bien supérieure à celle des groupes clandestins de formation récente) avec les groupes non communistes comme, par exemple, en Hollande, soit de la concurrence entre la droite et la gauche comme par exemple en France. Craignant que la France libre ne tombe sous le joug communiste dans le territoire national, de Gaulle réussit à créer une « armée secrète » commandée par un conseil de Résistance national obéissant à son autorité. Cependant l'union imposée aux groupes communistes et non communistes était un mariage de raison, du moins en ce qui concernait les premiers. Le parti communiste avait l'intention profonde d'agir dans son propre intérêt dès que l'occasion s'en présenterait et il fit régner la terreur pendant la période qui suivit la libération en août 1944. Cependant, de juin 1941 à juillet 1944, ce mariage réussit à unifier et à renforcer l'ensemble des mouvements de résistance.

Pourtant, il faut reconnaître objectivement que la principale réalisation de la résistance en Europe occidentale, sous la dictature de Hitler, était d'ordre moral plus que matériel. La presse clandestine était le symbole le plus visible de la résistance (cent vingt journaux différents circulèrent en Hollande en 1941) et l'activité la plus séditieuse, la transmission de renseignements plus ou moins dignes d'intérêt à Londres par l'intermédiaire de réseaux clandestins. Certains d'entre eux, notamment le réseau Pôle Nord, tombèrent entre les mains ennemies, une issue qui ne fit guère de tort à l'effort de guerre allié mais entraîna le parachutage de nombreux hommes et femmes courageux directement dans les mains de la Gestapo. (Le SOE trouvait que les femmes étaient de meilleurs agents que les hommes.)

La publication des journaux clandestins et le fonctionnement des réseaux de renseignements pour lesquels l'infiltration des équipages d'avions abattus hors des territoires occupés, les actes de sabotage et les assassinats sporadiques étaient des activités subsidiaires, ont contribué à soutenir la fierté nationale pendant l'occupation, mais aucune de ces activités n'a ébranlé le système de surveillance allemand qui était à la fois efficace et remarquablement organisé. Les historiens de la résistance répugnent naturellement à évaluer l'importance des forces de sécurité allemandes (Sicherheitsdienst civile, Felgendarmerie militaire) qui étaient les adversaires des groupes de résistance. Il est probable qu'en France leurs effectifs n'ont jamais dépassé 6 500. En 1943, la garnison de la police de Lyon comptait environ 100 agents de la police secrète et 400 des forces de sécurité. Les divisions de l'armée allemande stationnées en France, au nombre de 60, en juin 1944, ne participaient pas aux missions des services de sécurité. D'ailleurs, affectées presque exclusivement aux secteurs côtiers, elles n'étaient pas en mesure de le faire. Contre les forces de sécurité allemandes, la résistance déploya au plus 116 000 hommes armés, un chiffre établi en juillet 1944 lorsque l'arrivée des armées de libération eut élevé leurs effectifs au maximum. Pendant l'occupation même, le nombre et la dimension des groupes armés étaient réduits et leurs activités limitées. Au cours des neuf premiers mois de 1943, le nombre total des assassinats d'officiers allemands s'éleva à 150 pendant que les actes de sabotage majeurs ne dépassaient pas 5. Le sabotage du réseau de voies ferrées fut important mais limité dans le temps aux mois qui précédèrent les débarquements du jour J et à l'époque de l'opération elle-même.

L'idée populaire d'une Europe « mise à feu et à sang » sous l'occupation allemande fut d'abord répandue par John Steinbeck, dans son célèbre roman historique *The Moon is Down* (1942) et entretenue depuis par une armée d'écrivains. Il convient de reconnaître qu'elle appartient au domaine de la fiction. Les villes et les campagnes de l'Europe occidentale étaient totalement inappropriées au seul genre d'activité continue susceptible de contraindre un conquérant à détourner ses efforts militaires du champ de bataille. Pendant toute la guerre, Hitler fut confronté à des guérillas efficaces dans deux secteurs d'opérations : à l'arrière du front de l'Est, où, après une période d'hésitation, Staline soutint, ravitailla et, finalement, renforça les formations de partisans dans les impénétrables marais du Pripet, et en Yougoslavie.

Les formations de partisans soviétiques étaient initialement composées des vestiges des divisions régulières isolées par l'avance allemande en Biélorussie et en Ukraine au cours de l'été de 1941. Même coupés de leur QG et de leurs bases de ravitaillement, ces survivants avaient conservé la volonté et les moyens de poursuivre la lutte. Cependant, ils devaient recruter leurs partisans parmi les volontaires des populations biélorussiennes et ukrainiennes, les unes et les autres suspectes aux yeux de Staline en tant que minorités peu sûres car prêtes à collaborer avec les autorités d'occupation. Dès le début, Staline avait placé les formations de partisans sous la surveillance du NKVD (police secrète). Les structures de commandement composées de membres du parti infiltrés à travers les lignes allemandes dans les bandes de partisans étaient connues sous le nom d'*Orgtroika* (organisation ternaire) comprenant des fonctionnaires de l'Etat, du Parti et du NKVD. Jusqu'à l'été de 1943, avant que les partisans aient été placés sous le contrôle de l'Armée rouge (janvier 1944) leurs effectifs ne dépassaient pas 17 000. En janvier 1944, 13 brigades de partisans recrutés en Ukraine totalisaient 35 000 hommes. En juin 1944, à la veille de l'opération Bagration, époque où les résistants avaient exécuté 40 000 sabotages de voies ferrées, leur nombre s'élevait à 140 000. Leurs forces s'étaient accrues grâce à l'appui soviétique et en dépit de la férocité de la répression allemande. Depuis le printemps de 1944, des unités SS, spécialisées dans la lutte contre les partisans, balayaient les secteurs « infestés par les bandes », incendiant et tuant sans pitié. Les rapports signalaient environ 2 000 exécutions, femmes et enfants compris, pour chaque opération. Les recherches des historiens ayant accès aux documents allemands après la guerre révèlent que les ratissages étaient extrêmement efficaces, que les estimations soviétiques concernant les exploits des partisans sont nettement exagérées et que les pertes infligées par la résistance au personnel ou au matériel de la Wehrmacht n'étaient qu'une fraction de celles que revendiquaient les Soviétiques. D'après eux, le nombre de soldats allemands tués par les partisans de la région d'Orel, à l'ouest du Don, s'élevait à 147 835 mais cette estimation a été ramenée à 35 000 par un historien occidental spécialiste de ces questions.

*Les partisans yougoslaves*

C'est donc vers la Yougoslavie que se tournent les avocats de la guerre de partisans pour évaluer la contribution des forces de la résistance à la défaite de la Wehrmacht en Europe pendant la Deuxième Guerre mondiale. Le cas de la Yougoslavie est certainement particulier. Son terrain montagneux, entrecroisé de vallées profondes et limité par une ligne côtière facilement accessible aux unités de ravitaillement aériennes et maritimes du SOE convient parfaitement à la guérilla. Par sa résistance aux invasions turque autrefois et autrichienne en 1914-1915, sa population serbe était habituée à combattre sur son territoire. L'agression hitlérienne d'avril 1941 avait frappé l'orgueil national. Elle s'était produite si soudainement que des centaines d'unités militaires étaient restées en possession d'armes et de terrain qui fournirent une base aux opérations irrégulières. Les monarchistes serbes commandés par Draza Mikailovicz, un officier de l'armée régulière, furent les premiers à lever l'étendard de la révolte. Ses Tchetniks furent dès le début en désaccord avec les Croates oustachis qui faisaient cause commune avec les forces italiennes occupant la Slovénie et la Croatie. Ils s'opposèrent naturellement aux annexions de secteurs de la frontière yougoslave par les Hongrois, Bulgares et Albanais. Cependant, leurs véritables ennemis étaient les Allemands qui avaient imposé un gouvernement fantôme au territoire de la Serbie historique. C'est donc contre eux qu'ils organisèrent la guerre de partisans dès mai 1941.

Le SOE prit contact avec les Tchetniks en septembre 1941 et commença à leur fournir des armes et de l'argent dans le courant de l'été 1942. Le capitaine D.T. Hudson, premier émissaire envoyé par le SOE à Mikailovicz, avait également rencontré des groupes de guérilla antimonarchistes commandés par un certain Josef Broz, agent du Komintern, plus connu sous le nom de Tito. Hudson avait eu l'impression que Tito était un militant antinazi plus fiable que Mikailovicz. Il soupçonnait ce dernier de vouloir transformer ses Tchetniks en armée nationale serbe et économiser leurs forces pour le jour où les circonstances extérieures lui permettraient de libérer l'intérieur du pays. Ses soupçons étaient absolument injustifiés car, comme le révéla Ultra en 1942, les Tchetniks pratiquaient la guérilla contre les Allemands qui les considérèrent comme des adversaires encombrants jusqu'en 1943. Il est néanmoins incontestable que Mikailovicz était un nationaliste serbe extrémiste. Il avait refusé de collaborer avec Tito à la création d'un mouvement de résistance nationale. Ses Tchetniks avaient commencé à lutter contre les partisans pour s'assurer le contrôle de la Serbie occidentale en novembre 1941. Il avait aussi conclu des trêves locales avec les Italiens afin de se procurer des armes pour faire face à la guerre civile naissante.

La politique de Mikailovicz avait pour principal but d'épargner à la population les représailles et les atrocités des occupants, motivation estimable compte tenu des conséquences épouvantables de la guerre civile qui suivit néanmoins et qui coûta la vie à près de 10 pour cent (1 400 000) de la population d'avant-guerre. Tito n'avait pas de tels scrupules. Dans la tradition classique de la Révolution, il engagea les partisans dans une guerre à outrance contre l'occupant. A la fin de 1943, il était considéré par le SOE (dont la section yougoslave était dominée par des officiers de gauche) comme le chef le plus efficace du maquis yougoslave. A partir du printemps de 1944, c'est à ses partisans qu'alla toute l'aide britannique qui fut, de ce fait, retirée à Mikailovicz. Bien que certains officiers de l'Office américain des services stratégiques (OSS) soient restés en contact avec les Tchetniks, l'abandon de ces derniers par les Anglais les poussa à coopérer plus étroitement avec les Allemands. En novembre 1943, Mikailovicz conclut avec eux un armistice local pour pouvoir continuer la lutte contre Tito. Il justifiait ainsi les préjugés des Alliés.

Entre-temps, Tito avait constitué son armée et lancé des attaques de plus en plus hardies contre les Allemands en Yougoslavie centrale et méridionale. La menace que ses opérations faisaient peser sur l'exploitation des ressources minières du pays et les lignes de communication avec la Grèce, obligèrent Hitler à mobiliser contre eux des forces importantes et à organiser des opérations de maintien de l'ordre de grande envergure. Jusqu'à l'effondrement de l'Italie en septembre 1943, outre les 6 divisions d'occupation allemandes, 26 divisions italiennes étaient stationnées en permanence en Yougoslavie et en Albanie (où le SOE aidait aussi un mouvement de guérilla peu important). Après la dissolution des troupes d'occupation italiennes, l'Armée allemande fut renforcée par sept divisions supplémentaires et quatre bulgares. En février 1943, les partisans lancèrent une offensive sur la Neretva en Bosnie. Leur défaite qui coûta assez cher aux forces germano-italiennes incita les Allemands à entreprendre l'opération « Schwarz » qui engageait une force de 100 000 soldats, allemands ou issus des pays satellites. Tito fut bouté hors du Montenegro où il s'était replié. Des offensives du même ordre nettoyèrent la Bosnie occidentale en décembre. En mai 1944, l'opération « Knight's Move » en Bosnie du Sud obligea Tito à chercher refuge auprès des Anglais et à fuir à Bari en Italie bien que l'armistice de septembre lui eût fourni des quantités d'armes italiennes qui lui avaient permis d'accroître à 100 000 le nombre de ses partisans armés.

La Royal Navy ramena vivement Tito en Yougoslavie mais pas plus loin que l'île de Vis où elle avait établi une base pour le soutien des opérations de partisans. Entre-temps, les forces aériennes britanniques des Balkans, installées à Bari depuis juin, apportaient d'énormes quantités d'armes aux partisans de l'intérieur. En août, Tito quitta Vis pour rendre visite à Staline qui avait soutenu sa campagne sans enthousiasme jusqu'en 1944. A Moscou, Tito « autorisa » les troupes soviétiques à entrer en Yougoslavie, et elles franchirent la frontière roumaine le 6 septembre. Leur arrivée et la décision qu'avait prise Hitler d'évacuer la Grèce en octobre transformèrent la position des partisans. Débordé dans les Balkans par l'Armée rouge et sur la côte Adriatique par les armées alliées, le groupe d'armées F battit rapidement en retraite vers la Yougoslavie centrale. Le 20 octobre, sa capitale, Belgrade, tomba aux mains des forces conjointes de l'Armée rouge et des partisans. Au cours de son entretien avec Tito à Moscou, Staline lui avait garanti que l'Armée rouge évacuerait la Yougoslavie dès que sa présence militaire ne serait plus nécessaire, promesse tenue après la capitulation allemande de mai 1945.

Le sort de Mikailovicz fut tragique, la prééminence de Tito l'ayant poussé à se tourner du côté allemand. Ses efforts pour rentrer en grâce auprès des Alliés échouèrent complètement et, en mars 1946, après s'être caché dans les montagnes de Serbie centrale pendant plus d'un an, il fut capturé, jugé à Belgrade en juin et fusillé le 17 juillet. Sa plaidoirie est entrée dans les annales de la Deuxième Guerre mondiale : « J'ai aspiré à de grandes choses, j'en ai entrepris beaucoup mais la tempête qui a secoué le monde nous a balayés, moi et mon œuvre. » Le destin, ajouta-t-il, avait été « implacable » à son égard et le jugement de l'Histoire qui lui a pardonné une grande partie de ses erreurs accorde du poids à ses arguments. Il a eu le malheur d'être un chef nationaliste dans un Etat composé de minorités dont Hitler exploita cyniquement les divergences pour diviser et régner.

Le jugement de l'Histoire a également réduit les exploits de Tito à leur juste valeur. A la fin de la guerre il était acclamé comme le seul chef maquisard de l'Europe ayant libéré son pays par la guérilla. De plus, plusieurs stratèges lui attribuaient le mérite d'avoir détourné de nombreuses troupes allemandes et satellites des champs de bataille de l'Est et de la Méditerranée, influençant, de ce fait, le cours de la guerre dans ces secteurs. Il est admis désormais que la libération de la Yougoslavie fut le résultat direct de l'arrivée des Russes en septembre 1944. Il est en tout cas surprenant que Staline ait si imprudemment accepté de retirer l'Armée rouge du territoire yougoslave au moment de la victoire, une erreur qui lui ôtait le contrôle de l'Europe de l'Est d'après guerre. Il semble évident à présent que, sur le plan stratégique, les estimations de la puissance de diversion de Tito furent excessives. En Yougoslavie, la principale armée d'occupation a toujours été italienne. Après l'effondrement de l'Italie, Hitler fut obligé de doubler le nombre de divisions allemandes déployées dans le pays mais elles n'étaient guère utilisables contre l'Armée rouge, ou, en Italie, contre les armées alliées. Une seule, la 1^re^ division de montagne, arrivée de Russie au printemps de 1943, comprenait des troupes d'élite. Les autres, y compris les divisions SS Prince Eugène et Handschar, ainsi que les 104^e^, 117^e^ et 118^e^ divisions, étaient composées soit d'ethnies germaniques d'Europe centrale, soit de minorités non allemandes recrutées localement, y compris une grande proportion de musulmans des Balkans, de Bosnie et d'Albanie. Elles étaient totalement inaptes à combattre les formations mécanisées russes, britanniques ou américaines. Leur présence en Yougoslavie, leur existence même, prouvait en soi que la lutte dans ce pays tenait plus de la guerre civile que de la guerre internationale. La duplicité dont Hitler fit preuve en opposant les

Serbes aux Croates, les monarchistes aux communistes, se retournait contre lui. En effet, bien que son seul véritable intérêt pour ce pays résidât dans l'exploitation de ses ressources naturelles et la conservation du libre usage de ses lignes de communication avec l'Europe méridionale, il fut amené à prendre part à ses querelles internes. Il est vrai que, sur le plan militaire, sa participation ne lui coûta pas grand-chose, mais ses arrangements politico-militaires auraient été simplifiés s'il avait pris la peine d'établir une administration satellite pan-yougoslave, après sa victoire foudroyante de 1941. Il l'aurait chargée du maintien de l'ordre à l'intérieur au lieu d'appâter les voisins de la Yougoslavie avec des parcelles de son territoire pour imposer des politiques d'occupation qui se révélèrent bientôt sans effet.

Le SOE a bien essayé de s'attribuer le mérite de la défaite allemande mais, bien que montée en épingle par un puissant lobby d'historiens dont certains étaient ses anciens officiers, elle a largement échoué dans cette tentative à cause de l'ambiguïté de ses réalisations en Yougoslavie. Le même verdict est applicable aux activités de l'OSS (créé le 26 juin 1942). Aux termes d'un accord, conclu le 26 juin 1942, qui partageait les responsabilités entre les deux organismes, l'OSS assura en majeure partie le soutien des partisans italiens et des mouvements de résistance de la dernière heure en Hongrie, Roumanie et Yougoslavie. Les activités de la résistance italienne ne gênèrent guère les Allemands, pas plus que les mouvements subversifs hongrois, roumains ou bulgares. Les efforts parallèles du SOE et de l'OSS en matière de guerre psychologique (patronnés en Angleterre par le ministère de la Guerre économique) passionnaient les journalistes et les intellectuels. Leur effet était marginal sur l'opinion des pays occupés et négligeable sur le moral des civils allemands. La propagande transmise par les stations de radio dans l'intention d'opérer à l'intérieur des limites du Reich ne pouvait convaincre les Allemands qui se rendaient compte quotidiennement du contrôle absolu que la Gestapo exerçait sur leur société. La seule organisation de résistance non militaire contre le régime nazi, le groupe catholique bavarois de la Rose blanche, fut impitoyablement liquidée à sa naissance en février 1943. Les tentatives de guerre économique alliées furent tout aussi inefficaces. Leur principal succès, l'achat de la production suédoise de roulements à billes fut négocié si tard (au milieu de 1944) que la victoire fut remportée par des moyens militaires conventionnels avant que l'accord ait pu prendre effet.

L'offensive « indirecte » encouragée et soutenue par les Alliés – assistance militaire aux partisans, sabotage et diversion – ne semble guère avoir contribué à la défaite de l'Allemagne. Le 6 juin 1944, dernier jour où il exerça un contrôle absolu sur la majeure partie du territoire conquis en 1939-1941, moins de 20 de ses 300 divisions déployées dans toute l'Europe étaient affectées à la sécurité intérieure. A l'exception de la Yougoslavie centrale, de certaines parties de la Russie occidentale et de quelques petites poches de rébellion dans les montagnes de Grèce, en Albanie et au Sud de la France, toute l'Europe occupée restait inerte sous la botte de l'oppresseur. L'aube de la libération promise par Churchill, Roosevelt et les gouvernements en exil n'apparaissait qu'à la lueur des tirs d'artillerie aux limites de la zone opérationnelle de la Wehrmacht.

*Le microbe de l'espionnage*

Si la structure de l'empire hitlérien était infiltrée et fissurée par les activités clandestines, celles-ci prirent une forme totalement différente de la mise à feu et à sang que Churchill avait préconisée en juillet 1940. La résistance a sans doute produit l'effet d'une piqûre de moustique sur la carapace de la Wehrmacht. L'espionnage produisit l'effet d'un microbe débilitant sur son système vital. Le véritable triomphe de la campagne indirecte des Alliés contre Hitler entre 1939 et 1945 fut remporté non par les saboteurs courageux et souvent téméraires ou les partisans, mais par l'espion sans visage et le modeste décrypteur.

Des deux, c'est l'espion qui présente le moins d'intérêt. L'imagination populaire attribue à l'informateur humain (« Humint ») plus d'importance qu'elle n'en accorde au combattant de la résistance. Les gouvernements se conforment généralement à l'estimation populaire. L'idée que les conseils de cabinet de l'ennemi sont infiltrés par un agent qui communique le contenu de leurs délibérations à son chef dans l'autre camp est extrêmement séduisante pour tous les chefs de guerre. Churchill, Roosevelt, Staline et Hitler furent tous séduits par cette notion. Ainsi, Hitler s'était laissé convaincre que l'Abwehr (services secrets de la Wehrmacht) maintenait en Angleterre un vaste réseau d'agents qui le renseignait sur la précision des attaques des fusées téléguidées sur Londres après juin 1944. Churchill et, plus tard, Roosevelt étaient informés des capacités et des intentions allemandes par l'agent A-54, probablement l'officier de l'Abwehr, Paul Thummel. Staline, qui bénéficiait du dévouement des membres de l'Internationale communiste à la cause soviétique, était renseigné par le réseau Lucy sur les activités allemandes en Europe occupée ; par le réseau de Richard Sorge, au Japon, sur les intentions militaires de Hitler ; par l'Orchestre rouge, en Suisse, sur la situation militaire quotidienne de l'Allemagne et, en 1941-1942, par le réseau Schulze-Boysen de la Luftwaffe pour les données techniques. Staline était également informé de la stratégie anglo-américaine par le Komintern de Cambridge composé des célèbres officiers de renseignements anglais Blunt, Burgess et Philby.

Toutes ces sources sont plus ou moins satisfaisantes. Les transmissions de l'agent A-54 par exemple étaient trop sporadiques pour fournir un tableau cohérent de la stratégie allemande. L'Orchestre rouge était mal placé pour surveiller l'activité militaire clé des Allemands. Le réseau Schulze-Boysen était suspect et facilement infiltrable (117 de ses membres furent pendus), Sorge était trop détaché du réseau du Komintern pour être toujours fiable (bien qu'il eût sans aucun doute suggéré à Staline sa décision de transférer ses troupes de Sibérie à Moscou pendant l'hiver de 1941). Le réseau Lucy transmettait probablement des informations arrangées et complétées par les services secrets suisses pour servir leurs propres desseins. Le Komintern de Cambridge était peut-être le plus influent de tous les réseaux de Staline. Par ses interventions typiquement malveillantes, Philby a sûrement réussi à empêcher le gouvernement britannique de prêter son concours au complot de Stauffenberg, qui contrariait les desseins à long terme de Staline pour le contrôle de l'Allemagne d'après-guerre. Le réseau de l'Abwehr en Angleterre était le moins efficace de tous. Il fut démasqué dès 1939 grâce à la capture de l'un de ses espions. Après quoi, toutes les informations qu'il communiqua en Allemagne furent contrôlées par le contre-espionnage anglais qui réussit ainsi à persuader l'état-major allemand des unités de missiles téléguidés de réduire le rayon d'action de leurs missiles de sorte que la majorité des engins tomba au sud de Londres.

*Le rôle d'Ultra*

Comparée au renseignement obtenu par les transmissions radioélectriques (« Sigint »), la contribution de l'informateur humain à la stratégie de la Deuxième Guerre mondiale semble bien marginale et inégale. Les opérations de Sigint portent sur l'interception, le décryptage et l'interprétation des messages de l'ennemi et la protection des codes de la puissance intéressée. En pratique, la majorité des matériaux interceptés pendant la Deuxième Guerre mondiale consistait en messages radio mathématiquement élaborés bien que certains aient été rédigés suivant l'ancien système conventionnel de la grille. Dans l'ensemble, les informations d'ordre tactique désignées en Angleterre par la lettre « Y » étaient des messages échangés en code mineur ou en clair dans le feu de l'action.

Les cinq principaux belligérants, l'Allemagne, l'Angleterre, les Etats-Unis, l'Union soviétique et le Japon, consacraient un maximum d'efforts à protéger leurs émissions radio et à tenter de pénétrer celles de l'ennemi (les communications par telex, téléphone, télégraphe envoyés par câbles terrestres – qui concernait par exemple 71 pour cent du trafic maritime allemand en 1943 – se révélaient généralement impénétrables mais l'usage en était limité). Les belligérants de second ordre, notamment les Français, les Polonais, et les Italiens (dont les codes et chiffres étaient exceptionnellement sûrs), jouèrent aussi un rôle majeur dans la guerre des ondes. En particulier, c'est grâce aux services du chiffre polonais que les Anglais, via les Français, réussirent à percer le secret du cerveau électronique allemand Enigma sur une base régulière et rapide, posant ainsi les fondations de l'organisation Ultra qui dévoila des informations réellement valables pour les Alliés dès la fin de 1940.

L'étendue du triomphe d'Ultra, comme celui de Magic américain vis-à-vis des codes japonais, est si connue à présent qu'une étude approfondie des deux systèmes devrait servir à une réévaluation des succès cryptographiques des autres nations combattantes, qui sont beaucoup plus importants que ne l'admet l'opinion publique. Il est probable que les Russes sont eux-mêmes venus à bout d'Enigma ; c'est ce qu'indique le professeur Hinsley, historien d'Ultra. Les Russes utilisaient certainement un code de première grandeur ce qui donne à penser qu'ils étaient capables de déchiffrer ceux des autres. Leurs codes avaient résisté aux attaques des services secrets étrangers avant 1941. (Churchill avait interdit à l'Ecole des codes et chiffres du gouvernement britannique de faire des recherches après le 22 juin 1941.) Cependant, les Allemands lisaient très bien les messages russes chiffrés en code normal ou mineur en 1941-1942 et peut-être plus tard. Les Allemands réussirent aussi à déchiffrer le code de l'attaché militaire américain à la fin de 1941 et le décryptage des messages émanant de l'officier de liaison US au Caire fournit à Rommel de précieuses indications sur la VIIIe armée britannique.

En 1940-1943, les Allemands réussirent à découvrir les clés du code naval britannique que l'Amirauté continua d'appliquer alors que l'armée et l'aviation recouraient à des combinaisons de chiffres plus sûres. Ces chiffres (n[os] 1, 2, 3, 4) étaient plus exactement des codes de livres : les lettres d'un message étaient traduites en chiffres par référence à des tableaux standard et ensuite « surchiffrées » par des techniques mathématiques modifiées à intervalles réguliers. Il est certain que si l'ennemi recueillait et analysait suffisamment de messages radio, il pouvait appliquer les calculs de probabilité pour déceler le surchiffrement et reconstituer le livre. C'est ce que réalisa le service d'écoute de la marine allemande *(Beobachtungs* ou *B-Dienst).* En avril 1940, il parvint à lire 30 à 50 pour cent des messages chiffrés en code naval n° 1. Quand le code n° 1 fut remplacé par le n° 2, la B-Dienst déchiffra de nouveau les messages sur une grande échelle entre septembre 1941 et janvier 1942. Elle eut moins de succès avec le n° 4, entre février 1942 et juin 1943, elle parvint à lire environ 80 pour cent du n° 3, souvent en « temps réel ». Ce terme, en langage de cryptographie, signifie que les messages envoyés sont interceptés et décodés par l'ennemi aussi vite qu'ils sont reçus et décryptés à la station de destination. Or le n° 3 était le code utilisé entre Londres et Washington pour la transmission des informations concernant les convois transatlantiques. En conséquence, d'après Harold Hinsley, la B-Dienst obtenait parfois des renseignements sur les mouvements de convois 10 à 20 heures avant leur départ. De telles informations constituaient la clé du succès des meutes de loups de Doenitz qui, ainsi averties, pouvaient se déployer sur la route d'un convoi à destination de l'est ou de l'ouest et couler ses escorteurs. La marine allemande ne cessa de décoder les messages des convois qu'en 1943, lorsque l'Amirauté accepta enfin une machine de code combiné (CCM) employée aussi par les marines américaine et canadienne. A ce stade, néanmoins, la balance penchait en faveur des Alliés grâce aux moyens militaires conventionnels.

Contrairement à l'Amirauté qui s'obstinait à conserver les anciens codes pour le plus grand avantage de l'ennemi, les armées de terre et de l'air utilisèrent des systèmes de cerveaux électroniques dès le départ et résistèrent, de ce fait, aux attaques allemandes contre leurs transmissions. Les services allemands adoptèrent, eux aussi, un système de cerveau électronique mais, comme ils l'avaient utilisé dix ans avant les Anglo-Américains, ils se trouvèrent au début de la guerre équipés d'un système quasi périmé. C'est ainsi que l'école des chiffres et codes du gouvernement britannique (GCCS), située à Bletchley, entre Oxford et Cambridge, a pu décoder avec succès les données chiffrées introduites dans l'appareil Enigma dont se servaient les Allemands.

Enigma ressemblait à une machine à écrire portative mais, en appuyant sur une touche on mettait en marche un mécanisme intérieur modifiant les combinaisons de signes qui ne pouvaient logiquement se reproduire avant 200 000 milliards de nouvelles pressions. Les Allemands considéraient donc que les transmissions d'Enigma étaient aussi indéchiffrables en temps réel qu'en n'importe quel temps. Malheureusement pour eux, ils se trompaient. La nécessité d'indiquer à une station réceptrice la façon dont la machine émettrice avait été équipée pour transmettre, obligeait l'opérateur à faire précéder chaque message d'une série répétée des mêmes lettres. Il établissait ainsi un modèle qu'un mathématicien expérimenté pouvait utiliser comme clé pour la lecture du message. Parmi les mathématiciens recrutés par Bletchley se trouvaient Alan Turing, l'auteur d'une théorie d'informatique universelle, Gordon Welchmar, principal pionnier de l'analyse opérationnelle, Max Norman et Thomas Flowers respectivement inventeur et constructeur du premier ordinateur électronique (Colossus, ainsi nommé pour ses dimensions volumineuses). Grâce à eux, ces clés furent rapidement exploitées pour permettre la lecture de messages allemands presque aussitôt après interception et finalement en « temps réel ».

Bletchley connut aussi d'importants échecs. Les clés de la Luftwaffe – les différentes méthodes de codage utilisées par les divers services allemands – se révélèrent plus faciles à découvrir que les clés de l'armée et de la marine dont certaines ne furent jamais découvertes pas plus d'ailleurs que ne le fut la clé de la Gestapo bien qu'elle n'eût jamais changé entre 1939 et la fin de la guerre. La sécurité d'Enigma dépendait étroitement de l'expérience et de l'habileté des opérateurs allemands. Une erreur commise par un opérateur paresseux ou maladroit procurait à Bletchley la majorité de ses clés. Les opérateurs de la Gestapo étaient méticuleux, et les officiers de marine qui utilisaient la clé Shark pour contrôler les U-boots dans l'Atlantique-Nord ne l'étaient pas moins. Pendant la majeure partie de 1942, alors que la B-Dienst lisait régulièrement les messages navals n° 3 en temps réel, Shark résista à tous les efforts de Bletchley. De février à décembre les Allemands étaient restés maîtres de la guerre des ondes dans la bataille de l'Atlantique. C'est pourquoi plusieurs centaines de milliers de tonnes de navires alliés furent coulées.

Cependant, l'épisode Shark fut une exception. En règle générale, les Anglais dominèrent la guerre des ondes à l'Ouest comme le faisaient les Américains dans le Pacifique où ils égalaient les exploits de Bletchley en décelant à la fois les clés de la marine (JN 25b) et de la diplomatie japonaise (Purple) avant le début de la guerre. Compte tenu des succès conjugués des Alliés, habilement dissimulés à leurs ennemis pendant toute la durée des hostilités, la question se pose de savoir pourquoi, si les Alliés bénéficiaient d'un accès direct aux messages les plus secrets de l'adversaire, ils ont pu, dans certains cas, être surpris par des initiatives ennemies de grande envergure. Notamment Pearl Harbor, la Crète, l'offensive des Ardennes. Il convient de faire ressortir que l'utilité de tout système de renseignements, si parfait soit-il, comporte des limites. Ainsi, avant Pearl Harbor, les Japonais avaient déguisé leurs intentions en cachant leur flotte dans les coins les plus reculés du

Pacifique et en imposant un silence radio absolu à ses unités qui se déplaçaient conformément à un plan préétabli. Bien que les Américains aient été alertés, ils étaient privés des informations qui leur auraient permis de prévoir l'attaque. Avant les Ardennes, les Allemands eux aussi imposèrent le silence radio à leurs unités d'attaque. Pourtant ils laissèrent filtrer suffisamment d'indications sur l'offensive qu'ils préparaient pour qu'une organisation de renseignements réellement efficace ait pu déceler le danger et alerter une autorité supérieure. Or les services secrets et le Haut Commandement s'étaient persuadés que les Allemands étaient trop faibles pour lancer une opération sur le front des Ardennes en décembre 1944 ; ils ne tinrent donc aucun compte des preuves du contraire et se laissèrent surprendre.

Le cas de la Crète révèle l'existence d'une troisième limite – et combien frustrante – à l'utilisation de renseignements donnés : l'incapacité d'agir faute de moyens. Avant le largage des parachutistes en mai 1941, Ultra – l'organisation qui évaluait et distribuait les premiers décodages produits par Bletchley – avait identifié à partir d'Enigma des messages concernant à la fois l'ordre de bataille et le plan allemands. Or Freyberg, le commandant britannique de l'île, manquait non seulement de soldats mais aussi des moyens de transport qui lui auraient permis de concentrer rapidement des forces de contre-attaque aux points dangereux. En conséquence, malgré des pertes sévères au début, les Allemands s'emparèrent d'un aéroport vital qui leur permit de faire venir des renforts et de compenser leurs dommages.

En outre, la nécessité de protéger une source constitue une quatrième limite à l'utilité de certaines informations. Ainsi, d'après plusieurs rapports, Churchill aurait « permis » le bombardement de Coventry en novembre 1940 car, s'il avait pris des mesures défensives extraordinaires, le secret d'Ultra risquait d'être dévoilé. On sait aujourd'hui que cette accusation est fausse. Il est exact que Churchill avait été averti par Ultra du raid allemand sur Coventry mais il disposait d'un délai trop court pour entreprendre une action défensive – ce qu'il aurait certainement fait, même au risque de compromettre la sécurité d'Ultra, s'il en avait eu le temps. D'autres ont reproché aux Anglais de n'avoir pas révélé leur source aux Russes ce qui les aurait convaincus du bien-fondé de leurs avertissements concernant l'imminence de l'opération Barberousse. Cependant, compte tenu de l'obstination de Staline à se persuader du contraire et de son désir d'amadouer Hitler à tout prix, il est probable que la révélation du secret d'Ultra aux Soviétiques aurait compromis la sécurité de l'organisation. Dans ce cas, comme dans les autres, Churchill eut incontestablement raison de placer la sécurité à long terme de sa source au-dessus d'un avantage immédiat problématique.

Malgré les limites intrinsèques et artificielles de l'utilité du décodage des messages secrets de l'ennemi, c'est certainement grâce aux organisations Ultra et Magic que furent remportées les principales victoires stratégiques cruciales de la Deuxième Guerre mondiale. Ainsi avertis des intentions japonaises, les Américains purent disposer leur flotte de façon à détruire une force ennemie bien supérieure en nombre. Midway, la bataille navale la plus importante de la guerre, changea le cours des événements dans le Pacifique et préluda au triomphe final de l'Amérique sur le théâtre de l'Europe. Ultra fournit à Montgomery des informations vitales sur les forces et les plans de Rommel avant et pendant la bataille d'El-Alamein. Plus tard, elle prévint en temps voulu Alexander que les Allemands comptaient contre-attaquer sur la tête de pont d'Anzio – l'un des messages décodés les plus précieux de toute la guerre, d'après

Ralph Bennett, auteur d'un rapport sur le rôle d'Ultra dans la Méditerranée. C'est également grâce à Ultra qu'Alexander put régler exactement sa percée d'Anzio et que le général Devers put se lancer à la poursuite du groupe d'armée G dans la vallée du Rhône après le débarquement d'août 1944 en Provence, avec la certitude de ne rencontrer aucune opposition.

Cependant, c'est au cours de la bataille de Normandie qu'Ultra apporta une contribution essentielle à la guerre de l'Ouest. A l'époque, Bletchley fournissait à Montgomery des informations quotidiennes concernant l'importance des effectifs et du matériel allemands sur le front, l'effet des bombardements aériens alliés – comme celui qui détruisit le quartier général du Panzergruppe Ouest le 10 juin. Enfin, Montgomery fut avisé que Hitler avait décidé de lancer une contre-attaque à Mortain, sur le flanc de la percée de Patton en Bretagne. Cette dernière information conduisit à la destruction des réserves blindées du groupe d'armées B et à l'encerclement final de la Westheer dans la poche de Falaise. Les messages décodés de Mortain comptent sûrement parmi les plus précieux qu'un général ait reçus au cours de la Deuxième Guerre mondiale.

Ultra a-t-elle réduit la durée de la guerre, comme certains le suggèrent ou même modifié son cours ? Il est difficile de l'affirmer. L'identification de Midway en tant que cible de la flotte japonaise en juin 1942 est certainement le succès le plus décisif d'Ultra. Bien que le décodage de la clé de Shark en décembre 1942 eût largement contribué à l'heureuse issue de la bataille de l'Atlantique au printemps suivant, ces succès sont contrebalancés par ceux de la B-Dienst qui s'était montrée tout aussi capable de déchiffrer les codes des convois navals britanniques. Ultra n'a guère influencé le cours de la guerre aérienne et, en ce qui concerne les batailles terrestres, il est impossible de savoir si elle a toujours donné l'avantage au camp qu'elle renseignait car, comme le rappelle judicieusement Clausewitz, sur un champ de bataille, un impondérable peut toujours survenir entre les intentions et les réalisations des généraux les mieux informés : accident, malentendu, retard, désobéissance modifient inévitablement les plans d'un belligérant de sorte que, quelle que soit la connaissance qu'il en ait, l'adversaire ne peut jamais disposer ses troupes et prévoir ses ripostes sans courir de risques. De plus, en raison des impondérables qui travaillent contre lui, il ne peut pas non plus appliquer ses propres contre-mesures. Ultra tempérait les effets des impondérables pour les généraux alliés mais ne pouvait les éliminer.

Dans le contexte de la guerre clandestine, la cryptanalyse jouait-elle un rôle plus important que les mouvements de résistance ? La réponse est simple : le rôle de la cryptanalyse était infiniment plus important. La Deuxième Guerre mondiale aurait pu être gagnée à l'Ouest sans le concours de la résistance et sans Ultra, mais le coût de la première est très élevé et son importance matérielle comparée à son importance psychologique, négligeable. Le coût d'Ultra au contraire, était infime – l'organisme n'employait en totalité que 10 000 personnes, y compris les employés et les cryptographes – tandis que sa valeur matérielle était considérable et sa valeur psychologique inestimable. La preuve de son efficacité est fournie par le camp allemand plus encore que par le camp allié. Ultra n'a cessé de soutenir le moral des rares dirigeants occidentaux qui connaissaient le secret de son existence. Vingt ans après la guerre, les Allemands ont découvert avec stupeur que les Anglo-Américains avaient lu jour après jour leur correspondance la plus secrète.

# 27

# LA VISTULE ET LE DANUBE

La destruction du groupe d'armées du Centre avait ruiné la position stratégique de l'Allemagne. Les vestiges du groupe d'armées du Centre se tenaient sur la Vistule à moins de 600 kilomètres de Berlin. Derrière eux s'étalait la grande plaine polonaise et l'Oder était le seul obstacle qui le séparait de la capitale. Sur la côte de la Baltique, le groupe d'armées du Nord, commandé par Ferdinand Schörner, l'un des généraux préférés de Hitler, était menacé d'encerclement en Lettonie et en Estonie – la poche de Courlande – par la poussée des fronts de la Baltique qui avançaient sur Riga. Or, la poche de Courlande ne pouvait être ravitaillée que par mer mais Hitler refusait d'abandonner la position car il tenait à conserver le libre accès de la Baltique pour l'entraînement des équipages de ses nouveaux U-boots. Les dommages physiques que l'armée avait subis au cours des combats de l'été étaient terrifiants. Entre juin et septembre, le nombre des morts du front de l'Est s'élevait à 215 000 et celui des disparus à 627 000. En ajoutant à ce nombre celui des morts et des blessés de l'ouest, le total atteint 2 millions, soit l'équivalent des pertes subies entre le début de la guerre et février 1943, y compris celles de Stalingrad. A la fin de 1944, 106 divisions – un tiers des unités combattantes – avaient été dispersées ou recréées, plus que l'armée n'en avait mis en campagne en septembre 1939, à la veille de sa période triomphale. Hitler refusait de modifier la répartition générale des divisions. Pour faire face au massacre qui s'était produit, il décréta la formation de nouvelles divisions en nombre égal aux anciennes mais désignées désormais sous le nom de *Volksgrenadier*. Malgré l'acroissement de la production des armements que Speer avait élevée à des sommets sans précédent en septembre 1944, les divisions Volksgrenadier ne comptaient que 10 000 hommes (contre 17 000 en 1939). Elles manquaient de canons antichars et leurs bataillons de reconnaissance se déplaçaient à bicyclette. Même dans ces conditions, il ne fut possible de constituer que 66 divisions Volksgrenadier pour remplacer les 75 divisions d'infanterie décimées à l'Est et à l'Ouest en 1944. Leurs effectifs furent prélevés dans l'armée de l'intérieur dont Hitler avait confié le commandement au chef des SS, Heinrich Himmler, à la suite du complot de juillet. Après le 23 juillet, le salut militaire fut aboli et remplacé par le salut hitlérien, bras tendu en avant. Guderian qui succéda à Zeitzler dans les fonctions de chef d'état-major après le 20 juillet, accepta cette indignité ainsi que l'institution de « tribunaux d'honneur » militaires chargés de radier les suspects du corps des officiers avant de les envoyer devant les tribunaux du peuple.

L'issue de l'opération Bagration eut des conséquences plus graves sur le plan politique que sur le plan militaire. La victoire russe menaçait l'intégrité de l'alliance balkanique si complexe que Hitler avait eu tant de peine à construire à partir du pacte tripartite entre août 1940 et mars 1941. Le 20 août, les deuxième et troisième fronts d'Ukraine lancèrent une offensive contre le groupe d'armée Ukraine-Sud et franchirent le Prut pour atteindre le delta du Danube en cinq jours. Tout le poids de l'attaque retomba sur les troisième et quatrième armées roumaines. Pris de panique, les Roumains changèrent de camp. Le 23 août, le roi Michel organisa une révolution de palais à Bucarest ; il fit arrêter Antonescu, le collaborateur roumain de Hitler, et constitua un « gouvernement d'union nationale » qui comprenait des communistes. Le 24 août, Hitler bombarda Bucarest et le roi déclara la guerre à l'Allemagne. Pour marquer le changement qui s'était opéré dans l'esprit du pays mais aussi pour vider une vieille querelle nationale, les éléments survivants de l'armée roumaine envahirent aussitôt la Hongrie restée dans le camp hitlérien. Les Roumains se hâtèrent de récupérer la Transylvanie qui avait été attribuée à la Hongrie en août 1940 conformément aux termes du pacte tripartite. Les Russes refusèrent tout d'abord de considérer l'opération comme un acte de cobelligérence. Ayant déjà envahi Ploesti et ses champs pétrolifères, joyau de l'empire économique hitlérien, le 28 août, ils entrèrent à Bucarest en conquérants. Ils attendirent jusqu'au 12 septembre avant de conclure un armistice permettant à la Roumanie de conserver la Transylvanie, moyennant quoi ils reprenaient la Bessarabie et la Bukovine du Nord, représentant la part de butin que leur avait concédée le pacte germano-soviétique.

La défection de la Roumanie entraîna celle de la Bulgarie. Russophiles par tradition, les Bulgares avaient émis des réserves sur leur participation au pacte tripartite afin d'éviter tout risque de conflit avec la Russie. Ils avaient accordé des facilités de transit à l'armée allemande, annexé une partie de la Yougoslavie et envoyé des troupes d'occupation en Grèce mais aucun soldat bulgare n'avait combattu l'Armée rouge. En fait, l'existence d'un petit mouvement de partisans anti-allemands créé en 1943 facilitait un changement d'alliance. Avec la mort du roi Boris, en août 1943, Hitler avait perdu son partisan bulgare le plus dévoué. Bien que ses démarches auprès des Alliés aient été repoussées, le gouvernement qui lui avait succédé savait qu'il devait se dégager de l'alliance allemande. Le 9 septembre, à l'approche de l'Armée rouge, un « front de la Patrie » proclama un soulèvement national, remplaça le gouvernement – qui avait déjà demandé aux Russes de lui accorder un armistice le 5 septembre – et s'empara du pouvoir. Le 18 octobre, les troupes soviétiques marchèrent sur Sofia et l'armée bulgare passa dans le camp russe avec ses 150 000 hommes.

L'effondrement du front allemand au nord avait déjà forcé la Finlande à reconsidérer sa position. Les Finlandais n'avaient jamais partagé l'idéologie nazie. Farouchement démocrates, ils avaient toujours réussi à conserver leur parlement national, même sous le régime tsariste, et leur querelle avec les Russes était d'ordre territorial. Après avoir reconquis le territoire qu'ils avaient été forcés de céder à la fin de la guerre d'hiver (en même temps qu'une région située au nord du lac Ladoga) ils s'étaient arrêtés. En janvier 1944, ils entreprirent des démarches auprès des Alliés par l'intermédiaire de Washington mais ils avaient été avertis que les conditions de paix des Russes seraient draconiennes : retour aux frontières de 1940, cession de Petsamo, centre de l'industrie minière finlandaise et seul débouché sur l'Arctique dans le Grand Nord, sans compter une importante indemnité financière. Ces conditions avaient paru trop dures à l'époque mais à mesure que l'opération Bagration se développait, elles se révélèrent plus supportables. En juin, le président Rysto Rity se trouva personnellement confronté aux ultimatums contradictoires de Hitler et de Staline : le premier exigeait qu'il renonce officiellement à faire une paix séparée avec les Russes, le second qu'il capitule. Sous la pression du maréchal Mannerheim, le véritable dirigeant de la Finlande, Ryti assura Ribbentrop que la Finlande ne conclurait jamais une paix séparée. En réalité Mannerheim voulait surtout gagner du temps. En juillet, il réussit à contenir l'attaque russe sur la frontière fortifiée finlandaise jusqu'à ce que la retraite du groupe d'armée du Nord ait attiré les fronts du Nord russes à l'Ouest vers les Etats baltes. Le 4 août, il assuma les fonctions de président, dénonça l'engagement de Ryti et ouvrit des négociations directes avec Moscou. Le 2 septembre, il rompit les relations avec l'Allemagne et, le 19 septembre, il signa un traité russo-finlandais dont les termes étaient à peu près identiques aux conditions de janvier, à cette différence près que l'indemnité financière était réduite de moitié moyennant la cession d'une base navale sur la presqu'île de Porkala, près d'Helsinki. D'autre part, les Finlandais s'engageaient à procéder au désarmement de la XX^e^ armée allemande en Laponie. Comme le reconnaissait secrètement Mannerheim, les troupes finlandaises n'avaient ni la force ni la volonté de chasser la XX^e^ armée vers la Norvège qui ravitaillait son pays. L'opération ne fut achevée qu'en avril 1945 et seulement avec l'aide des Russes.

Malgré les hautes qualités militaires des Finlandais (ils étaient les seuls alliés de la Wehrmacht qui pouvaient se considérer comme les égaux des soldats allemands), à la fin de 1944, la Finlande se trouvait en marge de la crise stratégique de Hitler. La Hongrie, à l'extrême flanc sud était au contraire au cœur de la défense des fortifications du Reich. Les Hongrois avaient acquis eux aussi une réputation d'excellents soldats. Cependant, l'amiral Horthy, régent de Hongrie avait commis l'erreur de les engager dans l'opération Barberousse contre l'Armée rouge qu'ils n'étaient plus en mesure de combattre lorsque la Wehrmacht leur eut retiré le bouclier de sa protection. L'effondrement du groupe d'armée Ukraine-Sud (rebaptisé groupe d'armée du Sud au début de septembre) et la défection des Roumains les exposaient désormais à une poussée soviétique qu'ils n'avaient pas les moyens d'arrêter, même du haut de leurs positions fortes des Carpates. Horthy espérait qu'une avance anglo-américaine en Yougoslavie lui éviterait de choisir entre les Allemands et les Russes. Or les Alliés avaient été retardés par leurs dissensions internes. Quant aux Américains avec lesquels il était entré en contact par le truchement de leur ambassadeur en Suisse, ils l'informèrent qu'il devait s'arranger avec les Russes. C'est pourquoi, dès que les Roumains eurent attaqué ses troupes en Transylvanie, il n'eut d'autre solution que de suivre ce conseil. A la fin de septembre, une délégation hongroise se rendit à Moscou pour négocier un changement d'alliance. Malheureusement pour Horthy, il avait gâché ses chances d'aboutir à une entente en permettant à Hitler d'installer des troupes allemandes sur le territoire hongrois. Lorsque les Russes accentuèrent leur pression sur les délégués de Horthy en lançant une attaque en Hongrie orientale, l'armée d'occupation – renforcée par trois Panzerdivisions – riposta et contint l'avance soviétique. De plus, Hitler avait déjà eu vent de la trahison imminente de Horthy. Celui-ci avait ordonné à ses Ire et IIe armées, qui combattaient encore avec le groupe d'armée du Sud, d'entreprendre une retraite unilatérale. Hitler le soupçonnait aussi d'être sur le point d'annoncer son changement de camp. Le 15 octobre, il ordonna donc à Skorzeny d'enlever le fils de Horthy, puis il exigea de ce dernier qu'il transfère ses pouvoirs à un remplaçant pro-allemand. Le 16 octobre, Horthy résigna ses fonctions de régent et les troupes allemandes s'emparèrent de Budapest. Le deuxième front d'Ukraine ne se trouvait qu'à 75 kilomètres de la capitale hongroise mais elle devait rester aux mains des Allemands plusieurs mois.

*Révolte dans les Balkans*

Entre-temps, Hitler avait aussi déjoué une autre tentative de défection parmi ses alliés de l'Est. La Slovaquie, gouvernée depuis octobre 1939, date du démembrement de la Tchécoslovaquie, par Joseph Tiso, l'un des signataires du pacte tripartite, bouillonnait de discordes intestines depuis le printemps. Pendant que le gouvernement tchèque en exil à Londres espérait être rétabli dans ses pouvoirs après la guerre, les Slovaques étaient entrés en contact avec Moscou par l'intermédiaire du parti communiste. Une partie de l'armée slovaque de l'Etat fantoche de Monseigneur Tiso restait sous contrôle allemand sur le front de l'Est. Le reste, stationné dans le pays, subissait de plus en plus l'influence des patriotes. Un mouvement de partisans pro-soviétiques était également actif en Slovaquie orientale où l'opération Bagration avait amené le quatrième front d'Ukraine au début d'août. A la fin du même mois, les partisans précipitèrent l'action. Travaillant en liaison directe avec l'Armée rouge et sans en référer aux Tchèques de Londres ni au conseil national slovaque anti-Tiso, ils organisèrent un soulèvement national. Ils furent rejoints par l'armée slovaque de l'intérieur et demandèrent l'appui des Russes au-delà des Carpates. Pour rendre justice aux Soviétiques, ils répondirent beaucoup plus favorablement aux Slovaques qu'ils ne l'avaient fait aux Polonais de Varsovie. Ils envoyèrent aussitôt des officiers de liaison et lancèrent une offensive des premier et quatrième fronts d'Ukraine dans l'intention d'aider les insurgés. Ils transférèrent aussi une partie de l'armée tchèque en exil de Russie en Slovaquie et incorporèrent le reste aux fronts qui avançaient à travers les Carpates. Cependant, la pression de l'intérieur et de l'extérieur n'était pas assez forte pour prévenir la riposte que Hitler préparait afin de se maintenir en Slovaquie. Deux corps allemands, le 24e Panzers et le 11e furent expédiés dans la région des Carpates qui comprenait le col clé de Dukla. A la fin de septembre, la XXXVIIIe armée soviétique assistée du 1er corps tchécoslovaque (exil) continuait à lutter pour la possession du col. Il ne tomba que le 6 octobre. Entre-temps, les troupes de sécurité spécialisées dans la chasse aux résistants sur le théâtre de l'Est, étaient désignées pour l'opération de ratissage. Deux divisions SS composées de minorités ethniques, la 18e Horst Wessel (Allemands de race) et la 14e Galicienne (formée d'Ukrainiens) étaient concentrées pour une contre-offensive en même temps que cinq divisions de l'armée allemande. Le 18 octobre, les brigades Dirlewanger et Kaminski avaient été amenées de Varsovie pour exercer leurs talents meurtriers contre les Slovaques. Entre le 18 et le 20 octobre, la « libre Slovaquie » fut assaillie en onze points et, à la fin du mois, l'insurrection était écrasée. La XXXVIIIe armée soviétique et le 1er corps tchécoslovaque (commandé par le général Ludvik Svoboda que les Russes installèrent à la place de Dubček après le Printemps de Prague de 1968) avaient perdu 80 000 hommes en essayant de prêter main forte aux insurgés. A part ceux qui avaient pu fuir dans les montagnes, les rebelles moururent presque tous au combat ou dans les camps de concentration.

A l'extrême sud du théâtre des Balkans, Hitler eut moins de succès qu'en Hongrie et en Slovaquie. L'occupation de la Grèce s'effritait depuis septembre 1943, date de la capitulation des Italiens qui avaient abandonné plus de 12 000 armes aux mains de la Résistance. Les partisans grecs s'étaient vaillamment battus contre les occupants comme l'avaient fait leurs pères pour se libérer des Turcs cent vingt ans plus tôt. Les officiers de liaison britanniques que le SOE avaient infiltrés dans les îles grecques étaient auréolés d'un éclat byronien. Ils se considéraient comme les successeurs des Philhellènes qui avaient combattu aux côtés des patriotes pendant la guerre de libération des années 1830. Les représailles allemandes exercées contre les villages proches des opérations de maquisards étaient féroces. Au procès de Nuremberg, un avocat de l'accusation apporta le témoignage suivant : « En Grèce, il y eut un millier d'habitants de Lidice dont les noms sont inconnus et les habitants oubliés ». Il n'est donc pas étonnant que le SOE se soit efforcé de freiner les partisans au lieu de les encourager, mais les officiers britanniques ne purent pas empêcher les actes de violence entre l'aile droite et l'aile gauche du mouvement de résistance qui, de même qu'en Yougoslavie, obéissait à des autorités différentes – ELAS, au parti communiste grec, EDES, au gouvernement grec en exil au Caire. Les Allemands rétablirent l'ordre après la reddition des Italiens – qu'ils traitèrent avec autant de brutalité qu'ils traitèrent les partisans – mais lorsque leur position des Balkans commença à s'effondrer, ils évacuèrent les îles grecques (sauf Rhodes et la Crète) à partir du 12 septembre. Le 12 octobre, toute la Grèce était libérée et les Anglais arrivèrent. En même temps, la guerre civile éclata entre ELAS et EDES. Elle devait être réprimée par l'intervention de la 2e brigade de parachutistes et d'autres formations, au prix de terribles pertes en vies humaines du côté anglais.

Le groupe d'armée E gardait l'espoir de se frayer un chemin à travers les vallées de l'Ibar et de la Morava pour faire sa jonction avec le groupe d'armée F en Yougoslavie. La soudaine attaque du troisième front d'Ukraine renforcé par l'armée bulgare l'obligea à livrer un combat d'arrière-garde dans des conditions désespérées. Entre-temps le groupe d'armée F était confronté à un assaut soviétique sur son flanc oriental visant la capitale, Belgrade. Le troisième front d'Ukraine avait franchi la frontière yougoslave le 6 septembre, amenant Tito à s'envoler pour Moscou à partir d'un aérodrome situé sur l'île de Vis dans l'Adriatique. Le 28 septembre, par un remarquable tour de force, Tito, réussit à persuader Staline de lui prêter des troupes du troisième front d'Ukraine pour lancer un assaut conjugué sur Belgrade en précisant qu'il les lui rendrait une fois l'opération achevée. La bataille de Belgrade commença le 14 octobre et se termina le 20. Les Allemands perdirent 24 000 hommes dont 9 000 furent faits prisonniers. Le 22 octobre, Tito fit défiler ses partisans en vainqueurs dans les rues de la ville. Il ne restait que deux des membres du noyau initial de ce « bataillon de Belgrade » qui avait lutté dans le maquis pendant trois ans.

Le reste de la Yougoslavie se prêtait désormais à une offensive soviétique. Les groupes d'armées E et F tenaient une ligne nord-sud indéfendable qui allait des faubourgs de Belgrade à la frontière albanaise. Au milieu d'octobre, Staline s'était entendu avec Churchill pour effectuer un étrange partage de « sphères d'influence » dans les Balkans ; laissant à l'Angleterre une part de 50 pour cent en Yougoslavie. Un réflexe archaïque de la diplomatie soviétique donnait à cet accord force de loi mais Staline avait d'autres chats à fouetter. La réussite du coup monté par Hitler contre Horthy à Budapest avait détruit ses chances de progression rapide dans la plaine hongroise à la faveur d'un armistice négocié. La marche sur Vienne le long de la vallée du Danube ne se déroulerait pas sans combats. Il lui faudrait des forces que l'Armée rouge ne pouvait se permettre de disperser dans les montagnes de la Yougoslavie centrale. Le 18 octobre, il ordonna donc à Tolboukhine d'arrêter le troisième front d'Ukraine à l'ouest de Belgrade et de ramener ses formations sur le Danube pour qu'elles prennent part à la bataille de Hongrie.

Cependant, la Hongrie avait été renforcée et une partie des troupes hongroises (les I^re^ et II^e^ armées) obligée de combattre dans le camp allemand. Le 19 octobre, le groupe d'armées du Sud contre-attaqua. Aussi, lorsque le deuxième front d'Ukraine de Malinovski lança son assaut le 29 octobre sur l'ordre exprès de Staline de « prendre Budapest le plus vite possible », il trouva douze divisions allemandes sur sa route. Les Russes atteignirent les faubourgs est le 4 novembre mais ils furent arrêtés. L'assaut reprit le 11 novembre. Après seize jours de combats, la majeure partie de la ville était en ruines mais toujours aux mains des Allemands. A ce stade, la ligne de front allemande, bien que reculée de 150 kilomètres depuis la mi-octobre, s'appuyait d'est en ouest sur les solides défenses du fleuve Drava, du lac Balaton et sur les flancs des Carpates, Vienne, l'objectif que Staline convoitait était en sécurité à quelque 235 kilomètres, sur les rives du Danube.

Dès lors, la campagne de Hongrie suit une logique qui lui est propre et se poursuit séparément pendant que l'Armée rouge prépare sa poussée finale en Allemagne à l'autre extrémité des Carpates. Le 5 décembre, le deuxième front d'Ukraine de Malinovski lance une offensive qui a pour but d'encercler Budapest par le nord-ouest pendant que le troisième front d'Ukraine de Tolboukhine fait une feinte au sud de la ville entre le lac Balaton et le Danube. Le 31 janvier, le troisième front se trouve à une dizaine de kilomètres du centre de la cité. Des émissaires sont dépêchés dans la capitale, porteurs de conditions de capitulation. Budapest est complètement encerclée, ses habitants sont en proie à d'intenses souffrances ; la situation des Hongrois et de leurs occupants allemands semble désespérée. Hitler décide de tenter une opération de sauvetage dans le style de Stalingrad. Il a destitué Fretter-Pico, commandant de la VI^e^ armée sur le front de Budapest pour le remplacer par Balck, un général sûr et résolu de la même trempe que Model. A la fin de décembre, il a détaché le IVe Panzerkorps du groupe d'armée du Centre pour qu'il organise une contre-attaque de concert avec le 3e Panzerkorps qui est déjà sur place. L'attaque du 4e Panzers SS commence le 1er janvier 1945 et, pendant les trois semaines suivantes, les 4e et 3e Panzerkorps se battent sauvagement passant d'un axe à l'autre par route et par rail, démontrant aux généraux Malinovski et Tolboukhine que les conducteurs de chars allemands expérimentés peuvent encore infliger de terribles dommages aux formations soviétiques opérant selon des méthodes stéréotypées sur des lignes d'avance prévisibles. Le 24 janvier, le 4e Panzerkorps arrive à quelque 25 kilomètres du périmètre allemand de Budapest. Les défenseurs auraient pu se réfugier en lieu sûr si Hitler l'avait souhaité mais, comme pour Stalingrad en décembre 1942, il voulait que la ville soit reconquise, pas évacuée. Ce vain espoir s'effondra lorsque le 4e Panzerkorps arriva à bout de souffle après trois semaines de violents combats.

Entre-temps, les Russes ont apporté d'énormes concentrations de canons de 152 millimètres et d'obusiers de 203 millimètres pour réduire quartier par quartier les positions allemandes de Pest, sur la rive nord du fleuve. Le 15 janvier, sa garnison commence à capituler en masse en se voyant bloquée, le dos au Danube. A Buda, sur la rive sud, la résistance se maintient jusqu'au 5 février, lorsque Malinovsky ordonne l'assaut final. Les Allemands tiennent bon pendant une semaine, se réfugiant dans les égouts pour contenir l'avance russe mais, le 13 février, il ne leur reste plus de marge de manœuvre et ils sont submergés. La Stavka prétend avoir tué 50 000 soldats allemands et hongrois depuis le 27 octobre et capturé 138 000 hommes. On sait que seuls 785 Allemands et 1 000 Hongrois ont pu fuir

Budapest. Les pertes de l'Armée rouge (non révélées) égalent sans doute celles de l'ennemi.

Il restait encore une bataille à livrer en Hongrie, au lac Balaton d'où Hitler tirait ses dernières ressources en pétrole non synthétique. Cependant, le 15 février, jour où elle fut déclenchée, une bataille bien plus importante se préparait, visant l'objectif final de la guerre : Berlin. Depuis le début de février, le premier front de Biélorussie de Joukov et le premier front d'Ukraine de Koniev avaient été placés de part et d'autre de l'Oder, prêts à lancer l'offensive ultime dès que la Stavka aurait déterminé le plan d'attaque et rassemblé les forces nécessaires. Le 15 janvier, Hitler quittait son quartier général de l'Ouest dans les monts Eifel, d'où il avait suivi l'offensive des Ardennes, pour regagner la Chancellerie du Reich. En dépit de tous ses discours sur les armes secrètes qui devaient apporter la victoire, il sentait approcher l'heure de la bataille finale et résolut d'être présent sur le terrain en personne.

### *La route de Berlin*

Le quartier général de Rastenburg en Prusse orientale, d'où Hitler avait dirigé la plupart des opérations de la guerre, était désormais aux mains des Russes. L'offensive de l'Armée rouge, au nord des Carpates, avait commencé le 15 septembre 1944. A cette date, les trois fronts de la Baltique et le front de Leningrad avaient attaqué le groupe d'armée du Nord de Schörner pour le couper de tout contact avec le groupe d'armée du Centre et de ses lignes de communication vers l'Allemagne à travers la Prusse orientale. Schörner commandait quelque 30 divisions disposées sur un terrain bien fortifié, mais il manquait de forces mobiles susceptibles de contre-attaquer. Bien que son groupe d'armées fût capable de ralentir l'avance russe, il ne pouvait l'arrêter et, le 13 octobre, après huit jours de combats, le premier front de la Baltique de Bagramyan s'empara de Riga. Cette brèche ouverte sur la côte compléta l'encerclement du groupe d'armée du Nord (rebaptisé Courlande) dans la poche de Courlande où il allait rester isolé jusqu'à la fin de la guerre. En septembre, la défection de la Finlande allait permettre à Schörner d'améliorer sa position en abandonnant l'Estonie pour concentrer ses forces en Lettonie. En octobre, 4 autres divisions subordonnées furent également encerclées dans le port de Memel, entre la Prusse orientale et la Lituanie. Elles s'y maintinrent jusqu'en janvier 1945.

L'évacuation des abords de la Prusse orientale par le front de la Baltique laissait la voie ouverte à un assaut majeur. La Stavka avait établi un plan de grande offensive au début de novembre et réparti le plus gros de l'effort entre les deux fronts qui se trouvaient de part et d'autre de la route de Berlin : le premier front d'Ukraine de Koniev et le premier front de Biélorussie dont Staline avait confié le commandement à Joukov en témoignage de ses exploits stratégiques. Chacun de ces fronts était très supérieur en moyens à n'importe quel groupe d'armée allemand. Ils contrôlaient à eux deux 163 divisions d'artillerie, 32 000 canons, 65 000 chars et 4 700 avions, soit un tiers de l'infanterie soviétique et la moitié des chars de l'Armée rouge. Par rapport aux formations ennemies, les groupes d'armées du Centre et A, leurs forces étaient cinq fois supérieures sur le plan de l'infanterie et des blindés, sept fois sur le plan de l'artillerie et six fois en ce qui concernait l'aviation. Pour la première fois depuis le début de la guerre, l'Armée rouge avait acquis la supériorité en hommes et en matériel à laquelle la Wehrmacht n'avait été confrontée jusque-là qu'à l'Ouest. Les groupes d'armées du centre et A, commandés à présent par les généraux Reinhardt et Harpe, disposaient ensemble de 71 divisions, 1 800 chars et 800 avions. Aucune de leurs formations n'avait ses effectifs au complet et leurs capacités défensives dépendaient largement de la force des villes frontières de Prusse et de Silésie que Hitler désignait sous le nom de « forteresses » – Königsberg, Insterburg, Folburg, Stettin, Küstrin, Breslau.

Selon le plan de la Stavka, Joukov devait s'avancer sur l'axe direct Varsovie-Berlin pendant que Konev se dirigeait vers Breslau. Les deux offensives devaient constituer des poussées puissantes contre les défenses allemandes. Pendant les jours qui précédèrent l'attaque, plus d'un million de tonnes de ravitaillement arrivèrent au seul front de Joukov, acheminées par 1 200 trains et 22 000 des camions américains qui constituaient l'armature du système logistique soviétique. Des quantités à peu près égales furent entassées derrière le front de Koniev. Les besoins quotidiens de chaque front s'élevaient à 25 000 tonnes sans compter le carburant et les munitions.

L'offensive de Koniev commença le 12 janvier 1945 derrière un barrage de 300 canons par kilomètre de front – une concentration d'artillerie formidable. Au soir du premier jour, ses chars avaient enfoncé le front de la IVe armée Panzers sur une profondeur de 30 kilomètres dans le secteur même où les Austro-Allemands avaient effectué leur grande percée au cours de la bataille de Gorlice-Tarnow contre l'armée tsariste en 1915, mais en sens inverse. Cracovie, la grande citadelle-monastère était menacée. Au-delà, s'ouvrait la voie qui débouchait sur Breslau et les régions industrielles de Silésie où Speer avait concentré des complexes d'usines d'armement hors de portée des bombardiers anglo-américains.

L'offensive de Joukov sur l'axe Varsovie-Berlin commença deux jours plus tard avec un autre bombardement déclenché à partir de la tête de pont de la Vistule au sud de Varsovie. La ville fut rapidement encerclée et inévitablement déclarée « forteresse » par Hitler, mais elle tomba le 17 janvier avant l'arrivée des renforts qu'il lui avait octroyés. Le 20 janvier il annonça, au grand désespoir de ses généraux de l'Est et de l'Ouest, qu'il transférait à l'est la VIe armée Panzers SS, à peine émergée du désastre des Ardennes. « Je vais attaquer les Russes là où ils s'y attendent le moins. La VIe armée Panzers SS est en route pour Budapest ! Si nous déclenchons une offensive en Hongrie, les Russes seront obligés de partir aussi. » Cette absurde dispersion de précieuses ressources défensives démontre qu'il n'avait pris conscience ni de la faiblesse croissante de la Wehrmacht ni de l'indifférence des Russes aux manœuvres de diversion. Comme devaient le prouver les événements, l'intervention de la VIe armée Panzers SS n'empêcha nullement Joukov et Koniev de poursuivre leur poussée sur Berlin.

Le 21 janvier, se raccrochant toujours à des fétus de paille, Hitler ordonna la création d'un nouveau groupe d'armées : Vistule. Il en confia le commandement à Himmler (déjà chef de l'armée de l'intérieur) bien qu'il fût tout à fait incapable d'exercer un commandement militaire. Sans doute espérait-il que la fidélité au Führer suffirait à faire un bon stratège. Le groupe d'armée Vistule, placé derrière le front menacé, ne disposait que des unités Volkssturm, la milice composée d'Allemands trop jeunes ou trop vieux pour servir dans l'armée et que Bormann, le secrétaire du parti nazi, avait levée en septembre sur l'ordre de Hitler.

### *L'avance sur l'Oder*

La Volkssturm allait bientôt se battre pour le territoire allemand. Le 22 janvier, le premier front d'Ukraine de Koniev franchit l'Oder à Steinau ; le deuxième front de Biélorussie de Rokossovsky, qui avait traversé la Narew le 14 janvier, était déjà entré en Prusse orientale. L'arrivée en masse de l'Armée rouge sur le sol allemand provoqua un sauve-qui-peut général. Il semblait que le souvenir refoulé des exactions allemandes à l'est fût subitement remonté à la surface, frappant les populations de terreur et les précipitant sur les routes enneigées, poussées par la nécessité de se mettre hors de portée des colonnes de l'Armée rouge. Huit cents ans de colonisation allemande à l'est se terminèrent en quelques jours par la fuite éperdue des Prussiens qui abandonnèrent leurs fermes, leurs villages, leurs villes pour se réfugier à l'intérieur de l'Allemagne ou sur la côte : 450 000 individus furent évacués du port de Pillau au cours des quelques semaines suivantes pendant que 900 000 autres se dirigeaient sur Dantzig par la lagune gelée de Frisches Haff. Beaucoup arrivèrent au but mais beaucoup restèrent en route. Le professeur John Erickson qui n'était pas hostile à l'Armée rouge décrit ce terrible épisode :

« Vitesse, frénésie, sauvagerie, telles sont les caractéristiques de la poussée russe. Villages et petites villes sont incendiés pendant que les soldats soviétiques violent à leur gré et assouvissent une vengeance atavique dans les maisons ornées du moindre insigne ou symbole du nazisme… La photographie soigneusement encadrée d'un membre du parti nazi déclenche le massacre d'une famille entière au milieu de ses meubles et de sa vaisselle. Des réfugiés mêlés à des groupes de prisonniers libérés de leurs camps et de travailleurs forcés sortis de leurs fermes et de leurs usines, avancent à pied ou en charrette. Certains sont écrasés dans un amas sanglant d'êtres humains et de chevaux par les colonnes de chars soviétiques qui se ruent en avant avec l'infanterie d'assaut montée sur les T-34. Les femmes violées sont clouées par les mains aux charrettes qui transportent leurs familles. Sous le ciel lugubre de janvier et dans la tristesse de cette fin d'hiver, des familles blotties dans les fossés ou sur les bas-côtés de la route, des pères décidés à supprimer leurs propres enfants ou attendant que la colère de Dieu passe. Le Haut-Commandement soviétique intervient enfin, ordonnant que la discipline militaire soit rétablie et que des "normes de conduite" soient appliquées à l'égard de la population ennemie. Mais le langage cru des panneaux routiers grossièrement barbouillés et les slogans proclamant cette région et la suivante "tanière de la bête fasciste" sont une continuelle provocation pour les ex-prisonniers de guerre brutalisés, incorporés dans les rangs soviétiques ou pour les paysans conscrits intégrés malgré eux à l'Armée rouge, dans sa marche à travers les Etats de la Baltique, tous hommes sans pitié pour personne. »

Aucun des groupes d'armées au nord des Carpates n'était capable de briser cet élan. Le ralentissement du ravitaillement constituait le seul obstacle à l'avance ininterrompue des généraux Joukov et Koniev dont l'énorme artillerie consommait 50 000 tonnes par million d'obus projetés. Sur le front de Rokossovsky, Memel tint jusqu'au 27 janvier, Thorn jusqu'au 9 février, Königsberg jusqu'au milieu d'avril. Sur le front de Joukov et de Koniev, Posnan résista jusqu'au 22 février, Küstrin jusqu'au 29 mars, Breslau jusqu'à la veille de la cessation des hostilités. Le 21 janvier, le front de Rokossovsky avait pris Tannenberg, théâtre de la bataille miracle qui avait sauvé la Prusse orientale de la menace tsariste en 1914. Les Allemands réussirent tout juste à sauver la dépouille du vainqueur, le maréchal Hindenburg, et les drapeaux des régiments qu'il commandait – ils sont aujourd'hui dans le hall de l'Ecole des élèves-officiers de la Bundeswehr à Hambourg –,

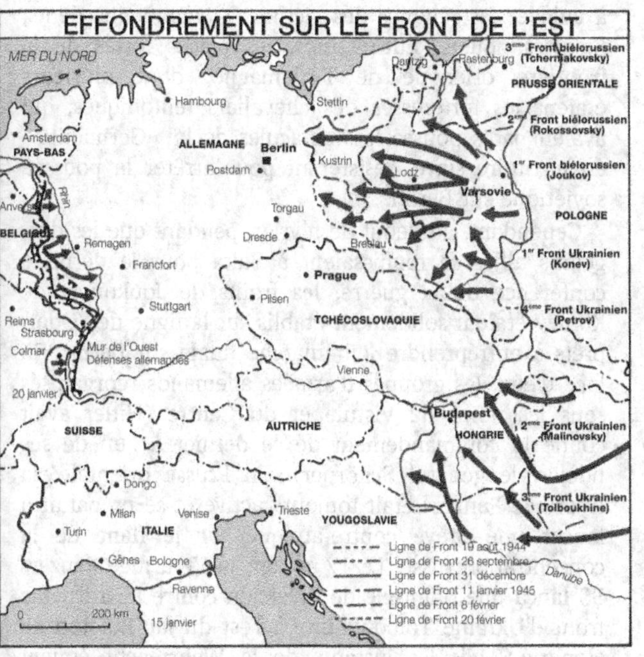


*Poussée de l'Armée Rouge en Prusse orientale.*
*A la fin de janvier 1945, l'extrémité de la percée en Allemagne orientale se trouve à environ 75 km de Berlin.*

avant de faire sauter son monument funéraire. Le 27 janvier, le front de Koniev avait trouvé sur sa route le camp d'extermination d'Auschwitz, principal centre de l'holocauste dont les exécuteurs n'avaient pas réussi à enlever les reliques des victimes – vêtements, dents, lunettes, jouets. Entre-temps, les places fortes de la frontière orientale de l'Allemagne, dont plusieurs étaient les forteresses des chevaliers teutoniques, qui avaient jadis poussé les tentacules de la « Germanité » en territoire slave, résistèrent pour arrêter la poussée soviétique sur Berlin.

Cependant, au début de février, pendant que les dirigeants alliés se réunissaient à Yalta pour la dernière conférence de la guerre, les fronts de Joukov et de Koniev étaient solidement établis sur la ligne de l'Oder, prêts à entreprendre leur marche finale sur Berlin. En face d'eux, les groupes d'armées allemands réorganisés sous les noms de Vistule et du Centre (Hitler avait confié le commandement de ce dernier à l'un de ses fidèles, le général Schörner). En Prusse orientale, la II^e^ armée Panzers était toujours active et se préparait à lancer une brève contre-attaque sur le flanc de la concentration russe. Le 17 février, la VI^e^ armée Panzers SS lança une offensive de diversion contre le troisième front d'Ukraine Tolboukhine, à l'est du lac Balaton en Hongrie. Mais les instants de la Wehrmacht étaient désormais comptés. Le 13 février, Dresde, la dernière ville encore intacte du Reich, peuplée de réfugiés mais démunie de ses défenses antiaériennes pour renforcer l'écran antichars sur le front de l'Oder, fut détruite de fond en comble par des vagues de bombardiers britanniques. L'offensive du lac Balaton, lancée avec les 600 derniers chars dont Hitler disposait, se heurta aux défenses impénétrables des Russes. Le groupe d'armée F en Yougoslavie se repliait sur le bastion pro-allemand de Croatie. Les survivants du groupe d'armée du Sud rassemblèrent toutes leurs forces pour bloquer les voies d'accès à Vienne. La guerre se poursuivait entre Küstrin et Breslau où les fronts de Joukov et de Koniev se tenaient le long de l'Oder et de la Neisse prêts à couvrir les 70 kilomètres qui les séparaient de Berlin.

## 28

# LE SIÈGE DE BERLIN

Le siège d'une ville apparaît comme une opération d'un autre âge. Il semble que les campagnes de la Deuxième Guerre mondiale aient comporté uniquement des poussées de colonnes blindées, des débarquements de forces amphibies ou des raids de bombardiers. Les villes, pourtant, sont parties intégrantes de la géographie de la guerre, tout autant que les grands fleuves ou les chaînes de montagnes. Une armée – bien mécanisée et justement parce qu'elle est mécanisée – ne peut pas plus ignorer une ville qu'elle ne peut ignorer les marais du Pripet ou les défilés de la Meuse. Sur le front de l'Est, les trois « cités du bolchevisme » – Leningrad, Moscou et Stalingrad – objectifs que Hitler avait désignés à l'Ostheer – avaient chacune tenu en échec une de ses campagnes décisives. Les cités qu'il considérait comme ses forteresses – Dunkerque, Calais et le complexe de la Ruhr à l'ouest, Königsberg, Posnan, Memel et Breslau à l'est – avaient infligé des échecs sévères à l'avance ennemie vers le cœur du Reich. Quant aux capitales, avec leurs dédales de rues, leurs blocs d'immeubles et leurs monuments publics, leurs labyrinthes d'égouts, de tunnels et de voies souterraines, leurs entrepôts de carburant et de vivres, elles constituent des positions militaires aussi fortes que les fortifications construites pour la défense des frontières, plus fortes peut-être que la ligne Maginot ou le Westwall qui ne sont que les répliques artificielles des structures intrinsèques d'une grande ville. Le 16 janvier 1945, Hitler retourne à Berlin et décide de ne plus quitter la ville. Cette décision prise faute d'autre solution, garantit que le dernier grand siège de la guerre, plus court que celui de Leningrad mais encore plus intense que celui de Stalingrad, se déroulera à Berlin. Le 20 avril, jour de son anniversaire, il aurait encore pu quitter sa capitale mais il se perdit en tergiversations. « Je dois imposer la décision ici ou aller me battre », dit-il la veille aux deux secrétaires qui lui restaient.

Berlin était une place forte appropriée à un dernier défi. Vaste, moderne, bien conçue, elle était unique entre toutes les villes allemandes. Hambourg avec ses immeubles autour de son port avait brûlé comme par combustion spontanée en février 1944. Bien que massivement et constamment bombardée pendant toute la guerre, la capitale était une cible plus coriace. Un complexe d'immeubles datant des XIXe et XXe siècles se dressait sur des caves solides et profondes. Les larges avenues qui traversaient la capitale servaient de coupe-feux. La RAF avait détruit près de 25 pour cent de sa zone résidentielle pendant la bataille de Berlin entre août 1943 et février 1944 mais, contrairement à Hambourg et Dresde, Berlin n'avait jamais subi les effets d'incendies et ses services vitaux n'avaient pas été mis hors d'usage. Alors que la destruction de leurs immeubles avait chassé les Berlinois hors de la ville, les décombres qui restaient derrière eux constituaient des obstacles militaires aussi formidables que les édifices qui restaient debout.

Au cœur de la cité battait le pouls de la résistance nazie. A la fin de 1944, un bunker avait été construit sous la Chancellerie du Reich, en prolongement d'un abri anti-aérien creusé en 1936. Le bunker de Hitler se composait de vingt petites pièces. Il était alimenté en eau, en électricité et en air conditionné par des installations indépendantes. Il communiquait avec le monde extérieur par téléphone et par radio. Il possédait sa propre cuisine, ses quartiers de séjour et des garde-manger copieusement garnis. Ceux qui avaient des goûts de troglodyte pouvaient y vivre dans une complète autonomie. Bien qu'il eût séjourné dans des lieux semi-souterrains à Rastenburg et à Vinnista, Hitler aimait la vie au grand air. Après les repas, il profitait de ses promenades pour monologuer à son gré. Le 16 janvier, il descendit de la Chancellerie dans son bunker et, exception faite de deux excursions, le 25 février et le 15 mars, et de quelques visites dans ses appartements du haut, il ne le quitta plus pendant les cent cinq jours suivants. Les dernières batailles du Reich furent dirigées de la salle de conférence du bunker, de même que la bataille de Berlin.

Berlin n'avait pas de garnison. Sauf pendant la brève période de paix qui suivit l'armistice franco-allemand et précéda Barberousse, l'armée allemande était toujours restée sur le front. Les éléments de l'Armée territoriale qui demeuraient à l'intérieur du Reich étaient chargés du recrutement ou de l'entraînement. La seule unité qui eût une valeur opérationnelle était le bataillon de la garde de Berlin qui avait donné naissance à la Grossdeutschland Division. Il avait largement contribué à l'échec du complot de juillet et devait participer à la Bataille de Berlin. Cependant, la masse des forces défensives allait être fournie par le groupe d'armées Vistule qui se repliait sur la capitale. Au début du siège, ses effectifs s'élevaient à 320 000 hommes, face aux 3 millions des fronts de Joukov, de Koniev et de Rokossovsky. Elle comprenait la III^e^ armée Panzers et la IX^e^ armée. Dans le groupe d'armée Vistule, le 56^e^ Panzerkorps était le plus opérationnel, englobant la XVIIIe armée Panzergrenadier et la SS Nordland Division, ainsi que des fragments de la 20e Panzergrenadier Division et de la 9e parachutistes, ainsi que la Müncheberg Division récemment créée. La Müncheberg Division appartenait à une série de grandes unités « fantômes », formées à partir des écoles militaires et d'unités de renfort sans expérience tactique. A toutes ces troupes venaient s'ajouter diverses unités de la Volkssturm, des Jeunesses hitlériennes, de la DCA, de la police et des SS. Parmi ces dernières se trouvait le bataillon d'assaut Charlemagne composé de SS Français et d'un détachement de la division SS Wallonie formée de Belges francophones pro-nazis et commandée par le fasciste fanatique Léon Degrelle, dont Hitler aurait dit qu'il aimerait l'avoir pour fils et qui allait mener la lutte jusqu'au bout sur les ruines de la Chancellerie du Reich.

Pendant les dernières semaines de mars et le 1er avril, les fronts de Joukov et de Koniev rassemblèrent les forces et le matériel nécessaires pour donner l'assaut à la ville. Joukov accumula 7 millions d'obus pour alimenter son artillerie qui pouvait masser 295 canons par kilomètre. Koniev se préparait à prendre des positions d'assaut à travers la Neisse pour lancer son offensive. Il avait concentré 120 bataillons du génie et 13 bataillons de pontonniers pour s'emparer de 16 têtes de pont données, avec une couverture aérienne de 2 150 avions.

Pendant que Joukov et Koniev s'organisent pour le grand assaut, Tolboukhine et Malinovski quittent la Hongrie centrale pour marcher sur Vienne. Le 1er avril, leurs colonnes de chars se dirigent au nord à travers la large plaine du Danube, balayant les brigades blindées allemandes qui ne peuvent aligner plus de 7 à 10 chars sur le terrain. Le 6 avril, les pointes blindées de Tolboukhine entrent dans les faubourgs ouest et sud de Vienne. Le 8 avril, le centre de la ville fait l'objet de violents combats. Des unités SS locales se battent farouchement avec un parfait mépris pour la sécurité des monuments qui leur servent de positions. Des tirs d'artillerie à bout portant éclatent autour des immeubles du Ring. Des luttes sans merci se déroulent dans le Graben et la Kärtnerstrasse au cœur de la vieille ville qui avait résisté au siège des Turcs en 1683. Le Burgtheater et l'Opéra sont brûlés de fond en comble. Par miracle, la Hofburg, l'Albertina et le Kunsthistorischemuseum résistent. Malheureusement, le 13 avril, lorsque les survivants de la garnison allemande réussissent à se dégager au nord du Danube par le Reichsbrücke, l'un des grands trésors de la civilisation occidentale est réduit en cendres.

*La traversée du Rhin*

A l'Ouest aussi, les grandes villes du Reich tombaient sous les coups des Alliés. Au début de mars, 8 armées étaient alignées le long de la rive ouest du Rhin ; du nord au sud, la Ire canadienne, la Ire aéroportée alliée, la IIe britannique, les IXe, Ire, IIIe et VIIe américaines et la Ie française. Cette dernière se trouvait face à la Forêt-Noire sur la rive opposée du fleuve. La IIIe armée de Patton et la VIIe de Patch étaient encore séparées du Rhin par le terrain difficile de l'Eifel mais, le 10 mars, toutes deux réussirent à percer de profonds corridors débouchant sur le fleuve. Pour la traversée du Rhin, Eisenhower prévoyait un assaut violent des armées canadiennes, britanniques et américaines réparties sur un large front et portant le maximum de leur effort sur le Nord en vue d'encercler la grande région industrielle de la Ruhr. La IIe armée britannique et la IXe américaine devaient lancer des offensives vastes et spectaculaires englobant un nombre important d'engins amphibies, des formations d'artillerie et d'aviation massives et comportant le parachutage de deux divisions de l'armée aéroportée alliée sur la rive est du fleuve derrière les défenses allemandes. Les deux opérations nommées respectivement « Plunder » et « Grenade » commencèrent le 23 mars et se heurtèrent à une faible résistance. Les armées alliées comprenaient alors 85 divisions, soit 4 millions d'hommes, alors que la Westheer ne comptait que 26 divisions.

Le plan d'Eisenhower avait déjà été modifié par un événement imprévu. Le 7 mars, l'avant-garde de la 9e division blindée américaine, appartenant à la Ire armée, avait trouvé un pont sans surveillance, enjambant le Rhin à Remagen, en aval de Cologne. Elle s'était précipitée pour établir une tête de pont qui ne put être exploitée immédiatement mais, le 22 mars, la IIIe armée de Patton installa une autre tête de pont près d'Oppenheim. Les défenses allemandes du Rhin furent donc rompues en deux points largement séparés, sur la Ruhr et à sa jonction avec le Main à Mayence, menaçant ainsi d'enveloppement toute la position de la Wehrmacht à l'ouest. Le 10 mars, Hitler avait relevé Rundstedt du commandement suprême. Ce fut la troisième et dernière mise à pied du vieux guerrier. Son remplaçant, Kesselring, revenait d'Italie où il avait contenu avec succès l'avance anglo-américaine dans la péninsule. A ce stade, un changement de commandement ne pouvait plus empêcher les sept armées alliées de pénétrer dans les provinces de l'Allemagne occidentale. Pendant que les Anglo-Canadiens passaient en Allemagne du Nord en direction de Hambourg, les IXe et Ire armées américaines procédaient à l'encerclement de la Ruhr et le complétèrent le 1er avril, obligeant 32 500 soldats allemands à capituler et contraignant leur commandant, Model, au suicide. Au même moment, la IIIe armée de Patton entreprenait une fougueuse poussée en Allemagne qui l'aurait entraînée à une cinquantaine de kilomètres de Vienne et de Prague au début de mai.

Dans la soirée du 11 avril, la IX^e armée américaine atteint l'Elbe, désignée l'année précédente comme ligne de démarcation entre les zones d'occupation soviétique et occidentale en Allemagne. A Magdebourg la 2^e division blindée s'empare d'une tête de pont et la 83^e en établit une autre à Barby. Leurs soldats sont persuadés qu'ils marchent sur Berlin dont la 83^e division n'est plus qu'à 75 kilomètres le 14 avril. Cependant, le bruit leur parvient bientôt qu'ils ont été trompés. Eisenhower est lié par l'accord interallié selon lequel les forces américaines du secteur central doivent rester où elles sont tandis que les Anglo-Canadiens continuent à nettoyer le nord de l'Allemagne. Plus au sud, les armées franco-américaines envahissent la Bavière et occupent le territoire où, d'après les services secrets alliés, les Allemands pourraient organiser une « redoute nationale ». La prise de Berlin est réservée exclusivement à l'Armée rouge.

Il ne s'agissait pourtant pas d'une simple opération de guerre, mais d'une course de vitesse entre rivaux militaires. En novembre 1944, Staline avait promis à Joukov, le principal artisan des victoires de l'Armée rouge, qu'il aurait le privilège de prendre Berlin. Cependant, le 1^er avril, au cours d'une réunion de la Stavka, Antonov, membre de l'état-major général, demande comment s'établirait la ligne de démarcation entre les fronts de Joukov et de Koniev. Exclure Koniev de la marche sur Berlin augmenterait inutilement la difficulté de l'opération finale. Staline écouta ce raisonnement, traça un trait au crayon sur la carte d'état-major, désigna les routes d'accès jusqu'à une soixantaine de kilomètres de la ville. Après quoi, il déclara : « Celui qui passera ici sera celui qui prendra la ville. »

*Chute de Berlin*

Les deux fronts traversent l'Oder le 16 avril. Sur le front de Joukov, c'est à la VIIIe armée de la garde de Tchouïkov que revient l'honneur de lancer l'assaut (c'est l'ex-LXII[e] armée qui a défendu Stalingrad) et ses soldats ont fait le serment de se battre sans reculer d'un pas. La résistance allemande est particulièrement forte dans ce secteur mais, à la fin de la journée, c'est le front de Koniev qui a progressé le plus vite. Le 17 avril, Koniev poursuit sur sa lancée et s'arrête sur la Spree, le fleuve qui arrose Berlin. Il téléphone à Staline qu'il est le mieux placé pour donner l'assaut à la ville par le sud alors que les colonnes blindées de Joukov qui suivent la route directe se heurtent à l'opposition farouche des formations allemandes antichars. Irrité par les retards de ses subordonnés, Joukov perd patience et exige que les commandants conduisent en personne leurs hommes contre les défenses allemandes. Les officiers qui se révèlent « incapables d'exécuter leurs tâches » ou « manquent d'esprit d'initiative » sont menacés d'être limogés sur-le-champ. Cet avertissement a pour effet d'accélérer sensiblement leur avance à travers les hauteurs du Seelow. Le 19 avril, les troupes de Joukov ont rompu les trois lignes de défense établies entre l'Oder et Berlin et se tiennent prêtes à assiéger la capitale.

Le deuxième front de Biélorussie de Rokossovsky coopère à l'avance de Joukov en pressant par le nord les défenseurs allemands de l'Oder inférieur où leurs lignes continuent à résister. Joukov est plus préoccupé par la rapidité de l'avance de Koniev vers Zossen, le quartier général de l'OKH car son front menace de prendre le secteur résidentiel par le sud. Dans la soirée du 20 avril, alors que Koniev ordonne à son avant-garde de pénétrer dans Berlin « cette nuit même », Joukov fait monter les canons de la 6ᵉ division d'artillerie et entreprend le bombardement des rues de la capitale.

Le 20 avril, le cinquante-sixième anniversaire de Hitler est célébré avec une étrange solennité dans le bunker qu'il quitte un court moment pour aller inspecter une unité de SS et décorer une escouade de Jeunesses hitlériennes, des orphelins dont les parents étaient morts sous les bombardements alliés de Dresde. Ce fut sa dernière apparition en public. Son pouvoir sur les Allemands était demeuré intact. Le 28 mars, il avait relevé Guderian de ses fonctions de chef d'état-major de l'armée allemande pour le remplacer par le général Hans Krebs, ancien attaché militaire à Moscou, installé désormais dans le bunker à ses côtés ; le Führer allait bientôt révoquer d'autres personnalités venues lui souhaiter son anniversaire et notamment Goering, chef de la Luftwaffe, et Himmler, chef des SS. Il ne devait pas manquer d'Allemands prêts à exécuter ses ordres. Chose plus étonnante il ne manqua pas non plus d'Allemands prêts à continuer la lutte pour la cause du régime nazi, terrifiés ou non par la multiplication des cours martiales qui commençaient à pendre les déserteurs. Keitel et Jodl, habitués de toutes ses conférences, quittèrent le bunker le 22 avril pour chercher refuge à Fürstenberg, à 45 kilomètres au nord de Berlin et près du camp de concentration de Ravensbruck où le groupe de *Prominenten*, prisonniers étrangers ayant des relations, étaient retenus en otage. Doenitz partit pour Plön, près de Kiel ; Speer, son ministre de l'Armement, vint le voir le 23 avril et repartit le même jour. Parmi ses autres visiteurs se trouvaient Ribbentrop, son ministre des Affaires étrangères, Julius Schaub, son conseiller technique, l'amiral Karl-Jesko von Puttkamer, représentant des forces navales, le docteur Theodor Morell, son médecin personnel que plusieurs membres de son entourage soupçonnaient de lui administrer des stupéfiants.

D'autres s'exposèrent à de graves dangers en se rendant au bunker : Ritter von Greim, le successeur de Goering à la tête de la Luftwaffe, et la célèbre aviatrice Hanna Reitsch qui réussit à atterrir sur l'axe est-ouest pendant qu'à l'extérieur du bunker la garnison de Berlin livrait un combat féroce contre les formations russes entre le 22 avril, jour où Hitler déclara qu'il ne partirait pas – « Que ceux qui le veulent s'en aillent, moi, je reste » –, et le 30 avril, date de son suicide.

Le matin du 21 avril, les chars de Joukov pénètrent dans la banlieue nord et les unités qui les suivent se regroupent pour entreprendre une guerre de siège. Tchouïkov qui a participé à la bataille de Stalingrad connaît la question. Des groupes d'assaut sont formés avec une compagnie d'infanterie appuyée par une demi-douzaine de canons antichars, une batterie de canons d'assaut, deux pelotons de génie et un peloton de lance-flammes. Selon la tactique de la guerre de siège, les armes d'assaut servent à faire sauter ou à incendier les blocs de résistance que l'infanterie attaque ensuite. L'artillerie lourde et les lance-fusées préparent la voie à l'étape suivante, les combats de maison à maison. Les équipes médicales se tiennent à l'arrière. Les combats de rues entraînent des pertes exceptionnellement lourdes produites non seulement par les tirs à bout portant mais aussi les chutes entre les étages et l'effondrement des gravats.

Le 21 avril, Zossen tombe aux mains du front de Koniev, dont le centre de télécommunications continuait encore à recevoir des messages des unités de tous les coins encore inoccupés de l'Allemagne. Le lendemain, Staline définit les lignes d'avance sur le centre de Berlin. Le secteur de Koniev est aligné sur la gare d'Anhalter, une position qui place son avant-garde à

200 mètres du Reichstag et du bunker du Führer. Joukov, dont les troupes sont déjà profondément enfoncées dans les rues de la ville, sera le conquérant de Berlin comme Staline le lui a promis en novembre.

Cependant, la résistance allemande se raidit. De son bunker, Hitler ne cesse de demander ce que font les deux formations militaires survivantes les plus proches de la ville, la XII^e^ armée du général Walther Wenck et la IX^e^ du général Theodor Busse. Bien qu'il leur reproche leur incapacité à venir à son secours, tous deux se battent âprement pour enrayer l'avance soviétique. Pourtant malgré leurs efforts, le 25 avril, Koniev et Joukov réussissent à envelopper la ville par le sud et par le nord, et rassemblent une force sans précédent pour réduire la résistance à l'intérieur du cercle. A la dernière étape de l'assaut sur le centre, Koniev rassemble une masse d'artillerie formidable – 650 canons par kilomètre, alignés roue à roue. Les XVI^e^ et XVIII^e^ armées de l'air sont chargées de chasser les vestiges de la Luftwaffe qui essaient encore de transporter des munitions dans le périmètre, soit via Templehof, l'aéroport de Berlin, soit sur la grande avenue de l'axe est-ouest (par laquelle Greim et Reitsch ont fait leur atterrissage spectaculaire).

Le 26 avril, 464 000 soldats soviétiques appuyés par 12 700 canons, 211 000 lance-fusées et 1 500 chars encerclent l'intérieur de la ville, prêts à lancer l'assaut final. La situation des habitants est devenue terrifiante. Plusieurs dizaines de milliers de Berlinois se sont réfugiés dans les énormes tours de béton, résistant aux plus puissants explosifs, qui dominent le centre. Les autres sont descendus dans les caves où les conditions de vie deviennent vite sordides. Les vivres commencent bientôt à manquer, de même que l'eau, tandis que les bombardements incessants interrompent le ravitaillement en électricité et en gaz. Derrière les troupes combattantes, s'alignent celles du second échelon, notamment les prisonniers de guerre libérés qui nourrissent de terribles griefs contre tous les Allemands sans distinction d'âge ni de sexe et assouvissent leur haine par le viol, le pillage et l'assassinat.

Le 27 avril, une énorme couche de fumée s'élève des immeubles en flammes à plusieurs centaines de mètres au-dessus de Berlin. Le secteur de la ville qui reste aux mains des Allemands est réduit à une bande d'environ 15 kilomètres de long sur 5 de large d'est en ouest. Hitler demande ce que devient Wenck. Or Wenck a échoué dans sa tentative de percée, de même que la IX^e^ armée de Busse pendant que les survivants de la III^e^ armée Panzers de Manteuffel se replient vers l'ouest. Berlin n'est plus défendu que par des survivants, y compris les restes des unités SS étrangères – Baltes, Français de la division Charlemagne, Wallons de Degrelle, que le chaos de la bataille avait rejetés dans les environs du bunker. Le 28 avril, ces derniers fanatiques de la révolution national-socialiste se battent pour les bâtiments publics dans la Wilhelmstrasse, la Bendlerstrasse et près de la Chancellerie même du Reich.

« Le Tiergarten, le fameux zoo de Berlin, est une vision de cauchemar : partout des animaux terrorisés, des oiseaux hurlant, battant désespérément des ailes. Les tribus souterraines qui dominent la vie de la cité rampent et rôdent s'accrochant à la vie, partageant un peu de chaleur et de nourriture improvisée mais, quand les bombardements cessent et que les troupes d'assaut se ruent dans les maisons et sur les places, une populace de violeurs et de pillards ivrognes et ignares ajoute encore l'horreur à la terreur de ces communautés tribalisées… Là où les Russes n'ont pas encore exercé leurs ravages les SS traquent les déserteurs et pendent les simples soldats sur les ordres de jeunes officiers au visage de faucon qui ne tolèrent ni résistance ni excuse. »

Le même jour, les défenseurs allemands du secteur central qui entoure la Chancellerie et le Reichstag s'efforcent de contenir la poussée russe dans cette citadelle en faisant sauter le pont Moltke sur la Spree. L'explosion l'endommage mais sans le détruire et les troupes soviétiques le franchissent sous le couvert de la nuit. Le ministère de l'Intérieur, la « Maison de Himmler » comme le nomment les Russes, fait l'objet de violents combats. Peu après c'est le tour du Reichstag. A l'aube du 29 avril, la bataille se déroule à moins de cinq cents mètres de la Chancellerie du Reich qui est démolie par les obus russes pendant qu'à seize mètres de profondeur, sous le jardin creusé de cratères, Hitler prend ses dernières décisions. Il consacre la majeure partie de la journée à dicter son « testament politique », appelant à la poursuite de la lutte contre le bolchevisme et la « juiverie ». Il en confie ensuite des exemplaires à quelques collaborateurs fiables pour qu'ils les passent à travers les lignes au quartier général de l'OKW pour le Feldmarshall Schorner et le grand amiral Doenitz. Par des actes séparés, il désigna Schörner pour lui succéder dans ses fonctions de commandant suprême de l'armée allemande et Doenitz dans celles de chef de l'Etat. Le quartier général de Doenitz à Plön devient ainsi le siège provisoire du gouvernement. Ensuite, il congédie Speer pour actes d'insubordination dans l'exécution de la politique de la terre brûlée. Il expulse Goering et Himmler du parti nazi, le premier pour avoir osé envisager de succéder au poste de Hitler, le second pour avoir essayé d'entamer des pourparlers de paix avec les alliés occidentaux. Il avait déjà nommé Ritter von Greim commandant de la Luftwaffe et indiqué dix-huit autres nominations d'ordre militaire ou politique dans son testament politique. Finalement il épouse Eva Braun au cours d'une cérémonie civile célébrée par un fonctionnaire municipal rappelé en toute hâte de l'unité de la Volkssturm qui défendait la « citadelle ».

Hitler n'avait pas fermé l'œil pendant la nuit du 28 au 29 avril. Il se retira dans ses appartements privés jusqu'au 29 avril. Il présida la conférence du soir qui commença à 10 heures mais la réunion n'était qu'une pure formalité car le ballon qui servait à la transmission des émissions de radio du bunker avait été crevé le matin même et le standard téléphonique ne communiquait plus avec le monde extérieur. Weilding, le commandant de la forteresse de Berlin, avertit le Führer que les Russes envahiraient probablement la Chancellerie le 1er mai et il insista pour qu'il ordonne aux troupes qui continuaient à se battre de quitter Berlin. Hitler écarta cette suggestion. Il était évident qu'il ne se préoccupait que de sa propre fin.

Dans la nuit du 29 au 30 avril, il fit ses adieux d'abord aux femmes – secrétaires, infirmières, cuisinières – qui étaient restées à son service les dernières semaines, ensuite aux hommes – aides de camp, fonctionnaires et membres du parti. Il se coucha à l'aube et dormit un moment. Dans la matinée il présida la dernière conférence, écouta le rapport de Wilhelm Mohnke, commandant SS de la Chancellerie, concernant le déroulement de la bataille qui se poursuivait autour du bâtiment. Il se retira ensuite pour déjeuner en compagnie de ses deux secrétaires préférées, Gerda Christian et Trundl Junge, qui avaient passé de longs mois avec lui à Rastenburg et à Vinnitsa. Le menu se composait de nouilles et de salade. La conversation porta sur les chiens. Hitler venait de faire administrer à sa chienne Blondi et à ses quatre chiots le poison qu'il comptait utiliser pour lui-même. Il alla inspecter les corps pour s'assurer qu'il avait fait son œuvre. Eva Braun, devenue Frau Hitler, était restée dans sa chambre. Elle en sortit à 3 heures pour se joindre à Hitler qui disait adieu à Bormann, à Goebbels et aux autres membres de son entourage restés dans le bunker. Ensuite il se retira avec elle dans ses appartements privés – où Frau Goebbels fit une brève irruption pour le supplier de fuir à Berchtesgaden. Quelques minutes plus tard – mesurées par le groupe chargé de l'enterrement des corps, qui attendait dehors –, ils prirent tous deux du cyanure. En même temps, Hitler se fit sauter la cervelle avec un pistolet.

Une heure plus tôt, les soldats du front de Joukov appartenant au 1^er^ bataillon du 756^e^ régiment de fusiliers, de la 150^e^ division de la III^e^ armée de choc, avaient planté l'une des neuf bannières de la victoire rouge au deuxième étage du Reichstag, point dont la prise devait symboliser la fin du siège de Berlin. L'édifice venait d'être placé sous le feu direct de 89 canons russes de 152 et 203 millimètres. Mais sa garnison allemande encore intacte résista farouchement. A l'intérieur du bâtiment, la bataille fit rage jusqu'au soir. Enfin, peu après 10 heures, un dernier assaut permit à deux hommes du 756^e^ régiment, Mikhail Jegorov et Meliton Kantaria, de hisser leur bannière rouge de la victoire sur le dôme du Reichstag.

Les corps de Hitler et de sa femme avaient déjà été incinérés par le groupe de fossoyeurs désignés dans l'un des trous d'obus creusés dans le jardin de la Chancellerie. Lorsque les flammes allumées avec de l'essence apportée du garage se furent éteintes, les restes des corps furent enterrés dans un autre trou d'obus voisin (d'où les Russes devaient les déterrer le 5 mai). Les obus pleuvaient dans tout le secteur de la Chancellerie et la bataille faisait rage dans tous les édifices publics de la citadelle.

Nommé chancelier du Reich au moment où Hitler avait désigné Doenitz pour lui succéder à la tête de l'Etat, Goebbels jugea urgent de prendre contact avec les Russes pour conclure une trêve, prélude à des pourparlers de paix. Dans l'atmosphère irréelle qui régnait dans le bunker, Gœbbels se faisait des illusions. Dans la soirée du 30 avril, il envoya un premier émissaire au quartier général russe le plus proche ; le matin du 1er mai, le général Krebs, chef d'état-major depuis le 28 mars, mais anciennement attaché militaire à Moscou, et parlant couramment le russe, traversa à son tour les ruines fumantes pour se présenter au général soviétique présent. C'était Tchouïkov, commandant de la VIIIe armée des gardes, qui, deux ans plus tôt, s'était battu à la tête des défenseurs de Stalingrad.

Une étrange conversation à quatre s'ensuivit : Tchouïkov laissa parler Krebs sans l'interrompre et téléphona à Joukov qui, à son tour, communiqua avec Staline à Moscou. « Ici Tchouïkov, dit le général. Le général de l'infanterie Krebs est ici. Les autorités allemandes l'ont autorisé à engager des pourparlers avec nous. Il annonce que Hitler s'est suicidé. Voulez-vous informer le camarade Staline que le pouvoir est actuellement aux mains de Goebbels, Bormann et l'amiral Doenitz... Krebs suggère une cessation immédiate des opérations militaires ». De même que Bormann et Goebbels, Krebs s'imaginait que les Alliés seraient prêts à traiter avec les successeurs de Hitler comme s'ils étaient les héritiers légitimes de l'autorité d'un gouvernement souverain. Vite fatigué de la conversation, Staline déclara carrément que seule une capitulation sans conditions était acceptable et il alla se coucher. Joukov garda la communication un peu plus longtemps, puis il annonça qu'il envoyait son adjoint, le général Sokolovsky, et raccrocha. Tchouïkov et Sokolovsky se lancèrent alors dans d'interminables discussions avec Krebs qui eut des difficultés à les convaincre de sa crédibilité, tant les récents développements de la situation étaient confus. Il dut communiquer deux fois par courrier avec le bunker. Finalement Tchouïkov perdit patience. Dans l'après-midi du 1er mai, il chargea Krebs d'informer Goebbels que les pouvoirs du nouveau gouvernement se bornaient à « la possibilité d'annoncer que Hitler était mort, que Himmler était un traître et de traiter avec trois gouvernements – URSS, US et Angleterre – sur la base d'une capitulation complète ». A ses propres forces il lança l'ordre suivant : « Continuez à tirer vos obus... plus de discours. Envahissez les lieux ».

A 18 h 30 tous les canons et lance-fusées soviétiques de Berlin ouvrirent le feu sur le secteur insoumis. L'explosion suffit à avertir les derniers habitants du bunker que tout espoir d'organiser une succession était illusoire. Deux heures plus tard, Goebbels et sa femme – qui avait déjà empoisonné ses six enfants – se donnèrent la mort dans le jardin de la Chancellerie. Leurs corps furent incinérés sommairement et enterrés à côté de la tombe de Hitler. Ceux qui étaient restés dans le bunker, comprenant des subalternes mais aussi des personnalités comme Bormann, se frayèrent un chemin à travers les ruines dans l'espoir de trouver refuge dans les faubourgs. Entre-temps, les troupes soviétiques répugnant à subir de nouvelles pertes dans les dernières minutes du siège de Berlin, se pressaient vers l'intérieur sous le feu continu de l'artillerie. A l'aube du 2 mai, le 56e Panzercorps demanda un cessez-le-feu. A 6 heures, Weidling, commandant la « forteresse » de Berlin, se rendit aux Russes et fut conduit au quartier général de Tchouïkov où il dicta l'ordre de capitulation : « Le 30 avril 1945, le Führer s'est donné la mort. Ainsi, nous qui lui avons prêté serment de fidélité, nous restons seuls. Conformément aux ordres du Führer, vous, soldats allemands deviez continuer à vous battre pour Berlin malgré le manque de munitions et en dépit de la situation générale qui rend une plus longue résistance insensée. Voici mes ordres : arrêtez immédiatement toute résistance ».

« A 3 heures de l'après-midi du 2 mai, écrit Erickson, les canons soviétiques cessèrent de bombarder Berlin et un grand silence enveloppa la ville. Les soldats soviétiques poussaient des cris de joie et se précipitaient sur les vivres et les boissons. Le long de l'ancienne voie triomphale de Hitler, des colonnes de chars russes défilaient comme pour une revue. Les équipes sautaient de leurs véhicules pour s'embrasser tous sans exception à la nouvelle de ce cessez-le-feu trop récent. La paix qui les entourait ressemblait à celle d'un cimetière. Près de 125 000 Berlinois étaient morts pendant le siège ; 11 000 avaient succombé à une crise cardiaque, 6 400 avaient eu recours au suicide, comme Krebs et plusieurs habitants du bunker. Des dizaines de milliers d'autres sont probablement morts pendant la grande migration d'avril au cours de laquelle 8 millions d'Allemands quittèrent leurs foyers de Prusse, de Poméranie et de Silésie pour fuir l'Armée rouge et chercher refuge dans les zones d'occupation anglo-américaines. A la faveur d'une fuite inconcevable, les Allemands savaient depuis 1944 où se situait la ligne de démarcation convenue entre Moscou, Londres et Washington et la dernière bataille de la Wehrmacht à l'ouest avait été motivée par la nécessité de maintenir ouverte la ligne de retraite sur l'Elbe jusqu'à la dernière minute. Les civils eux aussi semblent avoir compris de quel côté se trouvait la sécurité et ils s'étaient précipités devant l'Armée rouge pour l'atteindre – mais à un prix terrible.

L'Armée rouge elle aussi dut payer un terrible tribut pour sa victoire de Berlin. Entre le 16 avril et le 8 mai, les fronts de Joukov, Koniev et Rokossovsky avaient perdu 304 887 hommes tués, blessés ou disparus, 10 pour cent de leurs effectifs. Mis à part les prisonniers des grandes batailles d'encerclement de 1941, ce fut la plus longue liste de victimes sacrifiées dans une bataille. Cependant, les derniers sièges de villes allemandes n'étaient pas encore terminés. Breslau tint jusqu'au 6 mai et coûta aux Russes 60 000 morts et blessés. A Prague, capitale du « Protectorat du Reich », l'armée pro-nazie de Vlasov changea de camp et se souleva contre la garnison SS dans l'espoir de livrer la ville aux Américains – vain espoir que les hommes de Vlasov payèrent cher à l'arrivée de l'Armée rouge.

A ce stade, la guerre était terminée partout dans ce qui restait de l'empire hitlérien. Un armistice local avait été conclu en Italie. Le 3 mai, l'amiral von Friedeburg rendit à Montgomery les forces allemandes du Danemark, de Hollande et de l'Allemagne du Nord. Le 7 mai, Doenitz, qui avait installé le siège de son gouvernement à Flensbourg dans le Schleswig-Holstein envoya Jodl au quartier général d'Eisenhower à Reims muni des pleins pouvoirs pour signer la reddition générale des armées allemandes. La capitulation fut confirmée le 8 mai au cours d'une réunion interalliée. La Norvège, partiellement occupée au nord par les Russes, fut rendue le 8 mai par sa garnison allemande intacte. La poche de Courlande capitula le 9 mai. Dunkerque, La Pallice, La Rochelle et Rochefort, dernières « forteresses du Führer » à l'ouest, se rendirent le 9 mai et les îles de la Manche, Lorient et Saint-Nazaire le lendemain. La capitulation d'Heligoland qui eut lieu le 11 mai fut la dernière de la guerre à l'Ouest.

La paix n'apporta pas le repos aux épaves humaines de la guerre qui surnageaient entre et derrière les armées victorieuses : 10 millions de prisonniers de la Wehrmacht, 8 millions de réfugiés allemands, 3 millions de fugitifs des Balkans, 2 millions de prisonniers de guerre russes, plusieurs millions de travailleurs forcés – sans compter la matière brute de la tragédie des « personnes déplacées » qui devait hanter l'Europe une décennie après la guerre – erraient en marge des champs de bataille. Le 8 mai, les foules se massaient dans les rues en Angleterre et en Amérique pour célébrer le jour de la victoire. En Europe où leurs soldats avaient triomphé de l'ennemi, les vaincus et leurs victimes cherchaient de quoi survivre dans les décombres que la guerre leur avait laissés.

Sixième partie

# LA GUERRE DANS LE PACIFIQUE

# 29

# DILEMME STRATÉGIQUE DE ROOSEVELT

Le 12 avril 1945, l'annonce de la mort de Roosevelt avait allumé une lueur d'espoir dans le bunker de Berlin. Deux certitudes avaient aidé Hitler à rester optimiste : il était sûr d'une part que ses armes secrètes viendraient à bout des Britanniques ; d'autre part que les incompatibilités d'une alliance entre une république capitaliste décadente, un empire moribond et une dictature marxiste devaient inévitablement conduire à la désintégration de cette alliance. En mars 1945, ses missiles V-2 avaient été transportés au-delà des derniers sites d'où ils pouvaient atteindre les Anglais ; il sut alors que ses armes secrètes étaient vouées à l'échec. Dès lors, il s'accrocha désespérément à l'espoir d'une mésentente entre les Alliés. Au début d'avril, Goebbels, le philosophe politique de sa cour, avait expliqué à quelques intimes comment une rupture pourrait se produire. D'après l'historien Hugh Trevor-Roper, il « avait exposé la thèse selon laquelle, pour des raisons de nécessité historique et de justice, un retournement de situation était inéluctable, comme le miracle de la Maison de Brandenbourg pendant la guerre de Sept Ans ». A l'époque, lorsque Frédéric le Grand fut amené à la défaite par les armées combinées d'Autriche, de Russie et de France, la tsarine Elisabeth était morte subitement. Or son successeur était un admirateur de Frédéric. L'alliance s'était effondrée et la Prusse de Frédéric avait survécu. En apprenant le décès du président, Goebbels s'était exclamé : « La tsarine est morte ! » et il avait aussitôt téléphoné à Hitler pour le « féliciter ». C'est le tournant décisif, s'écria-t-il. « C'est écrit dans les astres. »

Hitler lui-même fut un instant tenté de partager son euphorie. Au cours des dernières années de la guerre, il en était venu à s'identifier de plus en plus à Frédéric le Grand. Il était même prêt à croire que l'évolution de son destin était le reflet de celle du roi de Prusse. Il était particulièrement porté à croire que la mort de Roosevelt entraînerait la rupture qu'il avait prévue puisque l'une de ses erreurs de jugement fondamentales le poussait à croire que le peuple américain était pacifiste et avait été entraîné dans le conflit par les machinations de son président. « Le principal responsable de la guerre est Roosevelt avec ses francs-maçons, ses Juifs et sa juiverie bolchevique internationale », avait-il dit à un diplomate espagnol en août 1942. Il avait ajouté qu'il possédait des preuves de l'« ascendance juive de Roosevelt ». Il était certainement obsédé par le nombre de Juifs qui faisaient partie du gouvernement américain, notamment Henry Morgenthau, secrétaire du Trésor, dont le dessein de réduire l'Allemagne vaincue au niveau d'une nation de cultivateurs et de bergers avait été publié dans la presse allemande en septembre 1944 pour le plus grand profit de la propagande de Goebbels en faveur de la « guerre totale ».

Hitler n'avait rien compris aux motivations qui déterminèrent l'entrée en guerre de l'Amérique. Jusqu'en décembre 1941, l'isolationnisme constituait certainement une force puissante dans la politique des Etats-Unis. Avant Pearl Harbor, les parents américains répugnaient naturellement à voir leurs enfants quitter leur pays pour s'engager dans une guerre étrangère. Cependant, la plupart des Américains avaient accepté les mesures de réarmement décrétées en 1940 : doublement des forces de la flotte, attribution de crédits pour le développement d'une aviation de 7 800 appareils de combat – le triple de la Luftwaffe –, augmentation des effectifs de l'armée de terre qui passeraient de 200 000 hommes à 1 million, recrutés par conscription. De plus, la nation réagit avec enthousiasme à la déclaration de guerre. Pendant la bataille de l'Atlantique, la population éprouvait le sentiment de plus en plus puissant de vivre « en dehors des choses » et Hitler représentait pour elle un paradigme de tout ce que la civilisation américaine s'efforçait de bannir. Comme en Europe, en 1914, le déclenchement des hostilités fut accueilli avec soulagement car les Américains s'étaient sentis opprimés par l'indécision et l'inaction. La peur de la défaite ne les effleurait pas.

Roosevelt lui aussi tenait Hitler pour un tyran et un malfaiteur, mais il est faux qu'il ait contraint le peuple américain à entrer en guerre contre son gré. Cette théorie est en contradiction avec les faits et particulièrement avec sa politique de guerre pendant les mois qui précèdent Pearl Harbor. D'ailleurs, cette politique défie toute analyse objective. L'attitude de Roosevelt concernant la participation des Etats-Unis à la Deuxième Guerre mondiale reste profondément ambiguë comme le sont ses objectifs et ses desseins au cours des trois ans et demi où il exerça les fonctions de commandant en chef des forces armées des Etats-Unis.

Roosevelt est de loin la personnalité la plus énigmatique des années 1939-1945. Bien que retors, fourbe et sournois dans ses méthodes, Staline poursuit résolument des objectifs déterminés. Tout en étant décidé à se maintenir à la tête du gouvernement, du parti et de l'armée, au besoin par l'assassinat, il veut d'abord sauver l'Union soviétique de la défaite, ensuite expulser la Wehrmacht du territoire russe et, enfin, obtenir le maximum de profit – territorial, diplomatique, militaire et économique – de la victoire finale de l'Armée rouge. Hitler, si mystérieux qu'ait été le fonctionnement de son cerveau, s'en tient également à une stratégie bien définie, même démesurément ambitieuse : il veut prendre une revanche sur le traité de Versailles, assurer la domination allemande sur le continent, soumettre l'Union soviétique et soustraire l'Europe à l'influence anglo-saxonne. Churchill est manifestement un pur patriote, un romantique et un impérialiste : la victoire est sa première et son ultime ambition. La façon dont cette victoire pourra sauvegarder les intérêts britanniques en Europe et assurer la survie de l'Empire britannique d'outre-mer ne passe qu'au second plan. Doué d'un esprit naturellement ouvert et confiant (selon les termes de sa femme), il révèle ses motivations à tous ceux qui traitent avec lui pendant la guerre. Bien que souvent chicanier et contrariant, il est totalement incapable de dissimulation, et prêt à prendre pour argent comptant toute apparence de générosité dans les déclarations d'autrui. Il se laisse emporter autant que ses auditeurs, par l'éloquence et la noblesse de ses propres discours.

Roosevelt, lui aussi, est un excellent orateur ; sa gamme de possibilités est plus vaste que celle de Churchill car il est passé maître non seulement dans l'art du morceau de bravoure – par exemple sa proclamation des « quatre libertés » devant le Congrès en 1941 et son discours sur le « jour d'infamie » après Pearl Harbor –, mais encore dans l'art de la « conversation au coin du feu » radiodiffusée à l'adresse des familles, un moyen de communication médiatique dont il est l'inventeur. Ses discours *ad hominem* en campagne varient subtilement d'une région à l'autre, d'un auditoire à l'autre. Ses conférences de presse ont une apparence de franchise trompeuse. Ses entretiens téléphoniques et surtout ses conversations face à face, aimables, amusantes, flatteuses, intéressantes et souvent décousues, sont finalement déconcertantes pour l'interlocuteur médusé par le flot de ses paroles. Roosevelt est un magicien des mots. D'après son historien, James McGregor Burns, ses visiteurs sortent du bureau ovale, charmés par sa courtoisie, sa cordialité, son ouverture d'esprit. Ils reçoivent rarement une réponse aux questions qu'ils lui ont posées car Roosevelt parle surtout pour trouver des points de repère dans ses propres souvenirs. Il adopte diverses attitudes et possède quelques valeurs profondément ancrées qui sont celles de la plupart des Américains de son temps et de sa classe. Il croit à la dignité et à la liberté de l'homme, à l'opportunisme en matière d'économie, au compromis en matière de politique. Il ressent profondément la misère des pauvres et déteste le recours à la violence mais il manque d'une politique définie pour la guerre comme pour la paix et il déteste la guerre.

C'est sans doute ce qui explique l'ambiguïté de son attitude vis-à-vis de l'engagement américain. Churchill reste optimiste aux heures les plus sombres de 1940 et 1941 tant il est sûr que le Nouveau Monde viendra rétablir l'équilibre de l'Ancien. Roosevelt lui a donné toutes les raisons de le croire. Le jour même où Hitler a ouvert les hostilités, Roosevelt a adopté une politique de paix armée à l'égard de l'Axe en vendant des armes à la France et à l'Angleterre ce qu'il aurait certainement refusé à l'Allemagne et en étendant progressivement la protection de l'Amérique aux convois à destination de l'Angleterre dans l'Atlantique. Il commence par définir une zone de neutralité qui interdit l'accès des eaux américaines aux U-boots. En avril 1941, il l'étend à la ligne de partage de l'océan et permet aux navires de guerre US d'escorter les convois. En juillet, il envoie les marines américains remplacer les Anglais stationnés en Islande, que l'Angleterre occupe depuis la défaite du Danemark en 1940. Le 11 mars 1941, il persuade le Congrès de voter la loi prêt-bail qui permet aux Anglais d'emprunter des armes aux Etats-Unis contre la promesse de remboursements ultérieurs. En février, il préside les réunions d'état-major anglo-américaines à Washington (conférence ABC-1) qui sont d'accord sur la plupart des principes essentiels de la stratégie, y compris « Allemagne d'abord » qui sera mis en pratique après décembre.

Selon toutes les apparences, Churchill a donc raison de croire que le président pousse sa nation à intervenir aux côtés de l'Angleterre. Hitler est certainement conscient de ce danger ; il ordonne aux commandants des U-boots d'éviter toute forme de provocation vis-à-vis des Américains – même après que Roosevelt eut autorisé le gel de tous les crédits allemands aux Etats-Unis en juin 1941. Au cours d'une conversation téléphonique privée avec Roosevelt (interceptée par les Allemands) Churchill se sent de plus en plus convaincu de la sincérité de l'engagement du président. A la réunion d'août 1941 à Placentia Bay, il obtient la promesse que la marine américaine protégera un convoi qui comprend un bâtiment américain, ce qui équivaut à défier Doenitz de couler un navire des Etats-Unis. A son retour de Placentia Bay, Churchill informe le ministère de la Guerre que Roosevelt est manifestement décidé à intervenir. Le président a déclaré en substance qu'il s'engagerait dans la guerre sans la déclarer et qu'il se montrerait de plus en plus provocant. « Si les Allemands ne sont pas contents, qu'ils attaquent les forces américaines », a-t-il ajouté.

Moins confiants que Churchill, ses chefs d'état-major ont une impression différente. Jan Jacob, un officier d'état-major, note dans son journal : « La marine des

Etats-Unis semble croire que la guerre sera gagnée par le simple fait que nous ne la perdrons pas sur mer », et plus loin : « L'armée n'envisage pas que nous puissions faire quoi que ce soit avant un an ou deux [...] aucun officier américain n'a manifesté la moindre velléité de s'engager à nos côtés. Ils sont tous charmants mais ils semblent vivre dans un monde différent du nôtre. »

Qui plus est, le 31 octobre, après le torpillage du destroyer USS *Reuben James* avec 115 marins américains à son bord, Roosevelt refuse de considérer cette provocation suprême comme un *casus belli* – pourtant c'était un acte d'agression bien plus flagrant que l'incident du golfe de Tonkin que le président Johnson utilisa pour justifier l'intervention américaine au Vietnam en 1964.

C'est dans cette absence de réaction devant le torpillage du *Reuben James* que se trouve peut-être la clé de l'« énigme stratégique » que représente Roosevelt en 1941. C'est ainsi que son biographe James McGregor Burns le définit :

Roosevelt suivait une ligne politique très simple : « Apporter à l'Angleterre toute l'aide possible sauf la guerre. Cette politique faisait partie d'un long héritage d'amitié anglo-américaine. C'était un moyen commode d'étouffer les aspirations de Hitler à l'Ouest ; elle pouvait être aisément employée par deux nations habituées à travailler ensemble. Elle convenait au tempérament de Roosevelt et répondait aux besoins et aux pressions des Anglais et représentait un succès par elle-même ; mais ce n'était pas une grande stratégie [...] elle n'émergeait pas d'une nette confrontation d'alternatives politiques et militaires... C'était une stratégie avant tout négative en ce sens qu'elle ne pouvait produire son plein effet – c'est-à-dire une action militaire et politique anglo-américaine conjointe – que si l'Axe prenait une initiative qui contraindrait les Etats-Unis à entrer en guerre. Ce n'était une stratégie ni de guerre ni de paix mais qui ne devait intervenir (indépendamment des expéditions à l'Angleterre) qu'en cas de guerre… »

Roosevelt attendait toujours un acte de provocation de Hitler tout en reconnaissant qu'il pourrait ne jamais se produire. Surtout, il se fiait à la chance, à son flair éprouvé… Il n'avait aucun plan. « J'attends d'être poussé dans la situation », dit-il à Morgenthau en mai – et il faudrait vraiment que la poussée soit irrésistible.

« Il se fiait à la chance et attendait d'être poussé », cette attitude est caractéristique de sa conduite en tant que commandant en chef pendant la période comprise entre Pearl Harbor et la fin de sa vie. Les historiens révisionnistes ont prétendu qu'il cachait son jeu tant avant qu'après l'entrée en guerre des Etats-Unis. Selon eux, il voyait dans l'isolement de l'Angleterre et dans la nécessité où elle se trouvait de se procurer des armes à tout prix un moyen de liquider ses investissements d'outre-mer et de réduire ainsi la plus grande puissance coloniale du monde à une situation qui l'obligerait à céder aux pressions exercées par les Etats-Unis pour qu'elle se sépare de ses colonies. C'était prêter à Roosevelt un machiavélisme qu'il ne possédait pas. « La guerre, disait Machiavel, est l'étude qui convient à un prince. » Or Roosevelt était un prince de style Renaissance, réglant ses affaires par l'intermédiaire d'un courtisan, Harry Hopkins, et ne permettant à personne – pas même à l'implacable Marshall – de lui devenir indispensable. Il prodiguait la flatterie avec une libéralité seigneuriale, plongeait dans une oubliette politique ceux qui avaient encouru sa disgrâce, possédait son château privé à la campagne (pas de Camp David pour Franklin Delanoe Roosevelt), maintenait une maîtresse officielle à la Maison Blanche et traitait sa femme comme une épouse vénérée imposée par un mariage de convenance dynastique. Il n'en est pas moins vrai que Roosevelt n'était pas un Machiavel de la stratégie pour la simple raison que la richesse, la puissance et la culture du Nouveau Monde avaient libéré ses dirigeants de la nécessité de dissimuler et de diffamer propre à l'Ancien monde. « Pas d'alliances contraignantes », tel était le principe sur lequel les Etats-Unis étaient fondés. Ils avaient atteint un niveau de richesse qui leur épargnait la tentation de poursuivre des avantages insignifiants et temporaires aux dépens d'Etats plus faibles.

En conséquence, Roosevelt réussit à se tenir à l'écart de la conduite de la guerre, une activité étrangère à son tempérament. Ce détachement n'était pas donné aux autres dirigeants. Churchill prenait plaisir à exercer le commandement. Il consacrait ses jours (et ses nuits) aux affaires de la guerre. Il avait des appartements, des suites, des maisons adaptées aux besoins d'un Premier ministre de temps de guerre. Il préférait son treillis à tout autre costume, bien qu'il eût toujours un uniforme de commodore ou de colonel honoraire à sa portée. Il exigeait une provision constante de messages interceptés par Ultra et vivait heure après heure en compagnie de ses conseillers militaires. Après Barberousse, Hitler se transforma en ermite, réservant le plus clair de son temps à ses généraux bien qu'il trouvât leur compagnie irritante. La vie quotidienne de Staline en temps de guerre correspondait étrangement à celle de Churchill – secrète, nocturne, troglodyte. Roosevelt ne modifia guère son mode de vie après Pearl Harbor. N'étant pas menacé par les attaques aériennes, il continua à habiter la Maison Blanche, prenait de temps à autre des vacances à Hyde Park et suivait là-bas un emploi du temps à rendre fou tout homme méthodique et réfléchi. La journée de Marshall était réglée à une minute près. A midi, il allait rejoindre sa femme pour le déjeuner qui était servi au moment précis où il descendait de voiture. C'était son seul moment de détente. Roosevelt se faisait apporter un plateau dans son bureau ovale. Il ne se mettait pas au travail avant 10 heures du matin et répondait rarement au téléphone la nuit. Selon Burns, il avait quelques obligations fixes dans la semaine.

Le lundi ou le mardi, il voyait les quatre grands du Congrès – le vice-président, le président, les chefs de la majorité de chaque chambre. Le mardi après-midi et le vendredi matin, il recevait la presse ; le vendredi après-midi, il présidait une réunion de cabinet. Autrement, Roosevelt semblait faire son travail sans horaire fixe. Parfois, il se débarrassait en vitesse d'un rendez-vous relatif à des affaires cruciales et prenait son temps pour des sujets moins importants. Il ignorait la plupart des lettres… Il répondait à plusieurs appels téléphoniques et en refusait d'autres, recevait des gens inintéressants de préférence à d'autres qui leur étaient manifestement supérieurs sur le plan intellectuel et politique – conformément à une échelle de priorités inconnue de tous et probablement de lui-même.

Ce programme ou cette absence de programme se poursuivit du 7 décembre 1941 au 12 avril 1945. Contrairement à Churchill qui était constamment en voyage – à Paris, avant la défaite de la France, au Caire, à Moscou, à Athènes, à Rome, à Naples, en Normandie, sur les bords du Rhin, Roosevelt ne se déplaçait guère. Il est vrai que sa mobilité était limitée par une infirmité consécutive à une poliomyélite dont une presse discrète dissimulait les séquelles. Cependant, il voyageait quand bon lui semblait mais, pendant la guerre, il n'était allé qu'à Casablanca en janvier 1943, à Québec, deux fois (août 1943, septembre 1944) au Caire et à Téhéran à la fin de 1944, enfin à Yalta en février 1945. Il n'avait aucune expérience personnelle de la guerre. Il n'avait vu ni les villes bombardées, ni les soldats au front, ni les prisonniers, ni les effets des combats et sans doute ne le souhaitait-il pas. Il dirigeait la stratégie américaine comme il avait dirigé le New Deal par quelques interventions rares mais décisives.

Ces interventions sont au nombre de quatre : 1° Il approuva le principe « L'Allemagne d'abord » énoncé par l'amiral Stark, chef des opérations navales en novembre 1940, adopté par la conférence anglo-américaine ABC-1 de février-mars 1941 et agréé par Churchill à Placentia Bay en août mais intégré à la politique nationale seulement après Pearl Harbor. Alors que son cœur aurait pu si facilement céder aux appels populaires à la vengeance, il laissa sa tête décider que l'ennemi le plus important devait être battu avant l'ennemi de second plan. 2° En juin 1942, il régla la querelle qui opposait Marshall aux Anglais dans des conditions qui permirent le débarquement en Afrique du Nord avec toutes les conséquences douteuses qui découlaient de cette expédition. 3° En janvier 1943, il insista sur la nécessité d'une « reddition inconditionnelle ». 4° En février 1945, à la conférence de Yalta, il décida de prendre ses distances avec Churchill pour traiter directement avec Staline.

Certains faits laissaient pressentir l'initiative de Roosevelt à Yalta : à Placentia Bay, Churchill avait accepté à contrecœur les conditions plus libéralisantes de la charte de l'Atlantique – qui engageaient en fait l'Empire britannique à accorder l'indépendance à ses colonies. A la conférence du Caire, Roosevelt, manifestement influencé par le « lobby chinois » avait témoigné une sympathie excessive à Chang Kaï-chek. Les Anglais s'étaient laissé persuader de renoncer à leurs droits d'extra-territorialité en Chine, prouvant ainsi qu'ils reconnaissaient l'existence d'une égalité morale entre le gouvernement de Chang et ceux des démocraties occidentales.

Chang Kaï-chek allait bientôt décevoir Roosevelt. Contrairement à l'attente du président, il ne fit aucune tentative pour réformer les structures politiques et économiques de la Chine – d'ailleurs comment l'aurait-il pu puisque la moitié la plus productive du pays était aux mains de l'ennemi ? Il n'utilisa pas non plus l'aide et les conseils que lui prodiguèrent si libéralement Stilwell et, après lui, Wedermeyer, pour augmenter les forces combattantes de la Chine.

A l'époque de Yalta, Roosevelt avait donc secrètement sacrifié Chang. Pour la forme, la Chine fut élevée au rang de membre permanent du Conseil de sécurité de l'ONU dont l'institution et la structure furent décidées à Yalta. Pourtant, Chang ne recueillit pas les fruits d'une victoire qu'il n'avait guère contribué à faire avancer. En tout cas, il n'obtint pas l'annexion de l'Indochine qui lui avait été offerte au Caire. La Pologne fut, elle aussi sacrifiée à Yalta, bien qu'elle eût combattu depuis le premier jour de la guerre, maintenant une armée en exil qui figurait au quatrième rang de celles qui s'étaient opposées à la Wehrmacht, derrière les Russes, les Américains et les Anglais. Ses provinces orientales trop généreusement délimitées en 1920, furent définitivement transférées à la Russie à Yalta. En fait, l'accord Roosevelt-Staline fut moins un acte de trahison politique que la confirmation d'une réalité politique puisque l'Armée rouge occupait déjà tout le territoire polonais.

Cependant, la décision la plus importante prise à Yalta entre Roosevelt et Staline concernait la future conduite de la guerre dans le Pacifique. Si Roosevelt acceptait de sacrifier l'avenir de la Pologne et de rendre définitive une division de l'Allemagne qui accordait à l'Union soviétique la part du lion dans l'attribution des territoires occupés, sa générosité était déterminée par son désir d'engager l'Armée rouge dans la bataille contre le Japon. A l'époque de Yalta, les Etats-Unis ignoraient encore que leur programme de recherche nucléaire aboutirait au succès de leurs essais d'explosion atomique. Leurs forces n'avaient pas non plus atteint un point qui leur ouvrait une voie d'accès au Japon. L'assaut sur Iwo Jima était simplement en préparation. Les bombardements destructeurs du Japon n'étaient pas encore commencés. D'autre part, l'engagement de l'Armée rouge en Europe touchait visiblement à sa fin et le Transsibérien reliait directement la Russie d'Europe à la frontière de Mandchourie où l'armée du tsar Nicolas II avait subi une défaite humiliante en 1904-1905 et Staline aspirait à la revanche. Roosevelt se demandait avec inquiétude quand il se déciderait à saisir l'occasion. Toutes les initiatives prises par Roosevelt à Yalta tendaient à obtenir qu'il se décide le plus tôt possible. Pour aboutir à ses fins, il discrédita Churchill aux yeux des Polonais, leurs alliés communs ; il concéda aux Russes des droits sur certains territoires de la Chine souveraine (qui ne relevaient pas de la compétence des Etats-Unis), cherchant à s'assurer ainsi que les Américains ne seraient pas seuls à payer le tribut de la reconquête des îles du Pacifique. Pour une nation qui avait assisté à l'avance héroïque de la flotte des Etats-Unis, du corps des marines et des divisions de l'armée de MacArthur de la Nouvelle-Guinée aux Philippines, le prix diplomatique payé à Yalta – le territoire d'un lointain Etat d'Europe et la réputation de l'Angleterre – était bien léger comparé au risque de nouvelles pertes américaines.

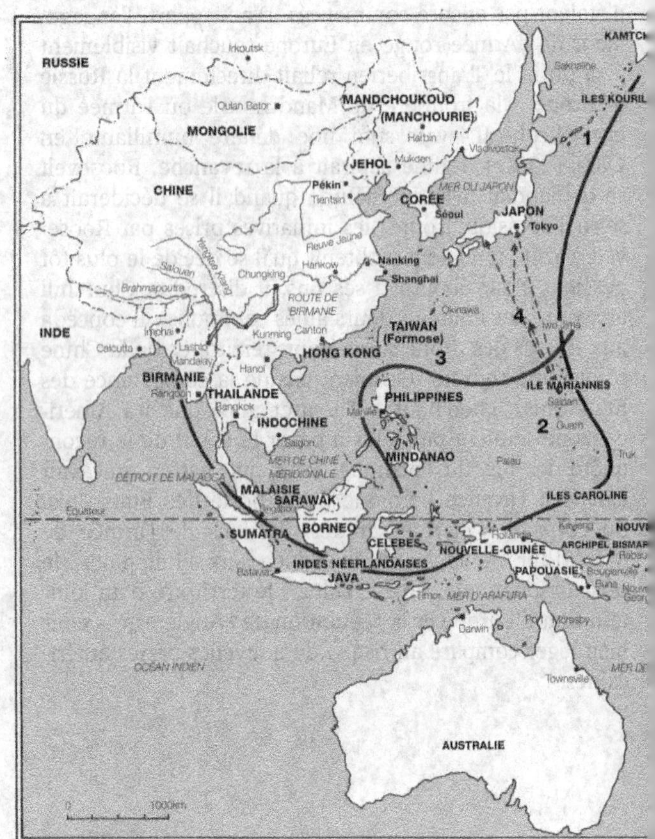
RUSSIE
Irkoutsk
Oulan Bator
MANDCHOUKOUO
(MANCHOURIE)
Harbin
MONGOLIE
Vladivostok
JEHOL
Mukden
CHINE
Pékin
Tientsin
MER DU JAPON
CORÉE
Séoul
JAPON
Tokyo
Fleuve Jaune
Yangtsé Kiang
Hankow
Nanking
Shanghai
Salouen
Chungking
Brahmapoutra
ROUTE DE BIRMANIE
Okinawa
INDE
Imphal
Kunming
Canton
TAIWAN
(Formose)
Iwo Jima
Calcutta
Lashio
Mandalay
HONG KONG
Hanoï
BIRMANIE
Rangoon
THAILANDE
PHILIPPINES
ILE MARIANNES
Saïpan
Bangkok
Manille
INDOCHINE
Guam
Saïgon
MER DE CHINE MÉRIDIONALE
MINDANAO
Palau
Truk
DÉTROIT DE MALACCA
MALAISIE
SARAWAK
ILES CAROLINE
Equateur
SUMATRA
BORNEO
CELEBES
NOUVELLE-GUINÉE
ARCHIPEL BISMAR
PAPOUASIE
Batavia
INDES NÉERLANDAISES
JAVA
Timor
MER D'ARAFURA
Buna
Darwin
Port Moresby
OCÉAN INDIEN
Townsville
AUSTRALIE
KAMTCH
Sakhaline
ILES KOURIL
1
2
3
4
0
1000km

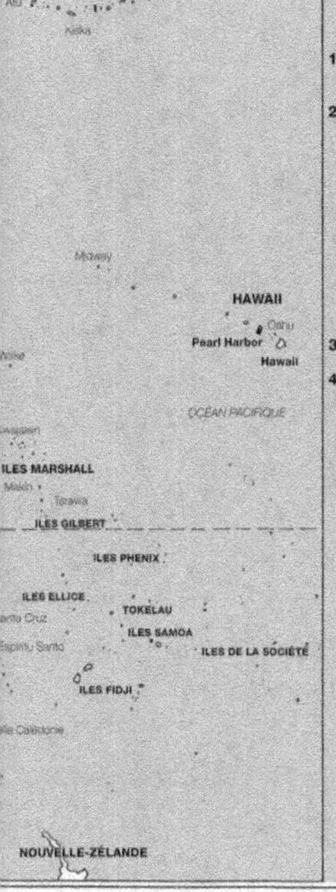


## PACIFIQUE, NOVEMBRE 1944

**1)** *Conception japonnaise de la zone de défense minimum.*

**2)** *La conquête des Mariannes fournit aux Américains un tremplin à 2 000 kilomètres au sud de Tokyo et d'où ils peuvent lancer les B-29 de la nouvelle XXIème Bomber Command. Virtuellement invulnérables aux contre-attaques japonnaises et situées sur la voie de ravitaillement directe des États-Unis, ces îles constituent les bases d'une campagne de bombardement concertée contre le Japon proprement dit. Le 24 Novembre 1944, 111 B-29 décollent pour faire sauter les complexes d'aviation de Musachi, dans la banlieue de Tokyo.*

**3)** *Extension de l'avance alliée, mars 1945.*

**4)** *Base de défense japonaise d'Iwo Jima, située à un millier de kilomètres au sud de Tokyo. Cette île volcanique de 120 kms carrés abritait les stations radar japonaises qui avertissaient de l'approche des B-29 à destination et en provenance du Japon.*
*Les chasseurs décollaient de ses deux aérodromes pour harceler les terrains d'aviation américains de Saipan dans les Mariannes.*
*La prise d'Iwo Jima fournit aux forces américaines une base pour leurs avions des Mariannes. Compte tenu de sa proximité de l'archipel japonais, la conquête d'Iwo Jima représente une victoire appréciable tant sur le plan stratégique que moral. Cependant, l'île était hérissée de fortifications solides, défendues par 23 000 hommes sous le commandement du général Kouribayashi.*

30

# DÉFAITE DU JAPON DANS LE SUD

Au cours des six mois de violents combats compris entre Pearl Harbor et l'expulsion des Anglais de Birmanie, c'est-à-dire entre décembre 1941 et mai 1942, les Japonais avaient réussi ce que les cinq autres puissances impérialistes avaient en vain tenté de réaliser : se rendre maîtres de tous les territoires entourant la mer de Chine et unir leurs conquêtes à une position centrale solide. Si jamais la Chine avait figuré au nombre des puissances ayant des visées impériales dans le Pacifique occidental, le Japon avait obtenu des résultats bien supérieurs aux siens. Les Chinois n'avaient jamais exercé qu'une domination culturelle sur le Vietnam et leurs efforts pour pénétrer le reste de l'Indochine, les Indes orientales, la Malaisie ou la Birmanie, s'étaient heurtés à des échecs. Au milieu de 1942, les Japonais avaient conquis tous ces pays. Ils se préparaient à établir des gouvernements fantoches dans la plupart d'entre eux. Ils étaient les maîtres de milliers d'îles restées *terrae incognitae* à Pékin ; ils avaient uni leurs annexions maritimes et périphériques aux vastes territoires de Mandchourie et de Chine dont ils s'étaient emparés depuis 1931.

Sur le plan purement territorial, en 1944, le Japon contrôlait un territoire plus étendu que la zone conquise par Hitler en 1942 à l'apogée de sa période de victoires – 8 millions de kilomètres carrés contre 6. Cependant, Hitler dominait son empire par la force brutale des armes, déployant plus de 300 divisions allemandes ou satellites, sur le champ de bataille et dans les pays occupés. L'armée du Japon, au contraire, ne comptait que onze divisions disponibles pour les opérations mobiles. Les autres étaient engagées dans l'interminable, exaspérante et apparemment insoluble guerre contre Chang Kaï-chek dans la profondeur du pays chinois. Cet état de choses maintenait le Japon dans une situation stratégique instable. Bien qu'il occupât sur le théâtre des opérations cette position centrale que tous les théoriciens militaires jugent la plus souhaitable, les conclusions des experts en logistique étaient différentes. Les communications entre les divers bastions, notamment la Chine du Sud, l'Indochine et la Birmanie avaient toujours été difficiles sinon impossibles par terre à cause des chaînes de montagne qui délimitent leurs frontières. Par mer, les communications étaient épuisantes et dangereuses à cause des attaques audacieuses des sous-marins américains. Entre les îles du Pacifique et des Indes orientales, les liaisons étaient menacées à la fois par les sous-marins et les forces aériennes basées sur terre ou sur porte-avions. Enfin, l'armée japonaise en Chine même était immobilisée par l'immensité du pays. Ses unités étaient engagées dans la pacification ou l'occupation et rarement libres d'entreprendre des offensives contre les armées chinoises proprement dites.

Ces armées appartenaient à deux camps hostiles, l'armée du gouvernement légitime du Kuomintang dirigé par Chang Kaï-Chek et l'armée communiste de Mao Tsé-toung. Par une trêve conclue avant la guerre, les deux chefs s'étaient mis d'accord pour unir leurs forces contre les Japonais au lieu de se combattre mutuellement. Mais la trêve fut souvent rompue. Les communistes se contentaient de laisser les troupes de Chang s'épuiser dans la lutte contre l'ennemi étranger au lieu de les aider sur le chemin de la victoire. De toute façon, leurs actions manquaient de coordination car la base de Mao se trouvait dans le lointain Nord-Ouest autour de Yenan dans la grande courbe du fleuve Jaune, au-delà du mur où les rivaux du gouvernement central étaient traditionnellement installés. Quant à Chang, il s'était réfugié à l'extrême sud dans sa capitale provisoire de Tchong-king. Entre les deux, s'agitaient les restes des armées des seigneurs de la guerre qui avaient délimité leurs territoires après la chute de l'empire en 1911. Les Japonais avaient conclu des arrangements avec ceux-ci et recruté leurs soldats pour former une armée fantoche.

L'armée de Chang était militairement supérieure à celle des seigneurs de la guerre et des troupes fantoches mais à peine. En 1943, elle comptait théoriquement 324 divisions et représentait donc la plus grande armée du monde. En réalité, elle ne comprenait que 23 divisions convenablement équipées composées de 10 000 hommes chacune. Pour leur équipement et leur ravitaillement, elles dépendaient entièrement des Américains qui, à leur tour, comptaient sur les Anglais pour leur faciliter les transports aériens à partir de l'Inde jusqu'à la Chine du Sud. L'opération qui comportait le survol de l'Himalaya était délicate et difficile. Auparavant, le ravitaillement était acheminé de Mandalay via la route de Birmanie mais, depuis la conquête de celle-ci par les Japonais (mai 1942), la route était fermée et Chang dépendait des Américains non seulement pour l'armement et les vivres mais pour l'entraînement de ses troupes et sa protection aérienne – assurée par les quelques douzaines d'avions du groupe des « Tigres volants » du général Claire Chennault. Il comptait aussi sur les Américains pour former le tranchant de ses armées car son élément le plus efficace était le 5307e Provisional Regiment[1] américain qui allait devenir célèbre sous le nom de « Merrill's Marauders ». L'officier qu'il avait accepté comme chef d'état-major en titre, « Joe Vinegar » Stilwell, manifestait vis-à-vis des Chinois une impatience qui n'égalait que la brutalité avec laquelle il traitait ses collaborateurs anglais.

L'armée japonaise forte de vingt-cinq divisions, réussit à bloquer Mao dans sa « zone libérée » du nord-ouest et à repousser Chang contre les montagnes de Birmanie au sud. En somme, pour la première fois en trente mois de guerre à l'Est, elle n'était plus obligée de monter des opérations mobiles. Elle contrôlait déjà les régions les plus productives du pays, la Mandchourie et les vallées des fleuves Jaune et Yang-tsé ainsi que des enclaves autour des ports du sud, Fou-tchéou, Amoy, Hong Kong, Canton et l'île clé de Hainan dans la mer de Chine. Elle réquisitionnait tout ce qu'elle voulait en Chine, en particulier le riz, le charbon, les minerais et les produits manufacturés de Mandchourie. Elle n'était guère gênée par la résistance – dont tout Chinois sensé se tenait éloigné – ou par les opérations de Chang et de Mao. En fait, elle continuait à bénéficier par sa présence dans le pays de tous les avantages que lui procurait sa position stratégique centrale.

### *Les plans Ichi-Go et U-Go*

La brusque avance de la flotte américaine dans le Pacifique central dissipa l'euphorie japonaise. La poussée de Nimitz produisait l'effet d'une flèche dirigée au cœur de la position centrale du Japon. Elle menaçait sa domination sur la mer de Chine méridionale, la « Médi-

1. Régiment de marche, en français.

terranée du Pacifique », qui arrosait les rivages de la Chine, de la Thaïlande, de la Malaisie, des Indes néerlandaises, de Formose et des Philippines, dont le contrôle était essentiel au maintien de l'empire japonais dans la zone sud. Le 25 janvier 1944, le quartier général impérial de Tokyo chargea Matsui, chef d'état-major en Chine, de lancer une offensive de grande envergure. La Chine avait subi sa dernière offensive au printemps de 1943 lorsque l'armée de Chine du Nord avait nettoyé les provinces du Kiang-si et de Hopei à l'ouest de Pékin. Le plan prévoyait l'occupation de plus vastes territoires au sud, l'ouverture d'une voie ferrée nord-sud entre Pékin et Nankin et la destruction des terrains d'aviation américains situés dans le secteur de Chang d'où l'aviation de Chennault (340 appareils) harcelait l'armée expéditionnaire japonaise.

L'offensive Ichi-Go commença le 17 avril. Auparavant, la Birmanie avait fait l'objet d'une attaque concertée, U-Go. Chose curieuse, les deux plans japonais ne furent pas coordonnés à temps alors que les campagnes alliées en Chine méridionale et en Birmanie étaient étroitement liées. D'une part, les armées de Chang, basées à Tchong-King dépendaient du ravitaillement via la route de l'Himalaya. D'autre part, les troupes chinoises commandées par Stilwell opéraient en Chine méridionale dans l'intention de rouvrir la route de Birmanie. Enfin, les soldats de Chang allaient s'entraîner en Inde pour améliorer la qualité de leur armée. Cependant, l'état-major impérial omit d'ordonner au général Renya Mutaguchi, commandant la XV<sup>e</sup> armée de Birmanie, de lancer une attaque sur la route de Birmanie pour prêter son concours à l'offensive Ichi-go. Il lui enjoignit au contraire d'entreprendre une invasion de grande envergure en Inde sur une direction totalement différente.

Mutaguchi s'était engagé à fond dans l'opération U-Go. Entre novembre 1942 et février 1943, son prédécesseur, Iida, avait repoussé avec succès une attaque britannique en Birmanie le long de la côte de l'Arakan, sur le golfe du Bengale. Une opération ultérieure organisée par des unités d'intervention (« Chindit ») conduites par leur créateur, le messianique Orde Wingate, avait été jugulée également en février-avril 1943. Mais les succès des troupes de Wingate qui avaient pénétré le front japonais sur le terrain montagneux de la frontière indo-birmane avaient fortement impressionné Mutaguchi. Il craignait que des armées alliées plus fortes ne réussissent à passer par la voie que Wingate avait empruntée. Il veilla aussi à ce que ses propres soldats puissent prendre cette même route en sens inverse pour interrompre la marche des Alliés sur la Birmanie et collaborer indirectement à Ichi-Go, en Chine proprement dite.

En lançant son offensive, Mutaguchi appliquait le principe selon lequel l'attaque est la meilleure défense. Le Haut-Commandement du Sud-Est asiatique, créé en 1943, avait à sa tête le dynamique lord Louis Mountbatten. Il préparait ses propres offensives destinées à restaurer la puissance alliée en Birmanie : une attaque en Arakan, une offensive principale sur la frontière indo-birmane vers le fleuve Chindwin, avec débouché sur les plaines centrales de Birmanie ; deux offensives chinoises en Birmanie du Nord-Est dont l'une était montée par les troupes de Stilwell appuyées par les Merrill's Marauders, et l'autre par les Chindits sur les arrières des Japonais.

L'offensive de Mutaguchi était donc aussi une attaque préemptive. Pour cette opération, l'armée de Birmanie, commandée par le général comte Terauchi, avait été renforcée en partie avec des troupes de Thaïlande, en partie avec la 1re division de l'armée nationale indienne. Celle-ci était levée par Subhas Chandra Bose et composée de 40 000 Indiens, capturés en Malaisie et à Singapour, qui s'étaient toujours montrés favorables à sa cause. Cependant, l'attaque de Mutaguchi avait été précédée par une autre car, en novembre 1941, les Anglais avaient repris leur tentative pour pénétrer en Arakan. En conséquence, le 4 février, la 55e division japonaise se lança contre les lignes britanniques en Arakan avec mission d'arrêter leur avance. Les Anglais la repoussèrent sur ses bases de départ avec difficulté. Entre-temps, la 18e division japonaise s'opposait farouchement à l'avance de Stilwell sur Myitkyina.

Ce fut donc dans une Birmanie perturbée que Mutaguchi monta son offensive U-Go. Le 6 mars, ses divisions franchirent le fleuve Chindwin pour envahir l'Inde. La 31e division d'infanterie se dirigea vers Kohima, la 15e et la 33e vers Imphal.

Les petits massifs montagneux de l'Assam étaient les centres de l'industrie du thé avant la guerre. Ils ne disposaient d'aucune facilité logistique pour la vaste armée anglo-indienne qui occupait le front et n'étaient reliés au sous-continent indien que par un réseau routier nettement insuffisant. Le général William Slim, commandant la XIVe armée britannique, se préparait à passer à l'offensive et n'était pas en position d'être attaqué. Sous son impulsion, la XIVe armée, qui avait atteint son niveau le plus bas au printemps de 1942, s'était redressée. Cependant, elle n'avait pas encore livré de bataille de grande envergure contre les Japonais.

Slim avait senti venir une attaque japonaise et il n'en était pas autrement surpris. Il persuada Mountbatten d'obtenir que les Américains envoient assez d'avions pour permettre l'expédition de la 5e division indienne du front de l'Arakan entre le 19 et le 29 mars. Il envoya lui-même aux défenseurs de la frontière du ravitaillement et des renforts prélevés sur les ressources qu'il avait rassemblées pour sa propre offensive. Il interdit à ses adjoints de se replier sans permission d'une autorité supérieure. Comme les défenseurs britanniques s'accrochaient solidement aux points clés de la frontière indo-birmane sans essayer de la défendre sur toute sa longueur, les Japonais réussirent à encercler leurs objectifs, Imphal et Kohima, mais ne purent prendre possession des routes de fontière qui mènent à la plaine indienne. Kohima fut encerclée le 4 avril, Imphal le lendemain. Les batailles qui s'ensuivirent comptent parmi les plus violentes de la guerre car les deux camps combattaient souvent dans des espaces à peine plus larges qu'un court de tennis. Les défenseurs anglais des deux villes étaient ravitaillés par avion, sporadiquement à Kohima, plus régulièrement à Imphal. Les Japonais n'étaient pas ravitaillés de tout : malades et émaciés, ils poursuivirent leurs attaques même pendant la mousson. Pourtant, le 22 juin, après quatre-vingts jours de siège, Imphal fut libérée et, quatre jours plus tard, Mutaguchi déclara à Terauchi que la XV^e^ armée allait être obligée de battre en retraite. Au début de juillet, l'état-major impérial approuva cette solution et les survivants se retirèrent le long de routes inondées par les pluies tropicales pour traverser le Chindwin et retourner dans les plaines birmanes. Il ne restait que 20 000 hommes sur les 85 000 qui avaient entrepris l'invasion de l'Inde. Plus de 50 pour cent des morts avaient succombé à la maladie. La 1^re^ division de l'armée nationale indienne, composée de renégats et, en tant que tels, suspects aux yeux des commandants japonais, avait cessé d'exister.

Le centre de gravité de la campagne de Birmanie se déplaça vers le front du Nord-Est où les Japonais résistaient avec ténacité à Stilwell et aux Chindits. Entre-temps, Slim commençait à préparer l'offensive de la XIV^e^ armée au-delà du Chindwin pour reprendre Mandalay et Rangoon. Cependant, après l'échec du plan U-Go de Mutaguchi, la Birmanie cessa d'être la préoccupation majeure de l'état-major impérial. Bien que l'offensive Ichi-Go se déroulât au mieux en Chine méridionale

– au point que le gouvernement américain commençait à craindre l'effondrement imminent de Chang Kaï-chek – la situation du Pacifique sud et central continuait à s'aggraver. En Nouvelle-Guinée, la chute de la presqu'île de Vogelkop en juillet, fut suivie par la prise de l'île de Morotai, à mi-chemin entre la Nouvelle-Guinée et l'île de Mindanao dans les Philippines. Peleliu, dans les îles Palau, fut envahie le 15 septembre, après la chute de Guam et de Saïpan. C'était le point le plus proche des Philippines sur le front du Pacifique central. L'invasion des Philippines qui permettait d'accéder à la Chine, à l'Indochine et à l'archipel japonais proprement dit était désormais à la portée des Américains.

### *Programme des débarquements de Leyte*

L'ampleur et la rapidité des victoires de MacArthur et de Nimitz avaient tellement surpris les chefs d'état-major alliés et leurs conseillers à Washington que la nature exacte de l'invasion fut une fois de plus remise en question. Comme sur le théâtre européen, où le commandement suprême allié avait établi un calendrier de progression sur la frontière allemande, toutes les opérations qui avaient paru tellement importantes s'estompèrent à l'arrière-plan. En Europe, les événements avaient rendu inutile la prise des ports de l'Atlantique prévus pour servir de points de ravitaillement à une armée américaine combattant au centre de la France. Dans le Pacifique, la prise des ports du littoral de Chine méridionale, l'invasion de Formose et l'occupation de l'île de Mindanao perdirent leur importance. Deux de ces projets s'annulèrent d'eux-mêmes. Le succès d'Ichi-Go en Chine du Sud aboutit à la perte de la plupart des aérodromes de Chennault proches de la Côte, rendant ainsi inutile la prise des ports voisins. D'autre part, l'invasion de Formose, une île deux fois plus grande qu'Hawaii, défendue par les plus hautes falaises du monde, exigeait tant d'effectifs qu'elle ne pouvait être entreprise avant que la guerre eût pris fin en Europe. En octobre, Halsey préconisa l'abandon de l'opération de Mindanao en faveur d'un débarquement à Leyte, au centre de l'archipel, après quoi les troupes poursuivraient vers Luzon en décembre. MacArthur soutint ce point de vue. La question fut débattue entre le Président, les chefs d'état-major alliés et les commandants opérationnels. Le 15 septembre, MacArthur fut autorisé à entreprendre les débarquements à Leyte le 20 octobre.

Dans les Philippines, les Japonais étaient mal préparés pour résister à une invasion. Ils commençaient à subir les conséquences de leurs précédents succès. Ayant dépassé le « point culminant de l'offensive » (selon la formule de Clausewitz) ils se trouvaient en possession d'un territoire trop étendu pour leurs forces de défense et confrontés à un ennemi déchaîné dont les ressources augmentaient tous les mois. Bien que l'armée américaine du Pacifique disposât d'effectifs limités par la guerre en Europe, les forces aériennes US s'étaient considérablement accrues et améliorées au cours de 1944. Ainsi les superforteresses B-29 avaient un rayon d'action assez long pour bombarder l'archipel japonais à partir des anciennes bases de Chine méridionale et des nouvelles bases de Saïpan. La marine des Etats-Unis dont le Pacifique était le principal théâtre jouissait d'un excès de moyens quasi encombrant. Elle possédait de nouveaux cuirassés, croiseurs et destroyers, des escorteurs prompts à l'attaque, des navires de débarquement de toutes dimensions et, par-dessus tout, de nouveaux porte-avions : vingt et un porte-avions de type Essex étaient entrés en service depuis 1942, fournissant avec ceux qui existaient déjà une superficie de ponts d'envol pour plus de 3 000 appareils, une force aéronavale embarquée trois fois supérieure à celle des Japonais à son point culminant.

Le Japon quant à lui avait déjà dépassé le maximum de sa production de guerre. Son armée était mobilisée en totalité depuis 1937 et se maintenait à environ cinquante divisions. Sa marine, continuellement en action depuis 1941, avait subi d'importants dommages qu'il ne pourrait compenser par la production de ses chantiers navals. Il n'avait lancé que cinq grands porte-avions entre 1941 et 1944. Ses pertes en navires marchands étaient très lourdes et menaçaient le système japonais d'asphyxie. Comme il ne pouvait se ravitailler lui-même, le libre usage des mers du Pacifique-Ouest était indispensable à la bonne marche de son économie ; il était aussi nécessaire à l'approvisionnement, au renforcement et aux mouvements des garnisons de la zone Sud. En 1942, les sous-marins américains avaient coulé 180 navires marchands japonais soit 725 000 tonnes dont 635 000 furent remplacées par de nouveaux bâtiments. En 1944, comme l'habileté des commandants de sous-marins américains avait augmenté et qu'ils opéraient de bases plus avancées, en Nouvelle-Guinée, dans les îles Amirauté et les Mariannes, la quantité de tonnage coulé était passée à 2,7 millions de tonnes, outre la totalité des pertes infligées au cours des années 1942 et 1943 réunies. A la fin de 1944, la moitié de la flotte marchande japonaise et les deux tiers de ses pétroliers étaient détruits. Les expéditions de pétrole des Indes néerlandaises avaient pratiquement cessé et le niveau des importations de l'archipel japonais avait baissé de 40 pour cent.

La destruction de la flotte marchande obligea la marine à utiliser des destroyers pour le transport et le ravitaillement des unités, ce qui gênait sérieusement les mouvements de troupes entre les points menacés et, partant, la défense des Philippines. Le haut commandement impérial avait prévu que les Américains envisageraient d'envahir d'abord l'île de Mindanao à l'extrême sud à partir de la Nouvelle-Guinée, et l'île de Luzon, à l'extrême nord, mais il n'avait pas été averti que les états-majors américains modifieraient leur plan à la lumière des événements. En conséquence, la garnison de Leyte était beaucoup plus faible que celle de Mindanao : 270 000 soldats japonais assuraient la défense des Philippines, mais Tomoyoku Yamashita, vainqueur de Singapour, commandant la zone nord, ne disposait que de la 16e division à Leyte même. Avec ses 16 000 hommes, il n'était pas en mesure de lutter contre les 4 divisions de la VIe armée du général Krueger qui commencèrent à débarquer dans le golfe de Leyte dans la matinée du 20 octobre 1944.

Bien que l'armée japonaise ne s'attendît pas au débarquement de Leyte, la flotte japonaise était préparée à lutter contre les forces d'invasion. A ce stade, elle était divisée en deux. Les porte-avions qui lui restaient et leurs escortes étaient maintenues dans les eaux territoriales du Japon. Les cuirassés – au nombre de neuf, comprenant le *Yamato* et le *Musashi* jaugeant 70 000 tonnes et équipés de canons de 457 millimètres – mouillaient à Lingga Roads, près de Singapour pour être à proximité de leurs réserves de pétrole des Indes néerlandaises qui ne pouvaient être expédiées vers la métropole. Les deux parties de la flotte avaient plus ou moins évité de s'engager dans la dernière opération de débarquement américaine – à Peleliu dans les Palaus, le 15 septembre. La flotte des eaux territoriales ne put rester inerte pendant les offensives aériennes sur Formose, Okinawa et Luzon. Au cours de ces raids, entre les 10 et 17 octobre, la 3e flotte américaine détruisit plus de 500 appareils japonais basés sur terre ou sur porte-avions. Cependant, l'amiral Jisaburo Ozawa ne risqua aucun de ses porte-avions dans l'opération et le gros de la flotte combinée amarrée à Lingga demeura intact.

C'est dans ces circonstances que l'état-major impérial décida de lancer une offensive navale décisive nommée Sho-1 contre les 3^e^ et 7^e^ flottes américaines couvrant les débarquements de Leyte. Complexe, comme l'étaient tous les plans japonais, elle reposait sur la diversion. Les porte-avions d'Ozawa en provenance de la mer Intérieure devaient attirer la 3^e^ flotte de Halsey loin des plages de Leyte. Après quoi, les cuirassés et les croiseurs lourds divisés en 1^re^ et 2^e^ forces d'attaque et force C devaient foncer sur les transports et les navires de débarquement dans le golfe de Leyte et les détruire. La 1^re^ force d'attaque arriverait du nord par le Détroit de San Bernardino, la 2^e^ force d'attaque et la force C viendraient du sud par le détroit de Surigao.

La bataille navale qui suivit compte parmi les plus importantes de l'histoire. Elle l'est plus encore que celle du Jutland mais, comme la bataille de Jutland, elle se déroula dans la confusion par suite d'une série de fausses informations et de malentendus. La première force d'attaque du vice-amiral Takeo Kurita en provenance de Lingga fut la première à entrer en lice. Elle fut interceptée et endommagée en route par les sous-marins américains mais elle atteignit le centre-ouest du détroit de San Bernardino le 24 octobre. L'aviation basée sur terre qui la protégeait submergea le *Princeton*, l'un des porte-avions de la 3^e^ flotte de Halsey, mais les chasseurs américains Hellcats lui infligèrent des pertes encore plus lourdes. Dans le courant de la journée, les avions-torpilleurs US attaquèrent le navire-amiral de Kurita. Dans l'après-midi, le *Musashi* fut atteint par 19 torpilles, plus que son énorme coque ne pouvait en absorber, et à 19 h 35 il se retourna et coula. Kurita ne voulut pas risquer le *Yamoto*, les deux autres cuirassés et ses 10 croiseurs lourds dans les eaux fermées du détroit de San Bernardino sans être sûr de pouvoir compter sur la participation des porte-avions d'Ozawa. Comme il n'en avait aucune nouvelle, il fit demi-tour et repartit pour Lingga.

Au même moment, pourtant, le plan Sho-1 était sur le point de réussir car Halsey, sur le navire amiral de la 3e flotte croisant au large de Luzon, venait d'apprendre que les porte-avions d'Ozawa avaient été repérés à 200 kilomètres au nord. Offensé par certaines rumeurs qui l'accusaient d'avoir laissé les Japonais s'échapper trop facilement pendant la bataille de la mer des Philippines en juin, Halsey décida de contraindre Ozawa à livrer bataille. A cette fin, il prit le parti de laisser derrière lui une partie de la Task Force-34 pour protéger le détroit de San Bernardino pendant que ses unités lourdes partiraient à la rencontre des porte-avions japonais.

Deux changements de programme viennent modifier le cours de la bataille. D'abord celui de Kurita. Humilié par les reproches des états-majors de la flotte combinée qui l'accusent de compromettre ses chances de victoire, il repart en sens inverse pour traverser le détroit de San Bernardino dans la nuit du 24 au 25 octobre et il poursuit vers le golfe de Leyte. Le deuxième est celui de Halsey, stimulé par des rapports concernant la vulnérabilité des porte-avions d'Ozawa il renonce à laisser des éléments de la Task Force-34 devant le détroit de San Bernardino, jugeant qu'elle serait plus utile, en totalité au nord pour les attaquer.

Sho-1 est soudain sur le point de réussir. La 1re force d'attaque de Kurita va apparaître au large du golfe de Leyte où les unités de débarquement ne sont protégées que par une faible flotte de destroyers et de porte-avions d'escorte. Entre-temps, la 2e force d'attaque du vice-amiral Kiyohide Shima et la force C du vice-amiral Shoji Nishimura se dirigent vers le détroit de Surigao pour prendre la force de débarquement de Leyte à revers par le sud. Pendant que Halsey poursuit vers le nord à la rencontre des porte-avions japonais, l'invasion américaine de Leyte est menacée par le désastre.

Entre le désastre et les deux forces japonaises qui avancent du sud, se dressent seulement 3 petits porte-avions d'escorte dans le détroit de San Bernardino, et les 6 vieux cuirassés de l'amiral Oldendorf dans le détroit de Surigao. Les cuirassés d'Oldendorf sont de véritables revenants car ils datent tous d'avant-guerre et 5 ont été remontés du fond de vase de Pearl Harbor. Ils ont été remis à neuf et rééquipés, particulièrement avec des radars modernes. Dans l'obscurité de la nuit du 24 au 25 octobre, les navires de Nishimura apparaissent distinctement sur les écrans radar d'Oldendorf. Les destroyers américains endommagent le cuirassé *Fuso ;* les batteries des cuirassés l'achèvent et coulent aussi le cuirassé *Yamashiro*. Les survivants de la force C battent en retraite sans aviser la 2^e^ force d'attaque qui les dépasse, du danger tapi dans le détroit de Surigao. Elle subit des dommages elle aussi, se replie précipitamment et suit la flotte de Nishimura.

Dans cette bataille du détroit de Surigao, les Américains l'avaient échappé belle. Au deuxième round, dans le détroit de San Bernardino, l'issue s'annonçait moins favorable. La 1^re^ force d'attaque de Kurita avait une puissance de feu largement supérieure à celle de toute flotte américaine qui s'interposerait entre elle et les unités de débarquement. Pendant que Halsey croisait à la recherche d'Ozawa – poursuivi par des messages comprenant le fameux « Où donc est passée la Task Force-34 ? Le monde entier le demande. » Les cinq derniers mots constituaient une formule oiseuse qui fut mal comprise mais sujet de rancœur pour Halsey. Entre-temps, Kurita tombait au milieu des bâtiments qui protégeaient la flotte de débarquement. Ceux-là se composaient d'un faible groupe de cinq porte-avions d'escorte, (des navires marchands reconvertis, peu rapides et équipés de quelques avions pour la lutte anti-sous-marine et non pour les attaques à la torpille. Les 5 bâtiments se préparèrent pourtant à résister avec un aplomb superbe. Pendant que l'amiral Clifton Sprague manœuvrait la Task Force-3 aussi vite que possible pour échapper au tir de l'ennemi, ses pilotes décollaient pour larguer leurs bombes. L'un des porte-avions, le *Gambier Bay*, fut atteint et s'éloigna en feu. Les autres réussirent à couvrir leur retraite avec l'assistance d'un groupe de petits porte-avions de la Task Force-2 qui ne cessèrent de harceler les Japonais. Démoralisé par l'absence des porte-avions d'Ozawa, Kurita décida de renoncer à son entreprise et repassa le détroit de San Bernardino. C'était le 25 octobre à 10 h 30 du matin.

Au sud, les cuirassés d'Oldendorf quittaient le détroit de Surigao pour venir à la rescousse mais ils étaient encore à trois heures de route. Au nord, Halsey avait rebroussé chemin, renonçant à poursuivre Ozawa mais il lui fallait encore plus de temps pour gagner le théâtre des combats. Cependant, ses avions prélevèrent leur tribut. De bon matin, ils coulèrent les porte-avions légers *Chitose* et *Zuiho*. Une seconde attaque détruisit le *Chiyoda* et le *Zuikaku*, navire amiral d'Ozawa, l'un des vétérans de Pearl Harbor. Les Japonais n'avaient pu embarquer que 180 appareils et leur perte acheva l'anéantissement de la grande force aéronavale japonaise. Leur aviation n'était pas la seule atteinte, leur marine elle aussi avait perdu de nombreux bâtiments : 3 cuirassés, 6 croiseurs lourds, 3 croiseurs légers et 10 destroyers, au total un quart des pertes subies par la marine impériale depuis Pearl Harbor.

La bataille de Leyte fut l'une des plus décisives de toute l'histoire de la marine. Bien qu'elle eût été une sorte de course de vitesse pour les Américains, elle fut en elle-même une affaire de longue haleine. Reconnaissant que leur domination sur les Philippines tenait à la défense de Leyte, les Japonais expédièrent des renforts des autres îles – les 8e, 26e, 30e et 102e divisions ainsi que leur 1re division d'élite prélevée sur leurs réserves décroissantes de Chine. Les Américains eux aussi renforcèrent les quatre divisions du débarquement initial ; ainsi, en novembre, ils purent en déployer six – la 1re division de cavalerie, les 7e, 11e aéroportée, les 24e, 32e, 77e et 96e divisions. Au cours du mois suivant, la bataille fit rage et, le 6 décembre, les Japonais lancèrent une contre-attaque visant à reprendre le principal aérodrome de Leyte. L'attaque échoua et la campagne prit fin. Elle avait coûté 70 000 hommes aux Japonais et 15 000 aux Américains.

Le 9 janvier 1945, la VIe armée de Krueger part de Leyte pour envahir Luzon où se trouve Manille, la capitale des Philippines. A l'extrême sud, la Ire armée australienne nettoie la résistance japonaise en Nouvelle-Guinée, en Nouvelle-Bretagne et à Bougainville. Pendant que la XIVe armée de Slim commence son offensive dans les plaines de Birmanie par la prise de Kalewa sur le Chindwin le 2 décembre, les troupes de Chang progressent sur le front du Nord-Est avec l'assistance américaine. Elles ne sont plus commandées par l'explosif Stilwell qui s'est définitivement brouillé tour à tour avec les Anglais, les Chinois et finalement le président Roosevelt. Après son départ, le 18 octobre, ses fonctions sont réparties entre les généraux Daniel Sultan et Albert Wedermeyer, auteur du « plan de victoire » américain de 1941. Le premier commandait alors les Merrill's Marauders (rebaptisés Mars Force) et les forces chinoises de Birmanie entraînées en Inde. Le second portait le titre de commandant américain en Chine.

En Chine, les armées de Chang, renforcées par deux divisions expédiées de Birmanie, réussirent à arrêter l'offensive Ichi-Go à Kweiyang après que celle-ci eut menacé de tailler un corridor partant de la zone côtière occupée par les Japonais pour aboutir à Tchong-king, la capitale de Chang. Ichi-Go avait atteint un objectif secondaire en ouvrant un autre corridor continu entre l'Indochine et Pekin mais il n'avait pas réussi à détruire l'armée de Chang. En janvier 1945, les meilleures de ses troupes (sous le commandement de Sultan) parvinrent à franchir le nord montagneux de la Birmanie par Myitkyina que Stilwell avait prise en août, pour faire leur jonction avec la force Y des troupes chinoises de Chang venant du Yunnan. Le 27 janvier, elles rouvrirent la route de Birmanie, assurant ainsi une voie de ravitaillement terrestre, des bases anglo-américaines de l'Inde au cœur du Kuomintang autour de Tchong-king. Le Japon n'en demeurait pas moins la force dominante en Chine du Sud. Les forces britanniques étaient alignées devant les plaines de Birmanie. Or ni les troupes de Wedermeyer, ni celles de Sultan ni celles de Chang n'étaient capables d'enrayer une opération japonaise déterminée au sud du Yang-tsé. Au printemps de 1945, l'avenir de la guerre en Chine était étroitement lié à l'issue de la bataille entre les flottes américaine et japonaise et leurs forces amphibies dans les eaux du Pacifique-Ouest.

# 31

# OKINAWA

Avec la prise des Mariannes et la chute des Philippines, la guerre du Pacifique approchait de sa phase amphibie culminante. Les combats terrestres devaient se poursuivre tout au long de 1945 en plusieurs points en marge et à l'intérieur du « périmètre défensif » de 1942 ainsi qu'en Birmanie. Dans les Philippines du Nord, Manille allait devenir une ville fantôme aussi dévastée que Varsovie. Cependant, le caractère de la guerre du Pacifique commençait à subir un changement radical. Il n'y aurait plus deux stratégies américaines séparées et compétitives – la flotte soutenant le débarquement de divisions de marines sur des atolls éloignés tandis que l'armée se déplaçait en force massive pour s'emparer de vastes territoires dans les Indes orientales. L'armée et la marine s'uniraient pour monter des opérations amphibies de grande envergure, contre les îles du Japon englobant plusieurs divisions à la fois. Le succès de ces opérations montées avec d'énormes forces aéronavales et des concentrations de troupes embarquées dépendrait entièrement des capacités combinées des marins, des soldats, des aviateurs et des marines.

Les capacités amphibies américaines étaient d'un haut niveau et les chefs d'état-major alliés avaient confiance dans l'issue des opérations prévues, dont le débarquement à Okinawa était la plus importante. Situé dans les îles Ryukyu, Okinawa se trouvait à quelque 500 kilomètres de Kyushu, la plus méridionale des grandes îles japonaises. Cependant, les capacités américaines avaient eu le temps de se développer. Ce développement est à porter au crédit du corps des marines qui avait compris vingt ans avant la Deuxième Guerre mondiale qu'il fallait chercher un moyen efficace de transférer les troupes du navire sur le rivage.

Le corps des marines partait d'un principe élémentaire, à savoir que ce transfert devait être un « mouvement tactique ». Or aucune des puissances maritimes n'avait saisi cette idée pourtant si simple. Ni l'Angleterre ni la France n'avaient imaginé qu'un débarquement ne consistait pas simplement à embarquer des troupes sur un bateau pour les déposer sur une côte. Le grand débarquement amphibie de Gallipoli organisé en 1915 par les forces franco-britanniques se solda par un fiasco. Des péniches remorquées sur le rivage par des chaloupes à vapeur furent pulvérisées sous le feu des canons turcs et leurs occupants massacrés.

Après la Première Guerre mondiale, le corps des marines décida que ses hommes ne subiraient pas le même sort. Il avait une raison institutionnelle pour vouloir se faire une spécialité de la tactique des débarquements amphibies car il redoutait d'être absorbé par la marine ou par l'armée. De plus, il prévoyait le danger d'un conflit américano-japonais dans le Pacifique. Il comprenait aussi qu'une guerre de cette nature ne pouvait être gagnée qu'avec des méthodes spéciales et un équipement adéquat. Il se mit en devoir de les développer tous deux.

Le major Earl Ellis est l'auteur de la doctrine de la guerre amphibie. En 1921, il posa le concept du débarquement comme « un mouvement tactique du bateau au rivage ». Il insista sur la nécessité de couvrir les troupes de débarquement avec toute la puissance de feu disponible pendant qu'elles quittaient le navire. Dès qu'elles auraient mis pied à terre, elles devraient courir pour gagner leurs premières positions non sur la plage mais sur la terre ferme – mer et plage constituant un *no man's land.* La bataille commencerait à l'intérieur ou au-delà de la première ligne défensive de l'ennemi, bien au-dessus du niveau des hautes eaux. La mise en pratique de cette théorie nécessitait un entraînement adapté à l'opération et un équipement spécial. Le bombardier en piqué est l'un des éléments importants de cet équipement. Le bombardement en piqué est un moyen essentiel d'atteindre avec précision les points forts de l'ennemi sur la plage. Le chaland, spécialement conçu pour les débarquements, doit pouvoir traverser la zone de danger entre le transport et le rivage à toute vitesse et sa structure doit lui permettre d'accoster, de débarquer et de repartir sans attendre les marées. Avec le temps, le corps des marines s'aperçut qu'il convenait d'utiliser trois types de matériels : le premier était un amphibie à chenilles, blindé si possible, capable de sortir de l'eau et de traverser la plage avant que ses occupants ne débarquent : un prototype fut produit en 1924 par Walter Christie, l'inventeur du T-34. Le second était un bâtiment de débarquement construit d'après un plan civil par la compagnie Higgins de La Nouvelle-Orléans, pour être utilisé dans le Delta du Mississippi. Il devait transporter la deuxième vague. Le troisième était un bâtiment capable de débarquer des chars. Les matériels de chacune de ces catégories devaient naturellement servir aussi à transborder le ravitaillement dont les troupes de débarquement auraient besoin une fois à terre.

Au début de 1945, la flotte du Pacifique possédait ces trois types et un grand nombre de variantes (la *Coast Guard* des Etats-Unis s'était spécialisée dans l'armement des péniches de débarquement des marines). Elle possédait aussi de nombreux « transports d'attaque » rapides sur lesquels les troupes et péniches étaient embarquées et qui pouvaient suivre l'allure des destroyers et des porte-avions d'une Task Force.

Les plans concernant l'invasion des îles Ryuku avaient été établis en juillet 1944 avant le débarquement de Leyte. A l'époque, l'amiral Spruance, commandant la V$^{e}$ flotte, avait suggéré qu'il valait mieux dépasser les objectifs intermédiaires tels que Formose pour faire un pas de géant qui conduirait directement à la porte du Japon. A première vue, l'amiral King, chef des opérations navales, jugea le plan trop ambitieux. Cependant en septembre, il comprit que la persistance de la guerre en Europe et le profond engagement de MacArthur dans les Philippines empêchaient l'envoi de nouvelles formations militaires et il céda. Avec 6 divisions de marines et 5 de l'armée, Nimitz était à la tête d'une force indépendante assez importante pour lui permettre de monter des opérations de grande envergure. En conséquence, au cours d'une réunion qui eut lieu à San Francisco le 29 septembre, King, Nimitz et Spruance se mirent d'accord pour désigner Okinawa comme objectif des opérations amphibies de l'année suivante. L'avance sur les Ryuku avait pour but, d'une part la possession de meilleures bases aériennes qui faciliteraient le bombardement du Japon, d'autre part, la création d'un « couloir aérien » entre les îles territoriales et les aérodromes japonais de Formose et de Luzon. Il fut également convenu qu'une petite île voisine servirait de base intermédiaire et de terrain de secours aux B-29. Iwo Jima, dans les îles Bonin, semblait la plus indiquée. Le 3 octobre, les chefs d'état-major alliés diffusèrent la directive annonçant leur décision d'attaquer Iwo Jima en février et Okinawa en avril.

*Le Plan Ten-Ichi-Go*

Entre-temps, les Japonais révisaient leurs propres plans pour la conduite future de la guerre. En septembre 1943, ils avaient admis qu'il leur était impossible de maintenir le périmètre défensif de 1942 et ils avaient délimité une zone de défense nationale absolue, englobant les Kouriles, au nord de l'archipel japonais, les Bonin, les Mariannes et les Carolines dans le Pacifique central, la Nouvelle-Guinée occidentale, les Indes néerlandaises et la Birmanie au sud-ouest. L'avance américaine de 1944 avait si profondément pénétré cette zone que les plans fondés sur cette défense furent abandonnés et ses auteurs quittèrent le gouvernement. En juillet, Tojo démissionna de son poste de Premier ministre. Son successeur, Kuniaki Koiso, était plus modéré mais l'entrée de représentants des ministères de la Guerre et de la Marine dans le cabinet indiquait qu'il restait sous contrôle militaire. Au printemps de 1945, la situation s'était si gravement détériorée partout, sauf en Chine (où l'offensive Ichi-Go se poursuivait) que le haut commandement impérial dut reconsidérer sa position. Il conçut un plan nommé « Ten-Go » pour la défense des points sensibles du cordon défensif japonais, comprenant l'île de Hainan entre la Chine et l'Indochine, la côte chinoise elle-même, Formose et, enfin, les Ryuku. Le plan secondaire pour la défense des Ryukus dont Okinawa était l'île la plus menacée, fut baptisé Ten-Ichi-Go et 4 800 avions basés sur Formose et les îles de l'archipel furent affectés à son exécution. En raison de la pénurie de carburant qui limitait le nombre de sorties et réduisait strictement le temps d'entraînement des pilotes, Ten-Ichi-Go devait être une forme d'offensive totalement nouvelle. Chargés d'explosifs puissants, les avions effectueraient des missions sans retour qui consistaient à s'écraser sur les navires américains, dont les équipages apprendraient à les nommer missions-suicides ou « kamikaze » (Vent divin).

Les Américains avaient eu un avant-goût de la tactique kamikaze le dernier jour de la bataille de Leyte. Heureusement, ces missions-suicides étaient improvisées hâtivement. Ten-Ichi-Go fut préparé plus méthodiquement et n'était pas encore au point lorsque les 3e, 4e et 5e divisions des marines donnèrent l'assaut à Iwo Jima le 19 février. Creusée de galeries souterraines et solidement défendue par une forte garnison équipée de canons lourds, l'île avec son soubassement de basalte couvert d'une épaisse couche de sables volcaniques soumit les marines à la pire de toutes les expériences de débarquement dans le Pacifique. Les chars amphibies s'enlisèrent sur les plages où ils furent pilonnés par les batteries de canons que trois jours de bombardement intensif n'avaient pas réussi à détruire. Les artilleurs creusaient des tranchées qui s'écroulaient dès qu'elles étaient assez profondes pour servir d'abri. Les blessés qui gisaient sur la plage en attendant d'être évacués reçurent de nouvelles blessures. Robert Sherrod, le correspondant de guerre qui avait couvert la plupart des débarquements entre Tarawa et Okinawa nota qu'il n'avait jamais assisté à des combats aussi violents. Iwo Jima capitula enfin le 16 mars. Du côté américain, le nombre des tués s'élevait à 6 821 et celui des blessés à 20 000, plus du tiers des effectifs débarqués. Quant aux 21 000 défenseurs japonais, ils étaient presque tous morts.

*Okinawa, la dernière bataille*

Iwo Jima constituait un terrible avertissement pour les divisions américaines affectées à l'opération d'Okinawa – les 1^re^, 6^e^ et 7^e^ divisions de marines, et les 7^e^, 27^e^, 81^e^ et 96^e^ de l'armée de terre. En raison des pertes subies à Iwo Jima le premier jour, l'état-major décida que le bombardement préliminaire serait le plus intense jamais effectué sur une île du Pacifique. Il dura du 24 au 31 mars. Quand il fut achevé, près de 30 000 obus étaient tombés sur la zone de débarquement. Le 1^er^ avril, une armada de 1 300 navires comprenant 18 cuirassés, 40 porte-avions et 200 destroyers dégorgea 4 divisions qui foncèrent sur la plage dans leurs chars amphibies et leurs péniches Higgins pour s'emparer de la zone centrale de l'île où se trouvaient les aérodromes et réduire ensuite la résistance dans les deux moitiés.

Okinawa est une grande île (2 420 kilomètres carrés). Le plan américain prévoyait que, comme pour la plupart des autres débarquements, les Japonais résisteraient farouchement sur le littoral et se replieraient ensuite vers des positions de l'intérieur de plus en plus difficiles à tenir sous le poids de l'artillerie aéronavale. Devinant leurs spéculations, les Japonais avaient adopté une nouvelle tactique pour la défense d'Okinawa. Ils devaient laisser les divisions américaines débarquer sans leur opposer de résistance et les obliger à se battre à l'intérieur sur des lignes de défense qu'ils jugeaient imprenables, cependant qu'ils dirigeaient leurs kamikazes contre les navires mouillant au large. Leur objectif final était de chasser la flotte, ce qui leur permettrait de massacrer les troupes d'invasion à loisir.

Les forces en présence sur l'île comptaient 120 000 Japonais contre 50 000 Américains débarqués le premier jour – un nombre qui devait passer à près de 250 000 au sein de la X^e^ armée U.S. Les forces japonaises étaient organisées en 24^e^ et 32^e^ divisions et formaient, avec un grand nombre d'unités non endivisionnées, la XXII^e^ armée commandée par le général Mitsuru Ushijima. Il était plus réaliste que les officiers de l'état-major général impérial car une victoire japonaise à Okinawa lui paraissait impossible. Il n'en avait pas moins l'intention d'infliger les plus graves dommages aux envahisseurs et il avait pris des mesures en conséquence. L'île était sillonnée de tunnels et jalonnée de positions de tir dont plusieurs dissimulaient des armes de gros calibre. Les positions de combat formaient une série de lignes qui s'étalaient des plages aux hauteurs du sud et du nord.

Les Américains débarquèrent le 1^er^ avril, sans pertes. Les 1^re^ et 6^e^ divisions de marines (où les conscrits furent pour la première fois mélangés aux volontaires), se dirigèrent vers le nord pour nettoyer le haut de l'île avant d'entreprendre la conquête de la zone montagneuse du sud avec les 7^e^ et 96^e^ divisions. Le 6 avril, tandis que les pertes augmentent, toutes deux entrent en contact avec la ligne Machinato couvrant les villes de Shuri et Naha. C'est le même jour que commence l'offensive aéronavale contre la flotte du large.

Les 18 et 19 mars, au cours du raid préliminaire de la Task Force 58 dans la mer Intérieure, les Américains avaient déjà eu un avant-goût de la férocité de la résistance que les Japonais entendaient leur opposer. Bien que leur aviation eût détruit quelque 200 appareils japonais, la Task Force avait terriblement souffert elle-même. Le porte-avions *Wasp* fut endommagé par un kamikaze et sauvé de justesse par une lutte anti-incendie immédiate, une technique où les Américains excellaient. Le porte-avions *Franklin* fut atteint de deux bombes. Le bâtiment fut presque complètement détruit et 724 membres de son équipage périrent brûlés ou noyés. Ce fut le plus lourd tribut payé par un navire américain dans la guerre du Pacifique.

Le 6 avril, les kamikazes attaquèrent en vagues serrées : en même temps, la dernière force japonaise opérationnelle de surface, le cuirassé géant *Yamato*, escorté par un croiseur et huit destroyers, appareillait au Japon. Le *Yamato* avait embarqué les dernières 2 500 tonnes de carburant disponibles dans son port d'attache pour faire son voyage sans retour. Il avait pour mission de pénétrer le rideau formé autour des plages d'Okinawa et d'infliger des dégâts irréparables à la force amphibie. Repéré bien avant d'arriver à portée de tir, il fut attaqué, le 7 avril à midi, par 280 appareils de la Task Force 58. Entre midi et 14 heures, il fut atteint par six torpilles, perdit de la vitesse et devint la cible de vagues successives d'avions américains. A 14 h 23, il se retourna et coula avec la plupart de ses 2 300 hommes d'équipage. Le croiseur et 4 des 7 destroyers d'escorte sombrèrent également. Ce fut la dernière intervention de la flotte impériale japonaise dans la guerre du Pacifique.

Les kamikazes se révélèrent plus difficiles à repousser. Environ 900 avions, dont un tiers était en mission suicide, attaquèrent la flotte amphibie le 6 avril et, avant la fin de la journée, ils avaient coulé 3 destroyers, 2 cargos de munitions et 1 LST (Landing Ship Tank). Ils renouvelèrent leurs attaques le 7 avril et un cuirassé, un porte-avions et deux destroyers furent endommagés. Les Américains ripostèrent en renforçant l'écran de destroyers équipés de radars, qui prévenaient des attaques en préparation. Il y en eut bientôt 16 dont 11 installés dans le demi-cercle compris entre les azimuts nord-est et sud-ouest les plus courts en direction du Japon et de Formose. Comme la Task Force britannique des Falkland devait le redécouvrir quarante ans plus tard, un écran de stations radar peut alerter les grandes unités d'une flotte en cas d'attaque mais leurs opérateurs accomplissent une mission-suicide car l'ennemi choisit inévitablement leurs navires comme cibles. Ce fut le sort des destroyers américains : 14 furent coulés par des pilotes kamikazes entre le 6 et le 29 juillet, ainsi que 17 LST et plusieurs péniches de débarquement. Plus de 5 000 marins américains périrent au cours de la campagne kamikaze d'Okinawa.

Entre le 6 avril et le 10 juin, le corps des kamikazes lança 10 attaques massives de 50 à 300 appareils qui endommagèrent cuirassés, porte-avions et destroyers. Le vénérable *Enterprise* et les porte-avions plus modernes *Hancock* et *Bunker Hill* furent victimes des kamikazes. Le *Bunker Hill*, vaisseau amiral de Spruance, perdit 396 membres de son équipage. Les porte-avions américains qui étaient blindés horizontalement au-dessus de la salle des machines mais pas sous le pont d'envol étaient facilement incendiés par un kamikaze qui venait s'écraser sur son pont. Les 4 porte-avions britanniques de la Task Force 57 qui s'était jointe à la flotte américaine avaient des ponts d'envol blindés par mesure de protection contre les obus et ils survécurent aux attaques de kamikazes sans trop de dégâts.

Finalement, la campagne de kamikazes cessa, faute de pilotes et d'avions. Le nombre des raids effectués alla décroissant. En juin, les Américains ne perdirent que 4 navires mais les stations radars devaient rester en place, s'exposant aux attaques, et mettant les nerfs de leurs opérateurs à rude épreuve aussi longtemps que l'armée et la marine se battaient sur la côte. A mesure que la campagne se prolongeait, Nimitz était de plus en plus irrité par le général Simon Bolivar Buckner, commandant la X^e^ armée. Fils du général qui avait combattu Grant pendant la guerre de Sécession, Buckner défendait résolument sa tactique méthodique. Des chaînes de montagnes successives imposaient des retards à chaque offensive organisée. Les sommets étaient arrosés par des pluies incessantes et farouchement défendus par les Japonais qui, expérimentés ou non, se battaient littéralement à mort. La résistance ne cessa pas avant la fin de juin et seuls 4 000 Japonais se rendirent dans les derniers jours. Tous les officiers supérieurs japonais se firent hara-kiri, y compris Ushyima, ainsi que nombre de leurs subordonnés et de civils. Okinawa, qui comptait 450 000 habitants au début de la campagne, en avait perdu entre 70 000 et 160 000 au cours de la bataille. Plusieurs milliers se réfugièrent dans les nombreuses grottes de l'île et furent tués par l'infanterie américaine qui les attaqua à l'aide de lance-flammes et d'explosifs.

Pour les troupes engagées, Okinawa avait été la plus sinistre de toutes les batailles du Pacifique. L'armée américaine avait perdu 4 000 hommes, le corps des marines 29 389, l'aviation 763 appareils et la flotte 38 navires. Du côté japonais, les pertes s'élevaient à 16 bateaux, 7 800 avions dont 1 000 au cours de missions kamikazes. Les militaires et fonctionnaires de l'île – marins, fusiliers, employés, cuisiniers – avaient trouvé le moyen de mourir tous jusqu'au dernier. Les Américains avaient fait 7 400 prisonniers, y compris les hommes trop grièvement blessés pour se suicider. Tous les autres, au nombre de 110 000, étaient morts en refusant de se rendre.

# 32

## ARMES SPÉCIALES ET DÉFAITE DU JAPON

Okinawa laissa aux Américains une idée de ce qui les attendait lorsque leurs forces combattantes se rapprocheraient du périmètre de l'archipel japonais. C'était la première bataille engagée pour la conquête d'une grande île de l'empire. Son prix et sa durée laissaient entrevoir des épreuves bien pires à mesure que la flotte américaine progresserait pour débarquer des soldats et des marines sur les côtes de la mer Intérieure. Les stratèges américains avaient prévu qu'une invasion du Japon coûterait un million de vies américaines. Ce chiffre laissa planer une ombre sur les discussions relatives à la fin de la campagne du Pacifique. Comment la terminer sans aboutir à une tragédie nationale ?

A ce stade – et sans minimiser le courage, le dévouement et les sacrifices des marins, des marines et des soldats américains qui ont combattu et sont morts sur le front –, la guerre du Pacifique avait été une guerre mineure. Le nombre de bâtiments engagés dépassait celui qui était déployé sur tout autre théâtre. Avec son armada de 12 cuirassés, 50 porte-avions, 50 croiseurs, 300 destroyers et 200 sous-marins, en 1945 la flotte du Pacifique était non seulement la plus importante du monde, mais la plus importante de tous les temps.

L'aviation navale comprenait 3 000 unités. Ensemble, les armées de terre et de mer possédaient des milliers d'appareils basés à terre englobant les super-forteresses B-29 dont 250 avaient commencé à attaquer régulièrement les villes japonaises avec des effets dévastateurs.

La guerre du Pacifique était colossale par l'étendue de son champ d'action – 9 millions de kilomètres carrés de terre et de mer. Sur le plan des effectifs, cependant, c'était une guerre mineure comparée à celle qui se déroulait en Europe où l'Union soviétique avait mobilisé 12 millions d'hommes, l'Allemagne 10 millions, l'Angleterre 5 millions et les Etats-Unis 3 millions. Dans le Pacifique, bien que le Japon eût mobilisé 6 millions d'hommes, les cinq sixièmes des troupes déployées hors de la métropole avaient été expédiées en Chine, le nombre des soldats engagés dans la guerre des îles ne dépassait pas celui des forces expéditionnaires américaines. Entre 1941 et 1945, 1 250 000 Américains avaient été affectés aux théâtres du Pacifique et de l'Indochine-Birmanie ; parmi eux, 450 000 appartenaient aux divisions de l'armée et de la marine et, sur leurs 29 divisions, seules 6 divisions de l'armée et 4 de la marine participaient régulièrement aux combats. Comparé au théâtre européen où, au milieu de 1944, 300 divisions allemandes et satellites affrontaient 300 divisions russes et 70 anglo-américaines, la dimension de la lutte terrestre dans le Pacifique était réduite si l'on fait abstraction des pertes terrifiantes subies par les garnisons des îles japonaises.

A la suite d'Okinawa, la guerre du Pacifique menaça soudain de prendre une dimension exponentielle. La capitulation de l'Allemagne signifiait que les 90 divisions américaines et la plupart des 60 divisions britanniques allaient être disponibles pour l'invasion du Japon avec la fraction de l'Armée rouge que Staline déciderait d'affecter à la lutte contre le Japon lorsqu'il lui aurait déclaré la guerre. Cependant, compte tenu de l'expérience d'Okinawa, l'importance des effectifs n'était pas une garantie de victoire facile et rapide. Okinawa et le Japon ont la même nature de terrain mais le Japon offre au défenseur une vaste succession de positions de montagnes et de forêts d'où il peut tenir un envahisseur en échec. La perspective terrifiait les autorités des Etats-Unis. Le 18 juin 1945, au cours d'une réunion des chefs d'état-major alliés, l'amiral Leahy signala au président Truman que les divisions de l'armée et de la marine avaient perdu 35 pour cent de leurs effectifs à Okinawa, qu'il fallait s'attendre au même pourcentage de pertes dans une attaque sur Kyushu, la première des îles japonaises choisie pour l'invasion. Par conséquent, sur les 767 000 hommes affectés à l'opération, le nombre des morts et des blessés s'élèverait à environ 268 000.

Truman espérait qu'il serait possible d'éviter d'autres Okinawa. Le plan des états-majors alliés, mis au point à Washington à la fin de mai 1945, prévoyait une invasion de Kyushu (baptisée « Olympic ») pour l'automne de 1945 et un assaut sur la grande île de Honshu (nommé « Coronet ») en mars 1946. Il fut approuvé après bien des discussions. L'armée, dont l'opinion était largement influencée par MacArthur, soutenait que seule une invasion mettrait définitivement fin à la guerre. Appuyée par les commandants des forces aériennes l'armée préconisa la prise de bases sur la côte chinoise d'où l'aviation pourrait entreprendre des bombardements stratégiques et réduire ainsi la résistance japonaise sans qu'il soit nécessaire de sacrifier des vies américaines dans un débarquement amphibie. Cependant, comme les bombardements stratégiques n'avaient guère causé de dommages dans l'archipel japonais jusqu'alors, l'opinion de MacArthur prévalut.

*La destruction des villes japonaises*

Néanmoins, avant que les chefs des états-majors alliés aient publié leur directive concernant Olympic et Coronet, la campagne de bombardement stratégique avait pris un cours différent. De même que les Anglais en 1942, les Américains avaient dû renoncer à l'idée que le bombardier était un instrument de précision et admettre qu'il fallait l'utiliser comme un outil aveugle. Ce changement de doctrine était dû au succès de la décision japonaise de disperser la production des armements loin des principaux centres industriels dans de nouvelles usines qui ne pouvaient être aisément repérées ou atteintes par la 20e force aérienne. En février 1945, le général Curtis LeMay arriva aux Mariannes, principale base des forteresses du 21e Bomber Command pour appliquer de nouvelles méthodes de bombardement. Les objectifs devaient être soumis non à des bombardements diurnes à haute altitude, mais à des arrosages de bombes incendiaires nocturnes à basse altitude, exactement la méthode adoptée par « Bomber Harris » en 1942. La bombe incendiaire remplie d'essence gélifiée utilisée par les équipages de LeMay était un agent de destruction bien plus efficace que celui de la RAF. Qui plus est, les villes japonaises, faites de bois et de papier, brûlaient beaucoup plus facilement que les constructions de pierre et de brique européennes.

Le 9 mars, le Bomber Command attaqua Tokyo avec 325 appareils chargés exclusivement de bombes incendiaires, volant à basse altitude, sous le couvert de la nuit. Après quelques minutes de bombardement, le centre de la ville s'embrasa. A l'aube, 24 kilomètres carrés étaient réduits en cendres : 267 000 maisons avaient brûlé de fond en comble et la température au cœur de l'incendie était si élevée que l'eau bouillait dans les canaux de la cité. Le nombre des morts se montait à 89 000, la moitié de celui des blessés traités dans les hôpitaux. Les pertes des bombardiers se réduisaient à 2 pour cent et allaient diminuer à mesure que la campagne s'intensifierait. Les forces de LeMay comptèrent bientôt 600 appareils et attaquèrent ville après ville. Au milieu de juin, les cinq autres grands centres industriels étaient dévastés – Nagoya, Kobé, Osaka, Yokohama et Kawasaki –, 260 000 personnes avaient été tuées 2 millions d'habitations étaient détruites et 9 à 13 millions d'individus se trouvaient sans abri.

La destruction se poursuivit implacablement, pour ainsi dire sans pertes pour les équipages de bombardiers mais à un prix terrible pour le Japon. En juillet, 60 villes japonaises étaient réduites en cendres. Pourtant, comme l'avait signalé MacArthur, la dévastation ne semblait pas détourner le gouvernement japonais de sa volonté de poursuivre la guerre. Au début d'avril, après avoir renoncé à entraîner la Chine dans une paix séparée, le Premier ministre Koiso fut remplacé par l'amiral Kantaro Suzuki, âgé de soixante-dix-huit ans, une personnalité modérée. Bien qu'il ne fût plus Premier ministre, Tojo avait encore un droit de veto sur les décisions du cabinet et il était farouchement résolu à lutter jusqu'à la dernière extrémité. Cette détermination exigeait des sacrifices que Hitler lui-même n'avait pas demandés aux Allemands pendant les derniers mois de la guerre. La ration alimentaire quotidienne était passée au-dessous des 1 500 calories nécessaires au maintien de la vie. Environ un million d'individus furent employés à l'arrachage des racines de pin qui servaient à la distillation d'une sorte d'essence pour avion. Sur le front économique, les aciéries et les industries chimiques étaient sur le point de s'effondrer. Il ne restait qu'un million de tonnes de carburant disponible, pas assez pour assurer les mouvements entre les îles ; et le réseau de chemin de fer allait bientôt cesser de fonctionner. Personne n'osait encore parler de paix. En mai, Alan Dulles, le représentant américain en Suisse, avait esquissé des ouvertures par l'intermédiaire de la légation japonaise, mais elles étaient restées sans réponse. Plus de 400 personnes furent arrêtées au Japon en 1945 sur le simple soupçon d'avoir favorisé des négociations.

*Les travaux de recherche pour des armes révolutionnaires*

Au milieu de l'été, le gouvernement américain commença à la fois à perdre patience devant l'intransigeance du Japon et à céder à la tentation de mettre fin à la guerre par une opération décisive et spectaculaire. Il avait appris par les messages de Magic que le cabinet Suzuki, comme celui de Kosoi avant lui, poursuivait des négociations secrètes avec les Russes dans l'espoir qu'ils interviendraient en qualité de médiateurs. Les Américains savaient aussi que le principal motif de l'opposition japonaise à la fin de la guerre était la décision de « reddition inconditionnelle » prise en 1943 et que tous les Japonais nationalistes considéraient comme une menace pour le régime impérial. Cependant, comme les Russes ne manifestaient aucune velléité de médiation et que la conférence de Potsdam tenue après la capitulation de l'Allemagne indiquait que la reddition inconditionnelle n'impliquait pas forcément la déposition de l'empereur, les Américains se lassèrent d'attendre. Le 26 juillet, la Proclamation de Potsdam fut diffusée au Japon, menaçant le territoire japonais de « destruction complète » à moins que le gouvernement impérial n'offre sa reddition sans conditions. Le président Truman savait depuis le 16 juillet que les Etats-Unis étaient en mesure d'assurer cette destruction complète car ce même jour l'explosion de la première bombe atomique, à Alamagordo, dans le désert du Nouveau-Mexique, avait été un succès. Le 21 juillet pendant la conférence de Potsdam, il s'était mis d'accord avec Churchill sur le principe de son utilisation. Le 25 juillet, il informa Staline que l'Amérique possédait une « arme nouvelle d'une force destructrice extraordinaire ». Le lendemain, le général Carl Spaatz, commandant des Forces aériennes stratégiques, reçut l'ordre de « larguer sa première bombe spéciale » dès que le temps permettrait le bombardement visuel, à partir du 3 août 1945, sur l'une des cibles mentionnées : « Hiroshima, Kokura, Niigata et Nagasaki ». Ainsi fut prise la décision de mettre fin à la guerre par l'emploi d'une arme révolutionnaire.

La recherche d'une arme révolutionnaire fut l'un des résultats immédiats de l'industrialisation de la guerre au XIX^e^ siècle et l'extension inévitable et logique de la révolution des méthodes de guerre qui l'ont précédée. Jusqu'au XV^e^ siècle, la guerre était une activité musculaire et la victoire était dans le camp qui pouvait soutenir cet effort plus longtemps que l'autre. L'invention de la poudre à canon avait tout changé. En accumulant l'énergie sous forme chimique elle permettait au faible d'être l'égal du fort et donnait l'avantage au camp qui possédait les qualités intellectuelles et morales les plus sûres. Les premières tentatives d'utilisation des produits de l'industrie à des fins militaires s'effectuèrent par la multiplication de la puissance de l'énergie chimique en accélérant la vitesse de propulsion. Il en résulta l'adoption de l'arquebuse, du mousquet, du fusil à répétition et enfin, du canon. Ainsi, le poids du métal annulait la valeur des qualités intellectuelles et morales.

Lorsque les capacités d'endurance et d'adaptation humaines démontrèrent que le combattant de l'ère industrielle pouvait survivre même à des progrès prodigieux en matière d'armement, les ingénieurs militaires ont changé de tactique. Au lieu de chercher le meilleur moyen de tuer ou de blesser les guerriers ennemis en masse, ils se sont attaqués au problème de la destruction de leurs systèmes de protection – sur terre, fortifications ; sur mer, navires cuirassés. L'intelligence humaine s'est ingéniée à trouver le moyen de couler les bateaux par traîtrise avant même le début de l'ère industrielle. Le concept du sous-marin et du torpilleur avait déjà pris forme au temps de la marine à voile. Entre 1877 et 1897, le torpilleur et le sous-marin s'étaient révélés des armes efficaces et ils transformèrent la nature de la guerre navale. Le char, qui apparut en 1916, promettait une transformation de la guerre terrestre comparable.

La promesse se révèle illusoire. Bien que le char et le sous-marin semblent être des armes stratégiques par essence, ils apparaissent bientôt comme des armes tactiques, autrement dit, ils sont justiciables de contre-mesures sur le terrain de rencontre. Ils attaquent les produits, non pas la structure de production du système de guerre ennemi. Quelle que soit l'importance des pertes humaines et des dommages infligés au front, l'adversaire peut poursuivre la guerre tant qu'il est capable de réparer les pertes et les dégâts subis grâce à ses ressources propres. La production de chars et de sous-marins de remplacement devient elle-même un poids pour la capacité industrielle et ne fait qu'élever le prix de la victoire au lieu de le réduire.

Cette prise de conscience est l'un des acquis militaires les plus importants de la Première Guerre mondiale. Elle va conduire à la théorie du bombardement stratégique. Au cours des années qui suivent la guerre, les forces de l'air américaines et britanniques se convertissent à l'idée que le bombardier lourd peut détruire la structure militaire ennemie définitivement et rapidement et, partant, gagner la guerre sans nécessiter une intervention décisive des armées de terre et de mer. Les

Anglais se persuadent que si une opération de ce genre était effectuée de nuit, la force de bombardement épargnerait les pertes d'une façon appréciable. Les Américains, de leur côté, adoptent l'idée déjà avancée par Giulio Douhet, à savoir qu'un bombardier diurne puissamment armé serait capable de se défendre sans appareil d'escorte. Cette conclusion aboutit à la mise en service de la « forteresse volante ».

Comme nous l'avons vu, l'expérience a prouvé que la théorie du bombardement stratégique était erronée. La cause majeure de son échec réside dans le développement de l'une des réalisations scientifiques essentielles de la guerre, le radar. Inventé par les Anglais avant le début des hostilités, il permit de créer une chaîne de stations d'observation au sol qui renseignaient la RAF sur la route que suivaient les appareils de la Luftwaffe pendant la bataille d'Angleterre. L'invention britannique du « calvitron », qui devient opérationnel en 1942, permet au radar de fonctionner sur des longueurs d'onde « centimétriques » suivant un arc directionnel. Ces développements qui réduisent considérablement le volume des appareils radar augmentent la netteté de l'image reçue. L'opérateur peut ainsi fouiller un espace aérien choisi. Il devient donc possible d'équiper des chasseurs de nuit avec des radars efficaces. Une autre application du calvitron est la fusée radar miniaturisée introduite en août 1944, capable de faire exploser un obus antiaérien à proximité d'un avion. Elle fut employée avec succès contre les V1. Lorsque les Allemands eurent développé le radar centimétrique, ils commencèrent à infliger d'énormes pertes à la RAF pendant ses raids de nuit sur le Reich. S'ils avaient aussi découvert le secret de la fusée radar miniaturisée, les formations américaines de bombardiers nocturnes auraient souffert en proportion.

En 1944, il parut évident à tous que le bombardement stratégique n'assurerait pas la victoire en Europe. De même que le sous-marin et le char, le bombardier stratégique s'était révélé une arme de riposte efficace, un instrument qui imposait de lourdes charges à la production de guerre. S'il existait une arme révolutionnaire capable de mettre fin aux hostilités, il fallait la chercher ailleurs.

*Les armes de représailles de Hitler*

Dans l'un des domaines de la recherche, l'Allemagne avait accompli plus de progrès qu'aucune autre des nations belligérantes : elle était sur le point de déployer un missile balistique. L'histoire de la recherche des armes téléguidées est étroitement liée à la vie de deux personnalités éminentes : Werner von Braun et Walter Dornberger. Von Braun était un technologue professionnel dont l'enthousiasme juvénile pour les voyages spatiaux s'était concrétisé au cours des années 1920 dans l'expérimentation pratique des fusées. Dornberger était un officier qui servit dans l'artillerie lourde pendant la Première Guerre mondiale. En 1930, il fut chargé du développement des fusées au ministère de l'Armement. Les circonstances les mirent en contact et, en 1932, ils entreprirent de procéder ensemble à des essais de lancement de fusées. Von Braun apporta ses connaissances techniques et Dornberger définit les critères pratiques qu'une fusée efficace devrait présenter : « J'ai été artilleur, écrit-il. A ce jour, la plus haute réalisation de l'artillerie est la grosse Bertha qui tirait des obus de 210 avec 25 livres d'explosifs, à une distance de 120 kilomètres… ma première idée de fusée était un engin qui projetterait une tonne d'explosifs à 200 kilomètres. » Il donne un certain nombre d'indications d'ordre militaire, et spécifie entre autres que, pour 300 mètres de portée, « une déviation de 90 centimètres du point d'impact est acceptable ». Enfin, il limite la dimension de la fusée en insistant sur le fait qu'il faut pouvoir la transporter complète par route et qu'elle ne doit pas dépasser la largeur maximale fixée pour les poids lourds.

Les recommandations de Dornberger révèlent à la fois les racines institutionnelles de sa théorie et son étonnante prescience du potentiel des fusées. Son insistance sur les conditions requises pour son transport par route est fondée sur les caractéristiques des canons de 305 millimètres et de 420 millimètres avec lesquels les Allemands avaient détruit les forts de Belgique en 1914. Il cherchait à garantir ainsi que les futurs missiles balistiques seraient des armes spécifiques de l'artillerie. Ses exigences concernant la portée, la précision et la dimension du cône de charge placent la recherche allemande en matière de fusées à l'avant-garde du progrès. Il prescrivait en effet un prototype de missile balistique transportable qui est devenu la principale arme stratégique des super-puissances à la fin du XXe siècle. Plus tard, il insista pour que le modèle de série si réussi (le V2) puisse être déplacé par un véhicule (le Meillerwagen) qui serait aussi son chariot de lancement, annonçant ainsi l'entrée en scène du missile balistique qui a donné naissance au SS-20 soviétique et au Pershing-2 américain, instruments stratégiques tellement formidables qu'ils ont incité les grandes puissances militaires à conclure le premier accord de désarmement catégorique que le monde ait connu.

En décidant d'investir dans le développement des fusées, l'armée allemande était inspirée par les clauses du traité de Versailles qui lui interdisaient de posséder des armes de gros calibre mais ne proscrivait pas les fusées. En 1937, lorsque von Braun et Dornberger eurent suffisamment avancé leurs travaux pour obtenir les fonds nécessaires à l'installation d'une base d'expérimentation sur l'île de Peenemünde, dans la Baltique, Hitler avait déjà dénoncé le traité de Versailles. La préoccupation constante de l'équipe de recherche était de continuer à bénéficier de subventions lui permettant de poursuivre ses travaux. L'armée approuva son programme et le finança. En octobre 1942, un premier essai de lancement fut couronné de succès. En décembre, Speer, ministre de l'Armement, autorisa la production en masse de missiles. Le 7 juillet 1943, après avoir vu le film représentant un lancement de fusée, Hitler décida que la fusée était l'« arme décisive de la guerre » et décréta que toutes les demandes de von Braun et Dornberger, soit en main-d'œuvre, soit en matériel, devraient être satisfaites instantanément.

Or, en 1943, les Anglais savaient déjà que le programme de missiles balistiques du Reich était bien avancé. Ils avaient été avertis de son existence par un rapport reçu en Norvège en 1940 mais, comme il émanait d'une source allemande non identifiée, ils l'avaient classé. Cependant, en 1942, à la suite d'un nouvel avertissement concernant le développement d'un missile balistique en Allemagne, la question était revenue sur le tapis. En 1943, Londres apprit que la Luftwaffe effectuait des essais d'engins téléguidés. Les deux enseignements émanaient de Humint (un informateur humain) dont ce fut l'une des rares contributions au succès de la guerre. En juin, le centre d'expérimentation de deux programmes allemands fut repéré à Peenemünde où la Luftwaffe développait le FZG-76 (la bombe volante V1) à une extrémité de l'île tandis que Dornberger et von Braun travaillaient sur le V2 à l'autre bout. Le 29 juin, Churchill ordonna au Bomber Command de lancer une attaque massive sur Peenemünde. Dans la nuit du 16 au 17 août, 330 appareils exécutèrent un raid sur l'île et la dévastèrent.

Le raid de Peenemünde retarda le programme d'armes balistiques allemand à tel point que la première bombe volante ne tomba sur le sol anglais que le 12 juin 1944 ; le 8 septembre, l'Angleterre subit la première attaque de V2. A ce stade, le 155e régiment de la Luftwaffe s'était retiré des positions d'où ses V1 pouvaient atteindre le territoire britannique de sorte que, sur les 35 000 engins fabriqués, 9 000 seulement furent lancés sur l'Angleterre, dont 4 000 furent détruits par les canons antiaériens ou par les chasseurs. Les V2 ne furent jamais lancés des sites choisis au nord de la France. A partir de la Hollande, ils pouvaient atteindre Londres qui subit les impacts de 1300 missiles. Après octobre, un nombre semblable fut lancé sur Anvers qui était devenu la principale base logistique des armées de libération alliées.

Les V2 tuèrent 2 500 Londoniens entre le 8 septembre 1944 et le 29 mars 1945, date à laquelle leurs sites de lancement furent finalement occupés par le 21e groupe d'armée. L'Angleterre l'avait échappé belle – et sans doute l'Amérique aussi car Dornberger et von Braun avaient déjà établi les caractéristiques d'un missile baptisé A-10, utilisant le V2 (A-4) comme second étage et qui aurait une portée de 4 200 kilomètres et serait lancé à travers l'Atlantique. De plus, dans d'autres circonstances, ces missiles, dont les Alliés ne possédaient même pas un embryon d'équipement, auraient transporté un cône de charge aussi révolutionnaire que l'étaient les engins eux-mêmes, car l'Allemagne elle aussi avait son programme d'armes atomiques.

Heureusement pour l'issue de la Deuxième Guerre mondiale ce programme n'aboutit à rien pour une multitude de raisons, notamment l'absence de talents scientifiques dont les nazis s'étaient privés en persécutant les Juifs et la multiplication de programmes de recherche par une douzaine d'organismes qui espéraient gagner les bonnes grâces du Führer. Les spécialistes du renseignement qui passèrent toute la documentation du Reich au peigne fin rapportent : « Les Allemands étaient aussi avancés que nous l'étions en 1940 avant que nous ayons entrepris des travaux de grande envergure sur la bombe. » Dans les derniers mois de sa vie, Hitler, dont l'enthousiasme pour les armes nucléaires et les missiles balistiques s'était développé trop tard pour assurer leur déploiement opérationnel, essaya de stimuler son entourage par des promesses de représailles décisives contre l'ennemi. Cependant, bien qu'il ait été avisé d'une possibilité de fabrication de bombe atomique en 1942, « il semblait évident que les Allemands n'avaient pas réussi à isoler l'uranium 235 [l'isotope essentiel] alors qu'ils avaient apparemment commencé cette fission sur une petite échelle au moyen d'une centrifugeuse et fabriquaient une pile à uranium. Ils avaient seulement et récemment fabriqué de l'uranium [...] et, en août 1944, ils n'avaient pas poussé leurs expériences au point où ils se seraient rendu compte des difficultés qu'ils auraient à vaincre avant que la pile puisse fonctionner ».

En résumé, les Allemands étaient loin de pouvoir fabriquer une bombe atomique à l'époque où le programme d'armes nucléaires allié était déjà près d'être réalisé. En octobre 1939, deux jeunes physiciens avaient persuadé Albert Einstein, émigré aux Etats-Unis, d'écrire au président Roosevelt pour l'avertir que l'Allemagne envisageait la mise en route d'un programme d'armes atomiques et que les Etats-Unis auraient intérêt à en faire autant. Roosevelt institua une « commission de l'uranium » qui déclara en juillet 1941 que le projet était réalisable et que son résultat pourrait être « déterminant ». En 1942, les Anglais qui avaient poursuivi leurs propres recherches avec une équipe de premier ordre mais avec des fonds insuffisants unirent, aux Etats-Unis, leurs efforts à ceux des Américains.

C'était la version de l'uranium 235 de cette bombe atomique que le B-29 Enola Gay lâcha sur Hiroshima à l'aube du 6 août 1945. Quelques heures plus tard, alors que 78 000 individus gisaient morts ou mourants dans les ruines, un communiqué de la Maison-Blanche invita les Japonais à se rendre, faute de quoi ils devaient s'attendre à être inondés par une pluie dévastatrice tombant du ciel. L'ultimatum étant resté sans réponse, le 9 août, un autre B-29 partit de Tinian pour bombarder la ville de Nagasaki, tuant 25 000 habitants. Ayant provisoirement épuisé leur provision d'armes nucléaires, les Etats-Unis attendirent la suite des événements.

Le 8 août, l'Union soviétique dénonça le traité de non-agression conclu en 1942, et déclara la guerre au Japon. Le lendemain, elle lança une vaste offensive en Mandchourie comme elle l'avait promis aux Alliés occidentaux. Cependant, à cette époque, les Américains étaient beaucoup moins intéressés par l'intervention russe car ils se préparaient déjà à utiliser leur arme atomique. A Potsdam, Truman avait fait allusion à l'emploi d'une « arme secrète » américaine et Staline ne s'était guère montré surpris.

Comme nous le savons aujourd'hui, la trahison de certains savants occidentaux, notamment l'émigré communiste allemand Klaus Fuchs, avait révélé son existence aux Russes. Le général Marshall, chef d'état-major des forces américaines, estimait que l'entrée en scène des Russes n'était plus nécessaire au succès de la cause alliée et il craignait qu'ils n'en retirent des avantages que les Alliés pourraient regretter. Il admit pourtant qu'il n'était plus possible de les détourner d'une entreprise qu'ils préparaient depuis la capitulation allemande. Trois groupes d'armées d'Extrême-Orient avaient été constitués dont deux avec les vétérans les plus aguerris et les mieux équipés de la campagne d'Europe. Le troisième était commandé par le fameux maréchal Malinovsky. Ils étaient hautement mécanisés et l'armée japonaise de Kwantung ne l'était pas. Cependant, avec ses 750 000 hommes, elle passait pour la meilleure formation de l'armée impériale mais elle manquait d'expériences récentes. Elle défendit âprement les approches de la plaine centrale de Mandchourie mais, le 13 août, la sixième armée de la garde soviétique perça en rase campagne et encercla un grand nombre de ses unités. Les autres furent repoussés au-delà du Yalu en Corée du Nord où les combats se poursuivirent jusqu'à l'effondrement complet du Japon.

Les forces japonaises avaient capitulé dans toute la zone des combats du Pacifique. Le 15 août, pour la première fois au cours de l'histoire, un souverain japonais s'adressait publiquement à son peuple. L'empereur Hiro-Hito annonça, dans un discours radiodiffusé, que son gouvernement avait décidé de traiter avec l'ennemi. Il expliqua que la guerre n'avait « pas nécessairement tourné à l'avantage du Japon » et que l'ennemi avait commencé à « employer une arme nouvelle des plus cruelles », et il adjura son peuple dans une langue de cour incompréhensible au commun des mortels d'accepter la paix, sans mentionner à aucun moment la capitulation. Quelques intransigeants désobéirent et tentèrent de poursuivre la lutte, d'autres se firent hara-kiri. Les 70 millions de sujets de l'empereur adoptèrent aussitôt l'attitude de la défaite. Le 28 août, MacArthur arriva à Yokohama pour organiser l'occupation et la reconstruction du Japon. Le 2 septembre, à bord du cuirassé *Missouri* mouillant dans la baie de Tokyo, MacArthur et, du côté japonais, le ministre des Affaires étrangères, le chef d'état-major de l'armée et le chef des opérations navales signèrent les termes de la capitulation en présence des représentants de l'Angleterre, de l'Union soviétique, de la Chine, de la France, de l'Australie, de la Nouvelle-Zélande, du Canada et des Pays-Bas. La Deuxième Guerre mondiale avait pris fin.

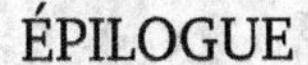

# ÉPILOGUE

# 33

# L'HÉRITAGE DE LA DEUXIÈME GUERRE MONDIALE

La guerre était finie mais la situation créée par le retour à la paix ne devait pas être la même pour tous les peuples belligérants. Certains pays – Grèce, Palestine, Indonésie, Indochine, Chine – n'allaient même pas connaître la paix. En Grèce, où les guérilleros de l'ELAS conservaient des bases dans les montagnes du Nord, les chefs communistes décidèrent en février 1946 de reprendre les armes. La guerre civile dura jusqu'en août 1949 avec de graves dommages pour la population rurale qui s'enfuit vers les villes contrôlées par le gouvernement. L'exode toucha 700 000 personnes : des milliers d'enfants furent arrachés à leurs parents pour être entraînés à la guérilla dans les pays communistes.

En Palestine, les commanditaires britanniques du Foyer national juif qui étaient aussi les dirigeants du territoire sous mandat de la Société des nations se trouvèrent bientôt en conflit avec les colons sionistes. Craignant d'indisposer les indigènes arabes, les Anglais refusèrent d'élargir la limite qu'ils avaient établie à l'immigration fixée à 75 000 en 1939. Cependant, Washington avait insisté pour que les 100 000 survivants des camps de concentration puissent trouver un refuge. La Haganah, la milice paramilitaire sioniste, fut bientôt poussée à faire cause commune avec les organisations terroristes juives contre la puissance mandataire. En octobre 1945, la Haganah lança une campagne de sabotage qui déclencha 500 explosions. Au printemps de 1946, lorsque 80 000 soldats britanniques se déployèrent en Palestine, le territoire vibra sous la menace d'une insurrection qui aurait tourné à la guerre communale si les Arabes palestiniens avaient supposé que les Anglais étaient décidés à permettre une immigration juive massive ou à abandonner leur mandat.

En Indonésie et en Indochine aussi, les Anglais se trouvèrent pris entre les deux feux d'un nationalisme local et d'une présence étrangère. En Indonésie, nom donné aux Indes néerlandaises, les Javanais se rebellèrent contre leurs anciens maîtres lorsque les prisonniers furent libérés des camps. En novembre 1945, il fallut déployer toute la 5e division indienne pour restaurer l'ordre. Les sepoys indiens et les officiers anglais étaient assistés par des troupes japonaises que le major-général Mansbridge avait libérées, réarmées et maintenues sous contrôle britannique pour tout le temps que durerait la lutte contre l'armée indonésienne précédemment entraînée par les Japonais.

Les prisonniers japonais libérés furent mobilisés également par le commandant de la 17e division indienne qui devait réoccuper l'Indochine en septembre 1945. L'embryon de parti vietminh et l'armée de Hô Chi Minh avaient pris le pouvoir, profitant du vide laissé par la capitulation japonaise. Conformément au plan élaboré par les Alliés à Potsdam, le pays était divisé en deux zones. Les nationalistes chinois occupaient le Nord. Le commandement chinois conclut un accord de coexistence avec Hô Chi Minh. Au sud, les Anglais considéraient qu'il était de leur devoir de reprendre le contrôle de l'administration civile au Vietminh et ils maintinrent les Japonais sous les armes pour qu'ils les aident à faire respecter leur autorité. En octobre, une division de l'armée française, commandée par le général Leclerc, arriva à son tour. Son titre au rétablissement de la souveraineté française fut contesté mais il n'en réussit pas moins à l'imposer. Ce succès fut cependant contrebalancé par le début de la « guerre des rizières », qui devait durer trente ans.

En Chine, la guerre entre nationalistes et communistes, commencée dans les années vingt n'avait été interrompue que par la Deuxième Guerre mondiale. Les deux camps déployaient d'immenses armées. Mao Tsé-toung disposait d'environ un demi million d'hommes armés et Chang Kaï-chek de deux millions. En 1937, ils avaient conclu une trêve qui devait durer jusqu'à la fin de leur lutte contre l'envahisseur japonais. Après la défaite du Japon, les Etats-Unis envoyèrent 50 000 marines en Chine et le général Marshall reçut pour mission d'essayer dé prolonger cette trêve. En janvier 1946, la trêve fut officiellement reconduite mais elle reposait sur une base instable. Chang Kaï-chek se préoccupait avant tout de rétablir sa position en Mandchourie. Or cette province était envahie par les Russes qui s'employaient activement à la dépouiller de ses installations industrielles en compensation des dommages subis pendant la guerre russo-japonaise. Chang n'était pas en mesure de s'opposer à leurs déprédations mais il était déterminé à ne pas laisser Mao Tsé-toung succéder aux Russes qui avaient accepté d'évacuer la Mandchourie le 1er février 1946. Aussi, pendant les pourparlers de paix, il se hâta de transférer en Mandchourie des unités venant de sa zone de contrôle de Chine du Sud, bien qu'il sût que ses mouvements de troupes provoquaient inévitablement des accrochages entre ses troupes et celles de Mao. Malgré tous les efforts des médiateurs américains, ces heurts sporadiques étaient destinés à dégénérer en conflit déclaré et, en juillet 1946, en guerre civile. Les Américains tentèrent de mettre fin aux hostilités en refusant aux nationalistes toute aide militaire, augmentant ainsi les chances des communistes qui reprirent l'offensive lorsque le général Marshall fut appelé à Washington en janvier 1947. Ils devaient bientôt porter la guerre dans la vallée du fleuve Jaune ainsi qu'en Mandchourie, ressuscitant les souffrances qui avaient laissé 50 millions de familles chinoises sans abri et 2 millions d'enfants chinois orphelins à la suite de l'occupation japonaise.

Les Alliés firent passer en jugement 5 000 Japonais responsables de la guerre du Pacifique et de l'« incident chinois ». Ils en exécutèrent 900, dans la plupart des cas pour mauvais traitements infligés aux prisonniers de guerre alliés. Au procès de Tokyo, 25 chefs japonais furent poursuivis pour crimes de guerre et 7 furent condamnés à mort. Parmi eux figuraient Tojo et Koiso. Konoye aurait sans doute eu le même sort s'il ne s'était empoisonné avant d'être arrêté. Le procès de Tokyo s'inspira du procès plus retentissant de Nuremberg où les criminels de guerre nazis furent jugés entre novembre 1945 et octobre 1946. Ils étaient 21 au banc des accusés – dont l'un (Bormann) fut condamné par contumace – et cinq institutions incriminées – le Cabinet du Reich, les organes de direction du parti nazi, l'organisation SS/SD, la Gestapo et l'état-major général. Parmi les inculpés jugés pour l'une ou l'autre des charges suivantes : crimes contre la paix, crimes de guerre, crimes contre l'humanité, 2 furent acquittés, 8 condamnés à des peines d'emprisonnement variant de dix ans à la perpétuité, 11 furent condamnés à mort (Himmler s'était suicidé au moment de son arrestation). Goering s'empoisonna la veille de son exécution. Les autres furent exécutés : Frank, Rosenberg, Seyss-Inquart, ex-gouverneurs des territoires occupés ; Sauckel, le bourreau des camps de travail forcé ; Keitel et

Jodl, chefs de l'état-major opérationnel, pour avoir ordonné l'exécution des parachutistes en uniforme ; Frick, l'auteur des décrets de Nuremberg contre les Juifs ; Ribbentrop, et Streicher, le porte-parole des antisémites nazis. Au cours d'une série de procès de moindre importance, 24 autres criminels de guerre furent condamnés à mort pour atrocités, et 114 à des peines de prison ; 35 furent acquittés. De nombreux autres furent arrêtés plus tard, jugés et condamnés par les tribunaux des pays où ils avaient commis leurs méfaits.

Les légistes continuent à discuter de la légalité des procès de Nuremberg. Cependant, à l'époque et par la suite, la justice de la procédure et des verdicts a été universellement acceptée par les citoyens des Etats auxquels l'Allemagne et le Japon avaient déclaré la guerre. La Deuxième Guerre mondiale a fait quelque 50 millions de morts.

Dans un conflit de cette envergure, il est difficile de fournir des chiffres précis. L'Union soviétique fut certainement le pays qui endura le plus de souffrances – 14 millions de morts militaires et civils, des Ukrainiens et des Biélorussiens pour la plupart, victimes de privations, de représailles et du travail forcé. La Pologne souffrit relativement plus que les autres nations combattantes. Environ 20 pour cent de sa population d'avant-guerre, soit 6 millions d'individus n'ont pas survécu et la moitié d'entre eux étaient des Juifs. Comme dans tous les pays d'Europe, les Juifs figurent en tête de la liste des victimes de la guerre. La guerre civile est responsable de la mort de 250 000 Grecs et d'1 million de Yougoslaves. En Europe les pertes civiles et militaires ont été plus lourdes à l'Est qu'à l'Ouest – une preuve de la férocité de la guerre dans les pays où les Allemands combattaient. Cependant, trois nations de l'Europe de l'Ouest ont subi de graves dommages : la France, l'Italie et la Hollande. Avant juin 1940 et après novembre 1942, l'armée française perdit 200 000 soldats et 400 000 civils, tués au cours de bombardements. En Italie le nombre des morts s'élevait à 330 000 dont la moitié de civils. En Hollande, les bombardements et les déportations firent 200 000 morts dont 90 pour cent étaient des civils.

Les vainqueurs occidentaux ont souffert proportionnellement beaucoup moins que les principaux alliés. Les forces armées britanniques ont perdu 244 000 hommes. Celles du Commonwealth 100 000 (Australie : 23 000 ; Canada : 37 000 ; Inde : 24 000 ; Nouvelle-Zélande : 10 000 ; Afrique du Sud : 6 000 ; 60 000 civils anglais périrent sous les bombardements, la plupart à Londres). Les Américains n'eurent pas à déplorer de pertes civiles et leurs pertes militaires s'élevèrent à 292 000 dont 36 000 pour la marine et 19 000 pour le corps des marines tandis que le total des pertes japonaises atteignait 1 200 000.

L'Allemagne paya cher sa responsabilité dans le déclenchement de la guerre, ses villes résistèrent mieux aux bombardements que les fragiles cités de papier japonaises. Pourtant, Berlin, Hambourg, Cologne et Dresde avaient été réduites en cendres par les raids ennemis et de nombreuses petites villes subirent le même sort.

Sur le plan culturel, c'est en Allemagne que la Deuxième Guerre mondiale a causé le plus de dégâts. Par mesure de précaution, les grandes bibliothèques européennes, les collections d'art, ont été mises à l'abri ; les trésors des collections de l'empereur Guillaume furent entreposés dans la tour de béton du zoo de Berlin et les tableaux de la British National Gallery sont restés enfouis dans les grottes du Pays de Galles. Les trésors architecturaux, de par leur nature même, ne pouvaient être protégés. Heureusement, le cours de la guerre épargna la plupart des monuments historiques de l'Europe. Berlin fut dévasté mais c'était en grande partie une ville du XIXe siècle ; de larges secteurs des quartiers antérieurs au XVIIIe siècle de Londres furent brûlés ; Leningrad souffrit des bombardements et une merveille comme Tsarkoïé-Sélo fut réduite en cendres. Dresde subit le même sort et bien d'autres encore : la vieille ville de Varsovie détruite de fond en comble (miraculeusement recréée depuis 1945 à partir des toiles de Bernardo Belotto). L'ancienne cité de Vienne fut gravement endommagée au cours des combats de 1945, Budapest ravagée sur ses deux rives, le centre du Rotterdam de la Renaissance calciné, le Caen médiéval de Guillaume le Conquérant complètement rasé. Pourtant Paris, Rome, Athènes, Florence, Venise, Bruges, Amsterdam, Oxford, Cambridge, Edimbourg et la plupart des grands temples de l'architecture sont restés intacts.

En Allemagne, au contraire, toutes les villes historiques grandes et petites ont subi de terribles dommages, y compris Potsdam (le Versailles des rois de Prusse), Fribourg-en-Brisgau, Heilbronn, Ulm, Freudenstadt, Wurzburg et Bayreuth, le centre du festival wagnérien. A l'ouest, les vingt-huit villes qui constituent le cœur industriel de la Ruhr et ses environs furent les cibles de violents bombardements, Stuttgart, capitale de l'Allemagne du Sud, fut dévasté, et Breslau, la plus grande ville allemande à l'Est, fut entièrement détruite durant les combats contre l'avance russe au printemps de 1945.

Le peuple allemand paya un tribut plus lourd en hommes qu'en matériel pour avoir déclenché et poursuivi la guerre contre ses voisins entre 1939 et 1945. Plus de 4 millions de soldats moururent au combat et 593 000 civils périrent sous les bombardements. Bien que le nombre des femmes tuées par les bombes alliées dépassât celui des hommes – 60 pour 40 –, en 1960, les femmes étaient plus nombreuses que les hommes en République fédérale : 126 pour cent. Cette disproportion n'était pas aussi grave qu'en Union soviétique où le nombre des femmes dépassait d'un tiers celui des hommes. Cependant, aucune population ne subit les horreurs de la migration forcée que la défaite imposa aux Allemands en 1945.

Le déplacement des Allemands de l'Est comprend deux phases : dans un premier temps ce fut un sauve-qui-peut général devant l'Armée rouge, suivi dans un deuxième temps de l'expulsion délibérée des populations des zones de peuplement où les Allemands vivaient depuis des générations, parfois depuis mille ans. L'exode de janvier 1945 fut un épisode douloureux, sans parallèle au cours de la Deuxième Guerre mondiale – en dehors des camps de concentration. Terrifiée à la pensée des représailles que l'Armée rouge exercerait contre les premiers Allemands qu'elle trouverait, la population de Prusse-Orientale, déjà surchargée par les réfugiés de Pologne et des Etats baltes, s'enfuit en masse au milieu de l'hiver pour gagner à pied la côte de la Baltique. Quelque 450 000 individus furent évacués du port de Pillau en janvier, 900 000 autres couvrirent les 65 kilomètres du couloir de Dantzig ou traversèrent le lac gelé de Frisches Haff pour monter à bord des navires qui les attendaient – l'un de ces navires, torpillé par un sous-marin russe, devint la tombe de ses 8 000 passagers. La Wehrmacht protégea la retraite des réfugiés au cours d'une bataille héroïque ; Richard von Weisâcker, fils du secrétaire d'Etat au ministère des Affaires étrangères de Hitler, fut décoré de la croix de fer de première classe à cette occasion.

Il semble qu'un million d'Allemands soient morts de froid ou de privations pendant l'exode de 1945. A l'époque, la plupart des Allemands restés en Europe orientale – Silésie, pays sudète, Poméranie, soit environ

14 millions – furent systématiquement groupés et transportés à l'Ouest, en majorité dans la zone d'occupation britannique. Les exilés arrivaient dans un état lamentable. Près de deux millions étaient morts en route : 250 000 expulsés de Tchécoslovaquie, 1 025 000 de Pologne et 600 000 des autres pays de l'Est. En 1946, la population allemande demeurant à l'est de l'Elbe était passée de 17 millions à 2 600 000.

Le plus souvent conduites avec une brutalité implacable, les expulsions n'étaient pas illégales mais conformes à l'accord conclu entre les vainqueurs à la conférence de Potsdam en juillet 1945. L'article 13 du protocole préconisait « le transfert en Allemagne des Allemands restant en Pologne, en Tchécoslovaquie et en Hongrie ». De plus, les Alliés admirent la nécessité d'un réalignement de la frontière allemande. Ils attribuèrent la moitié de la Prusse-Orientale à la Pologne (l'autre allant à l'Union soviétique) ainsi que la Silésie et la Poméranie. Les réajustements, contrebalancés par la cession à la Russie de la Pologne orientale eurent pour effet géographique de déplacer la frontière polonaise de cent cinquante kilomètres à l'ouest. Sur le plan démographique ils garantissaient que la Pologne d'après guerre serait essentiellement polonaise au détriment des populations allemandes qui devraient être évacuées au-delà de sa nouvelle frontière occidentale.

Les accords de Potsdam déterminèrent l'avenir de l'Europe dans une plus large mesure que ceux de Yalta. Les politiciens et polémistes occidentaux ont sévèrement condamné les concessions faites à l'Union soviétique comme une « trahison » à l'égard des anti-communistes polonais. Comme Roosevelt et Churchill l'avaient reconnu à l'époque, l'avance victorieuse de l'Armée rouge en Pologne les mettait devant un fait accompli. L'accord de Yalta garantissait que « les Polonais de Londres » ne joueraient aucun rôle effectif dans l'administration du Varsovie d'après-guerre qui serait dominée par le « comité de Lublin », l'organisation communiste mise en place par les Russes. Les accords de Potsdam allaient encore plus loin. En légalisant la réimplantation à l'Ouest des Allemands d'Europe orientale, ils ramenèrent les frontières ethniques de l'Europe aux limites établies à la création de l'empire de Charlemagne, réglant du même coup l'important « problème des minorités » et imposant la domination soviétique en Europe centrale et orientale pour les deux générations à venir.

Par son refus de coopérer à l'organisation d'élections libres dans les zones occupées de l'Allemagne d'après-guerre, l'Union soviétique consolida le « rideau de fer » dressé entre l'Europe communiste et non communiste, selon la formule employée par Churchill dans son discours de Falton en 1946. En 1918, la création d'Etats autonomes à partir des empires des Tsars, des Hohenzollern et des Habsbourg, avait grandement diversifié le paysage politique européen. Potsdam le simplifia. A l'ouest de l'Elbe, l'Europe restait un groupement de démocraties ; à l'est de l'Elbe, elle était réduite à une autocratie, soumise à un régime politique unique gouvernée et dominée par la Russie stalinienne.

La domination du stalinisme à l'est de l'Elbe après 1945 régla le problème allemand qui obsédait l'Europe depuis 1870, mais sans fournir les moyens d'établir une paix durable sur le continent ni dans le monde. L'organisation des Nations unies, constituée en 1945 pour succéder à la Société des nations, était destinée à assurer le maintien de la paix sous l'autorité d'un Conseil de sécurité (comprenant des représentants permanents de l'URSS, de l'Angleterre, des Etats-Unis, de la France et de la Chine). L'opposition de la Russie à l'établissement d'un état-major général de l'ONU et le fréquent usage qu'elle fit de son droit de veto pour bloquer les résolutions tendant à sauvegarder la paix émasculèrent bientôt l'autorité du Conseil de sécurité. La politique étrangère de Staline pourrait être interprétée soit comme un réveil des aspirations bolchéviques à fomenter la révolution dans le monde capitaliste, soit comme un effort pour consolider la victoire soviétique en maintenant les Etats anticommunistes de l'Europe de l'Ouest sous la menace d'une attaque militaire, mais elle ne contestait pas directement le rôle des Nations unies. Mis à part son intervention antidémocratique en Tchécoslovaquie et sa contribution au blocus de Berlin en 1948, Staline ne prit aucune mesure susceptible de menacer la stabilité de l'Europe telle qu'elle fut constituée par les accords de Yalta et de Potsdam. Le défi qu'il lança aux puissances occidentales visait d'autres parties du monde – les Philippines, la Malaisie et surtout la Corée où il allait soutenir une agression du Nord communiste contre le Sud non communiste en juin 1950.

L'Union soviétique avait bien démobilisé ses forces militaires en Europe, aussi vite sinon aussi complètement que l'avaient fait les Etats-Unis et l'Angleterre en août 1945. En 1947, les effectifs de l'Armée rouge avaient été réduits des deux tiers. Ceux qui restaient dépassaient encore largement les forces d'occupation anglo-américaines – l'armée britannique du Rhin ne comptait que cinq divisions en 1948 et l'armée américaine de Bavière une seule –, mais cette disparité n'incita pas le gouvernement soviétique à étendre sa domination à l'ouest de l'Elbe.

Cette attitude comporte plusieurs explications, à savoir que d'une part la politique extérieure soviétique, malgré sa brutalité, était respectueuse d'une certaine légalité qui limitait l'influence de la Russie à des sphères définies à Yalta et à Potsdam, d'autre part que le monopole américain des armes nucléaires persistant sous sa forme la plus stricte jusqu'en 1949 empêchait l'Union soviétique de se lancer dans une politique étrangère aventureuse. En outre, le traumatisme de la guerre dissuadait le peuple soviétique et ses dirigeants de renouveler l'expérience.

La Première Guerre mondiale avait convaincu les vainqueurs – mais pas les vaincus – que le tribut de la guerre est plus élevé que le gain de la victoire. La Deuxième Guerre mondiale apprit aux vainqueurs, comme aux vaincus, que « tout homme est un soldat ». Ce principe, sur lequel les Etats évolués avaient organisé leurs armées et, dans une large mesure, leurs sociétés depuis la Révolution française, prit tout son sens en 1939-1945 et, de ce fait, engendra dans les pays fondés sur cette idée des souffrances assez terribles pour qu'ils bannissent le concept de la guerre de leur philosophie politique. Moins meurtris et plus avantagés par le conflit mondial, les Etats-Unis réunirent un consensus national suffisant pour entreprendre deux guerres coûteuses en Asie, en Corée et au Vietnam. L'Angleterre et la France, qui étaient sorties de la guerre sans trop de dommages, se laissèrent entraîner dans une série de petites guerres coloniales. L'Union soviétique, au contraire, malgré son attitude agressive, évita les affrontements qui risquaient de lancer ses troupes dans des aventures dangereuses. Sa récente intervention en Afghanistan qui lui coûta un quart des pertes en vies humaines subies par les Etats-Unis au Vietnam semble renforcer ce jugement. Malgré la reprise de la conscription en Allemagne fédérale depuis 1956, pas un seul soldat allemand ne fut tué au cours d'un conflit depuis mai 1945. Quant au Japon, le plus pugnace des pays belligérants de la Deuxième Guerre mondiale, il est désormais lié par une constitution qui bannit le recours à la force en tant qu'instrument de politique nationale. Aucun des hommes d'Etat de la Deuxième Guerre mondiale n'a été assez fou pour prétendre, comme l'avaient fait ceux de la Première, qu'elle avait été entreprise pour mettre fin à toutes les guerres. Pourtant, depuis 1945, le monde n'a plus connu de conflit comparable.

# INDEX

# TABLE

PROLOGUE



PREMIÈRE PARTIE

La guerre à l'Ouest

1940-1943



DEUXIÈME PARTIE

La guerre à l'Est

1941-1943

TROISIÈME PARTIE
La guerre du Pacifique
1941-1943



QUATRIÈME PARTIE
La guerre à l'Ouest
1943-1945



CINQUIÈME PARTIE
La guerre à l'Est
1943-1945

SIXIÈME PARTIE

La guerre dans le Pacifique
1943-1945



ÉPILOGUE

collection tempus
Perrin

DÉJÀ PARU

1. *Histoire des femmes en Occident* (dir. Michelle Perrot, Georges Duby), *L'Antiquité* (dir. Pauline Schmitt Pantel).
2. *Histoire des femmes en Occident* (dir. Michelle Perrot, Georges Duby), *Le Moyen Âge* (dir. Christiane Klapisch-Zuber).
3. *Histoire des femmes en Occident* (dir. Michelle Perrot, Georges Duby), *XVIe-XVIIIe siècle* (dir. Natalie Zemon Davis, Arlette Farge).
4. *Histoire des femmes en Occident* (dir. Michelle Perrot, Georges Duby), *Le XIXe siècle* (dir. Michelle Perrot, Geneviève Fraisse).
5. *Histoire des femmes en Occident* (dir. Michelle Perrot, Georges Duby), *Le XXe siècle* (dir. Françoise Thébaud).
6. *L'épopée des croisades* – René Grousset.
7. *La bataille d'Alger* – Pierre Pellissier.
8. *Louis XIV* – Jean-Christian Petitfils.
9. *Les soldats de la Grande Armée* – Jean-Claude Damamme.
10. *Histoire de la Milice* – Pierre Giolitto.
11. *La régression démocratique* – Alain-Gérard Slama.
12. *La première croisade* – Jacques Heers.
13. *Histoire de l'armée française* – Philippe Masson.
14. *Histoire de Byzance* – John Julius Norwich.
15. *Les Chevaliers teutoniques* – Henry Bogdan.
16. *Mémoires, Les champs de braises* – Hélie de Saint Marc.
17. *Histoire des cathares* – Michel Roquebert.
18. *Franco* – Bartolomé Bennassar.
19. *Trois tentations dans l'Église* – Alain Besançon.
20. *Le monde d'Homère* – Pierre Vidal-Naquet.
21. *La guerre à l'Est* – August von Kageneck.
22. *Histoire du gaullisme* – Serge Berstein.
23. *Les Cent-Jours* – Dominique de Villepin.
24. *Nouvelle histoire de la France*, tome I – Jacques Marseille.
25. *Nouvelle histoire de la France*, tome II – Jacques Marseille.
26. *Histoire de la Restauration* – Emmanuel de Waresquiel et Benoît Yvert.
27. *La Grande Guerre des Français* – Jean-Baptiste Duroselle.
28. *Histoire de l'Italie* – Catherine Brice.

29. *La civilisation de l'Europe à la Renaissance* – John Hale.
30. *Histoire du Consulat et de l'Empire* – Jacques-Olivier Boudon.
31. *Les Templiers* – Laurent Daillez.
32. *Madame de Pompadour* – Évelyne Lever.
33. *La guerre en Indochine* – Georges Fleury.
34. *De Gaulle et Churchill* – François Kersaudy.
35. *Le passé d'une discorde* – Michel Abitbol.
36. *Louis XV* – François Bluche.
37. *Histoire de Vichy* – Jean-Paul Cointet.
38. *La bataille de Waterloo* – Jean-Claude Damamme.
39. *Pour comprendre la guerre d'Algérie* – Jacques Duquesne.
40. *Louis XI* – Jacques Heers.
41. *La bête du Gévaudan* – Michel Louis.
42. *Histoire de Versailles* – Jean-François Solnon.
43. *Voyager au Moyen Âge* – Jean Verdon.
44. *La Belle Époque* – Michel Winock.
45. *Les manuscrits de la mer Morte* – Michael Wise, Martin Abegg Jr. & Edward Cook.
46. *Histoire de l'éducation*, tome I – Michel Rouche.
47. *Histoire de l'éducation*, tome II – François Lebrun, Marc Venard, Jean Quéniart.
48. *Les derniers jours de Hitler* – Joachim Fest.
49. *Zita impératrice courage* – Jean Sévillia.
50. *Histoire de l'Allemagne* – Henry Bogdan.
51. *Lieutenant de panzers* – August von Kageneck.
52. *Les hommes de Dien Bien Phu* – Roger Bruge.
53. *Histoire des Français venus d'ailleurs* – Vincent Viet.
54. *La France qui tombe* – Nicolas Baverez.
55. *Histoire du climat* – Pascal Acot.
56. *Charles Quint* – Philippe Erlanger.
57. *Le terrorisme intellectuel* – Jean Sévillia.
58. *La place des bonnes* – Anne Martin-Fugier.
59. *Les grands jours de l'Europe* – Jean-Michel Gaillard.
60. *Georges Pompidou* – Éric Roussel.
61. *Les États-Unis d'aujourd'hui* – André Kaspi.
62. *Le masque de fer* – Jean-Christian Petitfils.
63. *Le voyage d'Italie* – Dominique Fernandez.
64. *1789, l'année sans pareille* – Michel Winock.
65. *Les Français du Jour J* – Georges Fleury.
66. *Padre Pio* – Yves Chiron.

67. *Naissance et mort des Empires.*
68. *Vichy 1940-1944* – Jean-Pierre Azéma, Olivier Wieviorka.
69. *L'Arabie Saoudite en guerre* – Antoine Basbous.
70. *Histoire de l'éducation*, tome III – Françoise Mayeur.
71. *Histoire de l'éducation*, tome IV – Antoine Prost.
72. *La bataille de la Marne* – Pierre Miquel.
73. *Les intellectuels en France* – Pascal Ory, Jean-François Sirinelli.
74. *Dictionnaire des pharaons* – Pascal Vernus, Jean Yoyotte.
75. *La Révolution américaine* – Bernard Cottret.
76. *Voyage dans l'Égypte des Pharaons* – Christian Jacq.
77. *Histoire de la Grande-Bretagne* – Roland Marx, Philippe Chassaigne.
78. *Histoire de la Hongrie* – Miklós Molnar.
79. *Chateaubriand* – Ghislain de Diesbach.
80. *La Libération de la France* – André Kaspi.
81. *L'empire des Plantagenêt* – Martin Aurell.
82. *La Révolution française* – Jean-Paul Bertaud.
83. *Les Vikings* – Régis Boyer.
84. *Examen de conscience* – August von Kageneck.
85. *1905, la séparation des Églises et de l'État.*
86. *Les femmes cathares* – Anne Brenon.
87. *L'Espagne musulmane* – André Clot.
88. *Verdi et son temps* – Pierre Milza.
89. *Sartre* – Denis Bertholet.
90. *L'avorton de Dieu* – Alain Decaux.
91. *La guerre des deux France* – Jacques Marseille.
92. *Honoré d'Estienne d'Orves* – Étienne de Montety.
93. *Gilles de Rais* – Jacques Heers.
94. *Laurent le Magnifique* – Jack Lang.
95. *Histoire de Venise* – Alvise Zorzi.
96. *Le malheur du siècle* – Alain Besançon.
97. *Fouquet* – Jean-Christian Petitfils.
98. *Sissi, impératrice d'Autriche* – Jean des Cars.
99. *Histoire des Tchèques et des Slovaques* – Antoine Marès.
100. *Marie Curie* – Laurent Lemire.
101. *Histoire des Espagnols*, tome I – Bartolomé Bennassar.
102. *Pie XII et la Seconde Guerre mondiale* – Pierre Blet.
103. *Histoire de Rome*, tome I – Marcel Le Glay.
104. *Histoire de Rome*, tome II – Marcel Le Glay.
105. *L'État bourguignon 1363-1477* – Bertrand Schnerb.

106. *L'Impératrice Joséphine* – Françoise Wagener.
107. *Histoire des Habsbourg* – Henry Bogdan.
108. *La Première Guerre mondiale* – John Keegan.
109. *Marguerite de Valois* – Éliane Viennot.
110. *La Bible arrachée aux sables* – Werner Keller.
111. *Le grand gaspillage* – Jacques Marseille.
112. *« Si je reviens comme je l'espère » : lettres du front et de l'Arrière, 1914-1918* – Marthe, Joseph, Lucien et Marcel Papillon.
113. *Le communisme* – Marc Lazar.
114. *La guerre et le vin* – Donald et Petie Kladstrup.
115. *Les chrétiens d'Allah* – Lucile et Bartolomé Bennassar.
116. *L'Égypte de Bonaparte* – Jean-Joël Brégeon.
117. *Les empires nomades* – Gérard Chaliand.
118. *La guerre de Trente Ans* – Henry Bogdan.
119. *La bataille de la Somme* – Alain Denizot.
120. *L'Église des premiers siècles* – Maurice Vallery-Radot.
121. *L'épopée cathare*, tome I, *L'invasion* – Michel Roquebert.
122. *L'homme européen* – Jorge Semprún, Dominique de Villepin.
123. *Mozart* – Pierre-Petit.
124. *La guerre de Crimée* – Alain Gouttman.
125. *Jésus et Marie-Madeleine* – Roland Hureaux.
126. *L'épopée cathare*, tome II, *Muret ou la dépossession* – Michel Roquebert.
127. *De la guerre* – Carl von Clausewitz.
128. *La fabrique d'une nation* – Claude Nicolet.
129. *Quand les catholiques étaient hors la loi* – Jean Sévillia.
130. *Dans le bunker de Hitler* – Bernd Freytag von Loringhoven et François d'Alançon.
131. *Marthe Robin* – Jean-Jacques Antier.
132. *Les empires normands d'Orient* – Pierre Aubé.
133. *La guerre d'Espagne* – Bartolomé Bennassar.
134. *Richelieu* – Philippe Erlanger.
135. *Les Mérovingiennes* – Roger-Xavier Lantéri.
136. *De Gaulle et Roosevelt* – François Kersaudy.
137. *Historiquement correct* – Jean Sévillia.
138. *L'actualité expliquée par l'Histoire.*
139. *Tuez-les tous ! La guerre de religion à travers l'histoire* – Élie Barnavi, Anthony Rowley.
140. *Jean Moulin* – Jean-Pierre Azéma.
141. *Nouveau monde, vieille France* – Nicolas Baverez.

142. *L'Islam et la Raison* – Malek Chebel.
143. *La gauche en France* – Michel Winock.
144. *Malraux* – Curtis Cate.
145. *Une vie pour les autres. L'aventure du père Ceyrac* – Jérôme Cordelier.
146. *Albert Speer* – Joachim Fest.
147. *Du bon usage de la guerre civile en France* – Jacques Marseille.
148. *Raymond Aron* – Nicolas Baverez.
149. *Joyeux Noël* – Christian Carion.
150. *Frères de tranchées* – Marc Ferro.
151. *Histoire des croisades et du royaume franc de Jérusalem*, tome I, *1095-1130, L'anarchie musulmane* – René Grousset.
152. *Histoire des croisades et du royaume franc de Jérusalem*, tome II, *1131-1187, L'équilibre* – René Grousset.
153. *Histoire des croisades et du royaume franc de Jérusalem*, tome III, *1188-1291, L'anarchie franque* – René Grousset.
154. *Napoléon* – Luigi Mascilli Migliorini.
155. *Versailles, le chantier de Louis XIV* – Frédéric Tiberghien.
156. *Le siècle de saint Bernard et Abélard* – Jacques Verger, Jean Jolivet.
157. *Juifs et Arabes au XX<sup>e</sup> siècle* – Michel Abitbol.
158. *Par le sang versé. La Légion étrangère en Indochine* – Paul Bonnecarrère.
159. *Napoléon III* – Pierre Milza.
160. *Staline et son système* – Nicolas Werth.
161. *Que faire ?* – Nicolas Baverez.
162. *Stratégie* – B. H. Liddell Hart.
163. *Les populismes* (dir. Jean-Pierre Rioux).
164. *De Gaulle, 1890-1945*, tome I – Éric Roussel.
165. *De Gaulle, 1946-1970*, tome II – Éric Roussel.
166. *La Vendée et la Révolution* – Jean-Clément Martin.
167. *Aristocrates et grands bourgeois* – Éric Mension-Rigau.
168. *La campagne d'Italie* – Jean-Christophe Notin.
169. *Lawrence d'Arabie* – Jacques Benoist-Méchin.
170. *Les douze Césars* – Régis F. Martin.
171. *L'épopée cathare*, tome III, *Le lys et la croix* – Michel Roquebert.
172. *L'épopée cathare*, tome IV, *Mourir à Montségur* – Michel Roquebert.
173. *Henri III* – Jean-François Solnon.
174. *Histoires des Antilles françaises* – Paul Butel.

175. *Rodolphe et les secrets de Mayerling* – Jean des Cars.
176. *Oradour, 10 juin 1944* – Sarah Farmer.
177. *Volontaires français sous l'uniforme allemand* – Pierre Giolitto.
178. *Chute et mort de Constantinople* – Jacques Heers.
179. *Nouvelle histoire de l'Homme* – Pascal Picq.
180. *L'écriture. Des hiéroglyphes au numérique.*
181. *C'était Versailles* – Alain Decaux.
182. *De Raspoutine à Poutine* – Vladimir Fedorovski.
183. *Histoire de l'esclavage aux États-Unis* – Claude Fohlen.
184. *Ces papes qui ont fait l'histoire* – Henri Tincq.
185. *Classes laborieuses et classes dangereuses* – Louis Chevalier.
186. *Les enfants soldats* – Alain Louyot.
187. *Premiers ministres et présidents du Conseil* – Benoît Yvert.
188. *Le massacre de Katyn* – Victor Zaslavsky.
189. *Enquête sur les apparitions de la Vierge* – Yves Chiron.
190. *L'épopée cathare*, tome V, *La fin des Amis de Dieu* – Michel Roquebert.
191. *Histoire de la diplomatie française*, tome I.
192. *Histoire de la diplomatie française*, tome II.
193. *Histoire de l'émigration* – Ghislain de Diesbach.
194. *Le monde des Ramsès* – Claire Lalouette.
195. *Bernadette Soubirous* – Anne Bernet.
196. *Cosa Nostra. La mafia sicilienne de 1860 à nos jours* – John Dickie.
197. *Les mensonges de l'Histoire* – Pierre Miquel.
198. *Les négriers en terres d'islam* – Jacques Heers.
199. *Nelson Mandela* – Jack Lang.
200. *Un monde de ressources rares* – Le Cercle des économistes et Érik Orsenna.
201. *L'histoire de l'univers et le sens de la création* – Claude Tresmontant.
202. *Ils étaient sept hommes en guerre* – Marc Ferro.
203. *Précis de l'art de la guerre* – Antoine-Henri Jomini.
204. *Comprendre les États-unis d'aujourd'hui* – André Kaspi.
205. *Tsahal* – Pierre Razoux.
206. *Pop philosophie* – Mehdi Belahj Kacem, Philippe Nassif.
207. *Le roman de Vienne* – Jean des Cars.
208. *Hélie de Saint Marc* – Laurent Beccaria.
209. *La dénazification* (dir. Marie-Bénédicte Vincent).
210. *La vie mondaine sous le nazisme* – Fabrice d'Almeida.

211. *Comment naissent les révolutions.*
212. *Comprendre la Chine d'aujourd'hui* – Jean-Luc Domenach.
213. *Le second Empire* – Pierre Miquel.
214. *Les papes en Avignon* – Dominique Paladilhe.
215. *Jean Jaurès* – Jean-Pierre Rioux.
216. *La Rome des Flaviens* – Catherine Salles.
217. *6 juin 44* – Jean-Pierre Azéma, Philippe Burrin, Robert O. Paxton.
218. *Eugénie, la dernière impératrice* – Jean des Cars.
219. *L'homme Robespierre* – Max Gallo.
220. *Les Barbaresques* – Jacques Heers.
221. *L'élection présidentielle en France, 1958-2007* – Michel Winock.
222. *Histoire de la Légion étrangère* – Georges Blond.
223. *1 000 ans de jeux Olympiques* – Moses I. Finley, H. W. Pleket.
224. *Quand les Alliés bombardaient la France* – Eddy Florentin.
225. *La crise des années 30 est devant nous* – François Lenglet.
226. *Le royaume wisigoth d'Occitanie* – Joël Schmidt.
227. *L'épuration sauvage* – Philippe Bourdrel.
228. *La révolution de la Croix* – Alain Decaux.
229. *Frédéric de Hohenstaufen* – Jacques Benoist-Méchin.
230. *Savants sous l'Occupation* – Nicolas Chevassus-au-Louis.
231. *Moralement correct* – Jean Sévillia.
232. *Claude Lévi-Strauss, le passeur de sens* – Marcel Hénaff.
233. *Le voyage d'automne* – François Dufay.
234. *Erbo, pilote de chasse* – August von Kageneck.
235. *L'éducation des filles en France au XIXe siècle* – Françoise Mayeur.
236. *Histoire des pays de l'Est* – Henry Bogdan.
237. *Les Capétiens* – François Menant, Hervé Martin, Bernard Merdrignac, Monique Chauvin.
238. *Le roi, l'empereur et le tsar* – Catrine Clay.
239. *Neanderthal* – Marylène Patou-Mathis.
240. *Judas, de l'Évangile à l'Holocauste* – Pierre-Emmanuel Dauzat.
241. *Le roman vrai de la crise financière* – Olivier Pastré, Jean-Marc Sylvestre.
242. *Comment l'Algérie devint française* – Georges Fleury.
243. *Le Moyen Âge, une imposture* – Jacques Heers.
244. *L'île aux cannibales* – Nicolas Werth.

245. *Policiers français sous l'Occupation* – Jean-Marc Berlière.
246. *Histoire secrète de l'Inquisition* – Peter Godman.
247. *La guerre des capitalismes aura lieu* – Le Cercle des économistes (dir. Jean-Hervé Lorenzi).
248. *Les guerres bâtardes* – Arnaud de La Grange, Jean-Marc Balencie.
249. *De la croix de fer à la potence* – August von Kageneck.
250. *Nous voulions tuer Hitler* – Philipp Freiherr von Boeselager.
251. *Le soleil noir de la puissance, 1796-1807* – Dominique de Villepin.
252. *L'aventure des Normands, VIIIe- XIIIe siècle* – François Neveux.
253. *La spectaculaire histoire des rois des Belges* – Patrick Roegiers.
254. *L'islam expliqué par* – Malek Chebel.
255. *Pour en finir avec Dieu* – Richard Dawkins.
256. *La troisième révolution américaine* – Jacques Mistral.
257. *Les dernières heures du libéralisme* – Christian Chavagneux.
258. *La Chine m'inquiète* – Jean-Luc Domenach.
259. *La religion cathare* – Michel Roquebert.
260. *Histoire de la France*, tome I, *1900-1930* – Serge Berstein, Pierre Milza.
261. *Histoire de la France*, tome II, *1930-1958* – Serge Berstein, Pierre Milza.
262. *Histoire de la France*, tome III, *1958 à nos jours* – Serge Berstein, Pierre Milza.
263. *Les Grecs et nous* – Marcel Detienne.
264. *Deleuze* – Alberto Gualandi.
265. *Le réenchantement du monde* – Michel Maffesoli.
266. *Spinoza* – André Scala.
267. *Les Français au quotidien, 1939-1949* – Éric Alary, Bénédicte Vergez-Chaignon, Gilles Gauvin.
268. *Teilhard de Chardin* – Jacques Arnould.
269. *Jeanne d'Arc* – Colette Beaune.
270. *Crises, chaos et fins de monde.*
271. *Auguste* – Pierre Cosme.
272. *Histoire de l'Irlande* – Pierre Joannon.
273. *Les inconnus de Versailles* – Jacques Levron.
274. *Ils ont vécu sous le nazisme* – Laurence Rees.
275. *La nuit au Moyen Âge* – Jean Verdon.
276. *Ce que savaient les Alliés* – Christian Destremau.
277. *François Ier* – Jack Lang.

278. *Alexandre le Grand* – Jacques Benoist-Méchin.
279. *L'Égypte des Mamelouks* – André Clot.
280. *Les valets de chambre de Louis XIV* – Mathieu Da Vinha.
281. *Les grands sages de l'Égypte ancienne* – Christian Jacq.
282. *Armagnacs et Bourguignons* – Bertrand Schnerb.
283. *La révolution des Templiers* – Simonetta Cerrini.
284. *Les crises du capitalisme.*
285. *Communisme et totalitarisme* – Stéphane Courtois.
286. *Les chasseurs noirs* – Christian Ingrao.
287. *Averroès* – Ali Benmakhlouf.
288. *Les guerres préhistoriques* – Lawrence H. Keeley.
289. *Devenir de Gaulle* – Jean-Luc Barré.
290. *Lyautey* – Arnaud Teyssier.
291. *Fin de monde ou sortie de crise ?* – Le Cercle des économistes (dir. Pierre Dockès et Jean-Hervé Lorenzi).
292. *Madame de Montespan* – Jean-Christian Petitfils.
293. *L'extrême gauche plurielle* – Philippe Raynaud.
294. *La guerre d'indépendance des Algériens* (prés. Raphaëlle Branche).
295. *La France de la Renaissance* – Arlette Jouanna.
296. *Verdun 1916* – Malcolm Brown.
297. *Lyotard* – Alberto Gualandi.
298. *Catherine de Médicis* – Jean-François Solnon.
299. *Le XX^e^ siècle idéologique et politique* – Michel Winock.
300. *L'art nouveau en Europe* – Roger-Henri Guerrand.
301. *Les salons de la III^e^ République* – Anne Martin-Fugier.
302. *Lutèce* – Joël Schmidt.
303. *Les aventurières de Dieu* – Elisabeth Dufourcq.
304. *Chiisme et politique au Moyen-Orient* – Laurence Louër.
305. *La chute ou l'Empire de la solitude 1807-1814* – Dominique de Villepin.
306. *Louis II de Bavière* – Jean des Cars.
307. *L'Égypte des grands pharaons* – Christian Jacq.
308. *La Deuxième Guerre mondiale* – John Keegan.

## À PARAÎTRE

*Histoire du libertinage* – Didier Foucault.
*L'affaire Cicéron* – François Kersaudy.

108

John Keegan, considéré comme l'un des plus talentueux historiens de la guerre, présente une histoire de 1914-1918 sans équivalent aujourd'hui, celle d'une guerre qui implique Africains autant qu'Indiens, Canadiens ou Japonais.

En même temps, il n'oublie ni les enjeux nationaux ni les tensions sur les lignes de front, et cette perspective lui permet de s'affranchir des stéréotypes couramment répandus, tels que la responsabilité écrasante de l'Allemagne dans le déclenchement du conflit, de la guerre fraîche et joyeuse des débuts, les « erreurs » allemandes sur la Marne ou à Verdun, les mauvais choix stratégiques anglais ou les insuffisances chroniques de la France. Il replace dans leurs justes proportions le rôle des Russes, le poids des Autrichiens, des Britanniques ou des Américains. Par son analyse originale, il réussit à donner la mesure mondiale de cette guerre et de ses conséquences.

448 pages – 10,50 €